lelivrescolaire.fr
Éditeur de manuels scolaires collaboratifs et innovants

SES SCIENCES ÉCONOMIQUES ET SOCIALES 1re

La communauté d'auteurs lelivrescolaire.fr

Sous la coordination de :

Vincent Clément, professeur agrégé, Lycée Albert Châtelet (59)

Notre comité scientifique

Nonna Mayer, directrice de recherche émérite au CNRS, rattachée au Centre d'études européennes et de politique comparée de Sciences Po

Julien Larrègue, sociologue, chercheur associé au Laboratoire méditerranéen de sociologie (CNRS & Aix-Marseille Université)

Sandrine Verdière, professeure agrégée de sciences sociales

25 Auteurs

11 Auteurs harmonisateurs

31 Coauteurs

10 Coauteurs professeurs documentalistes

... ont participé à l'écriture de cette collection de SES !

Académie d'Aix-Marseille

Marie Ducret, professeure, Lycée Jean-Baptiste de La Salle (84)

Académie de Bordeaux

Tarik Rattal, professeur, Lycée Notre-Dame (33)

Académie de Caen

Boris Adam, professeur agrégé, Lycée Albert Sorel (14)

Académie de Créteil

Serge Boucon, professeur certifié

Camille Bourgas, professeure certifiée, Lycée Maurice Rondeau (77)

Jérémy Cara, professeur certifié, Lycée Blaise Pascal (77)

Bénédicte Caustier, professeure agrégée, Lycée Emily Brontë (77)

Alia Chouaikhia, professeure certifiée, Lycée Christophe Colomb (94)

Lucas de Carvalho, professeur certifié, Lycée Jean Vilar (77)

Cyril Granier, professeur certifié, Lycée La Tour des Dames (77)

Académie de Dijon

Albain Picolet, professeur certifié, Lycée Davier (89)

Académie de Grenoble

Frédéric Barruyer, professeur certifié, Lycée Émile Loubet (26)

Giuseppe Bressi, professeur agrégé, Lycée Gabriel Fauré (74)

Yann Clémençon, professeur certifié, Lycée Pierre Béghin (38) et formateur à l'ESPE de Grenoble

Académie de la Guadeloupe

José Donadieu, professeur agrégé

Académie de Lille

Corentin Bultez, professeur agrégé, Lycée Louis Pasteur (59)

Aude Cavaillé, professeure agrégée, Lycée des Nerviens (59)

Thomas Laroux-Iung, professeur certifié, Lycée de l'Escault (59)

Académie de Lyon

Pascale Ferigo, professeure certifiée, Lycée Albert Camus (42)

Georges Morales, professeur agrégé, Lycée Jean Perrin (69)

Caroline Pechoux, professeure

Romain Suiffet, professeur certifié, Lycée Arbez Carme (01)

Académie de Montpellier

Thibaud Costeplane, professeur certifié, Lycée Saint-Guilhem (34)

Académie de Nancy-Metz

Charles-Antoine Boivin, professeur certifié, Lycée Jeanne d'Arc (54)

Caroline Casner, professeure agrégée, Lycée Louis Lapicque (88)

Jean-Luc Pierre, professeur agrégé, Lycée Jacques Callot (54)

Académie de Nantes

Sarah Conquer, professeure certifiée, Lycée Blanche de Castille (44)

Marie-Pierre Richard, professeure certifiée, Lycée Saint-Joseph du Loquidy (44)

Steven Travers, professeur certifié, Lycée Notre-Dame (85)

Académie d'Orléans-Tours

Gabriel Brassart, professeur certifié, Lycée Augustin Thierry (41)

Karen Gavinet, professeure agrégée, Lycée en Forêt (45)

Carine Prost-Aprin, professeure certifiée, Lycée Saint Gatien - La Salle (37)

Sarah Tenani-Vaillant, professeure agrégée, Lycée Voltaire (45)

Académie de Paris

Kévin Besozzi, professeur agrégé, Lycée Colbert (75)

Adrien Mazières-Vaysse, professeur certifié, Lycée Turgot (75)

Pierre Renno, professeur agrégé, Lycée Henri Bergson (75)

Mathilde Sempé, professeure agrégée

Académie de Poitiers

Vincent Levrault, professeur certifié, Lycée Jean Dautet (17)

Jean-Dilip Sen Gupta, professeur agrégé, Lycée André Theuriet (86)

Académie de la Réunion

Jean-Claude Jouffroy, professeur certifié, Lycée BoisJoly Potier (974)

Julien Lafon, professeur certifié, Lycée Saint-Exupéry (974)

Académie de Rouen

Rachel Testelin, professeure certifiée, Lycée Gustave Flaubert (76)

Corinne Vidaluc, professeure certifiée, Lycée Les Bruyères (76)

Académie de Strasbourg

Emmanuelle Driess, professeure certifiée, Gymnase Jean Sturm (67)

André-Laurent Mahieu, professeur agrégé, Lycée Fustel de Coulanges (67)

Académie de Toulouse

Stéphane Pounchou-Guilhamot, professeur agrégé, Lycée René Billères (65)

Jean-Philippe Zanco, professeur agrégé, Lycée polyvalent Le Garros (32)

Académie de Versailles

Laura Benichou, professeure certifiée, Lycée Notre-Dame de Bury (95)

Émilie Chatillon, professeure agrégée, Lycée Emmanuel Mounier (92)

Amy Cissé, professeure agrégée, Lycée Camille Saint-Saëns (95)

Frédérick Divialle, professeur certifié, Lycée Vauban (95)

Anne-Sophie Galliano, professeure, Lycée Saint-Jean Hulst (78)

Marielle Goto, professeure certifiée

Lydie Karlick, professeure certifiée, Lycée Notre-Dame (95)

Gaëtan Le Quang, professeur agrégé

Thierry Marie-Magdelaine, professeur, Lycée Alfred Kastler (95)

Sara Wonner, professeure agrégée, Lycée Jean-Pierre Vernant (92)

Étranger

Christophe Adol, professeur certifié, Lycée Français de Londres (Royaume-Uni)

Arnaud Alarçon, professeur agrégé, Lycée franco-équatorien La Condamine de Quito (Équateur)

Caroline Covas, professeure agrégée, Lycée français de Djibouti

Thomas Dautais, professeur certifié, Lycée Français de Pointe-Noire (Congo)

Louise Douziech, professeure certifiée, Lycée Français de Bilbao (Espagne)

Emmanuel Dumesnil, professeur certifié, Lycée français international Marguerite Duras de Hô-Chi-Minh-Ville (Vietnam)

Olivier Fornara, professeur agrégé, Lycée français Louis Pasteur de Lagos (Nigeria)

Christèle Garcia, professeure certifiée, Collège international Marie de France de Montréal (Canada)

Bruno Goubily, professeur certifié, Lycée Français International de Bangkok (Thaïlande)

Bernard Jocaille, professeur certifié, Lycée Français du Caire (Égypte)

Professeurs documentalistes

Virginie Bertrand, professeure certifiée, Lycée International François Ier (77)

Fanette Bianchi, professeure certifiée

Michèle Bornemann, professeure certifiée, Lycée Saint-Pierre Chanel (57)

Cathy Delord, professeure certifiée, Lycée Kyoto (86)

Sophie Gentier, professeure certifiée, Lycée Paul Doumer (94)

Laurence Henry, professeure certifiée, Lycée Louis Bertrand (54)

Johanna Kirschbaum, professeure certifiée, Lycée Pierre Brossolette (94)

Murielle Lavier, professeure certifiée, Lycée Professionnel Châteauneuf (36)

Marie Martinez, professeure certifiée, Lycée Saint-Pierre Chanel (57)

Emmanuelle Tournoux, professeure certifiée, Lycée Frédéric Faÿs (69)

Bienvenue dans votre manuel de SES !

Suivez le guide !

OUVERTURE DE CHAPITRE

Entrer dans le chapitre

→ Chaque chapitre s'ouvre sur une œuvre d'art en grand format

→ Un sommaire vous présente succinctement la trame du chapitre

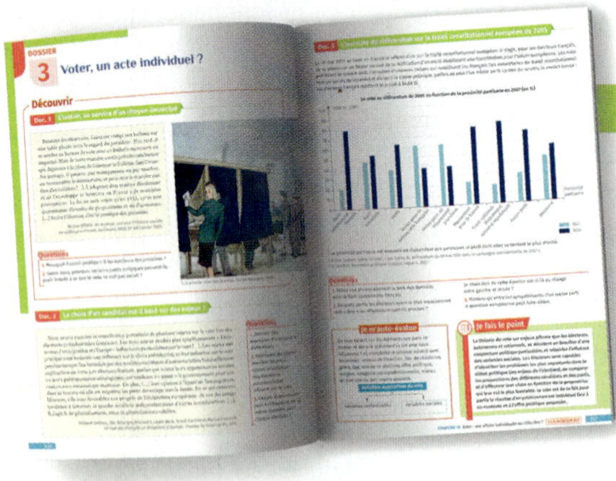

DOSSIER

Poser les bases

→ Un document « Découvrir » pour entrer dans le dossier

→ Un exercice d'auto-évaluation pour vérifier ses acquis

→ Une rubrique « Je fais le point » pour faire la synthèse de ce que vous avez appris

L'ESSENTIEL

Comprendre la leçon

→ Un cours clair et détaillé pour retenir l'essentiel du chapitre

→ Un accent mis sur les notions : la rubrique « Attention aux notions »

→ Une page « En théorie » pour découvrir un concept ou un auteur phare

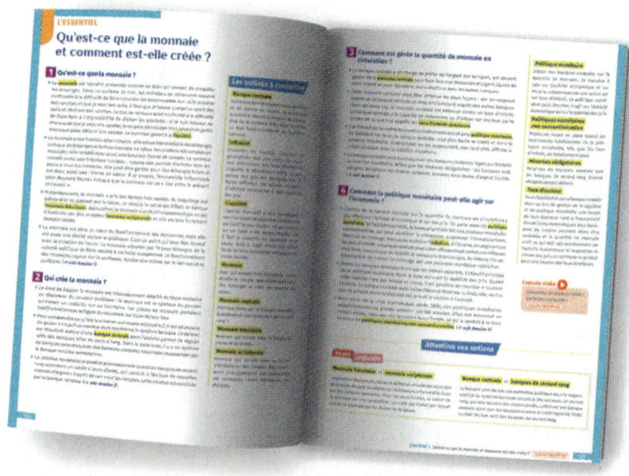

TD

Travailler les savoir-faire

→ Un exercice guidé pour apprendre la méthode

→ Un exercice « À vous de jouer » pour mettre en application ce que vous avez appris

J'argumente à l'oral

Une rubrique pour s'entraîner à argumenter de manière convaincante

Capsule vidéo

L'essentiel du cours en vidéo sur lelivrescolaire.fr :
LLS.fr/SES1P4

L'essentiel en vidéo

Sur chaque chapitre, une vidéo qui résume le cours de manière synthétique et dynamique

Approfondir

EN DIRECT DU LABO

- Approfondir ou éclairer un thème important du chapitre à travers un travail contemporain de recherche
- La méthode et les hypothèses des chercheurs et chercheuses sont présentées de façon accessible

Numérique

Des contenus enrichis à retrouver en ligne sur www.lelivrescolaire.fr

LLS.fr/SES1P5

UN AUTRE REGARD

- Que fait la socialisation au cerveau ? Qu'est-ce qu'un manager du bonheur ? Comment les économistes s'inspirent-ils du personnage de *Robinson Crusoé* ?
- En fin de chapitre, un éclairage pour donner de la perspective aux acquis

Se préparer au nouveau Bac

BAC

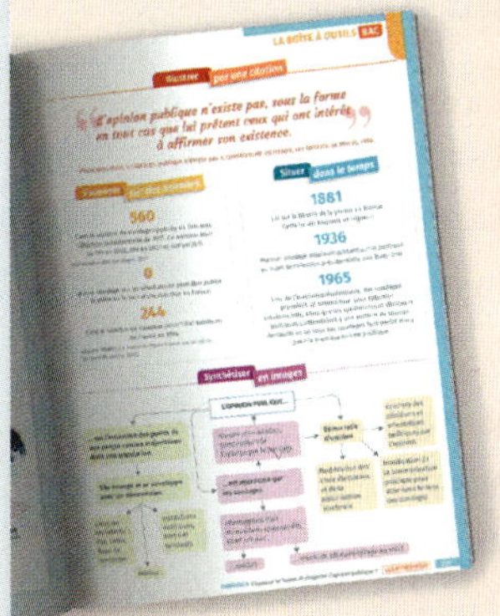

LA BOÎTE À OUTILS BAC

Tout pour réviser efficacement le chapitre ! L'essentiel du cours en schéma, des données-clés et plusieurs dates essentielles.

VERS LE BAC

Dans chaque chapitre, le point sur une compétence essentielle pour réussir l'épreuve de baccalauréat au contrôle continu de première ou une dissertation

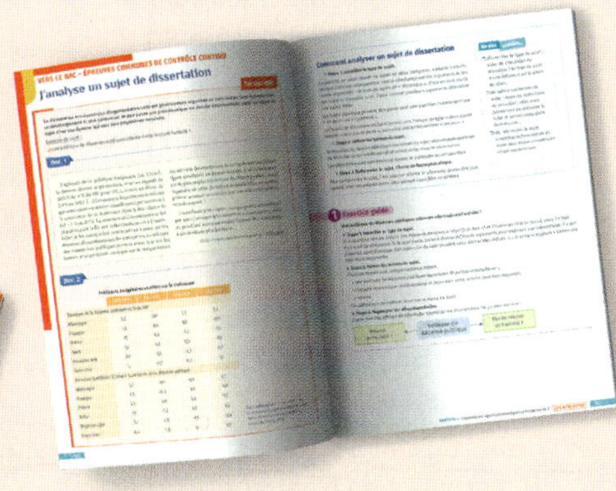

LIVRET BAC

En fin de manuel, des sujets type bac pour s'entraîner aux épreuves

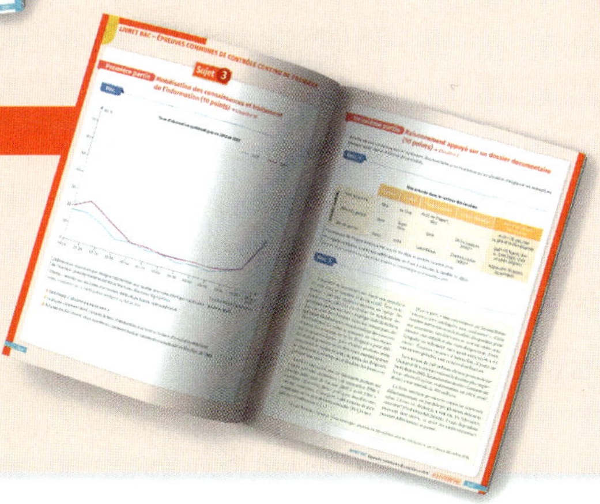

Sommaire

CHAPITRE 5 Qu'est-ce que la monnaie et comment est-elle créée ?

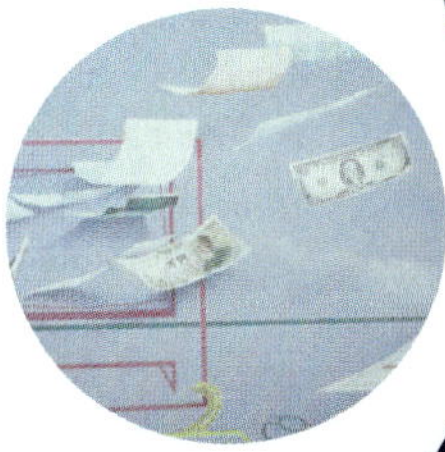

Numérique
Retrouvez des contenus supplémentaires, accessibles gratuitement, sur notre site www.lelivrescolaire.fr

CHAPITRE 6 Comment la socialisation contribue-t-elle à expliquer les différences de comportement des individus ?

CHAPITRE 7 Comment se construisent et évoluent les liens sociaux ?

Sommaire

CHAPITRE 12 Comment les entreprises sont-elles organisées et gouvernées ?

Vers le bac

BAC

Fiches méthode

Numérique

Retrouvez des contenus supplémentaires, accessibles gratuitement, sur notre site www.lelivrescolaire.fr

Programme de Sciences économiques et sociales de première générale

Questionnements et objectifs d'apprentissage

Questionnements	Objectifs d'apprentissage
Science économique	
Comment un marché concurrentiel fonctionne-t-il?	◆ Savoir que le marché est une institution et savoir distinguer les marchés selon leur degré de concurrence (de la concurrence parfaite au monopole). ◆ Savoir interpréter des courbes d'offre et de demande ainsi que leurs pentes, et comprendre comment leur confrontation détermine l'équilibre sur un marché de type concurrentiel où les agents sont preneurs de prix. ◆ Savoir illustrer et interpréter les déplacements des courbes et sur les courbes, par différents exemples chiffrés, notamment celui de la mise en œuvre d'une taxe forfaitaire. ◆ Savoir déduire la courbe d'offre de la maximisation du profit par le producteur et comprendre qu'en situation de coût marginal croissant, le producteur produit la quantité qui permet d'égaliser le coût marginal et le prix ; savoir l'illustrer par des exemples. ◆ Comprendre les notions de surplus du producteur et du consommateur. ◆ Comprendre la notion de gains à l'échange et savoir que la somme des surplus est maximisée à l'équilibre.
Comment les marchés imparfaitement concurrentiels fonctionnent-ils?	◆ Comprendre, à l'aide d'exemples, les principales sources du pouvoir de marché (nombre limité d'offreurs, ententes et barrières à l'entrée). ◆ Comprendre que le monopole est faiseur de prix et être capable de donner des exemples de monopoles (monopole naturel, institutionnel et d'innovation). ◆ Comprendre, à l'aide de représentations graphiques et/ou d'un exemple chiffré, que l'équilibre du monopole n'est pas efficace. ◆ Comprendre ce qu'est un oligopole et, à l'aide du dilemme du prisonnier, pourquoi les firmes en oligopole ont intérêt à former des ententes. ◆ Comprendre que la politique de la concurrence, en régulant les fusions-acquisitions et en luttant contre les ententes illicites et les abus de position dominante, augmente le surplus du consommateur.
Quelles sont les principales défaillances du marché?	◆ Comprendre que le marché est défaillant en présence d'externalités et être capable de l'illustrer par un exemple (notamment celui de la pollution). ◆ Comprendre que le marché est défaillant en présence de biens communs et de biens collectifs, et être capable de l'illustrer par des exemples. ◆ Connaître les deux principales formes d'information asymétrique, la sélection adverse et l'aléa moral, et être capable de les illustrer par des exemples (notamment celui des voitures d'occasion pour la sélection adverse et de l'assurance pour l'aléa moral). ◆ Comprendre que la sélection adverse peut mener à l'absence d'équilibre. ◆ Être capable d'illustrer l'intervention des pouvoirs publics face à ces différentes défaillances.
Comment les agents économiques se financent-ils?	◆ Comprendre que le financement consiste à couvrir des besoins de financement par des capacités de financement. ◆ Comprendre que le taux d'intérêt – à la fois la rémunération du prêteur et le coût du crédit pour l'emprunteur – est le prix sur le marché des fonds prêtables. ◆ Savoir que le revenu disponible des ménages se répartit entre consommation et épargne et qu'ils peuvent dégager des besoins ou des capacités de financement. ◆ Savoir ce qu'est l'excédent brut d'exploitation et comprendre que les entreprises se financent par autofinancement et financement externe (emprunts bancaires et recours au marché financier, en particulier actions et obligations). ◆ Savoir que le solde budgétaire résulte de la différence entre les recettes (fiscales et non fiscales) et les dépenses de l'État ; comprendre que le déficit budgétaire est financé par l'emprunt et savoir qu'une politique de dépenses publiques peut avoir des effets contradictoires sur l'activité (relance de la demande/effet d'éviction).
Qu'est-ce que la monnaie et comment est-elle créée?	◆ Connaître les fonctions de la monnaie et les formes de la monnaie. ◆ Comprendre comment le crédit bancaire contribue à la création monétaire, à partir du bilan simplifié d'une entreprise et de celui d'une banque. ◆ Comprendre le rôle de la banque centrale dans le processus de création monétaire, en particulier à travers le pilotage du taux d'intérêt à court terme sur le marché monétaire, et comprendre les effets que ces interventions peuvent produire sur le niveau des prix et sur l'activité économique.
Sociologie et science politique	
Comment la socialisation contribue-t-elle à expliquer les différences de comportement des individus?	◆ Comprendre comment les individus expérimentent et intériorisent des façons d'agir, de penser et d'anticiper l'avenir qui sont socialement situées et qui sont à l'origine de différences de comportements, de préférences et d'aspirations. ◆ Comprendre comment la diversité des configurations familiales modifie les conditions de la socialisation des enfants et des adolescents. ◆ Comprendre qu'il existe des socialisations secondaires (professionnelle, conjugale, politique) à la suite de la socialisation primaire. ◆ Comprendre que la pluralité des influences socialisatrices peut être à l'origine de trajectoires individuelles improbables.

Comment se construisent et évoluent les liens sociaux?	◆ Comprendre et pouvoir illustrer la diversité des liens qui relient les individus au sein de différents groupes sociaux (familles, groupes de pairs, univers professionnel, associations, réseaux). ◆ Connaître les critères de construction des Professions et Catégories Socioprofessionnelles (PCS) ◆ Comprendre et savoir illustrer le processus d'individualisation ainsi que l'évolution des formes de solidarité en connaissant la distinction classique entre solidarité « mécanique » et solidarité « organique ». ◆ Comprendre comment les nouvelles sociabilités numériques contribuent au lien social. ◆ Comprendre comment différents facteurs (précarités, isolements, ségrégations, ruptures familiales) exposent les individus à l'affaiblissement ou à la rupture de liens sociaux.
Quels sont les processus sociaux qui contribuent à la déviance?	◆ Comprendre la distinction entre normes sociales et normes juridiques, et connaître la diversité des formes de contrôle social. ◆ Comprendre que la déviance et/ou la désignation d'un acte comme déviant se définissent comme une transgression des normes et qu'elles revêtent des formes variées selon les sociétés et, en leur sein, selon les groupes sociaux. ◆ Comprendre que la déviance peut s'analyser comme le produit de différents processus sociaux (étiquetage, stigmatisation, carrières déviantes). ◆ Comprendre et illustrer la distinction entre déviance et délinquance. ◆ Comprendre et illustrer les difficultés de mesure de la délinquance.
Comment se forme et s'exprime l'opinion publique?	◆ Comprendre que l'émergence de l'opinion publique est indissociable de l'avènement de la démocratie : d'abord monopole des catégories « éclairées », l'opinion publique est désormais entendue comme celle du plus grand nombre. ◆ Comprendre les principes et les techniques des sondages, et les débats relatifs à leur interprétation de l'opinion publique ◆ Comprendre comment le recours fréquent aux sondages d'opinion contribue à forger l'opinion publique et modifie l'exercice de la démocratie (démocratie d'opinion) et de la vie politique (contrôle des gouvernants, participation électorale, communication politique).
Voter : une affaire individuelle ou collective?	◆ Être capable d'interpréter des taux d'inscription sur les listes électorales, des taux de participation et d'abstention aux élections. ◆ Comprendre que la participation électorale est liée à divers facteurs inégalement partagés au sein de la population (degré d'intégration sociale, intérêt pour la politique, sentiment de compétence politique) et de variables contextuelles (perception des enjeux de l'élection, types d'élection). ◆ Comprendre que le vote est à la fois un acte individuel (expression de préférences en fonction d'un contexte et d'une offre électorale) et un acte collectif (expression d'appartenances sociales). ◆ Comprendre que la volatilité électorale revêt des formes variées (intermittence du vote, changement des préférences électorales) et qu'elle peut refléter un affaiblissement ou une recomposition du poids de certaines variables sociales, un déclin de l'identification politique (clivage gauche/droitenotamment) et un renforcement du poids des variables contextuelles.

Regards croisés

Comment l'assurance et la protection sociale contribuent-elles à la gestion des risques dans les sociétés développées?	◆ Connaître les principaux types de risques économiques et sociaux auxquels les individus sont confrontés (maladie, accident, perte d'emploi, vieillesse). ◆ Comprendre que l'exposition au risque et l'attitude face au risque (perception du risque, aversion au risque, conduites à risque) diffèrent selon les individus, les groupes sociaux et les sociétés, et être capable de l'illustrer pas des exemples. ◆ Comprendre les effets positifs (bien-être, incitation à l'innovation) et négatifs (aléa moral) du partage des risques tant pour les individus que pour la société. ◆ Connaître les principes (prévention, mutualisation et diversification) qui permettent la gestion collective des risques et savoir les illustrer par des exemples. ◆ Connaître le rôle des principales institutions qui contribuent à la gestion des risques (famille, sociétés et mutuelles d'assurance, pouvoirs publics). ◆ Comprendre que la protection sociale, par ses logiques d'assurance et d'assistance, contribue à une couverture des risques fondée sur le principe de solidarité collective.
Comment les entreprises sont-elles organisées et gouvernées?	◆ Comprendre le cycle de vie d'une entreprise à partir de quelques exemples (création, croissance, changement de statuts juridiques, disparition). ◆ Connaître et être capable d'illustrer la diversité des figures de l'entrepreneur : par leur statut juridique (entrepreneur individuel, micro-entrepreneur, chef d'entreprise) ; par leur position et leurs fonctions économiques (entrepreneur-innovateur, manager, actionnaire). ◆ Comprendre les notions de gouvernance, d'autorité et de décentralisation/centralisation des décisions au sein d'une entreprise. ◆ Comprendre qu'une entreprise est un lieu de relations sociales (coopération, hiérarchie, conflit) entre différentes parties prenantes (salariés, managers, propriétaires/actionnaires, partenaires d'une coopérative).

Objectifs d'apprentissage concernant l'utilisation des données quantitatives et des représentations graphiques

Calcul, lecture, interprétation :
→ Proportion, pourcentage de répartition.
→ Taux de variation, taux de variation cumulé, coefficient multiplicateur, indice simple.
→ Moyenne arithmétique simple et pondérée.

Lecture et interprétation :
→ Indice synthétique.
→ Médiane.
→ Valeur nominale, valeur réelle (notamment, taux d'intérêt nominal et taux d'intérêt réel)
→ Tableau à double-entrée.
→ Représentations graphiques : diagrammes de répartition, représentation de séries chronologiques.
→ Représentation graphique de fonctions simples (offre, demande, coût) et interprétation de leurs pentes et de leurs déplacements.

CHAPITRE 1

Comment un marché concurrentiel fonctionne-t-il ?

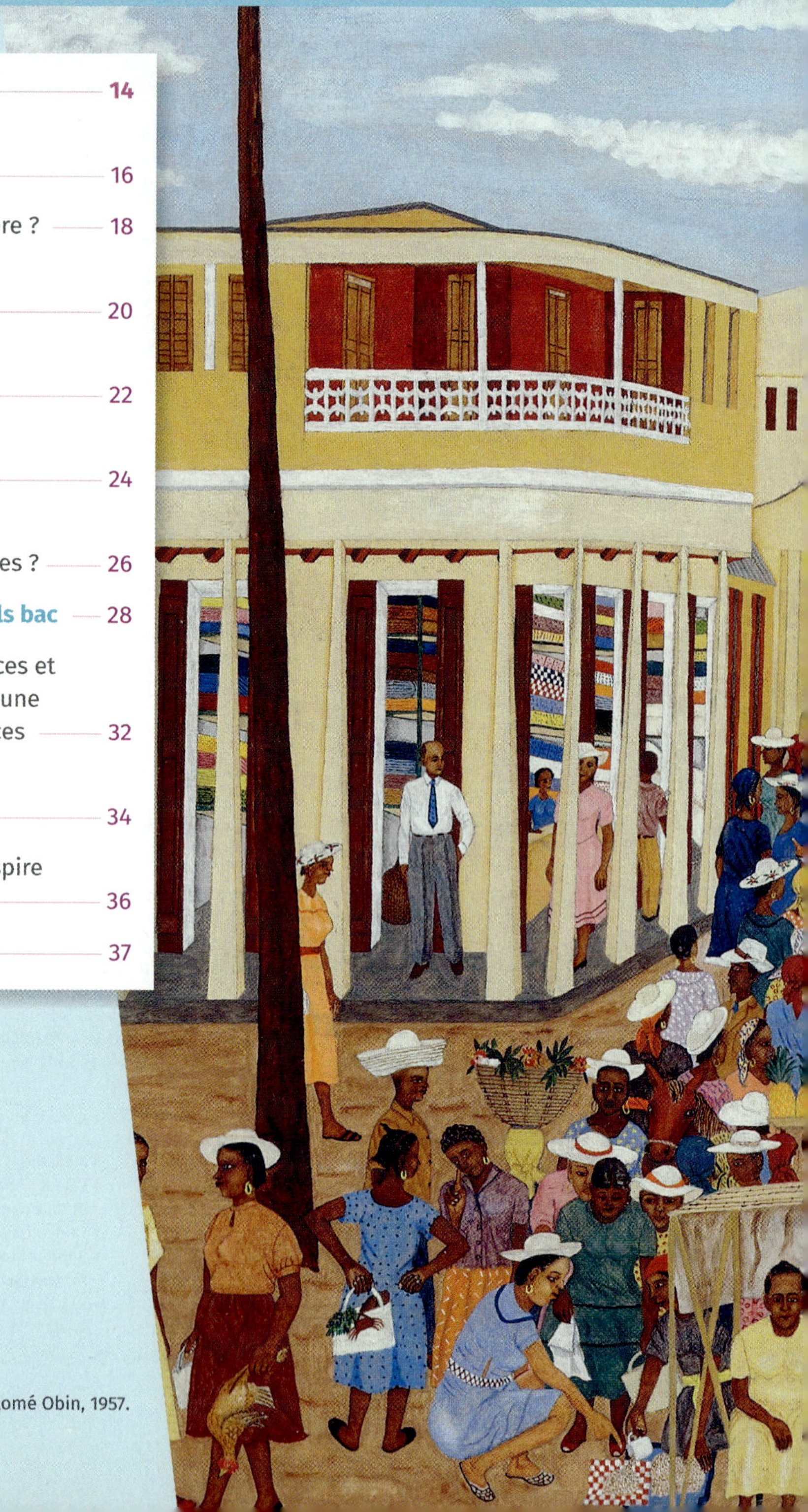

Le marché de Limbé, Philomé Obin, 1957.

Notions-clés

Coût marginal · Demande · Équilibre · Gains à l'échange · Institutions · Marché concurrentiel · Offre · Optimum · Preneur de prix · Surplus · Taxe forfaitaire

POUR COMMENCER

Comment un marché concurrentiel fonctionne-t-il ?

Doc. 1 Le marché de la viande bovine : un marché concurrentiel ?

L'origine des viandes importées par l'Union européenne, en % du total des importations

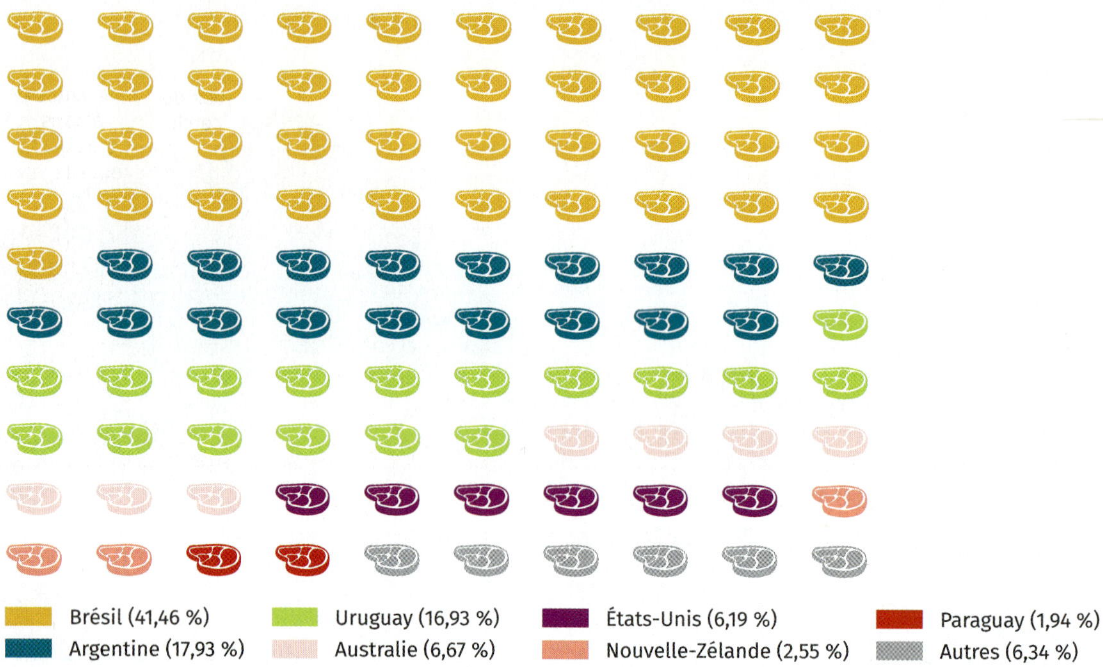

Le marché de la viande en chiffres

24 kg
C'est la consommation moyenne de bœuf et de veau d'un Français chaque année.

23 %
de la viande consommée provient des restaurants.

2/3
de la viande consommée provient de grandes surfaces.

14 %
provient des boucheries.

1er
La France est le premier producteur européen de viande bovine.

165 000
fermes d'élevage produisent du bœuf en France.

1,3 million
de tonnes de viande de bœuf produites en France chaque année.

D'après InterBev, FranceAgriMer, Les marchés/le média de l'alimentaire, « Viande bovine : bond des importations européennes », juillet 2018.

Questions

1. Sélectionnez des données dans les documents qui illustrent la forte concurrence sur le marché de la viande bovine.

2. Quels éléments de contrôle de la qualité de la viande pouvez-vous citer ?

Doc. 2 Les marchés sont-ils tous ouverts à la concurrence ?

L'organisation du marché des jeux d'argent et de hasard en France

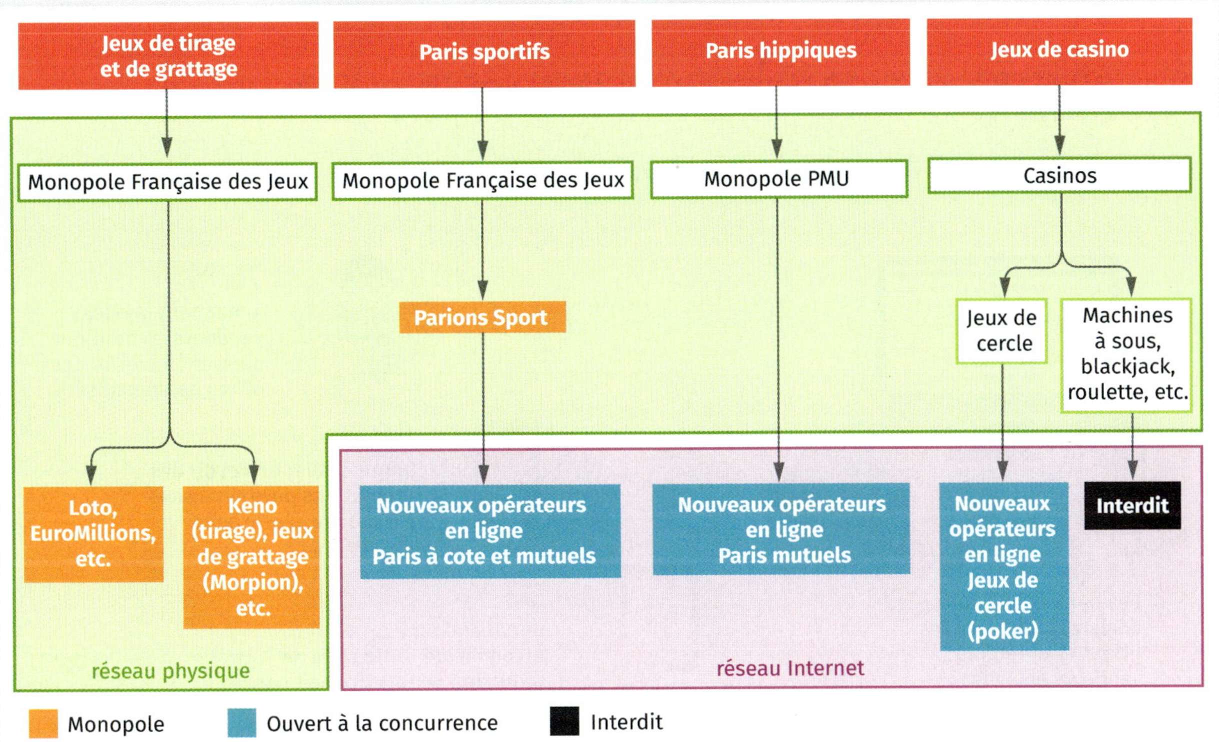

D'après *Les Échos*, avec le rapport de la Cour des comptes d'octobre 2016.

Questions

1. Que signifie le fait qu'un marché est ouvert à la concurrence ?
2. Qu'est-ce qu'un monopole ?
3. Selon vous, pour quelles raisons les marchés des jeux d'argent et de hasard sont-ils réglementés par les pouvoirs publics ?

Testez vos connaissances

1. **Sur le marché d'un produit, ceux qui proposent ce produit sont les :**
   ❑ demandeurs ; ❑ offreurs.
2. **Le prix d'équilibre est celui pour lequel :**
   ❑ l'offre est supérieure à la demande ; ❑ l'offre est égale à la demande ; ❑ l'offre est inférieure à la demande.
3. **Quand une entreprise est la seule à proposer un produit, on dit qu'elle est en :**
   ❑ concurrence ; ❑ monopole ; ❑ solitaire.
4. **Un modèle théorique est :**
   ❑ une représentation idéale de la réalité, vers laquelle il faut aller ; ❑ une représentation fausse de la réalité, qui n'a pas d'utilité ; ❑ une représentation simplifiée de la réalité, dans le but de la comprendre.

Questions du chapitre

1 Qu'est-ce qu'un marché et quels sont les différents degrés de concurrence ?

2 Quel rôle les prix jouent-ils dans la formation de l'offre et de la demande d'un produit ?

3 Comment l'équilibre du marché concurrentiel se forme-t-il ?

4 Quels sont les effets d'une taxe forfaitaire sur le marché ?

DOSSIER

1 Comment la demande et l'offre se forment-elles ?

Découvrir

Doc. 1 Les consommateurs sont-ils rationnels ?

73 % des personnes interrogées **déclarent comparer les prix** chez différents vendeurs en ligne.

76 % aimeraient que **les vendeurs** en boutique puissent remettre des **offres personnalisées.**

64 % apprécieraient **recevoir des promotions personnalisées** sur mobile, à proximité des magasins.

32 % ont **abandonné** un panier e-commerce car **le code de réduction ne fonctionnait pas.**

Étude menée par le cabinet d'études international Censuswide pour la société Adyen, entre les 19 et 23 juin 2017, auprès de 1 007 consommateurs français (âgés de 16 ans et plus).

Questions

1. Citez une donnée du document qui montre que le prix est un facteur déterminant de l'acte d'achat.
2. Selon vous, le commerce en ligne favorise-t-il la baisse des prix ?
3. Sur un marché, pourquoi l'information sur les prix est-elle une donnée essentielle ?

Doc. 2 Quelle est l'influence du prix sur la demande ?

Courbe de demande du consommateur de viande bovine

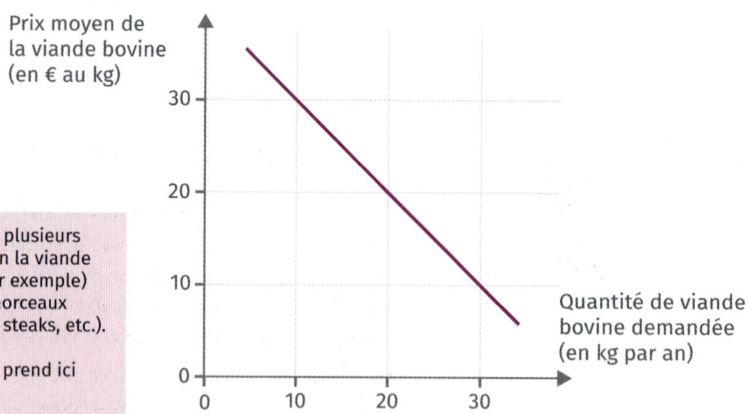

En réalité, il existe plusieurs types de prix, selon la viande (bœuf ou veau, par exemple) et la qualité des morceaux (côtes, entrecôtes, steaks, etc.).

Pour simplifier, on prend ici le prix moyen.

On se place dans le cadre fictif d'un marché de la viande bovine. En théorie, le consommateur est disposé à consommer d'autant plus de bœuf que le prix est bas (et inversement).

Questions

1. Dans cet exemple fictif, quelle serait la demande de viande bovine du consommateur si le prix du marché était de 30 € le kilo ? De 10 € ?
2. En dehors du prix, quels autres facteurs peuvent influer sur la demande de viande bovine ?

Doc. 3 Comment l'offre évolue-t-elle lorsque le prix varie ?

La courbe d'offre fictive d'un producteur de viande bovine

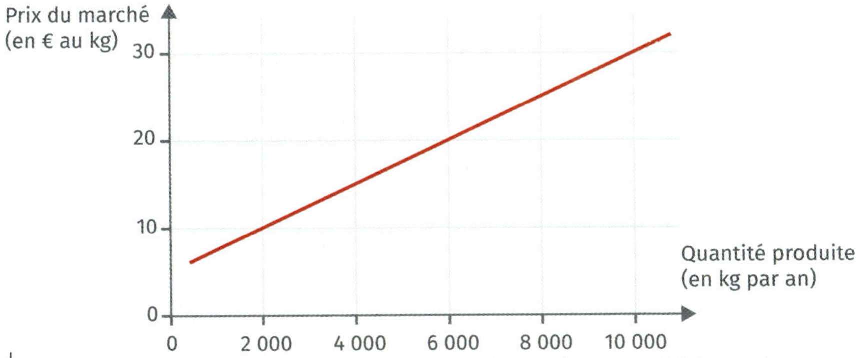

Pour déterminer quelle quantité il est prêt à offrir au prix du marché, le producteur compare ses coûts de production au prix unitaire. Il se réfère à son coût marginal : coût supplémentaire causé par une nouvelle unité produite.

Questions

1. Combien de kilos de viande bovine ce producteur fictif est-il prêt à offrir au prix de 20 € ?
2. Calculez la variation de l'offre du producteur quand le prix du marché passe de 20 à 30 €.
3. Quelle différence majeure constatez-vous entre la courbe d'offre et la courbe de demande ?

Doc. 4 Que nécessite un marché pour fonctionner ?

Le marché est une institution qui a pour principale caractéristique de distinguer socialement les producteurs spécialisés des consommateurs, et de les réunir par différents mécanismes de négociation et d'échange. Dans le secteur immobilier, il correspond à l'émergence de promoteurs et courtiers professionnels. Le marché se base sur le calcul, par le promoteur, de la différence entre les coûts monétaires de production et les prix du marché, dans le but de dégager une marge. Cette marge lui permet de rémunérer son travail, voire de dégager un profit supplémentaire. […] Le marché se caractérise aussi par la concurrence et le fait que les prix s'imposent aux producteurs comme aux consommateurs. Les producteurs ne parviennent à les influencer qu'à la marge. Il arrive donc également que des producteurs inefficaces soient évincés du marché.

Thierry Theurillat, Patrick Rérat, Olivier Crevoisier, « Les marchés immobiliers : acteurs, institutions et territoires », *Géographie, économie, société*, 2014.

Questions

1. Pourquoi l'existence d'une concurrence empêche-t-elle les producteurs d'influencer réellement les prix ?
2. Que se passe-t-il quand le marché n'est pas en concurrence ?
3. Que signifie le fait que le marché est une institution ?

Point notion

Institutions

Ensemble de règles, de conventions et d'organisations qui permettent une activité sociale. Le marché nécessite l'existence de telles institutions (monnaie, droits de propriété, règles sur la qualité des produits) et il est lui-même une institution.

Je m'auto-évalue

Choisissez la bonne proposition.

1. L'offre et la demande d'un bien dépendent exclusivement de son prix.
   a. Vrai ; b. faux.
2. Sur un marché concurrentiel, le prix s'impose à tous les agents.
   a. Vrai ; b. faux.
3. Laquelle de ces deux propositions est vraie ?
   a. L'offre dépend du coût de production et du prix du marché ; b. la courbe d'offre est décroissante avec le prix.

Je fais le point

Le modèle théorique du marché en concurrence est une simplification de la réalité. Les offreurs comme les demandeurs sont censés adapter leur comportement sur le niveau des prix. On suppose le plus souvent que les offreurs sont prêts à produire une quantité d'autant plus élevée que le prix est haut alors que les consommateurs émettent une demande qui est décroissante avec le prix.

Le marché est une institution. C'est une manière d'organiser les échanges qui repose sur des croyances, des règles sociales et juridiques, ainsi que sur des organisations.

DOSSIER

2 Comment le marché atteint-il l'équilibre ?

Découvrir

Doc. 1 Comment fixer le juste prix dans l'immobilier ?

Une start-up nantaise, baptisée Kadran.immo, a décidé d'adapter la vente au cadran[1], traditionnellement utilisée dans les marchés aux bestiaux et la criée aux poissons, au marché de l'immobilier. [...] Le concept est simple : le vendeur détermine un prix de départ, ainsi qu'un prix de réserve en dessous duquel il ne veut pas vendre son bien. Une fois la vente démarrée, le prix baisse toutes les trente secondes. Le premier acquéreur potentiel à considérer que la maison est à son prix clique sur le cadran et remporte la vente. Un concept qui a tout de suite séduit maître Vincent Chauveau, notaire à Nantes. [...] Selon Me Chauveau, [...] « avec ce système, le vendeur voit où les acheteurs sont prêts à se positionner ». [...] Le système présente également de nombreux atouts pour les acheteurs [...] : lors de la vente ils peuvent voir en direct les autres acheteurs potentiels se positionner, ce qui leur permet de ne pas surenchérir à l'aveugle. Une aubaine quand on sait que dans beaucoup de marchés tendus les acheteurs renoncent souvent à négocier par peur de voir le bien leur passer sous le nez.

Adrien Gicquiau, « La vente aux enchères inversées fait ses débuts sur le marché immobilier », *Le Figaro*, septembre 2017.

1. Une vente au cadran est une vente aux enchères inversées : le vendeur fixe un prix de départ ; si personne n'achète à ce prix, celui-ci diminue. Ce processus se répète jusqu'à ce que le produit soit vendu.

Questions

1. Quels sont les avantages du système du marché au cadran pour les acheteurs et les vendeurs ?

2. Selon vous, la vente au cadran pourrait-elle être adoptée sur d'autres marchés ?

Doc. 2 Comment le prix d'équilibre se forme-t-il sur le marché ?

La courbe d'offre fictive d'un producteur de viande bovine

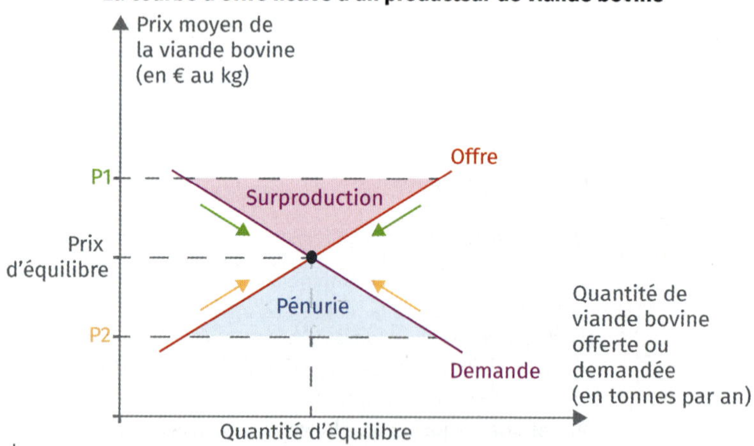

Sur un marché concurrentiel (ici, le marché fictif de la viande bovine), le prix s'impose à tous les agents comme une donnée (ils sont « preneurs de prix »). En théorie, dans un univers concurrentiel, il existe un seul et unique prix qui permette l'égalité de l'offre et de la demande et donc la réalisation de la transaction : c'est le prix d'équilibre. Pour déterminer le prix théorique du marché, on doit identifier le point de rencontre entre les courbes d'offre et de demande agrégées.

Questions

1. Que se passe-t-il si le prix proposé aux agents vaut P1 ?

a. L'offre est supérieure à la demande ;

b. la demande est supérieure à l'offre.

2. Complétez le texte : « *Si le prix du marché était égal à P2, il serait* ____ *au prix d'équilibre. À ce prix, la demande serait* ____ *à l'offre, ce qui placerait le marché en situation de* ____ ».

3. Si P2 augmente de quelques euros, comment les consommateurs vont-ils réagir ? Quelle sera la réaction des producteurs ?

Doc. 3 Quels sont les gains à l'échange pour les agents économiques ?

Prenons l'exemple d'un marché du logement où des studios s'échangeraient à l'équilibre à un prix moyen de 30 000 € : dans ces conditions, les agents demandeurs, qui étaient prêts à acheter ces biens à un prix supérieur (40 000 € par exemple) réalisent une économie substantielle, puisqu'ils obtiennent leur logement moins cher que ce qu'ils étaient disposés à payer au maximum : l'équilibre concurrentiel leur a été profitable. Le concept de surplus a été développé pour évaluer précisément les gains réalisés dans les conditions d'équilibre du marché, par rapport aux prix que les agents offreurs demandaient au minimum pour vendre en fonction de leurs coûts de production, et par rapport au prix maximal que les agents demandeurs étaient disposés à payer en fonction de la satisfaction ressentie à la consommation du bien. [...] Le surplus total représente les gains réalisés par l'ensemble des acteurs qui interviennent sur le marché. Dans ce cas, il renvoie à la somme du surplus des consommateurs et du surplus des producteurs.

Emmanuel Buisson-Fenet, Marion Navarro, *La Microéconomie en pratique*, Armand Colin, 2012 (3e éd.).

Gains à l'échange et surplus

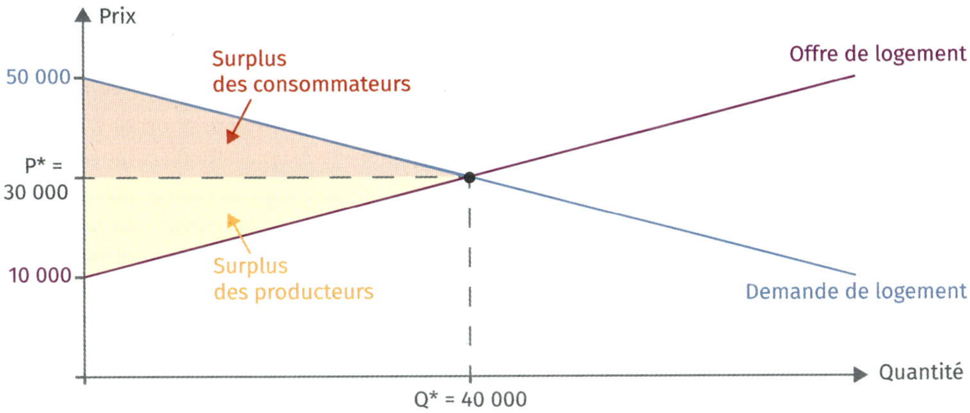

Numérique

Comprendre et visualiser le surplus avec une infographie animée : LLS.fr/SES1P19

Questions

1. D'après la courbe de demande, peut-on dire que certains consommateurs étaient prêts à payer 40 000 euros pour un studio ?
2. Étant donné le prix d'équilibre du marché, quelle somme ont-ils « économisée » ?
3. À l'aide d'un calcul similaire, montrez que des vendeurs de studios sont également gagnants dans l'échange.
4. Pour quel niveau de prix les surplus sont-ils maximaux ?

Je m'auto-évalue

Choisissez la bonne proposition.

1. Si le prix du marché est inférieur au prix d'équilibre, alors :
   a. offre > demande ; b. demande > offre.
2. En théorie, pour que la transaction puisse avoir lieu, il faut :
   a. que l'offre soit égale à la demande ;
   b. que l'offre soit supérieure à la demande.
3. L'équilibre concurrentiel est un optimum car :
   a. les prix sont bas ; b. le surplus est maximal ; c. l'offre est égale à la demande.

Je fais le point

L'échange ne peut avoir lieu que si tous les acheteurs et les vendeurs trouvent une contrepartie. Il existe donc un « prix d'équilibre » pour lequel l'offre et la demande sont égales et qui permet la transaction. Pour ce prix, il n'y a ni pénurie, ni surproduction et l'échange permet les gains les plus élevés pour tous.

En théorie, l'équilibre sur le marché en concurrence est un « optimum », une situation que l'on ne peut pas améliorer sans diminuer la satisfaction d'au moins un agent. Le surplus total est le plus élevé quand le marché est à l'équilibre en situation de concurrence.

DOSSIER

3 Quels sont les effets des variations de l'offre et de la demande ?

Découvrir

Doc. 1 Comment expliquer les variations du prix du pétrole en 2019 ?

Alors que certains prédisaient cet automne qu'il franchirait sans tarder le seuil symbolique des 100 dollars, le baril de pétrole a connu une chute vertigineuse. Le WTI (référence américaine) qui se situait en octobre à 76 dollars a ainsi dégringolé vers les 50 dollars – il évoluait mercredi 9 janvier à 51 dollars. Quant au pétrole européen (Brent), il a connu un krach tout aussi sévère en perdant, en presque trois mois, près de 30 % de sa valeur, il s'échangeait hier soir à 61 dollars le baril.

Un effondrement qui tient à trois facteurs : la hausse de la production pétrolière de l'Arabie saoudite, qui a notamment entendu les appels répétés de Donald Trump à faire baisser les cours ; le boom du pétrole de schiste américain dont la production atteint chaque mois un niveau record ; et l'assouplissement des sanctions américaines contre l'Iran qui peut continuer d'exporter une grande partie de son brut. [...] Mais, à plus long terme, un certain nombre de spécialistes s'accordent à dire que les prix pourraient connaître une hausse bien plus forte. [...] Comme l'a annoncé l'AIE[1], dans son rapport annuel sur les perspectives du marché en novembre, l'insuffisance des investissements dans la production pétrolière pourrait [...] entraîner un déséquilibre du marché mondial à moyen terme et donc favoriser une hausse des prix.

Antoine Izambard, « Pétrole : après la chute, le rebond est attendu en 2019 », Challenges.fr, 10 janvier 2019.

1. Agence internationale de l'énergie : organisation qui publie des statistiques et des rapports sur les ressources énergétiques.

Questions

1. Comment a évolué l'offre de pétrole au début de l'année 2019 ? Quelle en a été la conséquence sur le prix du pétrole ?
2. Quelle est la prévision concernant les prix sur le plus long terme ? Cette prévision s'est-elle révélée exacte ?
3. Comment l'évolution de la demande peut-elle expliquer cette prévision ?

Numérique

Pour suivre en temps réel le cours du pétrole :

LLS.fr/CoursPetrole

Doc. 2 Comment les variations de l'offre et de la demande jouent-elles sur les prix ?

Attention ! Les événements relatés dans le document sont purement fictifs et sont destinés à illustrer le propos.

Figure a

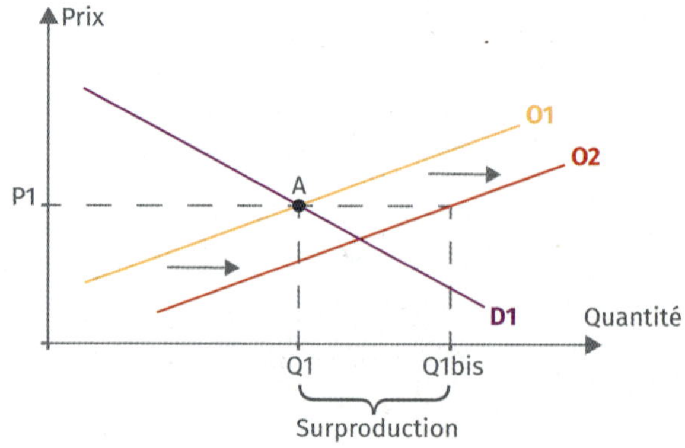

Figure b

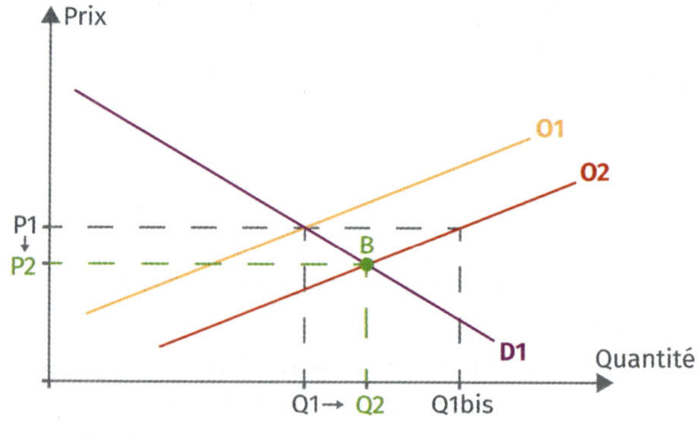

Figure c

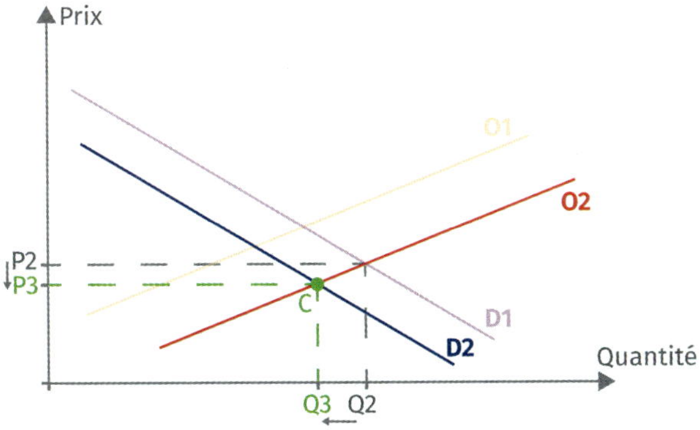

Figure d

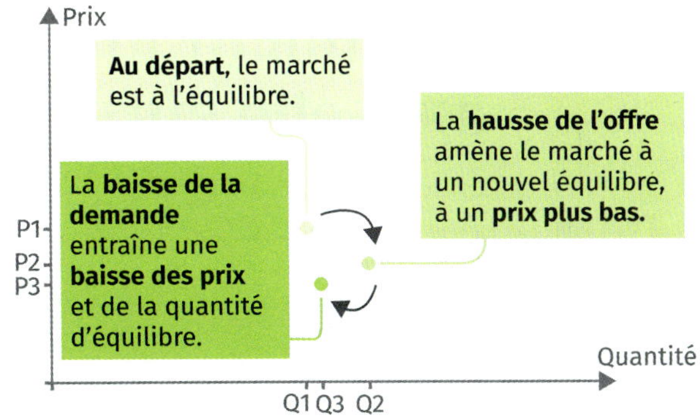

Questions

Au départ, le marché français de la viande bovine est à l'équilibre au prix P1. Mais, après un accord commercial entre l'Union européenne et le Brésil, les importations de viande augmentent en France.

1. Fig. a. Pourquoi la courbe d'offre se déplace-t-elle vers la droite dans la figure a ?

2. Fig. a. Que se passerait-il si le prix du marché restait fixe ?

3. Fig. b. Sur le graphique, où se situe le nouvel équilibre ?

4. Fig. b. Le prix d'équilibre a-t-il augmenté ou diminué ?

5. Fig. b. Complétez le texte avec « de » et « sur » : « *Si les prix sont flexibles, à demande égale, une hausse de l'offre conduit à un déplacement ____ la courbe d'offre et un déplacement ____ la courbe de demande. Le prix d'équilibre diminue.* ».

À la suite d'un scandale sanitaire, les consommateurs se détournent du bœuf et se portent vers la volaille et les poissons.

6. Fig. c. Expliquez le déplacement de la courbe de demande de D1 à D2.

7. Fig. c. Quel est l'effet de cette nouvelle perturbation sur le prix d'équilibre ?

Question finale. Comment le marché s'adapte-t-il aux variations des conditions d'offre ou de demande ? Notez que la figure d résume les effets des variations de l'offre et de la demande sur le prix.

Numérique

Retrouvez les graphiques en version animée : LLS.fr/SES1P21

Point notion

Rationnement

Déséquilibre du marché constaté lorsque le prix fixé est supérieur (rationnement de l'offre) ou inférieur (rationnement de la demande) au prix d'équilibre.

Flexibilité des prix

Mécanisme de hausse ou de baisse du prix du marché, qui permet des réajustements de l'offre ou de la demande et le retour à un nouvel équilibre.

Je m'auto-évalue

Pour chacun de ces événements, indiquez quelles sont les conséquences sur l'offre, la demande et le prix avec un texte de la forme suivante : « L'offre ____ , la demande ____ , le prix d'équilibre ____ . ». Utilisez les termes : « augmente », « diminue » ou « ne varie pas ».

1. le marché des prunes/une période de sécheresse.
2. le marché de l'hôtellerie/l'organisation des Jeux olympiques à Paris.
3. le marché du pétrole/la découverte de nouveaux gisements.
4. le marché des voitures à essence/l'engouement des ménages pour les voitures électriques.

Je fais le point

Au cours du temps, les conditions d'offre ou de demande sur un marché peuvent changer (hausse des coûts de matières premières ou du travail, modification des préférences des consommateurs, etc.). Toute variation de l'offre ou de la demande implique une hausse ou une baisse du prix du marché qui doit permettre de parvenir à un nouvel équilibre. Graphiquement, ces variations se traduisent par des déplacements des courbes.

DOSSIER

4 Comment une taxe forfaitaire agit-elle sur l'équilibre ?

Découvrir

Doc. 1 Taxer pour modifier les comportements ?

Le législateur vient de modifier la taxe sur les boissons sucrées dite « taxe soda », à l'origine instaurée en 2012 et qui s'applique aux boissons contenant des sucres ajoutés. Le gouvernement entend ainsi répondre à un objectif de santé public. Jusqu'à présent, le taux de la taxe s'élevait à 7,55 euros par hectolitre de boisson, et ce, quelle que fut la quantité de sucres ajoutés. Depuis le 1er juillet 2018, plus une boisson est sucrée, plus elle sera taxée [...]. Par exemple, pour une boisson contenant 15 kg de sucres ajoutés par hectolitre, la taxe s'élève désormais à 23,50 euros à compter du 1er juillet 2018, contre 7,55 euros auparavant.

Pour obtenir ce durcissement de la loi, le législateur s'est notamment basé sur un rapport publié en 2015 par l'Organisation mondiale de la santé (OMS) faisant état de la nécessité de réduire l'apport en sucres ajoutés, surtout dans les boissons, afin de limiter les risques d'obésité, de diabète de type 2, de cancer de l'endomètre et de cancer du sein. Le but de ce nouveau dispositif est indéniablement d'obliger les fabricants à réduire la teneur en sucre des sodas car la répercussion intégrale de cette taxe dans le prix de vente leur ferait perdre des parts de marché.

Sophie Dumon-Kappe, « Plus une boisson est sucrée, plus elle sera taxée », *Le Monde*, 3 août 2018.

Questions

1. Quel était le principe de la taxe instaurée en 2012 ?
2. Si les vendeurs de boissons ne réduisent pas la teneur en sucre de leurs produits, quel impact aura la taxe sur les consommateurs ? Pourquoi les vendeurs risquent-ils alors de perdre des parts de marché ?
3. Expliquez pourquoi les économistes qualifient ce type de taxe de « comportementale ».

Doc. 2 Quel est l'effet théorique d'une taxe forfaitaire sur la courbe d'offre ?

Dans l'exemple fictif ci-dessous, le gouvernement décide d'instaurer une taxe de 0,60 € par litre d'essence vendue pour réduire la consommation de carburants. Avant la taxe, le marché est à l'équilibre pour un prix de 1 € et des quantités de 9 millions de litres.

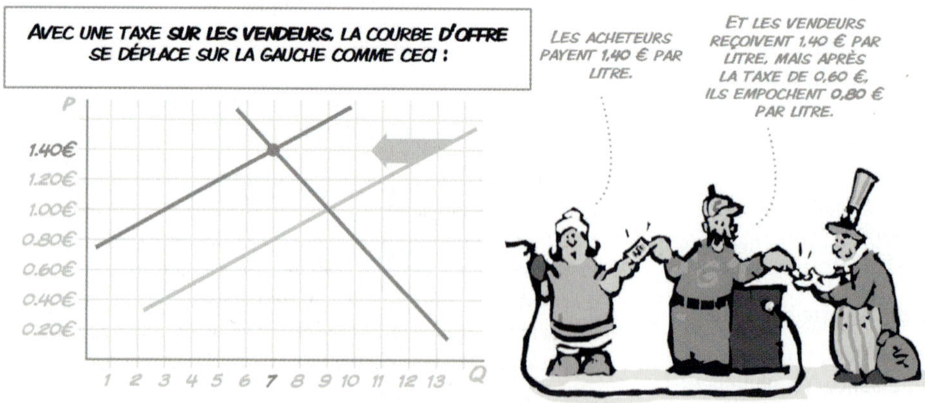

Grady Klein, Yoram Bauman, *L'Économie en BD. La micro-économie*, Eyrolles, 2012.

Questions

1. Quels sont les effets de la taxe pour les vendeurs ? Pour les acheteurs ?
2. Observez le graphique : dans cet exemple, le gouvernement a-t-il atteint son objectif ?

Doc. 3 Les taxes sont-elles efficaces ?

Les taxes peuvent chercher à rendre plus chers les produits les moins bons pour la santé. Le film *Super Size Me*, en 2004, a pointé du doigt les effets nocifs de la restauration rapide.

L'évaluation de l'impact des politiques de taxation sur les décisions des individus a fait l'objet d'abondants travaux empiriques […]. Le calcul de l'impact d'une taxation sur la consommation passe par le calcul d'une élasticité, qui mesure la variation de la consommation consécutive à la variation du prix du bien […]. La plupart des travaux portant sur le tabac, l'alcool et les produits alimentaires identifient un lien non négligeable entre l'évolution du prix et l'évolution de la consommation de ces biens. […]

Le résultat des simulations […] met en évidence une baisse des achats corrélée à l'augmentation des prix. Mais ce comportement est à nuancer selon la classe sociale du ménage et le groupe d'aliments. Les ménages aisés restreignent leurs achats de poisson, de fruits secs, de produits laitiers, de fromage, de beurre ou de crème, de produits gras et sucrés et d'eaux en bouteille lorsque les prix de ces produits augmentent. Il en est de même pour les ménages modestes, mais dans une moindre mesure. Inversement, les ménages aisés se montrent moins sensibles à l'augmentation du prix des fruits et légumes et des boissons alcoolisées que les ménages modestes qui, eux, répercutent la hausse du prix de ces produits par une baisse de leurs achats.

Par ailleurs, l'étude révèle l'importance des substitutions entre produits alimentaires […]. La hausse du prix des boissons non alcoolisées (hors jus de fruits) induit une baisse des achats de pommes de terre, de plats préparés et de produits gras et salés, ce qui permet de s'attendre à ce que l'application d'une taxe sur les sodas induise une baisse sensible des achats de ces produits.

Yves Daudigny et Catherine Deroche, « Fiscalité et santé publique : état des lieux des taxes comportementales », Rapport sénatorial d'information n° 399, 26 février 2014.

Texte souligné du fait de l'éditeur.

Point notion

Élasticité-prix de la demande

L'élasticité-prix de la demande d'un produit mesure les effets de la variation des prix d'un produit sur celle de la demande. Elle prend une valeur numérique. Le plus souvent, elle est négative : quand le prix augmente, la demande diminue. Par exemple, quand elle vaut -3 , cela signifie qu'une hausse du prix de 1 % conduit à une baisse de la demande de 3 %. Quand l'élasticité-prix est proche de 0, la demande est peu élastique : les variations de prix ont peu d'effets sur la demande.

Questions

1. Comment l'élasticité-prix permet-elle d'estimer les effets d'une taxe ?
2. Au vu des études citées, la taxe atteint-elle son objectif de changement des comportements alimentaires ?
3. Reformulez les phrases soulignées en utilisant la notion d'élasticité-prix de la demande.

Je m'auto-évalue

Indiquez si la proposition est vraie ou fausse.

1. Une taxe forfaitaire est un prélèvement qui représente une somme différente selon le niveau de richesse.
2. En théorie, une taxe forfaitaire n'empêche pas le marché d'atteindre l'équilibre.
3. Plus l'élasticité-prix de la demande est forte, plus la taxe est efficace.

Je fais le point

Les pouvoirs publics peuvent modifier l'équilibre du marché par l'instauration d'une taxe forfaitaire, qui est une taxe d'un même montant pour tous. Cette taxe peut porter sur les acheteurs ou sur les vendeurs. Au niveau théorique, une taxe de ce type est efficace, car elle augmente le prix et diminue la quantité échangée. En réalité, l'effet de la taxe dépend de l'élasticité-prix de la demande et de l'offre et des possibles effets de substitutions.

TD 1

Comment construire les courbes d'offre et de demande ?

1 Exercice guidé → Construire une courbe de demande totale et mesurer des élasticité-prix

Doc. 1 Comment évolue la demande pour les tablettes de chocolat ?

Demandes individuelles et totales de tablettes de chocolat (par an)
Prix en euros, quantités en nombre d'unités achetées

Tableau 1

Prix	Emma	Pierre	Maïssa	Demande totale
1	600	400	500	
1,1	500	370	495	
1,2	400	340	490	
1,3	300	310	485	
1,4	200	280	480	
1,5	100	250	475	

Tableau 2

	Emma	Pierre	Maïssa	Demande totale
Taux de variation du prix entre p=1 € et p=1,5 € (*a*)				
Taux de variation des quantités demandées lorsque le prix passe de 1 à 1,5 € (*b*)				
Élasticité-prix de la demande (diviser *b* par *a*)				

Chocolat, Henry John, 2009.

Numérique

Pour visualiser graphiquement l'élasticité-prix : **LLS.fr/SES1P24**

Questions

◆ **Étape 1. De la demande individuelle à la demande totale.**

1. Recopiez le tableau 1 et complétez la colonne « demande totale ».
Dans le modèle de concurrence, il suffit d'additionner les demandes individuelles pour trouver la demande totale.

2. Représentez sur un même graphique les trois courbes de demande individuelles.
Placez les quantités demandées en abscisses et les prix en ordonnées. Il s'agit d'une convention en économie, bien qu'en fait le prix soit la variable déterminante et les quantités la variable déterminée.

◆ **Étape 2. La variation de la demande en fonction du prix.**

3. Comparez les pentes des trois courbes de demande dans votre graphique. Qu'en concluez-vous ?
Une simple lecture graphique donne des informations intéressantes sur la sensibilité des trois individus aux prix.

4. Recopiez et complétez le tableau 2, puis la phrase : « Lorsque le prix augmente de ____ % , la demande d'Emma en tablettes de chocolat diminue de ____ % . L'élasticité-prix de sa demande est donc égale à ____ ».
Le plus souvent, l'élasticité-prix de la demande est de signe négatif, puisque la demande est d'autant plus forte que le prix est bas.

5. Sachant que plus l'élasticité s'éloigne de 0 et plus la demande est sensible aux prix, qualifiez l'élasticité-prix de la demande de chacune des trois personnes, puis de la demande totale.
Proche de 0 : demande inélastique ou rigide. Éloignée de 0 : demande élastique ou très élastique.

2 À vous de jouer ! → Construire une courbe d'offre à partir du coût marginal

Doc. 2 Comment l'équilibre du producteur est-il déterminé ?

Dans le modèle de marché en concurrence, les offreurs sont preneurs de prix et l'offre est supposée décroissante avec le prix. On peut se demander pourquoi : en offrant plus quand les prix augmentent, les producteurs ne pourraient-ils pas gagner plus ? Ce n'est pas le cas car on suppose qu'à partir d'un certain niveau de production, les coûts de production augmentent plus vite que la quantité produite (on dit que la productivité marginale est décroissante) : chaque unité produite en plus coûte plus cher que la précédente. Autrement dit, le coût marginal (coût supplémentaire induit par la réalisation d'une unité supplémentaire) est croissant. L'entreprise continue donc à produire tant que le coût marginal est inférieur à sa recette marginale. Or, sur un marché en concurrence, cette recette marginale n'est rien d'autre que le prix puisque pour chaque unité, ce que gagne l'entreprise est le prix auquel elle vend le produit.

Lelivrescolaire.fr

Doc. 3 Comment passer du coût total à la courbe d'offre ?

Tableau 1

Quantités	Coût total	Coût marginal
1	8	8
2	18	...
3	30	...
4	44	...
5	60	...
6	78	...
7	98	...
8	120	...
9	144	...
10	170	...
11	198	...
12	228	...
13	260	...
14	294	...
15	330	...

Tableau 2

Prix	10	14	18	22	26	30
Quantités offertes						

Questions

1. Doc. 2 et 3. À l'aide du texte, calculez le coût marginal pour chacune des quantités produites.

2. Doc. 3. Représentez graphiquement l'évolution du coût marginal en mettant en abscisses les quantités offertes et en ordonnées le coût (cet axe servira aussi à représenter le prix du marché).

3. Doc. 3. Soit un prix de marché de 10 €. Dans votre graphique, tracez une droite horizontale figurant ce prix (axe des ordonnées). Nommez O (comme « optimum ») le point d'intersection entre la droite du prix et la courbe de coût marginal. Quel niveau de quantité correspond à ce point ? Reportez cette quantité dans le tableau 2, pour le prix de 10 €.

4. Doc. 3. En suivant la même procédure, complétez le tableau 2 pour construire une partie de la courbe d'offre.

Récapitulez

À l'aide des documents et des réponses aux questions, faites un schéma montrant les facteurs qui jouent sur l'offre et ceux qui agissent sur la demande sur un marché en concurrence.

TD 2

Étude de cas : comment expliquer l'instabilité du prix des fruits et légumes ?

1 Exercice guidé

→ **Identifier et distinguer les causes des fluctuations des prix sur le marché des fruits et légumes**

Doc. 1 Pourquoi les prix des fruits et légumes fluctuent-ils ?

Les prix des fruits et des légumes ont fortement augmenté cet été : +4,5 % selon le douzième observatoire réalisé par Familles rurales et publié ce jeudi. Cette progression intervient après une baisse en 2017, mais les prix font le yoyo selon l'association, puisque des records avaient été battus en 2016. L'enquête a été réalisée dans 138 magasins par 54 « veilleurs consommation » dans 33 départements. [...]. Ils ont observé qu'un kilogramme de fruits coûte 3,91 euros en moyenne en 2018, soit une augmentation de 4 % par rapport à 2017. Celui d'un kilogramme de légumes s'établit à 2,25 euros (+5 %). [...]

Familles rurales reconnaît que la météo peut avoir un impact sensible sur les tarifs des fruits et légumes, mais rappelle que « ces importantes variations s'expliquent également par l'impact des négociations commerciales entre les distributeurs et leurs fournisseurs, sur lesquelles des réformes sont possibles ».

L'étude montre aussi que les trois critères les plus cités par les familles avant de choisir leurs fruits et légumes sont la saisonnalité (68 %), l'origine (59 %) et la fraîcheur (42 %) et que, si le prix demeure un critère important, il n'arrive qu'en 4e position (pour 36 %), devant le bio (35 %). Les producteurs locaux sont largement plébiscités par les consommateurs : ces derniers les placent en tête des espaces de vente leur inspirant le plus confiance, qu'il s'agisse de l'origine (63 %) ou de la qualité (43 %). Mais ils n'appliquent pas ces convictions : 33 % des familles achètent leurs fruits et légumes dans les hyper et supermarchés, largement devant les marchés (16 %) à égalité avec les producteurs locaux. Les primeurs suivent (14 %), à égalité avec les magasins bio, tandis que le hard-discount (4 %) est bon dernier...

Claire Lemaitre, « Les prix des fruits et légumes font toujours le yoyo », boursier.com, 23 août 2018.

Un champ de blé inondé au Royaume-Uni, en 2007.

Questions

◆ **Étape 1. Étudier l'impact des conditions climatiques sur l'offre et les prix.**

1. Dans le texte, relevez trois données ou faits qui signalent une forte instabilité des fruits et légumes en France depuis plusieurs années.

« Instabilité » ne signifie pas forcément « hausse » des prix. Il peut s'agir aussi d'alternance de phases de hausse et de baisse.

2. Représentez graphiquement le fait que la météo peut « avoir un impact sensible sur les tarifs des fruits et légumes ».

Pour répondre, construisez une représentation graphique du marché montrant les effets attendus de mauvaises conditions climatiques sur l'offre et le prix d'équilibre.

◆ **Étape 2. Identifier l'importance des distributeurs dans la formation des prix.**

3. Selon Familles rurales, quelle serait la seconde cause de la hausse des prix ?

Les producteurs (« fournisseurs ») écoulent leur marchandise principalement par le biais de « distributeurs » qui prélèvent une marge de bénéfice.

4. Dans quelle proportion les acheteurs de fruits et légumes s'approvisionnent-ils directement chez les producteurs locaux ?

Les « producteurs locaux » cultivent des fruits et légumes qu'ils peuvent vendre directement aux consommateurs, sans intermédiaires.

Doc. 2 Comment les prix pratiqués par les distributeurs évoluent-ils ?

Prix d'un panier comportant un kilo de chacun des huit fruits et légumes du panier (en euros)

	2011	2012	2013	2014	2015	2016	2017	2018
Hard-discount	38,13	38	43,01	44,29	44,6	50,94	46,25	**46,99**
Hyper/ supermarché	45,95	48,65	51,57	45,56	46,1	52,4	48,64	**49,08**
Marché	48,82	51,3	55,24	52,48	51,84	61,5	55,27	**57,05**

Note : Le prix des fruits et légumes est mesuré sur la base des huit fruits et légumes les plus consommés.
Familles rurales, « Observatoire des prix des fruits et légumes », *Rapport d'étude*, août 2018.

Questions

◆ **Étape 1. Constater et expliquer des écarts de prix.**

1. Calculez l'écart (en euros) entre le vendeur le plus cher et le vendeur le moins cher en 2018.
2. Comment expliquez-vous cette différence ?
Cherchez du côté des coûts supportés par les vendeurs, de l'origine et de la qualité des produits offerts.

◆ **Étape 2. Observer et mettre en évidence des évolutions.**

3. Calculez et comparez les taux de variation du prix du panier des différents distributeurs entre 2011 et 2018.
Calculez les taux de variation en %, puis mesurez les écarts « en points ».
4. Que constatez-vous ?
Identifiez les deux distributeurs dont les prix convergent.

2 À vous de jouer ! → Analyser les effets distincts d'une baisse des prix sur les agents économiques

Doc. 3 La baisse des prix profite-t-elle à tous les agents économiques ?

Pour résoudre leurs problèmes de marge, certains producteurs choisissent de commercialiser leurs produits eux-mêmes.

Après deux années de hausse, et surtout une année 2013 marquée par des prix records après un printemps exécrable, le prix des fruits est revenu à son niveau de 2012. « C'est un retour à la normale, avec un printemps précoce et un début d'été favorable, ce qui pousse à une grande production, et par contre un été capricieux qui a ralenti la consommation », deux mouvements favorisant la baisse des prix, explique Dominique Marmier, président de Familles rurales. Le prix moyen du kilo de fruits descend ainsi à 3,34 € contre 3,78 € en 2013. [...] Le consommateur, [...] y trouve donc son compte. L'agriculteur beaucoup moins. « La grande distribution a gardé ses marges et a répercuté la baisse aux producteurs », résume Raymond Girardi, secrétaire général du MODEF, un petit syndicat agricole. Résultat : les prix payés aux producteurs sont 20 à 50 % inférieurs à l'an dernier, selon lui.

« Fruits et légumes : la baisse des prix réjouit le consommateur, pas l'agriculteur », *La Voix du Nord*, 22 août 2014.

Questions

1. Identifiez les deux facteurs qui ont favorisé la baisse des prix des fruits et légumes en 2014.
2. Calculez l'évolution (en %) du prix moyen du kilo de fruits entre 2013 et 2014.
3. Quelle a été la perte de revenus pour les producteurs, selon le secrétaire général du MODEF ?

J'argumente

En vous plaçant dans la position d'un producteur de fruits ou légumes, montrez que, si les prix peuvent s'expliquer par des mécanismes de marché, ils sont aussi dus à l'action des intermédiaires entre les producteurs et les consommateurs.

L'ESSENTIEL

Comment le marché concurrentiel fonctionne-t-il ?

1 Le marché, une institution

- Pour satisfaire leurs besoins, les sociétés humaines produisent des biens et des services qui sont échangés. Pour de nombreux produits, les échanges ont lieu sur un marché : lieu réel ou fictif réunissant les offreurs et les demandeurs d'un produit.
- Les marchés sont des **institutions**. Ils ne sont pas créés seulement par la volonté d'échanger des offreurs et des demandeurs, mais sont institués par des règles sociales et juridiques. Par exemple, pour qu'un produit puisse être échangé, il faut que la propriété sur ce produit puisse être garantie juridiquement. (→ **voir dossier 1**)
- Les marchés se distinguent par leur niveau de concurrence. Les plus concurrentiels réunissent un très grand nombre d'offreurs et de demandeurs. À l'opposé, un marché en monopole comprend un seul producteur. Sur de rares marchés, il peut y avoir un seul demandeur et on parle alors de monopsone. Assez souvent, il n'y a qu'un petit nombre d'offreurs, et le marché est alors en oligopole.

2 La formation de l'offre et de la demande sur des marchés en concurrence

- Pour comprendre le fonctionnement des marchés, des économistes ont élaboré un modèle théorique qui ne vise pas à décrire la réalité, mais plutôt à comprendre les mécanismes de l'échange marchand. Le modèle postule que les agents sont rationnels (ils cherchent à maximiser leur satisfaction ou leur profit) et raisonnent indépendamment les uns des autres. Les offreurs comme les demandeurs sont alors **preneurs de prix**.
- Les consommateurs (ou demandeurs) cherchent ainsi à obtenir un maximum de produits, compte tenu de leurs préférences, de leurs revenus et du prix du marché. Il est alors possible de construire une courbe de **demande**, qui indique les quantités potentiellement consommées pour chaque prix.
- Les producteurs (ou offreurs) cherchent, eux, à vendre un maximum de produits étant donnés leurs coûts de production et le prix du marché. La courbe d'**offre** donne alors les quantités offertes en fonction du prix du marché : pour chaque prix, le producteur propose une quantité pour laquelle son **coût marginal** est égal au prix du marché. Les variations de prix conduisent à des déplacements sur les courbes d'offre et de demande. (→ **voir dossier 2**)

3 L'échange se fait à l'équilibre, situation optimale

- L'**équilibre** est atteint pour un prix tel que l'offre et la demande sont égales. Ce prix est le prix d'équilibre et la quantité échangée est la quantité d'équilibre. Cet équilibre est atteint, dans le modèle, par évolutions successives : quand le prix est trop élevé, l'offre excède la demande et il y a un risque de surproduction. À l'inverse, quand le prix est trop bas, la demande est supérieure à l'offre et certains acheteurs ne sont pas satisfaits.
- Quand le marché est en concurrence, les gains à l'échange sont les plus élevés à l'équilibre. Cet équilibre correspond à un **optimum**, car le **surplus** des consommateurs et des producteurs est au niveau le plus haut. Les situations réelles, qui s'éloignent souvent de ce modèle théorique (→ **voir attention aux notions**), conduisent souvent à un surplus moins élevé.

Les notions à connaître

Coût marginal
Coût supplémentaire induit par la production d'une unité supplémentaire de ce bien.

Demande
Consommation effective ou potentielle d'un produit en fonction de son prix. Elle dépend du prix du produit, des revenus et des préférences des acheteurs, du prix des biens substituables. La courbe de demande indique, pour chaque niveau de prix possible du marché, la quantité demandée par les consommateurs.

Équilibre
État du marché pour lequel l'offre est égale à la demande. Sur un marché en concurrence, le prix d'équilibre désigne le prix du marché qui permet d'égaliser l'offre et la demande à un niveau de quantité qui satisfait tous les agents. Sur le marché concurrentiel, l'équilibre est optimal.

Gains à l'échange
Avantages monétaires individuels et collectifs de l'échange marchand. Le « surplus » est un outil permettant de mesurer ces gains.

Institutions
Ensemble de règles, de conventions et d'organisations qui permettent une activité sociale. Le marché nécessite l'existence de telles institutions (monnaie, droits de propriété, règles sur la qualité des produits) et il est lui-même une institution.

Marché concurrentiel
Marché qui réunit un très grand nombre d'acheteurs et de vendeurs d'un produit spécifique. Ils sont en concurrence et sont tous « preneurs de prix ».

4 Les effets d'une variation de l'offre ou de la demande

- Dans le temps, les marchés concurrentiels sont cependant soumis à des perturbations : les conditions économiques peuvent varier.
- Des modifications en termes de fiscalité, des coûts de production (salaires, transport, matières premières, etc.), de technologie ou des préférences des consommateurs ont ainsi un impact sur l'offre ou la demande, qui peuvent se traduire, à court terme, par une situation de rationnement (pénurie ou surproduction). Graphiquement, ces modifications conduisent à des déplacements des courbes d'offre et de demande.
- En s'ajustant à la hausse ou à la baisse, la flexibilité des prix permet alors de retrouver l'égalité offre/demande et donc l'équilibre.

5 Une taxe forfaitaire favorise un nouvel équilibre

- Pour des raisons sociales, sanitaires ou écologiques, les pouvoirs publics peuvent intervenir sur les conditions du marché, sous la forme par exemple d'une **taxe forfaitaire** sur les unités vendues. La taxe porte soit sur les vendeurs (qui versent à l'État une partie de leur recette) soit sur les acheteurs (la taxe s'ajoute au prix de vente). Elle a pour objectif d'inciter les agents à modifier leurs comportements, et pour effet de modifier l'équilibre du marché.
- Selon le modèle théorique, la taxe provoque un déplacement de la courbe d'offre ou de demande et modifie le prix et la quantité d'équilibre. L'effet de la taxe dépend de l'élasticité-prix de l'offre et de la demande.
- L'État peut ainsi atteindre ses objectifs (par exemple diminuer la consommation d'essence ou de boissons sucrées dans le pays) sans provoquer de pénurie ou de surproduction.

Capsule vidéo

L'essentiel du cours en vidéo sur lelivrescolaire.fr : LLS.fr/SES1P29

Offre
Production ou fourniture effective ou potentielle d'un bien ou d'un service en fonction de son prix. Elle dépend des coûts de production, du prix du marché et des conditions de production (climat, évolution de la réglementation, etc.). La courbe d'offre indique, pour chaque niveau de prix du marché, les quantités offertes par les producteurs.

Optimum
Sur un marché, les échanges conduisent à un optimum quand on ne peut améliorer la situation d'un agent sans détériorer celle d'un autre. C'est la définition que donne l'économiste italien Vilfredo Pareto (1848-1923).

Preneur de prix
État d'un agent économique intervenant sur un marché (acheteur ou vendeur) sans pouvoir influer sur les prix (*price taker* en anglais).

Surplus
Mesure des gains à l'échange des consommateurs et des producteurs. Par exemple, le surplus du consommateur est l'écart entre le prix d'achat d'un bien (le prix du marché) et la somme que le consommateur était réellement prêt à acquitter (on l'évalue grâce à la courbe de demande).

Taxe forfaitaire
Somme prélevée par les pouvoirs publics sur chaque unité vendue ou consommée d'un bien particulier et d'un même montant pour tous.

Attention aux notions

Ne pas confondre

Modèle théorique des marchés et **marchés réels**

- Le modèle théorique du marché en concurrence (forgé par ceux qu'on appelle les économistes « néoclassiques ») est un outil de travail pour les économistes. Il repose sur un grand nombre d'hypothèses fortes (agents rationnels, libre concurrence, très grand nombre d'acheteurs et de vendeurs, etc.).
- Il est quasi impossible qu'un marché réel réunisse toutes ces conditions. Mais la théorie offre un modèle explicatif qui permet de comprendre les mécanismes fondamentaux qui conduisent à la formation de l'offre, de la demande et de l'équilibre. Elle peut être utile pour expliquer les fluctuations du prix du pétrole ou encore pour guider les décisions du gouvernement en matière de taxation.

Comprendre le lien

Prix et **quantités**

- À très court terme, lors de la formation de l'équilibre, le prix du marché résulte de l'offre et de la demande : il est unique et nécessaire car lui seul permet la transaction (à l'image d'une vente aux enchères). Il est associé à une quantité d'équilibre (par exemple 9 millions de litres d'essence à 1 € par unité).
- À moyen et long terme, le prix d'équilibre peut varier si les quantités produites ou consommées augmentent ou diminuent : pour retrouver l'égalité offre-demande, les prix doivent en effet s'ajuster jusqu'à l'instauration d'un nouvel équilibre. Par exemple, la découverte de nouveaux gisements de pétrole augmente l'offre, ce qui – à demande constante – fait baisser le prix du marché.

Alfred Marshall : l'équilibre du marché comme équilibre physique

Doc. 1 La « force active » du marché

Donc, lorsque la quantité produite (dans une unité de temps) est telle que le prix de demande est plus élevé que le prix d'offre, les vendeurs reçoivent plus qu'il n'est suffisant pour qu'il vaille la peine d'apporter des marchandises au marché jusqu'à concurrence de cette quantité ; et alors **se fait sentir une force active** tendant à augmenter la quantité mise en vente. D'un autre côté, lorsque la quantité produite est telle que le prix de demande est moindre que le prix d'offre, [...] **se fait sentir également une force active** qui tend à diminuer la quantité mise en vente. Lorsque le prix de demande est égal au prix d'offre, la quantité produite n'a tendance ni à être augmentée ni à être diminuée ; elle est en état d'équilibre. [...] Un semblable équilibre est un équilibre stable, c'est-à-dire que le prix, s'il s'en écarte tant soit peu, tend à y retourner, **comme un pendule oscille autour de son point le plus bas**. [...] Lorsque l'offre et la demande sont dans une position d'équilibre stable, si quelque accident vient écarter le niveau de la production de sa position d'équilibre, immédiatement entreront en jeu des forces tendant à ramener ce niveau à cette position ; **c'est ainsi que lorsqu'une pierre suspendue à une corde est écartée de sa position d'équilibre, la force de la pesanteur tendra à la ramener à cette position.**

Alfred Marshall, *Principes d'économie politique*, Livre V, chapitre 3, 1890, traduction française 1906. Les passages en **gras** sont le fait de l'éditeur.

Questions

1. Identifiez, dans ce texte de Marshall, les notions et mécanismes étudiés dans les dossiers 1 à 4.
2. À l'aide des passages en gras, montrez que Marshall s'inspire de la science physique.

Numérique

Découvrez Alfred Marshall sur lelivrescolaire.fr : LLS.fr/SES1P30

Qui est-ce ?

Alfred Marshall (1842-1924) est un économiste britannique. Avec des auteurs comme Cournot, Walras, Pareto, Jevons, il est l'un des fondateurs du courant néoclassique en économie, qui s'inspire de la science physique (et en particulier de la mécanique) pour étudier les marchés de façon mathématisée. Chez ces auteurs, la notion d'équilibre est centrale. Marshall est connu pour avoir forgé ou enrichi de nombreux concepts phares de la science économique : l'utilité, la demande, le coût marginal, l'équilibre, le surplus, les externalités, etc.

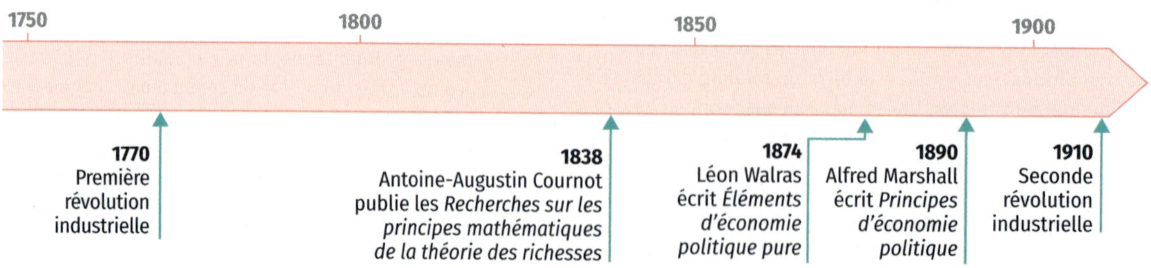

Illustrer par une citation

> *« Quelle est la population la plus avancée dans la civilisation ? C'est celle qui produit et qui consomme le plus. »*

Jean-Baptiste Say, *Catéchisme d'économie politique*, 1815.

S'appuyer sur des données

120 % du PIB

C'est ce que représentent les ventes d'actions sur les marchés financiers en 2017.

Banque mondiale

139 euros par foyer

C'est le coût de la redevance télévisuelle en 2018, un exemple de taxe forfaitaire.

Trésor public

101 pages

C'est le volume du texte de la loi sur le commerce électronique votée en 2004.

Georges Hispalis, « Pourquoi tant de loi(s) ? », *Pouvoirs*, 2005.

Situer dans le temps

1776

Adam Smith publie *Recherches sur la nature et les causes de la richesse des nations*, livre qui fonde l'analyse selon laquelle la richesse provient de l'échange.

1947

Signature du GATT, accord dont l'objectif est le libre-échange au niveau mondial, renforcé par la création de l'OMC en 1995.

1957

Signature des traités de Rome : six pays européens décident de la fondation d'un marché commun.

Synthétiser en images

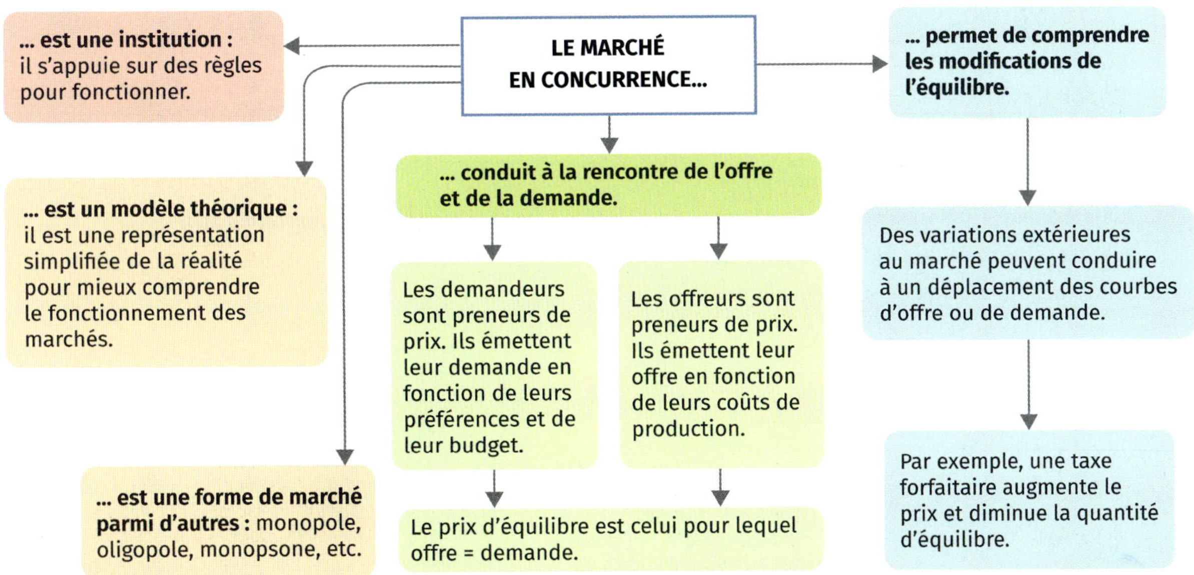

Mobilisation de connaissances et traitement de l'information : je réponds à une question de mobilisation des connaissances

Première

La première partie de l'épreuve écrite de contrôle continu (d'une durée totale de deux heures) est un exercice de mobilisation de connaissances et traitement de l'information. Elle est notée sur 10 points. Certains sujets incluent des questions de mobilisation des connaissances, qui prennent la forme d'une interrogation simple à laquelle il faut répondre en utilisant le cours : définitions, présentation d'un mécanisme simple, présentation d'un indicateur, etc.

Exemple de sujet :

a. Définissez ce qu'est une taxe forfaitaire.

b. Sur le graphique, déterminez la quantité et le prix d'équilibre avant la taxe imposée aux producteurs.

c. Quel est l'effet de la taxe forfaitaire sur la quantité offerte ?

d. Comment la taxe modifie-t-elle l'équilibre sur le marché ?

Comment bien répondre à une question de mobilisation des connaissances

◆ **Étape 1. Comprendre la question.**

La question repose sur une consigne précise. Il peut être demandé de montrer un mécanisme, de présenter un phénomène, de donner une définition, etc.

◆ **Étape 2. Cibler la réponse, délimiter la question.**

Il peut être tentant de réciter le cours et d'indiquer tout ce que vous savez, mais attention à la gestion du temps ! Si une définition est demandée, indiquez-la et ajoutez éventuellement un exemple, mais vous n'avez pas besoin de développer davantage.

◆ **Étape 3. Rédiger la réponse et la vérifier.**

Rédigez de façon claire, en privilégiant des phrases courtes. Utilisez un vocabulaire économique et social précis. Prenez le temps de vous relire et de vérifier l'orthographe.

Ne pas oublier...

- ❐ d'analyser la question avec rigueur : *lisez attentivement la consigne et déduisez-en ce qui demandé : définition, indicateur, mécanisme, etc.* ;
- ❐ de bien délimiter la question : *cernez les attendus et ne récitez pas l'intégralité de votre cours* ;
- ❐ de bien rédiger la réponse : *faites des phrases courtes, utilisez un vocabulaire précis.*

1 Exercice guidé

a. **Définissez ce qu'est une taxe forfaitaire.**

◆ **Étape 1. Comprendre la question.**

Le mot-clé de la question est « définissez » : il s'agit ici d'une simple question de définition.

◆ **Étape 2. Cibler la réponse, délimiter la question.**

L'étape 1 permet de comprendre ce qui est demandé. La réponse doit contenir la définition de la taxe forfaitaire. Cette définition peut être illustrée. Pour bien expliquer ce qu'est une taxe forfaitaire, il peut être utile de montrer ce qu'est une taxe qui n'est pas forfaitaire, en donnant, donc, un contre-exemple.

◆ **Étape 3. Rédiger la réponse et la vérifier.**

Il peut être utile de rédiger un brouillon. La réponse doit débuter par la définition, puis présenter un exemple. Utilisez un vocabulaire précis. Par exemple, ici, la taxe peut porter sur les « producteurs » ou les « consommateurs ».

2 Je m'exerce

Quelques exemples possibles de questions de mobilisation des connaissances :

Chapitre 1

1 → *Comment le coût marginal est-il calculé ?*

2 → *Qu'est-ce que le surplus sur un marché ?*

Chapitre 2

3 → *Qu'est-ce qu'un monopole ?*

4 → *Qu'est-ce qu'un marché en oligopole ?*

5 → *Définissez « abus de position de dominante ».*

6 → *Que signifie une « entente » sur un marché ?*

7 → *Donnez un exemple de politique de la concurrence.*

Chapitre 3

8 → *Qu'est-ce qu'un bien commun ?*

9 → *Qu'est-ce qu'un bien collectif ?*

10 → *Donnez un exemple d'externalité négative.*

11 → *Définissez « externalité ».*

12 → *Présentez et illustrez le phénomène d'aléa moral sur un marché.*

13 → *Qu'appelle-t-on « sélection adverse » ?*

Numérique

D'autres exemples pour s'entraîner : LLS.fr/SES1P338

EN DIRECT DU LABO

Des krachs boursiers reproduits en laboratoire

L'enquête

Mener une expérience pour mieux comprendre le fonctionnement de la Bourse

Doc. 1 L'économie expérimentale face au modèle théorique du marché concurrentiel

Contrairement aux idées reçues, la science économique peut être une science expérimentale : des expériences en laboratoire, menées de façon rigoureuse, permettent de reproduire des situations économiques réelles.

C'est une démarche qui a été initiée par Vernon Smith en 1962. Ce professeur américain est parti d'une situation de cours : alors qu'il cherchait à faire comprendre à ses étudiants le modèle du marché, il a eu l'idée de les faire jouer à un jeu de rôle avec des offreurs et des demandeurs. Dans ce jeu, il constate que l'équilibre se réalise pour le prix et la quantité prévus par le modèle.

Cette innovation pédagogique donne naissance à une méthode et à un champ de recherche que l'on nomme économie expérimentale. En 1962, Smith publie un article scientifique, dans lequel il retrace une « expérience de marché » en laboratoire. Le protocole repose sur trois éléments : un environnement de marché (nombre de participants, définition des rôles des participants, de leurs objectifs et moyens), l'institution de marché (règles du jeu et des échanges) et le comportement des participants (Que font-ils ?).

Ce type de modèle peut être utilisé pour étudier l'équilibre du marché : un marché tend-il spontanément vers l'équilibre ? Les résultats de l'expérience de Smith vont dans ce sens. D'autres travaux du même type confirment ce résultat.

Lelivrescolaire.fr

L'auteur

Vernon Smith (né en 1927) est professeur d'économie, chercheur et fondateur de l'économie expérimentale.

Charles Noussair est professeur d'économie et directeur de l'Economic Science Lab (Eller College of Management, université d'Arizona).

Stéphane Robin est économiste, directeur adjoint du laboratoire d'économie appliquée de Grenoble (GAEL) et chargé de recherche au CNRS.

Bernard Ruffieux est économiste, professeur agrégé des universités, enseignant à l'université de Grenoble et à l'IEP de Paris, chercheur au GAEL.

Doc. 2 Le cas des marchés financiers

Les actifs boursiers comme les actions d'une entreprise ne sont pas des produits comme les autres. Ce sont des produits qui rapportent de l'argent, et on appelle valeur intrinsèque (ou valeur fondamentale) de ces actifs la somme des revenus futurs qu'ils doivent permettre de gagner. Cependant, ils sont aussi demandés, car ils peuvent être facilement revendus dans l'espoir d'un profit. Leur valeur de vente et d'achat est leur valeur d'échange. Si le marché est efficace, la valeur d'échange ne doit pas s'éloigner durablement de la valeur fondamentale, ce qui veut dire qu'il n'y a pas de crise boursière. C'est l'hypothèse que Vernon Smith teste en 1988 dans une expérience.

Lelivrescolaire.fr

Questions

1. Doc. 1. Quels éléments permettent de dire que Vernon Smith adopte une démarche scientifique ?

2. Doc. 1. Que nous enseignent les résultats de son expérience ?

3. Doc. 2. Quel type de phénomène économique le pousse à mener une nouvelle expérience en 1988 ?

Doc. 3 Le protocole de l'expérience sur les marchés boursiers

Voici le protocole de l'expérience de Robin, menée en 2009.

Un marché d'une dizaine de participants est créé pour l'échange d'un actif dont la durée de vie est limitée à quinze périodes d'échange. Au début de l'expérience, chaque participant reçoit une dotation de dix unités de l'actif et d'un montant de liquidité pour effectuer des échanges. Les participants sont des tradeurs. Ils peuvent vendre et acheter des actifs sur le marché. [...] L'actif rapporte un dividende à la fin de chaque période. La valeur de ce dividende est incertaine mais sa valeur espérée est constante et connue. Elle est de 24 unités de compte expérimental (ou ECU). [...] Pour une période considérée, la valeur intrinsèque[1] de l'actif correspond à la somme espérée des dividendes futurs.

Stéphane Robin, « L'efficacité des marchés : quelques enseignements des expériences en laboratoire », *Idées économiques et sociales*, 2010.

1. Elle peut aussi être appelée valeur fondamentale. Elle est la valeur que devrait avoir l'actif si le marché fonctionnait comme dans le modèle de marché en concurrence.

Questions

1. **Docs. 2 et 3.** Qu'est-ce qui différencie un actif financier des autres biens et services ?
2. **Doc. 3.** Quelle hypothèse cette expérience vise-t-elle à tester ?
3. **Doc. 3.** Quel lien peut-on faire entre cette expérience et celle de Vernon Smith ?

Les résultats

Les marchés financiers peuvent être inefficaces

Doc. 4 La formation des « bulles spéculatives »

Sur ce graphique, on observe que des échanges ont lieu à des prix proches de la valeur intrinsèque durant la première période d'échange. Puis le prix se détache de cette référence pour atteindre un niveau dépassant de 70 % la valeur intrinsèque. Sur la fin de l'expérience, le prix d'échange rejoint la valeur intrinsèque. En d'autres termes, on observe la formation d'une bulle spéculative, sa croissance et le krach de la bulle.

Stéphane Robin, *art. cit.*

Prix observé et valeur théorique de l'échange

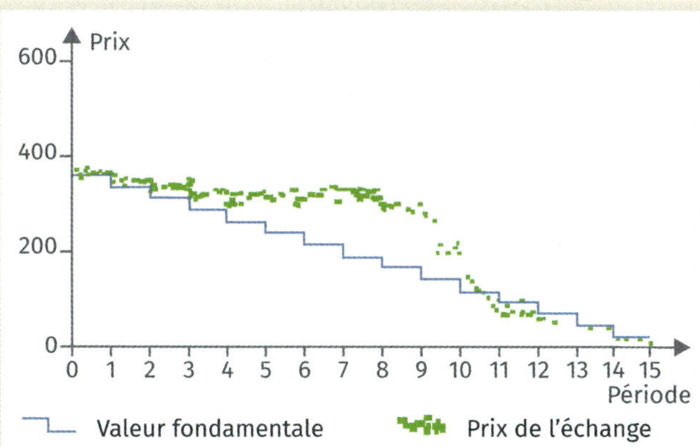

Le trait continu correspond à la valeur fondamentale alors que les points correspondent au prix de l'échange lors de l'expérience.

Pour expliquer la formation d'un bulle, Charles Noussair et et Bernard Ruffieux évoquent des comportements spéculatifs auto-entretenus : la croyance collective dans la hausse continue des cours engendre des mouvements mimétiques (tout le monde veut acheter des actions pour les revendre plus cher). Les décisions des agents sont donc influencées par le groupe. D'après les données de l'expérience, c'est quand cette illusion collective s'effrite que le krach arrive et que la bulle éclate.

D'après Bernard Ruffieux et Charles Noussair, « Un enseignement majeur de l'économie expérimentale des marchés. », *Revue économique*, 2002.

Questions

1. L'écart par rapport à la valeur fondamentale est-il tout de suite important ?
2. Selon vous, comment serait-il possible de limiter les bulles sur les marchés boursiers ?

UN AUTRE REGARD

Quand la littérature inspire les économistes : *Robinson Crusoé*

Mise en situation

Les économistes emploient souvent des modèles simplifiés pour exposer des concepts. Le personnage de Robinson Crusoé est souvent invoqué : en effet, dans le roman de Daniel Defoe, Robinson utilise les sciences et le calcul pour améliorer sa situation sur une île déserte.

Doc. 1 Robinson est-il un *homo œconomicus* ?

Robinson Crusoé, le roman de Daniel Defoe publié en 1719, ne fut pas seulement un mythe littéraire : il exerça une influence décisive sur les économistes, qui s'en sont emparés pour faire du personnage de Robinson le représentant emblématique de l'*homo œconomicus* des économies de marché. […]

Les premiers néoclassiques lui accordent toute leur attention. [Certains auteurs comme] Alfred Marshall s'y réfèrent explicitement, pour faire apparaître […] la maximisation de l'utilité à travers les arbitrages entre loisir et consommation ou entre consommation présente et future. Robinson maximise son bien-être en comparant la peine du travail et les satisfactions procurées par la consommation des biens qu'il produit, ou le renoncement à la consommation présente au profit d'une consommation future accrue. […]

[Robinson] incarne un idéal de calcul rationnel qui s'impose à tout agent, dans toute société.

Claire Pignol, « *Robinson Crusoé*, usages et mésusages d'un roman », *L'Économie politique n°079*, 1er juillet 2018.

Numérique

Claire Pignol développe ses arguments concernant l'utilisation de *Robinson Crusoé* dans la théorie économique : LLS.fr/Robinson

Questions

1. Doc. 1 et 2. Pourquoi Robinson est-il un *homo œconomicus* selon les économistes ?
2. Doc. 2. Pourquoi peut-on dire que le calcul de Robinson est rationnel ?
3. Doc. 1 et 2. Un héros littéraire a-t-il pour vocation d'être un « modèle » pour le lecteur ?

Doc. 2 Comment le héros du roman survit-il ?

Robinson Crusoé entreprend de cultiver des céréales.

Il me vint par hasard à la pensée que je ferais bien de ne pas tout semer en une seule fois, ne sachant point si alors le temps était favorable ; je ne risquai donc que les deux tiers de mes grains, réservant à peu près une poignée de chaque sorte. Ce fut plus tard une grande satisfaction pour moi que j'eusse fait ainsi. De tous les grains que j'avais semés pas un seul ne leva ; parce que, les mois suivants étant secs, et la terre ne recevant point de pluie, ils manquèrent d'humidité pour leur germination.

Daniel Defoe, *Robinson Crusoé*, 1719, Traduction française, 1836, publié en ligne par Wikisource.org. Chapitre « Souvenir d'enfance ».

Point notion

Homo œconomicus

Représentation théorique d'un individu rationnel, cherchant à maximiser son bien-être personnel, compte tenu de ses ressources et de ses contraintes.

Vers la terminale

Maintenant, vous savez tout (ou presque) sur les marchés concurrentiels. Ces connaissances peuvent être prolongées :

- par une confrontation du modèle à la réalité : le marché présente des imperfections et des défaillances, qui sont abordées dans les chapitres 2 et 3 ;
- par une interrogation sur la façon dont ce modèle est utilisé comme référence justifiant le développement du commerce international ;
- par une réflexion sur les applications de ce modèle pour comprendre le marché du travail, les marchés boursiers ou encore ceux des matières premières ;
- par un questionnement sur l'application de ce modèle pour la mise en place d'un marché des droits à polluer, dans le but de limiter la pollution.

Le prix du carbone pourrait fortement augmenter d'ici à 2023.

Pour aller + loin

À lire

Jean Tirole, *Économie du bien commun*, PUF, 2016.
Enseignant-chercheur mondialement reconnu (prix Nobel d'économie 2014), l'auteur nous fait partager sa passion pour l'économie avec une grande pédagogie. Les résultats des dernières recherches sont présentés avec beaucoup de simplicité. Par exemple, ses travaux sur les « marchés bifaces » (plateformes Uber, BlaBlaCar, etc.) éclairent les évolutions actuelles de l'économie digitale et les enjeux de la numérisation.

Esther Duflo et Abhijit Banerjee, *Repenser la pauvreté*, Seuil, 2012.
Experte mondiale du développement, l'auteure présente ici les « expériences randomisées » inspirées par les sciences médicales pour résoudre certains paradoxes. En effet, confrontés à de graves problèmes de nutrition, de logement, de santé, les individus adoptent des comportements parfois déroutants, loin de l'*homo œconomicus* décrit par la théorie. Duflo montre notamment que les prix ne déterminent pas toujours correctement la demande d'un bien, ce qui enferme les individus dans la spirale de la pauvreté.

François Lévêque, *Les Habits neufs de la concurrence : ces entreprises qui innovent et raflent tout*, Éditions Odile Jacob, 2017.
Lego, Ikea, Amazon, Gillette, Google, etc. À partir d'études de cas concrets et détaillés, l'auteur explique comment les entreprises se livrent à une concurrence féroce sur les marchés, en développant des stratégies commerciales et technologiques surprenantes. François Lévêque nous montre que les marchés concurrentiels sont vivants et en perpétuel mouvement, loin de l'image statique qu'en donne le modèle théorique. C'est aussi une référence pour le chapitre 2.

À consulter

Citéco
Portail numérique de la cité de l'Économie et de la Monnaie qui ouvrira ses portes à Paris en 2019. De nombreuses ressources sont proposées, une sélection de jeux de société, (jeu d'ambiance, de cartes, de plateau, etc.), de BD, de romans policiers, de pièces de théâtre et de films en lien avec l'économie : complet et passionnant !

citéco – Cité de l'Économie

LLS.fr/Citeco

Pour jouer

Le jeu de marché du mouton de la cité de l'Économie
Un jeu collectif en ligne, qui permet de mieux comprendre les mécanismes du marché.

LLS.fr/JeuduMouton

Economics games
En anglais, mais avec un vocabulaire accessible, ce site propose plusieurs jeux en ligne pour comprendre le fonctionnement de différentes formes de marché.

LLS.fr/EconomicsGames

CHAPITRE 2

Comment les marchés imparfaitement concurrentiels fonctionnent-ils ?

Le Marché aux épices et aux légumes, 1840.

Notions-clés

Abus de position dominante | Barrières à l'entrée | Coûts fixes | Dilemme du prisonnier | Duopole | Entente | Faiseur de prix | Fusions et acquisitions | Monopole | Oligopole | Politique de la concurrence | Pouvoir de marché

POUR COMMENCER

Comment les marchés imparfaitement concurrentiels fonctionnent-ils ?

Doc. 1 Quels prix pour un billet d'avion ?

Prix d'un vol Paris-Barcelone aller-retour du 10 au 17 décembre 2018

Compagnie	Prix
British Airways	403 €
Air France	137 €
Ryanair	72 €

Kayak.fr

Publicité pour le comparateur de prix Liligo.com.

Questions

1. Comparez les prix des vols proposés par les différentes compagnies aériennes ci-dessus. Selon vous, comment peut-on expliquer ces écarts de prix ?

2. Pourquoi peut-on dire que le marché du transport aérien n'est pas un marché parfaitement concurrentiel ?

Doc. 2 Pourquoi contrôler les fusions d'entreprises ?

La société Darty est rachetée en juillet 2016 par le groupe Fnac. Si cette acquisition a été autorisée par l'Autorité de la concurrence, celle-ci publie, deux ans plus tard un communiqué de presse qui conteste le respect des engagements de la part du nouveau groupe.

L'Autorité de la concurrence inflige à Fnac Darty une sanction de 20 millions d'euros pour ne pas avoir réalisé la cession de trois magasins, qui était l'une des conditions posées à son feu vert à l'opération. L'Autorité ordonne par ailleurs à Fnac Darty de céder deux magasins en substitution de ceux non cédés.

L'Autorité avait soumis, en 2016, son autorisation du rapprochement entre Fnac et Darty à la cession de six magasins à Paris et en région parisienne. [...] Sur les six magasins, trois n'ont pas été cédés à un repreneur agréé dans les délais prévus. [...] Le non-respect de la moitié des engagements pris par Fnac Darty a altéré la concurrence et limité le choix des consommateurs. Isabelle de Silva, présidente de l'Autorité de la concurrence, a déclaré : « Lorsqu'une entreprise prend des engagements devant l'Autorité de la concurrence en vue d'obtenir l'autorisation d'acquérir une autre société, elle doit comprendre qu'elle a une obligation de résultat. Tout engagement, sauf circonstances exceptionnelles, doit être respecté. En ne cédant pas, dans les délais prévus, trois des six magasins sur lesquels elle s'était engagée, Fnac Darty a commis un manquement grave à ses obligations, ce qui a empêché les consommateurs de bénéficier rapidement d'une nouvelle offre de produits électroniques à Paris ».

Autorité de la concurrence, « Communiqué de presse du 27 juillet 2018 : Rachat de Darty par la Fnac », 2018.

Questions

1. Comment s'appelle l'opération par laquelle deux entreprises se rapprochent pour n'en former qu'une seule ?

2. Pourquoi l'Autorité de la concurrence demande-t-elle à Fnac Darty de céder des magasins ?

3. Selon l'Autorité de la concurrence, quelles sont les conséquences pour les consommateurs du non-respect par Fnac Darty de ses engagements ?

Doc. 3 Un coût de l'altitude ?

SODA EN ALTITUDE

Combien coûte un verre de cola au ski ?

Courchevel	France	**7,80 €**
Val-d'Isère	France	**6,20 €**
Tignes	France	**6,10 €**
Chamonix-Mont-Blanc	France	**5,65 €**
Alpe d'Huez	France	**5,20 €**
Verbier	Suisse	**5,10 €**
Val-Thorens	France	**4,95 €**
Davos	Suisse	**4,80 €**
Saint-Moritz	Suisse	**4,45 €**
Ischgl	Autriche	**4,38 €**
Zermatt	Suisse	**4,00 €**
Méribel	France	**3,90 €**
La Plagne	France	**3,80 €**
Sankt Anton am Arlberg	Autriche	**3,50 €**
Gstaad	Suisse	**3,40 €**
Kitzbühel	Autriche	**3,30 €**
Courmayeur	Italie	**3,20 €**
Livigno	Italie	**3,00 €**
Val Gardena	Italie	**3,00 €**
Winterberg	Allemagne	**2,90 €**
Sotchi	Russie	**1,70 €**
Bialka Tatrzańska	Pologne	**1,16 €**
Bansko	Bulgarie	**1,00 €**

Les prix donnés correspondent à une quantité de cola équivalent à 330 ml.

D'après skieur.com.

Questions

1. Comparez les prix d'un verre de cola entre les différentes stations de ski recensées ci-contre.

2. Le prix de 7,80 € pour un verre de cola à Courchevel vous semble-t-il proche du prix d'un même verre de cola dans un café de centre-ville ?

3. Selon vous, qu'est-ce qui peut expliquer qu'un même bien puisse être vendu à des prix si différents en fonction du lieu où il est vendu ?

Testez vos connaissances

1. **Sur un marché en concurrence, les offreurs sont :**
   ❑ faiseurs de prix ; ❑ preneurs de prix.
2. ***A priori*, la situation qui permet un gain le plus élevé pour les demandeurs est celle où :**
   ❑ il y a concurrence entre les offreurs ;
   ❑ il y a un offreur en monopole.
3. **Le coût marginal est celui qui résulte de la production :**
   ❑ d'une unité supplémentaire ; ❑ d'un produit qui ne coûte presque rien ; ❑ du calcul de la marge par l'entreprise.

Questions du chapitre

1 Pourquoi certaines entreprises ont-elles un « pouvoir de marché » ?

2 Comment se manifeste ce pouvoir de marché dans des structures de marché imparfaitement concurrentielles ?

3 Pourquoi des firmes peuvent-elles avoir intérêt à s'entendre entre elles ?

4 Comment la politique de la concurrence peut-elle réguler les marchés imparfaitement concurrentiels ?

DOSSIER

1 Quelles sont les causes et les conséquences du pouvoir de marché ?

Découvrir

Doc. 1 Les brevets, une protection pour le pouvoir de marché des firmes ?

Commençons par un petit tour dans votre garde-robe. Examinez la fermeture Éclair de quelques-uns de vos vêtements ; disons cinq. Soulevez et observez attentivement la tirette et, au moins une fois, vous verrez apparaître le sigle YKK. C'est celui d'une société japonaise, championne de la fermeture à glissière. Elle en vend chaque année pour environ 10 milliards de dollars et accapare ainsi 40 % du marché mondial. […]

À la fin des années soixante, Talon, le fabricant historique de fermeture Éclair, domine très largement le marché nord-américain. Son nom apparaît sur sept tirettes sur dix. En dix ans, sa part de marché est descendue de moitié ; elle n'atteint plus que quelques pourcents aujourd'hui. […]

Ainsi, dans la fermeture Éclair, on est passé […] à un marché où coexistent une multinationale en position dominante, YKK, et une frange concurrentielle de plusieurs centaines d'entreprises, chinoises pour la plupart. […]

L'une cotée à la bourse de Shenzhen, SBS, se détache nettement du lot par sa taille ainsi que par son ambition. Elle est en tête en termes de brevets locaux déposés, de production réalisée et de part exportée (environ 25 %). Dépasser YKK est son but déclaré.

Un duopole mondial est donc en train de s'installer. Notez que la concurrence reste cependant vive.

François Lévêque, « Le face-à-face de la fermeture Éclair », The Conversation (article original), *Alternatives économiques*, 11 mars 2019.

Questions

1. Pourquoi peut-on dire que l'entreprise Talon avait sans doute un fort pouvoir de marché dans les années 60 ?
2. Qu'est-ce qu'un brevet ?
3. Quelle est la stratégie de SBS pour concurrencer YKK ?
4. Que signifie le fait que le marché est un duopole ?

Point notion

Pouvoir de marché

Capacité d'une entreprise à agir sur les prix ou les quantités sur le marché. Dans le cas où un producteur a un pouvoir de marché, il est faiseur de prix.

Doc. 2 Quels liens entre pouvoir du marché et situation géographique ?

Prix constaté du café en salle à Paris en octobre 2014

D'après Le Figaro, 28 octobre 2014.

Questions

1. À l'aide d'un taux de variation, calculez l'écart entre le prix du café le plus cher et celui du café le moins cher.
2. Comment un tel écart peut-il s'expliquer pour des cafés identiques ?

Doc. 3 Comment évoluent les prix en présence d'un pouvoir de marché ?

L'évolution des tarifs dans la téléphonie mobile entre 2010 et 2016

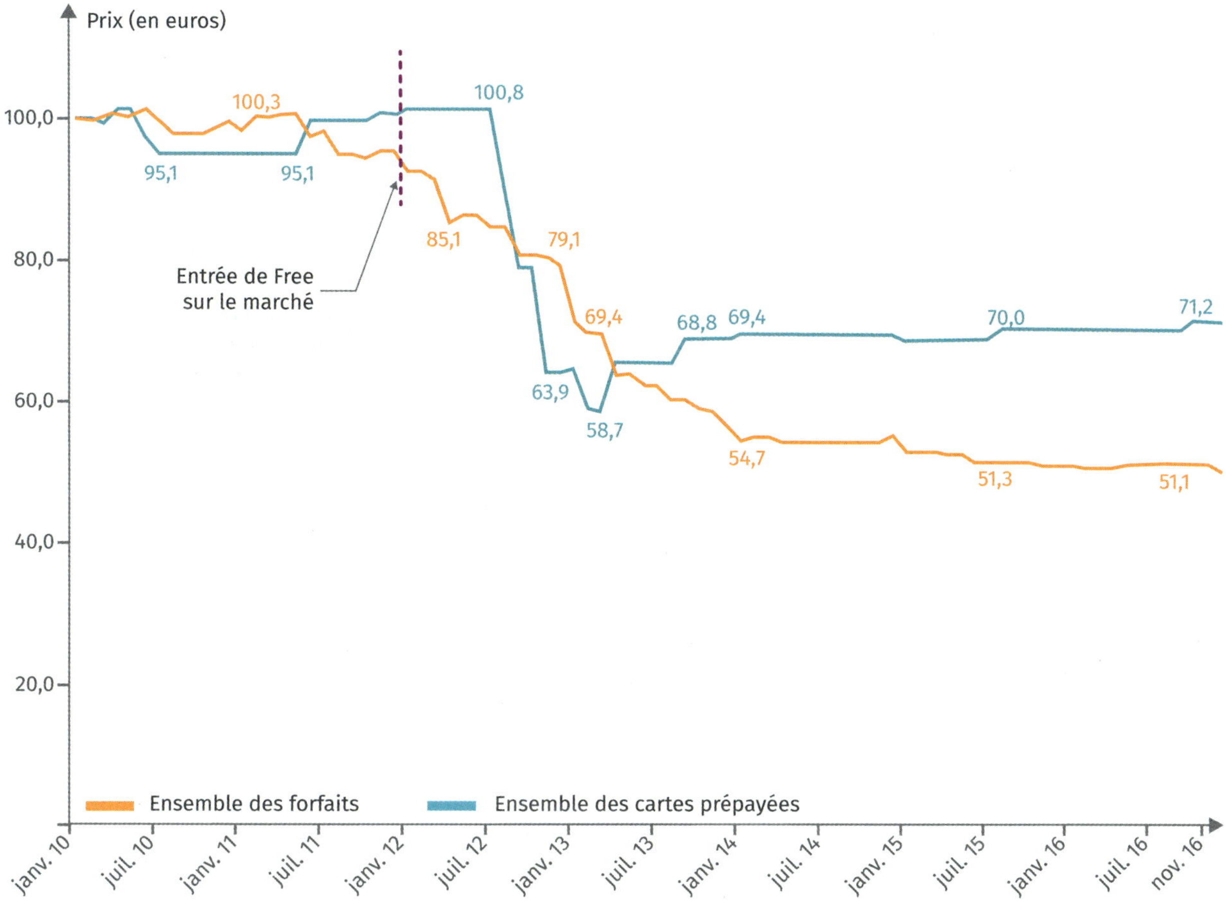

Arcep.fr

Questions

1. Comment a évolué le prix des services téléphoniques entre 2010 et 2017 ?

2. Comment l'évolution de la concurrence peut-elle expliquer cette variation des prix ?

Point notion

Oligopole

Marché sur lequel il existe un nombre fini et réduit de producteurs.

Je m'auto-évalue

Choisissez la ou les bonnes propositions.

1. Le pouvoir de marché signifie que le producteur est :
a. faiseur de prix ; **b.** preneur de prix.

2. Le pouvoir de marché peut provenir :
a. d'une forte concurrence ; **b.** d'une innovation ;
c. d'une localisation spécifique.

3. En général, une faible concurrence conduit à des prix :
a. plus bas qu'en situation de forte concurrence ;
b. plus élevés qu'en situation de forte concurrence.

Je fais le point

Le pouvoir de marché d'un producteur peut avoir plusieurs causes. Il peut être provoqué par l'existence de barrières à l'entrée sur le marché qui limitent la concurrence. Cela peut être dû à une innovation technologique, à un avantage en termes d'emplacement géographique, à une entente entre concurrents, etc. Ce pouvoir de marché peut nuire aux consommateurs puisque les produits sont plus chers et en moins grande quantité qu'en concurrence. Le surplus des consommateurs est donc réduit.

DOSSIER

2 Quels sont les différents types de monopole ?

Découvrir

Doc. 1 Pourquoi la SNCF possède-t-elle un monopole ?

Le transport ferroviaire relève du cas d'école du monopole naturel. [...] Les coûts fixes (coûts que l'entreprise doit assumer quel que soit le niveau de production), liés à l'installation et à l'entretien du réseau y sont importants, tandis que les coûts marginaux (le coût de l'usager supplémentaire) sont décroissants. Compte tenu de l'investissement nécessaire, aucun concurrent n'a intérêt à s'engager dans une activité qui ne peut dégager du profit qu'à la condition de capter toute la clientèle et de lui imposer une tarification élevée, supérieure au coût moyen. Pour cela, l'entreprise engagée la première dans cette activité doit naturellement détenir le monopole.

Liêm Hoang-Ngoc[1], « SNCF : pourquoi l'ouverture à la concurrence est une aberration », *Marianne*, 21 février 2018.

1. Liêm Hoang-Ngoc est un économiste et homme politique proche de La France insoumise.

Questions

1. Donnez des exemples de coûts fixes pour la SNCF.
2. Pourquoi la SNCF a-t-elle un avantage sur tous ses concurrents potentiels ?
3. Selon l'auteur, faut-il ouvrir le transport ferroviaire à la concurrence ?

Doc. 2 La Poste, un monopole public ?

La loi du 2 juillet 1990 a confié à La Poste quatre missions de service public qui forgent son identité [...].
Ces quatre missions de service public sont :

- Le service universel
Assurer la levée et la distribution, à des tarifs abordables, de lettres et de colis, 6 jours sur 7, sur l'ensemble du territoire.

- Le transport et la distribution de la presse
Assurer la distribution de la presse sur tout le territoire national et favoriser ainsi le pluralisme de l'information.

- L'aménagement du territoire
Fournir un service postal sur l'ensemble du territoire dans des conditions d'accessibilité fixées par la loi.

- L'accessibilité bancaire
À travers le livret A, favoriser la banalisation et l'épargne pour tous.

D'après legroupe.laposte.fr.

Point notion

Monopole
Situation dans laquelle une entreprise est seule sur son marché.

Questions

1. Connaissez-vous des concurrents du groupe La Poste ?
2. Comment expliquer le quasi monopole de La Poste dans la distribution de courriers ?
3. Pouvez-vous citer d'autres exemples d'entreprises dans une situation proche de celle de La Poste ?

Doc. 3 Quels avantages procure la différenciation des produits ?

Présentation du MacBook Air par son créateur, Steve Jobs, en 2008.

Questions

1. Quel est le nom de la marque dont il est question sur cette photographie ?
2. Quels sont ses principaux concurrents ?
3. Quels éléments peuvent expliquer la position particulière de cette marque sur le marché des nouvelles technologies ?

Doc. 4 Quelles sont les origines du monopole ?

Pour l'essentiel, les raisons de l'existence d'un monopole entrent dans l'une des trois catégories suivantes : monopole naturel, monopole d'innovation ou monopole légal.

– Le monopole naturel : les conditions techniques de production et la taille du marché font qu'à long terme des entreprises concurrentes ne sont jamais rentables. […]

– Le monopole d'innovation : […] cette catégorie rassemble les entreprises qui, à la suite d'une innovation technologique, créent un nouveau produit et se trouvent momentanément seules à distribuer sur le marché. Ce monopole […] est toujours temporaire, la concurrence amenant plus ou moins rapidement d'autres entreprises à maîtriser l'innovation et à entrer à leur tour sur le marché.

– Le monopole légal : on peut considérer que, dans tous les autres cas, le monopole ne subsiste que parce qu'il existe des obstacles réglementaires ou législatifs à l'entrée de concurrents sur le marché.

Jacques Généreux, *Économie politique, 2. Microéconomie*, Hachette, 2008 (5e éd.).

Questions

1. Associez chacun des exemples présentés dans les documents 1, 2 et 3 à l'un des trois types de monopole cités dans le texte.
2. Pouvez-vous citer d'autres exemples illustrant chacun des types de monopole ?
3. Quelles sont les stratégies que peuvent mettre en place les entreprises pour atteindre une situation de monopole ?

Je m'auto-évalue

Indiquez si les propositions suivantes sont vraies ou fausses.

1. Une entreprise innovante peut disposer d'un pouvoir de marché.
2. Un monopole naturel peut résulter de l'existence de forts coûts fixes.
3. Quel que soit le secteur considéré, la concurrence est toujours la meilleure structure de marché.
4. L'État peut contribuer à la création ou au maintien de certains monopoles.

Je fais le point

Sur de nombreux marchés, la concurrence est assez faible. C'est le cas en particulier quand une entreprise est en monopole. Un monopole possède un pouvoir de marché, qui peut provenir d'une innovation, d'une production avec d'importants coûts fixes, ou encore d'une décision des pouvoirs publics.

DOSSIER

3 Quel est l'intérêt d'une entente sur un marché en oligopole ?

Découvrir

Doc. 1 Des accords secrets sur les yaourts ?

Des réunions illicites dans des hôtels de province et des brasseries parisiennes, un abonnement de téléphone portable souscrit au nom de la compagne d'un des participants pour mieux se dissimuler, des carnets officieux : l'« affaire du cartel du yaourt » a tout d'un film policier. De 2006 à 2012, onze fabricants de produits laitiers frais (Lactalis Nestlé, Yoplait, Laïta, etc.) se sont concertés pour coordonner leurs politiques tarifaires et commerciales. Prohibée par le Code de commerce français, cette entente leur vaudra une amende de plus de 130 millions d'euros. Seul Yoplait échappera à la sanction : repentie, l'entreprise a dénoncé ses petits camarades…

Benoît Bréville, « Le cartel du yaourt », *Manière de voir* n° 158, avril-mai 2018.

Publicité vantant les mérites des produits laitiers, vers 1950.

Questions

1. Quels ont été les moyens utilisés par les producteurs de yaourts pour se concerter sur les prix et la commercialisation de leurs produits ?
2. D'après vous, quel était l'intérêt pour ces entreprises d'avoir recours à une telle organisation ?
3. Quelles sont les conséquences d'une telle entente pour les consommateurs ?

Point notion

Entente
Situation où des entreprises sur un marché en oligopole se concertent pour réduire les quantités fournies, pour se répartir le marché et/ou pour proposer un prix supérieur au prix concurrentiel.

Doc. 2 S'entendre pour éviter de se concurrencer ?

« C'est la plus grosse amende jamais infligée à un cartel au sein de l'Union européenne », a annoncé mardi 19 juillet Margrethe Vestager, commissaire européenne chargée de la concurrence.

La Commission européenne a infligé une amende de 2,9 milliards d'euros à quatre constructeurs de poids lourds européens « pour s'être entendus sur les prix de vente durant quatorze ans », explique [le quotidien belge] *L'Écho*. C'est en 1994, dans le plus grand secret d'un hôtel luxueux bruxellois, que des hauts dirigeants des cinq principaux constructeurs de camions européens, MAN, Daimler, DAF, Iveco et Volvo-Renault, ont commencé à se réunir pour fixer le prix de leurs véhicules. Selon la Commission européenne, la collusion s'effectuait sur trois points. D'abord, il y avait une entente sur les prix des camions à la sortie de l'usine, ensuite sur le calendrier pour la mise en place des technologies de réduction des émissions de polluants, puis finalement sur la répercussion des coûts des technologies sur les clients. Ensemble, ces producteurs représentent neuf camions sur dix qui circulent sur les routes européennes, « soit 30 millions de véhicules », informe le quotidien belge.

« Concurrence. Amende record pour le cartel des camions », *Courrier International*, 20 juillet 2016.

Questions

1. Sur quoi les entreprises du « cartel des camions » se sont-elles entendues ?
2. Quel est l'intérêt d'une telle entente pour ces entreprises ?
3. Quelles sont les conséquences d'un tel cartel pour les acheteurs de camions et pour les concurrents potentiels ?

Doc. 3 Le dilemme de l'oligopole

Lorsque Procter & Gamble (P&G) a décidé d'entrer sur le marché japonais des insecticides […], l'entreprise connaissait ses coûts de production et pouvait estimer la demande du marché. Mais il lui était difficile de déterminer son prix parce que deux autres entreprises, Kao Soap et Unilever Ltd, projetaient aussi d'entrer simultanément, et P&G devait prendre cela en compte pour choisir son propre prix. […]

Ces trois entreprises faisaient face aux mêmes conditions de demande et aux même coûts, et chacune devait choisir son prix en prenant en compte ses concurrents. Dans le tableau ci-dessous nous avons présenté les profits de P&G pour différentes combinaisons de prix de P&G et de ses concurrents.

Robert Pindyck et Daniel Rubinfeld, *Microéconomie*, Pearson, 2012 (8e éd.).

On parle de stratégie coopérative pour désigner la stratégie optimale que peuvent mettre en place les acteurs s'ils s'entendent auparavant sur le comportement à adopter. La stratégie est dite non coopérative si les différents acteurs agissent sans concertation, et doivent donc prendre en compte toute les actions possibles des autres acteurs sans pouvoir les anticiper parfaitement. Voici un modèle de représentation :

		Acteur B	
		Action 1	Action 2
Acteur A	Action 1	(Gain de A ; Gain de B)	(Gain de A ; Gain de B)
	Action 2	(Gain de A ; Gain de B)	(Gain de A ; Gain de B)

Le tableau est une « matrice des gains », qui représente ce que gagne chaque agent pour chaque prix. La première case se lit comme suit : si P&G fait payer 1,50 pendant que Unilever et Kao font aussi payer 1,50, P&G gagne 20 000 et Unilever et Kao gagnent également 20 000.

Matrice des gains

		Unilever et Kao	
		Font payer 1,50 €	Font payer 1,40 €
P&G	Fait payer 1,50 €	(20 000 ; 20 000)	(3 000 ; 22 000)
	Fait payer 1,40 €	(22 000 ; 3 000)	(12 000 ; 12 000)

Questions

1. Quelle est *a priori* la tarification qui permet à l'ensemble des entreprises du secteur des insecticides de réaliser le profit total le plus élevé ?

2. Si Unilever et Kao fixent un prix de 1,40 €, quel est le prix que devrait fixer P&G pour faire le plus grand profit ? Et si Unilever et Kao fixent un prix de 1,50 € ?

3. Quelle est alors la tarification que doit choisir P&G ?

4. Si chaque entreprise raisonne de la même façon, quel est le tarif pratiqué par l'ensemble des firmes ? Cela vous semble-t-il être une situation optimale ?

5. Comment une entente peut-elle leur permettre de gagner plus ?

Je m'auto-évalue

Remplissez le texte ci-dessous avec les termes suivants : entente (×2), prix, profit, quantités.

En l'absence d'____ sur un marché oligopolistique, les producteurs peuvent être amenés à se livrer une guerre des prix. Chacun cherche alors à s'approprier le plus possible de parts de marché en proposant un ____ sans cesse plus bas que celui de ses concurrents. Cette situation conduit cependant à une diminution du ____ de l'ensemble des acteurs du secteur. La formation d'une ____ permet alors aux producteurs de s'entendre sur les prix et/ou les ____ afin de maximiser leurs profits respectifs.

Je fais le point

Sur les marchés en oligopole, la concurrence peut être très forte. Les quelques entreprises présentes peuvent se livrer une véritable « guerre des prix » dans le but d'éliminer les concurrents. Pour éviter cela, les entreprises peuvent être tentées de s'entendre pour se partager le marché, fixer les prix, ou encore se concerter sur la politique d'innovation. Ces entreprises forment alors une entente, ou un cartel. Cette entente se fait au détriment des consommateurs et des entreprises hors de l'entente, c'est pourquoi elles sont le plus souvent illégales.

DOSSIER

4 Quels sont les outils et les objectifs des politiques de la concurrence ?

Découvrir

Doc. 1 Quelle sanction pour le « cartel du jambon » ?

L'Autorité de la concurrence enquête actuellement sur une possible entente entre les industriels du jambon et de la charcuterie. Les professionnels du secteur se seraient entendus en amont et en aval de la filière. [...]

Un document de la cour d'appel de Paris fournit plusieurs éléments sur le dossier. En octobre 2012, « une entreprise des secteurs de l'approvisionnement en jambon et de la fourniture des produits de charcuterie », reconnaissant participer à un cartel, dépose une demande de clémence auprès de l'Autorité de la concurrence. La procédure, légale, lui permet, « sous réserve de remplir certaines conditions », de recevoir la garantie d'une « immunité totale d'amende » en échange de sa coopération ainsi que de la transmission d'informations sur le cartel auquel elle participait. Seule la première entreprise à dénoncer le cartel bénéficiera de l'impunité totale d'amende : les membres du cartel sont donc encouragés à dénoncer ce dernier au plus vite auprès de l'Autorité.

Wladimir Garcin, « Un « cartel du jambon » dans le collimateur de l'Autorité de la concurrence », *Le Figaro*, 19 octobre 2018.

Point notion

Politique de la concurrence

Ensemble de mesures visant à contrôler les fusions et acquisitions, à empêcher les ententes illégales et à interdire les abus de position dominante. Ces politiques ont pour objectif de permettre une concurrence élevée, favorable aux consommateurs.

Questions

1. Comment l'entente entre les industriels du jambon a-t-elle été identifiée ?
2. Quel est l'intérêt de proposer une immunité à l'entreprise ayant dénoncé le cartel ?

Doc. 2 Que fait l'Autorité de la concurrence ?

Bilan d'activité de l'Autorité de la concurrence en 2017

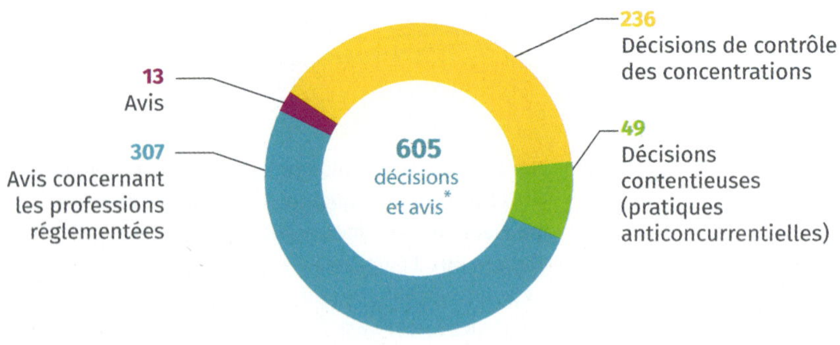

* dont 304 avis rendus sur les demandes individuelles d'installation de notaires.

D'après le site de l'Autorité de la concurrence.

Questions

1. Quelles sont les deux principales activités de l'Autorité de la concurrence en 2017 ?
2. Qu'appelle-t-on une concentration d'entreprises ?
3. Pourquoi vous paraît-il important de contrôler le processus de concentration des entreprises ?

Numérique

Retrouvez la diversité des mesures prises par l'Autorité de la concurrence : LLS.fr/SES1P48

Doc. 3 Qu'est-ce qu'un abus de position dominante ?

Deux sanctions infligées par la Commission européenne à Google

Abus de position dominante car...

... Google a utilisé sa position dominante dans les recherches en ligne pour favoriser son comparateur de prix.

→ Amende de 2,4 milliards d'euros en juin 2017

... Google a forcé des fabricants de Smartphone à installer son système d'exploitation et son moteur de recherche.

→ Amende de 4,3 milliards d'euros en juillet 2018

Lelivrescolaire.fr

Questions

1. Selon vous, que signifie le fait que Google a une « position dominante » ?
2. Pourquoi, dans les deux cas, l'utilisation de cette position dominante risque-t-elle de nuire aux consommateurs ?

Numérique

La Commission européenne présente l'influence de sa politique de la concurrence sur la vie quotidienne des consommateurs : LLS.fr/ConcurrenceVie

Doc. 4 Quelles difficultés pour les politiques de la concurrence ?

Les règles encadrant le jeu concurrentiel sont toutefois difficiles à mettre en œuvre, sans doute parce que la notion de concurrence repose elle-même sur un paradoxe. En effet, on peut considérer que la concurrence constitue un processus de sélection pouvant conduire, le cas échéant, à l'élimination de concurrents, au profit des firmes les plus efficaces : les règles de concurrence ne visent alors pas tant à empêcher la disparition de concurrents qu'à contrôler les moyens utilisés par les firmes pour parvenir à leurs fins.

Dans la pratique, la politique antitrust se compose de trois volets principaux : le contrôle des concentrations, les abus de position dominante et les ententes anticoncurrentielles.

Emmanuel Combe, *Précis d'économie*, PUF, 2017 (14e éd.)

Questions

1. En quoi le paradoxe décrit par l'auteur rend-il difficile la mise en œuvre des politiques de la concurrence ?
2. La politique de concurrence doit-elle chercher à mettre toutes les entreprises concurrentes au même niveau ?

Je m'auto-évalue

Indiquez si la proposition est vraie ou fausse.

1. La politique de la concurrence a uniquement pour but de limiter la concentration des entreprises.
2. Une entreprise membre d'un cartel qui dénoncerait ce cartel pourrait alors bénéficier d'une amnistie totale et ne pas être sanctionnée pour sa participation à cette pratique anticoncurrentielle.
3. Les pratiques anticoncurrentielles ne concernent que des questions de tarification.

Je fais le point

Les politiques de la concurrence ont pour but de limiter les dérives sur les marchés imparfaitement concurrentiels, avec le souci de rendre la concurrence la plus profitable aux consommateurs.

Ces politiques peuvent par exemple limiter les concentrations d'entreprise si elles conduisent une entreprise à avoir une position qui lui confère un pouvoir de marché trop important après une fusion. Elles traquent aussi les ententes illicites et sanctionnent les abus de position dominante.

TD 1

Représenter graphiquement l'équilibre du monopole

1 Exercice guidé → Quelle est la quantité de production optimale pour le monopole ?

Doc. 1 Qu'est-ce que l'équilibre du monopole ?

Comme pour toute entreprise, on suppose que le producteur en monopole cherche à maximiser son profit. La quantité optimale est donc celle pour laquelle le profit total est le plus important. Au-delà de cette quantité, le profit diminue et l'entreprise s'arrête de produire.

Une fois cette quantité déterminée, il reste au monopole à fixer son prix. En l'absence de concurrence, l'entreprise est en effet « faiseuse de prix » et dispose d'un pouvoir de marché. Le prix optimal dépend de la demande des consommateurs : le risque serait en effet de proposer un prix trop élevé, pour lequel il n'y aurait plus de demande.

L'équilibre du monopole est atteint pour la quantité et le prix optimaux.

Lelivrescolaire.fr

Doc. 2 La représentation graphique de l'équilibre du monopole

La courbe de demande est supposée décroissante. Elle représente la quantité demandée pour chaque prix possible. Pour l'entreprise, la courbe de demande représente donc aussi la recette moyenne, la recette qu'elle perçoit, en moyenne, pour chaque unité produite.

La courbe de recette marginale est supposée décroissante du fait que le prix de vente doit diminuer au fur et à mesure que la quantité produite s'accroît afin d'assurer l'écoulement de cette production.

Le coût moyen est supposé décroissant puis croissant, du fait de l'existence de rendements d'échelle croissants dans une première phase, puis décroissants dans une seconde phase.

Pour la même raison, le coût marginal est lui aussi d'abord décroissant puis croissant.

Lelivrescolaire.fr

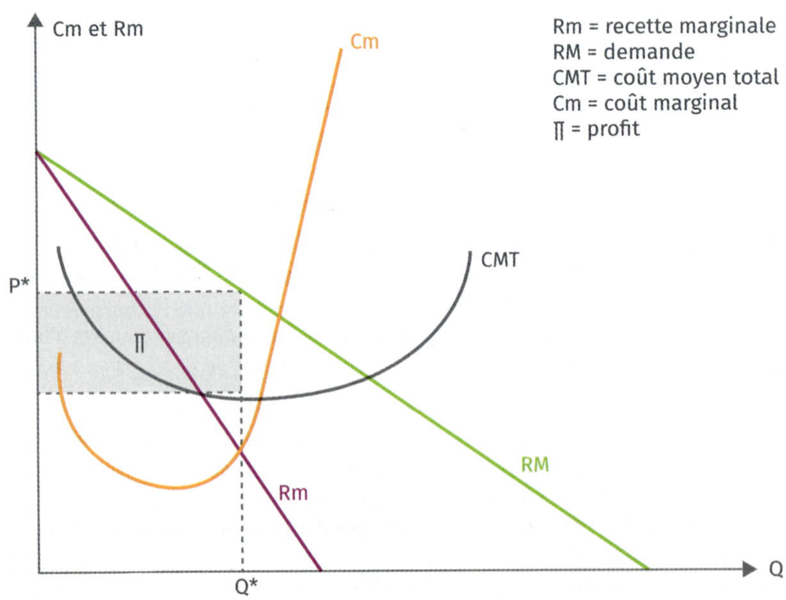

Point notion

Rendements d'échelle

Façon dont varie la production quand tous les facteurs de production varient dans les mêmes proportions. Des rendements d'échelle croissants veulent dire que, lorsqu'on augmente de la même manière le volume de tous les facteurs de production, la production augmente plus que proportionnellement.

Numérique

Retrouvez les graphiques en version animée : LLS.fr/SES1P50

Questions

◆ **Étape 1. Déterminer la quantité de production du monopole.**

1. Doc. 2. Déterminez graphiquement la quantité de production qui permettrait au monopole de maximiser son profit. Justifiez votre réponse.

Pour déterminer graphiquement la quantité optimale de production pour le monopole, il faut revenir à la définition du profit. Il est égal à la différence entre les recettes totales et le coût total. Le profit marginal est donc la différence entre la recette marginale et le coût marginal. Tant qu'il est positif, le profit de l'entreprise augmente. L'entreprise maximise alors son profit lorsque le profit marginal est nul, autrement dit lorsque la recette marginale est égale au coût marginal. Pour déterminer la quantité optimale Q, il faut alors utiliser la courbe de recette marginale et celle de coût marginal.*

◆ **Étape 2. Déterminer le prix d'équilibre du monopole.**

2. Doc. 1 et 2. Pour cette quantité Q*, quel est le prix que propose le monopole ?

Le prix que sont prêts à payer les demandeurs se lit sur la courbe de demande, qui représente également la courbe de recette moyenne de l'entreprise en situation de monopole. Pour déterminer P, le prix de vente permettant au monopole de maximiser son profit pour une production Q*, il suffit de regarder la courbe de demande et de repérer sur cette courbe quel est le prix associé au niveau de production Q*.*

Numérique

Pour comprendre le monopole en jouant, téléchargez le kit du jeu du monopole sur lelivrescolaire.fr :
LLS.fr/SES1P51

2 À vous de jouer ! → Quel est l'impact du monopole sur le surplus du consommateur ?

Doc. 3 Profit et surplus en monopole

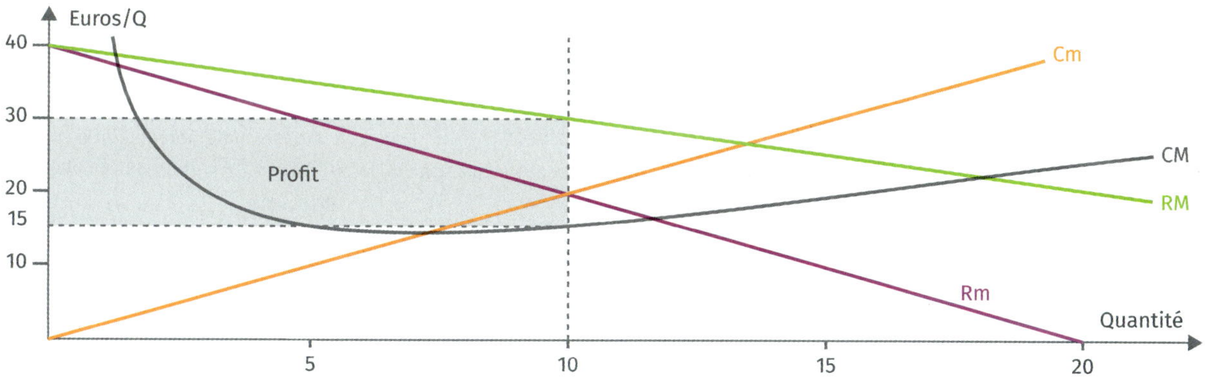

Questions

1. Déterminez graphiquement la quantité de production permettant au monopole de maximiser son profit.

2. À quel prix doit-il vendre cette production ?

3. Donnez les définitions des surplus du consommateur et du producteur et rappelez comment ils se représentent sur un marché concurrentiel.

4. En considérant que la courbe de recette moyenne du monopole équivaut à la courbe de demande, et que la courbe de coût marginal équivaut à la courbe d'offre, représentez le surplus du consommateur et celui du producteur si l'équilibre était un équilibre de concurrence pure et parfaite.

5. Représentez le surplus du consommateur et celui du producteur si l'équilibre est celui du monopole, caractérisé par la quantité et le prix que vous avez déterminés aux questions 1 et 2.

6. Quelle conclusion pouvez-vous en tirer sur l'impact d'une situation de monopole sur le surplus du consommateur ?

Récapitulez

À l'aide des documents et de vos réponses aux questions, expliquez en quoi les marchés concurrentiels semblent préférables aux marchés en monopole pour les consommateurs.

L'ESSENTIEL

Comment les marchés imparfaitement concurrentiels fonctionnent-ils ?

1 Quelles sont les sources d'un pouvoir de marché ?

- Dans le modèle du marché en concurrence, les offreurs comme les demandeurs sont preneurs de prix. En réalité, les agents (en particulier les producteurs) peuvent avoir un **pouvoir de marché** et être **faiseurs de prix**.
- Ce pouvoir de marché peut provenir de l'existence d'un nombre limité d'offreurs pour un produit. Le cas le plus évident est celui de l'entreprise en **monopole**. Une telle situation peut résulter de la présence de **barrières à l'entrée**, qui empêchent les concurrents de tenter de prendre des parts de marché à l'entreprise en situation de monopole. Ainsi, des décisions juridiques, des raisons techniques (l'innovation par exemple) ou financières (importance des coûts fixes) peuvent créer de telles barrières.
- Dans tous les cas où la concurrence est réduite, il y a un risque que les producteurs détiennent un pouvoir de marché. C'est donc le cas sur les marchés en **oligopole**. Parmi ces marchés, le **duopole**, caractérisé par la présence de seulement deux producteurs, est un cas spécifique.
- Sur ces marchés, le pouvoir de marché peut aussi résulter d'une entente entre entreprises. Ces dernières peuvent s'accorder pour se partager le marché, éviter une « guerre des prix », ou encore coordonner leurs stratégies de recherche et développement. Le plus souvent, ces ententes sont illégales. (→ **voir dossier 1**)

2 Le monopole, exemple type de la concurrence imparfaite

- Une entreprise est en monopole lorsqu'elle n'a pas de concurrent direct sur son marché. Les situations de monopole ont trois origines possibles.
  - On parle de monopole naturel sur un marché où les **coûts fixes** sont très élevés. Dans ce cas, l'entreprise ne peut pas être concurrencée, car il ne serait pas rentable pour ses concurrents potentiels de devoir amortir ces coûts (exemple de la SNCF).
  - Le monopole d'innovation est celui qui est obtenu par l'entreprise qui propose un nouveau produit. (→ **voir En théorie**) Dans ce cas, l'entreprise évince ses concurrents par l'innovation. Ce monopole est souvent temporaire (Google se rapproche de cette situation concernant les moteurs de recherche).
  - Le monopole institutionnel (ou légal) est dû à une décision administrative. Pour des raisons de sécurité ou de service public, une entreprise (publique ou privée) se voit confier un monopole (exemple de La Poste). (→ **voir dossier 2**)
- Le monopole est faiseur de prix. Il peut proposer des prix plus élevés qu'en situation de concurrence, quitte à réduire les quantités vendues.
- L'équilibre du monopole aboutit à un prix plus élevé et des quantités échangées plus basses qu'en situation de concurrence. On dit alors que cette situation conduit à une perte de surplus pour la collectivité, appelée « perte sèche », qui peut se représenter graphiquement. (→ **voir TD 1**)

Les notions à connaître

Abus de position dominante
Comportement d'une entreprise qui utilise son pouvoir de marché pour imposer aux consommateurs des tarifications excessives, une limitation de leur choix de consommation, ou pour empêcher le développement de concurrents.

Barrières à l'entrée
Éléments qui empêchent l'entrée de concurrents sur un marché. Elles peuvent avoir des origines techniques, juridiques, ou être dues à l'innovation.

Coûts fixes
Coûts qui ne varient pas en fonction de la quantité produite. Ce sont, par exemple, les coûts liés à la recherche et développement.

Dilemme du prisonnier
Modèle théorique se penchant sur les stratégies des agents économiques. Il montre notamment l'intérêt d'une entente entre entreprises en oligopole.

Duopole
Situation dans laquelle il n'y a que deux entreprises présentes sur un marché.

Entente
Situation où des entreprises sur un marché en oligopole se concertent pour réduire les quantités fournies, pour se répartir le marché et/ou pour proposer un prix supérieur au prix concurrentiel.

Faiseur de prix
Capacité d'un agent économique à agir sur les prix (en anglais *price maker*). C'est le contraire de preneur de prix.

Fusions et acquisitions
Opérations par lesquelles des entreprises se rapprochent pour ne former qu'une seule entité.

Monopole
Situation dans laquelle une entreprise est seule sur son marché. Un monopole peut être naturel, institutionnel ou d'innovation.

3 Quel est l'intérêt d'une entente pour des entreprises en oligopole ?

- Un marché en oligopole est caractérisé par un faible nombre d'entreprises. Ces dernières peuvent être amenées à se livrer une concurrence féroce pour gagner des parts de marché. Par exemple, elles peuvent être poussées à baisser toujours plus leurs prix : on parle de « guerre des prix ». Cependant, la théorie économique montre qu'elles peuvent, encore plus, avoir intérêt à former des ententes, ou cartels.
- Ce choix entre guerre des prix et entente peut être étudié à l'aide du **dilemme du prisonnier**. C'est un modèle (ou « jeu ») qui part de la situation suivante : deux criminels complices sont arrêtés et interrogés séparément. Celui qui reconnaît sa culpabilité et celle de son complice se voit accorder une remise de peine, alors que celui qui se tait est lourdement condamné si son complice le dénonce. Si personne n'avoue, les deux criminels subissent une peine légère. D'un point de vue collectif, la situation la plus avantageuse est celle où aucun des deux ne reconnaît sa culpabilité, mais, au niveau individuel, chacun a intérêt à dénoncer l'autre. Pour aboutir à la meilleure situation pour les deux criminels, il faut qu'ils aient passé un accord au préalable.
- Il en va de même pour des entreprises en oligopole : au niveau collectif, la meilleure situation pour elles est d'éviter la guerre des prix, mais au niveau individuel, ne pas se lancer dans un conflit de ce type peut conduire à des pertes. La seule possibilité d'éviter la guerre des prix est alors de s'entendre. (→ **voir dossier 3**)

4 Quel est le rôle des politiques de la concurrence ?

- Pour lutter contre les entraves à la concurrence, des **politiques de la concurrence** sont mises en place. Elles peuvent se faire à l'échelle d'un pays (en France, par exemple, par l'Autorité de la concurrence) ou au niveau international (dans l'Union européenne, par la Commission européenne).
- Ces politiques ont trois axes : le contrôle des **fusions et acquisitions** (ou contrôle des concentrations), qui vise à éviter que ces opérations ne conduisent à une disparition de la concurrence, la lutte contre les ententes illicites et celle contre les **abus de position dominante**.
- Ces politiques visent à restaurer la concurrence, et donc à augmenter le surplus des consommateurs. (→ **voir dossier 4**)

Oligopole

Marché sur lequel il existe un nombre fini et réduit de producteurs.

Politique de la concurrence

Ensemble de mesures visant à contrôler les fusions et acquisitions, à empêcher les ententes illégales et à interdire les abus de position dominante. Ces politiques ont pour objectif de permettre une concurrence élevée, favorable aux consommateurs.

Pouvoir de marché

Capacité d'une entreprise à agir sur les prix ou les quantités sur le marché. Dans le cas où un producteur a un pouvoir de marché, il est faiseur de prix.

Capsule vidéo

L'essentiel du cours en vidéo sur lelivrescolaire.fr :
LLS.fr/SES1P53

Attention aux notions

Ne pas confondre

Oligopole et **cartel**

- L'oligopole désigne un marché sur lequel il n'y a qu'un faible nombre de producteurs.
- Ces producteurs sont, *a priori*, en concurrence les uns avec les autres. Toutefois, ils peuvent parfois s'entendre pour limiter cette concurrence : on parle alors de « cartel ».

Comprendre le lien

Pouvoir de marché et **faiseur de prix**

Dans le modèle de concurrence, les agents sont preneurs de prix et n'ont aucun pouvoir de marché. À l'inverse, dans les situations de concurrence imparfaite, les producteurs ont un pouvoir de marché. Cette expression désigne en fait leur capacité à agir sur les prix et les quantités vendues. Le fait d'être faiseur de prix est donc une conséquence de leur pouvoir de marché.

Monopole et innovation : l'analyse de Schumpeter et son actualité

Doc. 1 Pourquoi l'innovation peut-elle être incompatible avec la concurrence ?

L'introduction de nouvelles méthodes de production et de nouvelles marchandises est difficilement concevable si, dès l'origine, les innovateurs doivent compter avec des conditions de concurrence parfaite et parfaitement rapide. Or, ceci veut dire que le progrès économique, au sens où nous entendons ce terme, est en majeure partie incompatible avec de telles conditions. Effectivement, la concurrence parfaite est et a toujours été temporairement suspendue – automatiquement ou au moyen de mesures *ad hoc* – chaque fois qu'une nouveauté a été introduite, même si les conditions étaient, à tous autres égards, parfaitement concurrentielles. [...] Nous sommes obligés de reconnaître que l'entreprise géante est finalement devenue le moteur le plus puissant [du] progrès [économique] et, en particulier, de l'expansion à long terme de la production totale.

Joseph Aloïs Schumpeter, *Capitalisme, socialisme et démocratie*, Payot, 1942 (édition originale).

Questions

1. Quelles sont les deux formes d'innovation identifiées par Schumpeter ?
2. Pourquoi la concurrence nuit-elle à l'innovation selon lui ?
3. Pourquoi le manque d'innovation peut-il être mauvais pour la croissance économique ?
4. De nos jours, comment les entreprises innovantes peuvent-elles protéger leurs innovations et éviter la copie ?

Qui est-ce ?

Joseph Aloïs Schumpeter (1883-1950) est un économiste autrichien, naturalisé américain, dont les travaux principaux portent sur le rôle de l'innovation dans la dynamique économique. Schumpeter considère que le processus d'innovation, sa diffusion et son épuisement permettent d'expliquer les fluctuations économiques de long terme à travers un processus de « destruction créatrice », l'innovation rendant obsolètes certains secteurs (destruction), mais contribuant à l'émergence de nouvelles industries porteuses de croissance et d'emplois (création).

Pour Schumpeter, l'innovation est le fruit de « l'entrepreneur innovateur », un individu de génie qui révolutionne le monde économique en introduisant son innovation. L'introduction de nouveautés techniques conduit à une position de monopole, et c'est la perspective des gains liés à cette position qui, pour Schumpeter, peut stimuler le processus d'innovation.

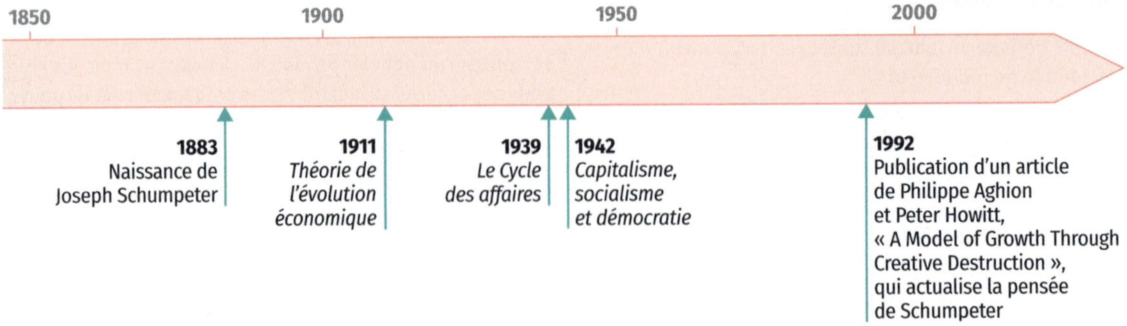

Illustrer par une citation

« Les gens du même métier se rassemblent rarement, même pour se divertir et prendre de la dissipation, sans que la conversation n'aboutisse à une conspiration contre le public ou à quelque invention pour renchérir leur travail. »

Adam Smith, *Recherches sur la nature et les causes de la richesse des nations*, 1776.

S'appuyer sur des données

62 milliards d'euros

C'est le chiffre d'affaires, en 2007, du nouveau groupe GDF-Suez, fusion d'entreprises la plus importante en France.

951,2 millions d'euros

C'est le montant de la sanction la plus élevée infligée par l'Autorité de la concurrence. Elle concernait l'entente des fabricants des produits d'entretien et d'hygiène.

Autorité de la concurrence

4,3 milliards d'euros

C'est le montant de l'amende la plus élevée infligée par la Commission européenne pour abus de position dominante. C'est Google qui en a fait les frais.

Situer dans le temps

1890

Vote du Sherman Anti-Trust Act, aux États-Unis. Cette loi est considérée comme la première loi de politique de la concurrence. Elle interdit les ententes entre entreprises.

1911

Démantèlement de la Standard Oil Company de John D. Rockefeller, dans le but d'augmenter la concurrence.

2008

Création de l'Autorité de la concurrence en France.

Synthétiser en images

LA CONCURRENCE IMPARFAITE…

… peut avoir différentes origines :
- une décision administrative ;
- l'innovation ;
- l'existence de coûts fixes élevés ;
- une entente entre producteurs.

… prend pour formes :
- le monopole ;
- l'oligopole ;
- le duopole ;
- la concurrence monopolistique.

… a des conséquences négatives

sur les consommateurs :
- prix plus élevés qu'en concurrence ;
- quantités plus faibles ;
- diminution du surplus.

sur les producteurs :
- barrières à l'entrée : difficulté de concurrencer les entreprises déjà présentes.

… qui conduisent à une politique de la concurrence :
- contrôle des fusions et acquisitions ;
- lutte contre les ententes illicites ;
- lutte contre les abus de position dominante.

VERS LE BAC – ÉPREUVES COMMUNES DE CONTRÔLE CONTINU

Mobilisation des connaissances et traitement de l'information : je résous graphiquement un exercice

Première

La première partie de l'épreuve écrite de contrôle continu est un exercice de mobilisation de connaissances et de traitement de l'information. Elle est notée sur 10 points. Pour certains sujets, le traitement de l'information correspond à la lecture et à l'interprétation de représentations graphiques. Il s'agit alors de lire les graphiques, de placer des points, voire de tracer certaines représentations.

Exemple de sujet :

❑ Les courbes de coût d'une entreprise en monopole se présentent de la façon suivante :

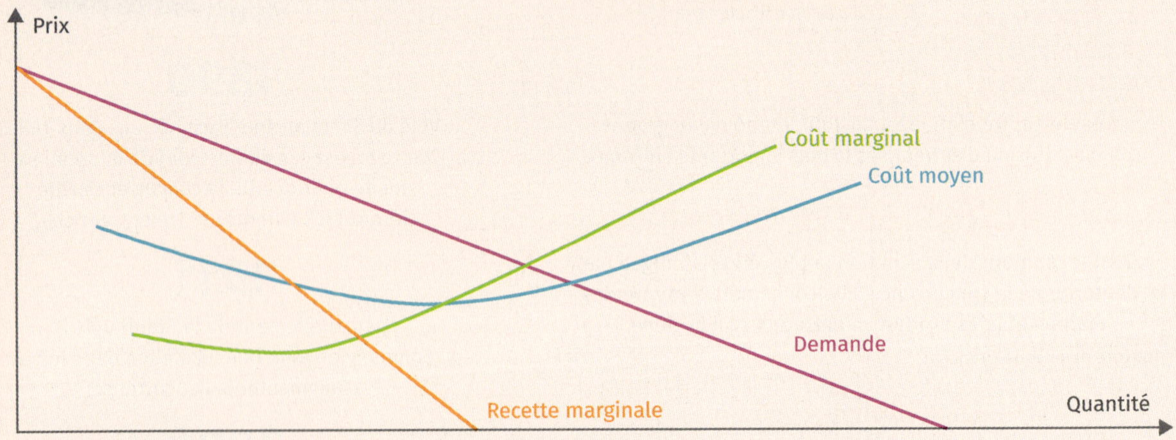

a. Que représente le coût marginal ?

b. Représentez graphiquement l'équilibre du monopole.

c. Pourquoi l'équilibre de monopole est-il fixé à un niveau supérieur à celui de concurrence ?

d. Représentez graphiquement ce que serait le point d'équilibre en situation de concurrence.

Comment réussir un exercice de résolution chiffrée ou graphique

◆ **Étape 1. Mobiliser des définitions.**

Il y a souvent des questions qui supposent une définition des termes. En donnant les définitions, une partie du raisonnement est faite. (→ **voir Vers le bac Chapitre 1**)

◆ **Étape 2. Lire et tracer des graphiques.**

L'exercice peut demander de lire des données sur des graphiques. Pour cela, il peut être demandé de placer des points. Faites-le de façon précise et en utilisant des couleurs différentes pour chaque point. Lorsqu'il faut identifier des points, nommez-les.

◆ **Étape 3. Expliquer le raisonnement.**

Même si l'exercice pose des questions supposant de placer des points, il ne faut pas se limiter à des représentations graphiques. Ces dernières doivent être expliquées. Ainsi, lorsque vous placez un point, expliquez à quoi il correspond.

Ne pas oublier...

- ❑ de définir les termes : *utilisez et expliquez les définitions vues en cours* ;
- ❑ de lire et placer les points sur les graphiques de façon claire : *utilisez des couleurs, donnez des noms précis aux points* ;
- ❑ d'expliquer ce que vous faites : au-delà du fait de placer des points ou des coordonnées, il faut montrer que vous comprenez ce que vous faites et l'expliquer.

1 Exercice guidé

◆ **Étape 1. Mobiliser des définitions.**
Ici, pour répondre à la question a, il faut donner la définition du coût marginal (marginal signifiant lié à la dernière quantité produite). Pour la question b, il faut définir le monopole et l'équilibre. La question c suppose d'indiquer ce qu'est la différence entre monopole et concurrence.

◆ **Étape 2. Lire et tracer des graphiques.**
Commencez par représenter le point d'équilibre du monopole dans une couleur pour répondre à la question b. Pour le placer, il faut se souvenir que l'entreprise cherche à minimiser son coût moyen. Donnez un nom à ce point.

Pour répondre à la question d, il faut utiliser une autre couleur et, pour comparer les équilibres, indiquer graphiquement le prix et la quantité d'équilibre en monopole et en concurrence. En concurrence, l'équilibre est atteint pour une quantité telle que le coût marginal est égal à la demande. Là aussi, donnez des noms aux points.

◆ **Étape 3. Expliquer le raisonnement.**
Pour la question b, justifiez pourquoi l'équilibre est là où vous le positionnez. Expliquez le fait que le monopole est faiseur de prix. Pour la question d, faites la différence entre le monopole et la concurrence pour donner du sens à la comparaison des deux équilibres.

2 Je m'exerce

Chapitre 1

→ Sur un marché, l'offre et la demande sont les suivantes :

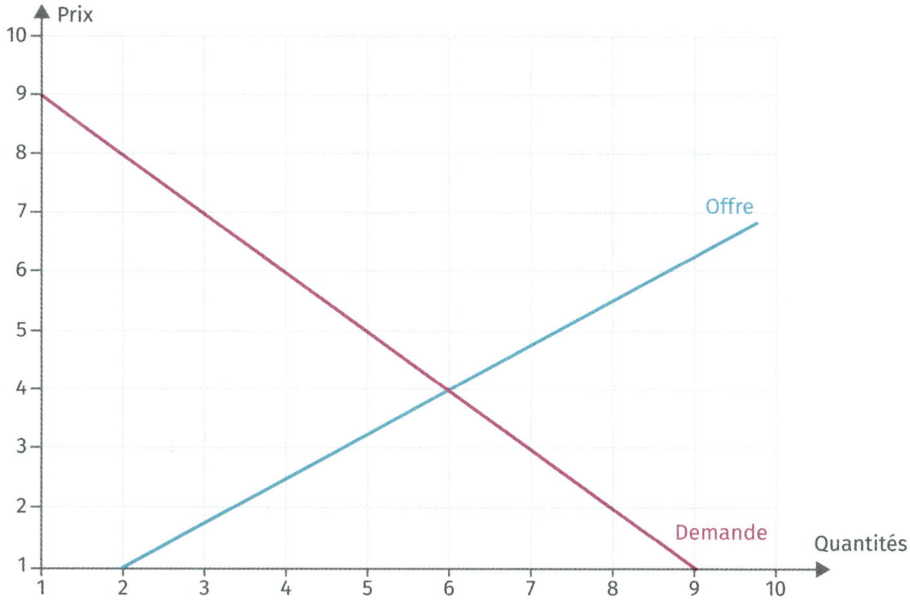

a. Placez le point d'équilibre sur le graphique.

b. Quelle est la quantité d'équilibre ? Quel est le prix d'équilibre ?

c. Qu'est-ce que le surplus sur un marché ?

d. Représentez graphiquement le surplus des consommateurs sur le graphique.

e. Représentez graphiquement le surplus des producteurs sur le graphique.

Numérique

D'autres exemples pour s'entraîner : LLS.fr/SES1P338

Comment apprécier les effets d'une concentration d'entreprises ?

L'enquête

L'Autorité de la concurrence face aux projets de concentration

Doc. 1 Comment apprécier les dangers d'une concentration ?

En février 2013, la Commission européenne a bloqué le rachat de la compagnie aérienne irlandaise Aer Lingus par sa compatriote Ryanair, au motif que ce rapprochement aurait créé une position dominante sur de nombreuses lignes au départ de Dublin. Si l'interdiction d'une fusion ou d'un rachat demeure assez rare, elle nous rappelle que tout projet de rapprochement entre entreprises est soumis à l'autorisation préalable des autorités de la concurrence, dès lors que les parties prenantes disposent d'une certaine taille : il s'agit de s'assurer que le « mariage » ne va pas porter atteinte à la concurrence. […]

Avant d'apprécier l'impact de la concentration sur la concurrence, les autorités de la concurrence doivent au préalable résoudre deux questions d'ordre empirique.

La première est celle de la délimitation du marché pertinent (*relevant market*) sur lequel a lieu l'opération. […]

Une fois le marché pertinent délimité, les autorités de la concurrence doivent apprécier l'évolution des parts de marché, avant et après le rapprochement des entreprises. En première approximation, la part de marché des entreprises concernées par l'opération permet d'estimer le risque de pouvoir de marché : plus la part de marché de la nouvelle entité est élevée par rapport à celle de ses concurrents, plus il est probable qu'elle crée ou renforce son pouvoir de marché. Ainsi, dans la pratique des autorités européennes et françaises, lorsque la part de marché de la nouvelle entité est inférieure à 25 % dans le cas d'une concentration horizontale, et à 30 % dans le cas d'une concentration verticale ou conglomérale, l'atteinte à la concurrence est peu probable, sauf cas particulier.

Toutefois, la simple addition des parts de marché des entreprises qui fusionnent ne permet pas d'apprécier la répartition des parts de marché sur l'ensemble du marché pertinent. En effet, l'impact sur la concurrence d'une fusion conduisant la nouvelle entité à détenir 50 % de parts de marché n'est pas le même si le restant du marché est composé de cinquante concurrents détenant chacun 1 % du marché ou d'un seul concurrent disposant d'une part de marché de 50 %.

Emmanuel Combe, *La Politique de la concurrence*, La Découverte, 2016.

L'auteur

Emmanuel Combe est professeur d'économie à l'université Paris 1 Panthéon-Sorbonne et à SKEMA Business School. Il est également vice-président de l'Autorité de la concurrence depuis 2012.

Ses thèmes de recherche portent sur la concurrence, le low cost et la compétitivité.

Point notion

Concentration

Synonyme de « fusions et acquisitions ».
La concentration peut être horizontale (deux entreprises concurrentes n'en forment plus qu'une), verticale (entre une entreprise et une de ses clientes ou un fournisseur) ou conglomérale (entre deux entreprises non liées entre elles).

Questions

1. Qu'est-ce qu'une opération de concentration entre entreprises ?
2. Pourquoi ces opérations risquent-elles de nuire à la concurrence ?
3. Comment l'effet d'une concentration sur la concurrence peut-il être mesuré ?
4. Pourquoi cette façon de mesurer n'est-elle pas toujours suffisante ?

Numérique

Sur son site personnel, Emmanuel Combe publie régulièrement des articles sur la politique de la concurrence, avec des exemples concrets : LLS.fr/EmmanuelCombe

Doc. 2 Les conséquences de la fusion InVivo Retail – Jardiland

En juin 2018, l'entreprise InVivo Retail fait part à l'Autorité de la concurrence de sa volonté de racheter l'entreprise Jardiland. InVivo Retail détient notamment les marques Gamm vert et Delbard et agit donc dans le même secteur que Jardiland, celui des jardineries. Avant de donner son accord à l'opération, l'Autorité de la concurrence estime les parts de marché des deux groupes. Le tableau ci-dessous en donne quelques exemples.

Zone de chalandise	Part de marché de InVivo avant fusion	Part de marché de Jardiland avant fusion	Part de marché de la nouvelle entité après fusion
Besançon (25)	Entre 5 et 10 %	Entre 40 et 50 %	Entre 50 et 60 %
Chartres (28)	Entre 30 et 40 %	Entre 20 et 30 %	Entre 60 et 70 %
Clamecy (58)	Entre 10 et 20 %	Entre 70 et 80 %	Entre 80 et 90 %
Montélimar (26)	Entre 50 et 60 %	Entre 20 et 30 %	Entre 70 et 80 %
Valenciennes (59)	Entre 40 et 50 %	Entre 10 et 20 %	Entre 50 et 60 %
Vendôme (41)	Entre 50 et 60 %	Entre 30 et 40 %	Entre 80 et 90 %

Autorité de la concurrence, « Décision n°18-DCC-148 du 24 août 2018 relative à la prise de contrôle exclusif de la société Jardiland par la société InVivo Retail », 2018.

Point notion

Zone de chalandise

Zone géographique d'où proviennent généralement, ou d'où sont censés provenir, les clients potentiels d'une entreprise.

Questions

1. Pourquoi peut-on craindre que le rachat de Jardiland par InVivo n'ait des conséquences négatives pour les consommateurs ?

2. Cet effet est-il de même ampleur dans toutes les zones de chalandise ? Quelles sont les zones où la fusion risque de poser problème ?

Les résultats

Une autorisation sous conditions

Doc. 3 La décision de l'Autorité de la concurrence

L'Autorité a […] autorisé l'opération, sous réserve d'engagements de la cession de six points de vente et de la résiliation de cinq contrats de franchise qui devront être repris par un ou plusieurs réseaux concurrents.

Afin de remédier à ces préoccupations de concurrence, le groupe InVivo s'est engagé à céder à un concurrent six points de vente Jardiland ou Gamm vert et à résilier cinq contrats de franchise[1] Jardiland ou Gamm vert, en favorisant la conclusion d'un nouveau contrat de franchise par un réseau concurrent. Ces engagements sont de nature à garantir le maintien d'une concurrence suffisante dans les zones concernées.

Les repreneurs présentés devront être agréés par l'Autorité qui s'assurera qu'ils seront à même de constituer une offre alternative crédible en matière d'articles de jardinerie, de bricolage, d'animalerie et d'aménagement extérieur dans chacune des zones concernées.

Communiqué de presse de l'Autorité de la concurrence, 24 août 2018.

1. Utilisation de la marque par un vendeur qui n'appartient pas directement au groupe.

Questions

1. Quelle est la condition que pose l'Autorité de la concurrence à la réalisation de cette opération de concentration ?

2. Parmi les zones où le groupe doit céder des magasins, on retrouve Chartres, Clamecy, Montélimar ou encore Vendôme. Au vu du doc. 2, cela vous paraît-il étonnant ?

3. Quels sont les effets attendus de la cession de certains points de vente du groupe InVivo – Jardiland ?

UN AUTRE REGARD

De la prison pour une entente ! La politique antitrust aux États-Unis

Objectifs

Les politiques de la concurrence, ou politiques antitrust, sont apparues aux États-Unis. Elles s'expliquent par une défense de la concurrence, dans l'intérêt des consommateurs. Les sanctions infligées sont parfois très sévères.

Doc. 1 La politique antitrust, au nom de la liberté ?

La tour Rockefeller, du nom du fondateur de la Standard Oil, entreprise démantelée en 1911 au nom de la politique antitrust.

Le Sherman Act, adopté aux États-Unis en 1890, condamne [...] les cartels au nom d'une *conspiracy against the public*[1]. Les contrats de cartel constituent une infraction au principe de la liberté de marché et sont, par suite, nuls. Les concertations en matière de prix valent comme des actes criminels et sont punis comme tels. Le contrat de cartel que les fabricants de cellulose saxons ont signé en 1893 n'aurait pu être revendiqué devant aucune cour aux États-Unis. La cour aurait, au contraire, été contrainte d'engager une poursuite pénale.

Le Sherman Act défend le principe de liberté négative : les obstacles qui entravent la libre concurrence doivent être écartés. La régulation juridique s'oriente vers un principe de liberté de marché illimitée. Le Sherman Act a été complété et étendu en 1914 par le Clayton Act.

Paul Windolf, « De la cohésion à la dissolution. Les réseaux d'entreprises en Allemagne, en France et aux États-Unis (1900-2010) », *Histoire & mesure*, 2016.

1. Complot contre le public.

Doc. 2 Une sanction exemplaire ?

Un juge américain a infligé le jeudi 20 septembre une amende de 500 millions de dollars au plus grand fabricant taïwanais d'écrans LCD, AU Optronics (AUO), pour avoir participé pendant plusieurs années à un cartel illicite. [...] L'ancien président d'AU Optronics, Hsuan Bin Chen, et l'ancien vice-président exécutif, Hui Hsiung, devront passer trois ans en prison et payer chacun 200 000 dollars, selon un communiqué du Département de la Justice (DoJ). Il a précisé qu'il s'agissait de « la plus grosse amende imposée à une entreprise pour avoir violé le droit américain de la concurrence ». [...]

AU Optronics avait été déclaré coupable en mars d'entente illicite avec d'autres entreprises, de septembre 2001 à décembre 2006, pour fixer les prix des panneaux à cristaux liquides (LCD), utilisés dans les écrans d'ordinateurs, de télévision ou d'autres appareils électroniques vendus aux États-Unis. Les complices s'étaient notamment rencontrés à plusieurs reprises dans des bars à karaoké ou des salons de thé de Taïwan.

« Cartel des écrans LCD : AU Optronics condamné à 500 millions de dollars d'amende », *Le Monde.fr* avec AFP, 21 septembre 2012.

Questions

1. **Doc. 2.** À quelle peine les dirigeants de AU Optronics ont-ils été condamnés ?
2. **Doc. 1.** Quelle est la justification de la politique de la concurrence aux États-Unis ?
3. Comment cette justification peut-elle faire comprendre la sévérité des sanctions ?

Vers la terminale

À l'issue de ce chapitre, vous savez tout (ou presque) sur les marchés imparfaitement concurrentiels. Ces connaissances peuvent être prolongées :

- par une interrogation sur la façon dont les innovations jouent sur la croissance économique et sur les politiques qui peuvent les favoriser ;
- par une réflexion sur le rôle des firmes multinationales et leur influence sur les règles de la concurrence, ainsi que par une discussion autour des liens entre politique de la concurrence et politique industrielle ;
- par la mise en évidence de la façon dont la politique de la concurrence a joué un rôle dans la mise en place d'un marché commun.

Une reconstitution de la machine à vapeur de James Watt, qui a été une innovation majeure et a permis la révolution industrielle.

Pour aller + loin

À lire

Jacques Généreux, *Économie politique, 2. Microéconomie*, Hachette, 2008 (5e éd.).
Un livre de référence pour commencer en économie. En s'attachant à rester accessible, l'auteur présente l'essentiel des questions autour des marchés et explique les représentations graphiques (notamment celle sur le monopole).

À consulter

Le site de l'Autorité de la concurrence
Le site de l'institution française chargée de la régulation de la concurrence. On y retrouve facilement les dernières décisions de l'autorité et les motivations de chacune d'entre elles. Une mine d'or pour trouver des exemples de marchés imparfaitement concurrentiels !
LLS.fr/SES1Autorite

Le site de la Commission européenne
L'institution présente sa politique de la concurrence en s'appuyant sur des exemples concrets, concernant des produits de la vie quotidienne.
LLS.fr/CommissionEuropeenne

À écouter

Deux épisodes de l'émission La Bulle éco sur France Culture.
L'un revient sur la lutte contre les cartels en Europe, l'autre se penche sur la décision concernant la fusion entre deux géants européens : Alstom et Siemens.
LLS.fr/Cartels et LLS.fr/SiemensAlstom

Pour jouer

L'évolution de la confiance : un jeu en ligne.
Un jeu sur la coopération en économie.
LLS.fr/JeuConfiance

Un jeu sérieux (en anglais) sur le monopole.
Il permet de simuler les choix de prix des produits et de comprendre la stratégie du monopole.
LLS.fr/EconomicGames

À voir

Dessine-moi l'éco, « *L'État doit-il interdire les monopoles et les oligopoles ?* », 2018.
Une vidéo ludique et pédagogique sur les motivations et les limites de la politique de la concurrence. En un peu plus de trois minutes, l'essentiel est dit dans un format accessible à tous !
LLS.fr/Monopoles

***Rien de personnel*, de Mathias Gokalp, 2008.**
Dans une grande entreprise, le lancement d'un nouveau produit donne lieu à une soirée festive. Sauf qu'il n'y a aucun nouveau produit : la soirée est en fait une expérience pour tester le personnel. Mais pour quelle raison ? L'entreprise va-t-elle être vendue ? Ce film permet de comprendre les conséquences humaines des opérations de rachat d'entreprise et l'attachement que peuvent avoir les salariés à leur entreprise.

CHAPITRE 3

Quelles sont les principales défaillances de marché ?

Pont de Grenelle, Paul Signac, 1899.

Notions-clés

Aléa moral · Asymétrie d'information · Bien collectif · Bien commun · Défaillance du marché · Externalité · Internaliser les externalités · Passager clandestin · Réglementation · Sélection adverse

POUR COMMENCER

Quelles sont les principales défaillances du marché ?

Doc. 1 À quoi servent les labels de certification ?

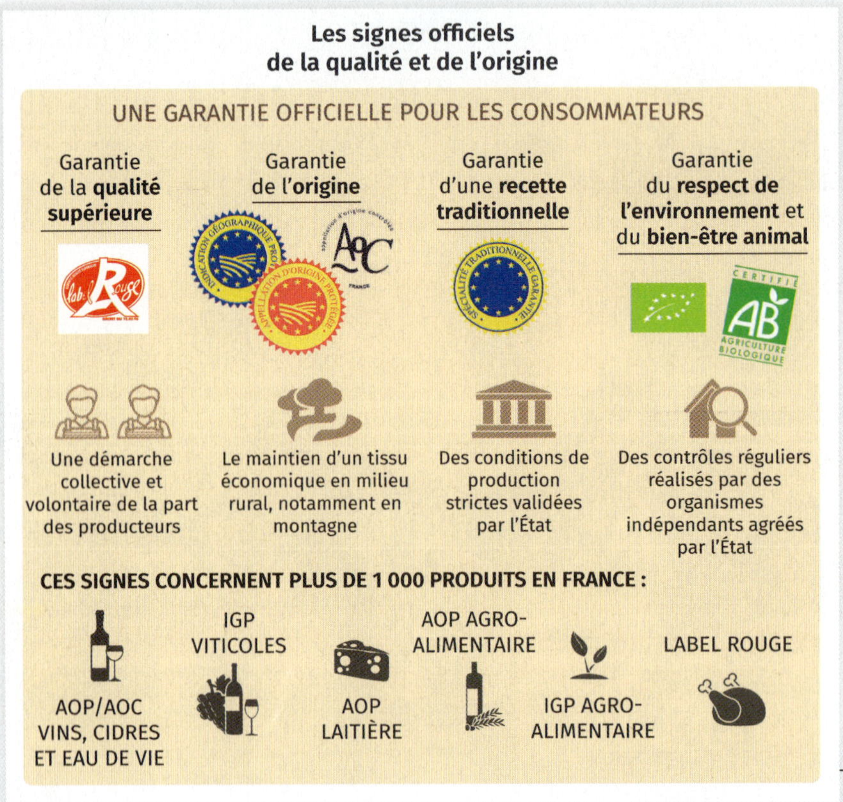

Ministère de l'Agriculture

Questions

1. Sur quels types de produits peut-on trouver ces logos ?

2. Quel est l'intérêt de ces labels pour les consommateurs ?

Doc. 2 Quel est l'impact des transports pour l'environnement ?

Émission de CO_2 sur un an pour un trajet domicile-travail de 2 km (en moyenne pour chaque transport)

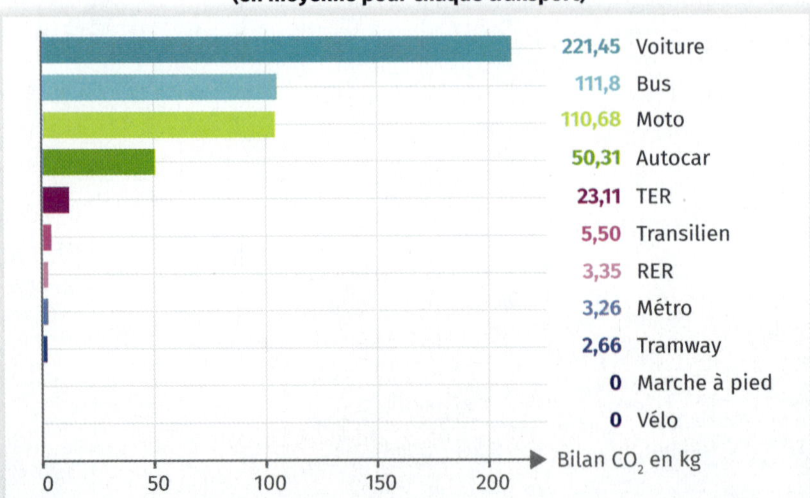

Comparateur éco-déplacements, site de l'agence de l'Environnement et de la Maîtrise de l'Énergie (ADEME).

Questions

1. Quel est le niveau d'émissions de CO_2 sur un trajet de 2 kilomètres quand le trajet est réalisé en voiture, d'après l'ADEME ?

2. À l'aide d'un calcul approprié, montrez qu'il est plus pertinent, d'un point de vue écologique, d'utiliser le TER que la voiture sur ce type de trajet.

Doc. 3 Comment lutter contre la pollution ?

Les eurodéputés[1] se sont largement prononcés […] en faveur de l'interdiction prochaine de certains objets en plastique à usage unique, comme les cotons-tiges. La Commission de Bruxelles avait proposé à la fin mai d'interdire une dizaine de catégories de produits à usage quotidien, qui représentent à eux seuls 70 % des déchets polluant les océans et s'échouant sur les plages.

Parmi ces produits, les couverts, les assiettes, les pailles, les mélangeurs de cocktail, les tiges de ballons gonflables ou encore les touillettes, qui devront désormais être fabriqués avec des matériaux plus durables.

La Commission européenne propose par ailleurs de limiter la consommation d'une autre catégorie de produits pour lesquels il n'existe pas de solution de remplacement, tels les emballages à usage unique de burgers, de sandwichs ou de fruits.

« Le Parlement européen vote pour l'interdiction des produits en plastique à usage unique », *Le Monde* avec AFP, 24 octobre 2018.

1. Le Parlement européen est une institution de l'Union européenne où siègent les eurodéputés qui votent les lois. La Commission européenne est une autre institution de l'UE qui a pour compétence l'initiative législative.

La une du *National Geographic*, mai 2018.

Questions

1. Pourquoi le Parlement européen souhaite-t-il interdire certains objets en plastique ?
2. Pourquoi les industriels sont-ils opposés à cette mesure ?

Numérique

Pour en savoir plus sur l'impact du plastique sur l'environnement : LLS.fr/SES1Plastique

Testez vos connaissances

1. **Un bien est produit par une entreprise car :**
   - ❑ la collectivité lui demande de le faire ; ❑ elle estime pouvoir réaliser un bénéfice en le vendant.
2. **Sur un marché, une taxe :**
   - ❑ augmente le prix et augmente la quantité produite ;
   - ❑ augmente le prix et diminue la quantité produite ;
   - ❑ diminue le prix et augmente la quantité produite.
3. **Sur un marché, une subvention :**
   - ❑ augmente le prix et augmente la quantité produite ;
   - ❑ augmente le prix et diminue la quantité produite ;
   - ❑ diminue le prix et augmente la quantité produite.
4. **Quand l'élasticité-prix de la demande est proche de zéro, une taxe a des chances :**
   - ❑ d'être très efficace ; ❑ d'être peu efficace.

Questions du chapitre

1. Qu'est-ce qu'une défaillance de marché ?
2. Que se passe-t-il quand l'information est « asymétrique » sur un marché ?
3. Qu'est-ce qu'une externalité et en quoi constitue-t-elle une défaillance de marché ?
4. Pourquoi l'économie marchande a-t-elle des difficultés à produire des biens collectifs et à préserver les biens communs ?
5. Comment les pouvoirs publics font-ils face aux défaillances de marché ?

DOSSIER

1 Quels sont les effets des asymétries d'information sur un marché ?

Découvrir

Doc. 1 Quelles craintes lors de l'achat d'une voiture d'occasion ?

Quels sont aujourd'hui vos principaux freins à l'achat d'une voiture d'occasion ?

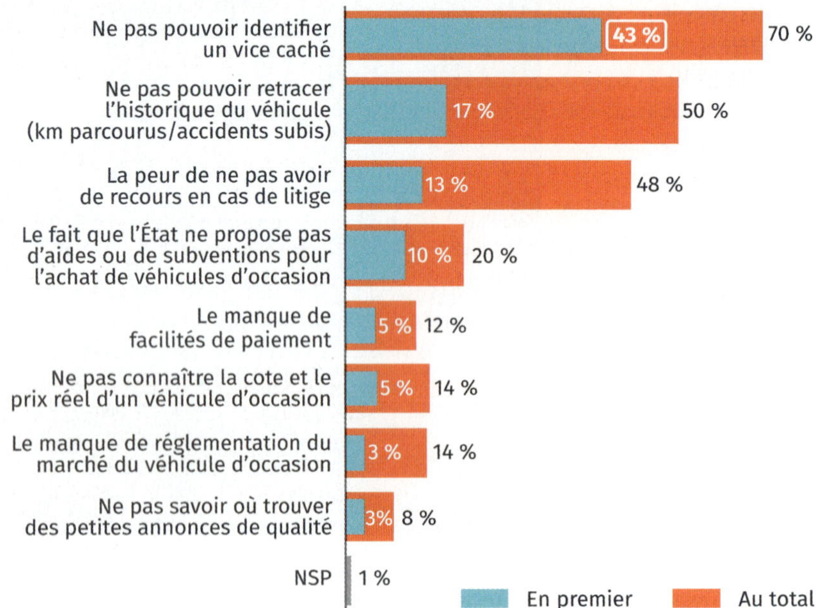

Les Français et les véhicules d'occasion, enquête La Centrale-OpinionWay, février 2016.

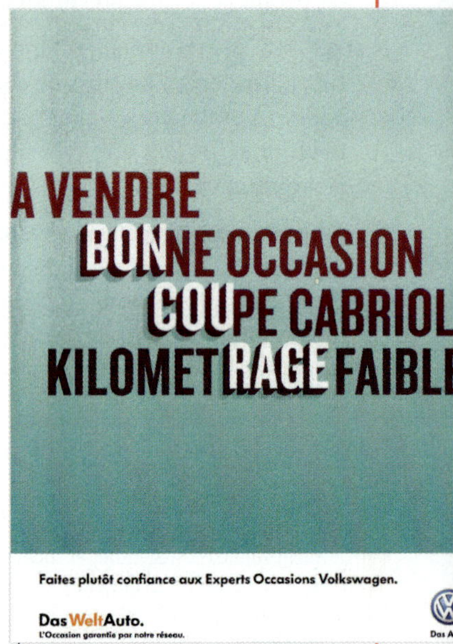

Les constructeurs automobiles ont investi le marché des voitures d'occasion.

Questions

1. Faites une phrase permettant de comprendre la signification de la donnée entourée.
2. Quels sont les deux principaux freins à l'achat d'une voiture d'occasion pour l'ensemble des enquêtés ?
3. Comment le contrôle technique peut-il résoudre ce problème d'asymétrie d'information ?

Doc. 2 Des tarifs différents pour les plus jeunes ?

Écart maximal du prix de la prime d'assurance entre un « jeune conducteur » et un conducteur « chevronné »

Années depuis l'obtention du permis de conduire	Majoration maximale légale (Code des assurances)
Année 1	+100 %
Année 2	+50 %
Année 3	+25 %

D'après Laura Buratti, « Six conseils pour payer moins cher », *Le Monde*, 10 novembre 2015.

Questions

1. Si le prix pour les autres conducteurs d'une assurance automobile est de 450 euros par an, calculez le montant de l'assurance pour un jeune conducteur pour chacune des trois premières années.
2. Pourquoi les compagnies d'assurance mettent-elles en place une tarification spécifique pour les jeunes conducteurs ?

Doc. 3 Quels sont les risques liés à une mauvaise information ?

Dans le domaine des services, en particulier dans le secteur de l'assurance automobile, l'information est asymétrique dans la mesure où les compagnies d'assurance, contrairement à l'assuré, ignorent *a priori* si elles ont affaire à un bon ou à un mauvais conducteur. Elles auront donc tendance à exiger une prime[1] « moyenne », qui fera l'affaire des mauvais conducteurs mais fera fuir les bons, qui estiment mériter une prime allégée. Les mauvais conducteurs chassent les bons. Les compagnies se retrouvent progressivement avec de plus en plus de mauvais conducteurs et sont obligées d'augmenter les primes jusqu'à ce que les conducteurs « moyens » fuient et que les compagnies fassent faillite. Cependant, une solution est possible dans ce cas. Les offreurs de contrats, ignorant le risque réel présenté par les demandeurs, peuvent leur offrir une gamme de contrats qui les incite à révéler leurs caractéristiques selon les choix qu'ils feront. Le principe est de construire des contrats combinant des niveaux différents de prime et de franchise[2], afin de conduire les individus à se classer en fonction de leur risque. Les compagnies qui ont le pouvoir de fixer leurs prix adoptent dans ce cas une tarification […] où la prime d'assurance est faible et la franchise élevée pour les agents à faible risque, et la prime élevée et la franchise faible pour les agents à haut risque.

Charbel Cordahi, *La Transmission internationale des chocs pétroliers : le cas libanais*, 2005, Université Lumière-Lyon-II (thèse).

1. Prix que paie l'assuré pour pouvoir bénéficier d'une assurance.
2. Somme qui reste à payer par l'assuré une fois qu'il a été indemnisé.

Point notion

Asymétrie d'information

Situation où un (ou plusieurs) agent(s) économique(s) dispose(nt) de plus d'informations qu'un autre (ou plusieurs) agent(s) lors d'un échange.

Sélection adverse (ou antisélection)

Situation où une asymétrie d'information existante avant la réalisation de la transaction peut conduire à sélectionner le mauvais produit, ou le mauvais partenaire pour l'échange.

Aléa moral

Situation où un agent risque d'adopter un comportement imprudent dès lors qu'il se sait protégé, en partie, du risque. L'aléa moral apparaît après que l'échange s'est réalisé.

Numérique

L'information sur les produits, un enjeu marketing :
LLS.fr/InformationProduits

Questions

1. Pourquoi peut-on dire que « les mauvais conducteurs chassent les bons » ?
2. Quel est le risque pour les compagnies d'assurance dans une telle situation ?
3. Comment éviter ce problème ? Quelles solutions les compagnies d'assurance adoptent-elles ?
4. Pourquoi la différenciation des contrats est-elle aussi un moyen de limiter le risque d'aléa moral ? (→ voir point notion)

Je m'auto-évalue

Parmi les exemples suivants, précisez s'il s'agit d'un exemple d'aléa moral ou de sélection adverse :

1. un banquier attire des emprunteurs peu fiables lorsque les taux d'intérêt sont bas ;
2. une banque prend des risques élevés sur les marchés financiers sachant que l'État s'engage à la sauver en cas de faillite bancaire ;
3. comme ils ne connaissent pas la qualité des voitures d'occasion, les acheteurs ne sont prêts à payer qu'un prix modeste ;
4. un automobiliste, assuré tous risques, conduit de façon très imprudente, sachant qu'il ne paiera pas les frais en cas d'accident.

Je fais le point

Dans le modèle du marché en concurrence, l'information est connue de la même façon par tous. En réalité, l'information peut être asymétrique : les offreurs peuvent connaître plus de choses que les demandeurs, ou inversement.

Les asymétries d'information entraînent deux types de risque, l'aléa moral et la sélection adverse. Ces risques nuisent alors à l'efficacité du marché. La sélection adverse, par exemple, mène à une absence d'équilibre, voire à la disparition du marché quand plus aucun échange n'est possible.

DOSSIER

2 Pourquoi les externalités sont-elles une défaillance du marché ?

Découvrir

Doc. 1 Un océan de plastique ?

Le plastique : à la fois une invention géniale et un fléau pour la planète. Plus de 300 millions de tonnes seront produites cette année. La majorité n'est jamais recyclée et reste sur notre planète pour toujours. Notre récit montre les dégâts causés à tous les êtres vivants qui dépendent de l'océan, des oiseaux… aux humains.

Extrait de la vidéo « Océan de plastique », Organisation des Nations unies, septembre 2017.

Numérique

L'ONU tente d'avertir sur « l'océan de plastique » : LLS.fr/OceandePlastique

Questions

1. Quelles sont les quantités de plastique produites chaque année dans le monde en 2017 ?
2. Donnez des exemples d'utilisation du plastique dans la production.
3. Quelles peuvent être les conséquences de la pollution causée par le plastique ?

Doc. 2 Comment financer les externalités positives ?

Le financement de la recherche en France en 2016

Financement de la dépense nationale de recherche et développement = 53,1 milliards d'euros
2,38 % du PIB

Administrations (40 %)	Entreprises (60 %)
21,0 milliards d'euros (0,94 % du PIB)	32,1 milliards d'euros (1,44 % du PIB)

Note d'information du SIES, MESRI, Dépenses de recherche et développement en France, janvier 2019.

Point notion

Externalité

Conséquences positives ou négatives d'une activité de production ou de consommation qui ne donnent pas lieu à une compensation (indemnisation) dans le cadre du marché.

Questions

1. Quelle part du financement des dépenses nationales en recherche et développement les administrations publiques prennent-elles en charge ?
2. Pourquoi la recherche crée-t-elle des externalités positives ?
3. Pourquoi l'État participe-t-il autant au financement des activités de recherche et développement ?
4. Donnez d'autres exemples d'externalités positives.

Doc. 3 Quelles sont les externalités causées par l'automobile ?

Les coûts externes de l'automobile

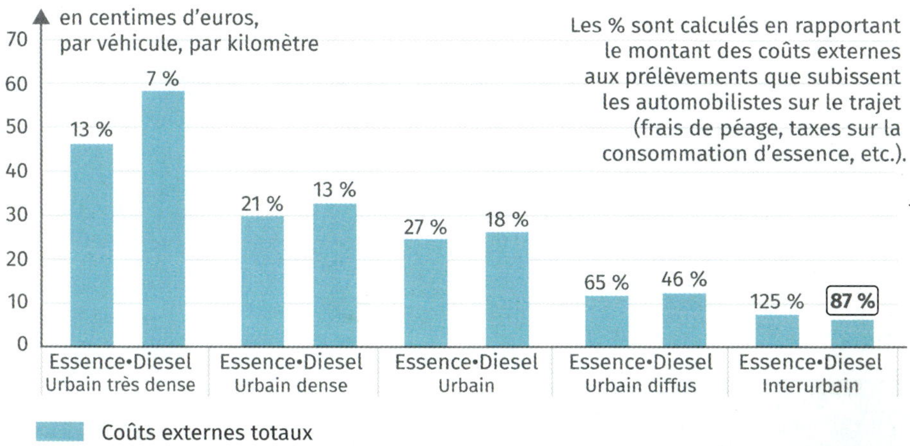

Les coûts externes sont liés aux embouteillages, à la pollution, au bruit, aux accidents, à l'usure des infrastructures, etc.

« Péages urbains : quels enseignements des expériences étrangères ? », *Trésor-Éco*, juillet 2018.

Questions

1. Faites une phrase permettant de comprendre le sens de la donnée entourée.
2. Quelles sont les externalités négatives créées par l'automobile ?
3. Pourquoi le coût externe varie-t-il en fonction du lieu où est utilisée la voiture ?
4. Quelle est la contribution des automobilistes sous forme de prélèvements à ces différents coûts (en centimes d'euros/km), pour un véhicule Diesel circulant dans un milieu urbain très dense ?
5. Comment ces prélèvements peuvent-ils permettre de réduire les externalités ? Quelles autres mesures serait-il possible de proposer ?

Numérique

Retrouvez en vidéo les externalités négatives générées par le transport aérien : LLS.fr/TransportAerien

Avenue of the Americas, Julian Trevelyan, 1982.

Je m'auto-évalue

Indiquez si la proposition est vraie ou fausse.

1. L'augmentation des dépenses de santé liées à la consommation de tabac est un exemple d'externalité positive.
2. La découverte par un laboratoire d'un vaccin contre le paludisme est un exemple d'externalité positive.
3. Dès qu'une action économique a des conséquences négatives sur un agent, on peut dire que ce dernier subit une externalité négative.

Je fais le point

Les externalités peuvent être positives ou négatives. Elles constituent une défaillance du marché, car les agents économiques ne sont pas incités à prendre en compte les conséquences de leurs activités sur le bien-être des autres agents économiques. En présence d'externalités, le fonctionnement du marché concurrentiel ne permet pas d'atteindre l'optimum social, c'est-à-dire la meilleure situation d'un point de vue collectif.

DOSSIER

3 Pourquoi l'économie marchande a-t-elle des difficultés à produire des biens collectifs et à préserver les biens communs ?

Découvrir

Doc. 1 Pourquoi la pêche est-elle réglementée ?

Affiche de l'association Bloom qui milite en faveur de la pêche artisanale, 2014.

Questions

1. À votre avis, quel serait le risque si tout le monde pouvait pêcher n'importe où et sans limite quantitative ?
2. Quels exemples de réglementation s'appliquant à la pêche pouvez-vous donner ?

Doc. 2 Pourquoi certains produits ne peuvent-ils pas être vendus par des entreprises ?

Il existe quatre catégories de biens : privatifs, communs, de club, collectifs purs. Pour distinguer les biens économiques, il faut s'intéresser à leurs caractéristiques :

- « La rivalité des consommations », qui signifie que l'utilisation du bien ou d'une unité de celui-ci par une personne empêche les autres d'en bénéficier. Par exemple, la part de gâteau que je mange ne pourra pas être mangée par quelqu'un d'autre : le gâteau est un bien « rival ». En revanche, si j'écoute une émission de radio, cela n'empêche personne de profiter de la même émission en même temps : il s'agit d'un service « non-rival ».
- « L'excluabilité des consommateurs », qui désigne le fait de pouvoir limiter l'accès au bien à ceux qui paient. Pour certaines catégories de biens, il est techniquement impossible de contrôler l'accès par le prix. Par exemple, la baguette de pain est un bien où il y a excluabilité : si je ne paie pas, je ne pourrais pas en avoir une à la boulangerie. En revanche, une digue sur le littoral est un bien pour lequel il n'y a pas excluabilité : même si je ne paie pas pour sa mise en place, elle me protège.

	Excluabilité des consommateurs	Non-excluabilité des consommateurs
Rivalité des consommations	**Biens privatifs** Exemples : ____	**Biens communs** Exemples : ____
Non-rivalité des consommations	**Biens de club** Exemples : ____	**Biens collectifs purs** Exemples : ____

Questions

1. Recopiez et complétez le tableau en plaçant les exemples suivants dans les bonnes cases : *les poissons, la défense nationale, un feu d'artifice, une moto, l'enseignement privé, un plat dans un restaurant, un site de streaming avec abonnement, les forêts, une robe, un phare, une place au cinéma, la qualité de l'air.*
2. Peut-on réaliser des profits avec des biens pour lesquels il n'y a pas d'excluabilité des consommateurs ?
3. Pour quel type de bien la non-rivalité empêche-t-elle les entreprises de fournir le produit ?

Doc. 3 Vers un épuisement des ressources ?

Évolution des quantités de poissons pêchés et élevés dans le monde

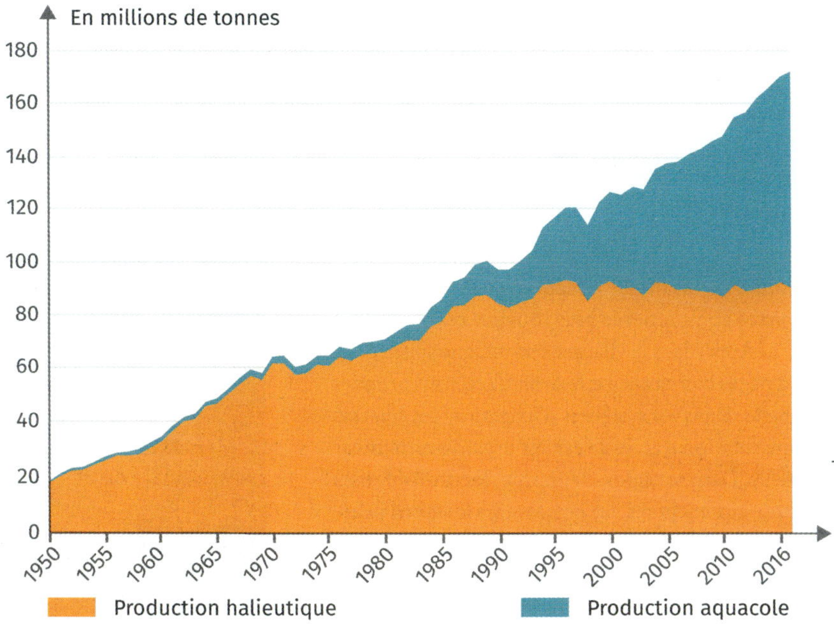

La production halieutique désigne la quantité d'animaux pêchés, alors que la production aquacole est la quantité de poissons issus de l'élevage.

FAO, 2018.

Questions

1. Par combien les quantités pêchées dans le monde ont-elles été multipliées entre 1950 et 1990 ?
2. Comment évoluent les quantités pêchées entre 1990 et 2016 ?
3. Selon vous, comment expliquer les évolutions observées sur ce graphique ?

Doc. 4 Le climat, un problème de « passager clandestin » ?

En économie, le changement climatique est présenté comme un problème de bien commun. À long terme, la plupart des pays devraient tirer un bénéfice important d'une réduction massive des émissions globales de GES[1], car le réchauffement climatique aura des effets économiques, sociaux et géopolitiques considérables. Cependant, les incitations individuelles à cette réduction sont négligeables. La majorité des bénéfices liés aux mesures d'atténuation prises par un pays donné profite en réalité à d'autres pays. […] Le problème du passager clandestin (*free rider*) conduit à la « tragédie des biens communs ». […] La surpêche et la chasse excessive ont contribué dans le passé à l'extinction de nombreuses espèces depuis le dodo, oiseau emblématique de l'île Maurice, jusqu'à l'ours des Pyrénées et le bison des grandes plaines d'Amérique du Nord.

Jean Tirole, *Économie du bien commun*, PUF, 2016.

1. Gaz à effet de serre.

Questions

1. Pourquoi les ressources naturelles sont-elles un bien commun ?
2. Pourquoi peut-on dire que certains pays se comportent comme des « passagers clandestins » ?
3. Selon vous, que signifie la « tragédie des biens communs » ?

Je m'auto-évalue

Complétez le texte suivant à l'aide des termes : collectifs purs ; communs ; passager clandestin ; payer ; produits.

Le marché a des difficultés à prendre en charge les biens ____ et les biens ____ , car on ne peut techniquement empêcher un consommateur d'en bénéficier dès lors qu'ils sont ____ . Il est en effet rationnel pour les agents économiques de ne pas ____ les coûts de production tout en profitant du bien lorsqu'il est produit : c'est ce que les économistes appellent des comportements de ____ .

Je fais le point

Les biens collectifs et les biens communs sont des défaillances de marché.

Du fait des caractéristiques de ces biens et notamment de leur non-excluabilité, ils sont exposés aux comportements de passager clandestin qui rendent difficiles leur financement ou leur préservation. Le marché n'est alors pas efficace pour produire et distribuer ces biens.

DOSSIER

4 Quelle intervention des pouvoirs publics face aux défaillances de marché ?

Découvrir

Doc. 1 Comment prendre en charge les biens communs ?

[Elinor Ostrom] livre plusieurs [...] études de cas qu'elle a menées ou dont elle fait la synthèse. Son objet d'étude est les ressources communes le plus souvent renouvelables dans une communauté de petite échelle. [...] Ainsi, dans le village de montagne suisse dont elle rapporte l'expérience de gestion des alpages communaux, le droit d'accès est proportionnel à la taille de la propriété personnelle. Dans les systèmes d'irrigation des huertas dans la région de Valence, en Espagne, une rotation d'accès à l'eau est organisée, mais sur la base de la taille de la propriété personnelle. Dans la région d'Alicante, les droits d'accès à l'eau sont des titres négociables après vente aux enchères, un peu comme le seront peut-être à l'avenir les permis d'émissions d'équivalent-carbone sur le marché européen. [...]

Sur les quatorze cas passés en revue dans l'ensemble de l'ouvrage d'Ostrom, [...] six présentent « une performance institutionnelle solide » parce que les conditions de réussite sont réunies : limites et accès clairement définis, règles concordantes, arènes de choix collectif, surveillance, sanctions graduelles, mécanismes de résolution des conflits, droits d'organisation reconnus, unités (de production) imbriquées.

Jean-Marie Harribey, « Le bien commun est une construction sociale. Apports et limites d'Elinor Ostrom », *L'Économie politique*, 2011.

Elinor Ostrom, prix Nobel d'économie en 2009.

Questions

1. Quelle défaillance de marché est étudiée par Elinor Ostrom ?
2. Citez des exemples de règles mises en place à l'échelle locale.
3. L'État doit-il toujours intervenir pour la gestion des biens communs ?

Numérique

Un portrait d'Elinor Ostrom en vidéo à retrouver sur lelivrescolaire.fr : LLS.fr/ElinorOstrom

Doc. 2 Faire face aux asymétries d'information

L'allocation des ressources, normalement optimisée par les mécanismes de marché, est cependant marquée par des asymétries d'information qualifiées d'aléa moral et d'antisélection engendrés par des comportements stratégiques. L'aléa moral correspond par exemple à une utilisation rationnelle mais abusive d'une assurance généreuse par les agents économiques, ce qui altère le bien-être collectif. L'antisélection correspond quant à elle à une couverture santé inappropriée, comme lorsqu'un assureur privé propose une couverture optique faible à un patient myope. L'antisélection disparaît lorsque l'assurance santé est publique. [...]

L'aléa moral [...] suppose que l'assuré, une fois le risque survenu, consomme davantage de soins que son état ne le nécessite. Le patient-expert est aussi un patient-(sur)consommateur.

Philippe Abecassis, Nathalie Coutinet, *Économie du médicament*, La Découverte, 2019.

Questions

1. Pourquoi la mise en place d'une assurance santé publique évite-t-elle l'antisélection des assurés ?
2. Selon vous, comment les pouvoirs publics peuvent-ils réduire la surconsommation de médicaments due à l'aléa moral ?

Doc. 3 Comment internaliser les externalités ?

Sur un marché, les décisions privées conduisent à utiliser efficacement les ressources. Cependant, en présence d'externalités, le fonctionnement du marché ne conduit plus à un optimum social, c'est-à-dire la meilleure situation sur le plan de la collectivité.

Prenons l'exemple d'une activité dont la production entraîne des pollutions, qui font supporter à la collectivité un coût supplémentaire comprenant des dépenses de dépollution et des frais supplémentaires de santé. Le coût marginal (Cm) privé correspond au coût supporté par l'entreprise d'une unité produite supplémentaire, le coût marginal social est égal à la somme du coût privé et des coûts supportés par la collectivité. Les tableaux ci-dessous correspondent aux données permettant de représenter graphiquement le fonctionnement du marché et d'illustrer l'effet d'une externalité négative :

A : L'offre :

La courbe d'offre sur le marché représente le comportement des producteurs. Pour chaque niveau de prix, on retrouve les quantités offertes sur le marché. Sur un marché concurrentiel, la décision du producteur tient compte uniquement du coût marginal privé. Il est possible aussi d'estimer ce que serait l'offre si on tenait compte du coût marginal social.

Prix	0	1	2	3	4	5	6
Offre pour le coût marginal privé	0	3	5	7	9	11	13
Offre pour le coût marginal social	0	0	2	4	6	8	10

B : La demande :

La courbe de demande sur le marché représente le comportement des consommateurs. Pour chaque niveau de prix, on retrouve les quantités demandées.

Prix	0	1	2	3	4	5	6
Quantité demandée	10	9	8	7	6	5	4

Adam et Ève, le dernier couple, Tamas Galambos, 1979.

Questions

1. Représentez graphiquement la courbe de demande et la courbe d'offre pour le coût marginal privé en plaçant les prix en ordonnées et les quantités en abscisses.
2. Déterminez la quantité (QE) et le prix d'équilibre (PE) sur ce marché. Le point d'équilibre du marché concurrentiel est appelé E.
3. Représentez la courbe de coût marginal social (CmS) sur le même graphique.
4. L'intersection de la courbe CmS et de la courbe de la demande (D) permet de déterminer l'optimum social (situation où le CmS est égal au bénéfice social). On appelle ce point A. Quelles sont les quantités qui correspondent à cet optimum (QA) sur ce marché ?
5. Expliquez à l'aide du graphique que le fonctionnement du marché concurrentiel aboutit à une situation de surproduction.
6. Comment une taxe peut-elle permettre que les producteurs tiennent compte des externalités négatives dans leurs décisions de production ?

Je m'auto-évalue

Choisissez la proposition juste.

1. La prise en charge des défaillances de marché **a.** ne peut se faire que par l'État ; **b.** peut se faire par l'État, mais aussi par les agents privés.
2. Lorsque le coût marginal privé de production est inférieur au coût marginal social, il est souhaitable : **a.** de laisser faire le fonctionnement habituel du marché ; **b.** de mettre en place une taxe pour « internaliser l'externalité » ; **c.** d'augmenter les quantités produites.

Je fais le point

Face aux défaillances du marché, les pouvoirs publics interviennent en mettant en place des lois visant à encadrer certaines activités, ou à instaurer des incitations (taxes, subventions, etc.) pour modifier les comportements des agents économiques. Ils peuvent aussi prendre directement en charge la production de ces biens. Des solutions peuvent également être prises au niveau local, par concertation entre les agents.

TD 1

Pourquoi est-il difficile de trouver un accord sur le climat ?

1 Exercice guidé → Comprendre le dilemme du prisonnier

Doc. 1 Quelle stratégie pour Bonnie et Clyde ?

Bonnie et Clyde, deux criminels notoires, sont suspectés par la police d'avoir commis un vol à main armée. Ils sont arrêtés et interrogés séparément. Manquant de preuves, les policiers cherchent à les faire avouer. Pour cela, ils proposent à chacun l'arrangement suivant : « Si tu avoues avoir participé au vol tout en dénonçant ton complice et si celui-ci nie, alors nous te promettons l'immunité et tu seras libéré sur le champ alors que ton complice (coupable désigné) sera condamné à cinq ans de prison. Si c'est toi qui nies et ton complice qui avoue, c'est toi qui seras condamné à cinq ans de prison et ton complice qui sera libéré. Si vous avouez tous les deux, vous écoperez chacun de trois ans de prison (le juge tenant compte de votre « coopération » avec les autorités). Maintenant, si vous persistez à nier, vous serez tous les deux condamnés à 1 an de prison (bénéficiant ainsi de la clémence du jury en raison d'insuffisance de preuves). »

Nicolas Eber, « Le dilemme du prisonnier », culturemaths.ens.fr.

Bonnie Parker et Clyde Barrow dans les années 1930.

Questions

◆ **Étape 1. Comprendre les stratégies possibles.**

1. Recopiez et complétez le tableau du document 2 à partir des informations présentes dans le texte.
Dans le tableau, écrivez pour chacun de ces cas les années de prison encourues. Dans chaque case, la partie gauche concerne Bonnie, la partie droite concerne Clyde.

◆ **Étape 2. Identifier les résultats de l'absence de coopération.**

2. Identifiez la stratégie dominante des joueurs.
Si vous étiez Bonnie, quel choix seriez-vous sûr de ne pas regretter, sachant que vous ne connaissez pas la décision de Clyde ? De la même façon, identifiez la meilleure stratégie pour Clyde.

3. Quelle est l'issue probable du jeu ? Existe-t-il une meilleure solution que celle choisie dans cette configuration ?
Les deux personnes raisonnent de la même façon et adoptent le même type de stratégie. La solution préférable est celle qui conduit à la peine de prison la plus courte pour les deux.

Doc. 2 Le dilemme du prisonnier

	Clyde avoue	Clyde n'avoue pas
Bonnie avoue	(;)	(;)
Bonnie n'avoue pas	(;)	(;)

Numérique

Découvrez le dilemme du prisonnier avec le « jeu de l'enveloppe » : LLS.fr/JeuEnveloppe

2 À vous de jouer ! → Le dilemme du prisonnier appliqué au problème du climat

Le tableau suivant propose un modèle fictif pour comprendre les conséquences d'une coopération sur la politique climatique. Les gains/pertes du jeu représentent les conséquences positives ou négatives, pour les populations locales, liées aux décisions prises par les différents pays.

Par exemple, si les deux groupes de pays coopèrent (D), le bien-être des populations locales augmente. En revanche, si aucun pays ne coopère (A) pour trouver une solution, alors le bien-être des populations locales en pâtit et diminue de (-10). Quand un groupe de pays mène une politique de préservation du climat, l'autre groupe en bénéficie (B et C).

Doc. 3 Quels sont les gains et les pertes liés à la politique climatique ?

	Les pays du Sud ne coopèrent pas	Les pays du Sud coopèrent
Les pays du Nord ne coopèrent pas	A (-10 ; -10)	B (+2 ; -15)
Les pays du Nord coopèrent	C (-15 ; +2)	D (+1 ; +1)

Doc. 4 La politique climatique peut-elle se passer de coopération ?

(A) : Les deux groupes de pays décident de ne pas coopérer en continuant à baser leurs modes de développement sur la surconsommation d'énergies fossiles fortement émettrices de gaz à effets de serre. La température augmente sur l'ensemble de la surface du globe, le dérèglement climatique devient irrémédiable et s'accompagne de catastrophes naturelles sans précédent. **Le bien-être de l'ensemble de la population mondiale ________ fortement.**

(B) : Les pays du Nord ne coopèrent pas et ne modifient pas leur mode de développement. **Le bien-être de la population locale (Nord) ________** bénéficiant d'une croissance économique qui s'intensifie, malgré des incidents climatiques plus fréquents. Les pays du Sud modifient leur mode de développement, en mettant en place des taxes et des réglementations sur les activités économiques. Les entreprises décident de s'installer dans d'autres zones géographiques, l'activité économique ralentit fortement. Les efforts des pays du Sud, seuls, ne sont pas suffisants ; des incidents climatiques sont plus fréquents. **Le bien-être de la population du Sud ________ fortement**.

(C) : Les pays du Sud ne coopèrent pas et ne modifient pas leur mode de développement. **Le bien-être de la population locale (Sud) ________** bénéficiant d'une croissance économique qui s'intensifie, malgré des incidents climatiques plus fréquents. Les pays du Nord modifient leur mode de développement, en mettant en place des taxes et des réglementations sur les activités économiques. Les entreprises décident de s'installer dans d'autres zones géographiques, l'activité économique ralentit fortement. Les efforts des pays du Nord, seuls, ne sont pas suffisants, des incidents climatiques sont plus fréquents. **Le bien-être de la population du Nord ________ fortement**.

(D) : Les pays du Nord et du Sud décident de coopérer et modifient leurs modes de développement en mettant en place des outils de politique climatique permettant de lutter efficacement contre le réchauffement de la planète. Des catastrophes naturelles sont évitées, l'environnement est protégé, l'air devient plus respirable dans les grandes villes. **Le bien-être de la population mondiale ______ .**

Questions

1. Quelle est la stratégie la plus rationnelle pour les pays du Nord ?
2. Quelle est l'issue probable du jeu ? Existe-t-il une meilleure solution collective ?
3. Complétez le doc. 4, avec les mots « augmente » ou « diminue », en vous inspirant des données du tableau.

J'argumente

Vous êtes responsable des négociations pour le climat lors de négociations internationales. À l'aide du dilemme du prisonnier, argumentez pour indiquer aux pays qu'ils ont intérêt à mener tous ensemble une politique climatique forte plutôt que de chercher à prendre chacun des mesures isolées.

L'ESSENTIEL

Quelles sont les principales défaillances de marché ?

1 L'information peut être asymétrique

- Les **asymétries d'information** correspondent à des situations où un (ou plusieurs) agent(s) économique(s) dispose(nt) de plus d'informations qu'un autre (ou plusieurs) agent(s). Il peut s'agir d'informations sur le prix, les coûts de production ou la qualité d'un bien ou d'un service. L'existence d'une information asymétrique peut conduire à une défaillance du marché, qui ne peut plus fournir de façon optimale les biens ou services, soit à cause d'un risque de **sélection adverse**, soit en cas d'**aléa moral**.
- L'exemple classique pour illustrer le problème de sélection adverse est celui du marché de la voiture d'occasion. L'information est asymétrique, car les acheteurs ne connaissent pas l'historique du véhicule vendu. Face à ce manque d'informations, les acheteurs potentiels sont incités à faire baisser le plus possible le prix du véhicule. À l'inverse, les vendeurs de voiture de bonne qualité auront du mal à obtenir un bon prix de la vente de leur véhicule et risquent de disparaître du marché des voitures d'occasion. On comprend ainsi que la sélection adverse peut mener à l'absence d'équilibre. (→ **voir En théorie**)
- L'**aléa moral** est le risque qu'un agent économique adopte un comportement imprudent dès lors qu'il se sait protégé du risque encouru. Le marché de l'assurance est exposé à ces situations lorsqu'il n'est pas en mesure de contrôler les comportements d'un assuré. Le concept d'aléa moral est également essentiel pour expliquer les mécanismes à l'œuvre lors de la crise financière qui a débuté en 2007. Par exemple, les politiques de soutien aux banques quand elles connaissent des difficultés et leur très grande taille ont pu leur faire penser que les pouvoirs publics leur viendraient toujours en aide en cas de difficultés. Cet aléa moral les a incitées à prendre des risques élevés. (→ **voir dossier 1**)

2 Les externalités conduisent à un équilibre sous-optimal

- Dans le cadre du marché, les agents économiques raisonnent en tenant compte des coûts privés qu'ils supportent. Ainsi, le consommateur se soucie principalement de l'impact de ses décisions de consommation sur son bien-être individuel en fonction de son budget. Le producteur quant à lui cherche à maximiser son profit en maîtrisant ses coûts de production. Autrement dit, ils ne tiennent pas compte des **externalités** (ou effets externes) créées par leurs activités, ce qui entraîne des situations de marché sous-optimales.
- La pollution est un exemple d'externalité négative. Dans la logique de marché, les entreprises sont parfois amenées à choisir des techniques de production polluantes lorsque ce sont les moins onéreuses. Cette décision est rationnelle pour l'entreprise si elle ne tient compte que des coûts privés qu'elle supporte. Elle n'est en revanche pas optimale pour la société qui subit des dommages importants (dépenses de santé, coûts de dépollution, épuisement de ressources, etc.).
- Il existe également des externalités positives. Les activités de recherche par exemple, qui permettent des innovations technologiques parfois importantes, entraînent une amélioration du bien-être collectif. Cependant, les coûts de ces activités étant particulièrement élevés, certains agents économiques peuvent renoncer à les entreprendre, ce qui bénéficierait pourtant à la collectivité.

Les notions à connaître

Aléa moral
Situation où un agent risque d'adopter un comportement imprudent dès lors qu'il se sait protégé, en partie, du risque. L'aléa moral apparaît après que l'échange s'est réalisé.

Asymétrie d'information
Situation où un (ou plusieurs) agent(s) économique(s) dispose(nt) de plus d'informations qu'un autre (ou plusieurs) agent(s) lors d'un échange.

Bien (ou service) collectif
Bien ou service qui peut être consommé collectivement. On parle alors de bien collectif pur dès que les caractéristiques suivantes sont présentes : non-rivalité des consommations et non-exclusion des consommateurs.

Bien commun
Bien (ou service) accessible à tous caractérisé par la rivalité des consommations.

Défaillance du marché
Situation où le marché ne suffit pas pour atteindre un optimum social, c'est-à-dire à la meilleure situation sur le plan de la collectivité.

Externalité
Conséquences positives ou négatives d'une activité de production ou de consommation qui ne donnent pas lieu à une compensation (indemnisation) dans le cadre du marché.

Internaliser les externalités
Action par laquelle les conséquences d'une action économique pour la collectivité sont intégrées aux calculs de ceux qui mènent ces actions. Une taxe peut permettre par exemple l'internalisation d'une externalité négative.

3 Certains biens ne peuvent pas être fournis par le marché

- Les **biens collectifs** sont définis par leurs caractéristiques : non rivalité des consommations et non-excluabilité des consommateurs. Le fait qu'on ne puisse empêcher un agent économique, une fois le bien produit, de le consommer aussi, laisse place à de potentiels comportements de **passagers clandestins**. C'est pourquoi le marché peine à prendre en charge les biens collectifs purs. Un phare, la défense nationale ou encore les parcs publics sont des exemples de biens et services collectifs purs.
- Les **biens communs** sont menacés du fait de leurs caractéristiques : rivalité des consommations et non-excluabilité des consommateurs. La logique marchande (recherche de l'intérêt individuel) mène alors à la surexploitation des biens communs. Dans le domaine de la pêche par exemple, un pêcheur a intérêt à pêcher le plus possible de poissons afin de maximiser son profit. Cependant, une telle logique risque de mener à la disparition de certaines ressources halieutiques si, collectivement, tous les pêcheurs adoptent cette logique. Une intervention publique semble alors nécessaire. (→ voir dossier 3)

4 Les pouvoirs publics interviennent face à ces défaillances

- Les labels de certification permettent d'avoir une meilleure connaissance des produits que l'on achète. C'est également le rôle des associations de consommateurs ou des avis donnés sur les produits sur Internet. Cependant, dans un certain nombre de cas, les pouvoirs publics doivent intervenir, en mettant en place des réglementations ou des incitations économiques.
- En présence d'externalités, les pouvoirs publics ont recours à la loi pour interdire ou encadrer (mise en place de normes, de **réglementations**, de quotas, etc.) certaines pratiques. Ils peuvent également utiliser des instruments fiscaux pour **internaliser les externalités**. La **taxation** par exemple permet de créer des incitations afin que les agents économiques prennent les « bonnes » décisions.
- L'État peut aussi prendre en charge la production des biens collectifs purs. Il finance ainsi la défense nationale, ou encore prend en charge la construction des phares ou des digues, car sans son intervention ces services ne pourraient être produits sur un marché.
- Face à « la tragédie des biens communs », si l'État a un rôle à jouer en utilisant les différents instruments de politique publique, les travaux d'Elinor Ostrom, première femme récompensée du Nobel d'économie (2009), montrent à travers plusieurs études de cas que des solutions locales de gestion communautaire peuvent également permettre de protéger des ressources communes.

Passager clandestin
Comportement d'un agent qui cherche à bénéficier des avantages d'une action sans en supporter les coûts.

Réglementation
Ensemble de normes visant à interdire ou encadrer les activités des agents économiques.

Sélection adverse (ou antisélection)
Situation où une asymétrie d'information existante avant la réalisation de la transaction peut conduire à sélectionner le mauvais produit, ou le mauvais partenaire pour l'échange.

Capsule vidéo
L'essentiel du cours en vidéo sur lelivrescolaire.fr : LLS.fr/SES1P77

Attention aux notions

Ne pas confondre

Sélection adverse et **aléa moral**

- Ce sont tous les deux des risques associés aux asymétries d'information, mais la première catégorie de risque (sélection adverse) est liée à une asymétrie existant avant la prise de décision, alors que la seconde catégorie de risque (aléa moral) est plutôt liée à une asymétrie apparaissant après la décision concernée.

Biens communs et **biens collectifs purs**

Ce sont tous les deux des biens en accès libre (pour lesquels il n'y a pas d'excluabillité des consommateurs). Cependant, dans le cas des biens collectifs purs, les consommations ne sont pas rivales, car les consommations des uns ne réduisent pas les possibilités de consommation des autres. Pour les biens communs, au contraire, la consommation est rivale : c'est le cas par exemple pour les ressources naturelles.

La sélection adverse, vue par George Akerlof

Doc. 1 *The market for lemons* : le marché des voitures d'occasion

L'exemple des voitures d'occasion permet de saisir le problème dans son principe. [...] Supposons [...] qu'il n'y ait que quatre types de voiture : les voitures neuves et les voitures d'occasion, les voitures de bonne qualité et les voitures de mauvaise qualité (qu'aux États-Unis nous désignons par *lemons*). Une voiture neuve peut être une bonne voiture ou un *lemon* et, bien entendu, il en va de même pour les voitures d'occasion. [...] Sur ce marché, les acheteurs acquièrent une automobile neuve sans savoir avec certitude que l'engin est une bonne voiture ou un *lemon*. [...]

Cependant, après avoir été en possession d'une voiture donnée pendant un certain temps, son propriétaire peut se faire une bonne idée de sa qualité. [...] Cette nouvelle estimation est plus juste que l'estimation initiale. Apparaît donc une asymétrie par rapport à l'information disponible sur le marché de l'automobile, car les vendeurs possèdent désormais davantage de renseignements sur la qualité des voitures que les acheteurs. Cependant, puisque, au moment de la transaction, l'acheteur est incapable de distinguer entre une bonne et une mauvaise voiture, les voitures, bonnes ou mauvaises, se vendent au même prix. [...] [La] plupart des voitures échangées seront des *lemons* tandis que les bonnes voitures risquent de ne plus être mises sur le marché. Les « mauvaises » voitures ont tendance à chasser les bonnes.

George Akerlof, « *The market for « lemons » : Quality, Uncertainty and the Market Mechanism* », 1970, traduction parue dans *Idées*, n°130, décembre 2002.

Questions

1. Pourquoi est-il difficile pour un acheteur de connaître la qualité d'une voiture d'occasion ?
2. Comment cette difficulté conduit-elle à une asymétrie d'information sur ce marché ?
3. Pourquoi les voitures se vendent-elles au même prix quelle que soit leur qualité ?
4. Que doivent faire, alors, les vendeurs de bonnes voitures ?

Qui est-ce ?

George Akerlof (né en 1940) est un économiste américain, enseignant à Berkeley. Il a reçu le prix Nobel d'économie en 2001 en compagnie de Joseph Stiglitz et de Michael Spence, pour ses travaux sur les défaillances du marché et les asymétries d'information. Il publie en 1970 un article qui devient un classique des sciences économiques, où il met en avant le risque de sélection adverse à la suite d'une situation d'asymétrie d'information sur un marché. En 1986, avec sa compagne Janet Yellen, qui est devenue en 2014 la première femme à diriger la FED, la Banque centrale américaine, ils mènent des recherches sur le salaire d'efficience (salaire permettant la plus grande productivité des travailleurs) sur le marché du travail. Il a écrit avec Robert Shiller deux ouvrages montrant les limites de la rationalité et des marchés.

George Akerlof, lors d'une cérémonie consacrée aux travaux de Janet Yellen.

Numérique

Les grandes dates liées aux travaux de George Akerlof à retrouver sur lelivrescolaire.fr : LLS.fr/SES1P78

Illustrer par une citation

> *« Instaurer la confiance entre individus et développer des règles institutionnelles bien adaptées aux systèmes écologiques utilisés sont d'une importance capitale pour résoudre les dilemmes sociaux. »*

Elinor Ostrom, « Par-delà les marchés et les États. La gouvernance polycentrique des systèmes économiques complexes », *Débats et politiques* n° 120, 2011.

S'appuyer sur des données

60 %

C'est le taux de diminution du nombre d'animaux vertébrés dans le monde, entre 1970 et 2016.

WWF

6e

C'est le rang qu'occuperait Internet, si c'était un pays, au classement des pays les plus polluants du monde.

Greenpeace

Situer dans le temps

Entre 1760 et 1840

Lois sur les *enclosures* en Grande-Bretagne, qui ferment des champs communaux et transforment donc des biens collectifs en biens privés.

1997

Signature du protocole de Kyoto. Dans le cadre de l'ONU, les pays signataires s'engagent à réduire la pollution.

2005

Mise en place d'un marché du carbone dans l'UE : il est censé permettre l'échange de quotas de pollution et lutter contre la pollution.

Synthétiser en images

LES DÉFAILLANCES DU MARCHÉ...

- **... peuvent être liées à une information asymétrique**
  - qui conduit à une sélection adverse.
  - qui conduit à de l'aléa moral.
- **... peuvent être liées à la nature de certains biens...**
  - collectifs purs (non-excluables et non-rivaux), que le marché ne peut pas fournir.
  - communs (non-excluables et rivaux), qui risquent d'être surexploités.
- **... peuvent prendre la forme d'externalités...**
  - négatives (exemple de la pollution).
  - positives (exemple de la recherche et développement).
- **... supposent une intervention des pouvoirs publics pour être corrigées**
  - Taxes
  - Réglementations
  - Quotas

Raisonnement appuyé sur un dossier documentaire : je comprends et j'analyse le sujet

Première

La seconde partie de l'épreuve écrite de contrôle continu (d'une durée totale de deux heures) est un exercice de raisonnement appuyé sur un dossier documentaire. Elle est notée sur 10 points. Vous devez développer, sur environ une page, un raisonnement structuré, à l'aide de vos connaissances et en exploitant deux documents de nature différente : un texte de 2 000 signes maximum et un document de nature statistique de 65 données au maximum.

Exemple de sujet :

- À l'aide de vos connaissances et du dossier documentaire, vous montrerez que le marché est défaillant en présence d'externalités.

Doc. 1

Variations en % du PIB dues aux effets de la pollution de l'air

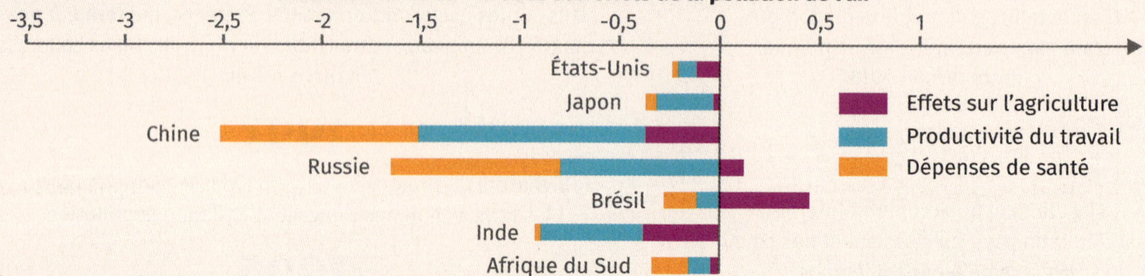

L'OCDE estime les effets de la pollution de l'air en observant la façon dont celle-ci peut réduire la productivité du travail (production rapportée à la quantité de travail), à ses effets sur les rendements agricoles et à ses effets en termes de dépenses de santé. Les effets sur l'agriculture peuvent entraîner une variation positive du PIB, car ils peuvent être liés à la déforestation, par exemple.

OCDE, « Les conséquences économiques de la pollution de l'air extérieur », 2016.

Doc. 2

La dégradation environnementale a d'autres causes que la croissance de la population.

En fait, une grande part des dégradations environnementales, notamment celles qui concernent la totalité de la planète, comme l'effet de serre ou le « trou » dans la couche d'ozone, mais aussi la surexploitation des ressources naturelles épuisables (pétrole, charbon, gaz, etc.) ou renouvelables (forêts, poissons, etc.), sont dues aux comportements de consommation et de production des pays industrialisés.

Alors qu'ils comptent moins de 30 % de la population mondiale, ils consomment l'essentiel des ressources environnementales. En moyenne, un habitant d'un pays industrialisé consomme neuf fois plus d'énergie fossile, six fois plus de bœuf et de veau, vingt fois plus d'aluminium, seize fois plus de cuivre et deux fois et demie plus de bois qu'un habitant d'un PED[1]. Environ 70 % des émissions de dioxyde de carbone (CO_2) et la plupart de celles de chlorofluorocarbones (CFC) sont dues aux pays industrialisés.

Sans trop forcer le trait, on peut dire que les pays industrialisés (le Nord) ont une consommation excessive des ressources environnementales extraites à un rythme trop important dans les PED (le Sud).

Philippe Bontems, Gilles Rotillon, *L'Économie de l'environnement*, La Découverte, 2013 (2e éd.).

1. Pays en développement, ou pays du Sud. On désigne de cette façon les pays les moins riches au niveau mondial.

Comprendre le sujet d'une épreuve de raisonnement

◆ **Étape 1. Définir les termes du sujet.**

Le sujet comprend des termes du vocabulaire économique et social. Ces termes doivent être définis au brouillon pour délimiter le sujet.

◆ **Étape 2. Comprendre l'objet de la démonstration.**

Les sujets de raisonnement demandent l'exposé d'une démonstration : vous devez « montrer » une idée, à l'aide de vos connaissances et des documents du dossier. En délimitant avec précision les attendus de l'exercice, vous éviterez le piège du hors sujet. Quand vous cherchez des arguments et rédigez, demandez-vous si vous restez bien dans les limites de l'énoncé.

◆ **Étape 3. Regrouper les idées essentielles.**

Pour répondre avec pertinence, vous devez utiliser le dossier documentaire, mais aussi vos connaissances. Après la lecture du sujet et son analyse, notez au brouillon les premières idées en commençant par celles qui viennent du cours. Vous comprendrez également mieux les documents si vous vous appuyez d'abord sur vos connaissances.

Ne pas oublier...

- ❒ de définir les termes du sujet : *notez les définitions au brouillon. Utilisez les définitions du cours, que vous devez connaître et comprendre de façon précise ;*
- ❒ d'analyser ce qui est demandé : *interrogez le sujet, cherchez à le reformuler ;*
- ❒ de lister les arguments utiles : *au brouillon, après avoir analysé le sujet, notez tous les arguments que vous connaissez qui peuvent servir à le traiter ;*
- ❒ de vérifier que les arguments sont les bons : *une fois la liste des arguments établie, demandez-vous si chacun d'entre eux « colle » bien au sujet.*

1 Exercice guidé

À l'aide de vos connaissances et du dossier documentaire, vous montrerez que le marché est défaillant en présence d'externalités.

◆ **Étape 1. Définir les termes du sujet.**
Ici, plusieurs termes sont à définir. Commencez par celui qui est le plus général : le marché.
Deux autres termes sont importants et doivent être définis : externalités et défaillances de marché.
Il est important d'apprendre les définitions du cours pour pouvoir répondre avec pertinence.

◆ **Étape 2. Comprendre ce que vous devez démontrer.**
L'intitulé du sujet est assez clair. Il s'agit de montrer que l'externalité est une défaillance de marché.
Attention à bien délimiter le sujet : demandez-vous, par exemple, si la façon dont on prend en charge ces externalités est attendue.

◆ **Étape 3. Regrouper les idées essentielles.**
Les définitions vous seront utiles pour énoncer vos arguments. Une fois qu'elles sont posées, notez :

- *les mécanismes que vous pouvez mobiliser ;*
- *les éventuelles représentations graphiques que vous pouvez inclure au raisonnement ;*
- *des données chiffrées, des faits historiques ou actuels que vous connaissez ;*
- *des illustrations que vous pouvez apporter ;*
- *d'éventuels travaux d'économistes, de sociologues ou de politistes qui peuvent vous aider dans le raisonnement.*

Numérique

D'autres exemples pour s'entraîner : LLS.fr/SES1P338

EN DIRECT DU LABO

L'économie expérimentale et l'étude des comportements

L'enquête

La démarche expérimentale et ses atouts

Doc. 1 L'économie au laboratoire ?

« À l'instar des méthodes utilisées en sciences exactes, ces expériences consistent à reconstituer dans un environnement contrôlé et reproductible, une situation économique dans laquelle l'ensemble des variables est contrôlé par l'expérimentateur », explique Marie-Claire Villeval [...]. Afin d'introduire des enjeux monétaires, les participants à ces expériences reçoivent une rémunération qui varie en fonction de leurs décisions. « Ces incitations jouent un rôle essentiel, car elles constituent des encouragements (gains) ou des découragements (sanctions) financiers qui orientent les décisions économiques », indique Marie-Claire Villeval.

[...] Tester des comportements difficilement observables sur le terrain par des enquêtes constitue incontestablement un des atouts de cette méthode. C'est le cas lorsqu'il s'agit d'évaluer nos comportements antisociaux (menteur, corruptible, tricheur), mais aussi notre altruisme, notre aversion aux inégalités, à coopérer ou à contribuer au bien public. Et là encore, les expériences déboulonnent quelques-uns des présupposés économiques. Lorsqu'un individu est sollicité pour contribuer au financement d'un service collectif dont il profitera, la théorie standard prédit qu'il ne paiera pas, espérant que les autres le fassent à sa place.

Or les expériences ont montré que près de la moitié des individus accepte de contribuer. « Si ces comportements pro sociaux ne sont plus à démontrer, les tests permettent de savoir dans quelles conditions les individus acceptent de contribuer au bien public et jusqu'à quel point ! », souligne Marc Willinger qui a récemment expérimenté une nouvelle taxe écologique. On proposait aux volontaires un seuil de pollution ambiante à ne pas dépasser. S'ils le respectaient, ils en étaient collectivement exonérés, dans le cas contraire, ils devaient tous payer l'intégralité du dommage dû au dépassement. Les résultats ont montré que le seuil n'était jamais dépassé. Ce dispositif a été expérimenté avec succès chez des agriculteurs américains pour réduire l'usage des pesticides.

Carina Louart, « Quand l'économie s'intéresse à nos comportements », *Le Journal du CNRS*, 9 octobre 2017.

L'auteure

Marie-Claire Villeval (née en 1957) est une économiste française spécialisée dans l'économie comportementale. Elle est l'une des pionnières de la discipline en France. Directrice de recherche au CNRS, elle dirige également GATE-Lab, une plateforme de recherche expérimentale sur les comportements. Elle publie en 2016 un ouvrage intitulé *L'Économie comportementale du marché du travail* et se voit récompensée pour ses recherches en 2017 par la médaille d'argent du CNRS.

Questions

1. Quel est l'intérêt de la démarche expérimentale par rapport aux modèles économiques théoriques ?
2. Pourquoi les participants aux expériences bénéficient-ils d'une rémunération en fonction de leurs décisions ?
3. Décrivez le principe de l'expérience menée par Marc Willinger.

Point notion

Expérience

Méthode qui permet de reproduire des situations réelles pour tester des comportements ou des phénomènes dans des contextes contrôlés, identifiés et reproductibles.

Protocole

Description des conditions dans lesquels l'expérience doit être effectuée.

Doc. 2 Un exemple d'une expérience grand public

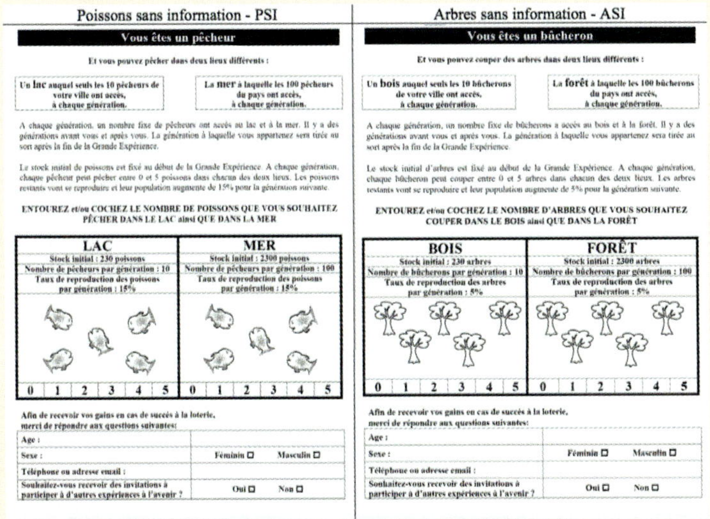

Poissons sans information - PSI

Vous êtes un pêcheur

Et vous pouvez pêcher dans deux lieux différents :

Un **lac** auquel seuls les 10 pêcheurs de votre ville ont accès, à chaque génération.

La **mer** à laquelle les 100 pêcheurs du pays ont accès, à chaque génération.

A chaque génération, un nombre fixe de pêcheurs ont accès au lac et à la mer. Il y a des générations avant vous et après vous. La génération à laquelle vous appartenez sera tirée au sort après la fin de la Grande Expérience.

Le stock initial de poissons est fixé au début de la Grande Expérience. A chaque génération, chaque pêcheur peut pêcher entre 0 et 5 poissons dans chacun des deux lieux. Les poissons restants vont se reproduire et leur population augmente de 15% pour la génération suivante.

ENTOUREZ et/ou COCHEZ LE NOMBRE DE POISSONS QUE VOUS SOUHAITEZ PÊCHER DANS LE LAC ainsi QUE DANS LA MER

LAC	MER
Stock initial : 230 poissons	Stock initial : 2300 poissons
Nombre de pêcheurs par génération : 10	Nombre de pêcheurs par génération : 100
Taux de reproduction des poissons par génération : 15%	Taux de reproduction des poissons par génération : 15%
0 1 2 3 4 5	0 1 2 3 4 5

Afin de recevoir vos gains en cas de succès à la loterie, merci de répondre aux questions suivantes:

Age :	
Sexe :	Féminin ☐ Masculin ☐
Téléphone ou adresse email :	
Souhaitez-vous recevoir des invitations à participer à d'autres expériences à l'avenir ?	Oui ☐ Non ☐

Arbres sans information - ASI

Vous êtes un bûcheron

Et vous pouvez couper des arbres dans deux lieux différents :

Un **bois** auquel seuls les 10 bûcherons de votre ville ont accès, à chaque génération.

La **forêt** à laquelle les 100 bûcherons du pays ont accès, à chaque génération.

A chaque génération, un nombre fixe de bûcherons a accès au bois et à la forêt. Il y a des générations avant vous et après vous. La génération à laquelle vous appartenez sera tirée au sort après la fin de la Grande Expérience.

Le stock initial d'arbres est fixé au début de la Grande Expérience. A chaque génération, chaque bûcheron peut couper entre 0 et 5 arbres dans chacun des deux lieux. Les arbres restants vont se reproduire et leur population augmente de 5% pour la génération suivante.

ENTOUREZ et/ou COCHEZ LE NOMBRE D'ARBRES QUE VOUS SOUHAITEZ COUPER DANS LE BOIS ainsi QUE DANS LA FORÊT

BOIS	FORÊT
Stock initial : 230 arbres	Stock initial : 2300 arbres
Nombre de bûcherons par génération : 10	Nombre de bûcherons par génération : 100
Taux de reproduction des arbres par génération : 5%	Taux de reproduction des arbres par génération : 5%
0 1 2 3 4 5	0 1 2 3 4 5

Afin de recevoir vos gains en cas de succès à la loterie, merci de répondre aux questions suivantes:

Age :	
Sexe :	Féminin ☐ Masculin ☐
Téléphone ou adresse email :	
Souhaitez-vous recevoir des invitations à participer à d'autres expériences à l'avenir ?	Oui ☐ Non ☐

Fiche distribuée aux participants lors de la grande expérience participative de 2015.

Dans le cadre de la Nuit européenne des chercheurs, organisée en 2015, une expérience a été proposée aux publics présents dans onze villes différentes en France. Près de 2 700 cobayes ont participé à un jeu classique de l'économie expérimentale : la tragédie des communs. Les participants sont amenés à prélever des ressources naturelles renouvelables. Ils doivent décider des quantités qu'ils vont prélever, en remplissant la fiche ci-contre. Une incitation a été intégrée en distribuant des tickets de loterie à chacun en proportion du nombre de poissons pêchés, permettant de simuler les décisions des agents économiques.

Lelivrescolaire.fr

Questions

1. Quel est l'objectif de cette expérience ?
2. Combien de personnes ont participé à cette « grande expérience participative » ?

Numérique

Pour une présentation plus détaillée de l'expérience : LLS.fr/SES1NuitChercheurs

Les résultats

Une surexploitation qui dépend des caractéristiques des personnes

Doc. 3 Une coopération variable selon les personnes ?

Affiche de promotion de la Nuit européenne des chercheurs.

L'expérience sur la tragédie des communs permet de montrer que les individus ont tendance à surexploiter une ressource dès lors qu'elle est commune, amenant ainsi, à terme, à sa disparition.

Cette expérience permet d'avoir des résultats sur les différents comportements. Les chercheurs observent ainsi que la bonne gestion des ressources communes dépend de l'âge, du sexe, voire des informations dont on dispose sur l'état de la ressource.

Lelivrescolaire.fr

Questions

1. Quels sont les résultats de cette expérience ?
2. Ces résultats confirment-ils l'hypothèse d'une tragédie des communs ?
3. Comment la sociologie peut-elle expliquer les effets de l'âge et du sexe ?

Numérique

Retrouve sur lelivrescolaire.fr la vidéo présentant l'expérience : LLS.fr/SES1RetourExperience

UN AUTRE REGARD

Internet, un bien commun ?

Objectifs

La notion de biens communs est devenue centrale en économie et dans le débat public. Les transformations d'Internet sont notamment discutées à travers cette notion. Les pouvoirs publics veillent à ce que les réseaux Internet restent des biens communs.

Doc. 1 Réguler le Web ?

« Le Web est menacé. » C'est avec ces mots graves que Tim Berners-Lee, considéré comme le principal inventeur du Web, intitule une lettre ouverte publiée lundi 12 mars, à l'occasion des vingt-neuf ans de son invention. Le Britannique avait déjà, notamment dans sa précédente lettre publiée un an plus tôt, pointé de grands problèmes du Web, « de la désinformation et de la publicité politique douteuse à une perte de contrôle sur nos données personnelles ». [...]

Par ailleurs, le créateur du World Wide Web insiste aussi, dans son message, sur l'importance de connecter le monde entier, arguant que « le clivage entre les personnes qui ont accès à Internet et celles qui ne l'ont pas aggrave les inégalités existantes ». L'ingénieur appelle ainsi à « soutenir les politiques et les modèles d'entreprise qui élargissent l'accès au Web aux habitants les plus pauvres du monde grâce à des solutions d'accès public », et à « investir afin de garantir un accès à un Internet fiable aux femmes et aux filles ». À ce sujet, 2018 a des allures de symbole : pour la première fois de l'histoire, la moitié de la population mondiale est connectée.

« Tim Berners-Lee, le père du Web, appelle à réguler les grandes plates-formes », *Le Monde*, 12 mars 2018.

Tim Berners-Lee en 1994.

Doc. 2 Un bien commun qui doit être régulé ?

Les réseaux d'échanges Internet, télécoms fixes, mobiles et postaux, constituent une « infrastructure de libertés ». Liberté d'expression et de communication, liberté d'accès au savoir et de partage, mais aussi liberté d'entreprise et d'innovation, enjeu clé pour la compétitivité du pays, la croissance et l'emploi. Parce que le plein exercice de ces libertés est essentiel dans une société ouverte, innovante et démocratique, les institutions nationales et européennes veillent à ce que les réseaux d'échanges se développent comme un « bien commun », quel que soit leur régime de propriété, c'est-à-dire qu'ils répondent à des exigences fortes en termes d'accessibilité, d'universalité, de performance, de neutralité, de confiance et de loyauté. À cette fin, les institutions démocratiques ont jugé qu'une intervention étatique indépendante était nécessaire pour veiller à ce qu'aucune force, qu'elle soit économique ou politique, ne soit en situation de contrôler ou de brider la capacité d'échange des utilisateurs (consommateurs, entreprises, associations, etc.).

Arcep, « L'état d'Internet en France. Édition 2017 », mai 2017.

Questions

1. Docs. 1 et 2. Que signifie le fait qu'Internet soit un « bien commun » ?

2. Doc. 2. Comment ce statut d'Internet pourrait-il être remis en cause ?

3. Doc. 1 et 2. Pourquoi l'intervention des pouvoirs publics est-elle nécessaire pour éviter cette remise en cause ?

4. Doc. 1. Comment les pouvoirs publics peuvent-ils aussi menacer le statut de bien commun d'Internet ?

Vers la terminale

À l'issue de ce chapitre, vous savez tout (ou presque) sur les défaillances de marché. Ces connaissances peuvent être prolongées par :

- une application du concept d'aléa moral pour comprendre les raisons qui poussent à des prises de risque inconsidérées sur les marchés financiers, à l'origine de crises économiques ;
- une mise en évidence de la façon dont les externalités positives peuvent permettre de comprendre les origines de la croissance économique ;
- une interrogation sur la place centrale des externalités et des biens communs dans les politiques climatiques.

Les marchés financiers, au centre des débats contemporains.

Pour aller + loin

À lire

George Akerlof, Robert Shiller, *Marchés de dupes*, Éditions Odile Jacob, 2015.

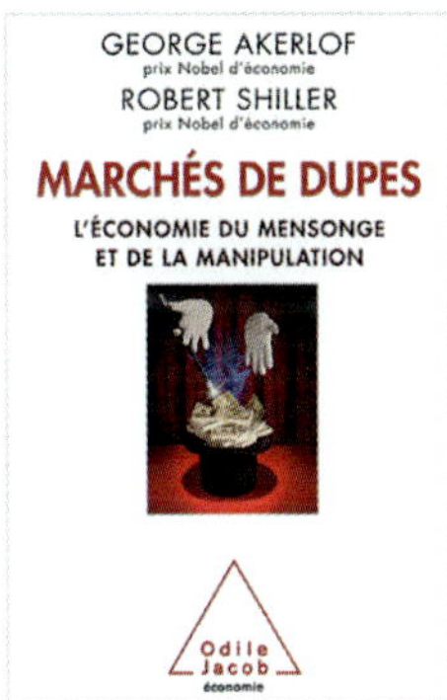

Ce livre présente ce que les auteurs appellent « la face obscure des marchés ». À partir de nombreux résultats de la science économique contemporaine, ils nous invitent à considérer que l'échange marchand est à la fois porteur d'avantages et d'inconvénients. Un livre vivant et à la pointe de la recherche en économie !

Des mêmes auteurs, l'article suivant : George Akerlof, Robert Shiller, « Le côté obscur des marchés libres », *The Conversation*, 4 novembre 2015.
Une présentation en vidéo de l'ouvrage : LLS.fr/Akerlof

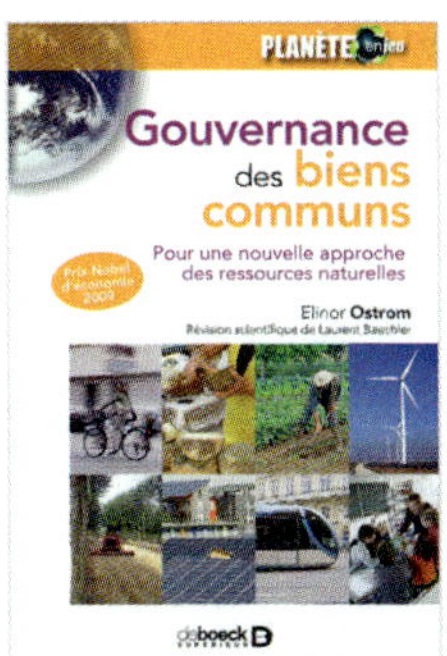

Elinor Ostrom, *Gouvernance des biens communs*, De Bœck supérieur, 2010.
Lire une prix Nobel d'économie ? C'est possible ! Ce livre, publié en 1990 aux États-Unis, fait la synthèse des travaux d'Elinor Ostrom. S'il y a quelques passages techniques, on peut lire avec plaisir les exemples donnés, qui sont présentés de façon claire. Une lecture enrichissante et qui témoigne de l'ingéniosité des sociétés pour résoudre des problèmes importants.

Julien Milanesi, « Externalités et anguilles grillées », *Mediapart*, 5 février 2017.
Cet article de blog développe la notion d'externalité avec la « fable des anguilles grillées » : c'est à la fois très pédagogique et très profond. À lire pour mieux comprendre ce que sont les externalités et pour examiner un exemple original.
LLS.fr/SES1Anguilles

À voir

Demain, Cyril Dion et Mélanie Laurent, 2015.

Cyril Dion et Mélanie Laurent ont réalisé une enquête dans le cadre d'un voyage dans dix pays pour valoriser des solutions permettant de faire face aux crises écologiques, économiques et sociales auxquelles nos sociétés sont confrontées. Durant leur voyage, ils rencontrent des acteurs de la société qui réinventent l'agriculture, l'énergie, l'économie, la démocratie et l'éducation et nous laissent voir ce que pourrait être le monde de demain si ces initiatives se diffusaient.

À écouter

Entendez-vous l'éco ?, Franceculture.fr
Une série de quatre émissions sur la notion de biens communs en économie, avec une interrogation sur la nature, le numérique et le travail.
LLS.fr/SES1Communs

CHAPITRE 4

Comment les agents économiques se financent-ils ?

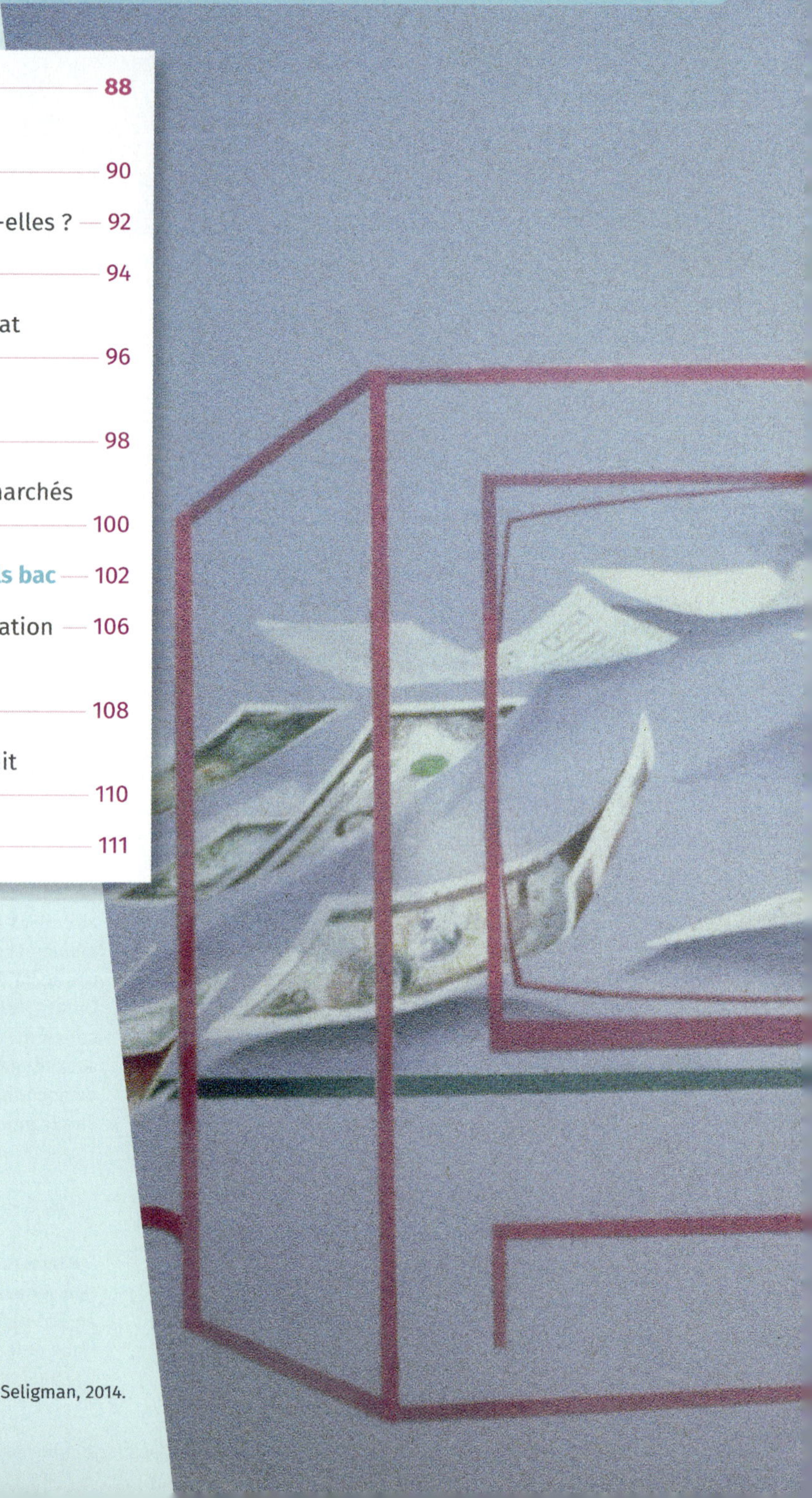

Executive Money I, Lincoln Seligman, 2014.

Notions-clés

Action | Autofinancement | Besoin de financement | Capacité de financement | Consommation | Dette publique | Effet de relance | Effet d'éviction | Épargne | Macroéconomique | Obligation | Politique budgétaire | Revenu disponible | Solde budgétaire | Taux d'intérêt

POUR COMMENCER

Comment les agents économiques se financent-ils ?

Doc. 1 Emprunter, est-ce gratuit ?

Élevé dans un milieu bourgeois, il n'avait jamais connu de vraies difficultés d'argent. Nathalie et lui avaient un compte joint, un livret de Caisse d'épargne, une assurance vie et un emprunt pour l'appartement [...].

Quelquefois, [...], il trouvait dans sa boîte à lettres des publicités pour des établissements de crédit. « Puisez dans votre réserve d'argent à votre gré », dit Sofinco. « Faites-vous plaisir dès aujourd'hui », propose Finaref. « Besoin d'argent ? Rapidement ? », s'inquiète Cofidis. « C'est le moment d'en profiter », assure Cofinoga. Il les jetait à la poubelle sans y prêter attention.

Depuis qu'il voyait défiler à l'audience ceux qui les avaient signés, il considérait d'un autre œil ces imprimés. Il découvrait combien il est facile de persuader les pauvres que, même pauvres, ils peuvent s'acheter une machine à laver, une voiture, une console Nintendo pour les enfants ou simplement de quoi manger, qu'ils rembourseront plus tard et que ça ne leur coûtera autant dire rien de plus que s'ils réglaient comptant. [...]

Le coût extrêmement élevé de ce crédit figure en tout petits caractères au verso de l'offre, on en prend connaissance ou pas, le plus souvent pas, de toute manière on signe parce que c'est le seul moyen quand on n'a pas d'argent de s'acheter ce dont on a besoin, ou d'ailleurs pas toujours besoin mais envie, simplement envie.

Emmanuel Carrère, *D'autres vies que la mienne*, P.O.L., 2009.

Questions

1. Quelles sont les raisons qui peuvent conduire à emprunter de l'argent ?

2. Tout le monde peut-il avoir accès facilement au crédit ?

3. Pourquoi cela peut-il coûter très cher d'emprunter ?

Doc. 2 À quoi sert la Bourse ?

Arthur A. Robertson témoigne dans cet extrait.

J'ai eu une drôle de carrière. Je suis un industriel. J'ai été en Allemagne où j'ai acquis plusieurs usines de fabrication de porcelaine. [...] Avec plusieurs associés, j'ai acheté une société, il y a dix-neuf ans, pour 1,6 million de dollars. Nous sommes aujourd'hui cotés à la Bourse de New York et nous venons de refuser une offre de rachat de 200 millions. [...]

En 1927, quand j'ai lu que Lindbergh préparait sa traversée mémorable [de l'Atlantique], j'ai acheté des actions de Wright Aeronautical[1]. Il allait voler dans un avion fabriqué par les Wright. Je vivais dans le Milwaukee à l'époque. Mon bureau était à environ deux kilomètres de là où je vivais. [...] Arrivé au bureau, ça avait monté de soixante-cinq points. L'idée que ça puisse aller aussi vite était effrayante. Tout ce qu'on achetait semblait ne pas avoir de limite.

Studs Terkel, *Hard Times. Histoires orales de la Grande Dépression*, Éditions Amsterdam, 2009 (version originale 1970).

1. L'entreprise Wright Aeronautical a été fondée par les frères Wright et elle a été l'une des premières à produire des avions de façon industrielle.

La Bourse de New York dans les années quarante.

Questions

1. Que signifie qu'une entreprise est cotée en Bourse ?

2. Pourquoi une entreprise comme Wright Aeronautical vend-elle des actions ?

3. Quel est l'intérêt pour un investisseur comme Arthur Robertson d'en acheter ?

Doc. 3 Quels pays ne sont pas... endettés ?

La dette publique dans le monde, en 2016

Dette publique totale : $ 059 975 442 638 369

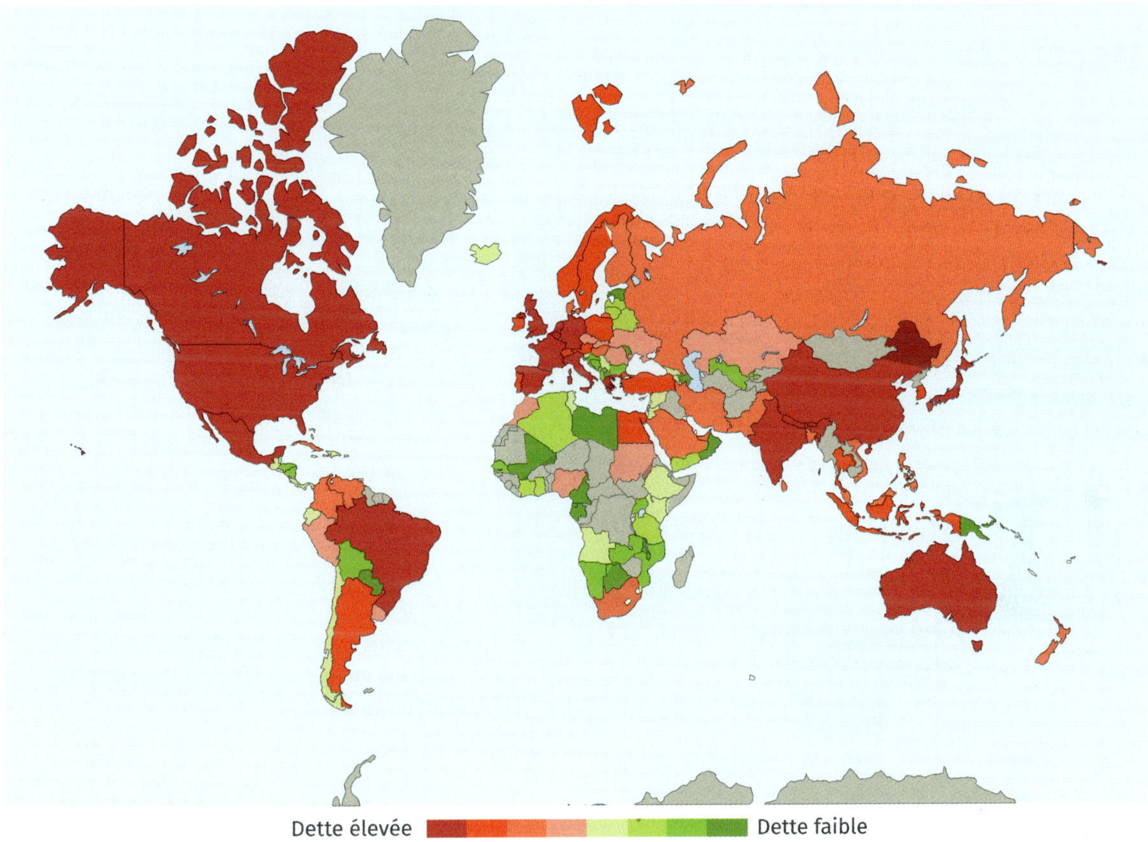

The Economist, « Horloge de la dette publique mondiale », 2018.

Questions

1. Sur quel continent trouve-t-on la plus grande proportion de pays peu endettés ?
2. Comment semblent se financer la plupart des États des pays riches aujourd'hui ?
3. Ce résultat vous paraît-il surprenant ?
4. Comment pourrait-il s'expliquer ?

Numérique

La version interactive sur le site de *The Economist* : LLS.fr/HorlogeDette

Testez vos connaissances

1. **En France, le PIB vaut environ :**
   ❑ 2 000 millions d'euros ; ❑ 20 milliards d'euros ;
   ❑ 2 000 milliards d'euros.
2. **Quand une entreprise emprunte de l'argent :**
   ❑ elle reçoit un taux d'intérêt ; ❑ elle paie un taux d'intérêt.
3. **En France, ces dernières années, l'État a eu :**
   ❑ des dépenses supérieures à ses recettes ;
   ❑ des dépenses inférieures à ses recettes.
4. **Le New Deal, en 1933, aux États-Unis a eu pour objectif :**
   ❑ de relancer la croissance économique ; ❑ de freiner une augmentation trop forte des prix.

Questions du chapitre

1. Comment les ménages financent-ils leurs dépenses ?
2. Comment les entreprises trouvent-elles les fonds pour investir ?
3. Comment l'État finance-t-il ses dépenses ?
4. Quels sont les effets du budget de l'État sur l'économie ?

DOSSIER

1 Comment les ménages financent-ils leurs dépenses ?

Découvrir

Doc. 1 Placer son argent ou le dépenser ?

Affiche publicitaire de 1960 pour la Société Générale.

Point notion

Ménage

Unité composée des habitants d'un même logement. Les membres d'un même ménage n'appartiennent pas forcément à la même famille. Un ménage peut être composé d'une seule personne.

Questions

1. Que signifie le fait d'épargner pour un ménage ?
2. Comment les banques peuvent-elles aussi aider les ménages à financer l'acquisition d'un logement ?

Doc. 2 Quel rôle jouent les banques dans le financement ?

Le système financier désigne l'ensemble des institutions (marchés de titres et intermédiaires financiers), des règles et des pratiques qui, au sein d'un espace donné (un pays, une région ou le monde entier), rendent possibles les échanges d'argent. Ces échanges se font entre ceux qui ont accumulé de l'argent en épargnant chaque année une fraction de leur revenu et ceux qui n'en ont pas suffisamment pour financer une dépense d'investissement. Sans ces échanges financiers, quiconque désireux d'investir (qu'il s'agisse d'un ménage, d'une entreprise, d'une administration) ne pourrait le faire qu'à hauteur de son épargne accumulée. Certains devraient aussi renoncer à des projets d'investissement pourtant rentables ou les reporter dans le temps, tandis que d'autres disposeraient d'une encaisse d'argent oisive.

Jézabel Couppey-Soubeyran, *Monnaie, banques, finance*, PUF, 2015.

Questions

1. Pourquoi les ménages peuvent-ils chercher à épargner ?
2. Dans quels cas un ménage peut-il vouloir investir ? Comment peut-il alors se financer ?

Doc. 3 Pourquoi les ménages empruntent-ils ?

Part des ménages ayant contracté un crédit selon le motif du crédit et le niveau de vie

Motif	Total	Ménages avec moins de 10 000 €	Ménages avec 30 000 € et plus
Achat de la résidence principale	20,1	6,0	27,3
Autre achat immobilier	6,3	2,4	16,8
Gros travaux immobiliers	6,8	2,3	10,2
Achat d'une voiture ou d'une moto	18,7	6,8	16,9
Achats d'autres biens d'équipement	3,2	non significatif	2,4
Part des ménages ayant au moins un crédit	**47,0**	**25,3**	**55,4**

D'après « Patrimoine des ménages début 2010 », *Insee première* n° 1325, novembre 2010.

Le niveau de vie désigne le revenu dont dispose un ménage une fois qu'on a pris en compte la taille de ce ménage. Par exemple, un ménage de dix personnes qui a un même revenu qu'un ménage d'une personne a un niveau de vie plus bas.

Questions

1. Pour l'ensemble des ménages, quelles sont les deux principales raisons de contracter un crédit ?
2. Peut-on dire que les ménages les plus pauvres empruntent plus souvent que les ménages les plus riches ?

Doc. 4 Les ménages épargnent-ils plus qu'ils n'empruntent ?

Capacité ou besoin de financement des secteurs institutionnels en France en 2017 (en milliards d'euros)

	2017
Entreprises non financières	-8,3
Entreprises financières	-3,2
Administrations publiques	-61,4
Ménages	61,0
Associations	-0,9
Économie nationale	**-12,8**

Insee, Comptes nationaux, 2017.

Point notion

Capacité/besoin de financement

Différence entre les revenus d'un agent ou d'un secteur de l'économie et ses dépenses. Quand cette différence est négative, les dépenses sont supérieures aux recettes, et il y a alors un besoin de financement.

Questions

1. Que signifient les données négatives ?
2. Faites une phrase avec la donnée soulignée.
3. Pris dans leur ensemble, les ménages ont-ils plutôt une capacité ou un besoin de financement ?

Je m'auto-évalue

Indiquez si la proposition est vraie ou fausse.

1. Un agent a un besoin de financement s'il n'a pas d'épargne.
2. En France, il n'y a que peu de ménages qui empruntent.
3. Les ménages empruntent le plus souvent pour des achats coûteux.
4. Dans l'ensemble, les ménages ont un besoin de financement.

Je fais le point

Les ménages utilisent principalement leur revenu disponible pour consommer ou épargner. Quand son revenu est insuffisant pour financer un investissement, un ménage peut utiliser son épargne et/ou emprunter auprès d'une banque. Chaque ménage peut alterner des périodes de besoin et de capacité de financement. Au niveau global, les ménages sont en capacité de financement et épargnent.

DOSSIER 2

Comment les entreprises se financent-elles ?

Découvrir

Doc. 1 Comment financer une « baraque à frites » ?

Raphaël Didier avec les illustrations de Gilles Macagno, *Les Marchés financiers en clair*, Ellipses, 2009.

Questions

1. Marcel peut-il vraiment envisager une entrée en Bourse pour se financer ? Pourquoi ?

2. Quelles sont les autres possibilités de financement pour lui ?

Numérique

Comprendre les différents modes de financement des entreprises : LLS.fr/EntrepriseFinance

Doc. 2 Quels sont les différents types de financement pour les entreprises ?

La première source de financement est l'utilisation des bénéfices non distribués (autofinancement). C'est évidemment la solution la plus confortable, car elle n'entraîne ni dépendance ni fragilité. Son seul coût est un coût d'opportunité : l'entreprise renonce, en investissant ses bénéfices, au revenu que ceux-ci auraient apporté s'ils étaient placés. Pour les PME, le crédit bancaire est souvent la seule forme de financement externe accessible. […] Les grandes entreprises, quant à elles, peuvent emprunter directement sur les marchés financiers, à relativement court terme (jusqu'à sept ans), en émettant des titres de créance négociables[1], ou à long terme en émettant des obligations. En général, les taux d'intérêt payés sont inférieurs à ceux que pratiquent les banques et les montants empruntés peuvent être plus élevés. Enfin, les grandes entreprises peuvent vendre du capital en émettant des actions. Ce mode de financement n'entraîne pas d'engagement de remboursement, mais oblige à partager les bénéfices et les droits de vote avec de nouveaux actionnaires.

Arnaud Parienty, *Précis d'économie*, La Découverte, 2017.

1. Comme une obligation, un titre de créance négociable est une reconnaissance de dette qui peut être vendue sur les marchés financiers par celui ou celle qui la possède.

Questions

1. Qu'est-ce que le financement interne ?

2. Expliquez ce que signifie le coût d'opportunité pour ce mode de financement.

3. Quels sont les modes de financement externe accessibles pour les petites entreprises ? Pour les grandes entreprises ?

4. Dans un tableau, indiquez quels sont les avantages et les inconvénients des différents types de financement.

Doc. 3 Les taux d'intérêt pour les crédits aux entreprises

Taux d'intérêt moyen des crédits nouveaux pour les entreprises non financières (en %)

	Juin 2018
Crédits < ou égaux à 1 million d'euros	1,69
Crédits > 1 million d'euros	1,41

Banque de France, « Crédits par taille d'entreprise », août 2018.

Questions

1. Le taux d'intérêt représente-t-il un gain ou un coût pour l'entreprise qui investit ?
2. Selon vous, pourquoi les taux d'intérêt sont-ils plus bas pour les crédits supérieurs à un million d'euros que pour ceux inférieurs à un million d'euros ?

Doc. 4 Comment le financement varie-t-il en fonction de la taille des entreprises ?

Part des financements bancaires et par les marchés financiers selon la taille de l'entreprise, en 2017 (en % des dettes des entreprises)

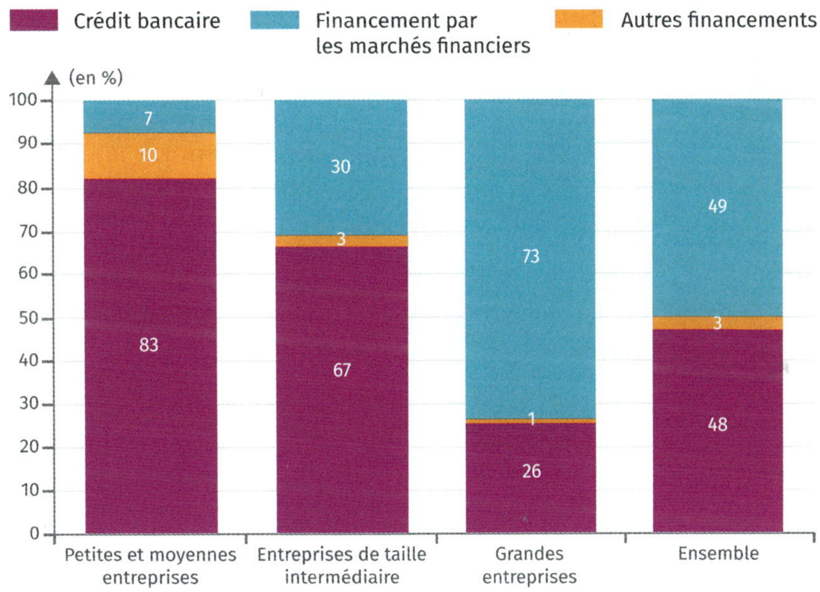

Banque de France, base FIBEN, novembre 2018.

Numérique

Pour aller plus loin sur la financiarisation de l'économie : LLS.fr/Financiarisation

Questions

1. Faites une phrase présentant les données pour les PME.
2. Comment la part du crédit bancaire évolue-t-elle en fonction de la taille des entreprises ?

Je m'auto-évalue

Complétez le schéma avec les termes : autofinancement, crédit, externe, marchés financiers.

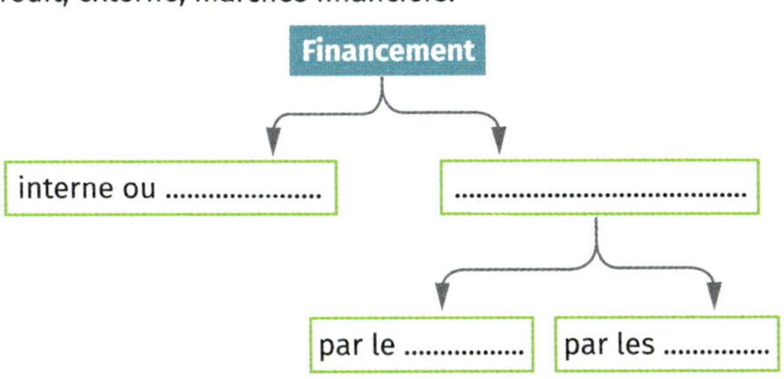

Je fais le point

Les entreprises peuvent choisir entre différents types de financement. En premier lieu, quand elles en ont les moyens, elles peuvent s'autofinancer. Sinon, elles doivent avoir recours à un financement externe. Celui-ci peut se faire par le crédit ou, pour les plus grandes entreprises, par un recours aux marchés financiers.

DOSSIER

3 Comment l'État se finance-t-il ?

Découvrir

Doc. 1 Quels sont les effets des privatisations sur le budget de l'État ?

Une publicité pour la Loterie nationale, dans les années soixante.

L'Assemblée nationale a autorisé [...] la privatisation de La Française des Jeux (FDJ) dans le cadre du projet de loi Pacte[1], malgré de vives critiques de l'opposition dénonçant la logique économique de l'opération et les risques accrus d'addiction aux jeux. [...] Plus tôt, l'Assemblée nationale avait donné son feu vert à la privatisation d'Aéroports de Paris (ADP). [...] Le produit de ces cessions d'actifs doit alimenter un fonds de 10 milliards d'euros destiné à financer l'innovation et à contribuer au désendettement de l'État. [...] L'opposition de droite et de gauche crie sa colère contre ces futures privatisations. Elle fustige « un choix stupide, un non-sens, une vision court-termiste ». Concernant ADP, elle évoque un projet « dogmatique » et déraisonnable économiquement, car l'entreprise rapporte chaque année d'importants dividendes à l'État qui pourraient, selon elle, être réinvestis dans le fonds pour l'innovation, sans perte du contrôle.

Bertille Bayart, « L'Assemblée nationale autorise la privatisation de la FDJ et d'ADP », *Le Figaro*, 3 octobre 2018.

1. Plan d'action pour la croissance et la transformation des entreprises : ensemble de mesures prises pour faciliter l'investissement des entreprises.

Numérique

Pour mieux comprendre la loi Pacte : LLS.fr/LoiPacte

Questions

1. Quels types de recettes peut percevoir l'État en dehors des impôts ?
2. Quels sont les effets attendus de la privatisation à court terme sur le déficit et la dette publics ?
3. Quels effets ces privatisations risquent-elles d'avoir à long terme ?

Doc. 2 Comment l'État gagne-t-il de l'argent ?

Recettes de l'État en 2017

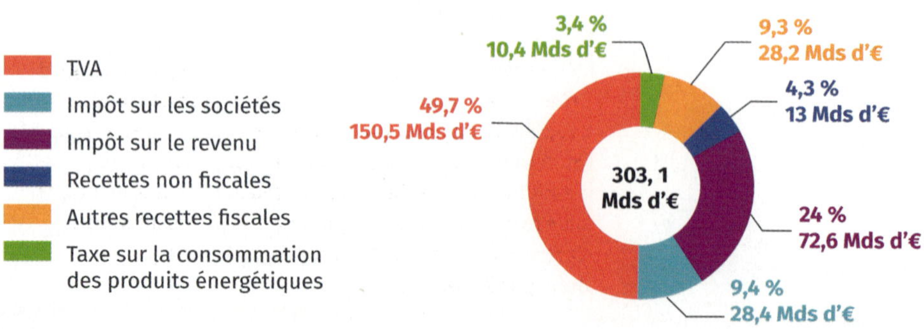

Lafinancepourtous.com d'après la loi de Finances 2018.

Questions

1. Qu'est-ce que la TVA ? Qui paie cet impôt ?
2. Quelles sont les principales recettes de l'État ?

Doc. 3 Comment l'État utilise-t-il son budget ?

Dépenses de l'État en 2018

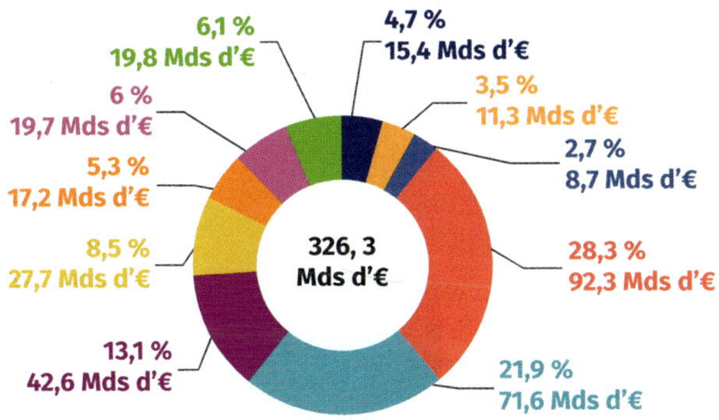

Lafinancepourtous.com d'après la loi de Finances 2018.

Questions

1. Quelles sont les principales dépenses de l'État ?
2. Comparez le montant des dépenses à celui des recettes en 2017 (doc. 2) : que constatez-vous ?
3. Comment l'État peut-il financer des dépenses supérieures à ses recettes ?

Point notion

Déficit budgétaire

Situation dans laquelle les dépenses de l'État sont supérieures à ses recettes.

Doc. 4 Comment l'État finance-t-il son déficit ?

Lorsque les dépenses de l'État excèdent ses recettes, se pose la question du financement du déficit ainsi créé. [...]

Si un déficit apparaît, c'est que les recettes de l'État ont été insuffisantes au regard des dépenses engagées. Il semble donc logique d'augmenter la pression fiscale pour résorber cet écart s'il n'est pas envisageable de diminuer les dépenses. Bien évidemment l'action sur un tel levier suppose que soient réunis deux conditions. La première, c'est que le niveau de prélèvements obligatoires ne soit pas déjà trop élevé. [...] La seconde condition, c'est que le déficit ne soit pas d'un montant trop important de manière à ce qu'il soit aisément résorbable par la fiscalité.

Le financement le plus souvent privilégié par des États confrontés à un déficit est donc l'emprunt. Celui-ci consiste pour l'État à émettre un titre [...] qui sera souscrit soit par des agents résidents, soit par des agents non-résidents (particuliers, banques, fonds souverains, etc.). [...] Si l'on somme les emprunts contractés pour financer chaque déficit, on obtient la dette publique.

Christophe Chauvet, *Politique économique*, Dunod, 2015.

Questions

1. Quelles peuvent être les conséquences d'un financement du déficit par une hausse des prélèvements obligatoires ?
2. Comment l'État finance-t-il le plus souvent son déficit ?

Je m'auto-évalue

Choisissez la bonne proposition :

1. Les recettes de l'État :
   a. proviennent principalement de l'impôt sur le revenu ; **b.** proviennent principalement des taxes sur la consommation.
2. Le déficit budgétaire correspond :
   a. à l'ensemble des dettes passées ; **b.** à des dépenses supérieures aux recettes sur un an.

Je fais le point

L'État prélève des impôts et des taxes et reçoit de l'argent grâce à ses participations dans des entreprises. Cet argent est utilisé pour financer les dépenses publiques. Quand les dépenses sont supérieures aux recettes, il y a un déficit budgétaire. Ce déficit est financé par des emprunts sous forme de titres vendus sur les marchés financiers. L'accumulation des déficits conduit à l'existence d'une dette publique.

DOSSIER

4 Quels sont les effets du budget de l'État sur l'économie ?

Découvrir

Doc. 1 Faut-il réduire les dépenses publiques ?

Le Portugal peut enfin souffler. Le pays n'a presque plus de déficit budgétaire et bénéficie même d'une des meilleures croissances de la zone euro. Pourtant, [...] il y a encore deux ans, le Portugal était sous le coup d'une procédure pour « déficit excessif », lancée par la Commission européenne. [...] L'Union européenne préconisait une politique d'austérité, avec une baisse des dépenses publiques, un assouplissement du code du travail et une diminution de la protection sociale.

Le gouvernement de coalition gauche – extrême gauche d'Antonio Costa adopte des méthodes aux antipodes de ces recommandations et du gouvernement précédent. Une politique de relance par la demande, marquée par une augmentation des retraites, des allocations familiales et du SMIC. Et cela fonctionne, n'en déplaise à Bruxelles. Le Portugal a enregistré en 2017 une croissance de 2,7 %, soit la plus forte hausse de son PIB annuel depuis l'année 2000.

Valery Lerouge, « Le miracle portugais : comment Lisbonne a nargué Bruxelles », Francetvinfo.fr, 3 mai 2018.

Le Portugal mise aussi sur le tourisme et l'immobilier pour stimuler la croissance. Ici, l'île de Madère.

Questions

1. Quelle était la situation du solde budgétaire du Portugal en 2015 ?
2. Pourquoi une telle situation fait-elle penser qu'il faut réduire les dépenses publiques ?
3. Quelle politique a suivi le Portugal ? Quelles en ont été les conséquences ?

Doc. 2 L'État se finance-t-il comme les autres agents ?

Quelle est la particularité de l'État et des administrations publiques en matière d'endettement, au regard des ménages et des entreprises ? [...] L'horizon temporel d'un ménage se confond avec celui des individus qui le composent, il est fini. En revanche, celui de l'État et des administrations publiques qui l'accompagnent dépasse quelques générations. [...] En matière d'endettement, il en découle immédiatement que l'impératif de remboursement complet n'est pas aussi inconditionnel pour les administrations publiques qu'il l'est dans le cas où l'horizon temporel est fini. Autrement dit, un titre de la dette publique arrivant à son terme peut être remboursé par l'émission d'une nouvelle dette. [...]

Cela nous amène à la différence de nature entre l'État et les autres acteurs économiques en matière de contrainte budgétaire. La dépense d'un ménage est bornée par l'étendue de ses revenus. [...] En revanche, par le monopole fiscal, l'État et les administrations publiques ont la faculté bien particulière, le privilège pourrait-on dire, de déterminer le niveau de leurs ressources.

Bruno Tinel, *Dette publique : sortir du catastrophisme*, Raisons d'agir, 2016.

Questions

1. Pourquoi l'État n'a-t-il pas la même obligation qu'un ménage concernant son financement ?
2. Que signifie le fait que « l'horizon temporel » des ménages n'est pas le même que celui de l'État ?

Doc. 3 Relancer l'activité économique grâce à la dépense publique ?

Chappatte, « L'état de l'économie », 2010.

Un accroissement des dépenses publiques et une réduction du taux d'imposition net accroissent la demande. [...] Finalement, le taux d'intérêt augmente et la demande agrégée s'accroît. La hausse du taux d'intérêt limite l'effet expansionniste, ce qui est connu sous le nom d'effet d'éviction par le taux d'intérêt. [...]

En septembre 2008, la faillite de la banque Lehman Brothers, qui fait suite à des problèmes observés dès 2007 dans d'autres banques (comme la Royal Bank of Scotland qui a dû être nationalisée pour éviter l'effondrement), fait douter l'ensemble des acteurs économiques, y compris les banques elles-mêmes, de la stabilité des systèmes bancaires des pays développés. Les banques ne se font plus confiance entre elles et sont réticentes à prêter aux ménages et aux entreprises. La baisse généralisée des marchés boursiers réduit la richesse des agents qui avaient investi en Bourse dans des instruments financiers qui ont perdu une grande partie de leur valeur. Les agents privés réduisent leur consommation et leurs investissements. Privés des financements bancaires de court terme, les échanges mondiaux s'effondrent. [...] Face à ce choc sans précédent, les gouvernements des pays développés décident de mettre en œuvre de larges plans de relance budgétaire en baissant les impôts et en augmentant les dépenses publiques. [...] Les pays développés mettent donc en place des plans de relance très importants : dans le cas de la France, le plan de relance est d'environ 45 milliards d'euros (soit 2,25 % du PIB), que l'État anticipe de dépenser (en plus de ses dépenses habituelles) sur les années 2009-2010.

Anne Épaulard, Aude Pommeret, *Introduction à la macroéconomie*, La Découverte, 2017 (2e éd.).

Questions

1. Quel était l'effet attendu d'une augmentation des dépenses publiques après la crise de 2008 ?
2. Pourquoi la hausse de la dépense publique conduit-elle à une augmentation du taux d'intérêt ?
3. Quelle est la conséquence de cette hausse des taux d'intérêt pour les entreprises et les ménages ?

Point notion

Effet de relance (de la dépense publique)

Augmentation de la demande engendrée par une augmentation de la dépense publique. Cette augmentation conduit à une accélération de la croissance économique.

Effet d'éviction

Conséquence négative de l'augmentation de la dépense publique sur le financement des agents privés. Quand il se finance, l'État peut faire appel à une épargne, ce qui rend donc plus difficile le financement pour le secteur privé.

Numérique

La différence entre austérité et relance expliquée en trois minutes : LLS.fr/AusteriteRelance

Je m'auto-évalue

Construisez un schéma d'implication reprenant la logique de l'effet relance d'une hausse de la dépense budgétaire en utilisant les termes suivants : croissance économique, hausse de la dépense publique, effet de relance, effet d'éviction, ralentissement économique.

Je fais le point

L'État n'est pas dans la même situation que les ménages et les entreprises en ce qui concerne le financement.

Le déficit budgétaire de l'État a des effets sur le reste de l'économie. Il peut permettre, par exemple, de relancer la croissance en augmentant la demande globale, et ainsi de contribuer à la baisse du chômage, ce qui peut augmenter ensuite les recettes de l'État. Un effet d'éviction peut survenir lorsque cela diminue les financements pour le secteur privé.

TD 1

Quels sont les déterminants des taux d'intérêt ?

1 Exercice guidé

→ Découvrir la théorie des fonds prêtables et comprendre comment elle peut expliquer le niveau des taux d'intérêt

Doc. 1 Le taux d'intérêt, un prix de marché ?

Le taux d'intérêt est ici déterminé par confrontation de l'offre et de la demande de fonds prêtables. L'offre de fonds prêtables est composée à la fois d'actifs monétaires (comme les crédits bancaires) et non monétaires (épargne sous forme d'actifs financiers). De même, la demande de fonds prêtables intègre les liquidités désirées par les agents, ainsi que la demande d'investissement.

Il existe en réalité une multitude de taux d'intérêt, car, pour l'épargnant, outre le prix d'une renonciation (à la consommation présente ou à la liquidité), le taux d'intérêt va rémunérer le risque pris par le prêteur. Parmi ces risques, l'agent subit un risque de contrepartie (ou risque de non remboursement), un risque de taux (variation non anticipée des taux d'intérêt dans le futur) […]. Le taux d'intérêt du marché va ainsi intégrer des primes de risque.

Sophie Brana, Michel Cazals, Pascal Kauffmann, *TD Monnaie, banque et finance*, Dunod, 2016 (5e éd.).

Point notion

Fonds prêtables

Ensemble des fonds épargnés ou prêtés par les banques qui peuvent être distribués à des agents économiques en besoin de financement en échange d'un taux d'intérêt.

Liquidités

Sommes d'argent immédiatement disponibles pour celui qui les possède.

Souscription aux guichets des banques pour l'emprunt national à 5 %, en 1949.

Questions

◆ **Étape 1. Expliciter les notions.**

1. D'où proviennent les fonds prêtables ?
Le texte nous permet de voir qu'il y a deux sources à l'offre de ces fonds : les « actifs monétaires » et les « actifs non monétaires ». Utilisez les exemples donnés pour expliquer à quoi cela correspond.

2. Pourquoi un agent économique peut-il être conduit à demander des fonds de ce type ?
Les fonds prêtables correspondent à de l'argent directement utilisable.

3. Représentez graphiquement l'offre et la demande de fonds prêtables, et montrez comment la rencontre de l'offre et de la demande détermine le taux d'intérêt.
En vous aidant de la représentation graphique du marché vue dans le chapitre 1, il s'agit ici de constater que le prix sur ce marché est le taux d'intérêt. L'offre est croissante avec ce prix, la demande est décroissante.

◆ **Étape 2. Comprendre des mécanismes économiques.**

4. Pourquoi le taux d'intérêt est-il le prix d'une renonciation ?
Celui qui prête subit un coût d'opportunité : il faut se demander comment son argent pourrait lui être plus profitable.

5. Pourquoi le taux d'intérêt inclut-il une prime de risque ?
La question revient à se demander pourquoi le prêt est une activité risquée.

Doc. 2 Les taux d'intérêt immobiliers peuvent-ils être compris avec cette théorie ?

Taux d'intérêt moyen d'un crédit immobilier selon sa durée et l'estimation de son risque de non remboursement

	Excellent	Très bon	Bon
15 ans	0,96 %	1,15 %	1,40 %
20 ans	1,12 %	1,35 %	1,61 %
25 ans	1,35 %	1,60 %	1,84 %

Taux moyens constatés en septembre 2018, www.meilleurtaux.com.

Questions

◆ **Étape 1. Comprendre le document.**

1. Faites une phrase présentant la donnée pour un crédit sur 15 ans jugé excellent.
Les données sont des taux d'intérêt, exprimées en pourcentages.

◆ **Étape 2. Appliquer une théorie pour comprendre un document.**

2. Pourquoi le taux est-il plus élevé pour les crédits jugés « bons » que pour ceux jugés « excellents » ?
Il faut utiliser le fait que le taux d'intérêt inclut une prime de risque.

3. Pourquoi le taux augmente-t-il avec la durée du crédit ?
Il faut se demander pour quelle raison la hausse de la durée conduit à une augmentation du risque.

2 À vous de jouer ! → Le taux d'intérêt en pratique

Doc. 3 Quels sont les effets des élections sur les taux d'intérêt de la dette ?

Giuseppe Conte a été nommé président du Conseil italien (équivalent du Premier ministre) en mai 2018 à la suite de la victoire lors des élections législatives d'une coalition entre son parti d'extrême-droite La Ligue et le Mouvement 5 étoiles, plutôt orienté à l'extrême gauche. Ces deux partis se sont entendus sur un programme contre le contrôle de l'Union européenne sur les dépenses publiques.

Après le discours du nouveau président du Conseil italien, Giuseppe Conte, qui a confirmé sa volonté de mettre en œuvre le programme de la coalition populiste, le taux d'emprunt italien à dix ans a atteint [...] son plus haut niveau depuis mars 2014 en atteignant 3,439 %.

Mathilde Damgé, « Qu'est-ce que le *spread* scruté par les marchés et que l'Italie voit augmenter ? », *Le Monde.fr*, 31 mai 2018.

Giuseppe Conte, lors du sommet des chefs d'État européens, en octobre 2018.

Questions

1. Quel a été l'effet du discours de Giuseppe Conte sur les taux d'intérêt de la dette publique italienne ?
2. Pourquoi la situation de la dette publique italienne paraît-elle plus risquée avec la victoire de la coalition ?
3. Comment peut-on lier ce risque et l'augmentation du taux ?

J'argumente

En utilisant la théorie des fonds prêtables présentée dans ce TD, mettez-vous à la place d'un chef d'entreprise qui innove et préparez les arguments que vous devrez présenter pour obtenir un financement à faible taux d'intérêt.

TD 2

Comment se finance-t-on sur les marchés financiers ?

1 Exercice guidé → Les marchés financiers, un lieu de financement pour les grandes entreprises

Doc. 1 Quelles différences entre actions et obligations ?

L'action représente un titre de propriété qui correspond à une fraction du capital social de la société émettrice. […]

Les actions peuvent être émises lors de la création de la société ou lors d'une augmentation de capital. Pour une entreprise, l'émission d'actions permet de diminuer les risques d'illiquidité. […] Mais à l'inverse, cette émission peut accroître les risques de perte de contrôle de l'entreprise dans la mesure où elle peut modifier sa structure de propriété. […]

Si une action représente une fraction du capital social de la société qui l'a émise, une obligation est un titre de créance représentatif d'un prêt à long terme (pouvant aller jusqu'à cinquante ans) que le souscripteur consent à l'émetteur de l'obligation. Le prix de l'obligation (sa valeur nominale) représente le montant du prêt accordé. En contrepartie de ce prêt, l'émetteur s'engage à verser un intérêt et à rembourser le prêt dans des conditions fixées lors de l'émission.

Marie Delaplace, *Monnaie et financement de l'économie*, Dunod, 2017 (5e éd.).

Phrase soulignée du fait de l'éditeur.

Historiquement, les actions étaient représentées sous la forme de titres en papier.

Point notion

Capital social

Montant des ressources apportées directement par les propriétaires de l'entreprise. Pour une entreprise cotée en Bourse, c'est la valeur de toutes les actions.

Illiquidité

Incapacité, pour une entreprise, à trouver de la liquidité.

Questions

◆ **Étape 1. Comprendre les définitions.**

1. Quelles sont les principales différences entre les actions et les obligations ?
Les deux termes sont définis dans le texte. Les différences portent sur le fait d'être propriétaire ou non de l'entreprise, et sur la façon dont celui qui possède une action ou une obligation est rémunéré.

2. Expliquez le passage souligné.
Utilisez la définition de l'illiquidité et faites le lien avec le fait que celui ou celle qui achète l'action la paie.

◆ **Étape 2. Analyser.**

3. Faites un tableau présentant les avantages et les inconvénients d'un financement par action et d'un financement par obligation pour une entreprise.
Repérez les avantages et les inconvénients pour une entreprise qui se finance de cette façon.

Doc. 2 Qu'est-ce que le CAC 40 ?

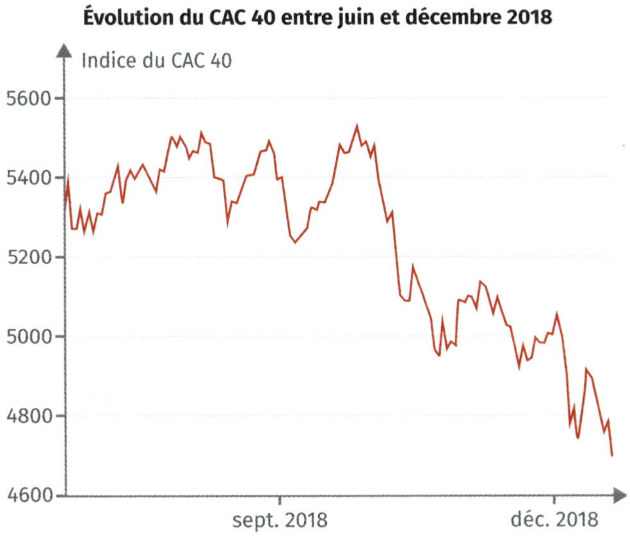

Le CAC 40 est un indice boursier réalisé à partir de la valeur des actions des 40 plus grandes entreprises cotées à la Bourse de Paris. Il permet de connaître l'évolution de cette valeur.

Google Public Data, données prélevées le 21 décembre 2018.

La salle des marchés à la Bourse de Paris.

Questions

◆ **Comprendre les définitions**

1. Le CAC 40 représente-t-il toutes les valeurs des entreprises françaises ?
Le CAC 40 est un indice boursier. Reportez-vous à la définition.

2. Quel intérêt peut avoir cet indice pour un agent à capacité de financement ? Pour un actionnaire ?
Un agent à capacité de financement cherche à faire les placements les plus rentables. Un actionnaire possède des actions et peut les vendre.

2 À vous de jouer ! → Les marchés financiers en pratique

Doc. 3 Des marchés boursiers en constante fluctuation

Le mois d'octobre a été fidèle à la réputation de mois de l'année le plus dangereux pour les investisseurs. Au terme de plusieurs séances très éprouvantes, surtout au cours de la dernière semaine, l'indice CAC 40 a clôturé le mois sur une belle séance de hausse, avec un rebond spectaculaire de 2,31 % ce mercredi.

Sur les trente jours écoulés, les valeurs françaises abandonnent tout de même 7,50 %, ce qui conduit à une baisse de 4,2 % de l'indice de référence depuis le début de l'année. Les deux mois qui nous séparent de la fin décembre sont amplement suffisants pour permettre au marché de finir en beauté, mais la montée des incertitudes, à la fois économiques et politiques, met les nerfs des opérateurs à rude épreuve.

Roland Laskine, « Le CAC 40 finit sur un joli rebond, mais il cède 7,50 % sur le mois d'octobre », *Lefigaro.fr*, 31 octobre 2018.

Questions

1. Quelle a été l'évolution du cours des actions lors du mois d'octobre 2018 ?
2. Pourquoi les investisseurs craignent-ils une baisse de cette valeur ?
3. À l'aide du doc. 2, indiquez si ces craintes ont été justifiées.

Récapitulez

Écrivez un court paragraphe expliquant comment les marchés financiers permettent aux entreprises de se financer.

L'ESSENTIEL

Comment les agents économiques se financent-ils ?

1 Les ménages épargnent et financent certaines dépenses par le crédit

- Pour consommer, les ménages utilisent leur **revenu disponible**. Ce revenu est utilisé pour l'achat de biens et services, c'est-à-dire pour la consommation. L'autre partie est placée ou mise de côté pour de futures dépenses : c'est l'épargne.
- Quand le revenu disponible et l'argent épargné ne suffisent pas pour une dépense immédiate (par exemple, pour un achat immobilier), un ménage est en **besoin de financement** et il peut avoir recours au crédit.
- Au niveau **macroéconomique** cependant, les ménages dégagent une **capacité de financement**. En effet, ils ont tendance à épargner, surtout en France où le taux d'épargne est élevé. Cette épargne est placée auprès des banques sur les marchés financiers. Elle vient donc financer les besoins de financement d'autres agents économiques. (→ voir dossier 1)

2 Les entreprises ont recours à plusieurs types de financement

- La production des entreprises leur permet d'en tirer un revenu : l'excédent brut d'exploitation. Il correspond à la valeur ajoutée par l'entreprise à laquelle on retranche la rémunération des salariés et les impôts payés sur la production. On peut assimiler l'excédent brut d'exploitation au profit de l'entreprise.
- Quand une entreprise a besoin de financer une dépense, elle peut puiser dans ce profit et elle a alors recours à l'**autofinancement**. C'est un financement intéressant, car son seul coût pour l'entreprise est un « coût d'opportunité » : en utilisant cet argent pour acheter une machine par exemple, l'entreprise renonce à toutes les autres utilisations possibles qui pourraient être plus rentables.
- Quand une entreprise ne peut pas se financer elle-même, elle doit avoir recours à un financement externe. Pour les plus petites entreprises, la principale source de financement externe est le crédit. Le coût du crédit est, pour les entreprises comme pour les ménages, le **taux d'intérêt**, dont le montant dépend de la durée du crédit, du montant emprunté et du risque estimé de non remboursement. Ce taux d'intérêt correspond au prix de l'argent sur le marché des fonds prêtables : il est reçu par celui ou celle qui prête et est payé par l'emprunteur.
- Pour les plus grandes entreprises, il est aussi possible de se financer sur les marchés financiers (par exemple la Bourse) en émettant des actions ou des obligations. L'avantage de ces modes de financement est que ceux-ci sont souvent moins coûteux que le crédit bancaire. Cependant, ce type de financement n'est pas sans risque. Le montant obtenu dépend des évolutions des marchés financiers et l'émission d'actions conduit à une perte de contrôle de l'entreprise pour les dirigeants puisque l'actionnaire devient propriétaire de parts et a le plus souvent un droit de vote lors des décisions.

3 Comme les entreprises et les ménages, l'État doit financer des dépenses

- Le budget de l'État recense l'ensemble des recettes et dépenses prévues par l'État pour une année. Le **solde budgétaire** correspond à la différence entre l'ensemble des recettes de l'État et l'ensemble de ses dépenses. La plupart

Les notions à connaître

Action
Part du capital d'une entreprise. Cette part donne à l'actionnaire un droit de vote et le droit de percevoir une part des bénéfices de l'entreprise, appelée dividende.

Autofinancement
Situation dans laquelle un agent se finance avec sa propre épargne.

Besoin de financement
Un agent a un besoin de financement lorsque son épargne est inférieure à ce dont il a besoin pour ses dépenses.

Capacité de financement
Un agent a une capacité de financement lorsque son épargne excède ce dont il a besoin pour ses dépenses.

Consommation
Utilisation de son revenu disponible par un ménage.

Dette publique
Somme de tous les emprunts contractés par les administrations publiques pour financer leurs déficits et qui ne sont pas encore remboursés.

Effet de relance (de la dépense publique)
Augmentation de la demande engendrée par une augmentation de la dépense publique. Cette augmentation conduit à une accélération de la croissance économique.

Effet d'éviction
Conséquence négative de l'augmentation de la dépense publique sur le financement des agents privés. Quand il se finance, l'État peut faire appel à une épargne, ce qui rend donc plus difficile le financement pour le secteur privé.

Épargne
Partie du revenu disponible qui n'est pas utilisée pour la consommation. Quand cette épargne est placée sur un livret, elle rapporte des intérêts.

des recettes de l'État proviennent des prélèvements obligatoires (impôts et taxes). Mais elles peuvent aussi provenir des dividendes tirés de la participation de l'État à certaines entreprises. Lorsque les dépenses sont supérieures aux recettes, on parle de déficit budgétaire.

- L'État peut financer son déficit en émettant des obligations sur les marchés financiers. Une obligation est un titre de dette qui permet de s'endetter auprès des agents à capacité de financement sur les marchés. L'État contracte ainsi une dette et s'engage à la rembourser, augmentée d'un intérêt. La **dette publique** est la dette de l'ensemble des administrations publiques. (→ voir dossier 3)

4 Les dépenses publiques ont des effets contradictoires sur l'activité

- Pour se financer, l'État a une possibilité que n'ont ni les ménages ni les entreprises : il peut prélever l'impôt. De plus, il a un horizon de long terme : la durée de vie des États est bien supérieure à celle des ménages et de beaucoup d'entreprises, et il peut donc emprunter sur du très long terme.
- Par ailleurs, les recettes et dépenses de l'État sont très élevées et les actions de l'État ont donc un effet « macroéconomique » : en dépensant, l'État peut modifier la situation économique du pays.
- La dépense budgétaire peut avoir un **effet de relance** sur l'économie et stimuler la croissance. En effet, lorsque l'État dépense, il peut stimuler la production privée en lui offrant des débouchés, ce qui permet une accélération de la croissance et la diminution du chômage. C'est l'effet recherché d'une **politique budgétaire** de relance.
- Cet effet de relance peut être amoindri dans certaines circonstances par l'**effet d'éviction**. En effet, la demande de financement public peut accaparer l'offre de financement et ainsi faire augmenter les taux d'intérêt pour les autres emprunteurs qui ont alors plus de mal à financer leurs activités.
- Enfin, pour s'intéresser au budget de l'État, il faut regarder au-delà de son équilibre. Ce budget doit être évalué en fonction de son utilisation ; par exemple, il peut servir à des dépenses d'investissement qui vont contribuer à la croissance des années à venir. (→ voir dossier 4)

Capsule vidéo

L'essentiel du cours en vidéo sur lelivrescolaire.fr : LLS.fr/SES1P103

Macroéconomique
Qui concerne l'économie dans sa globalité. Par exemple, l'épargne au niveau macroéconomique est le montant total de l'épargne d'un pays ou d'un type d'agent économique, alors qu'au niveau microéconomique elle est l'épargne d'un seul agent (l'épargne d'un ménage).

Obligation
Titre de dette qui donne droit à des remboursements. Une obligation peut être vendue ou achetée sur les marchés financiers.

Politique budgétaire
Utilisation de son budget par l'État dans le but de créer un effet de relance.

Revenu disponible
Revenu dont dispose un ménage pour consommer. Il se compose des revenus primaires et des revenus de transfert auxquels on enlève les prélèvements obligatoires.

Solde budgétaire
Différence entre les recettes et les dépenses de l'État. Un solde positif est un excédent. Un solde négatif, quand les dépenses sont supérieures aux recettes, est un déficit budgétaire. Le solde public est celui de l'ensemble des administrations publiques.

Taux d'intérêt
Prix payé par l'emprunteur pour rémunérer le prêteur. Il s'agit d'un pourcentage de la somme empruntée qui est payée au prêteur en plus du remboursement du crédit.

Attention aux notions

Ne pas confondre

EBE et **valeur ajoutée**

- La valeur ajoutée représente la somme des richesses nouvelles créées sur un territoire ou au niveau d'une entreprise. La valeur ajoutée représente donc l'ensemble du « gâteau » que constituent les richesses nouvelles produites.
- L'Excédent brut d'exploitation (EBE), lui, n'en représente que la part qui correspond au profit des entreprises, c'est-à-dire que, pour le mesurer, il faut enlever à la valeur ajoutée les salaires et les impôts sur la production.

Déficit public et **dette publique**

- Le déficit public désigne un budget déséquilibré pour une année pour les administrations publiques.
- La dette publique représente la somme d'argent que les administrations publiques doivent rembourser. Elle peut provenir de l'accumulation de déficits. Elle s'explique par le fait que les administrations ne parviennent pas toujours à financer leurs dépenses sur leurs propres ressources.

L'instabilité de la finance vue par Hyman Minsky

Doc. 1 Un financement parfois irrationnel

Le boum est alimenté par l'expansion du crédit qui joue un rôle central dans le « modèle de Minsky » [...] Il distingue trois comportements dans les processus de financement des agents qui investissent dans le nouveau secteur, associés à différents niveaux de danger :

- un financement dit couvert dans lequel le rendement attendu du projet d'investissement couvre le paiement des intérêts et du principal[1] sur un horizon limité ;

- le financement dit spéculatif où le rendement attendu couvre seulement le paiement des intérêts. La dette doit en permanence être reconduite ;

- le financement de type Ponzi (du nom de Charles Ponzi, l'escroc qui fournit, dans les années 1920 aux États-Unis, un exemple d'escroquerie à la cavalerie[2]) : le rendement attendu ne permet plus de payer les intérêts de manière régulière et pousse soit à la vente des actifs soit à un endettement supplémentaire.

[...] Le système financier passe d'un état de stabilité dominé par le financement couvert à un état d'instabilité où le financement spéculatif monte en puissance.

Hubert Bonin et Bertrand Blancheton (dir.), *Crises et batailles boursières en France aux XXe et XXIe siècles*, Librairie Droz, 2017.

1. Le principal d'un prêt est la somme empruntée. La somme à rembourser est l'addition de ce principal et des intérêts.
2. Une escroquerie à la cavalerie, ou « chaîne de Ponzi », est une arnaque où un individu emprunte de l'argent à une personne et lui promet un fort taux d'intérêt. Il paie ce taux en empruntant à d'autres personnes. Pour payer les intérêts qu'il promet à ces personnes, il emprunte à d'autres et ainsi de suite.

Questions

1. Pourquoi le financement de type « Ponzi » est-il très risqué ?
2. Comment Hyman Minsky explique-t-il le passage du mode de financement prudent au financement Ponzi ?

Qui est-ce ?

Hyman Minsky (1919 - 1996) est un économiste américain très influencé par les travaux de John Maynard Keynes, à qui il a consacré un livre. La plus grande partie de son œuvre porte sur l'étude du fonctionnement des crises. Son analyse des marchés financiers est devenue célèbre après la grande crise des *subprimes* de 2008, que ses travaux permettaient d'expliquer. L'expression « moment Minsky » est entrée dans le vocabulaire des économistes. Minsky considérait que l'intervention de l'État pour encadrer les marchés financiers est indispensable afin d'éviter les crises financières et les périodes de trop forts bouleversements financiers.

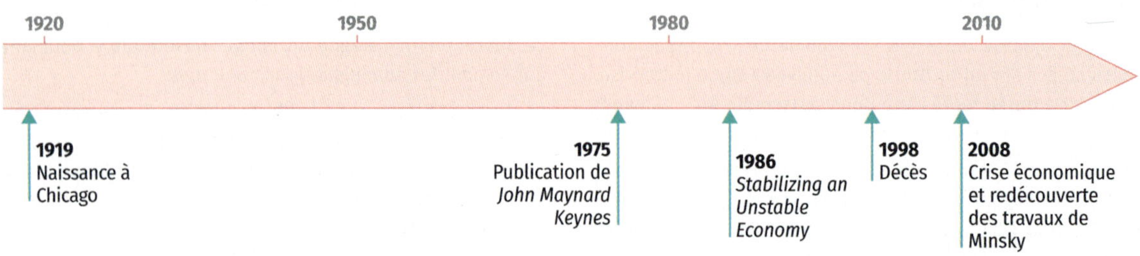

Illustrer par une citation

> *« Le système [économique] ne s'autorégule pas et, s'il n'est pas orienté, il sera incapable de transformer notre pauvreté actuelle en abondance possible. »*

John Maynard Keynes, « La pauvreté dans l'abondance : le système économique est-il autorégulateur ? »,
in *La pauvreté dans l'abondance*, Gallimard, 2002.

S'appuyer sur des données

2 322,3 milliards d'euros

soit 99,3 % du PIB

C'est le montant de la dette publique en France à la fin du 3e trimestre 2018.

Insee

59,5 milliards d'euros

soit 2,6 % du PIB

C'est le montant du déficit public de la France en 2017.

Insee

14,3 %

C'est la part du revenu disponible épargné en moyenne par les ménages français en 2017.

Insee

Situer dans le temps

1409

Fondation de la Bourse de Bruges, considérée comme l'une des premières Bourses au monde.

1818

Création du livret A en France. Il est aujourd'hui le placement privilégié par les ménages français.

1974

Date du dernier budget public équilibré en France.

Synthétiser en images

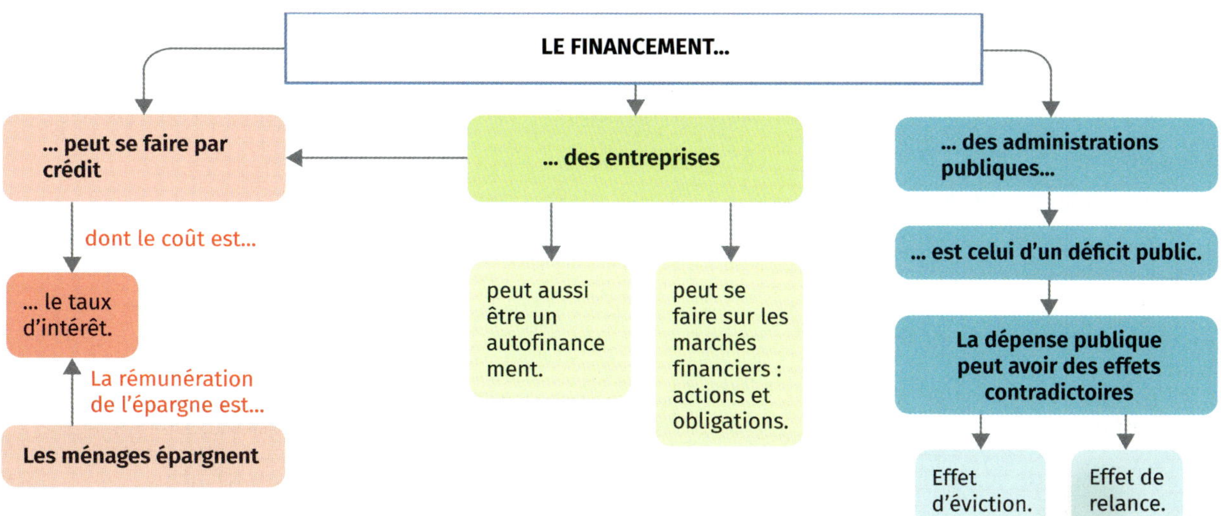

J'analyse un sujet de dissertation

Terminale

La dissertation est un exercice d'argumentation : elle est généralement organisée en trois temps (une introduction, un développement et une conclusion) et doit suivre une problématique. Un dossier documentaire vient en appui du sujet. C'est une épreuve qui vous sera proposée en terminale.

Exemple de sujet :

❑ Une politique de dépenses publiques relance-t-elle toujours l'activité ?

Doc. 1

S'agissant de la politique budgétaire [en Chine], la détente devrait se poursuivre, avec un objectif de déficit de 3 % du PIB pour 2016, contre un déficit de 2,4 % en 2015. […] Les mesures importantes de relance qui sont mises en œuvre actuellement permettront à la croissance de se maintenir dans la fourchette de 6,5 - 7 % en 2016. La structure de l'investissement fait plutôt la part belle aux infrastructures et à l'immobilier et les surcapacités continueront à peser sur les dépenses d'investissement des entreprises. La réforme des entreprises publiques portera avant tout sur les fusions et acquisitions ainsi que sur la réorganisation des activités des entreprises, la sortie du marché faisant figure de solution en dernier recours. L'investissement est de plus en plus financé par des fonds publics, ce qui engendre un effet d'éviction préjudiciable au secteur privé et pourrait se traduire par une mauvaise affectation du capital. […]

Une relance plus importante que prévu se traduirait par une croissance plus soutenue à court terme, mais au prix d'une accentuation des facteurs de vulnérabilité à des horizons plus lointains.

OCDE, *Perspectives économiques de l'OCDE*, 2016.

Doc. 2

Politiques budgétaires et effets sur la croissance

	2008-2010	2011-2015	2016-2017	2008-2017
Variation de la dépense publique en % du PIB				
Allemagne	2,0	-2,0	1,1	1,2
Espagne	7,4	-8,4	0,1	-0,9
France	3,1	-4,5	-0,1	-1,5
Italie	1,2	-3,6	0,5	-1,8
Royaume-Uni	3,9	-3,3	-2,3	-1,7
États-Unis	7,1	-6,5	0,6	1,2
Variation du PIB (en %) due à la variation de la dépense publique				
Allemagne	2,1	-0,9	0,9	2,1
Espagne	3,5	-11,5	1,0	-6,9
France	2,5	-4,6	0,6	-1,5
Italie	1,2	-5,0	0,3	-3,5
Royaume-Uni	1,7	-3,6	-1,1	-3,0
États-Unis	6,3	-7,5	1,7	0,5

Raul Sampognaro, « Les effets de la politique budgétaire depuis 2008 dans six économies avancées », *Revue de l'OFCE*, 2018.

Comment analyser un sujet de dissertation

◆ **Étape 1. Identifier le type de sujet.**

En général, on peut classer les sujets en deux catégories. Certains intitulés invitent à discuter une question, c'est-à-dire à proposer des arguments et des contre arguments : ce sont les sujets de « discussion ». D'autres sont plutôt des sujets « d'analyse », où il faut avancer plusieurs arguments défendant une même thèse.

Les sujets d'analyse peuvent être posés avec une question commençant par « En quoi » ou « Comment ».

Les sujets de discussion incluent parfois une formule de type « dans quelle mesure » ou « à quel point », ou encore des termes comme « toujours ».

◆ **Étape 2. Définir les termes du sujet.**

Au brouillon, écrivez les définitions des termes du sujet ; elles vous permettront de délimiter ce qui est demandé et seront utiles dans la dissertation.

Ces définitions sont notamment à donner et à discuter en introduction.

◆ **Étape 3. Reformuler le sujet, l'écrire de façon plus simple.**

Pour comprendre le sujet, il est souvent utile de le reformuler de manière plus simple, avec vos propres mots. Vous pouvez aussi faire un schéma.

Ne pas oublier...

- ❒ d'identifier le type de sujet : *sujet de discussion ou d'analyse ? Le type de sujet a une influence sur le choix du plan ;*
- ❒ de définir les termes du sujet : *notez les définitions au brouillon ; elles vous permettent de délimiter le sujet et seront utiles dans la rédaction ;*
- ❒ de reformuler le sujet : *simplifiez la formulation du sujet pour mieux comprendre ce qui est demandé.*

1 Exercice guidé

Une politique de dépenses publiques relance-t-elle toujours l'activité ?

◆ **Étape 1. Identifier le type de sujet.**
Si la question semble induire des éléments de réponse négatifs (« Non ») et d'autres positifs (« Oui »), alors il s'agit d'un sujet de discussion. Si le sujet invite plutôt à donner différents arguments pour défendre une même thèse, il s'agit plutôt un sujet d'analyse. Des mots-clés du sujet peuvent aussi donner des indices. Ici, le terme « toujours » donne une indication importante.

◆ **Étape 2. Définir les termes du sujet.**
Plusieurs termes sont indispensables à définir :

- *une politique de dépenses publiques (synonyme de politique budgétaire) ;*
- *l'activité économique (indiquez aussi la façon dont cette activité peut être mesurée) ;*
- *relance.*

Ces définitions permettent de cerner le thème du sujet.

◆ **Étape 3. Regrouper les idées essentielles.**
Il peut être très efficace de reformuler sous la forme d'un schéma. Ici, ça pourrait être :

Relance de l'activité ? ← Politique de dépense publique → Pas de relance de l'activité ?

EN DIRECT DU LABO

Le *crowdfunding* révolutionne-t-il le financement ?

L'enquête

Comprendre les spécificités du financement participatif ou *crowdfunding*

Doc. 1 Qu'est-ce que le *crowdfunding* ?

Le concept de *crowdfunding* trouve son origine dans le concept plus large de *crowdsourcing*, qui utilise la foule pour obtenir des idées, un retour et des solutions de manière à développer des activités d'entreprise. Dans le cas du *crowdfunding*, l'objectif est de collecter des fonds pour l'investissement en utilisant Internet et les réseaux sociaux (Twitter, Facebook, LinkedIn et d'autres blogs spécialisés). [...] Le principe de base du *crowdfunding* est le suivant : au lieu de lever des fonds auprès d'un très petit groupe d'investisseurs professionnels, les entrepreneurs essaient de les obtenir auprès d'un public très large, chaque individu apportant un très faible montant.

Sylvie Cieply et Anne-Laure Le Nadant, « Le *crowdfuding* : modèle alternatif de financement ou généralisation du modèle de marché pour les start-up et les PME ? », *Revue d'économie financière*, 2016.

Les auteures

Sylvie Cieply (photo) est chercheuse en économie.

Elle enseigne notamment à l'IAE de Caen. Elle est spécialisée dans la question du financement des PME.

Anne-Laure Le Nadant est également chercheuse en économie.

Elle enseigne à l'université de Rennes. Ses travaux portent notamment sur la finance d'entreprise.

Dans cet article, les deux chercheuses se penchent sur le *crowdfunding* ou financement participatif. Elles se demandent si ce mode de financement est en rupture avec le modèle traditionnel du financement des PME par les banques.

Questions

1. Montrez que le *crowdfunding* met en relation des agents à capacité de financement avec d'autres en besoin de financement.

2. Comment ce mode de financement diffère-t-il du financement habituel des entreprises par les banques ?

La démarche

Collecter des informations sur le *crowdfunding*

Doc. 2 Quelles relations entre les plates-formes et les banques ?

Nous avons recensé, à partir des sites Internet des plates-formes de finance participative, des sites Internet des principales banques françaises et des informations délivrées sur les réseaux sociaux par les dirigeants des plates-formes, deux types de données : la formation et l'expérience des créateurs et/ou des dirigeants des plates-formes, et les modalités des partenariats entre les banques et les plates-formes.

Sylvie Cieply et Anne-Laure Le Nadant, *art. cit.*

Questions

1. Quel peut être l'intérêt de connaître la formation et l'expérience des créateurs de plate-forme de financement participatif ?

2. Que peut montrer l'existence d'un partenariat entre une plate-forme et une banque ?

Les résultats

Un rôle important des banques dans le *crowdfunding*

Doc. 3 Quels partenariats entre banques et plates-formes de *crowdfunding* ?

Banques	Plates-formes	Modalités
La Banque postale	KissKissBankBank	Tous les mois, la Banque postale soutient un projet à hauteur de 50 % de l'objectif de collecte
	Hellomerci.com	Soutien de projets « coup de cœur » en prenant en charge à la place du porteur de projets le coût de commission normalement perçu par Hellomerci
BNP Paribas	Ulule	• Communication de BNP Paribas sur un projet choisi par la communauté dans un sous échantillon présélectionné conjointement par les deux partenaires • Apport de 3 000 euros et accompagnement par un parrain BNP Paribas • Organisation de l'Ulule Tour (rencontre entre financeurs et porteurs de projets)
	WiSeed	Atelier BNP Paribas : incubation de nouveaux projets
Société Générale	Spear	• Choix de la destination de l'épargne sur des projets à fort impact social ou environnemental • Taux d'intérêt minoré et portage du risque par la banque
Groupama Banque	Unilend	Mise en relation avec des TPE et des PME à la recherche de financements pour leurs projets de développement pour des prêts, aux côtés des autres prêteurs d'Unilend

D'après Sylvie Cieply et Anne-Laure Le Nadant, *art. cit.*

Questions

1. Quelles sont les différentes formes de coopération entre les banques et les plates-formes de *crowdfunding* ?

2. Quel peut être l'intérêt pour les banques de ce type de coopération ?

3. Quel peut être l'intérêt de cette coopération pour les plates-formes ?

4. Peut-on dire que le financement participatif menace l'activité des banques ?

Doc. 4 Le *crowdfunding*, un financement direct pour les PME ?

Le *crowdfunding* connaît actuellement un fort développement. Ce nouveau mode de financement ne permet toutefois pas encore aux entreprises de trouver les ressources que les banques ne peuvent pas leur apporter, en particulier lorsque les projets sont risqués et insuffisamment rentables. Ce financement présente la particularité d'intégrer l'étude de marché et la mise en place du financement, puisque les internautes valident le projet en le soutenant.[…] Le *crowdfunding* apparait comme l'aboutissement de l'évolution du système financier qui a enfin créé un outil de finance de marché adapté au non coté [sur les marchés financiers].

Sylvie Cieply et Anne-Laure Le Nadant, *art. cit.*

Questions

1. Le *crowdfunding* va-t-il conduire les entreprises à se passer des banques pour se financer ?

2. Pourquoi le *crowdfunding* peut-il être vu comme un « outil de finance de marché » ?

Page d'accueil du site de *crowdfunding* Tudigo.

UN AUTRE REGARD

Le microcrédit : un crédit pour le développement ?

Objectifs

Dans les pays les plus pauvres, le crédit est souvent difficile d'accès pour les personnes les plus modestes. Or, il est parfois indispensable pour lancer une activité économique, ou pour faire tourner un commerce. Le microcrédit cherche à résoudre cette difficulté en s'appuyant sur l'idée que, pour lutter contre la pauvreté, il suffit de donner à tous les moyens de financer son entreprise.

Doc. 1 Un crédit pour favoriser l'initiative des plus pauvres ?

Le principe de prêter de petites sommes d'argent dans le cadre de relations de proximité n'est pas nouveau [...] mais la vraie naissance du microcrédit en dehors du secteur informel [...] est associée aux microprêts octroyés à des femmes bangladaises à la fin des années 1970 par l'économiste Muhammad Yunus. Ce dernier a ainsi prêté 27 dollars à quarante-deux femmes pour qu'elles puissent acheter le bambou avec lequel elles fabriquaient des tabourets, vendus auparavant directement au prêteur professionnel qui leur avait prêté l'argent nécessaire. Grâce à la somme prêtée par Yunus sans intérêt, elles en ont gagné beaucoup plus en vendant elles-mêmes leurs tabourets et sont peu à peu sorties de la pauvreté. Ces pratiques se sont soldées par la création en 1983 au Bangladesh de la désormais célèbre Grameen Bank (« banque du village »).Cette dernière a ensuite essaimé en Asie, en Amérique latine et en Afrique, concernant 7 millions de clients dont les impayés s'élèvent à peine à 1 %. [...]

Le microcrédit, en tant qu'outil de lutte contre la pauvreté, a alors suscité un espoir considérable, s'attirant les faveurs de grandes institutions internationales œuvrant pour le développement économique telle la Banque mondiale. Ainsi, l'année 2005 avait été décrétée « année internationale du microcrédit » par les Nations Unies alors qu'en 2006 Yunus et la Grameen Bank obtenaient le prix Nobel de la paix. [...]

Le principe du microcrédit consiste à résoudre le problème de la pauvreté en élargissant le marché du crédit à des segments jusque-là marginalisés. Ainsi, comme l'écrit [l'économiste] Esther Duflo : « La vision du monde de Muhammad Yunus est profondément optimiste : selon lui, chacun de nous est un entrepreneur en puissance. La lutte contre la pauvreté n'a pas besoin de charité : il suffit de créer les bonnes opportunités que les pauvres sauront saisir pour faire croître leur entreprise et rembourser emprunts et intérêts. Ce message est très séduisant : il semble dévoiler les clés d'une richesse humaine cachée qu'un produit financier bien fait débloquerait. ».

Pauline Gandré, « Le microcrédit : fausse ou vraie solution à la pauvreté ? », *Idées économiques et sociales*, 2012.

Remboursement de microcrédit au Togo.

Questions

1. Pourquoi les plus pauvres ont-ils des difficultés à accéder au crédit ?
2. Quel est le principe du microcrédit ?
3. Pourquoi peut-on dire que le microcrédit repose sur une « vision optimiste » ?

Numérique

Plusieurs exemples d'utilisation du microcrédit : LLS.fr/Microcredit

Vers la terminale

Maintenant vous savez tout (ou presque) sur le financement de l'économie. Ces connaissances peuvent être prolongées :

- par une réflexion sur l'utilisation conjointe des politiques monétaires et budgétaires ;
- par la mise en évidence des effets de la construction européenne et de l'euro sur les conditions de financement ;
- par l'étude des opportunités et des menaces sur le financement créées par la mondialisation ;
- par l'analyse des difficultés spécifiques de financement dans les pays les moins riches.

Muhammad Yunus, fondateur de la microfinance et prix Nobel de la paix.

Pour aller + loin

À lire

David Graeber, *Dette, 5000 ans d'histoire*, Les liens qui libèrent, 2013.
Et si l'endettement n'étais pas ce qu'on croit ? L'anthropologue David Graeber livre une analyse historique du concept de dette, de l'Antiquité à nos jours. Un ouvrage foisonnant et passionnant, qui a connu un immense succès mondial.

Pierre-Noël Giraud, *Le Commerce des promesses, Petit traité sur la finance moderne*, Le Seuil, 2009.
De manière très pédagogique, l'auteur nous permet de comprendre les rouages des marchés financiers. Vous voulez savoir ce que sont les CDO, les prêts *subprime*, les agences de notation ? La réponse (et bien d'autres) est dans ce livre.

James et Christian Chavagneux, *Les Aventuriers de la finance perdue*, Casterman, 2016.
Peut-on rire en lisant un livre expliquant la finance ? Oui ! Avec beaucoup d'humour et de pédagogie, cette BD décrit les mécanismes de la finance contemporaine.

À consulter

www.lafinancepourtous.com
Un site de référence qui publie régulièrement des articles et des vidéos pour expliquer la finance.

À voir

***The Big Short : Le Casse du siècle*, d'Adam McKay, 2015.**
Le casse du siècle raconté comme un thriller. Ce film permet de comprendre les rouages de la finance et la façon dont a pu se produire la crise de 2008. Un film captivant.

***Inside Job*, de Charles Ferguson, 2010.**
Ce documentaire revient sur les mécanismes qui ont placé la finance hors de contrôle. En interrogeant de nombreuses personnalités, Charles Ferguson revient sur la dérégulation de la finance de façon accessible.

***Le Loup de Wall Street*, de Martin Scorsese, 2013.**
Leonardo DiCaprio, qui a remporté l'Oscar du meilleur acteur pour sa performance dans ce film, joue un financier sans scrupule dans cette histoire inspirée de faits réels.

CHAPITRE 5

Qu'est-ce que la monnaie et comment est-elle créée ?

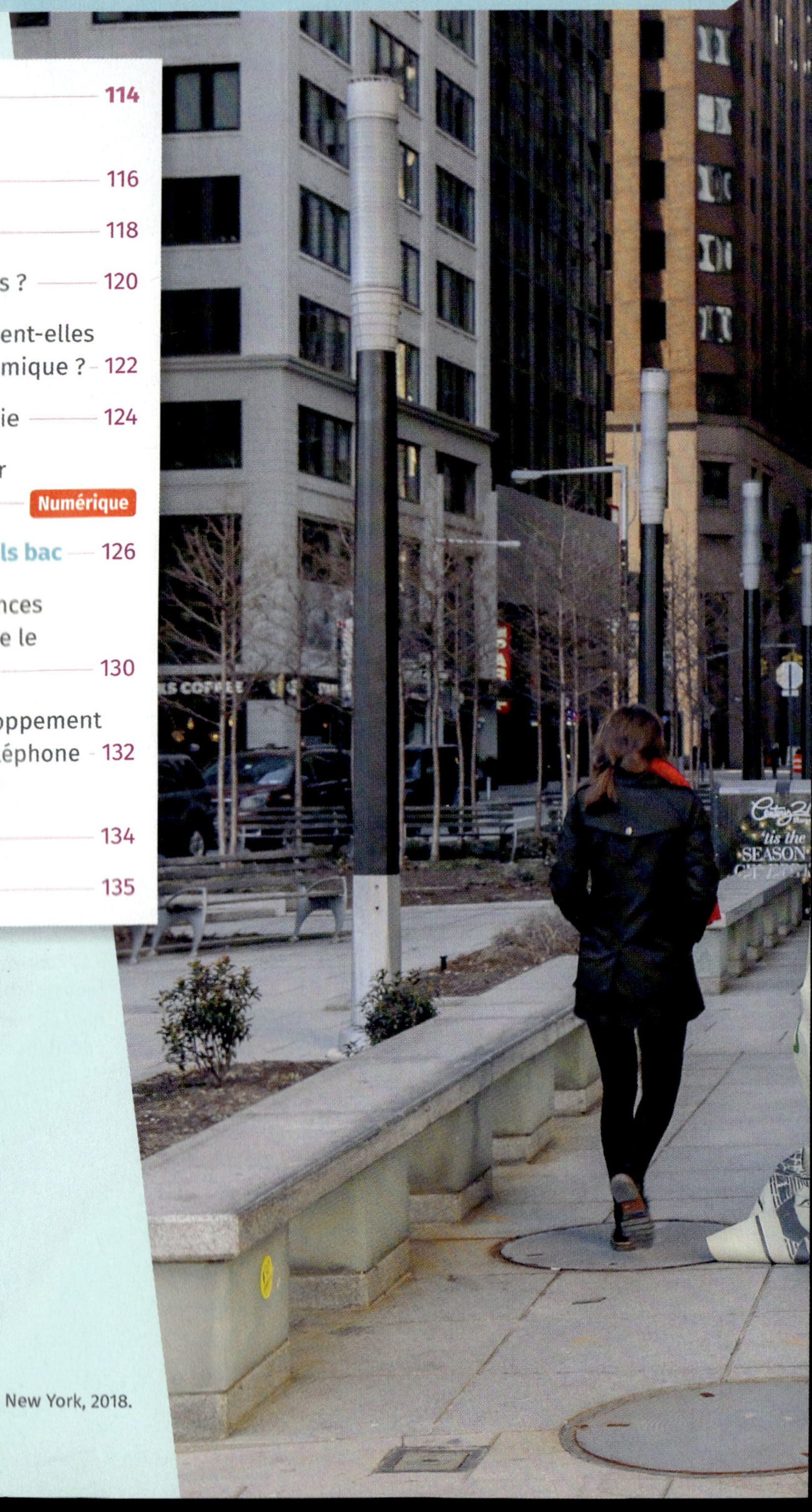

Dirty Money, Icy and Sot, Wall Street, New York, 2018.

Notions-clés

Banque centrale · Inflation · Liquidité · Monnaie · Monnaie centrale · Monnaie fiduciaire · Monnaie scripturale · Politique monétaire · Politiques monétaires non conventionnelles · Réserves obligatoires · Taux directeurs

POUR COMMENCER

Qu'est-ce que la monnaie et comment est-elle créée ?

Doc. 1 Les pièces d'argent, la forme principale de monnaie ?

Questions

1. Cherchez ce qu'est la Banque de France. Quel est son rôle ?

2. Quelle est la forme que prend la monnaie sur cette image ?

3. Quels autres moyens de paiement connaissez-vous ?

4. Selon vous, de nos jours, la monnaie circule-t-elle principalement sous la forme de pièces et billets ?

La réception des sacs de pièces de 5 francs à la Banque de France, 1900.

Doc. 2 Quelle place pour les pièces et billets dans les paiements ?

Les espèces sont le moyen de paiement le plus utilisé par les participants français à l'enquête SUCH[1] : 68 % des paiements en magasin ont été réglés en espèces, 27 % par carte et 5 % avec un autre moyen de paiement (principalement le chèque). Ces chiffres placent la France parmi les pays […] où la part des espèces est la plus faible. […] Les espèces sont plus souvent utilisées en France pour régler des achats d'un montant faible. La France est également, après le Portugal, le pays de la zone euro où le montant moyen d'espèces détenues sur soi est le plus faible (32 euros, contre 65 euros en zone euro). […]

Les données de l'étude SUCH pour la France confirment que l'usage des espèces tend à croître avec l'âge. […] Les consommateurs âgés de 55 à 64 ans sont ceux qui utilisent le plus les espèces pour régler leurs achats en magasin (73,4 %). […] De même, s'agissant du genre du répondant à l'enquête, les résultats confirment […] une utilisation des espèces plus marquée chez les hommes : 72,2 % de leurs transactions sont réglées ainsi, contre 67,4 % pour les femmes.

Emmanuelle Politronacci, Adeline Moret, David Bounie, Abel François, « L'usage des espèces en France : priorité aux transactions de faible valeur », *Bulletin de la Banque de France* n° 220, novembre-décembre 2018.

1. *Study on the Use of Cash by Households in the euro area*, enquête menée par la Banque centrale européenne.

Questions

1. Comment expliquer que les espèces soient utilisées pour payer des montants plus faibles que les autres moyens de paiement ?

2. Selon vous, pourquoi l'utilisation des espèces augmente-t-elle avec l'âge ?

Doc. 3 L'euro : une monnaie politique ?

L'euro et la Banque centrale européenne (BCE) constituent une des grandes aventures et innovations institutionnelles du siècle dernier. Pour la première fois des pays souverains et égaux acceptaient d'abandonner leur monnaie, symbole de souveraineté fortement attaché à l'émergence des États nations, pour créer à l'échelon de l'Europe une nouvelle institution capable de gérer une nouvelle monnaie européenne : l'euro. [...]

Longtemps, la monnaie a été un domaine relevant exclusivement de la souveraineté nationale dont elle était l'un des signes fondateurs. Les monnaies modernes ont émergé avec l'État nation, faisant petit à petit disparaître la multitude de monnaies locales, privées ou régionales. À l'inverse, l'euro est une monnaie originale puisqu'elle est partagée aujourd'hui par dix-neuf pays souverains sur un espace qui n'est pas identique à celui de la construction politique de l'Union européenne (UE) à vingt-huit pays et qui n'est donc pas un espace souverain.

Edwin Le Héron, « L'euro, une monnaie incomplète : retour sur les ambiguïtés du compromis historique, politique et idéologique lors de la création de la BCE », *Économie et institutions* n° 22, 2015.

Questions

1. Que signifie le fait que la monnaie est un symbole de souveraineté ?
2. Pourquoi la création de l'euro peut-elle être vue comme une décision politique ?
3. Observez le billet de 20 euros et relevez les symboles qui illustrent cet aspect politique de l'euro.

Testez vos connaissances

1. Quand un ménage contracte un crédit, il doit :
❑ payer un taux d'intérêt ; ❑ recevoir un taux d'intérêt.

2. L'euro est la monnaie de :
❑ 6 pays de l'Union européenne ; ❑ 19 pays de l'Union européenne ; ❑ tous les pays de l'Union européenne.

3. La monnaie circule :
❑ seulement sous la forme de pièces et de billets ;
❑ pas seulement sous la forme de pièces et de billets.

Questions du chapitre

1 Qu'est-ce que la monnaie ? Quelles sont ses différentes formes et fonctions ?

2 Comment la monnaie est-elle créée ?

3 Comment la quantité de monnaie créée est-elle contrôlée ?

4 Quels sont les effets de l'action des banques centrales ?

DOSSIER

1 Quelles sont les formes et fonctions de la monnaie ?

Découvrir

Doc. 1 Les coquillages, une monnaie ?

Dans l'art de convertir un coquillage en monnaie, un exemple célèbre et particulièrement éloquent à ce titre est celui des cauris. [...] Ces cauris ont été la principale monnaie de la traite des esclaves : c'est là leur premier et triste titre de gloire, et la clef de leur redoutable succès. Des centaines de millions de petits coquillages, pêchés dans la mer des Maldives (océan Indien) et parvenus sur les côtes d'Afrique après un voyage qui durait une année ou plus, ont fourni une monnaie d'échange quasi inépuisable au trafic négrier. [...]

Les cauris semblent la moins « primitive » des « monnaies primitives ». [...] Ainsi, ces cauris possédaient les principaux attributs de la monnaie [...] comparable aux monnaies modernes : l'homogénéité, la durabilité, la portabilité. La divisibilité, dimension importante, faisait défaut, mais cette carence était amplement compensée par une autre vertu : l'impossibilité de contrefaçon ; c'est là sans nul doute une autre clef de leur succès.

Francis Dupuy, « Des coquillages de valeur », *Techniques & Culture*, 2012.

Porte-monnaie à cauris, musée d'Archéologie nationale, Saint-Germain-en-Laye.

Questions

1. Quelles sont les qualités des cauris qui permettent de les utiliser comme monnaie ? Cherchez d'autres biens qui ont pu servir de monnaie.
2. Que peut signifier la divisibilité de la monnaie ?

Doc. 2 Pourquoi existe-t-il des monnaies ?

La monnaie sert, en premier lieu, à évaluer le prix de tous les biens, c'est une unité de compte qui permet de mesurer la valeur de biens hétérogènes. [...] La monnaie est ensuite un bien directement échangeable contre tous les autres biens, un instrument de paiement qui permet d'acquérir n'importe quel bien ou service, y compris le travail humain. On dit qu'elle est un « équivalent général ». [...] La monnaie, enfin, est une réserve de valeur, elle est une des formes de la richesse [...] qui présente la particularité de pouvoir à la fois être conservée et rester parfaitement liquide, c'est-à-dire de garder sa valeur et d'être immédiatement utilisable pour l'échange de biens et services.

Dominique Plihon, *La Monnaie et ses mécanismes*, La Découverte, 2017.

Questions

1. Quelles sont les trois fonctions de la monnaie présentées dans ce texte ?
2. Que signifie le fait d'être un « équivalent général » ? L'or est-il un équivalent général des échanges en France de nos jours ?

Doc. 3 Quelles sont les formes de la monnaie ?

Quelques chiffres

91 %
Part de monnaie scripturale dans le total de monnaie en circulation en zone euro[1].

52 %
Part des paiements par carte bancaire en France en 2017.

1,4 milliard
Nombre de billets en euros fabriqués et livrés par la Banque de France en 2017.

1. Ensemble des 19 pays qui ont l'euro pour monnaie.
Banque de France, « Qui crée la monnaie ? », février 2019.

Point notion

Monnaie fiduciaire

Monnaie qui circule sous la forme de pièces et de billets.

Monnaie scripturale

Monnaie qui circule sous la forme d'écritures sur des comptes. Elle correspond principalement aux paiements par virements, cartes bancaires ou chèques.

Questions

1. La monnaie circule-t-elle principalement sous la forme de pièces et de billets ?
2. En quoi la monnaie est-elle aujourd'hui fortement dématérialisée ?

Doc. 4 Le bitcoin, une nouvelle forme de monnaie ?

Le bitcoin est une monnaie virtuelle basée sur un protocole informatique créé par « Satoshi Nakamoto ». Cette monnaie se présente comme une alternative aux monnaies traditionnelles.

Bitcoin : un terme qui regroupe les notions de *bit* (abréviation pour *binary digit*) et de *coin* (pièce de monnaie, en anglais). […] Cependant, si la monnaie est un instrument qui remplit trois fonctions fondamentales — (1) unité de compte, (2) moyen de paiement et (3) réserve de valeur —, Bitcoin est actuellement incapable d'assumer les deux premières fonctions de la monnaie. D'une part, l'augmentation rapide de la valeur de Bitcoin […] rend difficile son utilisation comme unité de compte. D'autre part, les coûts de transactions[1] impliqués dans le transfert de Bitcoins (qui sont passés de quelques centimes en 2016 à plus de 50 euros par transaction fin 2017) ont fait de la plate-forme un moyen de paiement extrêmement coûteux.

Primavera de Filippi, *Blockchain et cryptomonnaies*, PUF, 2018.

1. Coûts engendrés par la réalisation d'une transaction, d'un échange économique.

Questions

1. Pourquoi le bitcoin remplit-il la fonction d'unité de compte ?
2. Pourquoi ne remplit-il pas bien la fonction de moyen de paiement ?
3. Peut-on considérer le bitcoin comme une monnaie ?

Numérique

Pour mieux comprendre ce qu'est le bitcoin : LLS.fr/SES1Bitcoin

Je m'auto-évalue

Indiquez si les propositions sont vraies ou fausses.

1. La monnaie correspond à l'ensemble des pièces et billets en circulation.
2. Un chéquier est de la monnaie.
3. Des pommes peuvent remplir la fonction de réserve de valeur.
4. La monnaie circule principalement sous forme scripturale en France.

Je fais le point

La monnaie est un bien qui remplit trois fonctions : unité de compte, réserve de valeur et moyen d'échange. Elle peut prendre des formes très diverses, depuis le coquillage jusqu'à des écritures sur des comptes. De nos jours, la monnaie est largement dématérialisée et prend de moins en moins souvent la forme de pièces et de billets.

DOSSIER

2 Comment est créée la monnaie ?

Découvrir

Doc. 1 Créer de la monnaie et favoriser les échanges ?

Moite von Lipwig devient le dirigeant de la banque royale d'Ankh-Morpork, plus grande ville du Disque-monde. Il innove en introduisant des billets de banque et en cherchant à créer une monnaie fiduciaire plutôt que de laisser les échanges se régler avec de l'or.

Proust regarda fixement le bout de papier comme s'il craignait de le voir exploser ou décharger un gaz capable de lui altérer l'esprit.

« Qu'est-ce que c'est, monsieur ?

– Un billet pour une piastre. Un billet d'une piastre. C'est tout nouveau.

– Il faut que je le signe ou autre chose ?

– Non. C'est ça l'avantage. C'est une piastre. Celle de n'importe qui.

– J'aimerais que ce soit la mienne, merci !

– Maintenant, ça l'est, dit Moite. Mais vous pouvez l'utiliser pour acheter ce que vous voulez.

– Il n'y a pas d'or dedans, fit observer le boutiquier en prenant le billet et en le tenant à distance au cas où.

– Ben, si je payais en sous et en deniers, il n'y aurait pas d'or non plus, pas vrai ? […] Et ce billet vaut une piastre. Si vous le portez à ma banque, on vous en donnera une piastre.

– Mais j'ai déjà une piastre ! Euh… n'est-ce pas ?, ajouta Proust.

– Bravo ! Alors pourquoi ne pas sortir la dépenser tout de suite dans la rue ? Je veux voir comment ça marche. […]

C'est ainsi que M. Proust décida de risquer sa piastre dans la boutique voisine sur vingt-cinq grammes de tabac à pipe Joyeux Marin, quelques bonbons à la menthe et un numéro de *Quoi de nouveau ?* Et M. « Chicos » Pigouille, une fois le système expliqué, la porta de l'autre côté de la rue chez M. Binard, le boucher, qui l'accepta avec circonspection, après qu'on lui eut clairement exposé l'affaire en échange de quelques saucisses.

Terry Pratchett, *Monnayé*, L'Atalante, 2009.

En France, les premiers billets de banque ont été créés par John Law en 1716. Ces billets ont existé seulement jusqu'en 1720, année où ils ont perdu toute valeur et causé la ruine de leur fondateur. Il faut attendre 1803 pour que des billets de banque soient à nouveau introduits.

Questions

1. Dans le texte, comment l'introduction d'un billet de banque crée-t-elle de la monnaie ?
2. Comment ce billet de banque permet-il la consommation ? Dans l'extrait, combien de fois est-il utilisé ?
3. Que risquerait-il de se passer si de très nombreux billets de banque étaient mis en circulation d'un seul coup ?

Doc. 2 Comment les banques de second rang créent-elles de la monnaie ?

Le mécanisme de création monétaire trouve son origine dans les crédits accordés par les banques. […] Lorsqu'une banque consent un crédit à un client X, ce dernier dispose d'un dépôt à vue, dans cette banque, égal au montant M de la somme prêtée. De son côté, la banque acquiert en contrepartie une créance sur le client X. Il y a donc création de monnaie : la banque n'a pas ponctionné dans ses réserves pour prêter le montant M au client X : elle a inscrit une créance dans son bilan.

Audrey Fournier, « Banques et création monétaire : qui fait quoi ? » *Le Monde*, 21 septembre 2011.

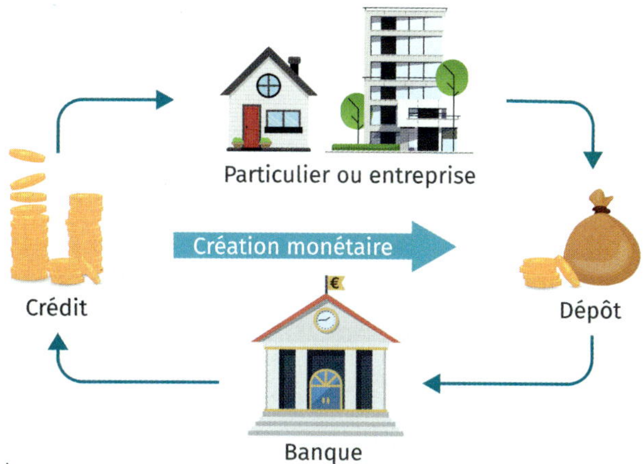

Lafinancepourtous.com

Questions

1. Pourquoi le crédit conduit-il à une création de monnaie ?
2. Expliquez la phrase suivante : « Les crédits font les dépôts. »

Numérique

Une vidéo pour comprendre la création de monnaie : LLS.fr/CreationMonnaie

Doc. 3 Comment est organisé le système bancaire ?

Les systèmes bancaires actuels sont des systèmes hiérarchisés, la banque centrale, parfois qualifiée de « banque des banques », émet la monnaie de règlement ultime. Elle est pourtant subordonnée aux banques de second rang dans la création monétaire : la monnaie scripturale émise par les banques commerciales domine très largement d'un point de vue quantitatif. Dans la zone euro, en avril 2012, la part des dépôts à vue dans M1[1] représentait 82,27 %. En revanche, seule la monnaie centrale est utilisable pour les paiements interbancaires.

Laurence Scialom, *Économie bancaire*, La Découverte, 2013.
Phrase soulignée du fait de l'éditeur.

1. « Agrégat monétaire », qui représente la partie la plus liquide de la monnaie avec les pièces, les billets et l'argent sur les comptes.

Questions

1. Expliquez la phrase soulignée.
2. Qui crée principalement la monnaie : la banque centrale ou les banques de second rang ?

Point notion

Monnaie centrale

Monnaie émise par les banques centrales à destination des « banques de second rang ».

Dépôts à vue

Dépôts effectués auprès d'une banque et qui peuvent être retirés immédiatement. C'est l'argent sur les comptes en banque.

Je m'auto-évalue

Choisissez la bonne proposition.

1. La création monétaire, c'est :
   a. la fabrication des pièces et des billets ;
   b. l'écriture de nouvelles sommes d'argent sur des comptes.
2. Le crédit conduit :
   a. à une création de monnaie ;
   b. à une destruction de monnaie.
3. BNP Paribas est une :
   a. banque centrale ; b. banque de second rang.

Je fais le point

La monnaie est créée par le crédit bancaire. Le crédit entraîne l'écriture de nouvelles sommes d'argent sur des comptes. En ce sens, « les crédits font les dépôts » : c'est l'argent créé par le crédit qui circule ensuite dans l'économie, sur différents comptes en banque. De la même manière, le remboursement d'un crédit conduit à une diminution de la quantité de monnaie en circulation. La banque centrale encadre cette création de monnaie.

DOSSIER

3 Quel est le rôle des banques centrales ?

Découvrir

Doc. 1 Une création de monnaie à l'origine de l'hyperinflation ?

En août 2018, on échangeait au Venezuela un poulet de 2,4 kg contre 14 600 000 bolivars. Une illustration de l'hyperinflation.

L'inflation vénézuélienne continue de s'envoler. En septembre, elle a atteint 233 %. Selon un rapport du Parlement [...], la hausse des prix sur un an dépasse désormais les... 340 000 %. Un niveau stratosphérique.

En août, l'inflation avait déjà dépassé la barre des 200 %, selon le rapport. « Cela nous donne une projection de 1 030 281 % d'inflation à la fin de l'année », a indiqué à l'AFP un député de l'opposition. [...]

L'augmentation du coût de la vie en une seule journée au Venezuela dépasse le taux enregistré en Colombie voisine durant les douze derniers mois (3,23 %). [...]

Les économistes attribuent le coût de la vie élevé à une émission incontrôlée de monnaie, dans un pays en récession depuis 2014 en raison de la chute des prix du pétrole et de la production de brut.

Raphaël Bloch, « L'inflation dépasse les 300 000 % au Venezuela », *Les Échos*, 9 octobre 2018.

Questions

1. Pourquoi la situation que connaît le Venezuela peut-elle être qualifiée d'hyperinflation ?
2. D'après le texte, quelle est la cause de cette inflation très forte ?

Doc. 2 Pourquoi les banques ont-elles besoin de liquidités ?

Les banques ont l'obligation d'avoir un compte alimenté (en monnaie centrale) auprès de la banque centrale. La banque centrale exige des banques qu'elles détiennent en réserves sur leurs comptes auprès d'elle un pourcentage du montant des dépôts qu'elles gèrent. Ce n'est pas la seule limite au pouvoir de création monétaire des banques. Une autre limite provient des retraits de la clientèle : Monsieur Dupont a un compte de dépôt auprès de la banque Monetis et souhaite retirer 150 euros en billets. La banque Monetis devra acheter 150 euros de billets à la banque centrale, qui débitera le compte-courant de Monetis de ce montant. Enfin, la limite la plus importante au pouvoir de création monétaire d'une banque prise isolément, tient tout simplement à la circulation monétaire au sein du secteur bancaire. [...] À tout moment la banque devra gérer sa liquidité, maintenir sur son compte en monnaie centrale de quoi respecter ses réserves obligatoires, de quoi payer les billets retirés par ses clients et de quoi assurer ses paiements interbancaires.

Jézabel Couppey-Soubeyran, *Monnaie, banques, finance*, PUF, 2015.

Questions

1. Pourquoi la banque centrale peut-elle être vue comme la « banque des banques » ?
2. Que signifie le fait que les banques doivent avoir des réserves auprès de la banque centrale ?
3. Pourquoi le retrait de billets par les clients limite-t-il les crédits que les banques peuvent accorder ?
4. Cela veut-il dire que les banques de second rang n'ont aucune marge de manœuvre en matière de création monétaire ?

Doc. 3 À quel(s) taux les banques centrales prêtent-elles ?

La Banque centrale européenne (BCE) a annoncé […] une série de mesures pour relancer la croissance dans la zone euro. L'institution monétaire a notamment abaissé d'un coup ses trois taux directeurs, à commencer par le principal, le taux central, baromètre du crédit en zone euro : celui-ci a été ramené de 0,05 % à 0 %, une première. […] Ce taux [le taux de refinancement minimum] est utilisé pour les prêts de la BCE aux établissements bancaires qui ont besoin de liquidités à court terme (une semaine). […] Les banques sont ensuite censées répercuter l'évolution du taux de refinancement minimum sur les taux d'intérêt qu'elles accordent à leurs clients, particuliers ou entreprises. Cela signifie que, si la BCE diminue son taux, elle veut favoriser les crédits et donc relancer les investissements. Si elle l'augmente, c'est qu'il y a un risque d'inflation (trop d'argent circule, les prix augmentent trop rapidement) et qu'elle souhaite contrôler la situation. […] Les banques peuvent choisir de confier des sommes d'argent à la banque centrale (une partie étant obligatoire). Le taux de dépôt correspond aux « intérêts » appliqués à la somme placée et reversés aux banques.[…] [Le taux de prêt marginal] est similaire au taux de refinancement, dans le sens où il s'applique quand une banque a besoin de liquidités. Mais ces prêts sont quotidiens et doivent être remboursés pour le jour suivant, contrairement au taux de refinancement, qui est hebdomadaire.

Alexandre Pouchard, « C'est quoi, les taux directeurs de la BCE ? », *Le Monde*, 10 mars 2016.

Questions

1. Que signifie un taux d'intérêt de 0 % pour un crédit ?
2. Pourquoi une baisse des taux d'intérêt de la BCE peut-elle conduire à une baisse des taux d'intérêt pour l'ensemble des crédits ?
3. Quelles conséquences ont ces baisses des taux sur la création de monnaie ?
4. Quand une banque cherche à emprunter auprès de la banque centrale, quel(s) taux doit-elle payer ?

Doc. 4 Quelle évolution pour les taux d'intérêt ?

Taux d'intérêt directeurs de la BCE

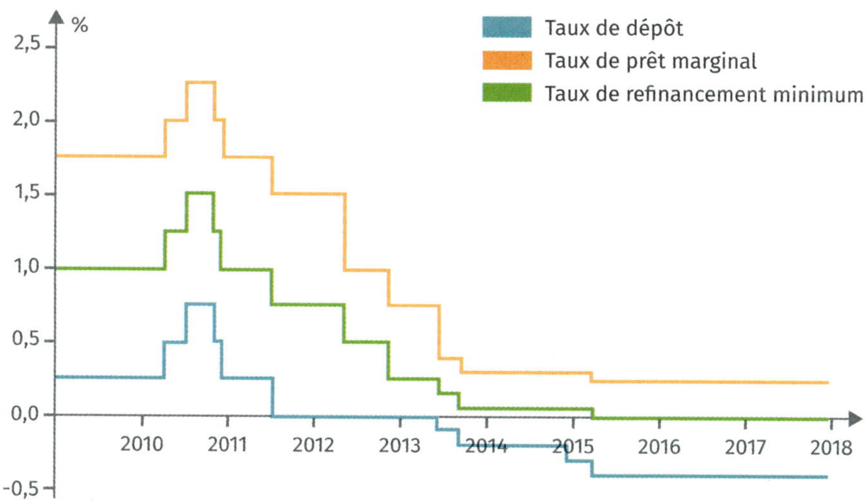

BCE, 2018.

Questions

Docs. 3 et 4.

1. Si, en 2018, une banque a de l'argent à prêter, a-t-elle intérêt à le faire à la BCE ?
2. Si, en 2018, une banque doit emprunter de l'argent auprès de la banque centrale, le coût de l'emprunt est-il élevé pour elle ?
3. D'après les réponses aux questions précédentes, quel objectif la politique monétaire de la BCE semble-t-elle poursuivre ?

Je m'auto-évalue

Indiquez si les propositions suivantes sont vraies ou fausses.

1. La banque centrale prête de la monnaie aux banques « de second rang ».
2. Ce sont les banques de second rang qui fixent les taux directeurs.
3. Quand une banque centrale veut favoriser la création de monnaie, elle augmente ses taux d'intérêt.

Je fais le point

Les banques centrales sont les « banques des banques ». Elles prêtent la monnaie aux banques de second rang et peuvent jouer sur la quantité de crédits dans un pays ou une zone monétaire. Ces prêts se font contre un taux d'intérêt : plus ce taux est bas, plus il est facile pour les banques de se procurer des liquidités et donc d'accorder des crédits.

DOSSIER

4 Comment les banques centrales peuvent-elles agir sur les prix et sur l'activité économique ?

Découvrir

Doc. 1 Quelle perception de l'euro en France ?

82 %
des personnes interrogées considèrent que l'euro a participé à la hausse des prix.

67 %
des personnes interrogées sont opposées à la sortie de la France de la zone euro.

77 %
des personnes interrogées pensent qu'une sortie de la zone euro est impossible.

Sondage Ipsos-Steria pour *Le Monde* réalisé en 2018 auprès d'un échantillon de 1057 personnes, représentatif de la population française âgée de 18 ans et plus.

Questions

1. Selon vous, pourquoi la mise en place de l'euro aurait-elle pu créer une hausse des prix ?
2. D'après ce sondage, les personnes interrogées souhaitent-elles abandonner l'euro ?
3. Recherchez quels peuvent être les avantages de l'adoption de l'euro par les pays qui l'ont choisi.

Doc. 2 Quels objectifs pour les banques centrales ?

Conjointement, la BCE et les banques centrales nationales appliquent la politique monétaire décidée collectivement pour les dix-neuf États membres de la zone euro. Cette organisation porte le nom de Système européen de banques centrales (SEBC).

[...] L'article 127 du traité de fonctionnement de l'Union européenne (TFUE), consacre un objectif prioritaire : le maintien de la stabilité des prix. La BCE se distingue d'autres grandes banques centrales en hiérarchisant ses objectifs, à la différence, par exemple, de la banque centrale américaine qui met sur un même plan la stabilité des prix et le soutien à l'activité. Ce deuxième objectif est également assigné à la BCE, mais seulement s'il ne vient pas contrarier la stabilité des prix. [...]

La BCE a annoncé, dès 1998, fonder sa stratégie sur [...] une définition opérationnelle de la stabilité des prix. Elle a alors décidé de cibler une inflation légèrement inférieure à 2 %, calculée par l'intermédiaire de l'indice des prix à la consommation harmonisé (IPCH).

Jérôme Créel et Fabien Labondance,
« La Banque centrale européenne et le carcan budgétaire »,
dans OFCE, *L'Économie européenne 2017*, La Découverte, 2017.

Questions

1. Quel est l'objectif principal de la politique monétaire menée par la BCE ?
Quelle est la différence avec la Banque centrale américaine ?
2. Quel est le lien entre cet objectif et l'inflation ?
3. Comment une banque centrale peut-elle ralentir l'inflation ?
4. Que signifie l'objectif de soutien à l'activité ?
5. Comment une banque centrale peut-elle soutenir l'activité économique ?

Numérique

Jouer à la politique monétaire, un jeu sérieux de la BCE : LLS.fr/SES1BCE

Doc. 3 Agir sur les taux, pour agir sur l'investissement ?

Investissement et taux d'intérêt dans la zone euro

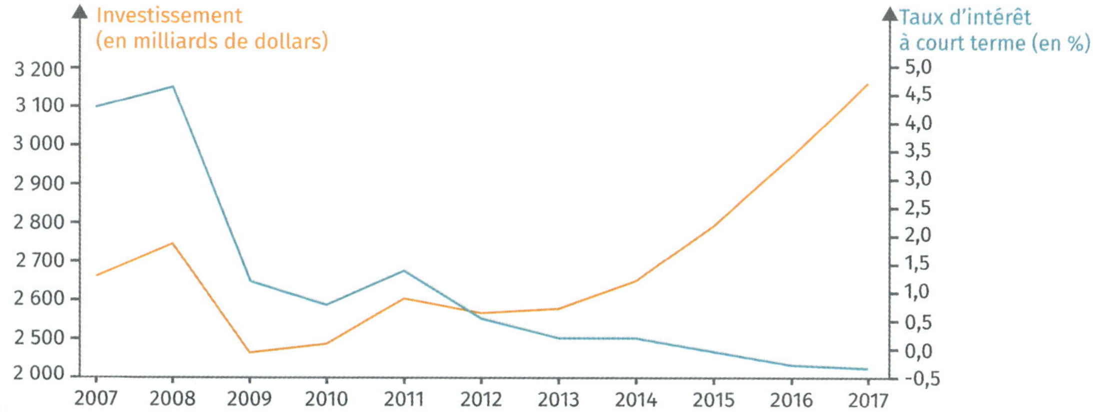

Le taux d'intérêt à court terme est le taux annuel moyen pour un emprunt fait par une banque à court terme sur le marché monétaire.
OCDE, 2019.

Point notion

Politiques monétaires non conventionnelles

Politiques mises en place quand les instruments traditionnels des politiques monétaires, tels que les taux d'intérêt, ne fonctionnent plus.

La crise de 2008 a été une crise bancaire : plusieurs banques ont fait faillite ou risqué la faillite. Ici, les clients de la *Northern Rock*, en Angleterre, font la queue pour retirer leur argent liquide.

Questions

1. Que signifie une valeur négative pour un taux d'intérêt ?
2. *A priori*, comment évolue l'investissement quand le taux d'intérêt diminue, en sachant que l'investissement est souvent financé par crédit ?
3. Peut-on observer une corrélation entre l'évolution du taux d'intérêt et celle de l'investissement ? L'action sur les taux d'intérêt a-t-elle un effet sur l'investissement ?
4. Pourquoi une hausse de l'investissement peut-elle accélérer la croissance économique ?
5. Pourquoi le fait que le taux d'intérêt soit à 0 % risque-t-il de limiter les possibilités de mener des politiques de soutien à l'activité ?
6. Comment le taux d'intérêt devra-t-il évoluer si l'inflation devient très forte ?

Numérique

Pour mieux comprendre les politiques non conventionnelles : LLS.fr/SES1PNC

Je m'auto-évalue

Choisissez la bonne proposition.

- Quand la banque centrale cherche à diminuer le chômage et à soutenir l'activité, elle doit **augmenter/diminuer** les taux d'intérêt. En faisant cela, elle rend plus **difficile/facile** le crédit et **ralentit/soutient** la création de monnaie.
- Quand la banque centrale cherche à ralentir l'inflation, elle doit **augmenter/diminuer** les taux d'intérêt. En faisant cela, elle rend plus **difficile/facile** le crédit et **ralentit/soutient** la création de monnaie.

Je fais le point

Les banques centrales mènent la politique monétaire. L'objectif de cette politique est d'agir sur l'activité économique et sur la stabilité des prix. Une politique expansionniste cherche à soutenir l'activité, par exemple pour diminuer le chômage. À l'opposé, une politique monétaire de rigueur cherche à ralentir l'inflation. Dans la zone euro, l'objectif principal de la politique monétaire est la stabilité des prix. Cependant, avec la crise économique, des politiques de soutien à l'activité ont été menées et ont pris des formes nouvelles.

TD 1

Comprendre la création de monnaie

1 Exercice guidé → Écrire dans les comptes la création de monnaie

Doc. 1 Comprendre l'écriture comptable : écrire un paiement entre deux entreprises

En comptabilité, le bilan est un document important. Il retrace toutes les opérations des entreprises en inscrivant dans une colonne l'actif, les ressources de l'entreprise (ce qu'elle possède), et dans l'autre colonne son passif, la façon dont elle utilise ses ressources.

L'argent sur le compte d'une entreprise s'inscrit pour elle à l'actif. Il s'inscrit au passif de la banque : la banque doit pouvoir fournir à l'entreprise l'argent écrit sur ce compte.

On parle de « comptabilité en partie double » : les opérations faites par l'entreprise ont des répercussions sur l'actif et le passif, et le total des montants de l'actif est toujours égal à celui du passif.

Pour une entreprise, le bilan s'écrit ainsi :

Actif	Passif
Les ressources de l'entreprise Montant = X	L'utilisation de ces ressources, ce que doit l'entreprise Montant = X

Portrait de Luca Pacioli, attribué à Jacopo de Barbari, vers 1500.
Luca Pacioli (né vers 1445, décédé en 1517) est considéré comme l'inventeur de la comptabilité en partie double.

Questions

◆ **Étape 1. Comprendre l'écriture dans les comptes.**

1. Une machine détenue par une entreprise s'écrit-elle dans l'actif ou dans le passif de cette entreprise ?

2. L'argent sur le compte d'une entreprise s'inscrit-il dans son actif ou dans son passif ?

Pour classer dans l'actif ou dans le passif, il faut se demander si on a affaire à quelque chose que l'entreprise possède (actif) ou doit (passif).

◆ **Étape 2. Écrire une opération entre deux entreprises sur un compte.**

3. Si une entreprise Y achète une machine M d'un montant de 10 000 euros à une autre entreprise Z, comment cela s'écrit-il sur les comptes de ces deux entreprises ?

Entreprise Y

Actif	Passif

Entreprise Z

Actif	Passif

Ici, écrivez les variations dans l'actif et le passif. Par exemple, quand une entreprise acquiert une machine de 10 000 €, on écrit machine (+10 000 €) dans l'actif de cette entreprise et argent sur le compte (-10 000 €) dans son actif.

◆ **Étape 3. Écrire les opérations monétaires dans les comptes.**

4. Pour une banque, l'argent sur le compte de ses clients s'écrit dans son passif. En supposant que les deux entreprises ont leur compte en banque dans la même banque, écrivez dans le compte de la banque les variations dues à l'achat d'une machine de 10 000 € par l'entreprise Y à l'entreprise Z.

Les variations ne concernent que les montants écrits sur les comptes pour cette opération.

Questions

◆ **Étape 4. Comprendre comment le crédit conduit à une création de monnaie.**

Partons de la situation où l'entreprise Z a un compte auprès de la banque B. L'entreprise Z contracte un crédit auprès de la banque. Ce crédit conduit donc à ce que l'entreprise soit endettée et que la banque ait une créance (elle possède le droit d'être remboursée) sur l'entreprise.

5. La dette contractée par l'entreprise s'inscrit-elle dans son actif ou dans son passif ?
La dette est de l'argent qu'on doit, qui est à rembourser.

6. La créance sur l'entreprise s'écrit-elle dans l'actif ou dans le passif de la banque ?
La créance est possédée par la banque.

7. Écrivez dans les comptes de la banque et de l'entreprise les variations dues au crédit.

Entreprise Z

Actif	Passif

Banque B

Actif	Passif

8. Pourquoi peut-on dire que le crédit conduit à une création de monnaie ?
Observez ce qui se passe sur le compte en banque de l'entreprise Z et voyez que l'argent n'est pas forcément pris quelque part.

9. Pourquoi le remboursement du crédit par l'entreprise conduit-il à une destruction de monnaie ?
Il s'agit ici de voir que le remboursement du crédit est la même opération que vu précédemment mais « à l'envers ».

2 À vous de jouer ! → Le crédit aux ménages et la création de monnaie

Doc. 2 Du crédit à la création de monnaie

Supposons que Mme A a son compte en banque auprès de la banque B. Elle souhaite acheter une voiture et contracte un crédit de 15 000 € auprès de sa banque pour cela.

Questions

1. En utilisant l'écriture comptable, écrivez l'emprunt de 15 000 € dans les comptes de Mme A.
2. Comment ce crédit s'inscrit-il dans les comptes de la banque ?
3. Pourquoi y a-t-il création de monnaie ?
4. Comment s'écrit l'achat de la voiture dans les comptes de Mme A ?
5. Si le vendeur de la voiture a son compte dans la banque B, comment l'opération s'écrit-elle dans les comptes de la banque B ?
6. Que se passe-t-il si le vendeur de la voiture a son compte dans une autre banque ?
7. Pourquoi cela rend-il importante l'existence d'une banque centrale ?

Récapitulez

En prenant l'exemple d'un crédit contracté par une entreprise, montrez, à l'aide d'une écriture dans des comptes, que ce crédit conduit à une création de monnaie.

L'ESSENTIEL

Qu'est-ce que la monnaie et comment est-elle créée ?

1 Qu'est-ce que la monnaie ?

- La **monnaie** est souvent présentée comme un bien qui permet de simplifier les échanges. Dans un système de troc, les individus se retrouvent souvent confrontés à la difficulté de faire coïncider les besoins entre eux : si je possède des carottes et que je veux des radis, il faut que je trouve quelqu'un ayant des radis et désirant des carottes. Le troc se retrouve aussi confronté à la difficulté de faire face à l'impossibilité de diviser les produits : si je suis éleveur de chevaux et que je veux une carotte, je ne peux pas couper mon produit en petits morceaux pour obtenir une carotte. La monnaie garantit la **liquidité**.
- La monnaie a une fonction déterminante : elle est un intermédiaire des échanges puisque les échanges se font en monnaie. La valeur des produits est comptée en monnaie : elle remplit donc aussi une fonction d'unité de compte. La monnaie remplit aussi une troisième fonction : comme elle permet d'acheter tous les biens à tous les moments, elle peut être gardée pour des échanges futurs et est donc aussi une réserve de valeur. À ce propos, l'économiste britannique John Maynard Keynes indique que la monnaie est un « lien entre le présent et l'avenir ».
- Historiquement, la monnaie a pris des formes très variées, du coquillage aux pièces d'or en passant par le tabac, ou encore le sel et les billets de banque (**monnaie fiduciaire**). Aujourd'hui, la monnaie circule principalement par un jeu d'écritures sur des comptes (**monnaie scripturale**) et elle est très fortement dématérialisée.
- La monnaie est ainsi au cœur du fonctionnement des économies, mais elle est aussi une réalité sociale et politique. C'est un point qui peut être illustré avec la création de l'euro : la monnaie adoptée par 19 pays témoigne de la volonté politique de faire société à l'échelle européenne. Le fonctionnement des monnaies repose sur la confiance, fondée elle-même sur le lien social et politique. (→ **voir dossier 1**)

2 Qui crée la monnaie ?

- Le droit de frapper la monnaie est historiquement attaché de façon exclusive au détenteur du pouvoir politique : la monnaie est le symbole du pouvoir qu'exerce un individu sur un territoire. Les pièces de monnaie portaient traditionnellement la figure du souverain sur l'une de leur face.
- Pour comprendre ce qu'est la création monétaire aujourd'hui, il est nécessaire de garder à l'esprit la manière dont fonctionne le système bancaire. Ce dernier est structuré autour d'une **banque centrale** dont l'activité permet de réguler celle des banques dites de second rang. Dans la zone euro, il y a un système de banques centrales, avec des banques centrales nationales chapeautées par la Banque centrale européenne.
- La création monétaire se produit principalement quand les banques de second rang accordent un crédit à leurs clients, qui conduit à l'écriture de nouvelles sommes d'argent « à partir de rien » sur les comptes. Cette création est contrôlée par la banque centrale. (→ **voir dossier 2**)

Les notions à connaître

Banque centrale
Institution dont la mission est de décider et de mettre en œuvre la politique monétaire. Elle est à l'origine de l'émission de la monnaie fiduciaire et veille au bon fonctionnement du système bancaire.

Inflation
Situation de hausse cumulée et généralisée des prix dans un pays. Une diminution des taux d'inflation s'appelle la désinflation alors qu'une baisse des prix est désignée par le terme déflation. Un rythme constant d'inflation correspond à une stabilité des prix.

Liquidité
Capacité d'un actif à être immédiatement un moyen de paiement. La monnaie est l'actif le plus liquide. Un placement sur un livret A est moins liquide, car il faut le convertir en monnaie pour payer, mais il s'agit d'une opération facile. Un bien immobilier est beaucoup moins liquide.

Monnaie
Bien qui remplit trois fonctions : celle d'unité de compte, celle d'intermédiaire des échanges et celle de réserve de valeur.

Monnaie centrale
Monnaie émise par la banque centrale, à destination des banques « de second rang ».

Monnaie fiduciaire
Monnaie qui circule sous la forme de pièces et de billets.

Monnaie scripturale
Monnaie qui circule sous la forme d'écritures sur des comptes. Elle correspond principalement aux paiements par virements, cartes bancaires, ou chèques.

3 Comment est gérée la quantité de monnaie en circulation ?

- La banque centrale a en charge de prêter de l'argent aux banques, qui doivent garder de la **monnaie centrale** pour faire face aux demandes d'argent liquide de leurs clients et pour équilibrer leurs relations avec les autres banques.
- Cette monnaie centrale peut être obtenue de deux façons : par un emprunt auprès de la banque centrale ou bien en l'achetant auprès des autres banques. Dans les deux cas, la monnaie centrale est obtenue contre un taux d'intérêt. La banque centrale a la capacité de déterminer ou d'influer sur ces taux par le moyen de ce que l'on appelle les **taux d'intérêt directeurs**.
- L'action sur ces taux directeurs est un instrument central de la **politique monétaire**. En baissant ces taux, la banque centrale rend plus facile le crédit et donc la création monétaire. Inversement, en les augmentant, elle rend plus difficile le crédit et réduit donc la création monétaire.
- La banque centrale peut aussi imposer aux banques certaines règles qui limitent la création monétaire, telles que les **réserves obligatoires** : les banques sont obligées de détenir en réserve certaines sommes sous forme d'argent liquide. (→ **voir dossier 3**)

4 Comment la politique monétaire peut-elle agir sur l'économie ?

- L'action de la banque centrale sur la quantité de monnaie en circulation a des effets sur l'activité économique et sur les prix. On parle alors de **politique monétaire**. En facilitant le crédit, la banque centrale fait une politique monétaire expansionniste, qui peut accélérer la croissance, augmenter l'investissement, diminuer le chômage, mais aussi accélérer l'**inflation**. À l'inverse, en augmentant les taux d'intérêt, la banque centrale peut lutter efficacement contre une inflation trop forte, mais risque de ralentir la croissance économique, de réduire l'investissement et de creuser le chômage, par une politique monétaire restrictive.
- Toutes les banques centrales n'ont pas les mêmes objectifs. L'objectif principal de la politique monétaire dans la zone euro est la stabilité des prix. Quand cette stabilité n'est pas remise en cause, il est possible de chercher à soutenir l'activité. La banque centrale américaine (Réserve fédérale ou Fed), elle, ne fixe pas de priorité entre la stabilité des prix et le soutien à l'activité.
- Pour sortir de la crise économique, après 2008, des politiques monétaires expansionnistes de grande ampleur ont été menées. Elles ont rencontré un certain succès, mais ont vite rencontré leurs limites, ce qui a conduit à la mise en place de **politiques monétaires non conventionnelles**. (→ **voir dossier 4**)

Politique monétaire
Action des banques centrales sur la quantité de monnaie, de manière à agir sur l'activité économique et sur les prix, notamment par une action sur les taux d'intérêt. La politique monétaire peut chercher à agir sur l'activité économique ou sur la stabilité des prix.

Politiques monétaires non conventionnelles
Politiques mises en place quand les instruments traditionnels de la politique monétaire, tels que les taux d'intérêt, ne fonctionnent plus.

Réserves obligatoires
Réserves en monnaie centrale que les banques de second rang doivent obligatoirement détenir.

Taux directeur
Taux d'intérêt fixé par la banque centrale dans un but de gestion de la liquidité et de politique monétaire. Une baisse du taux directeur rend le financement des activités économiques plus facile : plus de crédits peuvent alors être accordés et la quantité de monnaie croît, ce qui doit agir positivement sur l'activité économique et augmenter le niveau des prix. Le contraire se produit pour une hausse des taux directeurs.

Capsule vidéo
L'essentiel du cours en vidéo sur lelivrescolaire.fr : LLS.fr/SES1P127

Attention aux notions

Ne pas confondre

Monnaie fiduciaire et **monnaie scripturale**

La première désigne les pièces et billets en circulation alors que la seconde désigne les dépôts qui existent sous forme d'écriture sur les comptes bancaires. Pour les deux formes, la valeur de la monnaie est une convention : ce n'est pas l'objet par lequel circule la monnaie qui lui donne de la valeur.

Banque centrale et **banques de second rang**

La banque centrale est une institution publique qui a la responsabilité du système bancaire constitué des banques de second rang, qui sont souvent des acteurs privés. La BCE est une banque centrale alors que des banques comme le Crédit agricole, HSBC ou BNP Paribas sont des banques de second rang.

Les motifs de détention de la monnaie vus par John Maynard Keynes

Doc. 1 Une « préférence pour la liquidité » à l'origine du taux d'intérêt ?

[L'individu qui épargne] doit choisir la forme sous laquelle il conservera le droit à une consommation future. [...] Désire-t-il lui conserver la forme d'un droit immédiat, liquide ([...] la forme de monnaie[...]) ? Ou, au contraire est-il disposé à [abandonner] ce droit immédiat pour une période spécifiée ou indéfinie [...] ? En d'autres termes, quel est le degré de sa préférence pour la liquidité [...] ?

Le taux d'intérêt, étant la récompense pour renoncer à la liquidité, mesure la répugnance des personnes qui possèdent la monnaie à renoncer à leur pouvoir inconditionnel d'en disposer.

John Maynard Keynes, *Théorie générale de l'emploi, de l'intérêt et de la monnaie*, Payot, 1936.

Doc. 2 Pourquoi demander de la monnaie ?

Les trois éléments que nous venons de distinguer dans la préférence pour la liquidité peuvent être définis par les motifs qui les gouvernent : 1° le motif de transaction, [...]. Le besoin de monnaie pour la réalisation courante des échanges personnels et professionnels ; 2° le motif de précaution, [...] le désir de sécurité [...] et 3° le motif de spéculation, *i. e.* le désir de profiter d'une connaissance meilleure que celle du marché de ce que réserve l'avenir.

John Maynard Keynes, *Théorie générale de l'emploi, de l'intérêt et de la monnaie*, Payot, 1936.

Questions

1. Doc. 1. Selon Keynes, quel choix doit-on faire sur la forme de son épargne ?

2. Doc. 1. Quel peut être l'intérêt de détenir de la monnaie (ou liquidité) ?

3. Doc. 1. Pourquoi une baisse du taux d'intérêt conduit-elle à garder moins de liquidité ?

4. Doc. 2. Expliquez les trois motifs de préférence pour la liquidité mis en avant par Keynes.

Qui est-ce ?

John Maynard Keynes (1883-1946) est un économiste britannique. Son œuvre principale est la *Théorie générale de l'emploi, de l'intérêt et de la monnaie*, publiée en 1936. Ce livre est considéré comme révolutionnaire, car il propose une approche nouvelle de l'économie et de la monnaie. Keynes a aussi joué un rôle très important lors de la seconde guerre mondiale.

1880 — 1900 — 1920 — 1930 — 1940 — 1950

- **1883** Naissance à Cambridge
- **1930** *Traité sur la monnaie*
- **1936** *Théorie générale de l'emploi, de l'intérêt et de la monnaie*
- **1939** Début de la seconde guerre mondiale
- **1944** Conférence de Bretton Woods, qui pose les bases du système financier d'après-guerre
- **1946** Décès

Illustrer par une citation

> *« Le processus par lequel les banques créent de l'argent est si simple que l'esprit en demeure confondu. »*

John Kenneth Galbraith, *L'Argent*, 1975.

S'appuyer sur des données

1 170,7 milliards d'euros

C'est la somme de la valeur des billets en euros en circulation. Celle des pièces est de 28 milliards d'euros.

Banque de France, 2018.

0 %

C'est la valeur, début 2019, du principal taux directeur de la Banque centrale européenne. Cette valeur n'a pas changé depuis 2016.

2 %

C'est le taux d'inflation à partir duquel la BCE considère qu'il faut mener une politique de réduction de l'inflation.

Situer dans le temps

Vers 650 avant J.-C.

Premières pièces de monnaie en Anatolie (actuelle Turquie).

1694

Fondation de la Banque d'Angleterre considérée comme la première banque centrale au monde.

1914

Première carte de paiement créée par la Western Union aux États-Unis.

1999

Adoption de l'euro par 11 pays européens. Les pièces et les billets en euros commencent à circuler en 2002.

Synthétiser en images

LA MONNAIE...

... est un bien qui remplit trois fonctions :
- Unité de compte ;
- Intermédiaire des échanges ;
- Réserve de valeur.

... peut prendre des formes très diverses :
- Monnaie marchandise : exemple des coquillages ;
- Monnaie métallique : or, argent, etc. ;
- Monnaie fiduciaire : pièces et billets ;
- Monnaie scripturale : écriture sur des comptes.

... est créée par le crédit bancaire.

Une opération de crédit conduit à une augmentation de la monnaie en circulation.

... est un outil pour les politiques monétaires.

La banque centrale contrôle la création monétaire et influe sur le crédit...

... et peut mener des politiques de soutien à l'activité (baisse des taux d'intérêt).

... et peut mener des politiques de contrôle de l'inflation (hausse des taux d'intérêt en période de forte inflation).

Mobilisation des connaissances et traitement de l'information : je présente le document et je lis des données

Première

La première partie de l'épreuve de contrôle continu en classe de première est notée sur 10 points. Elle comprend un document, ou une représentation graphique et des questions. Lorsqu'il s'agit d'un document statistique, il est demandé de prélever l'essentiel de l'information, en répondant à une ou plusieurs questions.

Exemple de sujet :

Doc. 1

Part des différents moyens de paiement dans les points de vente dans la zone euro, en 2016 (en %)

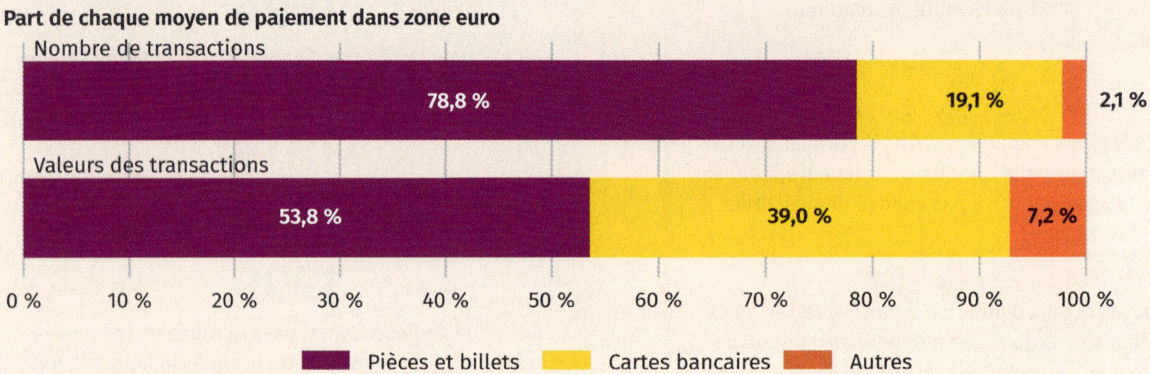

Banque centrale européenne, 2017.

1. Définissez : monnaie fiduciaire.
2. Que signifie la dématérialisation de la monnaie ?
3. À l'aide du document, vous caractériserez l'utilisation des moyens de paiement dans la zone euro.

Comment présenter le document et lire les données ?

◆ **Étape 1. Présenter le document.**

La présentation du document est une étape importante. Elle permet de mettre en évidence le fait que le document est fiable et de montrer les informations qu'il apporte.

◆ **Étape 2. Identifier le type de données.**

Il s'agit d'abord de repérer l'unité des données. Quand il s'agit de pourcentages de répartition, il est important d'identifier le total. Quand il s'agit de l'évolution d'une donnée, repérez les dates. Les questions qui accompagnent le document permettent parfois de clarifier le vocabulaire ou de définir l'indicateur utilisé.

◆ **Étape 3. Rédiger la lecture de données.**

Une partie importante du travail de traitement de l'information consiste en la lecture des données. Au brouillon, faites quelques phrases de lecture.

Ne pas oublier...

- ❒ de présenter le document : *indiquez la nature du document, la source, le thème, les unités, le champ ;*
- ❒ d'identifier le type de données : *quelle unité ? Quelles dates ? Quels indicateurs ?* ;
- ❒ de rédiger des lectures de données : *faites quelques phrases permettant de donner du sens aux données du document.*

1 Exercice guidé

◆ **Étape 1. Présenter le document.**

Commencez par donner la nature du document : précisez de quel type de graphique il s'agit. La source est indiquée sous le document et les autres informations sont dans le titre.

◆ **Étape 2. Identifier le type de données.**

Il s'agit ici de pourcentages de répartition. Il faut donc identifier le total et repérer ce qui distingue les deux parties du diagramme.

◆ **Étape 3. Rédiger la lecture de données.**

Le document présente peu de données. Pour lire efficacement des pourcentages, il est utile de commencer la phrase par « Sur 100... ». Indiquez bien dans la lecture des données tout ce qui donne du sens aux chiffres : lieu, date, source, etc.

2 Je m'exerce

Un exemple de sujet **Chapitre 4**

Part des différents modes de financement que les entreprises envisageaient d'utiliser en 2010 (en % du financement total)

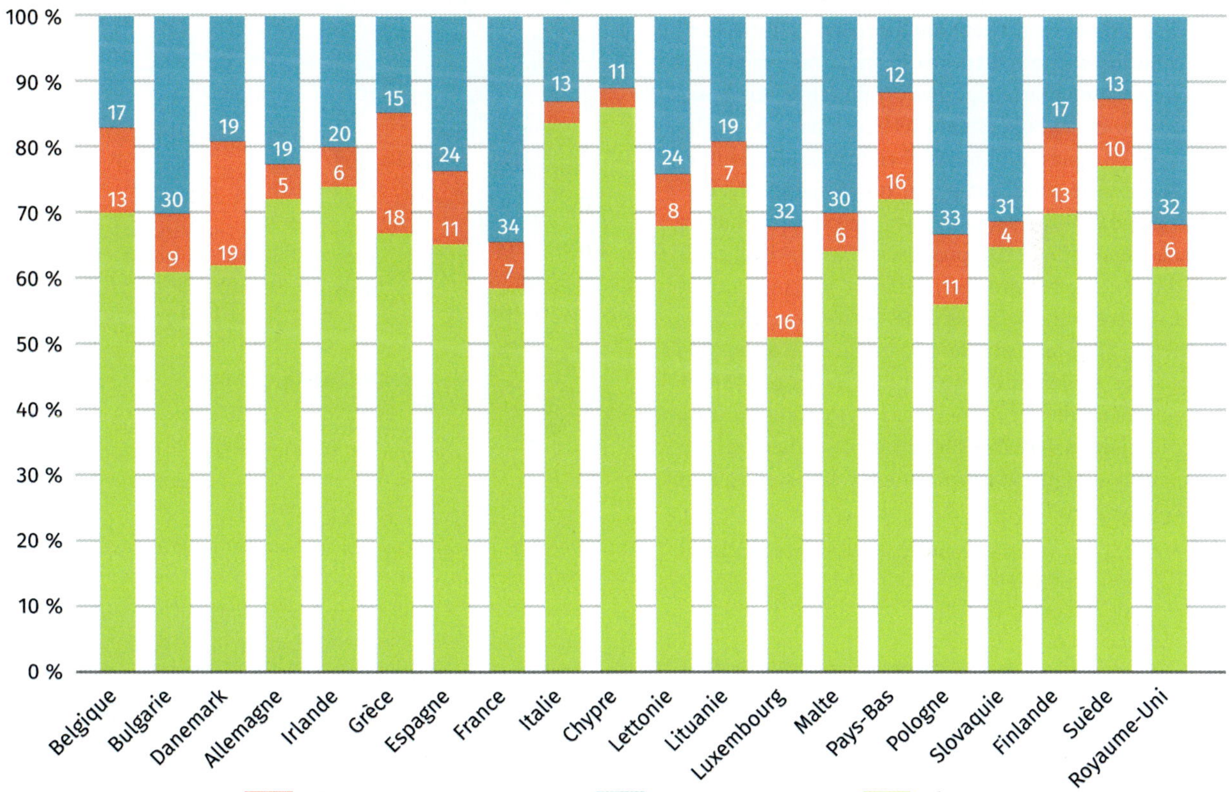

Champ : entreprises de l'UE, industries et services marchands (hors activités financières et d'assurance).

Eurostat, 2010.

1. Définissez ce qu'est l'autofinancement.
2. Donnez un exemple de financement qui ne soit pas un financement par crédit bancaire, ni de l'autofinancement.
3. À l'aide du document, caractérisez les modes de financement des entreprises dans l'Union européenne.

Numérique

D'autres exemples pour s'entraîner : LLS.fr/SES1P338

EN DIRECT DU LABO

Comprendre le développement et les conséquences des paiements par téléphone

L'enquête

S'intéresser au cas africain pour comprendre les raisons qui poussent au développement des paiements par téléphone

Doc. 1 Un paiement mobile particulièrement développé en Afrique ?

L'Afrique est un terrain d'investigation particulier pour deux raisons. D'une part, la majeure partie de la population africaine n'est pas bancarisée, mais plus de 75 % dispose d'un téléphone portable. D'autre part, les infrastructures bancaires lacunaires couplées à une réglementation peu contraignante ont laissé libre cours aux opérateurs télécoms dans plusieurs pays d'Afrique pour s'imposer comme leader dans les systèmes de paiement et des portefeuilles électroniques. […] Nous avons exploité une vaste littérature empirique[1] afin de comprendre les facteurs explicatifs [du développement du paiement par téléphone] et mettre en lumière les différents enjeux pour les secteurs bancaire et télécom africains. Notre étude montre également à quel point les innovations technologiques et numériques en Afrique font du continent un véritable laboratoire de recherche, non seulement digital et financier, mais aussi juridique et réglementaire.

Mathilde Fox, Nathalie Van Droogenbroeck , « Les nouveaux modèles de *mobile Banking* en Afrique : un défi pour le système bancaire traditionnel ? », *Gestion 2000*, 2017.

1. Ensemble d'articles de recherche parus sur la question et qui se basent sur des données statistiques ou des enquêtes de terrain.

Publicité pour Orange Bank, système de paiement par mobile géré par un opérateur téléphonique.

Les auteures

Mathilde Fox (photo) et Nathalie Van Droogenbroeck sont deux économistes, professeures à l'école de management ICHEC Brussels Management School.

Dans cet article, elles se penchent sur le développement du *mobile banking*, système de paiement par téléphone mobile, proposé par des opérateurs de téléphonie.

En étudiant le développement de ce mode de paiement en Afrique, et notamment en Afrique subsaharienne, elles s'intéressent aux raisons qui peuvent pousser à l'adopter.

Doc. 2 Un réseau bancaire peu développé en Afrique subsaharienne

	Nombre d'établissements bancaires pour 100 000 habitants en 2015	Pourcentage d'adultes ayant un compte bancaire
Afrique subsaharienne	5	35
Monde	13	62

Données du FMI et de la Banque mondiale citées in Mathilde Fox, Nathalie Van Droogenbroeck , *art. cit.*

Questions

1. Doc. 2. Comparez les données pour l'Afrique subsaharienne aux moyennes mondiales. Quel est le poids du secteur bancaire dans cette région du monde ?

2. Doc. 1. et 2. Quels sont les éléments qui ont permis un fort développement du paiement mobile en Afrique subsaharienne ?

Les résultats

Comprendre le lien entre la structure du système bancaire et le développement du paiement mobile

Doc. 3 Identifier les différents types de paiement par téléphone

Malgré la disparité des pays d'Afrique, nous pouvons néanmoins classer les modèles de mobile Banking en deux catégories : les *bank-led models* et les *non-bank/ telco-led models* :

Le ***bank-led model*** est un modèle selon lequel la banque garde le contrôle du service de *mobile Banking* en termes de marketing, de commercialisation et de gestion de sa clientèle. [...] Le *bank-led model* est celui qui domine en Europe et dans les pays industrialisés, lorsque le système bancaire est bien implanté. En Afrique, l'exemple le plus connu est celui d'Equity Bank au Kenya.

Le ***nonbank-led model* (ou *Telco-led model*)** est un modèle selon lequel un acteur non bancaire, ici en l'occurrence un opérateur télécom, est à la base du service de *mobile Banking* en offrant la technologie et en prenant la direction du marketing, de la commercialisation du service et de la gestion de la clientèle. [...] Les exemples africains le plus représentatifs de ce modèle sont MTN Money Tanzania et Safaricom au Kenya. [...] Ce modèle s'est exporté en dehors de l'Afrique comme par exemple NTT DoCoMo au Japon, Mobipay en Espagne ou encore Mobikom en Autriche, et plus récemment Orange en France.

Mathilde Fox, Nathalie Van Droogenbroeck , *art. cit.*

Boutique de paiement mobile « Safaricom » au Kenya.

Questions

1. Quelles sont les principales différences entre les deux modèles présentés ici ?
2. À l'aide des documents 1 et 2, expliquez pourquoi c'est le *nonbank-led model* qui s'est imposé en Afrique subsaharienne.

Doc. 4 De nouveaux modes de paiement dont le développement dépend du contexte

Concernant le continent africain, il n'est pas exagéré de considérer que la technologie mobile est en train de modifier profondément le quotidien des populations. Ces dernières réussissent à passer outre le manque d'infrastructures de communications grâce à des innovations conçues pour répondre à leurs besoins spécifiques [...]

Ainsi, au regard des différents facteurs étudiés et mis en valeur dans cet article, il apparaît que la situation en Afrique est caractérisée par une faible réglementation et une infrastructure bancaire déficitaire. Cette situation a favorisé l'entrée de nouveaux acteurs comme les sociétés de téléphonie mobile. [...]

La situation dans les pays développés est tout autre. L'infrastructure bancaire est très développée de même que la structure réglementaire. Dès lors, la percée des opérateurs mobiles dans le secteur bancaire n'est pas aussi fulgurante qu'en Afrique. Le développement de la banque mobile se fait plus généralement à l'initiative des banques.

Néanmoins, le laboratoire de recherche que nous fournit l'Afrique, a montré que la collaboration entre banquiers et opérateurs mobiles a des effets positifs.

Mathilde Fox, Nathalie Van Droogenbroeck , *art. cit.*

Questions

1. Quel est le résultat principal concernant le lien entre développement du *mobile banking* et présence des banques sur un territoire ?
2. Pourquoi les chercheuses indiquent-elles que l'Afrique constitue, pour elles, un laboratoire de recherche ?

UN AUTRE REGARD

Le développement des monnaies locales

Objectifs

La monnaie est un instrument politique qui crée également du lien social. C'est un point qui peut être illustré avec l'exemple de la création de l'euro, mais il est également en lien avec le développement de monnaies locales. Ces monnaies, dites « complémentaires », ne cherchent pas à remplacer les monnaies nationales mais à modifier les règles de l'échange et à renforcer la cohésion d'une communauté.

Doc. 1 Le fonctionnement des monnaies locales complémentaires (MLC)

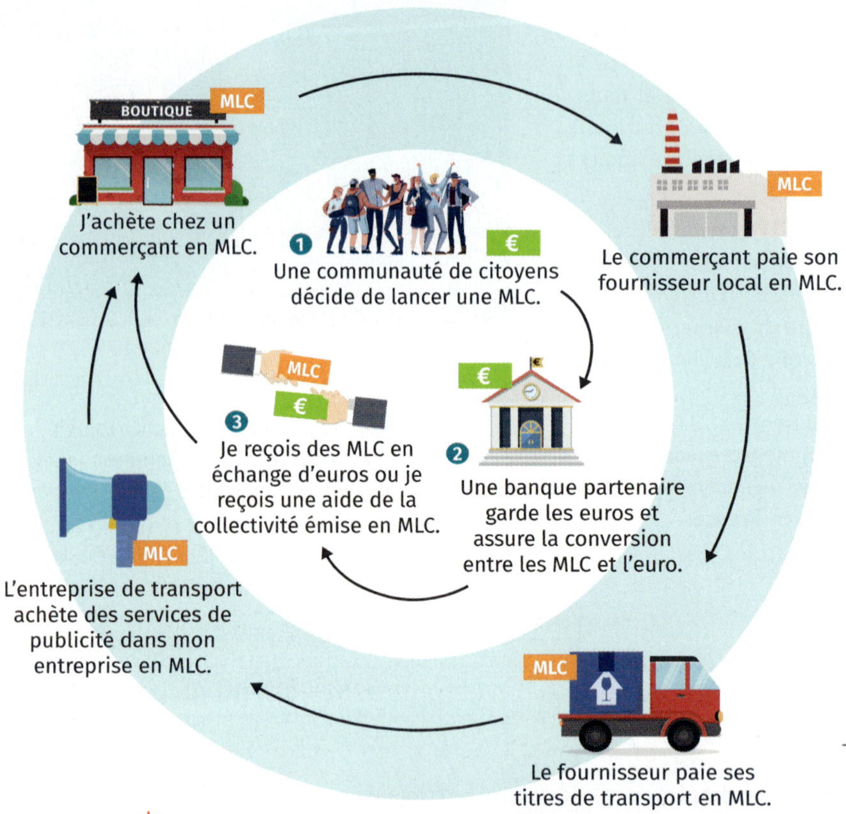

D'après le site Internet de la Gabare, monnaie locale complémentaire en Touraine.

Questions

1. Pourquoi ces monnaies sont-elles appelées monnaies « locales » ?
2. La monnaie locale est-elle créée de façon indépendante de toute autre monnaie ?
3. Comment la monnaie locale peut-elle créer du lien social ?
4. Parmi les achats suivants, indiquez ceux pour lesquels une monnaie locale peut être adaptée : l'achat d'une baguette de pain à la boulangerie voisine ; l'achat d'une voiture à la concession de la ville ; l'achat de fruits et légumes sur le marché ; l'achat d'un appartement parisien ; l'achat d'actions sur les marchés financiers internationaux.

Numérique

Un reportage qui présente trois exemples de monnaies locales en France : **LLS.fr/MonnaiesLocales**

L'eusko, monnaie locale, est devenue un moyen de paiement courant au Pays basque français.

Vers la terminale

Maintenant vous savez tout (ou presque) sur la monnaie. Ces connaissances peuvent être prolongées par :

- une interrogation sur les relations monétaires entre pays : que se passe-t-il quand une monnaie est changée dans une autre ? Comment sont fixés les taux de change ? ;
- une réflexion sur l'utilisation conjointe de la politique monétaire et la politique budgétaire ;
- un approfondissement de la question de la place de l'euro dans le processus de construction européenne.

Le bitcoin, monnaie du futur ?

Pour aller + loin

À lire

- **Les Économistes atterrés, *La Monnaie. Un enjeu politique*, Le Seuil, 2018.**
Les auteurs, spécialistes des questions monétaires, proposent un « manuel critique » sur la monnaie. Les passages sur la création monétaire sont vraiment très clairs et le livre permet d'éclairer de nombreux points d'actualité.

- **Michel Aglietta et André Orléan, *La Monnaie entre violence et confiance*, Éditions Odile Jacob, 2002.**
Une référence sur la monnaie. Dans ce livre, les auteurs montrent que la monnaie est plus qu'un simple phénomène économique. Quelques passages complexes, mais l'ensemble est passionnant !

- **Julien Maffre, Malo Kerfriden, Philippe Guillaume et Pierre Boisserie, *La Banque*, Dargaud, 6 tomes de 2014 à 2017.**
Cette BD nous fait suivre l'histoire de la famille Saint-Hubert, famille de banquiers, de 1815 à 1914. Le scénario est plein de rebondissements et l'ensemble est bien documenté : l'occasion de faire le plein de connaissances économiques et historiques sur le développement des banques et l'évolution de leur rôle.

À écouter

- ***Du grain à moudre*, « Faut-il liquider le cash ? », Franceculture.fr**
Une sociologue, un journaliste économique et un juriste débattent de l'avenir de l'argent liquide : cette forme de monnaie va-t-elle disparaître ? Une manière de mieux comprendre le rôle économique et social des pièces et billets.
LLS.fr/LiquiderCash

À voir

- ***Dessine-moi l'éco*, « La création monétaire : un juste équilibre », 2017.**
La série de vidéos pédagogiques toujours très réussies propose un éclairage sur la création monétaire. En trois minutes, un complément utile au cours !
LLS.fr/CreationMonetaire

- ***Bad Banks*, série télévisée d'Oliver Kienle, 2018, saison 1.**
La face cachée des grandes banques ! Jana Liekam est une banquière très douée et ambitieuse. Cette série en six épisodes pousse à la réflexion sur le fonctionnement de cet univers qui obéit à des codes très particuliers, mais interroge également l'ambition et ce qu'on peut être prêt à faire pour réussir.

- ***La Casa de Papel*, série télévisée d'Alex Pina, 2017.**
Le monde entier s'est passionné pour ce braquage compliqué. Une histoire qui interroge le processus de création monétaire et ses conséquences, malgré quelques incohérences économiques.

CHAPITRE 6

Comment la socialisation contribue-t-elle à expliquer les différences de comportement des individus ?

La famille Freton en vacances, Côte atlantique, France, 1936.

Notions-clés

Disposition | Famille | Famille monoparentale | Famille recomposée | Groupe d'appartenance | Groupe de référence | Normes | Rôle | Socialisation | Socialisation anticipatrice | Socialisation primaire | Socialisation secondaire | Valeurs

POUR COMMENCER

Comment la socialisation contribue-t-elle à expliquer les différences de comportement des individus ?

Doc. 1 Le féminisme, une idée universelle ?

Part des personnes se déclarant féministes, en 2018

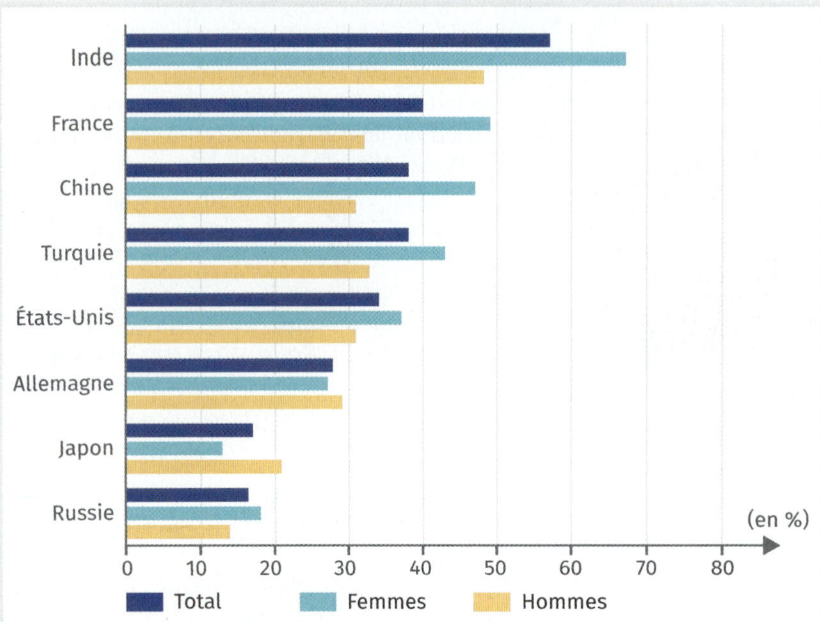

Sont considérées comme féministes les personnes d'accord avec la proposition : « Je me définis comme féministe. ». L'enquête a été menée auprès de 17 551 personnes dans 24 pays en janvier et février 2018.
Ipsos, 2018.

Questions

1. Pourquoi l'égalité hommes-femmes est-elle une valeur ?

2. Donnez un exemple de norme qui peut découler de cette valeur.

3. Selon vous, qu'est-ce qui peut expliquer les écarts observés dans le document ?

Doc. 2 Un parcours linéaire ?

Jean Nouvel, né en 1945, est un architecte français mondialement connu. Il répond ici à une interview dont le thème est « Je ne serais pas arrivé là si... »

... si je n'avais pas été le fils d'enseignants pour qui les arts n'étaient pas la première préoccupation. L'essentiel, c'était le français, les mathématiques, les sciences. Mais, en seconde, je suis tombé sur un professeur de dessin, Marcel Deviers. Deviers m'a dévié. [...] Il m'a collé le virus du dessin et de la peinture. J'ai commencé à caricaturer les profs, à peindre des fresques dans le foyer des jeunes. Il m'est venu l'idée d'être artiste plasticien.

Quand j'ai eu mon bac, j'ai donc dit à mes parents que j'allais entrer aux Beaux-Arts. Mais, pour eux, il n'en était pas question. [...] Alors j'ai proposé de faire mathématiques générales-physique en même temps que les Beaux-Arts en section architecture – avec la forte intention de passer ensuite en arts plastiques. Évidemment, j'ai vite prouvé qu'il était impossible de mener les deux cursus de front. Et j'ai mieux compris ce qu'était l'architecture. Mère des arts. Toujours en relation avec la peinture, la sculpture. Finalement, je me suis dit que je pouvais y rester.

Pascale Krémer, « Jean Nouvel : Mon meilleur outil de travail, c'est mon lit », *Le Monde*, 7 janvier 2018.

Jean Nouvel en octobre 2018.

Questions

1. Quelles sont les différentes étapes du parcours de formation de Jean Nouvel ?

2. Identifiez les individus ou groupes d'individus ayant influencé sa trajectoire sociale.

Doc. 3 La socialisation, un apprentissage de son rôle ?

Le sujet de *Miraï, ma petite sœur*, la famille, est au cœur de la société japonaise qui relève d'une codification stricte, comme beaucoup d'autres aspects du mode de vie nippon. […] Kun a environ quatre ans quand sa maman revient de la maternité avec sa petite sœur dans les bras, Miraï (avenir en japonais). Lui qui était au centre de la vie familiale, n'accepte pas cette nouvelle arrivante qui lui vole la vedette et l'amour exclusif de ses parents. Au fond du jardin, il découvre un arbre « généalo-magique » qui va le propulser dans un univers parallèle où Miraï va venir à lui adolescente, sa maman, petite fille, son père, jeune homme, et son arrière-grand-père, lors de sa folle jeunesse, puis traumatisé par la guerre. Tous vont lui donner une leçon de vie pour qu'il accepte Miraï.

Jacky Bornet, « *Miraï, ma petite sœur* : un conte animé japonais sur une enfance initiatique », Francetvinfo, 26 décembre 2018.

Questions

1. Comment les enfants sont-ils socialisés au sein de leur famille ?

2. Pourquoi l'arrivée d'une petite sœur modifie-t-elle la place et le rôle de l'enfant dans la famille ?

3. Pourquoi, comme pour l'arrière-grand-père de Kun, une guerre peut-elle faire changer les normes et les valeurs d'une personne ?

Testez vos connaissances

1. Une norme est :
- ❑ une règle de comportement ;
- ❑ un principe, un idéal.

2. La socialisation :
- ❑ ne dure que dans l'enfance de l'individu ;
- ❑ s'arrête à la fin de l'adolescence ;
- ❑ continue tout au long de la vie de l'individu.

3. La socialisation des individus est différenciée :
- ❑ selon le genre, mais pas le milieu social ;
- ❑ selon le genre et le milieu social ;
- ❑ selon le milieu social, mais pas le genre.

4. La socialisation d'un individu :
❑ détermine son parcours ; ❑ exerce une forte influence sur son parcours ; ❑ n'exerce aucune influence sur son parcours.

Questions du chapitre

1 Comment la socialisation influe-t-elle sur les manières de penser, d'agir et d'anticiper l'avenir ?

2 Comment la diversité des configurations familiales influence-t-elle la socialisation ?

3 La socialisation dure-t-elle tout au long de la vie ou se termine-t-elle avec l'enfance ?

4 Comment la diversité des influences dans la socialisation peut-elle expliquer la variété des parcours des individus ?

DOSSIER

1 Comment la socialisation influe-t-elle sur les manières de penser et d'agir ?

Découvrir

Doc. 1 La bise, une règle sociale ?

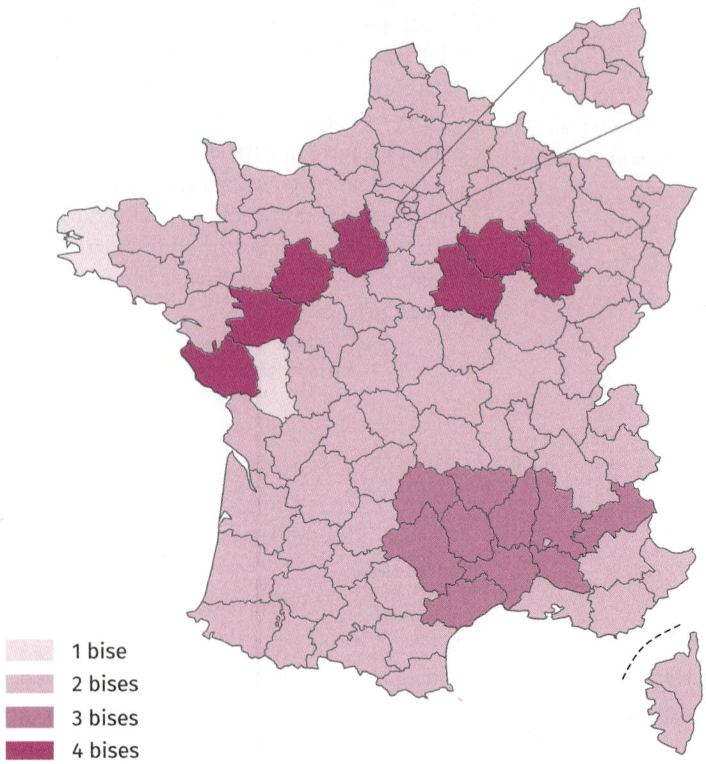

Le site combiendebises.free.fr propose aux internautes d'indiquer combien de bises sont faites pour se saluer dans chaque département. La carte indique le vote majoritaire pour chaque département.

Combiendebises.free.fr, capture d'écran, 6 janvier 2019.

Questions

1. Pourquoi le fait de se faire la bise est-il une norme sociale ?
2. À quelle valeur cette norme est-elle liée ?
3. Quand on rencontre ses amis, doit-on réfléchir pour savoir combien de bises il faut leur faire ?
4. Est-ce la même chose quand deux personnes issues de régions différentes se rencontrent ?
5. Comment la socialisation permet-elle d'expliquer les réponses aux questions 3 et 4 ?

Numérique

Pain au chocolat ou chocolatine ? Tout dépend de la région ! LLS.fr/SES1P140

Doc. 2 Une enfance sous influence ?

Au sein de sa famille d'abord, Amandine est exposée à des pratiques et à des discours au sujet du travail de l'apparence très cohérents les uns avec les autres. Sa grand-mère lui offre ainsi des vêtements à la mode et sa tante la soutient dans les conflits qui l'opposent à sa mère au sujet de ce type de vêtements. […] Comme d'autres « couples » de filles rencontrés au cours de l'enquête, Amandine et Maéva (la « meilleure amie » d'Amandine) aiment se faire la même apparence que leur « meilleure amie », mais c'est surtout Amandine qui modèle ses pratiques sur celles de Maéva. […] Enfin, le goût d'Amandine pour la mode et l'attention qu'elle porte à sa coiffure doivent beaucoup à l'influence des médias.

Martine Court, *Corps de filles, corps de garçons : une construction sociale*, La Dispute, 2010.

Questions

1. À l'aide d'une carte mentale avec Amandine au centre, montrez quelles sont les influences qui s'exercent sur son comportement et ses goûts.
2. Quelles autres instances de socialisation pouvez-vous donner ?

Doc. 3 Pourquoi une différence entre filles et garçons ?

Des livres pour les enfants tentent de changer la vision des rôles selon le genre.

Ainsi, même quand, en tant que parents, on est persuadé d'élever de la même façon son garçon et sa fille, non seulement on ne prend peut-être pas garde à la force de ces petits mots, petits adjectifs, mais surtout, on oublie que les parents ne sont jamais, dans notre société, les seuls individus à interagir avec un enfant. Les façons d'accueillir l'enfant selon qu'il est un garçon ou une fille, en crèche, à l'école, varient, et les mots ne sont pas les mêmes : les remarques sur la tenue et l'apparence sont plus souvent adressées aux filles, leur suggérant ainsi qu'il s'agit, pour elles, de quelque chose d'essentiel. Lors des activités, on fait attendre davantage la fille, on répond plus vite au garçon, entretenant ainsi le cercle vicieux de la fille « patiente » et « sage ».

Christine Détrez, *Quel genre ?*, Éditions Thierry Magnier, 2015.

Questions

1. Quelles sont les différences entre filles et garçons mentionnées dans ce texte ?
2. Comment se créent ces différences ?
3. Comment peuvent-elles influer sur les façons d'anticiper l'avenir ?

Numérique

Une différenciation qui commence dès le plus jeune âge : LLS.fr/SES1P141

Doc. 4 Une reproduction des pratiques dans la famille ?

L'influence culturelle parentale s'observe surtout dans le partage d'activités entre les enfants et tel ou tel de leurs parents, voire les deux. [...] Ainsi Anthony (mère : sans profession, a été couturière de vingt à vingt-sept ans ; beau-père : carreleur au chômage ; père : conducteur d'engins agricoles ; il vit avec sa mère dans un village du Sud Vienne) a commencé il y a cinq ans à regarder le feuilleton de chroniques marseillaises diffusé sur France 3, *Plus belle la vie* (« Au début je comprenais pas trop, mais... après ben j'aimais bien ! Mais je continue à suivre »). Il y a été conduit par ses parents qui, à certains moments de la journée, ont la mainmise sur les programmes TV (« C'est les parents qui mettent la télé »). [...] Thomas (mère : enseignante aux Beaux-Arts ; père : sous-directeur de la DCN[1] de Toulon ; il vit avec sa mère dans une ville moyenne du Var) mentionne à propos des musées : « J'en ai vu plein, vu que ma mère elle est peintre ». [...] À côté des visites de musées et des voyages culturels, Thomas fait de la voile avec ses parents (son père seulement depuis leur séparation).

Fanny Renard, « "Reproduction des habitudes" et déclinaisons de l'héritage. Les loisirs culturels d'élèves de troisième », *Sociologie*, 2013.

1. Direction des Constructions navales.

Questions

1. Comment les parents transmettent-ils leurs pratiques culturelles à leurs enfants ?
2. Comment ces pratiques dépendent-elles du milieu social ?
3. Quelles conséquences cela peut-il avoir sur les pratiques à l'âge adulte ?

Je m'auto-évalue

Toutes les propositions suivantes sont fausses. Corrigez-les.

1. La famille est la seule instance de socialisation dans l'enfance.
2. La socialisation, c'est le fait de fréquenter d'autres personnes.
3. Les amis n'ont aucun rôle dans la socialisation.
4. Il est très rare que les comportements se reproduisent entre les parents et les enfants.

Je fais le point

La socialisation conduit à l'intériorisation de normes et de valeurs qui influencent les manières de penser et d'agir. De nombreuses instances participent à cette socialisation : la famille, l'école, les médias, les groupes de pairs, etc. La socialisation est différenciée selon le genre et le milieu social et se poursuit tout au long de la vie de l'individu.

DOSSIER

2 Quelles sont les conséquences de la diversité des formes de la famille ?

Découvrir

Doc. 1 Quelles opinions sur le rôle des parents dans les familles recomposées ?

Réponse à la question : après la séparation, avec qui les enfants devraient-ils vivre ?

Groupes d'âge des enfants	Principalement mère	Principalement père	Garde partagée	Ne se prononce pas
0-2 ans	61	0	34	5
3-5 ans	**32**	1	61	6
6-12 ans	11	2	82	5
13-17 ans (filles)	11	3	78	7
13-17 ans (garçons)	5	10	78	7

Les données sont tirées d'un sondage réalisé sur 1202 Québécois et Québécoises âgés de 18 ans ou plus, interrogés sur Internet.

Élisabeth Godbout, Marie-Christine Saint-Jacques et Hans Ivers, « Après la séparation, avec qui les enfants devraient-ils vivre ? Une analyse de l'opinion publique québécoise », *L'Année sociologique*, 2018.

Questions

1. Faites une phrase présentant la donnée soulignée.
2. Quelle est la réponse la plus souvent donnée ?
3. Pour quelle catégorie d'âge d'enfant la réponse est-elle différente ? Selon vous, comment peut-on l'expliquer ?

Doc. 2 Quelle évolution des formes de famille ?

Structure des familles (en milliers) avec enfants de moins de 18 ans

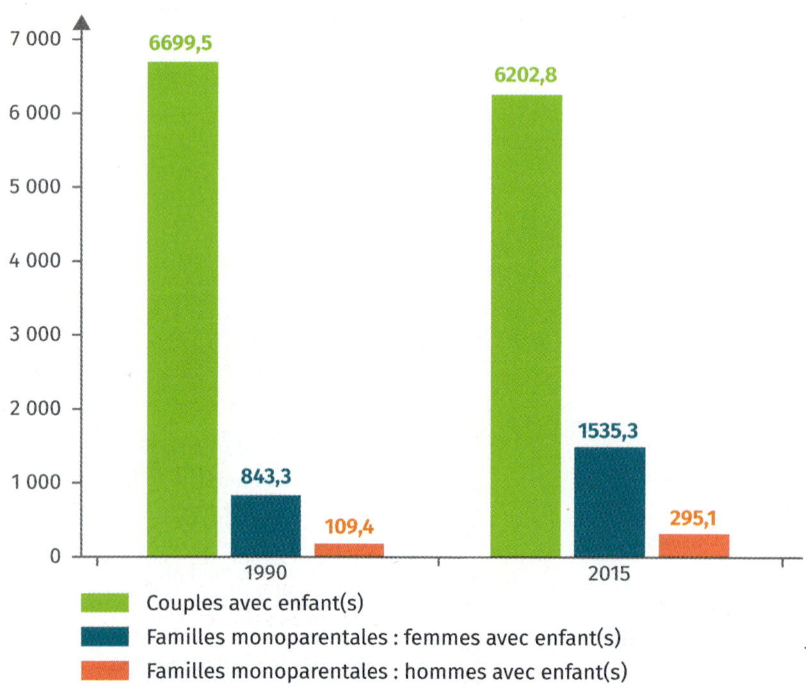

Insee, Recensement de la population, 1990 et 2015.

Questions

1. Calculez la part des familles monoparentales dans le total des familles en 1990 et en 2015.
2. Quelle est l'évolution de la part des familles monoparentales entre 1990 et 2015 ? Selon vous, comment peut-on l'expliquer ?
3. Quel est le type de famille monoparentale le plus fréquent ?
4. Ce document montre-t-il un bouleversement profond des formes de famille depuis 1990 ?

Doc. 3 Une famille d'individus ?

Ainsi, en matière éducative, la famille est écartelée entre les nouvelles normes de l'épanouissement de l'enfant (l'enfant est une personne, les parents [sont] des « accompagnateurs » qui doivent l'aider à se construire et à devenir lui-même), la pression croissante du groupe des pairs, la présence des médias et du marché et le désir des parents d'assurer la position sociale de leurs enfants. Toute la difficulté est d'arriver à se fixer un cap et de s'y tenir. [...] Les normes se relativisant les unes les autres, le choix des possibles s'est ouvert pour les individus. Loin de s'opposer à la contrainte sociale, il en est le produit. L'ouverture des possibles est le fait d'une pression multiforme de la société sur l'individu.

[...] Ainsi, la conception strictement bilatérale de la parenté est aujourd'hui débattue : un enfant est-il l'être d'un seul père, d'une seule mère ? Et *quid* de la différence des sexes au sein du couple parental ? Faut-il faire une place à ceux qui concourent à « fabriquer » l'enfant quand le couple est infécond ? S'affrontent ici différentes conceptions de ce qu'est (et doit être) la parenté.

Jean-Hugues Déchaux, « La famille à l'heure de l'individualisme », *Revue Projet*, n°322, 2011.

Banksy, *En cas de divorce, coupez ici*, 2010.

Questions

1. Pourquoi la définition de la parenté est-elle remise en question ?
2. Quelles peuvent être les conséquences de « l'ouverture des possibles » sur la socialisation des enfants ?
3. Quel lien peut-on faire entre le second paragraphe et la question des familles homoparentales ?
4. Selon vous, comment la séparation des parents peut-elle modifier le rôle de ceux-ci vis-à-vis de leurs enfants ?

Je m'auto-évalue

Choisissez la ou les bonne(s) réponse(s).

1. L'augmentation du nombre de divorces conduit à une augmentation :
   a. du nombre de familles monoparentales ; b. du nombre de familles recomposées ; c. du nombre de ménages composés d'une seule personne.
2. Dans les familles, de nos jours, les relations sont :
   a. de plus en plus autoritaires ; b. de plus en plus démocratiques.
3. La diversité des formes de famille :
   a. conduit à une diversité de la socialisation familiale ;
   b. n'a aucune conséquence sur la socialisation au sein des familles.

Je fais le point

Les formes de la famille, ainsi que la définition des rôles au sein des familles, peuvent être très diverses. Cette diversité est renforcée par les transformations connues par les familles depuis plusieurs années : augmentation du nombre de divorces, développement des familles recomposées, monoparentales, homoparentales, etc. Cette diversité des configurations familiales a des conséquences : elle conduit à une diversification de la socialisation au sein de la famille.

DOSSIER

3 Comment la socialisation se poursuit-elle à l'âge adulte ?

Découvrir

Doc. 1 Des journées genrées ?

Temps quotidiens moyens pour les hommes et les femmes salariés en 2010

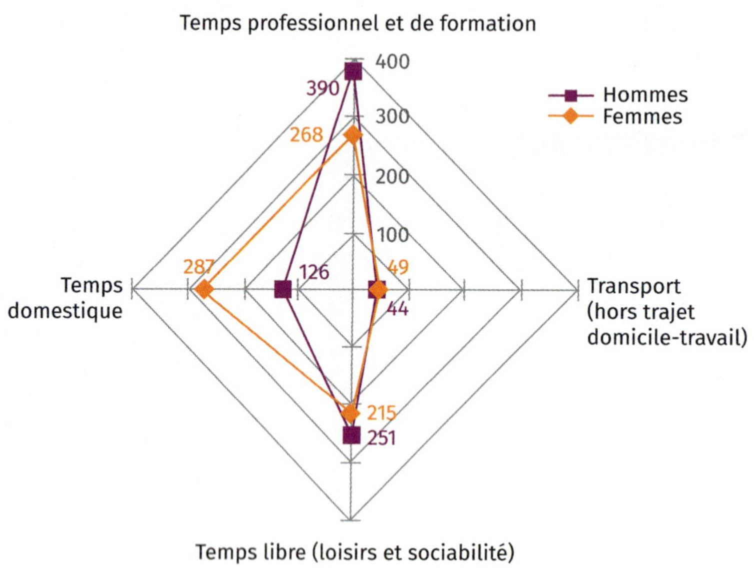

Temps moyen en minutes par jour, journées de week-end et vacances comprises. Le total ne correspond pas à une journée complète car le temps physiologique (sommeil, soins...) n'est pas indiqué.

D'après Insee, Enquête emploi du temps, 2010.

Questions

1. Calculez l'écart de temps consacré aux tâches domestiques entre les hommes et les femmes.
2. Comment la socialisation dans l'enfance peut-elle expliquer en partie cet écart ?
3. Pourquoi le fait d'accéder à un emploi conduit-il à une socialisation secondaire ?
4. Que pouvez-vous constater concernant le temps professionnel des hommes et des femmes ?

Point notion

Socialisation secondaire

Socialisation qui suit la socialisation primaire. Elle se produit dans le cas d'un changement de situation de l'individu, le plus souvent à l'âge adulte.

Doc. 2 Changer de choix politiques en raison de son métier ?

Philippe Gottraux et Cécile Péchu analysent de la sorte la trajectoire [de] « Jacques », petit commerçant passé de la gauche à la droite « populiste », comme une manifestation de l'effet de la socialisation professionnelle sur les positions politiques et le rapport au politique. L'engagement à gauche de longue date de Jacques, expliqué par sa socialisation primaire familiale, entre peu à peu en tension avec son activité professionnelle (il tient une droguerie-herboristerie à Genève), qui va l'amener, après des années d'appartenance au Parti socialiste, à s'engager au sein de l'Union démocratique du centre suisse (située « à la droite de la droite »). Cette socialisation professionnelle politique opère par l'influence de l'activité exercée, du contexte de fragilisation de son secteur économique, du statut ainsi que des représentations du métier pour soi et pour les autres.

Lucie Bargel et Muriel Darmon, « La socialisation politique », www.politika.io, 2017.

Questions

1. Comment la socialisation dans l'enfance de Jacques a-t-elle influé sur ses choix politiques ?
2. Comment peut-on définir la socialisation professionnelle ?
3. Comment cette socialisation professionnelle a-t-elle pu conduire Jacques à changer de choix politiques ?

Doc. 3 Une socialisation au rôle de parent ?

La venue du premier enfant est un moment particulier qui permet de saisir une situation proprement expérimentale pour chacun des parents : il y a (presque) tout à apprendre, on fait l'expérience, individuelle en même temps que collective, des modifications que cela opère. […] On observe dans ce contexte si particulier des mois qui suivent la naissance à la fois une tendance au repli sur l'unité conjugale visant à établir des limites entre soi et les autres, en même temps que s'opèrent des hiérarchies fines au sein de l'entourage, en ce qu'ils sont associés plus ou moins fortement à cette période de la vie. […]

En passant « de deux à trois », une nouvelle unité se crée, qui signe la transformation du couple en un nouveau collectif, la famille : « Maintenant, on dit : « ma petite famille », quand on parle… C'est vrai que c'est une expression qu'on emploie. Avant on ne disait pas « ma petite famille » ». (Laurence, vingt-neuf ans, Lille) […].

La naissance du premier enfant invite ainsi les jeunes parents à distinguer nettement plusieurs temporalités : celle de la vie professionnelle ; celle du couple ; celle de l'enfant ; celle de la famille et celle des amis. Dorénavant, le temps se pense, se compte et se raconte.

Vanessa Manceron, Benoît Lelong, Zbigniew Smoreda, « La naissance du premier enfant, hiérarchisation des relations sociales et modes de communication », *Réseaux*, mai 2002.

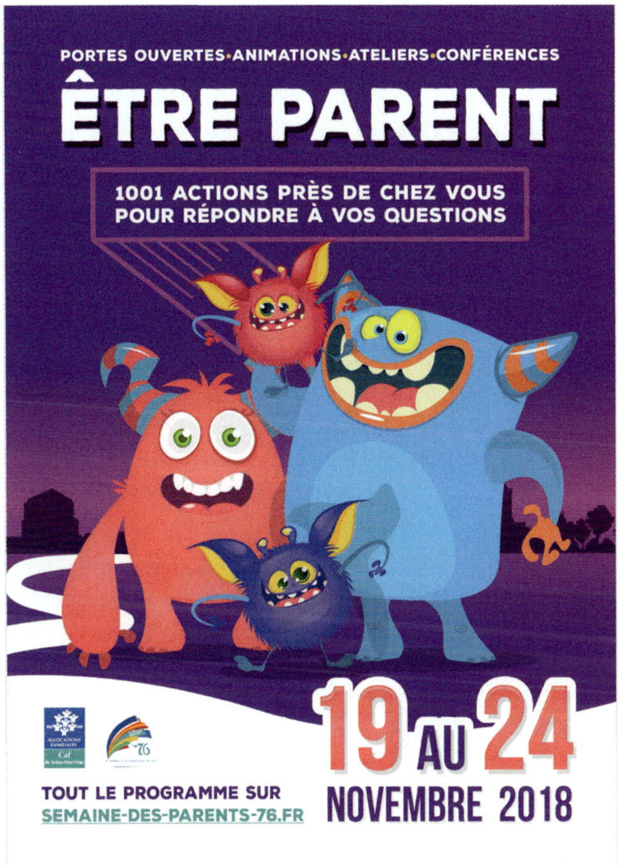

Affiche pour un forum organisé par la CAF de Seine-Maritime à destination des jeunes parents.

Questions

1. Donnez des exemples de normes et de valeurs modifiées par l'arrivée d'un enfant. Donnez des exemples de normes ou de valeurs intériorisées dans l'enfance et renforcées par l'arrivée d'un enfant.
2. Comment les pouvoirs publics participent-ils à la socialisation des individus dans leur rôle de parent ?
3. De la même manière, selon vous, comment la mise en couple peut-elle conduire à une socialisation secondaire ?

Je m'auto-évalue

Indiquez si les propositions suivantes sont vraies ou fausses.

1. Toute la vie de l'individu est déterminée par la socialisation qu'il subit dans l'enfance.
2. La socialisation professionnelle est toujours la confirmation de la socialisation réalisée par l'école.
3. La socialisation conjugale est toujours le prolongement de la socialisation familiale.
4. La socialisation secondaire peut remettre totalement en cause la socialisation primaire.

Je fais le point

La socialisation ne s'arrête pas à l'enfance. Après la socialisation primaire, les individus connaissent une socialisation « secondaire », qui s'explique par des changements dans leur situation. Ainsi, l'entrée dans une profession, la mise en couple ou encore le fait de devenir parents sont des événements à l'origine de ce type de socialisation. La socialisation secondaire peut conduire à une remise en cause totale de la socialisation primaire, mais elle peut aussi renforcer les normes et les valeurs intériorisées dans l'enfance.

DOSSIER

4 Comment expliquer les trajectoires « improbables » ?

Découvrir

Doc. 1 Changer de classe sociale et s'y préparer ?

Je suis née en France en 1989 de parents tamouls. [...] Nous vivions dans une cité HLM de Bondy (Seine-Saint-Denis). [...] J'ai longtemps voulu me détacher de ma classe sociale d'origine. J'avais peur d'y être réduite, que ce soit un handicap. [...] Mon itinéraire de « transclasse » est beaucoup passé par la langue. Mon père était féru de littérature, et mes deux parents étaient amoureux de leur langue. Ils m'ont sans doute transmis cela. [...]

C'est à la fac, lorsque j'ai préparé l'agrégation, que la différence sociale a été la plus violente : beaucoup d'étudiants avaient une grande culture générale, leurs parents exerçaient des professions libérales. J'avais l'impression qu'ils savaient déjà tout, que je n'avais qu'un savoir scolaire face à eux.

Témoignage de Soubattra Danasségarane, professeure de philosophie, citée par Sonya Faure, « La lutte des "transclasses" », *Libération*, 5 septembre 2018.

Numérique

Un autre exemple de trajectoire « improbable » : LLS.fr/SES1P146

Point notion

Socialisation anticipatrice

Processus par lequel un individu adopte les règles de conduite du groupe qu'il souhaite intégrer. Ce groupe social auquel il se conforme est un groupe de référence.

Groupe de référence

Groupe social dont les valeurs, les normes et les comportements sont adoptés comme modèle par un individu.

Questions

1. Pourquoi la personne qui témoigne peut-elle être qualifiée de « transclasse » ?
2. Quels éléments de sa socialisation primaire peuvent expliquer son ascension sociale ?
3. Pourquoi peut-on dire qu'elle a vécu une socialisation anticipatrice ?

Doc. 2 Des échecs scolaires paradoxaux ?

Dans la recherche qui fait l'objet de cet article c'est l'héritage culturel familial et les rapports entre socialisations familiales et scolaires qui sont analysés en portant plus particulièrement le regard sur des situations spécifiques : celles de collégiens en difficultés scolaires issus de parents fortement diplômés. Confronter à l'investigation sociologique de telles situations atypiques, c'est déjà reconnaître que la transmission intergénérationnelle n'a rien d'automatique et que ses modalités concrètes méritent d'être analysées en finesse. À l'image (inversée) de travaux existant sur des élèves d'origines populaires en réussite scolaire [...], l'analyse de difficultés scolaires paradoxales permet aussi de ne pas considérer que tous les parents scolairement dotés ont les mêmes pratiques, ni que tous les enfants issus de ces milieux connaissent la même socialisation.

Gaële Henri-Panabière, « Élèves en difficultés de parents fortement diplômés », *Sociologie*, 2010.

Questions

1. Pourquoi les difficultés scolaires des enfants dont les parents sont très diplômés peuvent-elles être vues comme « paradoxales » ?
2. Que veut dire l'auteure quand elle indique que « la transmission intergénérationnelle n'a rien d'automatique » ?

Doc. 3 Des femmes dans des « sports d'hommes » ?

Combat de kick-boxing entre Adva Ohayon et Jeromine Moser.

« J'ai toujours eu envie de faire de la boxe, de donner des coups avec mes poings. J'ai commencé par le judo, j'aimais bien, mais ce n'était pas vraiment ça quand même. Le karaté, il fallait s'arrêter, je ne pouvais pas frapper, donc ce n'était pas ça non plus. La boxe, on peut cogner, moi j'avais besoin de frapper ». [...] La découverte de la boxe à l'adolescence permet l'expression de dispositions sexuées « masculines » constituées très tôt. « Garçons manqués » participant au groupe des garçons, appréciant leurs jeux et montrant en particulier un goût certain pour la bagarre, les boxeuses « hard »[1] ont grandi pour la plupart dans des quartiers populaires d'agglomérations importantes. [...] La participation au groupe des pairs joue en ce sens un rôle central dans la construction des rapports au corps et au sport.

Christine Mennesson et Jean-Paul Clément « Boxer comme un homme. Être une femme », *Actes de la recherche en sciences sociales*, avril 2009.

1. Dans ce texte, les auteurs distinguent la boxe « hard » de la boxe « soft » : la boxe « hard » est celle qui correspond à une pratique de compétition, plus violente, où l'objectif est de mettre l'adversaire « KO ».

Questions

1. Pourquoi la boxe est-elle une pratique plutôt associée à la virilité en général ?
2. Comment les auteurs expliquent-ils la pratique de ce sport par des femmes ?

Doc. 4 La reproduction sociale a-t-elle disparu ?

Entre la fin des années 1980 et aujourd'hui, les classes préparatoires se sont multipliées, et le nombre d'étudiants inscrits en classes préparatoires ou dans les grandes écoles a quasiment doublé. Cependant, la part occupée par les étudiants de classes préparatoires par rapport aux premiers cycles universitaires est restée la même (autour de 7 %). Surtout, ces 7 % continuent à provenir des mêmes lieux de l'espace social : près de 60 % des étudiants de classes préparatoires (57 % des garçons, 59 % des filles) sont issus de milieux sociaux supérieurs ou de familles d'enseignants, lesquels ne représentent pourtant que 18 % de la population active. [...]

De plus, ces inégalités se creusent encore si l'on regarde, dans les filières scientifiques, les classes étoilées (qui préparent les élèves aux concours les plus prestigieux) ou si l'on se concentre non plus sur les classes préparatoires, mais sur les grandes écoles elles-mêmes dont le recrutement, loin de s'être démocratisé depuis la seconde guerre mondiale, révèle au contraire une accentuation des inégalités d'accès.

Muriel Darmon, *Classes préparatoires. La fabrique d'une jeunesse dominante*, La Découverte, 2015.

Questions

1. Quel constat l'auteure de ce texte tire-t-elle sur les inégalités de recrutement en classes préparatoires ?
2. Selon vous, comment la socialisation peut-elle expliquer ces inégalités ?
3. Quelles peuvent en être les conséquences ?

Je m'auto-évalue

Complétez le texte avec les termes suivants : complexe, comportements, diplômés, femmes, normes, paradoxaux, parcours.

La socialisation détermine en partie les ____ des individus et leurs ____ . Cependant, elle est un phénomène ____ et chaque individu intériorise des ____ et des valeurs particulières. Cela crée des parcours parfois ____ et inattendus. Ainsi, des enfants de parents ____ peuvent ne pas réussir à l'école ou encore des ____ peuvent faire des sports considérés comme masculins.

Je fais le point

La socialisation peut participer à la reproduction des rôles et des places d'une génération à une autre. Cependant, ce n'est pas toujours le cas. Les individus intériorisent des dispositions toujours particulières, qui peuvent les conduire à des parcours et à des rôles inattendus.
Par ailleurs, ces individus sont acteurs de leur processus de socialisation et anticipent leur appartenance à des groupes sociaux.

TD 1

Comment les « petits boulots » des étudiants peuvent-ils influencer leur socialisation secondaire ?

1 Exercice guidé → Comprendre les différentes visions de l'emploi étudiant

Doc. 1 L'emploi étudiant : une nécessité ou un obstacle à la réussite universitaire ?

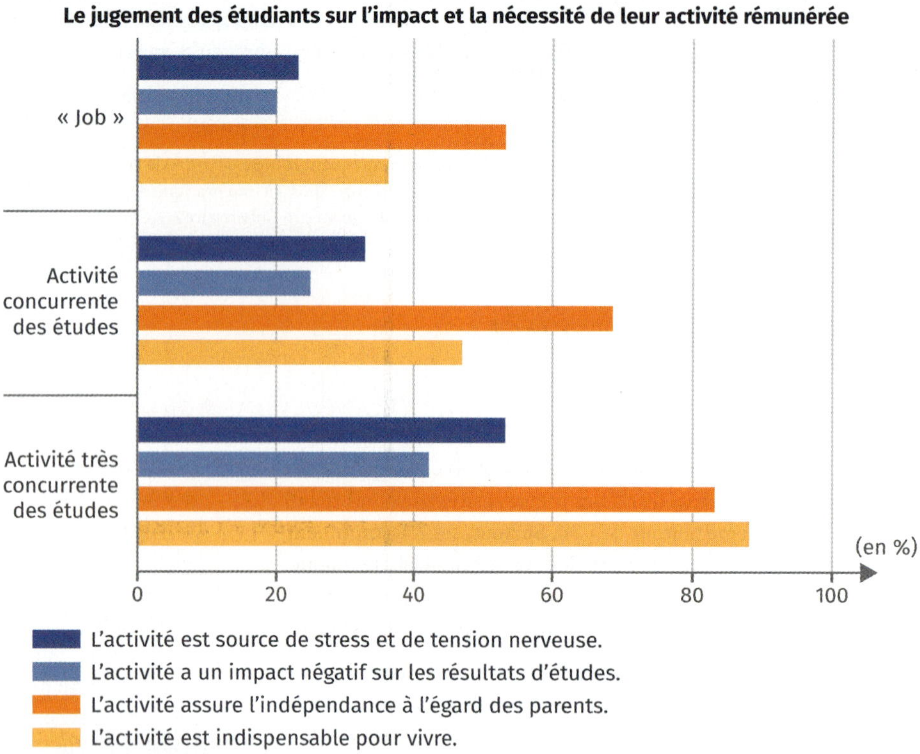

Un « job » est, ici, une activité non liée aux études, occupant moins d'un mi-temps. Une activité concurrente est une activité professionnelle non liée aux études, occupant au moins un mi-temps moins de six mois dans l'année. Une activité très concurrente est une activité professionnelle non liée aux études, occupant au moins un mi-temps plus de six mois dans l'année.

Audrey Travere, « Précarité : près de 20 % des étudiants vivent en dessous du seuil de pauvreté », *Le Monde.fr*, 31 août 2018. Données tirées de l'Observatoire de la vie étudiante.

Présentation de l'application de L'Étudiant pour aider à la recherche d'un « job » étudiant.

Questions

◆ **Étape 1. Comprendre le document.**

1. Montrez que plus l'activité prend du temps et plus elle est jugée comme indispensable.
En utilisant les données pour « l'activité est indispensable pour vivre », il suffit de montrer qu'il y a une corrélation positive entre le pourcentage de personnes en accord avec cette proposition et le temps consacré à l'activité.

◆ **Étape 2. Tirer les informations essentielles du document.**

2. Montrez qu'exercer un emploi étudiant peut être un frein à la réussite des études.
Il faut utiliser les valeurs pour « l'activité a un impact négatif sur les résultats d'études ». Celles pour l'activité comme source de stress peuvent aussi être utiles.

Doc. 2 « Un présent sans avenir »

Le « petit boulot » de certains étudiants peut parfois prendre dans leur emploi du temps et dans leurs préoccupations quotidiennes une place plus importante que celle qu'ils accordent aux études. Il peut, par glissements successifs, devenir durable. [...] Il est apparu [...] comme particulièrement présent dans [les secteurs] de la restauration rapide et des centres d'appels. [...] Certains étudiants sont plus exposés que d'autres à se laisser prendre au piège de leur emploi : c'est particulièrement le cas des étudiants les moins bien intégrés dans l'enseignement supérieur, et notamment celui des étudiants d'origine populaire les moins dotés scolairement. [...] Il faut par ailleurs souligner que les filles sont plus souvent concernées par l'emploi étudiant que les garçons (53 % des filles contre 46 % des garçons).

Vanessa Pinto, *À l'école du salariat. Les étudiants et leurs « petits boulots »*, PUF, 2014.

Questions

◆ **Étape 1. Illustrer le propos du texte.**

1. Donnez des exemples de métiers pratiqués par les étudiants qui peuvent limiter leurs chances de réussite scolaire.
   Deux exemples sont donnés dans le texte.

◆ **Étape 2. Tirer l'information du texte.**

2. Quelles sont les catégories de personnes qui sont le plus concernées par l'emploi étudiant ?
   Identifiez quelles sont leurs caractéristiques en termes de genre et de milieu social.

2 À vous de jouer ! → Comprendre le lien entre job étudiant et socialisation professionnelle

Doc. 3 Un petit boulot pour apprendre un métier ?

Le travail rémunéré vu par les étudiants

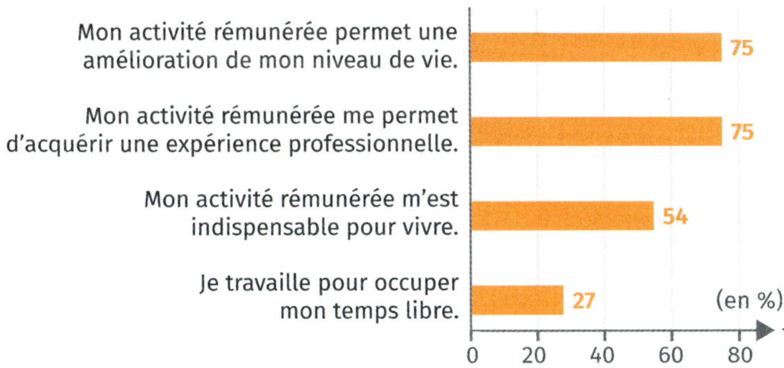

Observatoire de la vie étudiante, « Repères », 2016.

Questions

1. Montrez que la principale motivation d'un étudiant pour occuper un emploi pendant ses études est financière.
2. Quelle donnée du document peut indiquer un lien entre l'emploi étudiant et la socialisation professionnelle ?

Doc. 4 « Un avenir inscrit dans le présent »

Selon Sandrine, les emplois qu'elle exerce ont ainsi une valeur formatrice. L'un d'entre eux, exercé pendant l'été dans une société de crédit immobilier, a même déterminé en partie son « projet professionnel ». [...] De fait, elle a depuis l'âge de seize ans effectué quantité de travaux rémunérés, dont l'intérêt professionnel a globalement progressé au fil de son parcours [...]. Plus encore, Sandrine présente ces emplois, où elle « touche un peu à tout », comme des occasions d'acquérir une « culture générale ».

Vanessa Pinto, *op. cit.*

Questions

1. Comment les différents emplois occupés par Sandrine ont-ils pu participer à sa socialisation professionnelle ?

J'argumente

À l'aide des documents de ce TD, présentez une argumentation pour défendre l'idée selon laquelle la nécessité d'occuper un emploi influe sur la socialisation de certains étudiants.

TD 2

Comment la socialisation influence-t-elle le choix du conjoint ?

1 Exercice guidé → Mesurer et expliquer l'homogamie

Doc. 1 Qui se ressemble s'assemble ?

Répartition des hommes en couple selon leur groupe social et de celui de leur conjointe, en %

Homme \ Conjointe	Agricultrice	Indépendante non agricole	Cadre sup.	Profession intermédiaire	Employée	Ouvrière	Ensemble
Agriculteur	**33,1**	1,1	5,3	16,7	30,7	13,1	100
Indépendant non agricole	0,5	17,9	11,9	21,6	43,1	5,0	100
Cadre supérieur	0,2	2,9	38,5	34,5	22,0	1,9	100
Profession intermédiaire	0,2	2,8	12,4	35,8	42,4	6,4	100
Employé	0,5	1,9	8,3	24,5	57,2	7,6	100
Ouvrier	0,2	2,2	2,8	16,6	59,4	18,8	100
Ensemble des hommes de 30 à 59 ans en couple	1,2	4,1	14,9	26,8	43,9	9,1	100

Calculs de Milan Bouchet-Valat (septembre 2013), d'après l'enquête Emploi 2011 de l'Insee.

Questions

◆ **Étape 1. Lire le document.**

1. Faites une phrase présentant la donnée soulignée.
Il s'agit ici du pourcentage d'hommes agriculteurs ayant une conjointe agricultrice.

◆ **Étape 2. Faire un constat.**

2. Montrez que l'homogamie est forte pour les agriculteurs exploitants.
Il s'agit de montrer qu'alors que les femmes agricultrices sont peu nombreuses dans la société, les agriculteurs ont souvent pour conjointes des agricultrices.

3. Montrez que l'homogamie est moins forte pour les employés que pour les agriculteurs.
Comparez la part des employées dans la population à leur part parmi les conjointes d'employés.

4. Ce tableau permet-il d'observer une forte homogamie ?
L'homogamie se lit sur la diagonale du tableau et il faut, à chaque fois, rapporter la part des femmes de chaque profession à la population totale.

Point notion

Homogamie
Situation dans laquelle deux conjoints appartiennent au même groupe social.

Doc. 2 On n'a de goût pour l'autre que si on a les mêmes goûts ?

On n'a de « goût » l'un pour l'autre que si on a les mêmes « goûts » : le système des « goûts », vécus sur le mode du choix individuel totalement libre (des goûts et des couleurs...), mais en fait fortement structurés socialement, va permettre aux conjoints de se « reconnaître », sur le mode apparent de l'affinité élective, reconstituant ainsi à chaque génération un espace de liaisons matrimoniales socialement structurées.

Alain Desrosières, « Marché matrimonial et structures des classes sociales », *Actes de la recherche en sciences sociales*, 1978.

Questions

◆ **Étape 1. Expliciter la thèse du texte.**

1. Comment les goûts interviennent-ils dans le choix du conjoint ?

La plupart du temps, on choisit son conjoint de façon libre, en raison d'une attirance.

2. Pourquoi ces goûts dépendent-ils de la place dans la société ?

Il faut bien percevoir que les goûts sont des jugements de valeur liés à des manières d'être, de percevoir le monde.

◆ **Étape 2. Illustrer.**

3. Quels exemples de goûts « structurés socialement » pouvez-vous donner ?

Dans la recherche du conjoint ou de la conjointe, le fait de partager des loisirs, des pratiques, des jugements de valeur peut être vu comme important.

2 À vous de jouer ! → Comprendre l'homogamie en ligne

Doc. 3 Le choix du conjoint en ligne, un choix plus libre ?

Pratique socialement marquée, l'expression verbale permet de situer socialement un individu inconnu. Cela est aussi vrai *offline* qu'*online* où l'interaction prend le plus souvent une forme écrite. La rédaction est l'objet d'une importante inégalité sociale [...]. Les entretiens révèlent que la rédaction devient un critère de choix — non prévu en tant que tel — dès lors que la sélection se fait par profil. [...] Cela est particulièrement vrai pour l'orthographe.

« Quelqu'un qui fait des fautes d'orthographe par exemple, c'est pas la peine ! » (Yannick, trente-et-un ans, professeur agrégé. Mère, clerc de notaire ; père, clerc de notaire)

« Déjà les fautes d'orthographe, si je vois des fautes d'orthographe, je zappe tout de suite. » (Élodie, vingt ans, étudiante en sciences politiques. Mère, professeur agrégée ; père, ingénieur)

L'orthographe est présentée comme un critère discriminant par la très grande majorité des interviewés diplômés du supérieur, indépendamment du niveau et du secteur d'études.

[...] Dans un contexte de présentation de soi où les questions introductives portent souvent sur « ce qu'on aime » – loisirs, passions et goûts –, les contacts se voient facilités par le partage d'intérêts et plus largement d'un univers référentiel. [...]

« Il est passionné de Johnny Hallyday (rire). Comme moi aussi j'aimais bien Johnny... Bon, c'est pas mon idole favorite mais j'aime bien Johnny et comme lui, c'est franchement son idole, il était content de rencontrer quelqu'un qui pense un peu comme lui sur cette vedette-là parce que Johnny n'est pas apprécié de tout le monde [...] On n'avait pas beaucoup de discordance hein. » (Brigitte, cinquante ans, infirmière. Mère, vendeuse ; père, mécanicien).

Marie Bergstrom, « (Se) correspondre en ligne. L'homogamie à l'épreuve des sites de rencontre », *Sociétés contemporaines*, avril 2016.

Une comédie romantique de la fin des années quatre-vingt-dix, qui a pour thème les rencontres sur Internet.

Questions

1. Pourquoi pourrait-on supposer que les sites de rencontre sur Internet peuvent réduire l'homogamie ?
2. Pourquoi les critères de choix des individus font-ils que ce n'est pas le cas ?

Récapitulez

À partir des différents documents, vous montrerez que la socialisation peut jouer sur les critères de choix du conjoint.

L'ESSENTIEL

Comment la socialisation contribue-t-elle à expliquer les différences de comportement des individus ?

1 La socialisation, un processus qui démarre dès l'enfance

- La **socialisation** est le processus par lequel les individus intériorisent et incorporent des **normes** et des **valeurs**. Cette intériorisation signifie que les normes et les valeurs deviennent comme une seconde nature. Plusieurs instances participent à la socialisation : la famille, l'école, les groupes de pairs, les médias, le milieu professionnel, etc.
- Par le processus de socialisation, ce sont donc des manières de penser et d'agir qui sont intériorisées par les individus. Ce processus influe aussi sur la manière d'anticiper le futur.
- Ces normes et ces valeurs, ces **dispositions** sont socialement situées : elles tendent à être différentes selon le milieu social, le genre et les groupes d'appartenance des individus. (→ **voir dossier 1**)

2 La diversité des formes de la famille joue sur la socialisation

- Les normes au sein de la **famille** ont changé ces dernières années. L'autonomie et l'égalité sont désormais valorisées et modifient les relations entre les parents et les enfants. Les règles d'autorité doivent être ainsi plus justifiées pour être entendues.
- Ces normes ont aussi transformé les relations de couple et des évolutions juridiques ont rendu les séparations et les divorces plus faciles. De nouvelles formes familiales sont devenues plus courantes : **familles monoparentales**, **familles recomposées**, homoparentales. Ces modifications de la parenté ont pu modifier les **rôles** des parents et multiplient les instances familiales pour les enfants : la présence de beaux-parents, de demi-frères et demi-sœurs conduit à l'intériorisation de nouvelles normes et valeurs. Les individus peuvent ainsi appartenir à des familles très différentes les unes des autres, ce qui joue sur leur socialisation.
- En effet, au sein de la famille, ce ne sont pas seulement les parents qui socialisent les enfants mais aussi les frères et sœurs qui se socialisent entre eux ; les grands-parents peuvent également avoir un rôle déterminant, etc. (→ **voir dossier 2**)

3 Comment la socialisation secondaire se déroule-telle ?

- On distingue la **socialisation primaire** et **la socialisation secondaire** : la socialisation primaire a lieu durant l'enfance, la socialisation secondaire intervient plus tardivement, et se prolonge tout au long de la vie adulte. Cette socialisation secondaire s'ajoute à la socialisation primaire, qu'elle peut simplement prolonger ou modifier en profondeur : dans ce cas, on parle de « choc biographique ».
- Plutôt que d'une socialisation secondaire, il serait plus juste de parler de socialisations secondaires au pluriel. Cette socialisation se déroule à différents stades : entrée dans une profession, mise(s) en couple, naissance des enfants, retraite, migration, etc.

Les notions à connaître

Disposition
Manière d'agir intériorisée par un individu pour se comporter dans une situation typique.

Famille
Ensemble des personnes liées entre elles par des relations de parenté ou d'alliance. Le terme de famille peut aussi être utilisé pour désigner un groupe composé de personnes vivant ensemble et ayant des liens de parenté ou d'alliance.

Famille monoparentale
Famille composée d'un adulte et de son ou ses enfant(s).

Famille recomposée
Famille issue d'une nouvelle union entre deux adultes ayant un ou des enfants.

Groupe d'appartenance
Groupe social auquel un individu appartient en fonction de ses statuts (profession, famille, etc.).

Groupe de référence
Groupe social dont les valeurs, les normes et les comportements sont adoptés comme modèle par un individu qui souhaiterait appartenir à ce groupe.

Normes
Règles de conduite définies dans une société ou un groupe social dont la violation entraîne une sanction.

Rôle
Ensemble des comportements attendus d'un individu en fonction de sa position sociale. Un même individu remplit plusieurs rôles : élève, enfant, ami, etc.

Socialisation
Processus d'intériorisation des normes et des valeurs d'un groupe social.

- La socialisation conjugale correspond au fait que la mise en couple conduit à l'intériorisation de nouvelles normes et valeurs, adaptées au rôle de conjoint et à la mise en commun de certaines normes et valeurs. Quand le couple a un enfant, on peut parler de socialisation au rôle de parent.
- La socialisation professionnelle est une étape importante (qui peut se répéter plusieurs fois au cours d'une vie) : elle conduit à intérioriser des normes et des valeurs propres à son groupe professionnel. Le départ à la retraite conduit également à une socialisation secondaire.
- La migration ou le fait de vivre dans un autre milieu peut aussi mener à une modification des normes et valeurs, tout comme, par exemple, un changement de religion, qui est le plus souvent un choc biographique. (→ **voir dossier 3**)

4 Comment la pluralité des instances socialisatrices peut-elle être à l'origine de trajectoires individuelles improbables ?

- La socialisation est un processus complexe. Dès l'enfance, l'individu intériorise des dispositions qui peuvent être contradictoires entre elles. Cela peut conduire à des trajectoires paradoxales ou inattendues : des femmes peuvent choisir des pratiques sportives vues comme masculines ou encore pratiquer des métiers majoritairement occupés par des hommes. De la même façon, des hommes peuvent exercer des métiers ou des sports très largement féminisés.
- Ces trajectoires paradoxales peuvent aussi s'observer selon le milieu social : on parle alors de réussites ou d'échecs paradoxaux pour désigner respectivement les réussites des enfants de catégories populaires ou les échecs des enfants des catégories les plus diplômées.
- Enfin, la **socialisation anticipatrice** peut permettre à l'individu de mieux intégrer le groupe qu'il désire (**groupe de référence**). Ce processus met en évidence le fait que l'individu est un acteur de son processus de socialisation, il ne fait pas que subir ce dernier. (→ **voir dossier 4**)

Socialisation anticipatrice
Processus par lequel un individu adopte les règles de conduite du groupe qu'il souhaite intégrer. Ce groupe social auquel il se conforme est un groupe de référence.

Socialisation primaire
Socialisation dans l'enfance.

Socialisation secondaire
Socialisation qui suit la socialisation primaire. Elle se produit dans le cas d'un changement de situation de l'individu, le plus souvent à l'âge adulte.

Valeurs
Principes et idéaux qui orientent les actions et les comportements d'un groupe social ou d'une société. Elles peuvent être à l'origine des normes.

Capsule vidéo
L'essentiel du cours en vidéo sur lelivrescolaire.fr : LLS.fr/SES1P153

Attention aux notions

Ne pas confondre

Socialisation différenciée et **socialisation secondaire**

- La socialisation différenciée décrit le processus de différenciation qui a lieu selon les milieux sociaux et le genre. Les instances de socialisation participent à ces différenciations de par leur position (par exemple, la position sociale de la famille) ou des valeurs qui les guident (les attentes concernant les rôles de garçons et de filles). Cette différenciation peut se produire tout au long de la vie.
- La socialisation secondaire désigne la socialisation qui poursuit la socialisation primaire.

Comprendre le lien

Socialisation anticipatrice et **groupe de référence**

La socialisation anticipatrice décrit le processus d'intériorisation de nouvelles normes et de valeurs qui doivent permettre à un individu d'intégrer un nouveau groupe : le groupe de référence. Les normes et les valeurs de ce dernier sont donc le modèle qui guide l'acquisition de nouvelles dispositions.

EN THÉORIE

Les effets de la socialisation sur « l'habitus », vus par Pierre Bourdieu

Doc. 1 La socialisation, intériorisation de dispositions ?

L'habitus, comme le mot le dit, c'est ce que l'on a acquis, mais qui s'est incarné de façon durable dans le corps sous forme de dispositions permanentes. La notion rappelle donc de façon constante qu'elle se réfère à quelque chose d'historique, qui est lié à l'histoire individuelle, et qu'elle s'inscrit dans un mode de pensée génétique [...]. Et de fait, l'habitus est un capital, mais qui, étant incorporé, se présente sous les dehors de l'innéité. [...]. C'est une espèce de machine transformatrice qui fait que nous « reproduisons » les conditions sociales de notre propre production, mais d'une façon relativement imprévisible. [...] L'habitus est un principe d'invention qui, produit par l'histoire, est relativement arraché à l'histoire : les dispositions sont durables, ce qui entraîne toutes sortes d'effets d'hystérésis (de retard, de décalage, dont l'exemple par excellence est Don Quichotte). On peut le penser par analogie avec un programme d'ordinateur (analogie dangereuse, parce que mécaniste), mais un programme autocorrectible.

Pierre Bourdieu, « *Le marché linguistique* », *in Questions de sociologie*, Éditions de Minuit, 1980.

Questions

1. Que veut dire Pierre Bourdieu quand il indique que l'habitus « se présente sous les dehors de l'innéité » ?
2. Quels sont les liens entre la socialisation et les habitus ?
3. L'habitus est-il fixé pour la vie ? Change-t-il facilement ?

Qui est-ce ?

Pierre Bourdieu (1930-2002) est l'un des sociologues français les plus reconnus dans le monde, notamment pour ses travaux sur l'école et sur les pratiques culturelles.

Avec Jean-Claude Passeron, il a montré comment l'école peut favoriser la reproduction sociale en exigeant des élèves des pratiques, des connaissances et des manières d'être qui correspondent à la socialisation dans les classes les plus favorisées. Il a aussi montré comment ces classes (celles qu'il appelle dominantes) utilisent les pratiques culturelles pour se distinguer des autres et asseoir leur domination.

1930 1940 1960 1980 2000

- **1930** Naissance
- **1954-1962** Guerre d'Algérie
- **1958-1962** Travaux de terrain en Algérie
- **1964** *Les Héritiers*
- **1968** Mai 68
- **1979** *La Distinction*
- **1981** Entrée au Collège de France
- **1993** *La Misère du monde*
- **1995** Mouvement contre les réformes des retraites, engagement public de Pierre Bourdieu
- **2002** Décès

Illustrer par une citation

> *[La socialisation est] la façon dont la société forme et transforme les individus.*

Muriel Darmon, *La Socialisation*, Armand Colin, 2016.

S'appuyer sur des données

400 000

C'est le nombre de mineurs en France qui sont en garde alternée entre leurs deux parents en 2016 selon l'Insee. Ils représentent 2,7 % des mineurs.

Insee

228 000

C'est le nombre de mariages en France en 2017.
Parmi eux, 7 000 concernent des personnes de même sexe.
La même année, 128 000 divorces ont été prononcés.

Insee

26,2 %

C'est la part des actifs occupés qui ont connu un changement de situation professionnelle (changer de métier, passer de CDD à CDI, quitter un congé parental, connaître une période de chômage, etc.) au cours de l'année 2016.

Observatoire des trajectoires professionnelles

Situer dans le temps

1975

Loi autorisant le divorce par consentement mutuel. Jusqu'à cette date, seuls les divorces pour faute étaient autorisés légalement.

1975

Mise en place du collège unique, dont le but est de promouvoir l'égalité des chances à l'école en proposant la même scolarité pour tous de la 6e à la 3e.

Synthétiser en images

LA SOCIALISATION...

... conduit à l'intériorisation de normes et de valeurs qui sont des façons :
- d'agir ;
- de penser ;
- d'anticiper l'avenir.

... est différenciée selon le genre et le milieu social.

... est faite en partie par la famille, qui peut prendre des formes diverses :
- couples mariés ou non ;
- familles recomposées ;
- familles monoparentales ;
- familles homoparentales.

... se poursuit tout au long de la vie.

Socialisation secondaire :
- socialisation conjugale ;
- socialisation professionnelle ;
- socialisation au rôle de parent.

Grande diversité des influences socialisatrices → Grande variété des trajectoires

Mobilisation des connaissances et traitement de l'information : prélever les données d'un document statistique

Première

La première partie de l'épreuve de contrôle continu en classe de première est notée sur 10 points. Elle comprend un document, ou une représentation graphique, et des questions. Quand il s'agit d'un document statistique, il est demandé de prélever l'essentiel de l'information, en répondant à une ou plusieurs questions.

Exemple de sujet :

❑ À l'aide du document, vous caractériserez les différences sociales de pratiques culturelles.

Doc. 1

Pratiques culturelles à 11 ans et 17 ans pour les enfants d'ouvriers et de cadres (en %)

	11 ans				17 ans			
	Enfants d'ouvriers		Enfants de cadres		Enfants d'ouvriers		Enfants de cadres	
	filles	garçons	filles	garçons	filles	garçons	filles	garçons
Télévision	83	85,5	67,5	72	71	74	52	56
Écouter de la musique	47	30	44,5	23	69	64	73	71,5
Radio	35	29,5	39,5	34,5	47,5	37,5	62	46
Lecture de livres	33,5	24	48,5	38,5	8,5	2,5	21	2,5
Sport	14,5	25,5	12	31	7,5	25	7,5	26
Jeux vidéo	8,5	33	6,5	35	3,5	30	2	29,5
Autres jeux	18,5	17,5	19	30,5	1	2,5	0,5	2
Lecture de bandes dessinées	13	22	14,5	39,5	3	4	4	11
Lecture de journaux, magazines	16	11	20,5	19,5	8	8,5	7,5	16,5
Ordinateur	12,4	12	14,5	24	64,5	71	74	76
Pratiques artistiques	7,5	4,5	8,5	6,5	10	5,5	14	15,5

Christine Détrez, « Les pratiques culturelles des adolescents à l'ère du numérique : évolution ou révolution ? », *Revue des politiques sociales et familiales*, 2017.

Comment collecter l'information

◆ **Étape 1. Présenter le document et lire les données.**

En premier lieu, au brouillon, il faut vous assurer d'avoir bien compris le document. Pour cela, exercez-vous à la lecture de données. (→ **voir Vers le bac du chapitre 5**)

◆ **Étape 2. Identifier les données essentielles.**

La lecture d'un document statistique peut parfois être assez complexe et il n'est pas toujours facile de voir par où commencer. Réfléchissez aux enjeux du document et à ce qu'il peut apporter.

Ne pas oublier...

❒ de repérer le type de données présentées : pourcentage de répartition, taux de variation, indices, coefficients multiplicateurs, etc. *Vous pourrez en déduire quels sont les bons réflexes à adopter pour lire ces données correctement ;*

❒ d'identifier les variables observées : *quelles sont les informations étudiées dans le document ?* ;

❒ de repérer quels sont les enseignements principaux du document : *que nous apprend le document ?*

◆ **Étape 3. Repérer les enseignements principaux du document.**

- *Dans un document faisant intervenir une variable décomposée (par exemple, le taux de chômage des hommes et celui des femmes), il faut étudier les positions relatives (« le taux de chômage des femmes est plus élevé que celui des hommes ») et d'écart (le fait de proposer quelques calculs basiques pour rendre compte de ces variations sera valorisé par les correcteurs).*
- *Dans un document faisant intervenir plusieurs variables, il faut chercher des corrélations, qu'elles soient positives ou négatives.*
- *Si le document présente une évolution dans le temps , vous devez impérativement commencer votre travail en détaillant les évolutions des variables observées. Dans ce cas, débutez par l'évolution globale puis décrivez des sous périodes.*

N'hésitez pas à « tâtonner » en comparant de multiples données. Ce n'est qu'ensuite que vous pourrez identifier efficacement les axes du document.

1 Exercice guidé

◆ **Étape 1. Présenter le document et lire les données.**
Identifiez la nature du document et sa source. Ici, les données sont exprimées en pourcentage de répartition. Pour plus de clarté, on peut les lire en utilisant la formule « sur 100... ». Par conséquent, la première donnée du tableau se présente ainsi : « Sur 100 filles d'ouvriers âgées de 11 ans, 83 en moyenne regardent la télévision ». S'il faut calculer des écarts, ils se liront en points de pourcentage.

◆ **Étape 2. Identifier les données essentielles.**
Le document est riche et il peut être difficile de voir comment le lire. Il faut percevoir le fait que ce document invite à comparer les pratiques des enfants selon leur âge, leur genre et leur origine sociale. Vous devrez alors choisir les données qui montrent des écarts significatifs.

◆ **Étape 3. Repérer les enseignements principaux du document.**
Le travail effectué lors de la deuxième étape vous permet de cerner les grandes directions pour exploiter le document. Hiérarchisez les informations. À âge et origine sociale identique, comparez les pratiques des filles et des garçons. Ensuite, à genre et âge identique, comparez les pratiques selon l'origine sociale puis penchez-vous sur l'influence de l'âge. Enfin, mettez en évidence le cumul de l'effet de ces différentes variables.

2 Je m'exerce

À l'aide du document, vous caractériserez l'évolution des inégalités sociales face au décrochage scolaire.

Doc. 2

Évolution de la part des personnes sorties sans diplôme ou avec le brevet des collèges (en %) en fonction de l'année de sortie du système scolaire et selon l'origine socioprofessionnelle

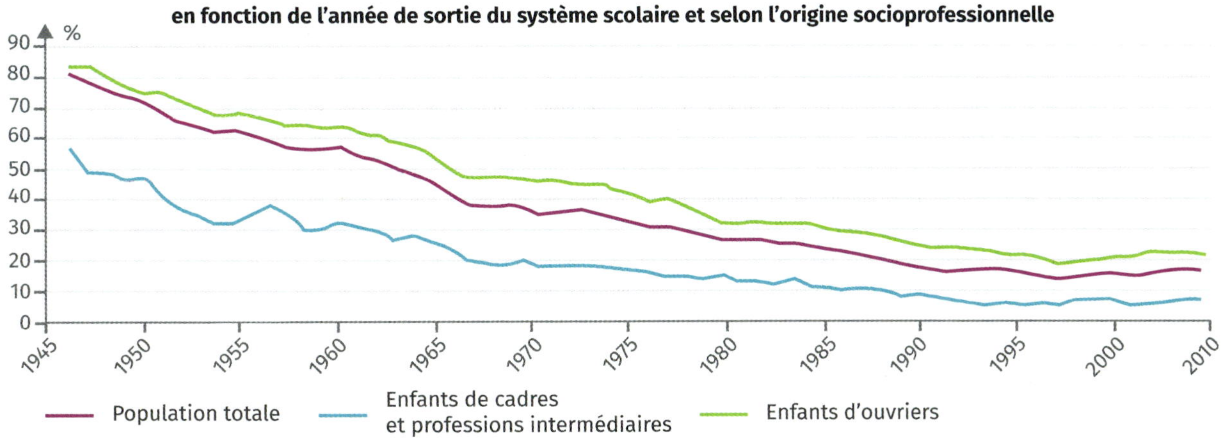

Pierre-Yves Bernard, « Les inégalités sociales de décrochage scolaire », *in* CNESCO, *Comment l'école amplifie-t-elle les inégalités sociales et migratoires ?*, 2016.

EN DIRECT DU LABO

Faire l'histoire sociologique d'une famille immigrée en France

L'enquête

Un travail de terrain pour déconstruire l'image négative des familles immigrées

Doc. 1 Une enquête « circonstancielle »

Il n'est pas inutile de rappeler que l'enquête est au départ « circonstancielle ». C'est en effet en juin 2012, à l'issue d'une conférence-débat à Monville, en proche banlieue parisienne (93), que je rencontre trois jeunes femmes d'origine algérienne. C'est l'aînée, Samira, entourée de deux de ses sœurs, qui s'adresse la première à moi [...]. L'échange avec les trois sœurs qui s'ensuit [...] est suffisamment riche (notamment sur les éléments de base de l'histoire familiale et les destins sociaux des membres de la fratrie) et chaleureux pour que je leur suggère, à la fin de la soirée, de les revoir afin d'effectuer un entretien individuel avec chacune d'entre elles. Toutes acceptent [...].

La définition de la situation qui va peu à peu se stabiliser lors de ce premier mois d'enquête est la suivante : il leur est dit que je vais essayer de retracer l'histoire de leur famille en France au cours des quarante dernières années. Pour préciser mon intention, je leur dis que je souhaiterais pouvoir raconter « l'histoire ordinaire d'une famille arabe ordinaire en France ». Quelques mois après les massacres commis par Mohamed Merah à Toulouse et un mois après le deuxième tour d'une campagne présidentielle marquée par la campagne à l'extrême droite du président sortant sur le thème de « l'identité nationale » et du « caractère inassimilable des Musulmans ». Cette enquête que je vois alors se profiler – une étude de cas sur une famille algérienne ou une monographie historique de famille immigrée en France – me semble constituer une riposte des sciences sociales à l'hystérie politique autour des immigrés et de « l'intégration » de leurs enfants. [...]

Enfin, je dois ajouter que [...] cette recherche [...] visait à lutter contre les prénotions. [...] En donnant à voir et à comprendre l'histoire dynamique d'une famille algérienne, dont les traits saillants sont à bien des égards semblables à ceux d'une famille populaire « française », l'enquête ethnographique offre la possibilité de proposer une contre image sociale des « Maghrébins » (et par extension des « Musulmans »), à l'opposé de celle, spectaculaire et médiatique, qui s'est diffusée et enkystée dans maints segments de la société française, celle d'un groupe social réputé « inassimilable ». Une représentation qui signerait « l'échec de l'intégration », objet de nombreuses unes d'hebdomadaires français (*Le Point, L'Express, Marianne, Valeurs actuelles*) et que contredit pourtant l'enquête *TeO* (« Trajectoires et origines ») de l'Institut national d'études démographiques (Ined), la plus aboutie sur ce sujet.

Stéphane Beaud, « Raconter l'histoire d'une famille algérienne en France. Retour réflexif sur une enquête hybride », *Idées économiques et sociales*, Canopé, 2017.

L'auteur

Stéphane Beaud, (né en 1958) est sociologue. Il est connu pour ses travaux sur la jeunesse ouvrière (*Retour sur la condition ouvrière* avec Michel Pialoux, en 1999) et sur les limites de la démocratisation scolaire (*80 % au bac... et après ?* en 2002).

Dans ces travaux, il s'est souvent penché sur la situation des enfants d'immigrés, comme dans *Pays de malheur !* avec Younès Amrani, en 2004.

Les travaux dont il est question ici ont conduit à la publication de *La France des Belhoumi* en 2018.

Questions

1. Comment Stéphane Beaud a-t-il choisi d'enquêter sur la famille Belhoumi ?

2. Que veut dire Stéphane Beaud quand il évoque une « riposte » des sciences sociales ?

3. Comment l'enquête sociologique peut-elle permettre de lutter contre les prénotions, les idées préconçues ?

Numérique

Stéphane Beaud au sujet de son enquête : LLS.fr/Belhoumi

Doc. 2 Les techniques d'enquête des sociologues

[À la suite des échanges avec Samira], je décide de me lancer en proposant tout à trac aux trois sœurs, en fin de discussion, de démarrer par leur intermédiaire une recherche sur l'histoire de leur famille. [...] J'obtiens leurs numéros de téléphone portable de manière à les recontacter assez vite pour commencer une série d'entretiens avec chacune d'entre elles. Le premier aura lieu avec Samira un mois plus tard et sera suivi d'autres entretiens avec Leïla et Amel en juillet 2012. L'enquête va ensuite se dérouler jusqu'en septembre 2017. [...] Cette enquête a, bien sûr, évolué au cours du temps.

Pour ce faire, les moyens « modernes » de communication ont été d'un grand secours : les entretiens approfondis, les discussions informelles – irremplaçables pour tout sociologue de métier – sont allés de pair avec des échanges très fréquents par texto et surtout par courriel.

Stéphane Beaud, *La France des Belhoumi*, La Découverte, 2018.

Point notion

Entretien sociologique

Technique d'enquête qui consiste à interroger une ou plusieurs personnes pour obtenir des informations.

Questions

1. Quels sont les différents moyens utilisés par le sociologue pour obtenir des informations de la part des membres de la famille ?
2. Combien de temps a duré l'enquête ?

Les résultats

Diversité des parcours et importance de la variable de genre

Doc. 3 Les parcours des 8 membres de la fratrie

	Samira	Leïla	Rachid	Azzedine	Mounir	Dalila	Amel	Nadia
Année de naissance	1970 (Algérie)	1973 (Algérie)	1975 (Algérie)	1979 (France)	1981 (France)	1983 (France)	1984 (France)	1986 (France)
Diplômes	Bac ES (1989), diplôme d'infirmière (1992), master 2 ingénierie formation (2012)	Bac ES (1992), DUT carrières sociales, maîtrise sc. de l'éducation (1997), master 2 ingénierie insertion (2004)	Arrêt des études en fin de 5e	BEP industrie	Bac pro	Bac STT (2002), diplôme d'infirmière (2010)	Bac STT (2003), Deug sc. humaines (2006), diplôme assistante sociale (2010)	Bac L (2005), Deug sociologie, licence professionnelle ressources humaines (2008)
Carrière professionnelle	Infirmière (1992-2000), cadre infirmier (2001-2012)	Bureau Information jeunesse (1997), mission locale (cadre depuis 2008)	Petits boulots, vendeur (commerce), responsable vente depuis 2010, formation éducateur PJJ	Chauffeur de bus (RATP) depuis 2006	Intérimaire (ouvrier), vendeur, VRP, licencié économique en mai 2013	Aide-soignante (2004-2008), infirmière depuis 2010	Assistante sociale, aide sociale à l'enfance (Seine-Saint-Denis) depuis sept. 2010	Employée dans une SSE (démission), conseillère Pôle emploi depuis 2010
Trajectoire matrimoniale	1er mariage (1992), 2nd mariage (2004), mari d'origine algérienne, cadre commercial. Deux filles (2006 et 2008)	Mariage religieux (2012), mari d'origine algérienne, ouvrier militant CGT. 1er enfant (Yassine, 2013)	Vit avec une « Française », employée. 5 enfants de 3 unions successives	Célibataire avec moments de mise en couple (2012-2013) à Paris	Marié, femme « française », fille d'ouvrier EDF et CGT. Un enfant	Mariage (2011), mari d'origine algérienne, conseiller Pôle emploi. 1er enfant (2012)	Célibataire	Mariage religieux (2012), mari d'origine algérienne, détective privé. 1er enfant en 2013
Lieu de résidence	Loue un F4 à Paris, 18e	F3 proche banlieue parisienne	Loue une maison, 3 km de chez ses parents	Studio banlieue nord, 18e	Loue un appartement, quartier proche de ses parents	Appartement résidence privée, Montpellier	Studio à Paris, 15e	Studio à Paris, 18e

Stéphane Beaud, « Les trois sœurs et le sociologue », *Idées économiques et sociales*, janvier 2014.

Questions

1. Peut-on dire que tous les membres de la fratrie ont grandi dans le même contexte social et économique ?
2. Quelle influence a pu avoir le parcours scolaire des grandes sœurs sur les plus jeunes ?
3. Quelle semble être l'influence du genre sur la réussite scolaire dans cette famille ?

La socialisation modifie-t-elle le cerveau ?

Objectifs

L'analyse sociologique est souvent opposée à la biologie : le social s'opposerait à la nature et la construction sociale des comportements irait contre une sorte de patrimoine génétique. Pourtant, le développement des techniques d'imagerie cérébrale montre que les connexions à l'intérieur du cerveau sont, elles-mêmes, modelées par les expériences vécues : la société influe aussi sur le biologique.

Doc. 1 Le concept de plasticité cérébrale

Depuis quinze ans, les études par IRM (imagerie cérébrale par résonance magnétique) s'accumulent pour montrer comment l'expérience façonne le cerveau, tant chez les enfants que chez les adultes […]. Le petit humain vient au monde avec un cerveau largement inachevé : il possède un stock de cent milliards de neurones mais peu de voies nerveuses pour les faire se connecter entre eux. Seulement 10 % de ces connexions — les synapses[1] — sont présentes à la naissance. Cela signifie que 90 % des synapses se fabriquent à partir du moment où le bébé entre en contact avec le monde extérieur. Les influences de la famille, de l'éducation, de la culture, de la société, jouent un rôle majeur sur le câblage des neurones et la construction du cerveau. Le terme de plasticité décrit cette propriété du cerveau humain à se modeler en fonction des apprentissages et des expériences vécues. […]

L' IRM[2] a permis de révéler que les différences cérébrales entre les personnes d'un même sexe sont tellement importantes qu'elles dépassent les différences entre les sexes […]. Chacun des sept milliards d'individus sur la planète possède un cerveau unique en son genre, indépendamment du fait d'appartenir au sexe féminin ou masculin. […]

À la naissance, le petit humain n'a pas conscience de son sexe. Il va l'apprendre progressivement à mesure que ses neurones se connectent et que ses capacités cérébrales se développent. […] Or, depuis la naissance, il évolue dans un environnement sexué : la chambre, les jouets les vêtements sont différents selon le sexe de l'enfant. […]. Mais tout n'est pas joué pendant l'enfance. […] La diversité des expériences vécues fait que chacun de nous va forger sa propre façon de vivre sa vie de femme ou d'homme. […] Tous ces acquis de la neurobiologie confortent et enrichissent les recherches en sciences humaines et sociales sur le genre. Le sexe et le genre ne sont pas des variables séparées mais s'articulent dans un processus d'incorporation (*embodiment*), qui désigne l'interaction entre le sexe biologique et l'environnement social, et ce dès la naissance.

Catherine Vidal, « Les cerveaux des filles et des garçons : au-delà des préjugés », *in* Dominique Ratia-Armengol, *Quand les temps changent, les bébés changent-ils ?*, ERES, 2018.

1. Connexion entre deux cellules nerveuses.
2. Technique qui permet de visualiser l'intérieur du corps humain (en 2D ou en 3D) sans avoir besoin de l'ouvrir. Cette technique a été appliquée au cerveau à partir des années 1990.

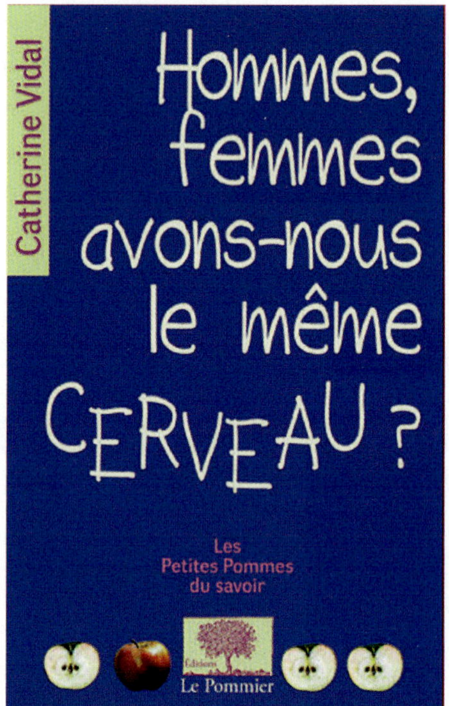

Un livre écrit par l'auteure du texte sur le même thème.

Questions

1. Que signifie la notion de plasticité cérébrale ?
2. Comment peut-on lier cette notion à celle de socialisation ?
3. Que signifie le fait que le sexe et le genre « ne sont pas des variables séparées » ?

Numérique

Une conférence en ligne de Catherine Vidal : LLS.fr/SES1Cerveau

Vers la terminale

Maintenant, vous savez tout (ou presque) sur la socialisation. Ces connaissances peuvent être prolongées :

- par des interrogations sur le lien entre déviance et socialisation (chapitre 8), sur l'influence de la socialisation sur les choix électoraux (chapitre 10) et sur les prises de risque (chapitre 11) ;
- par une mise en évidence des interactions entre socialisation et mobilité sociale ;
- par une réflexion sur les liens entre socialisation et inégalités économiques et sociales.

Entre les murs, sorti en 2007, raconte une année scolaire dans un lycée d'un quartier populaire, à Paris, et se penche sur les inégalités scolaires.

Pour aller + loin

À lire

Muriel Darmon, *La Socialisation*, Armand Colin, 2016 (3e édition).
Le livre de référence sur la socialisation. Il permet de revenir sur les points essentiels de ce chapitre, puis d'approfondir, notamment en percevant les débats théoriques qui peuvent exister autour du concept de socialisation.

Gaël Faye, *Petit pays*, Grasset, 2016.
Le rappeur et romancier Gaël Faye raconte l'histoire du jeune Gabriel (ou Gaby) fils d'un père jurassien et d'une mère rwandaise tutsi rescapée du génocide qui a frappé son peuple. Son enfance est gaie et protégée du monde des adultes, mais des événements politiques vont bouleverser le Burundi, pays de résidence de Gabriel. La culture et les livres deviennent son refuge.

Eduardo Mendoza, *La Ville des prodiges*, Points, 2007.
Onofre Bouvila, paysan catalan désargenté, quitte la campagne pour aller travailler à Barcelone. Son ascension est fulgurante. Un roman captivant, qui donne une bonne illustration du concept de choc biographique.

À écouter

« La notion d'habitus chez Bourdieu », *Les chemins de la philosophie*, Franceculture.fr :
La sociologue Nathalie Heinich présente le concept d'habitus et l'illustre par de nombreux exemples.
LLS.fr/SES1Habitus

***Que sont-ils devenus ?* Arte Radio :**
Douze ou quinze ans après la troisième, ils racontent leur vie à leur ancien professeur. De belles illustrations du fait que le parcours de vie n'est pas toujours linéaire.
LLS.fr/SES1Avenir

À voir

***Le Brio* de Yvan Attal, 2017.**
Neïla Salah, jeune femme originaire de Créteil, a toujours voulu devenir avocate. Dès ses premiers jours à l'université Panthéon-Assas, elle est confrontée au professeur Pierre Mazard qui va la préparer à un prestigieux concours d'éloquence. Un film sur la socialisation anticipatrice et la rencontre des milieux sociaux.

***Captain Fantastic*, de Matt Ross, 2016.**
Ben est le père d'une famille qui vit dans les bois, retirée du monde moderne. Le film est construit sur la confrontation de cette famille avec les modes de vie actuels et propose une belle réflexion sur ce qu'est une famille.

CHAPITRE 7

Comment se construisent et évoluent les liens sociaux ?

Ivy Folks, Victor Collector, 1999.

Notions-clés

Cohésion sociale · Disqualification sociale · Groupe social · Individualisation · Intégration sociale · Lien social · PCS · Précarité · Ségrégation · Sociabilité · Sociabilité numérique · Solidarité mécanique · Solidarité organique

POUR COMMENCER

Comment se construisent et évoluent les liens sociaux ?

Doc. 1 Bloquer des ronds-points pour créer du lien ?

Les « Gilets jaunes » sont un mouvement de protestation apparu en France en novembre 2018. Ce mouvement a d'abord été centré autour d'une contestation des hausses de prix du carburant puis a étendu ses revendications à la question du pouvoir d'achat et à celle du fonctionnement de la démocratie. L'un des modes d'action de ce mouvement est de construire des barrages sur les ronds-points.

Deux bâches sont tendues en plein vent sur une charpente en bois récupéré. Un coin fait cuisine, Butagaz, table bricolée. Deux canapés occupent le fond, un générateur, quatre drapeaux français et le sapin de Noël, apporté par un club de motards. C'est « la cahute », appellation officielle : combien y en a-t-il aujourd'hui en France, posées sur le bord des ronds-points ? Celle-là est à côté du Leclerc, à l'entrée de Marmande (Lot-et-Garonne). [...]

Coralie arrive la première. [...] Depuis des mois, son mari disait à Coralie : « Sors de la maison, va voir des copines, fais les magasins. » Ça a été les « Gilets jaunes ». [...] Voilà les autres, ils arrivent, Christelle, qui a des enfants du même âge que ceux de Coralie, Laurent, un maréchal-ferrant, André, un retraité attifé comme un prince, trois cents chemises et trois Mercedes, Sylvie, l'éleveuse de poulets. Et tout revient d'un coup, la chaleur de la cahute, la compagnie des humains, les « Bonjour » qui claquent fort. Est-ce que les « Gilets jaunes » vont réussir à changer la vie ? Une infirmière songeuse : « En tout cas, ils ont changé ma vie. »

Le soir, en rentrant, Coralie n'a plus envie de parler que de ça. Son mari trouve qu'elle l'aime moins. Il le lui a dit. Un soir, ils ont invité à dîner les fidèles du rond-point. Ils n'avaient jamais reçu personne à la maison, sauf la famille bien sûr.

Florence Aubenas, « "Gilets jaunes" : la révolte des ronds-points », *Le Monde*, 15 décembre 2018.

Une « cahute » de Gilets jaunes, à Guipavas (Finistère), en novembre 2018.

Questions

1. Quelles étaient les relations sociales de Coralie avant sa participation au mouvement des Gilets jaunes ?

2. Comment ce mouvement crée-t-il du lien entre des personnes différentes ?

Doc. 2 L'utilisation des réseaux sociaux sur Internet crée-t-elle du lien ?

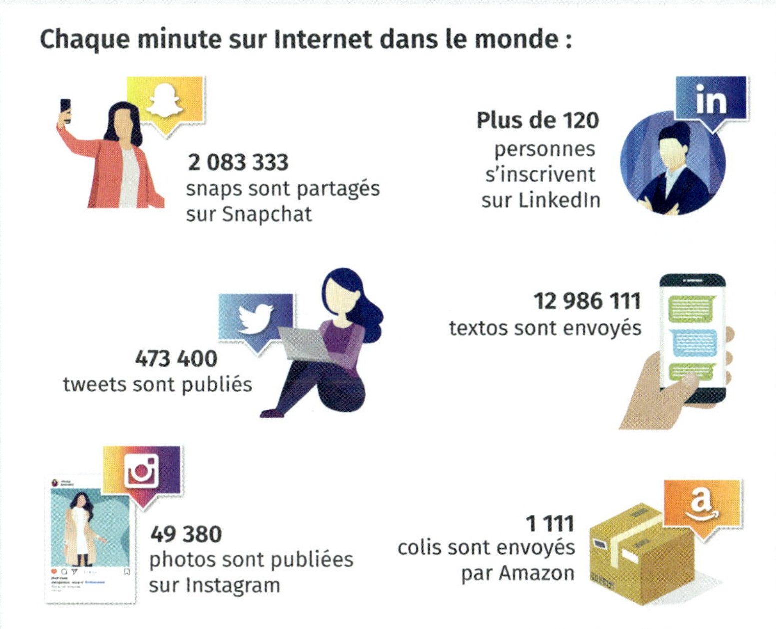

blogdumodérateur.com

Questions

1. Comment Internet peut-il créer du lien entre les personnes ?

2. Selon vous, ce lien est-il toujours fort ?

Doc. 3 Travailler pour s'intégrer dans la société ?

J'ai adoré mon stage.
J'étais dans mon élément.
J'ai appris plein de choses.
Le premier jour à la cantine, j'ai commencé
mon apprentissage de la belote.
Il y avait une superbe ambiance.
Et puis, je suis parti en intervention avec une personne
qui sans le savoir était le voisin de mes grands-parents.
C'était dur car je n'ai pas l'habitude de travailler
comme ça à l'école.
Je ne pensais pas faire grand-chose mais finalement,
j'étais presque un ouvrier.

Jean-Marc Flahaut, *J'étais presque un ouvrier. Récits, poèmes et fragments réunis par Jean-Marc Flahaut*, Les Venterniers, 2018.

Questions

1. Comment l'emploi peut-il permettre à une personne de s'intégrer dans la société ?

2. Pourquoi le fait de réaliser un stage ne permet-il pas tout à fait cette intégration ?

3. Pourquoi le fait d'appartenir à la catégorie des ouvriers peut-il renforcer le sentiment d'appartenance à la société ?

Testez vos connaissances

1. Un groupe de pairs peut être :
❑ des amis ; ❑ les parents et leurs enfants ;
❑ un ou une chef d'entreprise et ses salariés.

2. Un emploi précaire est un emploi :
❑ à durée indéterminée ; ❑ qui n'est pas à durée indéterminée.

3. Un ingénieur est :
❑ un cadre ; ❑ un employé ; ❑ un ouvrier.

Questions du chapitre

1. Quelles sont les différentes formes de lien social ?
2. Comment des liens entre individus peuvent-ils exister ?
3. Pourquoi le lien social peut-il être fragilisé ?
4. Dans quelle mesure se recompose-t-il ?
5. Comment le classement des PCS permet-il de mieux comprendre les groupes sociaux ?

DOSSIER

1 Comment se construisent les liens sociaux ?

Découvrir

Doc. 1 Une victoire qui crée du lien ?

Des supporters fêtent la victoire de la France à la Coupe du monde de football, le 13 juillet 2018.

Questions

1. Les supporters présents sur la photo se connaissaient-ils tous avant de se réunir ?
2. Comment un événement comme la victoire de la France à la Coupe du monde de football permet-il de créer du lien social ?
3. Pourquoi peut-on dire que certaines personnes sur cette image sont plus fortement liées entre elles que d'autres ?

Doc. 2 Quelles sont les formes du lien social ?

Types de lien	Formes de protection	Formes de reconnaissance
Lien de filiation (entre parents et enfants)	Compter sur la solidarité intergénérationnelle Protection rapprochée	Compter pour ses parents et pour ses enfants Reconnaissance affective
Lien de participation élective[1] (entre conjoints, amis, proches choisis, etc.)	Compter sur la solidarité de l'entre-soi électif Protection rapprochée	Compter pour l'entre-soi électif Reconnaissance affective ou par similitude
Lien de participation organique[2] (entre acteurs de la vie professionnelle)	Emploi stable Protection contractualisée	Reconnaissance par le travail et l'estime sociale qui en découle
Lien de citoyenneté (entre membres d'une même communauté politique)	Protection juridique (droits civils, politiques et sociaux) au titre du principe d'égalité	Reconnaissance de l'individu souverain

1. Électif signifie choisi.
2. Lien entre les personnes qui exercent un emploi et participent à la production.

Serge Paugam, *Le Lien social*, PUF, 2018 (4e édition).

Questions

1. Quels sont les types de lien qui se forment surtout dans des groupes primaires ? Quels sont ceux qui se forment dans des groupes secondaires ?
2. Quel lien peut-on faire entre la « protection contractualisée » et le contrat de travail ?

Point notion

Groupe social

Ensemble de personnes liées entre elles par des relations sociales plus ou moins fortes, des caractéristiques communes ou des objectifs communs.

On parle de groupe primaire pour désigner un groupe social de petite taille, composé de personnes qui se connaissent et entretiennent des liens forts. Un groupe secondaire est un groupe de plus grande taille, où les relations directes entre les personnes sont plus rares.

Doc. 3 Des formes de lien qui s'imbriquent ?

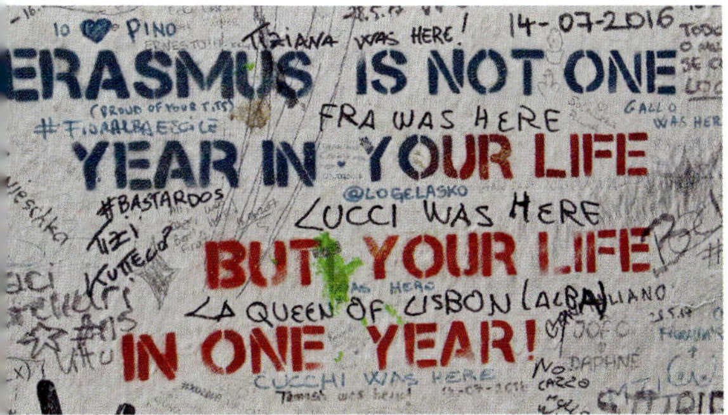

Le programme Erasmus favorise la mobilité internationale des étudiants en Europe, dont il est question dans ce texte.

Chaque groupe étant le reflet de normes particulières qui le distinguent des autres groupes (valeurs, comportements, etc.), le passage d'un groupe à un autre suppose de la part de l'individu une capacité certaine à l'adaptabilité. Or, c'est justement l'un des gains sociaux de la mobilité internationale qui est apparu à la suite de notre étude […].

Notre étude a mis au jour l'envie de faire des rencontres, d'aller vers les autres, qui découle des périodes d'immersion. Ceci associé aux sentiments de plus grande confiance en soi et de communication plus aisée, également ressentis après la mobilité, se traduit par une plus grande propension à développer des liens de participation élective, mais également à s'adapter à la vie dans un groupe, en entreprise.

En conclusion, les périodes de mobilité à l'étranger semblent propices à l'acquisition de plusieurs compétences en communication interculturelle qui servent de base à la construction du lien social, indispensable au vivre ensemble en société et au travailler ensemble en entreprise.

Cécilia Brassier-Rodrigues, « La mobilité internationale, un passeport pour vivre et travailler ensemble », *Journal of international Mobility*, janvier 2015.

Questions

1. Comment le fait de suivre des études à l'étranger renforce-t-il la capacité à créer du lien social ?
2. Pourquoi la facilité à développer des liens de participation élective peut-elle renforcer la capacité à créer des liens de participation organique ?

Doc. 4 Les sans-abri, en rupture de liens sociaux ?

Les journées d'une personne sans abri sont souvent répétitives. Sans cesse, jour après jour, les mêmes démarches, presque les mêmes personnes vues pour simplement satisfaire les besoins fondamentaux liés à la précarité : manger, être hébergé, garder ses affaires, se laver, etc. […].

L'insertion suppose l'engagement volontaire de deux personnes, le travailleur social et la personne en difficulté, autour d'un contrat qui implique des démarches à accomplir par la personne pour améliorer sa situation tant sur le plan social que professionnel. Une insertion réussie serait donc un retour dans la société après avoir retrouvé un logement et un travail. Par rapport à cet objectif, l'observation du terrain donne une image contrastée. […] Les situations varient en fonction des ruptures, parfois cumulées, qui ont occasionné la précarité extrême, comme la perte d'un emploi, d'un logement, l'addiction à l'alcool, l'absence de liens sociaux réguliers avec la famille et les amis, une enfance perturbée par des placements, etc.

Benoît Danneau, « Les personnes sans abri et le football : entre pratique sportive et accompagnement social », *Informations sociales*, février 2014.

Questions

1. Pourquoi l'affaiblissement des liens de filiation et de participation élective peut-il conduire les individus à de grandes difficultés d'intégration dans la société ?
2. Pourquoi peut-on dire que les sans-abri n'ont plus de lien de participation organique ?

Je m'auto-évalue

Pour les relations suivantes, indiquez à quelle(s) forme(s) de lien social (doc. 2) elles correspondent :

1. le lien entre un enfant et ses parents ;
2. le lien entre deux personnes en couple ;
3. le lien entre les membres d'une même nation ;
4. le lien entre les collègues d'une même entreprise ;
5. le lien entre les élèves d'une même classe.

Je fais le point

Le lien social désigne la relation entre un individu et « la société », c'est-à-dire l'appartenance à des groupes sociaux. Les liens sociaux sont ainsi des liens familiaux, amicaux, professionnels et de citoyenneté. La rupture de ces liens peut mener à l'exclusion.

DOSSIER

2 Comment une société d'individus peut-elle tenir ?

Découvrir

Doc. 1 Le sentiment d'une société de plus en plus égoïste ?

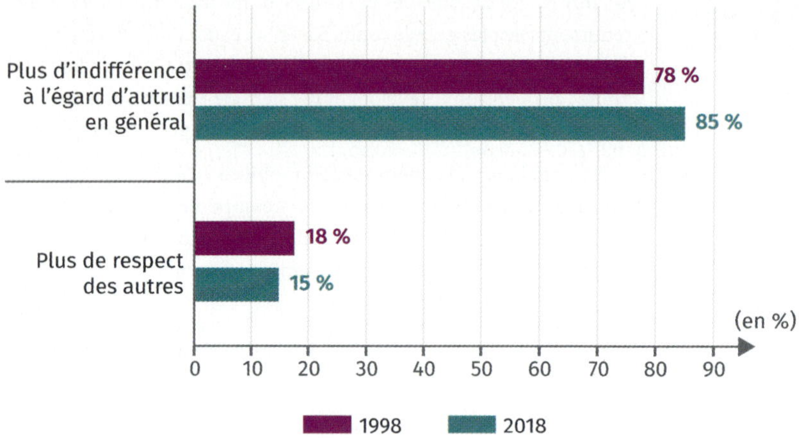

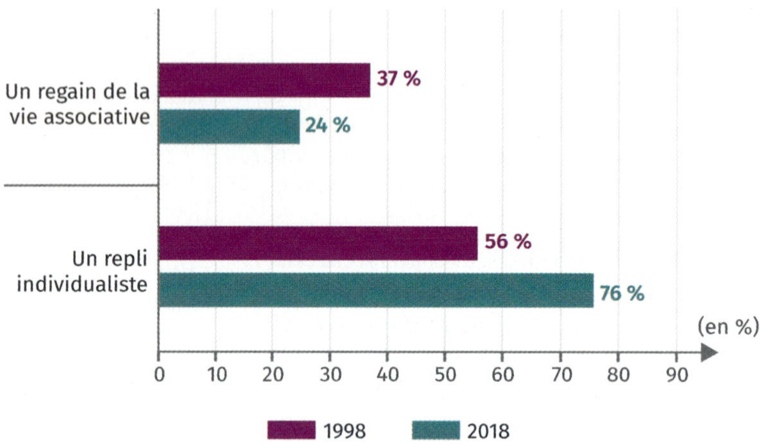

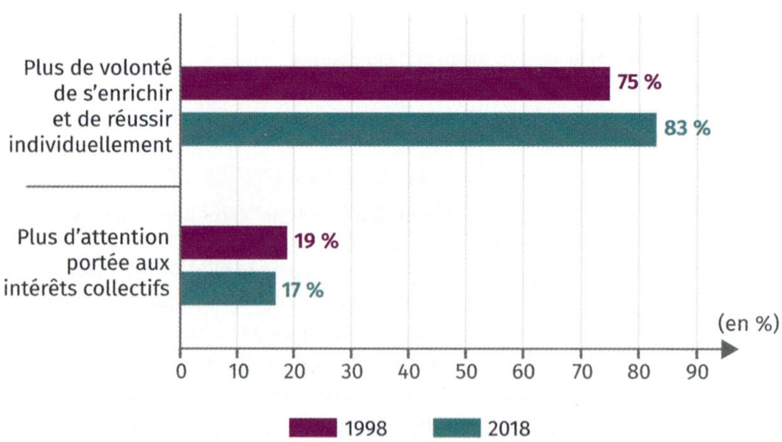

La question posée était : « À votre avis, vers quel type de citoyenneté notre société se dirige-t-elle dans les années à venir ? Va-t-on vers... ? ». Le total ne fait pas 100, car les personnes interrogées pouvaient ne pas répondre.

Les données pour 1998 sont reprises par l'Ifop d'un sondage fait par l'institut CSA pour le quotidien *Libération* et la Ligue des droits de l'homme en mai 1998.

Ifop, « Les Français et la citoyenneté », sondage réalisé pour *Ouest France*, janvier 2018.

Questions

1. Faites une phrase présentant les données sur le « repli individualiste ».

2. Quel semble être le sentiment général des personnes interrogées concernant le lien entre les individus ?

Doc. 2 La société, composée d'organes solidaires entre eux ?

Dans ce livre, le sociologue Émile Durkheim étudie la façon dont la « division du travail social », la spécialisation des rôles des individus, modifie le lien social, qu'il nomme « solidarité ».

Il y a en nous deux consciences : l'une ne contient que des états qui sont personnels à chacun de nous et qui nous caractérisent, tandis que les états que comprend l'autre sont communs à toute la société. Quand c'est un des éléments de cette dernière qui détermine notre conduite, ce n'est pas en vue de notre intérêt personnel que nous agissons, mais nous poursuivons des fins collectives. [...] De là résulte une solidarité [...] qui, née des ressemblances, rattache directement l'individu à la société ; [...] nous proposons de l'appeler mécanique. [...]

Il en est tout autrement de la solidarité que produit la division du travail. Tandis que la précédente implique que les individus se ressemblent, celle-ci suppose qu'ils diffèrent les uns des autres. La première n'est possible que dans la mesure où la personnalité individuelle est absorbée dans la personnalité collective ; la seconde n'est possible que si chacun a une sphère d'action qui lui est propre, par conséquent une personnalité. [...] Cette solidarité ressemble à celle que l'on observe chez les animaux supérieurs. Chaque organe, en effet, y a sa physionomie spéciale, son autonomie, et pourtant l'unité de l'organisme est d'autant plus grande que cette individuation des parties est plus marquée. En raison de cette analogie, nous proposons d'appeler organique la solidarité qui est due à la division du travail.

Émile Durkheim, *De la division du travail social*, PUF, 2013 (1e édition 1893).

Questions

1. Comment évolue l'autonomie de l'individu par rapport à la société avec la division du travail ?
2. Pourquoi Émile Durkheim qualifie-t-il la solidarité des sociétés modernes d'« organique » ?
3. Selon lui, la solidarité (ou lien social) s'affaiblit-elle dans les sociétés modernes ?
4. L'individu est-il entièrement détaché de la société dans les sociétés modernes ?

Doc. 3 Vers un individualisme altruiste ?

L'évolution des sociétés occidentales va certainement dans le sens d'un approfondissement de l'individualisme [...]. Il y a dans l'évolution des systèmes de valeurs une primauté toujours plus importante de l'individu. Mais, loin de disparaître et de décliner, les valeurs demeurent, en se transformant dans le sens d'une élévation de l'idée générale d'égale dignité de tous, que ce soit dans l'espace public ou dans des espaces aussi intimes que la famille. À l'intérieur de la famille, homme et femme, d'une part, mais aussi enfants, d'autre part, quels que soient leur sexe, leur rang, leur âge, sont des individus à part entière et d'égale dignité.

[...] L'individu moderne cherche à la fois l'autonomie et la compagnie. Il lui faut donc établir des compromis. Le grand souci est, selon la formulation bien trouvée [du sociologue] François de Singly, de réussir certes à vivre ensemble, mais surtout à être « libres ensemble ».

Julien Damon, *Les Familles recomposées*, PUF, 2012.

Questions

1. Que signifie la « primauté de l'individu » ?
2. Comment l'importance accordée à l'individu peut-elle renforcer le lien social à l'intérieur de la famille ?

Je m'auto-évalue

Indiquez si la proposition est vraie ou fausse.

1. L'individualisme est toujours synonyme d'égoïsme.
2. La solidarité mécanique est caractéristique des sociétés industrielles.
3. La division des tâches dans la société conduit à un développement de la solidarité organique.
4. La montée de l'individualisme peut renforcer le lien social.

Je fais le point

Avec la révolution industrielle, les liens sociaux ont profondément changé. Émile Durkheim montre que les sociétés passent d'une solidarité « mécanique », basée sur la ressemblance entre les individus, à une solidarité de type « organique » fondée sur la complémentarité. Depuis les années soixante-dix, de nombreux sociologues évoquent un renforcement de l'individualisme. Celui-ci peut fragiliser le lien social, mais aussi le renforcer.

DOSSIER 3 Les liens sociaux sont-ils fragilisés ?

Découvrir

Doc. 1 Pourquoi se sent-on seul ?

Les raisons du sentiment de solitude pour les personnes qui se sentent seules

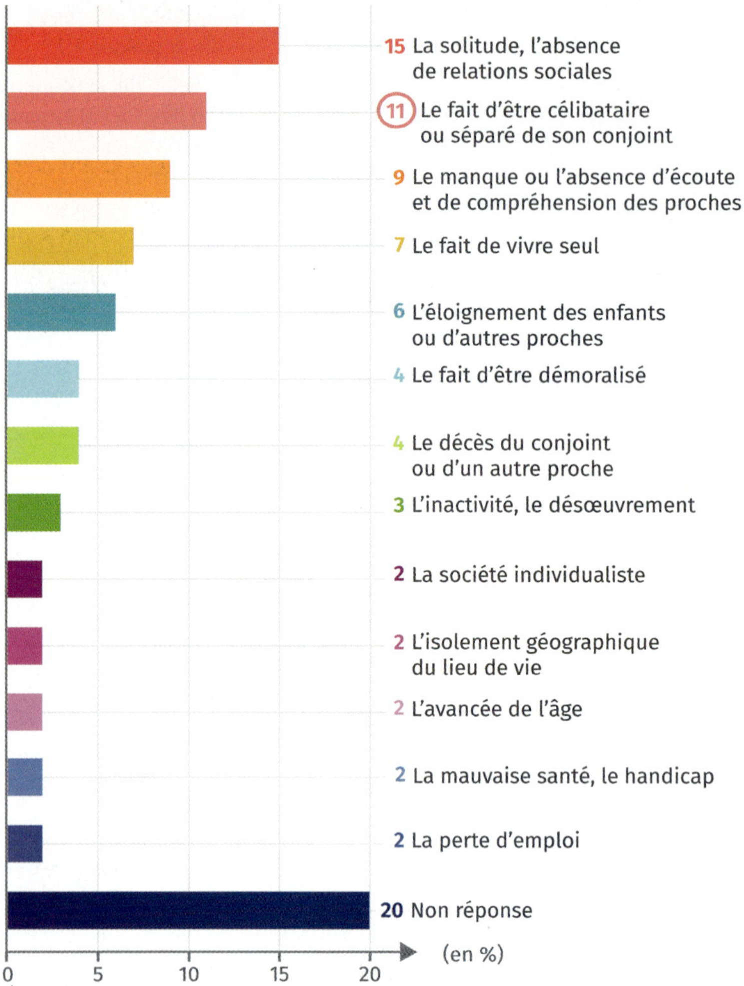

L'association Monalisa agit contre l'isolement des personnes âgées en France.

Les personnes interrogées sont celles qui ont déclaré se sentir seules tous les jours ou presque, c'est-à-dire qu'elles ne rencontrent jamais dans l'année ou rarement des membres de leur famille, des amis, des voisins, collègues de travail ou d'activité associative. 10 % des personnes interrogées par le CRÉDOC sont dans cette situation.

Fondation de France et CRÉDOC, « Les solitudes en France. Rapport 2016 », 2016.

Questions

1. Faites une phrase donnant la signification de la donnée entourée.
2. Parmi les raisons invoquées, quelles sont celles qui peuvent être rattachées au lien familial ? Quelles sont celles qui témoignent d'un affaiblissement du lien de participation organique ?
3. Selon vous, comment peut-on expliquer le taux très élevé de non-réponses ?

Doc. 2 Des liens sociaux inégaux ?

Dans cet entretien, la sociologue Isabelle Coutant raconte l'occupation d'un lycée en voie de réhabilitation, dans le quartier de la place des Fêtes dans le XIXe arrondissement de Paris, par des « migrants » et le collectif La Chapelle qui leur vient en soutien et auquel elle a participé. Le nom du collectif est celui du quartier de Paris d'où venaient ces migrants.

Le contexte spécifique du quartier a joué de manière indirecte : c'est pour les migrants mais aussi parce que ce quartier était perçu comme relativement fragile, du fait de ces caractéristiques, que des habitants ont voulu s'impliquer ; il s'agissait de préserver son équilibre. [...]. Depuis des décennies, les habitants sont habitués à cohabiter avec des gens d'origine diverse. Il est une autre caractéristique du quartier qui à mon avis est peut-être plus importante à prendre en considération : c'est un quartier de locataires, pour beaucoup dans le logement social, en partie intermédiaire (50 % des habitants sont locataires dans le parc social sur le quartier de la place des Fêtes, et 90 % dans le secteur immédiatement connexe du lycée occupé). [...] Du côté des réticences exprimées par l'association des Amis de la place des Fêtes, [...], l'argument était celui d'un équilibre local fragile à préserver : ils rappelaient que les HLM voisins du lycée Jean-Quarré venaient d'être classés en « contrat de ville » et que la réputation du collège qui lui faisait face était déjà malmenée. Ils rappelaient également que d'autres bâtiments alentour avaient été réquisitionnés dans les mois précédents pour héberger des populations en situation d'urgence. Ils demandaient à la Ville de mieux répartir la « fonction de solidarité » entre les différents arrondissements.

Patrick Simon, « Nos voisins les migrants : occupation et vie locale à Place des Fêtes, Paris 19e. Entretien avec Isabelle Coutant », *Mouvements*, 2018.

Questions

1. Pourquoi peut-on dire que les habitants du quartier risquent un affaiblissement de leurs liens sociaux ? Pourquoi peut-on parler d'une certaine forme de ségrégation spatiale ?
2. Que peut-on dire sur le lien de citoyenneté concernant les migrants en France ?
3 Comment la participation à un collectif de soutien peut-elle renforcer le lien social ?

Doc. 3 Une difficile intégration par le travail ?

En 2017, en France métropolitaine, le taux de chômage au sens du BIT[1] atteint 9,2 % des actifs de 15 à 64 ans (moyenne annuelle). [...] En 2016/2017, près d'un participant au marché du travail sur trois (31,6 %) est contraint au moins une fois sur une fenêtre d'un an : parmi eux, 11,0 % ne sont jamais en emploi, 13,2 % alternent emploi et non-emploi contraint et 7,4 % sont toujours en emploi et au moins une fois en sous-emploi[2].

Insee, *Emploi, chômage, revenus du travail*, 2018.

1. Le BIT (Bureau international du travail) définit un chômeur comme une personne sans emploi, cherchant un emploi et disponible pour l'occuper.
2. Le sous-emploi est la situation d'une personne à temps partiel souhaitant travailler plus d'heures et étant disponible pour le faire.

Questions

1. Le marché du travail en France permet-il à tous ceux qui le souhaitent d'occuper un emploi ?
2. Comment le chômage remet-il en cause la protection sociale ?
3. Pourquoi cette situation fragilise-t-elle le lien social ?

Je m'auto-évalue

Complétez le texte avec les termes suivants : de citoyenneté, de filiation, de participation organique, solitude.

Dans de nombreux domaines, le lien social est fragilisé, le sentiment de ____ augmente, ce qui peut s'expliquer par une fragilisation du lien ____ (montée du divorce par exemple). Le lien ____ est également fragilisé par la montée du chômage et de l'emploi précaire. Celui ____ est affaibli par la ségrégation spatiale et la mise à l'écart de certains habitants.

Je fais le point

Les principales institutions productrices du lien social (la famille, l'école, le travail, l'État) sont aujourd'hui bouleversées, ce qui peut affaiblir le lien social sous ses diverses formes. La précarisation du marché du travail rend plus incertaine la participation organique, alors que la citoyenneté est remise en cause par la montée de certaines inégalités. Tout ceci est renforcé par l'affaiblissement de certains liens familiaux et amicaux.

DOSSIER

4 Dans quelle mesure peut-on parler d'une recomposition des liens sociaux ?

Découvrir

Doc. 1 L'engagement associatif pour créer du lien ?

Pour cet article, Le Monde a recueilli des témoignages de personnes engagées dans des associations.

Vincent D : Il y a trois ans, j'ai ouvert la porte de la délégation locale de la Croix-Rouge de ma ville. Voulant repasser l'attestation de formation au premier secours […], j'ai discuté avec le formateur et les aides moniteurs présents et ils m'ont invité à la réunion hebdomadaire. J'ai pu ainsi découvrir les bénévoles de ma ville, de tous âges, de toutes origines, et de tous milieux sociaux. J'ai commencé à passer les formations pour devenir équipier secouriste, et j'ai vraiment vécu des expériences exceptionnelles. […] C'est une expérience qui peut vraiment changer une vie, qui permet de tisser des liens vraiment forts.

« L'engagement bénévole n'est pas facile à vivre tous les jours, mais il est une source de bonheur », *Le Monde*, 22 septembre 2010.

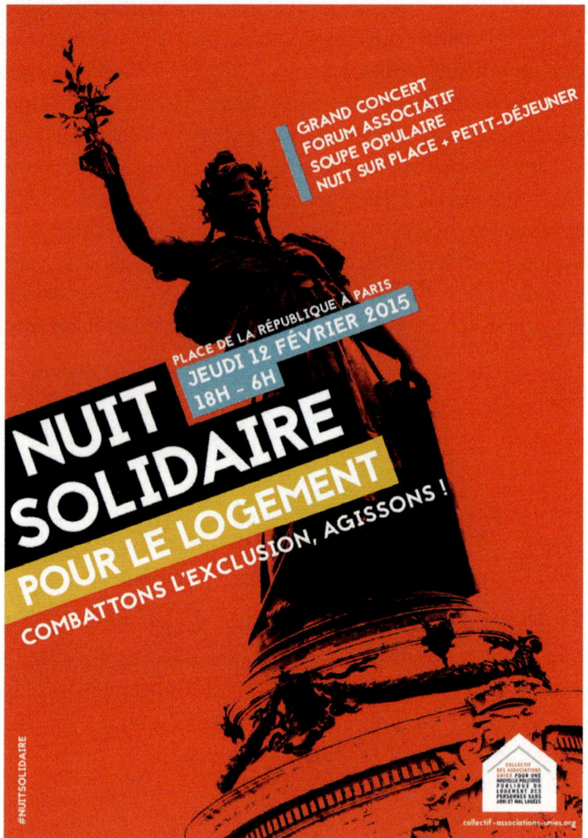

Affiche pour un événement associatif de lutte contre l'exclusion.

Questions

1. Quelle est la raison pour laquelle la personne qui témoigne s'est engagée à la Croix-Rouge ?
2. Comment cet engagement lui a-t-il permis de créer du lien social ?

Doc. 2 S'adapter au chômage pour créer du lien ?

Une majorité de chômeurs développent, à des intensités diverses, des activités singulièrement hétérogènes déployées dans le cadre de relations marchandes, de rapports de travail, de services familiaux, d'engagements bénévoles, d'appartenances à des groupes variés. Ces activités sont investies de significations multiples : chasser un temps vide et délétère, gagner de l'argent, rendre service à son entourage, améliorer la vie de la famille, se rendre utile, restaurer son estime de soi, résister à l'exclusion menaçante, se changer les idées, etc. […] Au plus fort de leur affirmation, elles définissent une alternative complète au chômage, qui s'organise de travaux informels souvent très mal payés […].

Didier Demazière, « Le devenir des frontières du chômage. Cadrages institutionnels et expériences vécues », *Revue française de socio-économie*, La Découverte, 2018.

Questions

1. Comment le chômage risque-t-il de fragiliser le lien social ?
2. Pourquoi les activités menées par les chômeurs peuvent-elles leur permettre de maintenir leur intégration dans la société ?

Doc. 3 Une recomposition du lien familial ?

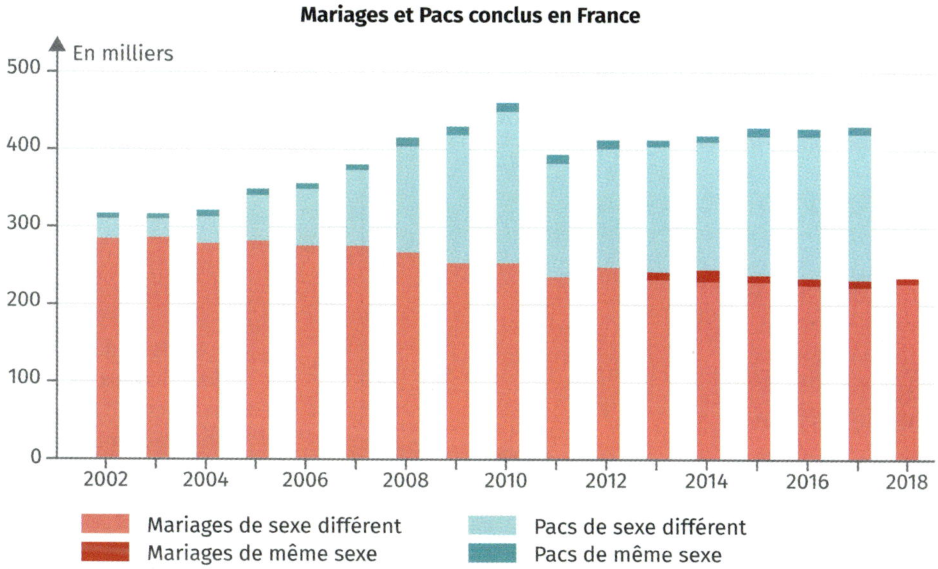

Pour 2018, les données sur le Pacs ne sont pas disponibles.
Insee, *Tableaux de l'économie française 2019*, 2019.

Questions

1. À l'aide d'un calcul approprié, montrez que le nombre de mariages a diminué entre 2002 et 2017.
2. La baisse du nombre de mariages a-t-elle été compensée par la hausse du nombre de Pacs ?
3. Quelles évolutions du lien conjugal ce graphique met-il en évidence ?

Doc. 4 Recréer le lien politique par l'éducation populaire

Émilie Viard, Cécilia Gutel et Tiffanie Dayde témoignent de leur engagement dans une coopérative.

L'Engrenage est une coopérative d'éducation populaire politique, encourageant explicitement l'exercice politique du plus grand nombre. Elle a été créée à Tours en 2012. Nous proposons des stages de formation professionnelle, des accompagnements d'associations, de syndicats, de collectivités, des animations de séminaire, des recherches-actions et des diagnostics.

Dans cette perspective, nous travaillons avec différentes structures (du milieu agricole au médico-social, en passant par l'insertion ou les centres sociaux) sur les questions de participation et de pouvoir d'agir, de pratiques collectives démocratiques, de rapports de domination et sur la réappropriation des pratiques d'éducation populaire issues, notamment, du courant ouvrier et des mouvements sociaux de femmes.

Julien Talpin, « Quand le « *community organizing* » arrive en France », *Revue Projet*, février 2018.

Questions

1. Comment l'association L'Engrenage cherche-t-elle à favoriser l'engagement politique ?
2. Comment ce type d'action peut-il renforcer le lien social ?

Numérique

Un entretien avec un « *community organizer* » :
LLS.fr/SES1Communaute

Je m'auto-évalue

Pour chacune des formes de lien social suivantes, donnez un argument expliquant sa fragilisation et un exemple de recomposition :

1. le lien familial ;
2. le lien professionnel ;
3. le lien politique.

Je fais le point

La fragilisation du lien social ne signifie pas sa disparition. Les différentes instances productrices de lien social sont en mutation et le lien social change de forme. Par exemple, la famille prend une multitude de formes : il y a une montée des divorces, mais aussi des recompositions familiales. De la même manière, la précarisation du marché du travail ne signifie pas forcément l'exclusion et de nouvelles manières de travailler se développent. Les associations participent aussi fortement à cette réinvention du lien social.

DOSSIER

5 Quels sont les critères de construction des PCS ?

Découvrir

Doc. 1 Photographe, un métier, plusieurs niveaux de qualification ?

Titres ou diplômes	Niveau	Part des moins de 30 ans	De 35 à 49 ans	50 ans et plus	Ensemble
CAP photographie	V	12	32	46	32
Bac Pro photographie	IV	11	7	5	7
BTS photographie	III	15	13	11	13
Diplôme de photographie Beaux-Arts, Arts décoratifs	I et II	21	13	12	14
Diplôme de photo écoles étrangères	Divers	11	10	15	11
ENSP Arles, Louis-Lumière, les Gobelins	I	31	26	12	23
Total		**100**	**100**	**100**	**100**

L'enquête porte sur les personnes qui ont déclaré que photographe était leur métier principal. Un CAP est un certificat d'aptitude professionnelle, un BTS un brevet de technicien supérieur, l'ENSP est l'École nationale supérieure de la photographie. Les diplômes sont classés de I à V en fonction de leur niveau de qualification : I est le niveau le plus élevé (équivalent à Bac +5 ou plus), V est le niveau le plus bas.

Ministère de la Culture et de la Communication, 2015.

Questions

1. Quels sont les deux niveaux de qualification les plus fréquents pour les photographes ?
2. Le niveau de diplôme des photographes est-il plus élevé pour les plus jeunes ou pour les plus âgés ?

Doc. 2 Une classification, combien de critères ?

Les PCS correspondent aux professions et catégories socio-professionnelles. C'est un classement des professions selon plusieurs critères, élaboré en 1982 par l'Insee et renouvelé en 2003.

Les PCS sont construites comme un emboîtement de trois niveaux : il existe 8 groupes socioprofessionnels (niveau le plus agrégé), qui se décomposent en 42 catégories socio-professionnelles, qui elles-mêmes se décomposent en 486 professions.

Les 8 groupes professionnels sont : 1. Agriculteurs exploitants, 2. Artisans, commerçants et chefs d'entreprise, 3. Cadres et professions intellectuelles supérieures (dont les professions libérales), 4. Professions intermédiaires, 5. Employés, 6. Ouvriers, 7. Retraités, 8. Autres personnes sans activité professionnelle.

Ces groupes sont décomposés en catégories socio-professionnelles. Par exemple, parmi les agriculteurs exploitants, on retrouve la catégorie 11 des agriculteurs sur petite exploitation, la catégorie 12 des agriculteurs sur moyenne exploitation et la catégorie 13 des agriculteurs sur grande exploitation. Chaque catégorie se partage en plusieurs professions telles que 131a pour « agriculteurs sur grande exploitation de céréales » ou encore 131d « éleveurs d'herbivores sur grande exploitation ».

Lelivrescolaire.fr

Questions

1. Quel peut être l'intérêt d'une classification des métiers comme les PCS ?
2. Selon vous, pourquoi les professions libérales sont-elles regroupées avec les cadres ?

Doc. 3 Quels critères de classification ?

Les questions suivantes permettent de classer une personne quant à sa profession :

1 La personne occupe-t-elle un emploi ? Si oui, on répond à la question 5. Sinon, on répond à la question 2.

2 La personne est-elle au chômage ? Si oui, on répond à la question 3, sinon, on répond à la question 4.

3 La personne a-t-elle déjà occupé un emploi ? Si oui, il faut la classer dans la PCS de son dernier métier (et donc aller à la question 5), sinon, on la classe dans la PCS 8.

4 La personne est-elle à la retraite ? Si oui, on la classe dans la PCS des retraités (PCS 7), sinon, on la classe dans la PCS des autres personnes sans activité (PCS 8).

5 L'emploi de la personne (ou son ancien emploi) est-il un emploi salarié ? Si oui, on passe à la question 8, sinon, on passe à la question 6.

6 La personne a-t-elle un emploi d'agriculteur ? Si oui, on peut la classer dans la PCS 1, sinon, on passe à la question 7.

7 La personne a-t-elle une profession libérale (profession non salariée telles que vétérinaire, architecte ou professions médicales par exemple) ? Si oui, on la classe dans la PCS 3, sinon, on la classe dans la PCS 2.

8 La personne a-t-elle un métier de « cadre », c'est-à-dire un métier qui nécessite des diplômes élevés ou bien un métier avec beaucoup de personnes sous ses ordres ? Si oui, on la classe dans la PCS 3, sinon, on passe à la question 9.

9 La personne a-t-elle un métier dans lequel elle obéit à des ordres ou bien qui ne nécessite pas une qualification très élevée. Si non, on la classe dans la PCS 4. Si oui, on passe à la question 10.

10 Le métier de la personne se fait-il en usine, ou bien est-il un métier du bâtiment, ou bien un métier agricole ou encore un métier de chauffeur routier ou de cuisinier ? Si oui, on la classe dans la PCS 6, sinon, on la classe dans la PCS 5.

Lelivrescolaire.fr

Questions

Classer dans la PCS qui convient les personnes suivantes :
a. une ancienne agricultrice retraitée ; **b.** un hôte de caisse dans une grande surface ; **c.** un médecin à son compte ; **d.** une professeure de SES, **e.** un chauffeur routier ; **f.** un père au foyer ; **g.** une journaliste ; **h.** un infirmier ; **i.** une ouvrière dans le textile ; **j.** un plombier salarié dans une entreprise de bâtiment ; **k.** un plombier à son compte.

Doc. 4 Les PCS, pour un aperçu de la société ?

Part des PCS dans la population en 2018

Champ : personnes de 15 ans et plus, France.
Insee, enquête emploi, 2018.

Questions

1. Quelle est la part des retraités dans la population française ?
2. Les emplois indépendants sont-ils fréquents ?
3. Les personnes en emploi salarié occupent-elles plus souvent des emplois qualifiés ou peu qualifiés ?

Je m'auto-évalue

Indiquez si les propositions suivantes sont vraies ou fausses.

1. Tous les salariés appartiennent à la même PCS.
2. Il y a, en France, plus de cadres que d'ouvriers.
3. Une personne peut changer de PCS au cours de sa vie.

Je fais le point

La profession est un critère important de classement dans la société. L'Insee a créé un outil pour regrouper les professions de même type : la nomenclature des PCS. On compte huit groupes socioprofessionnels qui correspondent au niveau le plus utilisé des PCS.

TD 1

La sociabilité numérique contribue-t-elle à créer du lien social ?

1 Exercice guidé → La sociabilité numérique, facteur d'isolement ou de renforcement du lien social ?

Doc. 1 Les réseaux sociaux sur Internet, créateurs de sociabilité ?

Presque tous les jeunes aujourd'hui sont inscrits sur des sites sociaux : cette immersion commence un peu lors du primaire (20 % des enfants français ont un compte Facebook), s'accentue avec l'arrivée au collège (48 %) et devient quasiment générale au moment du lycée (90 %), selon une étude effectuée en 2008 en France. [...]

L'écologie numérique reconfigure les modes de relation entre les jeunes : elle relaie, prolonge, réorganise les contacts sans toutefois éradiquer ou même réduire les rencontres avec les amis ou les sorties entre jeunes.

Prenons Facebook, le plus vaste des réseaux sociaux, qui, en 2010, revendique 19 millions d'inscrits en France. [...] De liens en liens, on se connecte avec une galaxie d'individus : la moyenne sur Facebook, selon le sociologue Cameron Marlow qui le relate dans son blog, serait de cent vingt amis.

[...] D'après l'étude effectuée sur une observation d'un mois par Cameron Marlow, un membre de Facebook affichant cent cinquante amis maintient le contact avec une vingtaine (il a cliqué au moins une fois sur leur page) ; il a eu un échange sans retour (*one-way*), par le biais d'un commentaire ou d'un message, avec une petite dizaine de personnes ; et il a échangé réellement, par communication réciproque, avec cinq-six amis. [...] Ces amitiés se chauffent d'une intensité variable. Certains « amis » sont des proches, d'autres de vagues ou d'anciennes connaissances, d'autres des personnes inconnues, juste croisées, que l'on ne reverra jamais, quelques-unes des amis d'amis à peine identifiés. [...] Le participant au réseau social voit mécaniquement s'agrandir les contacts auxquels il a accès. Comme le souligne Antonio A. Casilli : « Il y a incontestablement un élément d'exploration et de mise en contact entre gens d'horizons et de trajectoires de vie différents que les services en ligne ont tendance à encourager. » Cependant, il ne faut pas idéaliser la fonction de mixage du réseau : on s'ouvre à d'autres, mais on a toutes les chances de naviguer dans le même univers socioculturel.

Monique Dagnaud, « Le lol (*laughing out loud*) sur le net un état d'esprit politique propre aux jeunes générations », *in* Anne Muxel, *La Politique au fil de l'âge*, Presses de Sciences Po, 2011.

Vincent West, *Euskal Encounter*, Centre des expositions de Bilbao.

Questions

◆ **Étape 1. Mesurer le poids des relations sociales sur Internet.**

1. Montrez qu'il y a une corrélation positive entre l'âge des jeunes et leur participation aux réseaux sociaux sur Internet.
Utilisez les données du premier paragraphe du texte.

2. Selon l'étude de Cameron Marlow, les relations amicales sur Facebook sont-elles toutes de même intensité ?
L'intensité d'une relation amicale peut se mesurer aux nombres de contacts avec un ami, par ce qu'on échange avec lui.

◆ **Étape 2. Comprendre les conséquences des réseaux sociaux sur Internet sur le type de relations entretenues.**

3. Pourquoi les réseaux sociaux sur Internet peuvent-ils permettre des contacts avec des types de personne que l'on ne rencontre pas hors de ces réseaux ?
Vous pouvez utiliser les arguments d'Antonio Casilli cités dans ce texte.

4. Quelles limites peut-on apporter à cet argument ?
Monique Dagnaud apporte un argument pour relativiser le fait que les réseaux sociaux sur Internet conduisent à de nouvelles relations. Vous pouvez en chercher d'autres.

Doc. 2 Un usage des réseaux sociaux différencié selon l'âge

Usage d'Internet pour les relations sociales selon l'âge en 2017

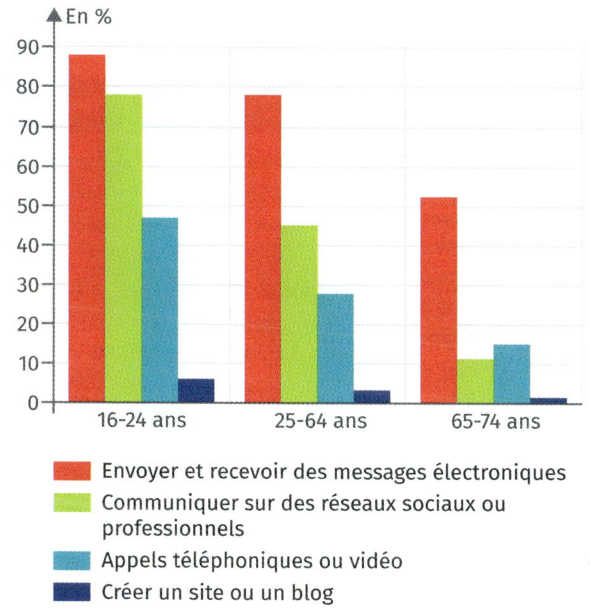

Pour la création d'un site Web ou d'un blog, les données datent de 2016.
Insee, 2018.

Questions

◆ **Étape 1. Comprendre le document.**

1. Faites une phrase présentant l'envoi et la réception de messages électroniques par les 16-24 ans.
Les données sont en pourcentage.

◆ **Étape 2. Établir un constat.**

2. Quelle corrélation peut-on établir entre l'âge et l'utilisation d'Internet ?
Une corrélation désigne la relation entre deux variables. Ici, il faut s'interroger sur le lien entre l'âge et l'utilisation d'Internet. La corrélation peut être positive ou négative.

3. L'effet d'Internet sur le lien social est-il le même pour tous les âges ?
La réponse à la question précédente donne une indication. Observez aussi les usages d'Internet selon l'âge.

2 À vous de jouer ! → Les réseaux sociaux sur Internet, pour faire de nouvelles rencontres ?

Doc. 3 Les plates-formes Internet permettent-elles de créer de nouvelles relations ?

De nombreuses plates-formes internet organisent désormais des rendez-vous en face-à-face entre inconnus : sites de rencontres amoureuses comme Meetic, de réseautage amical et professionnel comme Meetup, de partage de repas chez l'habitant comme Cookening, etc. […] BlaBlaCar (BBC), est un célèbre site de covoiturage qui organise le partage de trajets en voiture entre particuliers. […] [Sur] la rubrique « Témoignage » du site BlablaCar, la première expérience affichée est emblématique de cette promesse de construction de liens forts. Alain, cinquante-quatre ans, écrit : « Jean-Christophe est devenu en quelque sorte le fils que je n'ai pas eu et avec qui, aujourd'hui, je partage énormément de belles choses. » […] Il est rare que les rencontres entre « covoitureurs » se prolongent au-delà d'un échange par mail ou sur Facebook […] Faire la conversation « avec des gens qu'on n'aurait jamais rencontrés autrement » initie des rencontres improbables. […] Sur BBC, Rodrigues, banquier de cinquante-et-un ans habitant les beaux quartiers parisiens, s'étonne de discuter avec « la France profonde » qu'il n'a pas l'habitude de fréquenter et même d'en admirer certains membres ; Tristan (vingt-sept ans, développeur Web) « a réellement échangé » avec des Musulmans et « appris des choses avec ces gens-là » ; Laurent, étudiant de vingt-et-un ans est « agréablement surpris » par sa discussion avec les « plus âgés ».

Anne-Sylvie Pharabod, « Fréquenter des inconnus grâce à Internet. Une sociabilité personnelle sans les liens ? », *Sociologie*, 2017.

Questions

1. Comment Internet peut-il mettre en relation des personnes qui ne se connaissent pas ?
2. Ces relations conduisent-elles souvent à des liens durables entre les personnes ?
3. Selon les témoignages relevés dans ce texte, quel est le principal avantage des relations avec ces personnes inconnues ?

Récapitulez

À l'aide des documents de ce TD, montrez comment la sociabilité numérique peut créer du lien social.

L'ESSENTIEL

Comment se construisent et évoluent les liens sociaux ?

1 Quelles sont les formes du lien social ?

- Le lien social est une question centrale en sociologie : étudier le **lien social** revient à se poser la question de savoir comment la société existe. Comment les individus sont-ils reliés les uns aux autres ?
- Ce lien passe par l'existence de **groupes sociaux**. Il existe une grande variété de groupes sociaux dans chaque société. Ils peuvent être distingués selon leur taille et l'intensité des liens entre les personnes qui en font partie. Les groupes de petite taille avec des liens forts sont des groupes primaires alors que les groupes de plus grande taille, avec des liens plus faibles sont des groupes secondaires.
- Le lien social permet l'**intégration sociale**. Cette dernière peut reposer sur quatre grands types de lien :
  - le lien familial est un lien de parenté et d'alliance : les individus sont liés à leurs parents, leur conjoint, leurs enfants, leurs cousins, etc. ;
  - les relations choisies avec les amis, les groupes de pairs, les voisins, les membres d'institutions religieuses, sportives, culturelles, etc. Ces relations sont choisies et on parle parfois de lien de « participation élective » ;
  - ce qui relie l'individu à la société, c'est aussi sa participation à la production, qui forme le lien de « participation organique » ;
  - le lien de citoyenneté correspond au fait que l'individu appartient à une communauté politique.

Ces quatre formes de lien sont complémentaires entre elles et permettent la **cohésion sociale**. (→ **voir dossier 1**)

2 Comment des liens peuvent-ils exister entre des individus ?

- Avec la révolution industrielle et le développement des grandes villes, le lien social a été bouleversé, avec une crainte d'une montée de l'exclusion. Le sociologue Émile Durkheim a cherché à comprendre comment l'**individualisation** de la société pouvait conduire à un renforcement du lien social.
- Durkheim montre que, si les sociétés traditionnelles sont marquées par une **solidarité mécanique**, basée sur la similitude entre les personnes, dans les sociétés industrielles, le lien social est davantage axé sur une **solidarité organique**, fondée sur la complémentarité qui découle de la division du travail.
- Depuis les années soixante et soixante-dix, l'individualisation semble s'être renforcée : les comportements individuels semblent de moins en moins régis par la société. Cette montée de l'individualisme fait à nouveau craindre une disparition du lien social. Cependant, individualisme n'est pas synonyme d'égoïsme et la plus grande place accordée à l'individu peut aussi permettre d'établir des liens plus importants avec les autres individus.

3 Une fragilisation du lien social

- La société traverse des mutations profondes et les différentes formes de lien social sont fragilisées.
- Le lien familial peut paraître plus fragile avec la montée du divorce et la diminution du mariage. Il est aussi possible d'observer une augmentation du nombre de personnes vivant seules, isolées.

Les notions à connaître

Cohésion sociale
État d'une société marquée par des liens sociaux forts et solides entre les individus qui la composent.

Disqualification sociale
Processus par lequel un individu subit un affaiblissement ou une rupture de ses liens avec la société. Ce processus peut être marqué par une plus faible protection de l'individu ou une moins grande reconnaissance sociale.

Groupe social
Ensemble de personnes liées entre elles par des relations sociales plus ou moins fortes, des caractéristiques communes ou des objectifs communs.

Individualisation
Processus de développement de l'individualisme. Ce dernier peut prendre une forme liée à une moindre influence de la société sur l'individu et se traduit par une plus grande reconnaissance de la place et de l'autonomie de l'individu.

Intégration sociale
Processus par lequel un individu devient membre d'un groupe ou d'une société. Le terme d'intégration sociale peut aussi désigner l'état d'une société marquée par des liens forts.

Lien social
Ensemble des relations de protection et de reconnaissance des individus entre eux. Ce lien peut prendre diverses formes : liens de filiation, liens électifs (choisis), liens de participation organique et liens de citoyenneté.

- La fragilisation la plus évidente est sans doute celle de l'emploi. Si, dans les années soixante, le chômage était très faible et la plupart des individus avaient un emploi à durée indéterminée, l'insertion sur le marché du travail est aujourd'hui plus difficile et le taux de chômage est élevé. Ces bouleversements du marché du travail font craindre une montée de la **précarité**, de l'exclusion et de la « **disqualification sociale** ».
- L'école peine également à tenir toutes ses promesses quant à la démocratisation de l'accès à un diplôme. Le lien de citoyenneté est aussi fragilisé : la confiance dans les institutions politiques est faible et la participation aux élections diminue.
- L'exclusion peut aussi prendre des formes spatialisées : certains quartiers, certaines régions sont éloignées (au niveau géographique ou social) des lieux de pouvoir et de richesse et s'y développent un sentiment de mise à l'écart et une **ségrégation** spatiale. (→ voir dossier 3)
- Cependant, ces processus ne conduisent pas à une disparition totale du lien social. Ce dernier est plutôt en recomposition. De nouvelles formes familiales se développent et les relations familiales, plus choisies, peuvent être plus fortes. Au niveau de l'emploi, de nouvelles manières de travailler sont inventées et, face au chômage, les personnes trouvent des manières de s'adapter. L'économie est également transformée avec le développement de ce qu'on appelle l'économie collaborative. Le covoiturage, le cotravail, la colocation ou encore les budgets participatifs sont autant d'exemples qui montrent que les individus tissent des liens et développent leur sociabilité de proximité, notamment grâce au développement d'applications en ligne ou sur les réseaux sociaux.
- Enfin, le lien de citoyenneté prend de nouvelles formes, que ce soit par la participation à des associations ou par de nouvelles façons de prendre part aux décisions politiques (telles que la pétition ou la démocratie locale). (→ voir dossier 4) La **sociabilité numérique** peut aussi renforcer le lien social et créer de nouvelles opportunités, contrairement aux idées reçues. (→ voir TD1)

4 Classer la population selon son emploi : les PCS

- La question du lien social pose aussi celle de l'existence de classes sociales. Si cette question crée de très nombreux débats, l'Insee préfère classer les personnes selon leur profession. Ces professions sont regroupées en huit **PCS** (professions et catégories socio-professionnelles), qui regroupent des métiers proches.
- Cette « nomenclature » est fortement utilisée en économie, en sociologie comme en science politique et permet d'observer que les comportements sont en partie déterminés par l'appartenance à un groupe socioprofessionnel. Par exemple, les différences entre les cadres et les ouvriers sont grandes concernant les revenus, la consommation, les pratiques culturelles, ou encore le vote. (→ voir dossier 5)

PCS
Professions et catégories socioprofessionnelles. Il s'agit d'un système de classement des métiers.

Précarité
Situation de fragilité, marquée par un risque d'exclusion. Cette précarité peut concerner par exemple la situation sur le marché du travail.

Ségrégation
Séparation d'un groupe par rapport au reste de la société et qui est imposée à ce groupe.

Sociabilité
Ensemble des relations qu'un individu entretient avec d'autres personnes.

Sociabilité numérique
Ensemble des relations sociales entretenues par les individus sur Internet.

Solidarité mécanique
Lien social basé sur la similitude entre les individus et une conscience collective forte. Elle est caractéristique des sociétés traditionnelles.

Solidarité organique
Lien social basé sur la complémentarité des individus et une conscience collective faible.

Capsule vidéo
L'essentiel du cours en vidéo sur lelivrescolaire.fr : LLS.fr/SES1P179

Attention aux notions

Ne pas confondre

Individualisme et **égoïsme**

- L'individualisme désigne le processus par lequel l'individu devient plus autonome par rapport à la société. La société exerce, en quelque sorte, une moins forte influence sur lui.
- Cependant, cet individualisme n'est pas forcément synonyme d'égoïsme. L'égoïsme serait en effet un individualisme négatif où l'individu ne pense qu'à lui et ne raisonne que par rapport à lui-même.

Comprendre le lien

Groupe social et **lien social**

- Le lien social désigne les relations entre les personnes d'une même société.
- Ce lien social se forme au sein des groupes sociaux.

Le suicide, un fait social lié à l'intégration ?

Doc. 1 Le suicide, un fait social

Nous avons donc établi successivement les trois propositions suivantes : le suicide varie en raison inverse du degré d'intégration [dans] la société religieuse, domestique, politique. Ce rapprochement démontre que, si ces différentes sociétés ont sur le suicide une influence modératrice, ce n'est pas par suite de caractères particuliers à chacune d'elles, mais en vertu d'une cause qui leur est commune à toutes. [...] La cause ne peut s'en trouver que dans une même propriété que tous ces groupes sociaux possèdent, quoique, peut-être, à des degrés différents. Or, la seule qui satisfasse à cette condition, c'est qu'ils sont tous des groupes sociaux, fortement intégrés. Nous arrivons donc à cette conclusion générale : le suicide varie en raison inverse du degré d'intégration [dans les] groupes sociaux dont fait partie l'individu. [...] Plus les groupes auxquels il appartient sont affaiblis, moins il en dépend, plus, par suite, il ne relève que de lui-même pour ne reconnaître d'autres règles de conduite que celles qui sont fondées dans ses intérêts privés. Si donc on convient d'appeler égoïsme cet état où le moi individuel s'affirme avec excès en face du moi social et aux dépens de ce dernier, nous pourrons donner le nom d'égoïste au type particulier de suicide qui résulte d'une individuation démesurée.

Émile Durkheim, *Le Suicide. Étude de sociologie*, 1897.

Questions

1. Quelles sont les trois formes de lien social qu'identifie Durkheim dans ce texte ?
2. Quelle corrélation Durkheim établit-il entre le suicide et la force du lien social ?

Numérique

Qui était Émile Durkheim ?
LLS.fr/SES1Durkheim

Qui est-ce ?

Émile Durkheim (1858-1917) est le principal fondateur de la sociologie en France. Il publie son premier livre en 1893, *De la division du travail social*. C'est dans cet ouvrage qu'il se penche sur les transformations du lien social dans les sociétés industrielles. En 1895, il publie le premier livre de méthode en sociologie, dont le but est de présenter la façon dont cette nouvelle science peut éclairer de nombreuses questions. Il applique cette méthode dans une publication de 1897 qui porte sur un thème inattendu pour un sociologue : *Le Suicide*, où il établit que le suicide est un fait social.

1860 — 1880 — 1900 — 1920

- **1858** Naissance
- **1893** *De la division du travail social*
- **1895** *Les Règles de la méthode sociologique*
- **1897** *Le Suicide*
- **1912** *Les Formes élémentaires de la vie religieuse*
- **1917** Décès

Illustrer par une citation

> *Si richement doués que nous soyons, il nous manque toujours quelque chose [...]. C'est pourquoi nous cherchons chez nos amis les qualités qui nous font défaut, parce qu'en nous unissant à eux [...] nous nous sentons alors moins incomplets.*

Émile Durkheim, *De la division du travail social*, 1893.

S'appuyer sur des données

12 minutes par jour

C'est le temps moyen consacré à la sociabilité par une personne en France. Ce temps passe de 18 minutes pour les 18/30 ans à 11 minutes pour les plus de 70 ans.

Insee

79 %

C'est la part des 16-24 ans qui rencontrent au moins une fois par semaine leurs amis en France en 2015. Ce taux est de 49 % pour les 25-34 ans et de 44 % pour 65 ans et plus.

Insee

22,4 %

C'est la part des personnes dans l'UE menacées de pauvreté ou d'exclusion en 2016-2017. Ce taux est de 17,1 % en France.

Eurostat

Situer dans le temps

XIXe siècle

Siècle des « révolutions industrielles », qui marquent une première individualisation de la société.

1988

Création du revenu minimum d'insertion, revenu distribué aux individus sans ressources. Le RMI a été remplacé en 2009 par le RSA (revenu de solidarité active).

1995

Création de Classmates.com, considéré comme le premier réseau social sur Internet.

Synthétiser en images

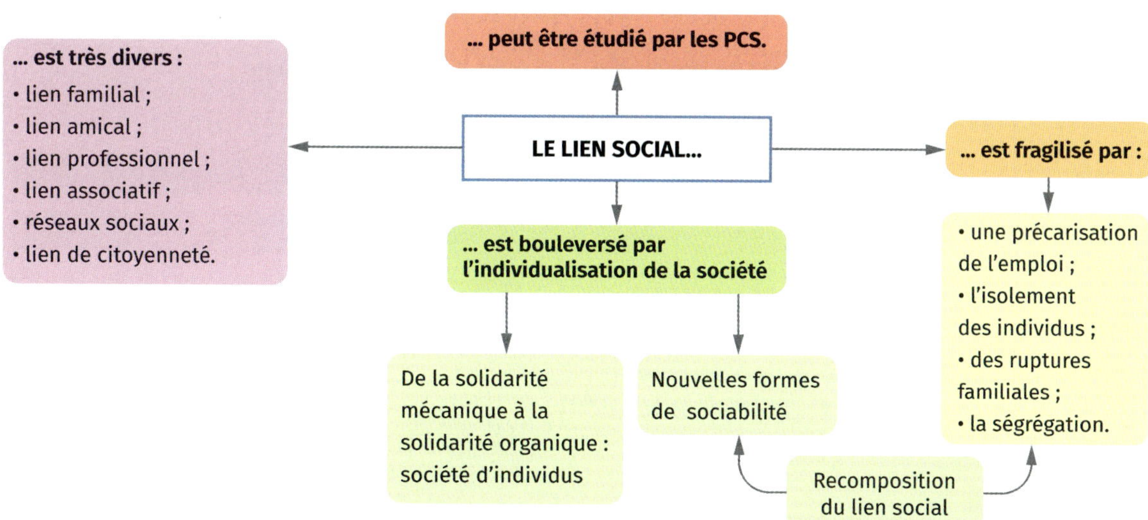

VERS LE BAC – ÉPREUVES COMMUNES DE CONTRÔLE CONTINU

Raisonnement appuyé sur un dossier documentaire : j'organise ma réponse

Première

La seconde partie de l'épreuve écrite de contrôle continu est un exercice de raisonnement appuyé sur un dossier documentaire. Elle est notée sur 10 points. Vous devez développer un raisonnement structuré en exploitant deux documents de nature différente : un texte de 2 000 signes maximum et un document de nature statistique de 65 données au maximum.

Exemple de sujet :

❑ À partir de vos connaissances et du dossier documentaire, montrez quelles formes la solidarité sociale prend dans les sociétés contemporaines.

Doc. 1

Lien social qui se détériore ou qui manque de dynamisme ? Le Système d'échange local est une réponse essentiellement associative mais qui peut aussi être impulsée par une commune […]. Mouvement né il y a près de vingt ans, les Systèmes d'échange locaux s'inscrivent de plain-pied dans le concept d'économie solidaire et semblent avoir le vent en poupe avec plus de 600 SELs aujourd'hui en France. Sous la forme d'association, les adhérents vont chercher à développer un système d'échange de produits ou de services construit à côté du système monétaire classique. Ils vont prendre la forme de réseaux à but non lucratif, implantés localement, et qui permettent à leurs membres d'accéder à une offre de services divers allant d'une aide au jardinage ou au bricolage à la garde d'enfants en passant par du conseil juridique ou des cours d'informatique. Si l'argent est proscrit des échanges, une « monnaie » est néanmoins présente. Ainsi, à l'instar de la plupart des SELs, celui de la Côte d'Argent de Mimizan (Landes) fonctionne avec une monnaie fictive : les « unités temps ». Le système est très simple : une minute de temps consacrée à rendre service à autrui représente une unité. Si je rends un service pendant 30 minutes, je comptabilise 30 unités temps que je pourrai « dépenser » en cas de besoin […]. Bien souvent, à l'origine de l'initiative, « c'est un groupe de personnes qui se connaissent, de voisins, d'habitants d'un quartier et qui ont déjà l'« esprit du SEL », l'esprit de partager, de se rendre service les uns les autres » [Annik Senmartin, responsable du SEL de Mimizan].

« Retisser du lien social grâce au Système d'échange local », Elueslocales.fr, 5 mai 2017.

Doc. 2

À quelle fréquence les grands-parents gardent-ils leurs petits-enfants lorsque ceux-ci sont âgés de moins de 6 ans ? (en %)

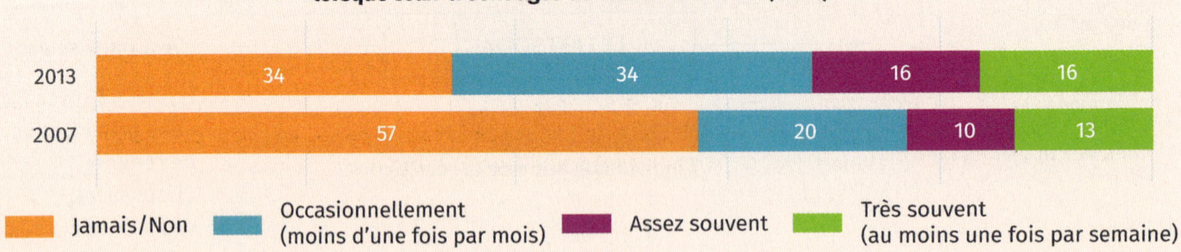

Direction de la recherche, des études, de l'évaluation et des statistiques, *Enquête Mode de garde et d'accueil des jeunes enfants*, 2007 et 2013.

Comment organiser sa réponse

◆ **Étape 1. Comprendre le sujet.**

Suivez les différentes étapes permettant de comprendre le sujet au brouillon.
(→ **voir Vers le bac du chapitre 3**)

◆ **Étape 2. Rassembler les éléments de la première étape en « axes » de la réponse.**

Au brouillon, mais sur une autre feuille, il faut établir les grandes lignes de votre plan. Vous êtes libre du nombre d'« axes » nécessaires à votre argumentation, au contraire de ce qui peut se passer en dissertation. L'enchaînement des axes doit se faire avec logique. Le raisonnement doit faire environ une page, ce qui limite le nombre d'axes.

◆ **Étape 3. « Alimenter » le plan avec tous les documents du dossier.**

Lors de cette phase, indiquez pour chaque axe quel(s) document(s) vous allez utiliser et comment (soyez précis : indiquez les lignes du texte ou les données chiffrées mobilisées). Attention : un document peut être utilisé pour illustrer plusieurs axes, tout comme un axe peut ne pas s'appuyer uniquement sur l'exploitation d'un document mais également sur des connaissances personnelles.

Ne pas oublier...

- ❒ d'analyser le sujet en procédant avec méthode ;
- ❒ de regrouper les éléments de cours de manière à dégager des « axes » qui s'enchaînent de manière logique ;
- ❒ de compléter le plan par des références précises aux documents du dossier documentaire (en utilisant bien les deux documents).

1 Exercice guidé

À partir de vos connaissances et du dossier documentaire, montrez quelles formes la solidarité sociale prend dans les sociétés contemporaines.

◆ **Étape 1. Comprendre le sujet.**

Identifiez les termes importants du sujet et définissez-les : ici, c'est la notion de solidarité sociale qui est à définir. Vous pouvez faire la distinction entre solidarité mécanique et solidarité organique. Il faut aussi se demander ce qu'on entend par sociétés contemporaines. Le sujet peut alors être reformulé.

◆ **Étape 2. Au brouillon, mais sur une autre feuille, rassembler les éléments de la première étape en « axes » de la réponse.**

Une fois les éléments de cours rappelés « en vrac » sur votre première feuille de brouillon, passez à une autre feuille et dégagez les étapes de votre réponse à la consigne. Vous pouvez réaliser un tableau pour lister vos axes de réflexion dans une première colonne. Les mécanismes, théories ou notions à mobiliser apparaissent dans une deuxième et les illustrations (exemples actuels ou historiques, données chiffrées) dans une troisième. Cela peut prendre la forme suivante :

Intitulé axe	Mécanismes à mobiliser	Illustrations
Axe 1 :		
Axe 2 :		
Axe 3 :		

◆ **Étape 3. « Alimenter » le plan avec tous les documents du dossier.**

Complétez le tableau avec les documents qui, le plus généralement, permettent de remplir la colonne « Illustrations », mais pas exclusivement, car ils peuvent parfois présenter des mécanismes. Un même document peut servir à illustrer plusieurs axes. Ici, par exemple, le doc. 1 peut probablement être utilisé pour plusieurs axes.

Numérique

D'autres exemples pour s'entraîner : LLS.fr/SES1P338

Enquêter sur l'entrée dans la vie adulte

L'enquête

Enquêter dans plusieurs pays sur l'entrée dans l'âge adulte

Doc. 1 S'interroger sur les étapes qui conduisent à être adulte

Quel a été le point de départ de cette recherche ? Quel a été le cadre théorique et qu'est-ce qui vous a permis de poser les hypothèses et la problématique ?

Une insatisfaction de la définition de la catégorie « jeunesse ». La jeunesse était définie, en général, à partir d'une barrière d'âge « 18-25 ans » et dans la tradition sociologique, de l'âge de la majorité à une série de seuils : « être en couple », « être parti de chez ses parents » et « avoir une profession stable ». Mais, des auteurs comme Olivier Galland ont bien montré que ces seuils n'étaient plus franchis au même moment par rapport à la génération précédente. [...] Je posais donc l'hypothèse que devenir adulte, c'était d'abord et avant tout un « processus réversible » et non plus une entrée fixe (et donc non réversible) dans différents statuts. On pouvait, par exemple, quitter ses parents mais revenir chez eux, on pouvait finir ses études mais y retourner, on pouvait se mettre en couple mais se séparer. C'est pour cela que j'ai préféré parler de « devenir adulte » plutôt que d'utiliser le terme de « jeunesse ». Une autre hypothèse portait sur les représentations sociales et culturelles du « devenir adulte », c'est pour cela que j'ai souhaité aller voir dans différents pays comment cela se passait en posant l'hypothèse que cette expérience du « passage » à l'âge adulte, de ce parcours était pétri de normes culturelles propres à chaque pays. Il y a des manières inégalitaires de traverser cette période en fonction du genre, du milieu social, mais aussi de la société à laquelle on appartient.

La problématique pourrait se résumer rapidement à : « Qu'est-ce que devenir adulte ? Comment ce processus d'autonomisation est-il vécu, perçu au sein de différentes sociétés ? »

Entretien avec Cécile Van de Velde réalisé le 2 novembre 2018.

L'auteure

Cécile Van de Velde est professeure de sociologie à l'université de Montréal et maîtresse de conférence à l'EHESS à Paris. Diplômée de l'Institut d'études politiques de Paris et titulaire d'un doctorat en sociologie, elle s'intéresse aux trajectoires de vie, aux inégalités et à la solidarité entre générations. Sa thèse, une étude comparée sur l'entrée dans la vie adulte de jeunes Européens (Danemark, Royaume-Uni, France et Espagne), a été publiée en 2008 et a reçu le prix *Le Monde* de la recherche universitaire.

Numérique

Cécile Van de Velde présente les conclusions de ses travaux sur l'entrée dans la vie adulte : **LLS.fr/VieAdulte**

Point notion

La jeunesse et **la génération**

La jeunesse est un âge de la vie. L'Insee, Eurostat et l'OCDE ont modifié les indicateurs : auparavant 18-25 ans, aujourd'hui 18-30 ans et même parfois 18-35 ans. Avec les effets de la crise, le temps de la jeunesse s'allonge.

La jeunesse étant de plus en plus difficile à définir, les sociologues préfèrent utiliser le terme de génération. Une génération effective selon le sociologue Karl Mannheim est une génération qui vit des événements identiques et développe une conscience de son existence en tant que génération spécifique.

Doc. 2 Mesurer et interroger pour comprendre ?

Quels « outils » méthodologiques avez-vous utilisés lors de cette recherche ?

J'ai établi une double méthodologie mêlant l'enquête statistique et la passation de 135 entretiens semi-directifs auprès de jeunes adultes de 18 à 30-35 ans. Comme il s'agissait d'analyser des parcours de vie, des expériences, etc., cela impliquait donc de prendre en compte le temps, le temps des vies. J'ai établi un guide d'entretien avec une grille d'entretien traduite et ajustée à chaque pays pour les quatre pays, à savoir le Danemark, le Royaume-Uni, la France et l'Espagne. Concernant l'enquête européenne qui portait sur 12 puis 15 pays, il s'agissait d'une étude […] sur un grand échantillon qui m'a permis de reconstituer les itinéraires d'émancipation familiale et d'insertion sociale de jeunes. Comment quittent-ils les parents ? Pourquoi ? Se mettent-ils en couple ou pas ? Les épreuves vécues dans cet accès à l'emploi ?, etc. Le volet le plus important de ma recherche a été l'enquête qualitative pour comprendre comment s'articulent les expériences professionnelles, familiales, individuelles, comment elles sont vécues. Trente entretiens rétrospectifs (récits de vie) ont été effectués dans chaque pays au sein de la capitale et d'une ville moyenne en tenant compte du milieu social, de l'âge, du genre, du statut étudiant ou salarié.

Entretien réalisé le 2 novembre 2018.

Questions

1. Doc. 1. Résumez les hypothèses de Cécile Van de Velde concernant sa recherche.

2. Doc. 2. Quelles méthodes sociologiques a-t-elle utilisées ?

Les résultats

Des modèles différents d'entrée dans la vie adulte selon les pays

Doc. 3 Comparer deux modèles d'entrée dans l'âge adulte

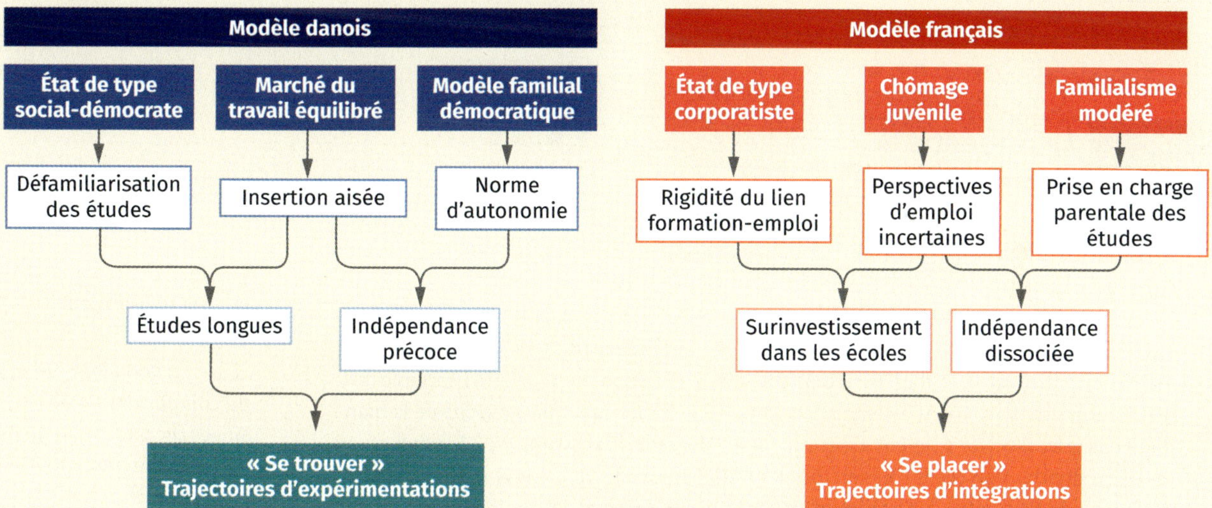

Un État de type corporatiste signifie que la protection sociale est basée sur la profession et ceux qui n'ont pas d'emploi en sont exclus alors qu'un État social-démocrate place l'égalité entre les citoyens au cœur de ses politiques sociales.

Cécile Van de Velde, *Devenir adulte. Sociologie comparée de la jeunesse en Europe*, PUF, 2008.

Questions

1. Comparez la place de la famille dans le passage à l'âge adulte dans les deux pays.

2. Quelles sont les différences en matière scolaire ?

3. Quelles différences peut-on faire entre « se trouver » et « se placer » ?

4. L'autonomie par rapport à la famille est-elle plus rapide au Danemark ou en France ?

UN AUTRE REGARD

Le rire, une pratique de sociabilité

Objectifs

L'utilisation du corps est importante dans la production du lien social. C'est un point étudié depuis longtemps par les spécialistes des sciences sociales. Le rire fait ainsi partie des « techniques » qui peuvent participer au lien social.

Doc. 1 Le rire, producteur de lien social ?

Contrairement à une légende, le rire n'est pas le propre de l'homme. Les chimpanzés rient. Quand ils jouent ou quand on les chatouille, ils émettent de petits gloussements et grimaces de plaisir qui sont l'exact homologue du rire de l'humain. Il n'est pas exclu aussi que les chimpanzés aient le sens de l'humour. [...] Mais, comme chez les humains, le rire n'est pas simplement un signe de détente et de plaisir, il pourrait avoir une fonction sociale. C'est la théorie de l'éthologiste[1] Marina Davila-Ross. [...] L'analyse de leurs jeux (enregistrés sur caméra vidéo) montre une distinction nette entre le rire spontané d'un singe en train de jouer et celui qui survient en réaction chez ces camarades. Quand ces rires d'imitation se produisent, les jeux durent plus longtemps, ce qui indique bien la fonction sociale de ce rire. [...] « Cela suggère que le rire mimétique renforce les liens sociaux », remarque la chercheuse, tout en soulignant d'ailleurs que ce type de comportement n'est guère différent de ce qui se passe chez les humains.

Achille Weinberg, « Le rire social du chimpanzé », *Sciences humaines*, juin 2011.

1. Spécialiste du comportement des animaux.

Soldat et jeune fille riant, Johannes Vermeer, vers 1657.

Doc. 2 Le rire, entre lien social et exclusion ?

[L'anthropologue] David Le Breton publie chez Métailié une anthropologie[1] du rieur sous ce titre sobre : *Rire.* [...] Le rire des enfants illustre à merveille à la fois le caractère contagieux et la sociabilité foncière du rire, en s'esclaffant eux-mêmes de susciter l'hilarité. « Le rire ou le sourire sont des modalités essentielles de gratification mutuelle dans la relation à l'enfant », souligne David Le Breton. Le moment venu, il fera l'épreuve de la distinction d'avec le rire mauvais, sarcastique. [...] Ce rire-là est plus proche de la haine que de la joie, il éclate souvent en groupe pour décréter l'exclusion. [...] Étrangers, ou encore individus non conformes en font les frais. Comme les anciens Grecs, les Hébreux disposent de deux mots pour dire le rire : celui qui a donné son nom à Isaac, joyeux et communicatif, et celui qui désigne la moquerie, la dérision. Lévi-Strauss a retrouvé cette ambivalence dans les mythes amérindiens, qui « assignent au rire des conséquences désastreuses ». Chez les Bororos, ce rire mauvais est même une variante sémantique « de l'ouverture des crânes à coup de hache ».

Jacques Munier, « Rire, c'est si profondément vivre », *Franceculture.fr*, 7 décembre 2018.

1. L'anthropologie est une science sociale très proche de la sociologie dans ses objets d'étude et ses méthodes. Elle a été fondée comme une étude des sociétés « sans écriture » (parfois appelées sociétés « primitives »). Les anthropologues étudient aussi les sociétés modernes et se penchent tout particulièrement sur les rites, les cultures, les techniques, etc.

Questions

1. Selon vous, comment le rire produit-il du lien social ?
2. Doc. 1. Comment l'étude du comportement des singes montre-t-elle qu'ils peuvent rire pour créer du lien social ?
3. Doc. 2. Comment le rire peut-il aussi produire de l'exclusion ?

Vers la terminale

Maintenant, vous savez tout (ou presque) sur le lien social. Ces connaissances pourront être prolongées par :

- une interrogation sur les liens entre exclusion sociale et déviance, ainsi qu'une mise en évidence du rôle de la protection sociale face à l'exclusion (chapitres 8 et 11) ;
- une réflexion sur les liens entre mondialisation et modifications du lien social, par exemple, à travers la question des migrations ;
- un questionnement sur les mutations du marché du travail et les transformations du lien professionnel ;
- un point sur la façon dont les PCS peuvent être utilisées pour rendre compte de la mobilité sociale et observer la stratification sociale.

Chris Martin, Vue du bidonville Dharavi, à Mumbai, en Inde.

Pour aller + loin

À lire

Julie Dachez, *La Différence invisible*, Delcourt, 2016.
Un très beau roman graphique sur une autiste Asperger et son intégration au sein de la société entre difficultés, stratégies d'adaptation et reconnaissance de son « handicap ».

Nob, *Dad, Amour, gloire et corvées*, Dupuis, 2018.
Cette BD raconte les aventures d'un père intermittent du spectacle qui élève seul ses quatre filles issues de quatre mariages précédents. Drôle et attachant.

Monique Pinçon-Charlot, Michel Pinçon, Étienne Lécroart, *Panique dans le 16ᵉ !*, La Ville brûle, 2017.
Quand la mairie de Paris décide d'installer un hébergement d'urgence pour les SDF dans le XVIᵉ arrondissement, les habitants de ce quartier bourgeois se mobilisent.

Delphine de Vigan, *No et moi*, Éditions J.C. Lattès, 2007.
Jeune collégienne très douée, Lou décide (à la dernière minute !) de faire un exposé sur les sans-abri. Elle choisit d'étudier leur situation sur le terrain et rencontre No. Ce roman, aussi adapté en film, permet de comprendre comment une personne peut se retrouver sans logement et coupée de tout lien familial.

À voir

***J'ai (très) mal au travail*, de Jean-Michel Carré, 2009.**
Pendant plus d'un an, Jean-Michel Carré a entrepris une enquête et une réflexion de fond sur le rapport qu'entretiennent les Français avec le travail et son organisation repensée par les nouvelles méthodes de management.

***Comme les autres*, de Vincent Garenq, 2008.**
Emmanuel et Philippe s'aiment et mènent une vie heureuse. Mais un jour tout bascule lorsque Emmanuel décide de tout faire pour avoir un enfant, alors que Philippe n'en veut pas. Un jour Emmanuel rencontre Fina, une jeune femme dont la carte de séjour va expirer, qui lui propose un marché : il l'épouse et elle lui fait un enfant.

***The Circle*, de James Ponsoldt, 2017 (adapté d'un livre de Dave Eggers).**
Aux États-Unis, dans un futur proche, Mae est engagée chez Le Cercle, le groupe de nouvelles technologies et de réseaux sociaux le plus puissant du monde. Pour elle, c'est une opportunité en or. Alors qu'elle prend de plus en plus de responsabilités, le fondateur de l'entreprise, Eamo Bailey, l'encourage à participer à une expérience révolutionnaire qui bouscule les limites de la vie privée, de l'éthique et des libertés individuelles.

CHAPITRE 8

Quels sont les processus sociaux qui contribuent à la déviance ?

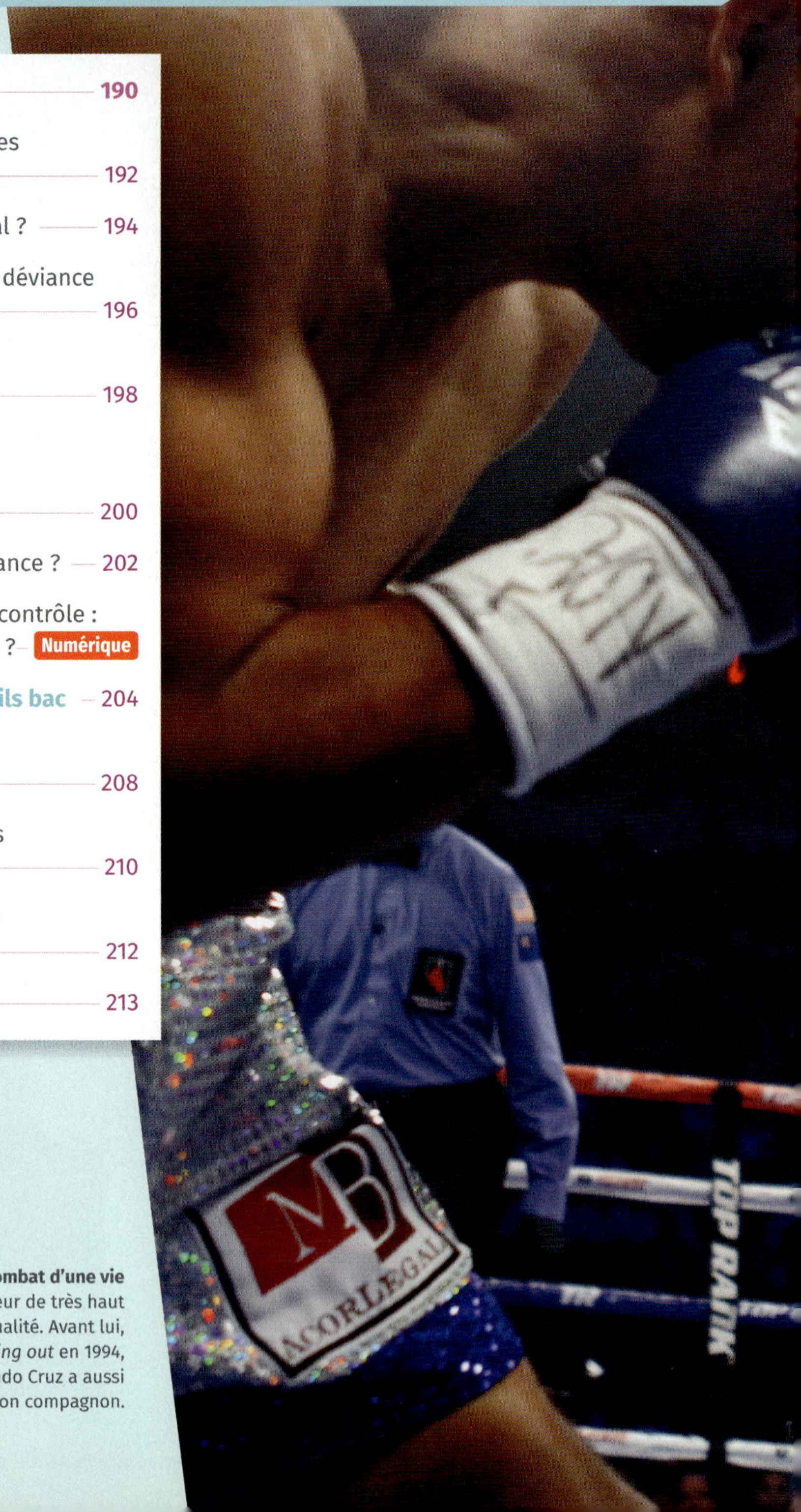

Le combat d'une vie
À droite sur cette photo, Orlando Cruz, premier boxeur de très haut niveau à dévoiler et à revendiquer son homosexualité. Avant lui, Mark Leduc, boxeur canadien, avait fait son *coming out* en 1994, après avoir arrêté sa carrière. Par la suite, Orlando Cruz a aussi annoncé son mariage à venir avec son compagnon.

Notions-clés

Carrière déviante · Chiffre noir de la délinquance · Contrôle social · Délinquance · Délinquance en col blanc · Déviance · Enquête de victimation · Entrepreneur de morale · Étiquetage · Norme juridique · Norme sociale · Stigmatisation

POUR COMMENCER

Quels sont les processus qui contribuent à la déviance ?

Doc. 1 Les normes juridiques reflètent-elles toujours les normes sociales ?

Jacques Chirac présente une brochure sur le sport en février 1978.

En juillet 2018, la maire de Paris lance l'expérimentation de six parcs sans tabac pendant quatre mois.

Questions

1. À l'aide de ces deux photos, mettez en évidence l'évolution de la législation encadrant la consommation de tabac. Connaissez-vous des lois ayant conduit à cette évolution ?

2. Selon vous, comment peut-on expliquer ce changement ?

3. Cette évolution convient-elle à tous ? Pourquoi ?

Doc. 2 Quels sont les contours de la délinquance ?

Selon l'*Hebdo de Sèvre et Maine*, pendant six mois, un homme de trente-cinq ans a envoyé en moyenne par jour 24 sms à son ex-conjointe. Il a expliqué devant les juges du tribunal correctionnel de Nantes qu'il faisait ça pour « reconquérir » la mère de sa fille. Au total, il a transmis à son ex-compagne 4 286 textos.

Les messages qu'il adressait étaient souvent grossiers et parfois très menaçants […]. La femme avait décidé de déménager à Vallet en Loire-Atlantique. La séparation date de 2013, mais avant cela, l'homme s'était déjà montré violent à l'égard de la plaignante. Selon l'hebdo, il l'avait par exemple « forcée » à avoir des relations sexuelles, a rapporté la mère de famille. Le prévenu, qui s'est défendu sans avocat, a été condamné à six mois de prison ferme et douze avec sursis.

David Phelippeau, « Nantes : six mois de prison ferme pour avoir envoyé 4 286 sms à son ex en six mois », *20Minutes*, 24 octobre 2018.

Questions

1. Pourquoi cet homme a-t-il été condamné à six mois de prison ferme et douze avec sursis ?

2. Comment peut-on expliquer que cette femme ait attendu plusieurs mois pour porter plainte ?

3. Les actes de cet homme auraient-ils été comptés comme délinquants si son ex-conjointe n'avait pas porté plainte ? Que pouvez-vous en déduire sur les chiffres connus par les autorités ?

Doc. 3 Quelles sont les conséquences du regard d'autrui ?

C'est comme si je devais m'abstenir de poster des vidéos qui parlent de mode et de beauté sous prétexte que je suis grosse. Comme si je devais me cacher dans un placard et en ressortir… à condition d'être mince », explique-t-elle dans une de ses vidéos. […] Récemment, Nabela a posté une nouvelle vidéo sur son compte Instagram pour répéter sa devise favorite : s'aimer comme on est. Entièrement démaquillée, Nabela commence son tutoriel en écrivant sur son visage des insultes qui lui ont directement été adressées tout au long de l'année. « Cochonne », « grosse », « moche ». Trois insultes blessantes, dures à encaisser, au point d'en faire couler des larmes. « En 2017, on m'a appelée grosse, moche, monstre… On m'a dit que je devrais me tuer à cause de mon physique. J'ai reçu des milliers de messages comme celui-ci toute l'année et il y a eu des moments où j'ai laissé ces mots me détruire », écrit-elle en légende de la vidéo.

« Une blogueuse se maquille d'insultes dont elle a été victime pour dénoncer la grossophobie », *Paris Match Belgique*, 5 janvier 2018.

Photographie de Nabela Noor sur Instagram.

Questions

1. Que dénonce la blogueuse Nabela Noor en écrivant ces insultes sur son visage ?
2. Quelles sont les normes qu'elle enfreint ?
3. Quelles en ont été les conséquences pour elle ?
4. Que peut permettre son initiative à plus long terme ?

Numérique

Un podcast sur les causes et les conséquences de la « grossophobie » :

LLS.fr/Grossophobie

Testez vos connaissances

1. **L'interdiction de rouler à plus de 50 km/h en ville est :**
❑ une norme sociale ; ❑ une norme juridique.
2. **L'obligation de dire bonjour à son (ou sa) professeur(e) quand on entre en classe est :**
❑ une norme sociale ; ❑ une norme juridique.
3. **Les normes juridiques :**
❑ peuvent évoluer dans le temps ; ❑ ne changent jamais.
4. **Le contrôle social est fait :**
❑ seulement par la police et la justice ; ❑ par la police et la justice, mais aussi par d'autres groupes sociaux et personnes ; ❑ seulement par d'autres groupes et personnes que la police et la justice.

Questions du chapitre

1. Quelles sont les différences entre les normes sociales et les normes juridiques et quelles relations entretiennent-elles entre elles ?
2. Comment les comportements sont-ils contrôlés ?
3. Quels processus peuvent mener à des déviances de natures diverses ?
4. Qu'est-ce que la délinquance et pourquoi est-il difficile de la mesurer ?

DOSSIER

1 Comment évoluent les normes sociales et juridiques ?

Découvrir

Doc. 1 Des mouvements sociaux pour modifier les lois ?

Manifestation des femmes pour la défense du droit à l'avortement en France en 1979.

Questions

1. Selon vous, pourquoi ces personnes manifestent-elles en 1979 alors que la loi dépénalisant l'avortement date de 1975 ?
2. Comment les autorités religieuses peuvent-elles faire respecter des règles de comportement en France ?
3. Comment les députés font-ils respecter des règles de comportement ?

Numérique

Retrouvez sur lelivrescolaire.fr des images historiques des débats sur la loi Veil : LLS.fr/SES1LoiVeil

Doc. 2 L'homosexualité : de la marge à la reconnaissance des droits

En France comme dans de nombreux pays occidentaux, les deux dernières décennies ont été le théâtre d'une reconnaissance grandissante de la légitimité de certains modes de vie gais et lesbiens. […] La généalogie de cette nouvelle visibilité a été marquée par l'épidémie de sida, puis les débats autour du Pacs[1] dans les années quatre-vingt-dix et ensuite du mariage et de l'homoparentalité dans les années deux mille dix. L'épidémie ayant d'abord touché la communauté gaie, elle a contribué à solidifier dans les années quatre-vingt une vision de l'homosexualité réduite à la sexualité. […] Mais les débats sur le Pacs ont constitué une deuxième étape dans la construction des représentations en donnant à voir le couple comme le lieu de sentiments, d'engagements et de support mutuel. […] La représentation de plus en plus fréquente des familles homoparentales, notamment à l'occasion des débats sur le « mariage pour tous » en France, change en effet la perception de l'homosexualité : cette dernière, en plus de recouvrir une sexualité et des liens amoureux, devient la possibilité d'une famille…

Sébastien Chauvin, Arnaud Lerch, *Sociologie de l'homosexualité*, La Découverte, 2013.

1. Le Pacs est le Pacte civil de solidarité, créé en 1999 et permettant à deux personnes, quel que soit leur sexe, de passer un contrat entre elles fixant les modalités de leur vie commune.

Questions

1. Dans quel sens évoluent les représentations au sujet de l'homosexualité depuis les années quatre-vingt-dix ?
2. Comment l'adoption du « mariage pour tous » a-t-elle joué un rôle décisif dans le changement de statut des homosexuels dans la société française ?

Doc. 3 Des normes juridiques qui influent sur les comportements ?

Évolution de l'usage occasionnel ou régulier de tabac (en % des 18-75 ans)

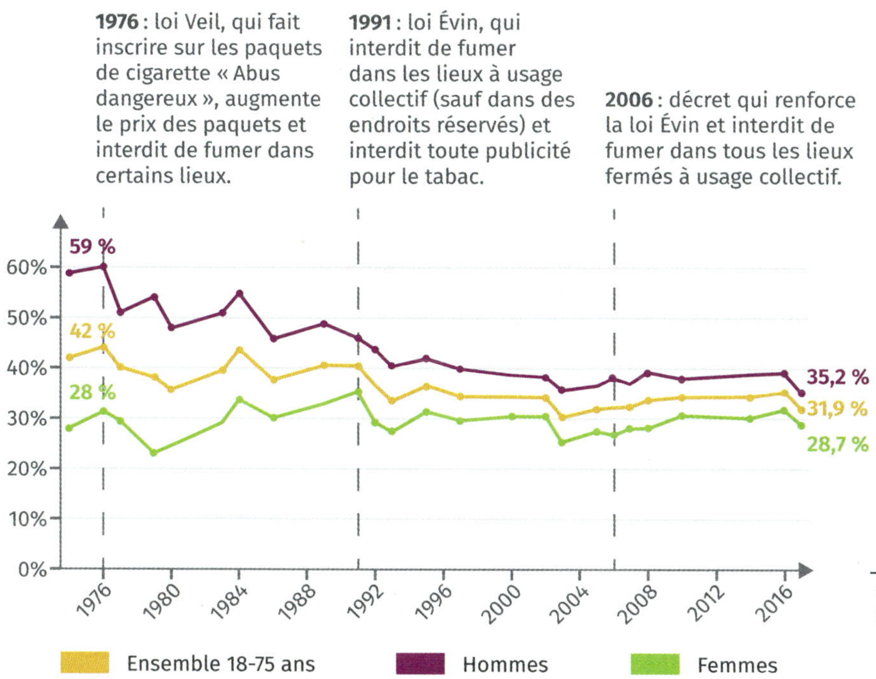

Ofdt, données des enquêtes du Cfes, de l'Inpes et de Santé publique France, 2019.

Questions

1. Comment a évolué la consommation de tabac en France entre 1974 et 2017 ?
2. Comment l'évolution des normes juridiques sur le tabac peut-elle expliquer cette évolution ?
3. Comment expliquer que les femmes fument moins que les hommes ? Comment a évolué l'écart entre les hommes et les femmes ?

Doc. 4 Une opposition aux lois ?

Manifestation contre le « mariage pour tous », à Paris, le 24 mars 2013.

Dans l'histoire de l'humanité, le mariage avait [...] toujours été défini comme l'union d'un homme et d'une femme. [...] Il n'est pas exagéré de dire qu'en ce début de XXIe siècle, des certitudes millénaires ont été remises en question et un pas symbolique a été franchi quand, en France comme dans de nombreux autres pays, la loi civile a institué en droit des catégories d'époux de même sexe et de parents de même sexe. [...] Dans tous les pays où elle a été accomplie, la réforme a rassemblé contre elle la grande majorité des autorités religieuses.

Irène Théry, *Mariage et filiation pour tous. Une métamorphose inachevée*, Le Seuil, 2016.

Questions

1. Pourquoi la légalisation du mariage homosexuel marque-t-elle une mutation profonde de la famille ?
2. Pourquoi cette évolution peut-elle entraîner des contestations ?

Je m'auto-évalue

Complétez le texte suivant en utilisant les termes : normes sociales et normes juridiques.

Les comportements sont guidés par des ____ intériorisées lors de la socialisation. Les règles de politesse sont des ____ et l'interdiction de fumer en public est une ____. La loi sur le « mariage pour tous » a modifié les ____ concernant l'homosexualité.

Je fais le point

Chaque société repose sur des normes sociales, c'est-à-dire des règles de comportement. Ces normes sont accompagnées de lois, de normes juridiques. Ne pas respecter les normes juridiques expose à des sanctions formelles, imposées par des institutions spécifiques. Les normes juridiques évoluent en parallèle des normes sociales, parfois à un rythme différent.

DOSSIER

2 Comment s'applique le contrôle social ?

Découvrir

Doc. 1 Comment la transgression des normes est-elle limitée ?

En 1921, à Atlantic City, un policier mesure la longueur des maillots de bain pour s'assurer qu'ils sont décents.

Point notion

Contrôle social informel

Contrôle social mis en œuvre quotidiennement dans les interactions entre individus. Il s'exerce par des sanctions positives ou négatives (un sourire ou un froncement de sourcil par exemple).

Contrôle social formel

Forme du contrôle social qui est exercé par des groupes et des institutions spécifiques comme la police et l'école. Il est concrétisé par l'application de sanctions juridiques (amendes, prison), morales (blâmes), ou religieuses.

Questions

1. Quelle forme de contrôle social est en œuvre sur cette photographie ?
2. De nos jours, à quel type de contrôle social s'exposerait une femme en talons hauts sur une plage ?
3. Pourquoi est-il peu probable qu'un homme porte des talons hauts dans l'espace public ?

Doc. 2 Un développement du contrôle social formel dans les sociétés modernes ?

Nous avons déjà vu avec quelle facilité et sur quelle large échelle se pratiquait l'adoption dans les clans indiens de l'Amérique du Nord. Elle pouvait donner naissance à toutes les formes de la parenté. Si l'adopté était du même âge que l'adoptant, ils devenaient frères et sœurs ; si le premier était une femme déjà mère, elle devenait la mère de celui qui l'adoptait. […] Dans notre droit actuel, les conditions restrictives se sont […] multipliées. Il faut que l'adopté soit majeur, que l'adoptant ait plus de cinquante ans, qu'il ait traité l'adopté comme son propre enfant pendant longtemps. […] En résumé, en même temps que les obligations domestiques deviennent plus nombreuses, elles prennent, comme on dit, un caractère public.

Émile Durkheim, *De la division du travail social*, 1893.

Questions

1. Le contrôle social formel sur l'adoption est-il plus fort dans les clans indiens ou dans la société décrite par Émile Durkheim ?
2. À quelle forme de contrôle social se rattache l'idée selon laquelle les obligations prennent « un caractère public » ?

Doc. 3 Un contrôle social lié à la place dans la société ?

Nicolas Jounin est professeur de sociologie à l'université Paris VIII Vincennes-Saint-Denis. Lors des premiers cours de licence, il lance ses élèves à la découverte des quartiers riches de Paris, pour les former à l'enquête sociologique. Il a écrit un livre tiré de ces enquêtes.

Lorsqu'un apprenti sociologue vient faire une observation dans une boutique de luxe, il pourrait donc espérer se fondre dans cette petite masse [de clients], [...] sans se faire remarquer. C'est apparemment tout le contraire : « Les vigiles et les vendeuses sont plutôt méfiants vis-à-vis de mes camarades et moi-même », poursuit Nora. « Ils nous réservent un accueil très froid. Sans conversation, ils nous font savoir de manière indirecte que nous ne sommes pas à notre place. » S'approchant d'une boutique et hésitant à y pénétrer, Amar, Issiaga et Rachid notent que « les vigiles des magasins [les] regardent de l'intérieur avec un air malveillant » et renoncent.

Nicolas Jounin, *Voyage de classes*, La Découverte, 2016.

Questions

1. Comment les étudiants comprennent-ils qu'ils ne sont pas à leur place ?
2. Les regards portés sur les étudiants sont-ils du contrôle social formel ou informel ?
3. Quel est l'effet de ce contrôle social sur les étudiants ?

Doc. 4 L'augmentation de la population carcérale, fruit du contrôle social ?

Une cellule de prison avec trois lits, à Rome, en 2013.

La France a aujourd'hui la population carcérale la plus importante de son histoire en temps de paix. En soixante ans, le nombre de prisonniers a plus que triplé. Or cette situation ne correspond pas à un accroissement de la criminalité mais à une augmentation de la sévérité. On punit plus, ce qui se manifeste de trois façons. D'abord, au niveau politique, on crée de nouveaux délits ou on criminalise des délits qui ne l'étaient pas, comme la conduite après perte des points du permis. Ensuite, au niveau policier, la politique dite du chiffre détermine des quotas d'interpellations au-delà de la réalité de la délinquance accessible aux forces de l'ordre. Enfin, au niveau judiciaire, on sanctionne plus sévèrement en infligeant plus souvent des peines de prison et en allongeant la durée de ces peines. Cette évolution n'est pas propre à notre pays.

Jean-Marie Durand, « Punir est devenu une obsession contemporaine : entretien avec Didier Fassin », *Les Inrocks*, 5 janvier 2017.

Questions

1. Comment s'explique la hausse de la population carcérale depuis les années cinquante ?
2. Cette augmentation de la population carcérale signifie-t-elle que la société devient plus violente ?

Je m'auto-évalue

Pour les situations différentes, indiquez s'il s'agit d'un contrôle social formel ou informel.

1. Les camarades de classe d'un élève se moquent de lui, car il porte un bonnet vert.
2. Un élève est puni par son professeur, car il n'a pas enlevé sa casquette en cours contrairement à ce qui est écrit dans le règlement intérieur.
3. Un conducteur se voit infliger une amende, car il a dépassé les limites de vitesse.
4. Un conducteur se fait insulter par d'autres, car il laisse passer de très nombreux piétons.

Je fais le point

Le contrôle des comportements dans une société s'exerce par des sanctions diverses, qui vont du regard insistant aux peines de prison. On peut donc distinguer deux grands types de contrôle qui règlent les conduites : le contrôle formel et le contrôle informel. Un troisième type de contrôle peut être ajouté : l'auto-contrainte. Le contrôle formel tend à se développer dans nos sociétés qui sont marquées par une montée des peines formelles.

DOSSIER

3 Quelles sont les différentes formes de déviance et quels processus y conduisent ?

Découvrir

Doc. 1 La prison, un contrôle social efficace ?

Dans le film, la raison de l'incarcération de Malik est à peine évoquée, mais on comprend qu'il s'agit d'un délit mineur.

Malik El Djebena, dix-neuf ans, est condamné à six ans d'incarcération. Arrivé en prison, il est vite repéré par César Luciani, un Corse qui règne sur les lieux. Il lui demande de tuer Reyeb, un prisonnier arabe qui s'apprête à témoigner contre lui et les siens. Désormais protégé par les Corses, Malik intègre rapidement les lois de la prison. Tentant de faire profil bas, il se lie d'amitié avec Ryad, qui lui apprend à lire et à écrire. Il met alors à profit ses relations [...] pour construire son propre réseau et monter un trafic de drogue.

Pierre Murat, « Un prophète », *Télérama*, 2009.

Questions

1. À quelle forme de contrôle social correspond une peine de prison ?
2. Comment évolue le comportement délinquant de Malik en prison ?

Point notion

Délinquance
Non-respect des règles juridiques. Elle est sanctionnée par plusieurs institutions : police, justice.

Doc. 2 Diversité des normes, diversité des déviances

Les normes sociales sont créées par des groupes sociaux spécifiques. Les sociétés modernes ne sont pas des organisations simples où la définition des normes et leur mode d'application dans des situations spécifiques feraient l'objet d'un accord unanime. Elles sont au contraire hautement différenciées selon les critères de la classe sociale, du groupe ethnique, de la profession et de la culture. Il n'est pas nécessaire que tous ces groupes partagent les mêmes normes, et, en fait, c'est rarement le cas. [...] Les contradictions et les conflits entre les normes des divers groupes entraînent des désaccords sur le type de comportement qui convient dans telle ou telle situation. [...]. Les patients qui essayent plusieurs médecins font peut-être le nécessaire, du point de vue de leur propre groupe, pour protéger leur santé en s'assurant qu'ils se confient bien à celui qui leur semble être le meilleur médecin possible, mais, selon la perspective du médecin, ils ont tort.

Howard Becker, *Outsiders*, Éditions Métailié, 1963.

Questions

1. Pourquoi les patients dont il est question dans ce texte sont-ils des déviants au regard du médecin ?
2. Pourquoi ne se reconnaissent-ils pas comme déviants ?
3. Comment les médecins peuvent-ils chercher à imposer leurs visions des choses ?

Point notion

Déviance
Ensemble des comportements qui s'écartent des normes d'un groupe ou d'une société et qui donne lieu à des sanctions formelles et/ou informelles selon leur gravité.

Doc. 3 La déviance peut-elle s'expliquer comme un conflit de normes ?

Point notion

Étiquetage

Processus par lequel la société ou des groupes spécifiques désignent des individus comme déviants.

Carrière déviante

Notion liée à celle d'étiquetage. Une personne qui a commis une déviance peut être étiquetée comme déviante par la société ou un groupe. Elle en vient alors à modifier son comportement et petit à petit, elle est totalement identifiée à son comportement déviant.

Stigmatisation

Situation où un individu se voit attribuer un stigmate. Le stigmate est un attribut de la personne (qui peut être en lien avec son passé, mais aussi physique, par exemple un handicap, ou signe d'une appartenance à un groupe, par exemple une couleur de peau) qui la conduit à être jugée comme anormale et modifie ses relations avec les autres.

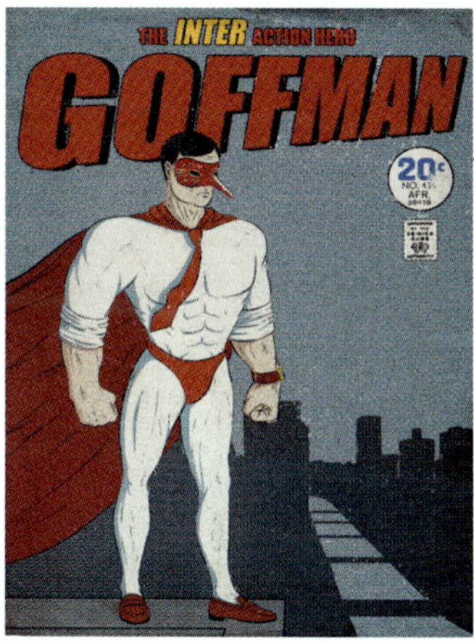

La notion de stigmatisation a été forgée par Erving Goffman, sociologue qui postule que la société est faite d'interactions entre individus. Il est représenté ici sous la forme d'un super-héros par la dessinatrice Léa Mazé. Retrouvez plus de dessins sur l'économie et la sociologie sur LLS.fr/SocioBD.

Depuis plusieurs années, le cyclisme est régulièrement l'objet de scandales dus aux cas de dopage. [...] Plus l'individu progresse dans sa carrière, plus il se socialise avec ses pairs. [...] Au contact de l'équipe médicale, la préparation se médicalise peu à peu et le rapport du cycliste à son propre corps se modifie « insensiblement ». La santé devient une préoccupation majeure, une conquête de tous les instants. Plus qu'un état normal, elle est la condition nécessaire à la réussite de son entreprise. C'est à travers les interactions avec le milieu que le cycliste s'initie au dopage, notamment au contact de médecins recommandés par ses pairs et dont il acceptera la demande discrètement émise. Le dopage devient une normalité qui se construit autour d'interactions banales et quotidiennes, mais qui se tiennent dans un univers sportif spécifique. C'est à travers ces mêmes interactions que le sportif développe un savoir spécifique : connaître et bien utiliser les produits, apprendre à ne pas être détecté et à éviter les contrôles, etc. [...]. On ne devient pas déviant du jour au lendemain. [...] L'entrée dans la déviance n'est pas un acte individuel. C'est un phénomène social fait d'interactions avec d'autres individus, eux-mêmes déviants, qui vont peu à peu accoutumer le néophyte[1] à ces nouvelles activités. Il va apprendre à « faire » la déviance, apprendre à l'aimer, apprendre éventuellement à s'en cacher. Si on devient déviant par l'intermédiaire d'autres individus, on est reconnu ainsi par l'étiquetage d'autrui.

Benjamin Chevalier, Igor Martinache, *Déviances et contrôle social*, Bréal, 2017.

1. Débutant.

Questions

1. Pourquoi le dopage est-il un acte déviant ? Que signifie le fait qu'il devienne une « normalité » pour certains cyclistes ?
2. Montrez que l'entrée dans le dopage correspond à une carrière déviante.
3. Pourquoi le fait d'avoir été puni pour dopage peut-il conduire à une stigmatisation ? Quelle peut en être la conséquence sur le comportement de l'individu ?

Je m'auto-évalue

- À l'aide d'un exemple, comme l'anorexie, montrez que le non-respect d'une norme sociale peut conduire à une carrière déviante.
- À l'aide d'un autre exemple, comme la consommation de cannabis, montrez que le non-respect d'une norme juridique peut aussi ne pas conduire à une carrière déviante.

Utilisez les notions suivantes : délinquance, déviance, étiquetage.

Je fais le point

La déviance est relative : ses frontières varient selon le groupe qui observe les faits. Certains groupes parviennent, mieux que d'autres, à imposer leurs visions des choses. La délinquance est une partie de la déviance, celle qui est punie par la loi. L'entrée dans la déviance est un processus, qui peut s'apparenter à l'entrée dans une carrière professionnelle, avec un apprentissage progressif.

DOSSIER

4 Quelles sont les difficultés soulevées par la mesure de la délinquance ?

Découvrir

Doc. 1 Toutes les victimes de délits portent-elles plainte ?

A. Les victimes de cambriolages

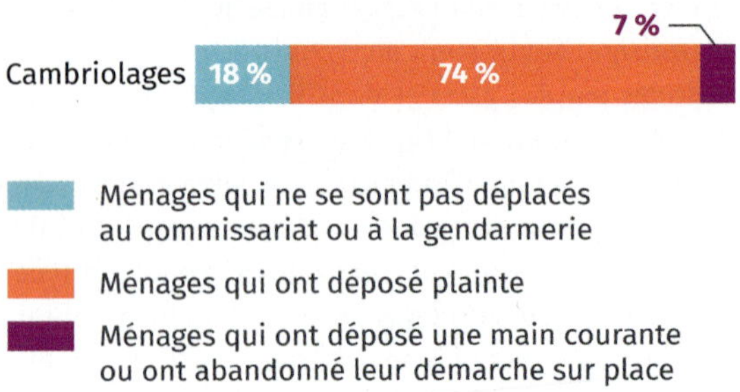

B. Les victimes de violences domestiques

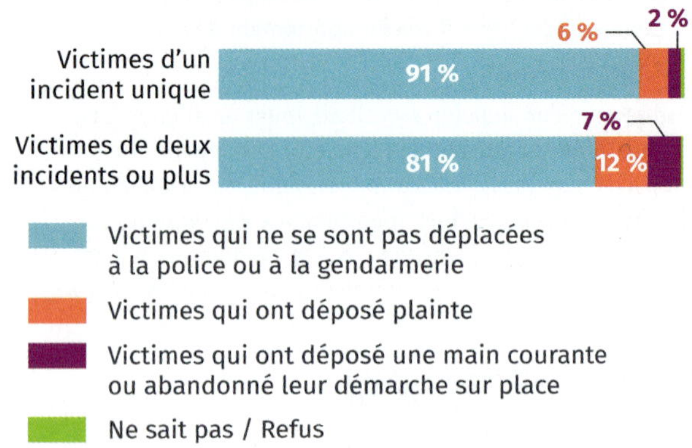

Ministère de l'Intérieur, rapport d'enquête Cadre de vie et sécurité, 2017.

Une main courante conduit à un simple constat des faits en police ou en gendarmerie et n'entraîne pas de plainte. Ces chiffres sont issus d'une enquête de l'Insee qui interroge les personnes sur les infractions qu'elles ont subies (enquête de « victimation »). Pour les violences domestiques, les pourcentages sont calculés sur la base des individus de 18 à 75 ans victimes de telles violences.

Questions

1. Comparez la proportion de personnes qui ne sont pas allées au commissariat ou à la gendarmerie dans le cas des cambriolages et dans le cas des violences domestiques.
2. Les victimes de tentatives de cambriolage portent-elles souvent plainte ? Comment peut-on l'expliquer ?
3. Selon vous, pourquoi le taux de plainte est-il plus faible pour les victimes de violences domestiques ?

Doc. 2 Pourquoi ne pas toujours porter plainte ?

Tous ceux qui signalent une victimation aux autorités policières ne vont pas jusqu'à formaliser leur plainte : entre 10 et 30 % ne le font pas. […] Le passage d'un simple signalement au dépôt de plainte est d'abord lié à une déclaration à l'assurance : plainte et déclaration de sinistre font couple et les variables relatives à l'incident lui-même (sa « gravité ») ne viennent qu'en renfort de cette détermination. […] Les enquêtes de victimation sont un instrument de recherche qui permet d'établir quelles sont les logiques qui la meuvent – problématique des biens immatriculés, recherche d'indemnisation sur le marché des assurances, dommages physiques, attitudes relatives au territoire privé et punitivité – et celles qui la bloquent – revendications déçues, désespoir social, xénophobie.

Renée Zauberman, « Les enquêtes de victimation. Une brève histoire, quelques usages », *Idées économiques et sociales*, mars 2015.

Questions

1. Selon ce texte, quelles sont les éléments qui influent sur le dépôt de plainte ?
2. Quelles peuvent être les conséquences de ces faibles taux de plainte sur la délinquance mesurée par la police ou la gendarmerie ?

Doc. 3 Que mesure la police ?

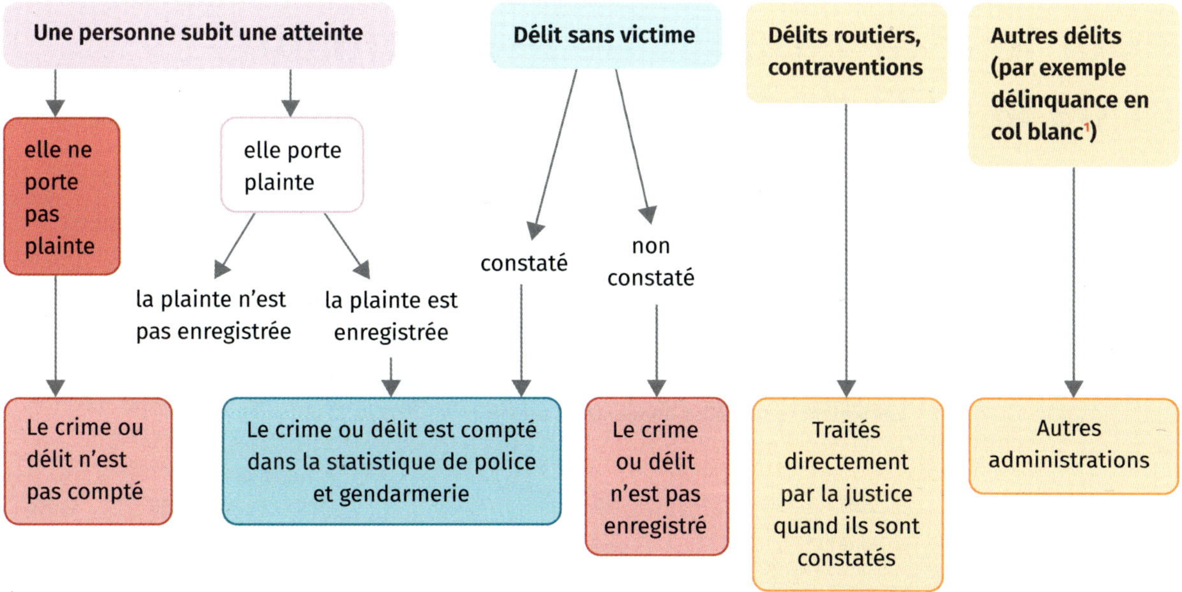

1. Crimes et délits commis par des personnes de classe sociale élevée dans le cadre de leurs fonctions.

D'après Bruno Aubusson, Nacer Lalam, René Padieu, Philippe Zamora, « Les statistiques de la délinquance », *France, portrait social*, 2003.

Les pouvoirs publics peuvent aussi aider les personnes à porter plainte : ici, une campagne contre les violences faites aux femmes.

Questions

1. Quels sont les crimes et délits qui ne sont pas comptés par la police et la gendarmerie ?
2. Quelles peuvent être les limites liées à l'utilisation de la statistique de police et gendarmerie pour observer la délinquance ?
3. Comment une enquête comme celle du doc. 1 peut-elle améliorer la mesure de la délinquance ?

Numérique

Pour mieux comprendre les difficultés liées à la mesure de la délinquance : LLS.fr/SES1Delinquance

Je m'auto-évalue

Les quatre affirmations suivantes sont-elles vraies ? Justifiez.

1. La délinquance est un type de déviance.
2. Les chiffres de la délinquance reflètent parfaitement les atteintes subies par les citoyens.
3. La plupart des victimes de violences domestiques portent plainte.

Je fais le point

La délinquance désigne les actes qui sont contrôlés et sanctionnés par les autorités. Cependant, tous les actes ne sont pas connus, notamment ceux qui ne donnent pas lieu à une plainte. Les enquêtes de victimation permettent de prendre la mesure de ces actes non connus, et donc d'estimer le « chiffre noir de la délinquance ». Par ailleurs, tous les délits ne sont pas sanctionnés de la même façon. En particulier, la « délinquance en col blanc » est souvent prise en charge par une administration spécifique et donne rarement lieu à des peines de prison.

TD 1

Quelle portée et quelles limites pour les statistiques de la criminalité et de la délinquance ?

1 Exercice guidé

→ **Comprendre que l'évolution de la criminalité mesurée dépend du nombre d'actes commis et de l'enregistrement de ces comportements**

Doc. 1 Des crimes sexuels en hausse ?

Les violences sexuelles enregistrées en France en 2017 et 2018

	Année	Trimestre 1	Trimestre 2	Trimestre 3	Trimestre 4	Total
Viols	2017	3900	4000	4100	4400	16400
	2018	4500	4900	5000	4900	19200
	Variation de 2017 à 2018 (en %)	14,4	21,2	19,7	12	16,8
Autres violences sexuelles	2017	5600	5700	5800	6900	24000
	2018	6800	7100	7700	7300	28900
	Variation de 2017 à 2018 (en %)	**21,7**	23,4	33,2	6,5	20,4

Champ : France métropolitaine

Ministère de l'Intérieur, « Insécurité et délinquance en 2018 : premier bilan statistique », 2019.

Questions

◆ **Étape 1. Comprendre les données du tableau.**

1. Que signifie la donnée soulignée ?
Il s'agit ici d'un taux de variation, calculé entre le premier trimestre de 2017 et celui de 2018.

2. Comment les données de ce tableau ont-elles été recueillies ?
Ces données sont celles du ministère de l'Intérieur ; ce sont des statistiques de police et de gendarmerie. (→ **voir dossier 4**)

◆ **Étape 2. Faire un constat.**

3. Comment les violences sexuelles enregistrées dans ce tableau ont-elles évolué ?
Pour rendre compte de l'évolution, il faut commencer par observer quelle est l'évolution globale, puis tenter de mettre en évidence des sous périodes.

Doc. 2 Comment expliquer ces variations ?

L'augmentation du nombre des faits signalés aux forces de l'ordre ces dernières années relèverait au moins en partie d'une amélioration du taux de dépôt de plainte. En effet, la libération de la parole des victimes s'amplifie depuis les révélations de l'affaire Weinstein en octobre 2017 suivie du mouvement « #MeToo » […] et résulte également d'une meilleure sensibilisation des victimes pour ces formes d'atteintes liée sans doute aux campagnes d'information et aux plans interministériels de prévention et de lutte contre les violences faites aux femmes depuis plusieurs années. Les victimes de violences physiques intrafamiliales et de violences sexuelles sont prises en charge avec le concours des travailleurs sociaux et des associations d'aide aux victimes dans les commissariats de police et les unités de gendarmerie, et les psychologues en commissariat lorsque les services en bénéficient. […] De plus, la tendance à l'amélioration de l'accueil dans les services de police et de gendarmerie peut trouver son origine dans la mise en place depuis plusieurs années de formations pour les policiers et gendarmes dans la prise en charge et l'accueil des victimes sur la thématique des violences faites aux femmes.

Ministère de l'Intérieur, « Insécurité et délinquance en 2018 : premier bilan statistique », 2019.

Questions

◆ **Étape 1. Comprendre l'idée générale du texte.**

1. Que signifie la première phrase du texte ?

Cette phrase renvoie au fait que le nombre d'actes délinquants ou criminels enregistrés par la police ou la gendarmerie dépend de l'existence ou non d'une plainte.

◆ **Étape 2. Expliquer.**

2. Quelles sont les explications apportées à ce phénomène ?

Il y a deux types d'explication apportés. La première met en avant un contexte social spécifique, la seconde tient plutôt à la façon dont les plaintes sont enregistrées et encouragées.

2 À vous de jouer ! → Comprendre que des variations de la délinquance peuvent s'expliquer par un contexte spécifique

Doc. 3 Des événements propices à la délinquance ?

Infractions sans violence les plus fréquentes pendant la semaine de la finale de la Coupe du monde 2018 de la FIFA, en écarts de pourcentage journalier comparés à l'année précédente

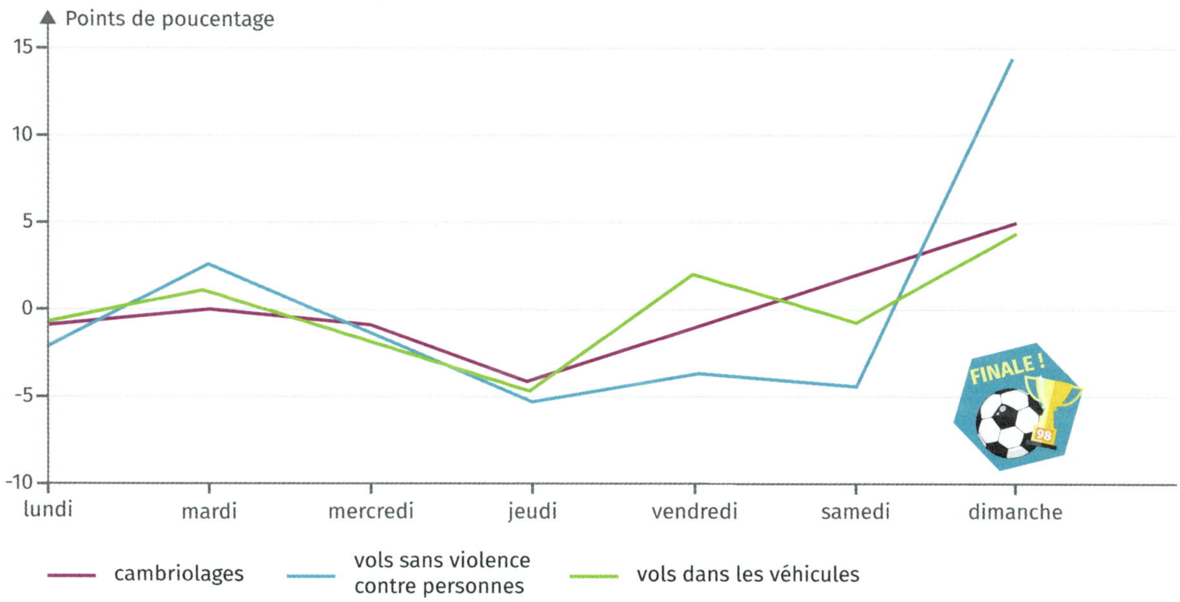

Ministère de l'Intérieur, « Insécurité et délinquance en 2018 : premier bilan statistique », 2019.

Questions

1. Quel est l'effet de la finale de la Coupe du monde de football sur la délinquance enregistrée ?
2. Pour quel type de délit cet effet est-il le plus important ?
3. Comment la finale de la Coupe du monde de football peut-elle expliquer cette évolution ?

Numérique

Une autre statistique très médiatisée à considérer avec prudence, le « sentiment d'insécurité » : LLS.fr/SES1Insecurite

J'argumente

Présentez une argumentation défendant l'idée selon laquelle les statistiques officielles de la délinquance et de la criminalité sont à utiliser avec prudence.

TD2

Quelle utilité sociale pour la déviance ?

1 Exercice guidé → Montrer que la déviance est un fait normal et utile pour la remise en cause des normes existantes

Doc. 1 Le crime, un phénomène normal ?

Nous voilà en présence d'une conclusion, en apparence assez paradoxale. Car il ne faut pas s'y méprendre. Classer le crime parmi les phénomènes de sociologie normale, ce n'est pas seulement dire qu'il est un phénomène inévitable quoique regrettable, dû à l'incorrigible méchanceté des hommes ; c'est affirmer qu'il est un facteur de la santé publique, une partie intégrante de toute société saine. Ce résultat est, au premier abord, assez surprenant pour qu'il nous ait nous-même déconcerté et pendant longtemps. Cependant, une fois que l'on a dominé cette première impression de surprise, il n'est pas difficile de trouver les raisons qui expliquent cette normalité, et, du même coup, la confirment.

En premier lieu, le crime est normal parce qu'une société qui en serait exempte est tout à fait impossible.[...]

Non seulement il implique que la voie reste ouverte aux changements nécessaires, mais encore, dans certains cas, il prépare directement ces changements. [...] Que de fois, en effet, il n'est qu'une anticipation de la morale à venir, un acheminement vers ce qui sera ! [...] <u>La liberté de penser dont nous jouissons actuellement n'aurait jamais pu être proclamée si les règles qui la prohibaient n'avaient été violées avant d'être solennellement abrogées</u>. Cependant, à ce moment, cette violation était un crime, [...] dans la généralité des consciences. Et néanmoins ce crime était utile puisqu'il préludait à des transformations qui, de jour en jour, devenaient plus nécessaires.

Émile Durkheim, *Les Règles de la méthode sociologique*, Flammarion, 1895.

Questions

◆ **Étape 1. Comprendre l'idée générale du texte et la résumer.**

1. Pourquoi la déviance est-elle normale selon Durkheim ?
En vous aidant du début du texte et de l'exemple du crime, expliquez ce que Durkheim qualifie de « normalité ». Puis déduisez-en pourquoi la déviance peut être qualifiée ainsi.

◆ **Étape 2. Argumenter et donner des exemples.**

2. Expliquez et illustrez la phrase soulignée.
Pour expliquer la phrase, il faut la reformuler avec vos propres mots et avec le vocabulaire du cours. Pour l'illustrer, proposez un exemple de liberté actuelle (droit à l'avortement, contraception, liberté de la presse) et faites le lien avec une transgression des règles passée.

Doc. 2 La déviance peut-elle être à l'origine des changements de normes ?

Le Parlement de Montevideo a voté une « loi intégrale pour les personnes trans », qui leur reconnaît le choix indiscutable de leur identité de genre dès l'âge de dix-huit ans. [...] En plus de la reconnaissance indiscutable du choix individuel de leur identité de genre dès dix-huit ans – voire celui d'être « non binaire », ni homme ni femme –, ce texte leur accorde le remboursement par le système de santé des hormonothérapies et des chirurgies de réassignation sexuelle, la création de bourses d'aide à l'éducation, la désignation comme groupe prioritaire pour l'accès au logement, l'obligation pour les services gouvernementaux d'employer au moins 1 % d'entre elles, et une pension mensuelle pour celles nées avant 1975, qui ont été maltraitées pendant la dictature de 1973-1985.

Frédéric Joignot, « L'Uruguay, unique en ses genres », *Le Monde*, 26 octobre 2018.

Numérique

Pour un autre exemple de transgression des normes qui peut faire changer les mentalités : **LLS.fr/SES1Pakistan**

Marche pour la diversité, Montevideo (Uruguay), 2018.

Questions

◆ **Étape 1. Comprendre l'idée principale du texte.**

1. Pourquoi le fait d'être transsexuel peut-il conduire à être perçu comme déviant ?
La déviance est un écart aux normes reconnu comme tel par la société.

2. Que signifie le fait de pouvoir choisir son identité de genre ?
L'identité de genre renvoie à la façon dont la société catégorise une personne comme homme ou femme.

◆ **Étape 2. Faire le lien entre l'exemple du texte et l'interrogation sur l'utilité sociale de la déviance.**

3. Pourquoi la loi votée est-elle le signe d'une grande avancée pour les transsexuels ?
Comparez la situation lors de la dictature à celle que permet la loi.

4. Pourquoi cette loi conduit-elle à une évolution pour la société ?
Pensez aux effets qu'elle peut avoir sur les personnes qui ne sont pas directement concernées.

5. Avec cette nouvelle loi, peut-on encore qualifier les personnes transsexuelles de déviantes ?
La déviance est ce qui est perçu comme tel, que ce soit dans la loi ou dans la façon dont les personnes interagissent entre elles.

2 À vous de jouer ! → Démontrer l'utilité sociale de la déviance

Doc. 3 La déviance comme source d'intégration ?

Là où l'économie légale leur ferme les portes, l'économie de la pauvreté, ou de la débrouille, prend le relais. « Le secteur des stups n'est pas discriminant et accepte les non diplômés, principalement des jeunes hommes issus de milieux défavorisés », observe l'économiste Christian Ben Lakhdar. […] Dans les quartiers où les taux de chômage et de décrochage scolaire atteignent parfois 50 %, « l'école de la rue » se substitue à l'école républicaine. […] Avoir un rôle dans l'entreprise […] du trafic procure au jeune le « sentiment intense d'exister » et la satisfaction d'obtenir un « statut » dans la cité, mais aussi d'accéder à une forme de normalité, en lui permettant d'avoir une place dans la société de consommation. « Demander à sa mère, c'est le cafard, estime [un] dealer du Val-d'Oise. Avec ses 1 200 euros par mois en tant que femme de ménage dans un hôtel, on ne va nulle part. Moi, je voulais de l'argent. » Ceux qui, comme lui, parviennent à gravir les échelons, « coffrent » leurs économies pour ouvrir un commerce légal le plus souvent. Les autres déchantent, sans un sou en poche mais avec un casier judiciaire bien rempli.

Louise Couvelaire, « Enquête sur les petites mains du deal de cannabis », *Le Monde*, 25 janvier 2018.

Questions

1. Pourquoi peut-on qualifier les trafiquants de déviants ? Leur déviance est-elle de la délinquance ?

2. Comment cette déviance peut-elle favoriser leur intégration à la société ?

3. Cette intégration se produit-elle toujours ?

Récapitulez

À l'aide de vos connaissances et du dossier documentaire, montrez que la déviance peut avoir une utilité sociale.

L'ESSENTIEL

Quels sont les processus sociaux qui contribuent à la déviance ?

1 Les normes sociales et juridiques évoluent

- Les normes sociales et juridiques sont liées entre elles : les **normes juridiques** sont souvent la transformation en lois de **normes sociales**. Par exemple, si le meurtre est puni par la loi, c'est qu'il est un comportement inacceptable pour la société.
- Au fil du temps, les normes sociales et juridiques évoluent. Pour ce qui est des normes sociales, par exemple, des comportements considérés aujourd'hui comme inacceptables auraient pu paraître tout à fait normaux auparavant (→ **voir En théorie**). L'évolution des normes sociales est particulièrement forte, en France comme dans de nombreux pays, sur les questions liées à la place des femmes et à la famille. Dans ces domaines, comme dans bien d'autres, on peut observer une relation circulaire entre normes sociales et normes juridiques : les évolutions dans les normes sociales ou les luttes pour que ces évolutions se fassent peuvent entraîner une modification des lois qui peuvent, à leur tour, modifier les normes sociales. Parfois, ce sont même les normes juridiques qui changent plus vite que les normes sociales. Ces changements ne se font pas sans résistance. (→ **voir dossier 1**)

2 La déviance est produite par la société

- Le respect des normes dans la société repose en partie sur l'existence d'un **contrôle social**. Celui-ci repose sur des sanctions, négatives quand les comportements s'écartent des normes et positives quand ils respectent les normes. Les sanctions négatives peuvent aller d'un regard désapprobateur à des peines de prison, en passant par la moquerie, la mise à l'écart ou encore des sanctions financières.
- Il faut distinguer deux formes de contrôle social : on parle de **contrôle social formel** quand il est fait par des instances spécifiques sur la base de règles codifiées. Par exemple, le contrôle social mené par la police ou les autorités judiciaires est un contrôle social formel, qui repose donc sur les normes juridiques. Il coexiste avec un **contrôle social informel**, qui correspond à des sanctions données lors des interactions quotidiennes, de manière moins officielle.
- La **déviance** peut être définie comme un comportement de non-respect des normes sociales ou juridiques et qui est sanctionné par la société. La délinquance est la partie de la déviance qui correspond aux comportements sanctionnés, car ces derniers ne respectent pas les lois. En termes de délinquance, les contraventions sont les comportements les moins sévèrement punis ; viennent ensuite les délits, puis les crimes.
- Parmi les évolutions fortes concernant le contrôle social, on a pu observer, dès le XIXe siècle, une montée du contrôle social formel au détriment du contrôle informel, notamment du fait du changement social dû aux révolutions industrielles. C'est une tendance qui s'est confirmée ces dernières années, avec la montée de la pénalisation des comportements, qui conduit à une augmentation de la population carcérale. (→ **voir dossier 2**)

Les notions à connaître

Carrière déviante
Notion liée à celle d'étiquetage. Une personne qui a commis un acte déviant peut être étiquetée comme déviante par la société ou par certains groupes. Elle en vient alors à modifier son comportement et petit à petit est totalement identifiée à son comportement déviant.

Chiffre noir de la délinquance
Différence entre le nombre d'infractions enregistrées par les services de police et de gendarmerie et le nombre d'infractions commises sur le territoire. Il s'explique par la sous-déclaration de la part des victimes.

Contrôle social formel
Forme du contrôle social qui est exercée par des groupes et des institutions spécifiques comme la police et l'école. Il est concrétisé par l'application de sanctions juridiques (amendes, prison), morales (blâmes) ou religieuses.

Contrôle social informel
Contrôle social mis en œuvre quotidiennement dans les interactions entre individus. Il s'exerce par des sanctions positives ou négatives (un sourire ou un froncement de sourcil par exemple).

Délinquance en col blanc
Crimes et délits commis par des personnes de classe sociale élevée dans le cadre de leurs fonctions.

Déviance
Ensemble des comportements qui s'écartent des normes d'un groupe ou d'une société et qui donnent lieu à des sanctions formelles et/ou informelles selon leur gravité.

Entrepreneur de morale
Personne ou groupe qui cherche à imposer des normes pour une société et à faire reconnaître certains comportements comme déviants ou délinquants.

3 Les processus qui mènent à la déviance

- Le sociologue Howard Becker insiste sur le fait que la déviance est une relation sociale : ce qui est déviant est ce qui est reconnu comme tel. Une telle définition conduit à penser que ce qui est considéré comme déviant varie en fonction des groupes, des époques et des lieux et qu'il peut y avoir une lutte pour la définition des normes. Il appelle « **entrepreneurs de morale** » ceux qui cherchent à imposer des normes à toute la société.
- Penser la déviance comme ce qui est sanctionné permet aussi de comprendre que plusieurs situations sont possibles en termes de déviance : la déviance peut être cachée et donc échapper aux sanctions, mais une personne peut aussi être désignée et traitée comme déviante sans pour autant l'être.
- Surtout, l'existence de normes produit de façon automatique des actes considérés comme hors normes et donc déviants. Un premier acte déviant peut alors conduire à un processus d'**étiquetage** : la personne est désignée comme déviante et peut être identifiée à sa déviance. Elle risque alors d'entrer dans une **carrière déviante**, ce qui modifie sa place dans la société et ses relations avec les autres. La sanction, surtout quand elle a été formelle, peut aussi conduire à une **stigmatisation** de la personne. (→ voir dossier 3)

4 La délinquance est difficile à mesurer

- La délinquance désigne les actes prohibés et punis par la loi. Ce sont des actes cachés et donc difficiles à dénombrer. On mesure la délinquance par les statistiques de police ou de justice, mais tous les actes qui ne sont pas pris sur le fait ou ne donnent pas lieu à une plainte ne sont alors pas comptés. Pour désigner cette partie non mesurée de la délinquance, on parle de **chiffre noir de la délinquance**. Les **enquêtes de victimation** ou bien les enquêtes de délinquance autoproclamée (demander aux personnes quels sont les actes qu'elles ont commis) permettent d'avoir une idée de l'importance de ce chiffre noir.
- La délinquance donne lieu à une réponse juridique, mais aussi à une réponse sociale, qui peut être par exemple, le fait de sanctionner moralement les actes délinquants. Ces réponses peuvent varier selon les actes et la **délinquance en col blanc** connaît un traitement particulier. Des instances spécifiques la prennent en charge et les sanctions sont également particulières. (→ voir dossier 4)

Enquête de victimation
Enquête dont l'objectif est de connaître les faits de délinquance dont les ménages et leurs membres ont pu être victimes.

Étiquetage
Processus par lequel la société ou des groupes spécifiques désignent des individus comme déviants.

Norme juridique
Sous-ensemble des normes sociales, constitué par des règles de droit. Leur non-respect peut faire l'objet d'une sanction pénale.

Norme sociale
Principe ou modèle de comportement propre à un groupe social ou à une société donnée. Le groupe ou la société considère ces règles de comportement comme normales et légitimes.

Stigmatisation
Situation où un individu se voit attribuer un stigmate. Le stigmate est un attribut de la personne (qui peut être lié à son passé, mais aussi physique, par exemple un handicap, ou signe d'une appartenance à un groupe, par exemple une couleur de peau) qui la conduit à être jugée comme anormale et modifie ses relations avec les autres.

Capsule vidéo
L'essentiel du cours en vidéo sur lelivrescolaire.fr : LLS.fr/SES1P205

Attention aux notions

Ne pas confondre

Délinquance et **déviance**

- La délinquance correspond au non-respect des normes juridiques tandis que la déviance est le non-respect des normes sociales, sanctionné par la société ou un groupe.
- La plupart du temps, la délinquance est une forme de déviance. Par contre, la déviance est une notion plus large que la délinquance : ne pas avoir de téléphone portable peut être une forme de déviance qui est pourtant légale.

Comprendre le lien

Délinquance et **enquêtes de victimation**

- La délinquance mesurée par les autorités (police et gendarmerie, justice) donne une vision partielle de la totalité des délits commis.
- C'est pourquoi des enquêtes de victimation peuvent être menées. Elles mesurent les délits subis sur une période, déclarés à la police ou non. Il existe aussi des enquêtes de « délinquance auto-déclarée ».

L'évolution des normes sociales vue par Norbert Elias

Doc. 1 Le traitement des animaux : un exemple de l'évolution des normes sociales

Au XVIe siècle, une des réjouissances populaires de la Saint-Jean consistait à brûler vifs une ou deux douzaines de chats. Cette réjouissance populaire était très célèbre, elle attirait toujours une foule nombreuse. Un orchestre jouait. On érigeait un immense bûcher sous une sorte d'échafaudage. On accrochait à cet échafaudage un sac ou un panier rempli de chats vivants. Bientôt, le sac ou le panier prenait feu. Les chats tombaient sur le bûcher et se consumaient pendant que la populace prenait plaisir à leurs cris et leurs miaulements. En général, le roi et la cour assistaient au spectacle […]. […] Brûler des chats à la Saint-Jean était une institution sociale au même titre qu'aujourd'hui les matchs de boxe ou les courses de chevaux. Dans les deux cas, les plaisirs organisés par la société sont l'incarnation des normes affectives […]. De nos jours, on traiterait d'« anormale » une personne qui chercherait à satisfaire ses tendances de plaisir en brûlant vif des chats parce que le conditionnement normal de l'homme de notre stade de civilisation substitue au plaisir de la vue de tels actes une peur inculquée sous forme d'autocontrainte.

Norbert Elias, *La Civilisation des mœurs*, Pocket, 1939.

En 2018, le mannequin Cara Delevingne pose nue avec des illustrations d'animaux en voie de disparition projetées sur le corps pour l'exposition « I'm not a trophy » en faveur de la protection des animaux et des espèces menacées.

Questions

1. Comment ont évolué les normes sociales concernant le traitement des animaux ?

2. Comment cette évolution peut-elle être liée à ce que Norbert Elias appelle le « processus de civilisation » ?

3. Selon vous, quelles sont les sanctions juridiques qui existent aujourd'hui en cas de maltraitance animale ?

Qui est-ce ?

Norbert Elias (1897-1900) est un sociologue allemand. Son travail porte sur l'évolution des mœurs au cours de l'histoire : ce qu'il appelle le « processus de civilisation ». Il démontre que le contrôle social est de plus en plus intériorisé dans les sociétés occidentales depuis la Renaissance. Cela se traduit par un refoulement progressif de la « nature animale » : la nudité est moins fréquente, on ne se mouche plus dans sa manche mais dans des mouchoirs, on utilise une fourchette pour manger plutôt que ses doigts, etc. La violence physique entre individus est de plus en plus refoulée. Les conflits sont réglés par le recours aux instances politiques, notamment l'État.

Numérique

Les grandes dates liées aux travaux de Norbert Elias à retrouver sur lelivrescolaire.fr LLS.fr/SES1P206

Illustrer par une citation

> *« Au lieu de nous demander pourquoi les déviants veulent faire des choses qui sont réprouvées, nous ferions mieux de nous demander pourquoi ceux qui respectent les normes tout en ayant des tentations déviantes ne passent pas à l'acte. »*

Howard Becker, *Outsiders*, 1963.

S'appuyer sur des données

845

C'est le nombre d'homicides en France en 2018.
Il y en avait eu 1031 en 2008.

Ministère de l'Intérieur

84 %

C'est la part des hommes parmi les personnes mises en cause pour des coups et blessures volontaires en France en 2018.

Ministère de l'Intérieur

113,3 personnes

C'est le nombre moyen de prisonniers pour 100 places de prison en France, qui est le 3e pays de l'UE avec les prisons les plus peuplées (derrière la Hongrie et la Belgique).

Conseil de l'Europe, 2016

Situer dans le temps

Vers 2100 avant J.-C.

Premier texte de loi connu : le code d'Ur-Naamu, de la cité d'Ur (actuel Irak).

2013

Abrogation, en France de la loi interdisant « le travestissement des femmes » qui interdisait notamment aux femmes de porter un pantalon. Cette loi n'était plus appliquée depuis longtemps.

Synthétiser en images

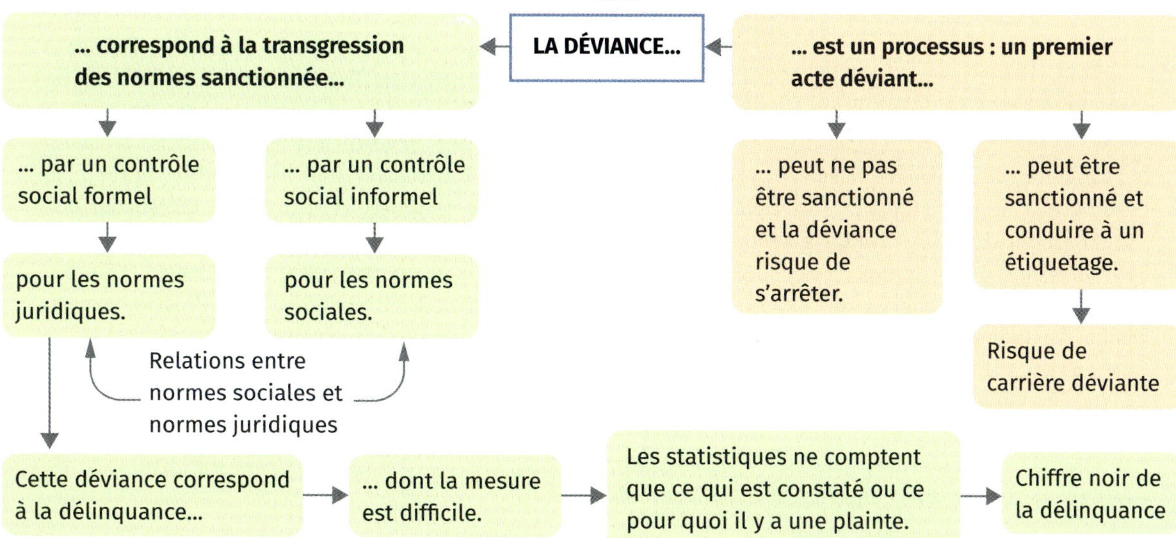

Je problématise un sujet de dissertation

Terminale

La dissertation est un exercice d'argumentation : elle est généralement organisée en trois parties (une introduction, un développement et une conclusion) et doit suivre une problématique. C'est une épreuve qui vous sera proposée en terminale. Un dossier documentaire vient en appui du sujet.

Exemple de sujet :

❑ Comment expliquer la déviance ?

Doc. 1

Les pro-ana sont un mouvement de personnes se revendiquant anorexiques ou aspirant à l'être, qui considèrent que l'anorexie n'est pas une maladie mais une discipline de vie apportant le bonheur grâce à la maigreur du corps. Les personnes constituant le mouvement pro-ana se servent d'Internet et créent leur blog pour propager leur « pratique » de vie [...]. Pour chaque pro-ana, le but de la création d'un blog est non seulement d'atteindre ses propres objectifs, mais encore de soutenir et de renforcer les efforts amorcés par chaque pro-ana, ce qui veut dire de répandre l'idéologie pro-ana. Les pro-ana ne semblent penser qu'à une seule chose : comment ne pas manger ? Toute leur vie et toute leur attention tournent autour de l'alimentation et des manœuvres pour perdre du poids. Tous les conseils et astuces qu'elles proposent sur leurs blogs ou qu'elles échangent sur les forums ont pour fonction de ne pas céder face à la nourriture [...]. S'intégrer au mouvement pro-ana serait un moyen pour s'orienter dans la vie : avoir un but exemplaire et échapper aux questions existentielles et identitaires. S'identifier comme pro-ana veut dire se revendiquer comme telle sur les blogs pro-ana mais également en dehors d'eux. En effet, les pro-ana se reconnaissent sur Internet par le contenu de leurs blogs et dans l'espace public par le port d'un bracelet rouge au poignet.

Marie Windels, « Les blogueuses pro-ana. Des idéologues de la maigreur sur Internet », *Adolescence*, février 2012.

Doc. 2

En 1963, Howard Becker publie *Outsiders*, un des premiers ouvrages de sociologie de la déviance : la norme, selon lui, n'existe pas en soi ; elle est toujours construite socialement. Un individu est déviant parce qu'il est perçu comme tel par la société : il est « étiqueté » déviant (théorie de l'étiquetage ou *labelling*). La déviance n'a donc de sens qu'au regard d'une norme socialement construite, qui aurait pu être autre.

Ces normes découlent de valeurs. Mais celles-ci sont abstraites et ne peuvent pas être directement traduites sous forme de règles : c'est l'interprétation de ces valeurs par un groupe d'individus qui donne corps à la norme, qui la crée. Becker étudie ces individus qui œuvrent à imposer leur interprétation des comportements : il les désigne comme des « entrepreneurs de morale » [...]. Cette normalisation est un processus complexe, jalonné par plusieurs étapes : une fois qu'est définie la norme à imposer, les entrepreneurs de morale cherchent à faire reconnaître leur action comme légitime. Pour cela, ils peuvent participer à l'élaboration de lois, ou tenter d'attirer l'attention des médias sur ce qu'ils considèrent comme un « problème social ».

Becker développe ainsi l'exemple de la loi condamnant la marijuana aux États-Unis. En 1933, avec la fin de la prohibition, le Federal Bureau of Narcotics, qui faisait respecter la loi sur l'interdiction de l'alcool, se retrouve sans activité, et donc menacé. Il se lance alors dans la dénonciation de la marijuana, mobilise les médias et l'opinion publique sur les dangers de cette drogue. En deux ans, dix-sept articles de presse dénoncent l'usage de la drogue et ses effets nocifs ; dix reconnaissent explicitement avoir reçu l'aide du Federal Bureau of Narcotics. Progressivement, le fumeur de marijuana se voit étiqueté par la société. En 1937, sous l'impulsion du Federal Bureau of Narcotics, une loi interdit la consommation de marijuana.

Alice Pavie, Ambroise Masson, « Comment les normes sociales se construisent. Sociologie des "entrepreneurs de morale" », *Regards croisés sur l'économie*, janvier 2014.

Comment problématiser un sujet de dissertation

◆ **Étape 1. Identifier le type de sujet.**

La première étape est de définir les termes du sujet et de le comprendre. Il faut aussi chercher à savoir quel type de problématique est à choisir (discussion ou analyse). (→ **voir Vers le bac du chapitre 4**)

◆ **Étape 2. Faire émerger la problématique.**

Quand le sujet met en rapport deux notions (voire plus), problématiser consiste à trouver le ou les liens entre elles : l'analyse du sujet permet d'identifier si vous avez un sujet qui renvoie plutôt à une discussion de ces liens ou à une analyse de leurs différentes dimensions.

Quand le sujet ne fait intervenir qu'une notion, la question est souvent de savoir ce que sont les enjeux principaux liés à cette notion. Là aussi, cela peut prendre la forme d'un sujet de discussion ou d'analyse.

◆ **Étape 3. Formuler la problématique.**

La forme d'une problématique est relativement libre. Ne vous forcez pas à tout prix à en faire une seule et unique question. Elle peut très bien consister en une suite de questions, voire en une ou des affirmations.

Choisissez une formulation simple et claire : la dissertation doit répondre à cette question et il faut montrer que vous avez compris cette dernière.

Ne pas oublier...

- ❒ de définir les termes du sujet ;
- ❒ d'identifier le type de sujet ;
- ❒ de vérifier que la problématique est claire et facile à comprendre ;
- ❒ de vérifier que la problématique correspond bien au sujet.

1 Exercice guidé

Comment expliquer la déviance ?

◆ **Étape 1. Comprendre le sujet.**
Ici, le sujet prend une forme très simple. Il s'agit de définir la déviance (en indiquant quelles sont les difficultés de cette définition, vous pouvez aussi indiquer avec quelle notion elle ne doit pas être confondue) et de vous demander ce que signifie « expliquer », ainsi que les difficultés que cela soulève.

◆ **Étape 2. Faire émerger la problématique.**
Quand on se demande comment expliquer quelque chose, la réponse prend la forme d'une suite d'explications. Par exemple, si on se demande comment expliquer que les SES soient si passionnantes, pour répondre, la consigne est de lister toutes les qualités de cette matière. Le verbe de la consigne est bien une indication du type de sujet. Avoir identifié ce type de sujet permet aussi de savoir comment orienter le plan puisque chaque partie contiendra un type d'explication.

◆ **Étape 3. Formuler la problématique.**
Ici, la difficulté est que le sujet est déjà posé sous forme d'une question. Il serait alors très tentant de reprendre cette même formulation. Pourtant, la problématique doit être plus explicite. Il faut reformuler en indiquant comment vous avez compris la question.

EN DIRECT DU LABO

Défaire les étiquettes sur les « jeunes de banlieue »

L'enquête

Un travail de terrain pour suivre les parcours scolaires

Doc. 1 Enquêter sur ceux dont on ne parle jamais

Pour cette enquête, j'ai suivi durant cinq à huit ans une vingtaine de jeunes ayant obtenu un bac général ES[1] — autrement dit, les élèves les plus brillants de leurs établissements scolaires. Dans ces lycées, en moyenne, sur dix parents d'élèves, seuls deux avaient le bac. Ce qui permet de se rendre compte de ce que représente pour eux le fait d'obtenir le bac et d'entamer des études supérieures. Je me suis intéressé à ces jeunes parce qu'on ne parle jamais d'eux, alors qu'ils jouent le jeu de l'école républicaine. C'était aussi une façon de prendre au sérieux le discours méritocratique français et de mettre en lumière les trajectoires de réussite des jeunes des banlieues populaires. Trop souvent, on se contente d'affirmations telles que « quand on veut, on peut » ou « il faut être exceptionnel ». C'est évidemment plus compliqué que cela.

Fabien Truong, « Quand un prof enquête sur ses élèves. Objectivation, objections et objectifs », *Genèses*, janvier 2014.

1. Économique et social.

L'auteur

Fabien Truong est un sociologue qui a été professeur de SES pendant six ans dans plusieurs lycées de Seine-Saint-Denis.

Il s'intéresse au devenir des jeunes issus des établissements de l'éducation prioritaire. Pour ce faire, il enquête notamment sur le parcours et le destin de ses anciens élèves. C'est notamment le cas dans *Jeunesses françaises. Bac+5 made in banlieue* (2015), Récemment, il a écrit *Loyautés radicales. L'Islam et les « mauvais garçons » de la nation* (2017).

Questions

1. Quelle est l'image la plus souvent associée aux jeunes habitants dans les banlieues populaires ?

2. Selon ce texte, pourquoi ces jeunes risquent-ils d'être perçus comme déviants ou anormaux dans l'enseignement supérieur ?

Les résultats

Comprendre les facteurs et les conditions de la réussite

Doc. 2 Pouvoir mobiliser des ressources

On peut repérer les petits mouvements, les détails peu perceptibles dont les effets n'apparaissent bien souvent qu'à long terme. Je pense au fait d'avoir un frère ou une sœur déjà passé par l'enseignement supérieur, à des parents qui n'ont pas pu faire d'études et qui le regrettent, à certaines facilités matérielles, à un engagement associatif ou religieux. […] Pour les garçons qui intègrent la fac, il est important d'intégrer ce que j'appelle « un collectif d'alliés » car il est plus facile de faire à plusieurs l'expérience de la confrontation à un univers social différent.

Jérôme Vachon, « On ne parle jamais des jeunes de banlieue qui réussissent à l'école », entretien avec Fabien Truong, *Actualités sociales hebdomadaires*, 2 octobre 2015.

Questions

1. D'après ce texte, quelles sont les conditions qui facilitent la réussite dans l'enseignement supérieur ?

Doc. 3 L'école comme lieu d'encouragement

Mot	Occurrence
Travail	251
Bien *(dont très bien)*	129 *29*
Sérieux	107
Sérieuse	19
Effort(s)	95
Progrès	89
Résultats	86

Dans ce tableau, Fabien Truong relève les mots qu'il a le plus souvent utilisés dans les appréciations sur les bulletins de ses élèves. Le relevé lui permet de montrer comment sont jugés et perçus les élèves et leur travail.

Les encouragements priment sur le blâme. On peut distinguer la volonté nette de mettre en avant les éléments positifs […]. Les aspects négatifs sont, quant à eux, atténués. […] L'emploi de « juste », « correct », « moyen » y participe, tout comme celui de « mais », qui montre que, dans plus de 15 % des bulletins, il s'agit d'une appréciation en demi-teinte – où je commence d'ailleurs toujours par les aspects positifs. […] Quant aux éloges, ils portent quasi exclusivement sur des qualités scolaires implicitement reconnues comme mineures et minimales – le travail, le sérieux, les efforts et la progression – en ce qu'elles relèvent plus d'un patrimoine commun et donc également mobilisable que d'une logique du don et du talent […].

Fabien Truong, « Quand un prof enquête sur ses élèves. Objectivation, objections et objectifs », *Genèses*, janvier 2014.

Questions

1. À l'aide du tableau, montrez qu'il y a une volonté d'encourager les élèves dans les appréciations.

2. Quel peut être l'intérêt d'un jugement portant plus sur le travail ou le sérieux que sur le don ou le talent ?

Doc. 4 Le rôle des normes religieuses dans le contrôle du quotidien

Pour ces jeunes engagés dans une trajectoire scolaire positive, je constate que la pratique de l'islam, ou éventuellement d'une autre religion, peut être structurante, ne serait-ce que dans l'apprentissage de la gestion du temps quand l'institution ne le prend pas en charge. Elle leur permet en outre de continuer à se penser comme des êtres moraux : « Ce que je fais, c'est bien. Je suis dans le droit chemin. » Dans cette situation très difficile que constitue pour eux l'intégration dans l'enseignement supérieur, cela peut être une aide. Le problème est qu'ils sont en permanence confrontés au discours de l'institution et de leurs camarades sur la crainte de l'islam et la peur du fondamentalisme. Pourtant, la plupart du temps, ils en parlent très peu, même entre eux, et sont loin de faire du prosélytisme. Et là aussi, il faut prendre en compte l'évolution des jeunes dans le temps. Je pense à une étudiante très attachée à l'islam lorsqu'elle avait intégré Sciences Po. La religion, d'une certaine façon, lui avait permis de tenir le coup. Par la suite, grâce à Sciences Po, elle a effectué des voyages en Turquie et au Liban. À son retour, elle a pris beaucoup de recul dans sa relation à la religion, car elle a pu mesurer à quel point sa pratique de l'islam se différenciait de celle observée au Liban. Ce qui la fait tenir ici divise là-bas…

Jérôme Vachon, « On ne parle jamais des jeunes de banlieue qui réussissent à l'école », *Actualités sociales hebdomadaires*, 2 octobre 2015.

Questions

1. Pourquoi la pratique assidue de la religion peut-elle sembler déviante en France aujourd'hui ?

2. Comment la pratique de l'islam a-t-elle pu faciliter l'intégration de certains jeunes dans l'enseignement supérieur ?

3. Comment le travail du sociologue permet-il d'aller au-delà des idées reçues ?

Numérique

Fabien Truong présente ses travaux plus récents sur la radicalisation : LLS.fr/FabienTruong

UN AUTRE REGARD

La délinquance fiscale des footballeurs

Objectifs

Le concept de délinquance en col blanc permet de comprendre que la délinquance touche toutes les catégories sociales, mais que le traitement de la délinquance n'est pas le même pour tous. La fraude fiscale de certaines stars du football est une bonne illustration de ce phénomène.

Doc. 1 Des peines de prison pour les footballeurs fraudeurs ?

Ce 22 janvier, Cristiano Ronaldo a donc quitté le tribunal de Madrid avec 18,8 millions d'euros de moins sur son compte en banque. Soit le montant de l'amende auquel le Portugais a été condamné par la justice espagnole, pour avoir déclaré ses impôts sur ses droits à l'image aux îles Vierges britanniques et en Irlande. [...]

« Il y a eu de grandes manifestations en Espagne contre le renflouement des banques, la spéculation, ça a décidé l'État à durcir la répression de la fraude fiscale », avance [le sociologue] Alexis Spire [...] , qui travaille depuis plusieurs années sur les inégalités sociales et les rapports ordinaires à l'État. Si les politiques de répression espagnoles se sont significativement renforcées, l'ensemble des condamnations prononcées à l'encontre des footballeurs leur épargne cependant la prison. Cristiano Ronaldo et Lionel Messi ont pourtant été condamnés à vingt-trois et vingt-et-un mois de prison. Néanmoins, ces peines ne seront pas exécutées, comme c'est en général le cas en Espagne pour les condamnations inférieures à deux ans de prison ferme. [...]

On peut dès lors se demander si la répression fiscale n'est pas un chouia trop tendre avec les footballeurs fraudeurs. Évidemment, la question ne se limite pas aux seuls joueurs de football, mais englobe toute une catégorie de citoyens suffisamment privilégiés pour recourir à des stratégies sophistiquées pour se soustraire à l'impôt. « C'est ce qu'on appelle la criminalité en col blanc, déroule Alexis Spire. Le terme a été inventé aux États-Unis (*white collar crime*) pour désigner un phénomène ancien, celui des transgressions de la loi par les chefs d'entreprise. On a pu observer chez certaines personnes appartenant aux classes dominantes une tendance à mettre à distance la loi et à s'en affranchir, en se justifiant ainsi : leur principal argument est de reconnaître qu'il est normal qu'il y ait des règles pour réguler la société, mais que ces règles ne doivent pas être tout à fait les mêmes pour les gens exceptionnels, qui ont une compétence qui les distingue. [...] » Paradoxalement, le régime que la loi française réserve aux fraudeurs fiscaux est – en théorie – salé : « Vous êtes passibles de cinq ans de prison si vous fraudez l'impôt, sept si vous faites ça en bande organisée », précise Alexis Spire. Mais en pratique, très rares sont ceux qui se retrouvent derrière les barreaux. « On peut constater que le problème ne vient pas de l'écriture de la loi, mais plutôt de son application et de l'image qu'on associe à ce délit particulier. En matière de fraude fiscale, je dirais qu'il y a parfois une vieille idée qui traîne dans la tête des juges, qui veut qu'une fois que vous avez payé vos amendes, vous êtes acquitté de votre dette envers la société. »

Adrien Candau, « Laisse pas traîner ton fisc », SoFoot.com, 7 février 2019.

Le footballeur Cristiano Ronaldo escorté par la police pour se rendre au tribunal, à Madrid, le 22 janvier 2019.

Questions

1. Pourquoi la fraude fiscale des footballeurs peut-elle être considérée comme de la « délinquance en col blanc » ?
2. Comment Alexis Spire explique-t-il le durcissement de la loi en Espagne ? Expliquez en utilisant les notions de normes sociales et normes juridiques.
3. Comment le sociologue explique-t-il que les peines infligées aux délinquants en col blanc ne soient pas très sévères ?

Numérique

Le sociologue Pierre Lascoumes présente ses travaux sur la délinquance des élites : LLS.fr/DelinquanceElites

Vers la terminale

Maintenant vous savez tout (ou presque) sur la déviance et les processus qui y contribuent. Ces connaissances pourront être complétées par :

- la mise en évidence du rôle des mouvements sociaux dans la modification des définitions de la déviance ;
- une réflexion sur la place de la déviance et de la délinquance dans les débats politiques ;
- une interrogation sur les relations entre délinquance et inégalités économiques et sociales.

Les activistes du groupe FEMEN, en 2010.

Pour aller + loin

À lire

Howard Becker, *Outsiders*, Éditions Métailié, 1963.
Cet ouvrage est un grand classique de la sociologie. À travers plusieurs exemples, et en particulier les musiciens de jazz fumeurs de marijuana, l'auteur montre comment la déviance peut être vue comme un ensemble d'interactions sociales. C'est de cet ouvrage que viennent les expressions « étiquetage » et « carrière déviante » développées dans ce chapitre.

Benjamin Chevalier, Igor Martinache, *Déviances et contrôle social*, Bréal, 2017.
Un ouvrage synthétique pour réviser et approfondir le cours. L'ensemble est écrit de façon très claire et de nombreuses illustrations sont apportées.

Étienne Lécroart, Michel Pinçon et Monique Pinçon-Charlot, *Les Riches au tribunal*, Seuil-Delcourt, 2018.

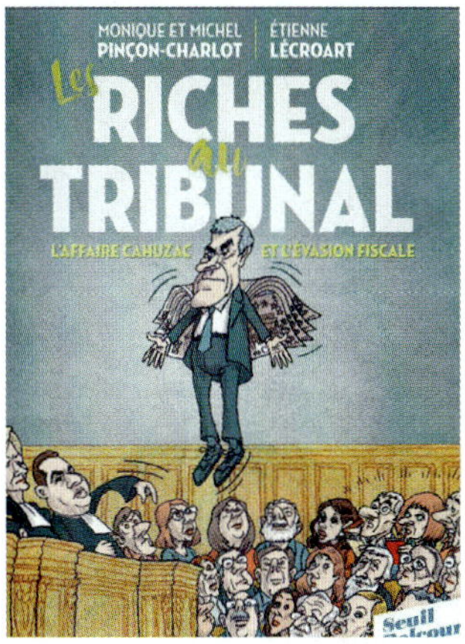

En suivant le procès pour fraude fiscale de Jérôme Cahuzac, les sociologues Michel Pinçon et Monique Pinçon-Charlot montrent comment la délinquance en col blanc peut être traitée par la justice. Quand, en plus, l'histoire est racontée sous la forme d'une BD humoristique, c'est à lire !

Stuart McMillen, *Des Libertés dans le noir*.
Cette BD en ligne relate une expérience de psychologie sociale menée dans les années soixante-dix. En plongeant dans le noir un groupe de personnes qui ne se connaissent pas et ne se reverront plus jamais, un couple de psychologues a tiré des conclusions importantes sur le contrôle social.

À voir

***120 battements par minute*, de Robin Campillo, 2017.**
Un film choc sur la naissance de l'association Act Up dans les années quatre-vingt-dix. En suivant la création de cette association et son engagement contre le SIDA, le spectateur comprend à quel point les homosexuels ont pu être étiquetés comme déviants et quelle a été leur lutte pour modifier cette image.

***The Wire*, série de David Simon, 2002 à 2008.**
Cette série a pour thème la criminalité à Baltimore et suit tour à tour les policiers, les criminels, la justice. L'auteur a mené une longue enquête de terrain qui lui a donné la matière pour ce chef-d'œuvre qui est aujourd'hui une référence incontournable.

À écouter

Un podcast sur les enjeux de mesure de la délinquance et de la violence : *Un podcast à soi : « Justice pour toutes »*, Arte Radio.
Un podcast qui se penche sur le traitement policier et juridique des violences faites aux femmes. Il expose des témoignages de femmes victimes ayant pris contact avec la police et/ou la justice, et propose des pistes d'amélioration autour de l'écoute, de l'enregistrement et du traitement des violences.

LLS.fr/SES1Justice

CHAPITRE 9

Comment se forme et s'exprime l'opinion publique ?

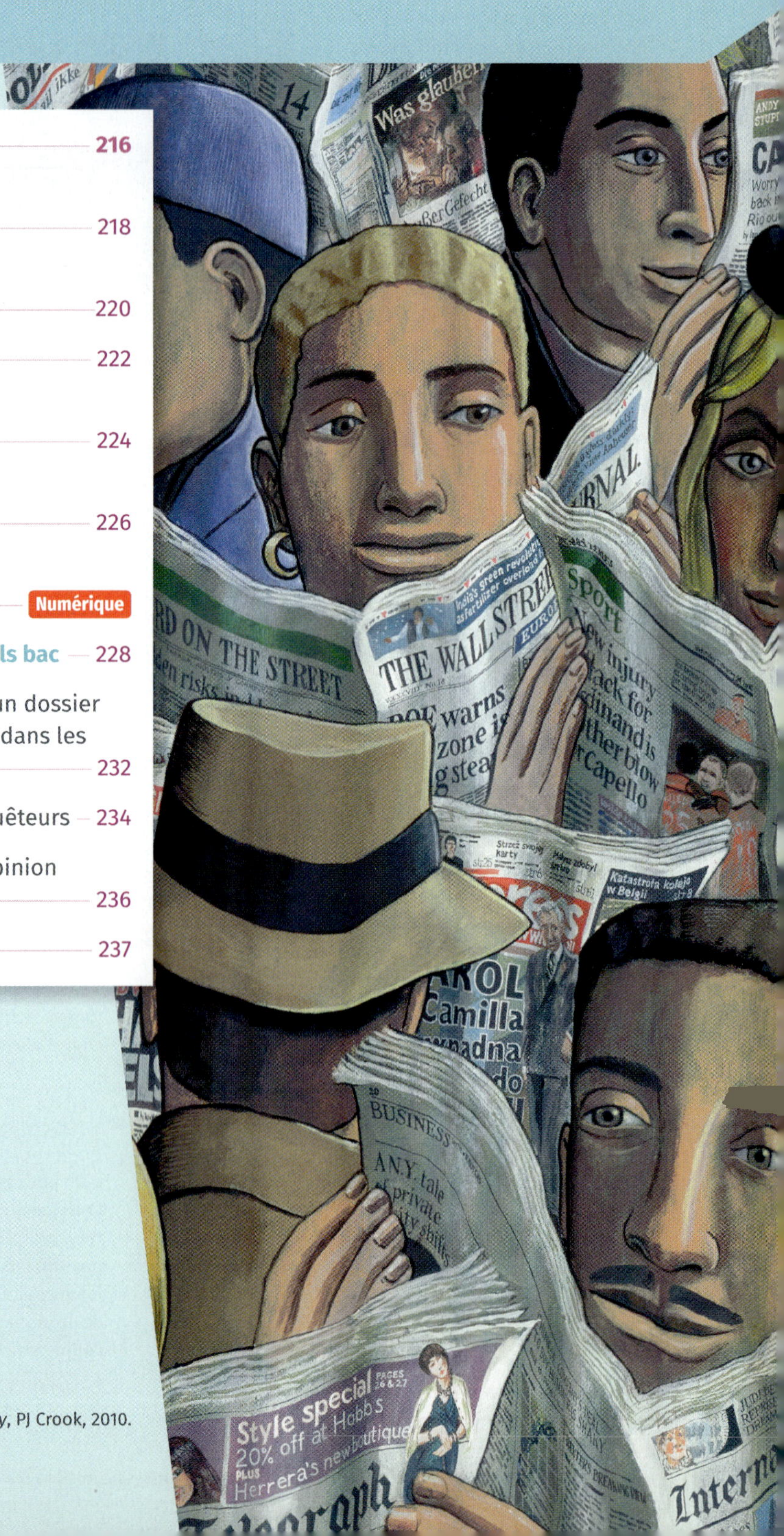

Wednesday, PJ Crook, 2010.

Notions-clés

Campagne électorale **Communication politique** **Démocratie d'opinion** **Démocratie représentative** **Échantillon représentatif** **Méthode aléatoire** **Méthode des quotas** **Opinion publique** **Sondage d'opinion**

POUR COMMENCER

Comment se forme et s'exprime l'opinion publique ?

Doc. 1 Quelle est l'opinion des Français sur la peine de mort ?

Qui est d'accord avec le rétablissement de la peine de mort ?

% d'accord	2014	2015	2016	2017	2018
Résultats d'ensemble	51	49	48	52	45
FI /PCF	25	18	12	32	18
PS	29	36	31	36	21
LREM	40	36	-	-	-
LR	51	51	56	57	60
RN (ex-FN)	92	87	89	82	79

Part des personnes interrogées (en %) d'accord avec la proposition : « Il faudrait rétablir la peine de mort ». Les répondants sont classés en fonction de leur « proximité partisane », c'est-à-dire en fonction du parti dont ils se sentent le plus proches.

Ipsos, Enquête Fractures françaises, 2018.

Le 17 septembre 1981, Robert Badinter, ministre de la Justice du gouvernement socialiste, défend son projet de loi sur l'abolition de la peine de mort malgré l'opposition de l'opinion (62 % des Français y sont alors défavorables).

1850 — 1960 — 1980 — 2000

15 septembre 1848
Discours de Victor Hugo contre la peine de mort

10 septembre 1977
Exécution du dernier condamné à mort en France

9 octobre 1981
Loi sur l'abolition de la peine de mort en France

19 février 2007
L'abolition de la peine de mort est inscrite dans la constitution

Doc. 2 La peine de mort : un débat qui n'est pas réglé ?

Pour Brice Teinturier, le directeur général délégué d'Ipsos, le débat sur la peine capitale n'est « pas réglé » et les études « montrent une forte progression du soutien au rétablissement de la peine de mort depuis les années deux mille dix ». Pour lui, les attentats de janvier [2015] ont fait sauter chez certains, notamment parmi les sympathisants de gauche [...], le « verrou » de l'opposition de principe à la peine capitale, car « le sentiment que la violence est de plus en plus forte conduit à radicaliser la prise de position » et affaiblit l'idée qu'on peut « réintégrer dans la société » tous les condamnés, quel que soit le crime. [...]

Anne Denis, responsable de la commission pour l'abolition de la peine de mort chez Amnesty International, interroge toutefois la façon dont la question est posée : « [...] En ce qui concerne la peine de mort, la réponse spontanée, émotionnelle, est d'être pour : on se projette comme victime potentielle, on pense à ses enfants, à ses petits-enfants, etc. Mais [...], à partir du moment où on introduit un élément de réflexion, on ouvre une lucarne qui fait que les gens ne considèrent plus normal d'exécuter quelqu'un. »

Julien Lemaignen, « 52 % des Français sont favorables au retour de la peine de mort », *Le Monde*, 8 mai 2015.

Questions

1. Doc. 1. À partir des données du tableau, peut-on affirmer que les Français sont favorables à la peine de mort ?

2. Doc. 2. Comment expliquer l'augmentation importante du soutien à la peine de mort chez les sympathisants de gauche ?

3. Doc. 2. Selon Anne Denis, comment les individus peuvent-ils modifier leur opinion ?

Quelle politique pénale souhaitez-vous ?

La classe est séparée en deux groupes. Chaque groupe doit choisir une colonne de questions présentées ci-dessous et y répondre sur une feuille sans regarder l'autre colonne de questions.

1. Faut-il autoriser la peine de mort ?
   a. Pas d'accord.
   b. Plutôt d'accord.
   c. Tout à fait d'accord.
2. Faut-il dans la mesure du possible privilégier les peines alternatives à la prison ?
   a. Pas d'accord.
   b. Plutôt d'accord.
   c. Tout à fait d'accord.
3. Faut-il des peines plus lourdes contre l'alcool au volant ?
   a. Pas d'accord.
   b. Plutôt d'accord.
   c. Tout à fait d'accord.
4. Faut-il autoriser la peine de mort pour pouvoir punir sévèrement les auteurs de crimes tels que les infanticides ?
   a. Pas d'accord.
   b. Plutôt d'accord.
   c. Tout à fait d'accord.
5. Faut-il dans la mesure du possible privilégier les peines alternatives à la prison ?
   a. Pas d'accord, la prison permet de punir sévèrement ceux qui l'ont mérité et de les mettre hors d'état de nuire.
   b. Plutôt d'accord, mais seulement dans des cas très particuliers.
   c. Tout à fait d'accord, même les criminels les plus durs doivent être les plus libres possible.
6. Faut-il des peines plus lourdes contre l'alcool au volant coupable de plus de 1000 morts par an ?
   a. Pas d'accord.
   b. Plutôt d'accord.
   c. Tout à fait d'accord.

Questions

1. Calculez votre score.

Une réponse a vaut deux points, une réponse b un point et une réponse c aucun point. Plus le score est proche de 0, plus vous êtes favorable à une politique plus répressive, l'inverse lorsque le score est proche de 6.

2. Calculez la moyenne de votre groupe.
3. Comparez les résultats entre les deux groupes.
4. Comparez la formulation des questions et des propositions entre les deux colonnes. Quels effets peut-elle avoir sur les réponses ?
5. D'après la réponse à la question précédente, quelles sont les précautions à prendre lorsque l'on réalise des enquêtes sur les opinions d'une population ?

Testez vos connaissances

1. **La démocratie représentative :**
   ❑ existe dès que les citoyens élisent des représentants ; ❑ suppose plus qu'un choix de représentants par les citoyens.
2. **Les sondages d'opinion :**
   ❑ existent depuis l'Antiquité ; ❑ existent depuis les années trente ; ❑ ont été créés avec Internet.
3. **En démocratie, les médias :**
   ❑ peuvent jouer un rôle de contre-pouvoir ;
   ❑ sont toujours des soutiens au pouvoir en place.

Questions du chapitre

1. Comment la démocratie conduit-elle au développement d'une opinion « publique » ?
2. Dans quelle mesure les sondages permettent-ils de mesurer l'opinion publique ?
3. Comment l'essor des sondages s'inscrit-il dans le développement d'une démocratie d'opinion ?
4. Quels sont les effets de cette démocratie d'opinion sur la vie politique ?

DOSSIER

1 Quels liens entre opinion publique et démocratie ?

Découvrir

Doc. 1 Le café, un lieu de formation et d'expression de l'opinion publique ?

Dès les années 1820, en l'absence de liberté de réunion, certains cafés étaient devenus de hauts lieux d'opposition politique et conservèrent cette fonction plusieurs décennies. À la fin de la monarchie de Juillet[1] et pendant la Seconde République, ils avaient connu leur heure de gloire : les étudiants, les journalistes et les jeunes ambitieux venaient y écouter les derniers témoins de la geste révolutionnaire. Sous l'Empire, ils étaient surveillés de près par la police. Le simple fait de les fréquenter était considéré en effet comme une marque de sympathie pour les idées républicaines. La jeunesse républicaine aimait à se retrouver dans les cafés du Quartier latin, le Procope, le Buci, le Voltaire ou le café de l'Europe. [...] Dans ces cafés, [...] se fit en partie l'éducation politique de cette génération.

Jérôme Grévy, « Les cafés républicains de Paris au début de la Troisième République. Étude de sociabilité politique », *Revue d'histoire moderne & contemporaine*, février 2003.

1. La monarchie de Juillet correspond au régime politique français de 1830 à 1848. Elle prend fin à la suite de la révolution de 1848 et à l'avènement de la IIe République. En 1852, Louis-Napoléon Bonaparte fonde le Second Empire.

Les cafés ont été des lieux de réunion pour les communistes. Ici, Karl Marx et Friedrich Engels, à Paris, en 1844.

Questions

1. Quel est le rôle politique des cafés décrit dans le document ?
2. En quoi favorisent-ils le développement de la démocratie ?

Doc. 2 L'opinion publique, un fait démocratique

La question de l'opinion publique est indissociablement liée à la question démocratique et aux processus qui la renforcent ou la dévoient. [...]

La notion prend son sens moderne au XVIIIe siècle. [...] On attribue à Rousseau la première utilisation du terme d'opinion publique dans son sens contemporain : « l'empire du jugement des autres ». [...] Il s'agit d'analyser l'existence garantie d'espaces dédiés à l'exposition-confrontation des opinions, [...] la dialectique de l'accord et du conflit qui s'y déroule parfois sur un mode dramatique (manifestations de rue), parfois sur un mode régulé (principes d'organisation d'un débat public tel que l'a par exemple codifié la Commission nationale du débat public). Les lieux de l'opinion sont fondamentalement pluriels : des médias anciens et nouveaux aux institutions telle l'Assemblée nationale *via* ces lieux physiques d'échanges importants que sont par exemple les cafés et la rue.

Nicole d'Almeida, « L'opinion publique », *Hermès, La Revue*, mars 2014.

Questions

1. Pourquoi l'opinion publique est-elle liée à la démocratie ?
2. Quels sont les différents lieux d'expression de l'opinion publique mentionnés dans ce document ? Pouvez-vous en donner d'autres ?
3. Quelles sont les deux formes d'expression de l'opinion mentionnées dans le texte ?

Doc. 3 Former l'opinion par la musique ?

Le rôle du mouvement populaire nommé « Balai citoyen » dans l'insurrection d'octobre 2014, qui a abouti à la chute du président Blaise Compaoré au Burkina Faso, est désormais reconnu comme ayant été fondamental. [...] En amont et au cours de cette insurrection, les acteurs du Balai citoyen ont usé de différents espaces de paroles. [...] Les « grins », lieux où l'on prépare du thé entre pairs et espaces de discussions [...] constituent l'un de ces premiers lieux de production de paroles et de débats. [...] Les réseaux sociaux, et notamment Facebook, ont aussi été investis très tôt. [...] Au-delà de ces actions et de ces différents espaces de parole, la production musicale des membres du Balai citoyen a été importante, en amont de l'insurrection, pendant celle-ci et à son lendemain.

Alice Degorce, Augustin Palé, « Performativité des chansons du Balai citoyen dans l'insurrection d'octobre 2014 au Burkina Faso », *Cahiers d'études africaines*, janvier 2018.

Des membres du « Balai citoyen » incitent à aller voter, le 26 novembre 2015.

Questions

1. Quels ont été les moyens utilisés par le « Balai citoyen » pour diffuser ses idées ?
2. Selon vous, comment les chansons peuvent-elles agir sur l'opinion publique ? Donnez des exemples.

Numérique

Le rappeur Smockey présente l'action du « Balai citoyen » : LLS.fr/Smockey

Doc. 4 L'opinion publique, celle de la « majorité silencieuse » ?

L'opinion publique qui émerge [...] dans les années soixante [...] n'est plus réduite aux seules prises de position tapageuses et publiques des leaders d'opinion ou aux défilés spectaculaires des militants. Elle est faite principalement, selon une expression apparue surtout après Mai 68, « de majorités silencieuses » qu'il faut donc faire parler pour les connaître. Les instituts de sondage seront l'instrument de ce véritable processus d'inversion. [...] L'opinion publique n'est plus le produit de l'addition [...] des opinions de ceux qui, sur un problème donné, ont une opinion et qui se mobilisent pour le faire savoir et tenter de l'imposer aux décideurs politiques ; elle est le produit de la mobilisation d'enquêteurs qui vont chercher des réponses auprès d'un échantillon non mobilisé mais censé être représentatif de l'ensemble des électeurs.

Patrick Champagne, « Le sondage et la décision politique », *Revue Projet*, avril 2001.

Je m'auto-évalue

Choisissez la bonne réponse :

1. Exprimer une opinion publique, c'est :
   a. rendre public tout ce que l'on pense ;
   b. s'exprimer sur un enjeu commun, dans le cadre de discussions.
2. Le développement de la démocratie :
   a. favorise l'expression de l'opinion publique ;
   b. défavorise l'expression de l'opinion publique.
3. Les nouveaux modes de communication :
   a. favorisent l'expression de l'opinion publique ;
   b. sont sans effet sur l'opinion publique.

Questions

1. Que signifie l'expression de « majorité silencieuse » ?
2. Comment la mise en place de sondages modifie-t-elle l'expression de l'opinion publique ?

Je fais le point

L'opinion publique est liée à la démocratie. Petit à petit, l'expression de cette opinion va de pair avec le développement de la démocratie. L'opinion publique est alors perçue comme celle du plus grand nombre. L'expression et la formation de cette opinion sont liées au développement de certains moyens d'expression : cafés, presse, radio, télévision, lieux de débats, Internet, etc.

DOSSIER

2 Comment les sondages expriment-ils l'opinion publique ?

Découvrir

Doc. 1 Un problème d'échantillon ?

Dans le cadre d'un cours de SES, des élèves sont chargés d'étudier les outils utilisés par la population pour s'informer sur l'actualité. Pour ce faire, ils décident de réaliser un sondage qu'ils produisent sur un réseau social numérique. Ils invitent ensuite leurs amis à répondre à la question posée et obtiennent cinquante réponses :

Quels outils utilisez-vous pour suivre l'actualité ?
[Plusieurs réponses sont possibles à l'exception de la dernière]

	% des répondants utilisant l'outil
Télévision	10 %
Presse écrite	6 %
Smartphone	40 %
Radio	2 %
Aucun outil utilisé, pas de suivi de l'actualité	42 %

Questions

1. Selon vous, les résultats obtenus sont-ils représentatifs des comportements de la population française ?
2. Comment cela pourrait-il s'expliquer ?

Doc. 2 Comment les sondages sont-ils apparus ?

Les sondages d'opinion sont nés aux États-Unis. [...] Les premiers véritables instituts de sondages, maniant les techniques représentatives, sont ceux que créent concurremment, à partir de 1935, trois Américains : Elmo Roper, George Gallup et Archibald Crossley. [...] Lors de l'élection présidentielle américaine de 1936, peu d'observateurs [...] pariaient sur la réélection de Roosevelt. Le magazine *Literary Digest* publia, selon la tradition de la presse du pays, un « vote de paille »[1] recensant les suffrages recueillis par correspondance auprès de deux millions et demi d'électeurs qui avaient rempli un coupon à renvoyer : [...] et le résultat du « vote de paille » fut celui d'une défaite de Roosevelt. Gallup, Crossley et Roper organisèrent, de leur côté, des sondages représentatifs sur des échantillons nationaux de 4 000 à 5 000 électeurs : Roosevelt y était réélu. La fiabilité du sondage électoral naissait.

Roland Cayrol, *Opinion, sondages et démocratie*, Les Presses de Sciences Po, 2011 (2e éd.).

1. Le vote de paille est une simulation d'élection organisée sur la base de nombreuses personnes (par exemple les lecteurs d'un journal).

En France, c'est dans les années soixante que se développent les sondages d'opinion.

Questions

1. Pour quelle raison peut-on croire que le vote de paille est plus précis qu'un sondage portant sur 5 000 électeurs ?
2. Comment les sondages pour l'élection présidentielle américaine de 1936 ont-ils obtenu un résultat plus fiable que les votes de paille ?

Point notion

Sondage d'opinion

Enquête qui vise à étudier les opinions d'une population grâce à la passation d'un questionnaire auprès d'un échantillon représentatif de cette population.

Doc. 3 Comment construire un échantillon à interroger ?

C'est en Norvège, en 1895, que fut constitué pour la première fois dans l'histoire un échantillon représentatif visant à épargner aux statisticiens un recensement complet de la population à étudier [...] L'un des débats importants concerna l'utilisation des quotas : était-il plus fiable de tirer au sort directement sur la liste des habitants ou convenait-il d'y recourir une fois établis des quotas en fonction de critères comme le sexe, l'âge, le lieu de résidence et les revenus ? Si la méthode aléatoire pure semblait plus fiable dans des conditions idéales, elle était cependant menacée par des problèmes comme l'absence d'une liste exhaustive disponible, les refus de répondre d'une partie des enquêtés ou les difficultés d'accéder aux individus désignés par le sort. À l'inverse, la méthode des quotas impliquait une construction sociologique de catégories jugées pertinentes.

Yves Sintomer, *Petite histoire de l'expérimentation démocratique. Tirage au sort et politique d'Athènes à nos jours*, La Découverte, 2011.

Questions

1. Quelle est l'utilité d'un échantillon représentatif ?
2. Quelles sont les deux méthodes utilisées pour le construire ?
3. Quelle est la méthode la plus fiable ? Pourquoi n'est-elle pas la plus souvent utilisée ?

Doc. 4 Les sondages produisent-ils l'opinion publique ?

Toute enquête d'opinion suppose que tout le monde peut avoir une opinion ; ou, autrement dit, que la production d'une opinion est à la portée de tous. [...] Deuxième postulat : on suppose que toutes les opinions se valent. [...] Troisième postulat implicite : dans le simple fait de poser la même question à tout le monde se trouve impliquée l'hypothèse qu'il y a un consensus sur les problèmes, autrement dit qu'il y a un accord sur les questions qui méritent d'être posées. [...]

L'« opinion publique » qui est manifestée dans les premières pages de journaux sous la forme de pourcentages (60 % des Français sont favorables à...), cette opinion publique est un artefact[1] pur et simple dont la fonction est de dissimuler que l'état de l'opinion à un moment donné du temps est un système de forces, de tensions.

[L]'effet fondamental de l'enquête d'opinion [est de]constituer l'idée qu'il existe une opinion publique unanime, donc légitimer une politique et renforcer les rapports de force qui la fondent ou la rendent possible. [...] La première opération, qui a pour point de départ le postulat selon lequel tout le monde doit avoir une opinion, consiste à ignorer les non-réponses. [...] En fait, il y a plusieurs principes à partir desquels on peut engendrer une réponse. Il y a d'abord ce qu'on peut appeler la compétence politique [...]. Cette compétence politique n'est pas universellement répandue. Elle varie *grosso modo* comme le niveau d'instruction.

Pierre Bourdieu, « L'opinion publique n'existe pas », *Questions de sociologie*, Les Éditions de Minuit, 1981.

1. Objet artificiellement créé.

Questions

1. Quels sont les trois postulats sur lesquels reposent les sondages ? Illustrez chacun d'entre eux.
2. Pourquoi est-il critiquable de chercher à représenter l'état de l'opinion par des pourcentages ?
3. Quelles sont les conséquences de l'exclusion des non-réponses ?

Je m'auto-évalue

Complétez le texte avec les termes suivants : aléatoire, échantillon représentatif, opinion publique, quotas, sondages.

Les ____ apparaissent comme une manière efficace de mesurer l' ____ . En interrogeant un ____ de la population, on peut estimer les opinions de la population totale. Pour construire cet échantillon, il est possible d'utiliser la méthode ____ (tirage au sort) ou celle des ____ .

Je fais le point

Connaître l'opinion publique est un enjeu central en démocratie, qui repose sur des élections et des référendums, qui ne peuvent pas être très fréquents. Les sondages d'opinion sont alors utiles. Ils reposent sur une méthodologie spécifique pour construire un échantillon de la population dont les comportements ou les opinions sont représentatifs de ceux de la population totale. Il est possible de constituer cet échantillon par tirage au sort ou sur la base de quotas.

DOSSIER

3 Vers une démocratie d'opinion ?

Découvrir

Doc. 1 Une politique dictée par l'émotion collective ?

Le cliché avait fait le tour du monde. Il y a un an, jour pour jour, la photo du petit Aylan Kurdi, devenait le symbole de la crise migratoire que traverse l'Europe. L'image était glaçante : elle montrait le corps sans vie d'un enfant de trois ans, allongé sur une plage de Bodrum en Turquie, le visage à moitié enfoui dans le sable. Ce petit garçon, un Syrien d'origine kurde, était mort noyé alors qu'il tentait de quitter la guerre civile syrienne avec sa famille. [...] Les messages d'émotion et de soutien envers les migrants sont largement partagés sur les réseaux sociaux, au point de faire basculer l'opinion publique sur la question des migrants. Dans un sondage publié quelques jours après le drame, 54 % des Français se montraient favorables à l'accueil des « réfugiés syriens », alors qu'ils n'étaient que 44 % la semaine précédente. [...] De nombreux internautes et personnalités publiques ont appelé les dirigeants européens à agir. Pressés par l'opinion publique, les responsables politiques ont multiplié les annonces.

Caroline Piquet, « Il y a un an, la photo du petit Aylan bouleversait le monde entier », *Le Figaro*, 3 septembre 2016.

Questions

1. Comment expliquer l'effet du cliché sur l'opinion publique ?
2. Quel a été la conséquence du changement de l'opinion publique sur les politiques menées ?
3. Selon vous, cet effet a-t-il été durable ?

Doc. 2 De la démocratie représentative à la démocratie d'opinion ?

[Le politiste] Bernard Manin a offert une des analyses les plus stimulantes de la « démocratie du public » (expression qu'il préfère à celle de démocratie d'opinion). La domination des partis est, selon lui, remise en cause à partir des années soixante-dix par le développement d'une « démocratie du public », lié au déclin des identifications partisanes, l'emprise des médias, des sondages, du marketing, et la personnalisation croissante de la vie politique. [...] L'électorat ou les citoyens apparaissent comme un « public » qui réagit aux propositions qui lui sont faites sur la scène publique (essentiellement médiatique) et construites en fonction de leurs préférences mesurées par les sondages. Dans ce troisième âge de la démocratie représentative, succédant à la démocratie des notables et des partis, le peuple est moins représenté par les parlementaires ou par les formations partisanes que par « l'opinion publique ».

Rémi Lefebvre, « Les primaires : triomphe de la démocratie d'opinion ? », *Pouvoirs*, mars 2015.

Les candidats Donald Trump et Jeb Bush en débat lors des élections primaires du Parti républicain, en 2016.

Questions

1. Quel rôle est attendu des partis politiques dans la démocratie représentative ?
2. Proposez une définition de la démocratie d'opinion (ou démocratie « du public »).
3. Comment la démocratie d'opinion modifie-t-elle la sélection du personnel politique ?

Doc. 3 Comment les gouvernants utilisent-ils les sondages ?

Ce qu'on ne savait pas sur la vie de Jean-Paul II

Santé : les bienfaits du thé, du cacao et du vin sur le cœur et le cerveau

La collection « La Bibliothèque » dirigée par Jean d'Ormesson

LE FIGARO

24e volume : Maurice Leblanc.

La Chine premier client du Japon

La transition s'accélère chez France Télécom

Infléchissement du chômage en décembre 2009

Vers un couvre-feu pour les moins de 13 ans

Obama : premier discours sur l'état de l'Union

prédiPOL LE FIGARO « Le Figaro » et lefigaro.fr lancent des paris sur les régionales

Tsonga en demi-finale de l'Open d'Australie

Les premières images du « Adèle Blanc-Sec » de Luc Besson

Steve Jobs dévoile la tablette magique d'Apple

9 Français sur 10 pour une réduction des dépenses publiques

Selon un sondage Ifop réalisé pour Fondapol, 75 % des Français s'inquiètent de la dette.

Davos : le plaidoyer de Sarkozy pour une meilleure régulation du capitalisme

HISTOIRE DU JOUR

Le chef Ferran Adria en a soupé

DÉBATS & OPINIONS

RENDEZ-VOUS

RICHARD MILLE

Une du journal *Le Figaro* du 28 janvier 2010.

[Les hommes politiques] sont de gros consommateurs de ce type d'enquête qui leur apporte des informations de toutes façons plus fiables que celles de leur seule intuition. [...] On sait, de l'aveu même des intéressés, que des candidatures ont été décidées sur la base d'enquêtes par sondage. [...] Il en est de même de certaines décisions politiques : les hommes politiques ont peu à peu intégré, dans la prise de décision, ce que les sondages d'opinion, à tort ou à raison, semblent leur fournir comme indications sur ce qui est censé être « l'état de l'opinion ».

Patrick Champagne, « Le sondage et la décision politique », *Revue Projet*, avril 2001.

Questions

1. Comment les sondages peuvent-ils inciter un homme ou une femme politique à se présenter à une élection ?
2. De manière générale, pourquoi les décideurs politiques et les candidats ont-ils intérêt à connaître « l'état de l'opinion » ?

Doc. 4 Les médias et les sondages renforcent-ils la démocratie ?

L'une des formes les plus anciennes et les plus pures de la démocratie dans ce pays [les États-Unis] fut le « *town meeting* » [...]. Les habitants se rassemblaient dans une salle pour discuter ensemble et voter sur des questions concernant la communauté. [...] Mais les communautés ayant vu leur taille augmenter, le *town meeting* est devenu impraticable. [...] La large diffusion des journaux qui rapportent les opinions des hommes politiques sur les enjeux du moment, la possession peu ou prou universelle de la radio, qui fait de la Nation tout entière un immense auditoire et, maintenant, l'avènement du référendum par échantillon[1] qui fournit les moyens de déterminer rapidement la réaction du public au débat du moment ont créé un *town meeting* à l'échelle nationale. [...] Le peuple, après avoir écouté les arguments des deux camps sur chacun des enjeux, peut faire connaître sa volonté.

George Gallup, « Sondages d'opinion et démocratie », *Hermès, La Revue*, mars 2001.

1. Gallup nomme de cette façon les sondages d'opinion.

Questions

1. Pourquoi le *town meeting* est-il proche de la démocratie directe ?
2. Selon George Gallup, comment les médias et les sondages permettent-ils de s'approcher de ce type de démocratie ?
3. Selon vous, quels arguments peut-on opposer à cette idée ?

Je m'auto-évalue

Indiquez si les propositions suivantes sont vraies ou fausses.

1. La démocratie d'opinion désigne le fait que le vote est remplacé par les sondages.
2. La prise en compte de l'opinion modifie le mode de sélection des représentants politiques.
3. En général, les décideurs politiques ne prennent pas en compte les sondages d'opinion.
4. La prise en compte de l'opinion peut renforcer la démocratie.

Je fais le point

Si le développement de l'opinion publique est une conséquence logique de la démocratie, la prise en compte de cette opinion modifie le fonctionnement de la démocratie à tel point qu'on peut parler de « démocratie d'opinion ». L'opinion publique permet un pouvoir plus important du peuple et modifie l'action des gouvernants et leur sélection.

DOSSIER

4 Quels sont les effets des sondages sur la vie politique ?

Découvrir

Doc. 1 Les présidents peuvent-ils être populaires ?

Cote de popularité des présidents de la République, mois après mois

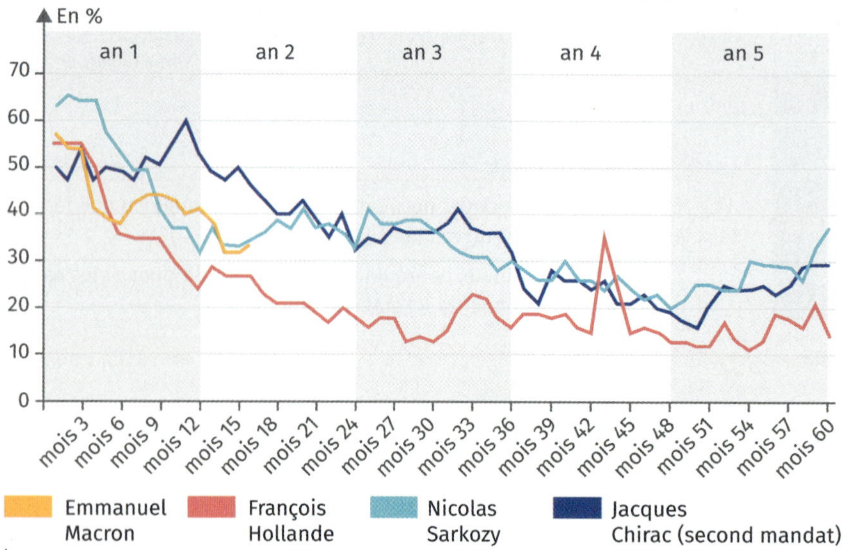

TNS Sofres calcule la cote de popularité en demandant aux personnes si elles ont confiance dans le président. Le pourcentage est celui des personnes qui répondent oui à la question posée.

Émeline Gaube, « Popularité : Macron fait-il pire ou mieux que ses prédécesseurs ? », BFMTV.com, 31 août 2018.

Questions

1. Comment semble évoluer la cote de popularité des présidents au fil de leur mandat ?
2. Comment cette cote évolue-t-elle sur la dernière année ? Comment peut-on l'expliquer ?
3. Comment la prise en compte de la cote de popularité peut-elle modifier l'action du président ?

Doc. 2 Les sondages influent-ils sur les comportements des électeurs ?

En 1972, l'académicien Maurice Druon accusait les sondages pré électoraux d'être « une pollution de la démocratie », craignant leur influence sur le vote. [...] Les reproches qui leur sont adressés sont nombreux et contradictoires [...]. Les uns dénoncent l'effet *bandwagon* qui pousserait l'électeur conformiste à prendre le train en marche et à porter son choix sur le vainqueur désigné par les sondages. Les autres redoutent l'effet *underdog* qui, par réaction, le conduirait plutôt à soutenir le perdant. Mais on peut aussi bien postuler l'effet inverse, inciter à sanctionner le vainqueur désigné (*humble the winner*) ou à bouder le perdant (*snub the looser*) [...]. D'autres encore craignent que leurs pronostics n'encouragent à l'abstention des électeurs convaincus que les jeux sont faits. Ou qu'ils fassent taire les tenants d'opinions minoritaires n'osant plus exprimer publiquement une opinion contraire à celle du plus grand nombre, selon le mécanisme de « la spirale du silence ».

[...] Les sondages ont incontestablement des effets, à commencer par celui d'informer sur les intentions des autres électeurs. [...] Ce sont les sondages, la presse, la télévision, de plus en plus le Net qui nous apprennent comment vivent et pensent les « autres ».

Nonna Mayer, *Sociologie des comportements politiques*, Armand Colin, 2010.

Questions

1. Quelle influence négative les sondages d'opinion peuvent-ils exercer sur la participation aux élections ?
2. Quels sont les autres effets négatifs que peuvent avoir les sondages sur les choix des électeurs ?
3. Comment les sondages peuvent-ils aussi avoir des effets positifs ?

Doc. 3 Des candidatures dictées par l'opinion publique ?

Comme l'écrit Tony Blair[1] dans ses *Mémoires* : « Les sondages sont un véritable enfer. Tous les leaders vous diront qu'ils n'y attachent aucune importance mais c'est faux. » [...] Il devient de plus en plus difficile pour un gouvernement de lancer des projets qui rencontrent une forte hostilité dans l'opinion mesurée par des sondages. Un soutien suffisant de celle-ci est *a priori* nécessaire pour engager le pays dans des réformes importantes. [...] Les élections, si elles restent décisives, ne sont plus le seul moyen de contrôle et de sanction des gouvernants à la disposition de l'ensemble des gouvernés.

Les sondages n'exercent d'ailleurs pas uniquement leurs effets sur les majorités au pouvoir, mais aussi sur les oppositions partisanes et parlementaires. Celles-ci peuvent prendre appui sur l'opinion publique exprimée par les sondages pour mettre en difficulté le gouvernement et même l'obliger, dans certains cas, à consulter le peuple.

Gérard Grunberg et Nonna Mayer, « L'effet sondage. Des citoyens ordinaires aux élites politiques » dans Yves Déloye (ed.), *Institutions, élections, opinion. Mélanges en l'honneur de Jean-Luc Parodi*, Presses de Sciences Po, 2014.

1. Tony Blair a été Premier ministre du Royaume-Uni de 1997 à 2007.

Une de *L'Obs* du 15 au 21 mars 2018.

Questions

1. Comment les sondages participent-ils au contrôle de l'action des gouvernants ?
2. Pourquoi influent-ils aussi sur l'action de l'opposition ?
3. Comment lier cet effet des sondages et la démocratie d'opinion ?

Doc. 4 Communiquer pour satisfaire l'opinion publique ?

Agir sur sa cote de popularité – et recourir aux précieux conseils des experts en communication pour y parvenir – s'apparente désormais à une nécessité du « spectacle politique ». [...] Un président de la République en exercice, Nicolas Sarkozy, a pu, durant son mandat, commander plus de trois cents sondages (dont l'un aurait même porté sur le choix du prénom de son futur enfant) pour un coût de 9,4 millions d'euros et adopter un mode de gouvernement ajusté aux sondages, choisissant ainsi d'intervenir systématiquement à la télévision lorsqu'une vague d'enquêtes négatives se profilait à l'horizon.

Philippe Riutort, *Sociologie de la communication politique*, La Découverte, 2013.

Questions

1. Quel peut être l'intérêt pour un président de la République d'intervenir à la télévision quand il risque de voir sa popularité diminuer ?
2. Comment cette recherche de la popularité peut-elle jouer sur la communication politique ?

Je m'auto-évalue

Illustrez les propositions suivantes.

1. Le développement des sondages joue sur le contrôle des gouvernants.
2. Le développement des sondages influe sur les choix des électeurs.
3. La communication politique est modifiée par le développement des sondages d'opinion.

Je fais le point

L'opinion publique joue un rôle central dans le fonctionnement des démocraties aujourd'hui. Les gouvernants cherchent à tenir compte de cette opinion publique et orientent leur action, mais aussi leur communication en fonction d'elle. C'est aussi un facteur de plus en plus pris en compte par les citoyens eux-mêmes qui peuvent modifier leurs choix et leur participation en fonction de ce qu'ils perçoivent de l'opinion.

TD 1

Comment prévoir les résultats des élections ?

1 Exercice guidé → Illustrer les apports et les limites des sondages

Doc. 1 Les sondages prévoient-ils les résultats d'une élection ?

Élection présidentielle 2002

	12.09.2001 (CSA)	30.12.2001 (IFOP)	17.01.2002 (CSA)	01.03.2002 (IFOP)	22.03.2002 (CSA)	06.04.2002 (IFOP)	18.04.2002 (CSA)	Résultats premier tour
L. Jospin	24	22	22	21	21	17,5	18	16,2
J. Chirac	26	26	27	22	23	21	19,5	19,9
J.-M. Le Pen	8	6	10	8	11	13	14	16,9

Élection présidentielle 2007

	27.09.2006 (CSA)	18.11.2006 (IFOP)	17.01.2007 (CSA)	09.03.2007 (IFOP)	22.03.2007 (CSA)	06.04.2007 (IFOP)	19.04.2007 (CSA)	Résultats premier tour
S. Royal	32	29	29	23	26	23	26	25,9
N. Sarkozy	30	29	30	28	26	29	27	31,2
J.-M. Le Pen	15	11	15	13	13	14	16	10,4

(En % d'intentions de vote pour les sondages, en % de voix obtenues pour les résultats). D'après france-politique.fr et ministère de l'Intérieur.

Questions

◆ **Étape 1. Lire les données et établir un constat.**

1. Pour chacune des élections, calculez l'écart entre les intentions de vote mesurées par le dernier sondage et le résultat obtenu pour chaque candidat.
Une différence entre deux résultats en pourcentages se lit en points de pourcentage.

2. L'écart cumulé est-il le plus élevé pour 2002 ou pour 2007 ?
Il s'agit d'additionner les écarts constatés pour l'ensemble des candidats pour les deux élections.

◆ **Étape 2. Interpréter les résultats.**

3. Pour quelle élection les erreurs d'estimation ont-elles eu le plus de conséquences ?
L'élection repose sur le système du classement. Moins que les écarts, c'est donc l'ordre d'arrivée des candidats qui compte.

Doc. 2 Quelles difficultés pour mesurer l'opinion ?

Vivement critiqués, les sondeurs adoptent alors une même ligne de défense, invoquant le fort niveau d'abstention, la difficulté de prendre la mesure du vote FN[1] et la forte volatilité des électeurs… Certains affirment même avoir perçu, dans les dernières heures de la campagne, la remontée de Jean-Marie Le Pen, mais n'ont pas pu le dire, les sondages étant prohibés 48 heures avant le vote.

Sébastien Billard, « 1995, 2002 : ces présidentielles où les sondages se sont plantés », *L'Obs*, 13 avril 2017.

1. Le FN, Front national, était le nom du parti de Jean-Marie Le Pen, devenu aujourd'hui Rassemblement national.

Questions

◆ **Étape 1. Comprendre le texte.**

1. Comment les sondeurs expliquent-ils les mauvais résultats des sondages ?
Il s'agit ici de voir quelle est la « ligne de défense » des sondeurs.

◆ **Étape 2. Expliquer les informations du texte.**

2. Pourquoi le fort niveau d'abstention joue-t-il sur la validité des sondages ?
Un fort niveau d'abstention signifie que peu de suffrages sont exprimés, ce qui donne un poids plus important à chaque vote.

3. Pourquoi le vote FN est-il difficile à mesurer ?
Les sondés peuvent avoir plus ou moins de facilités à déclarer leurs choix.

Doc. 3 Faut-il encore faire confiance aux sondages ?

Moyenne des résultats des sondages pour rester ou quitter l'UE

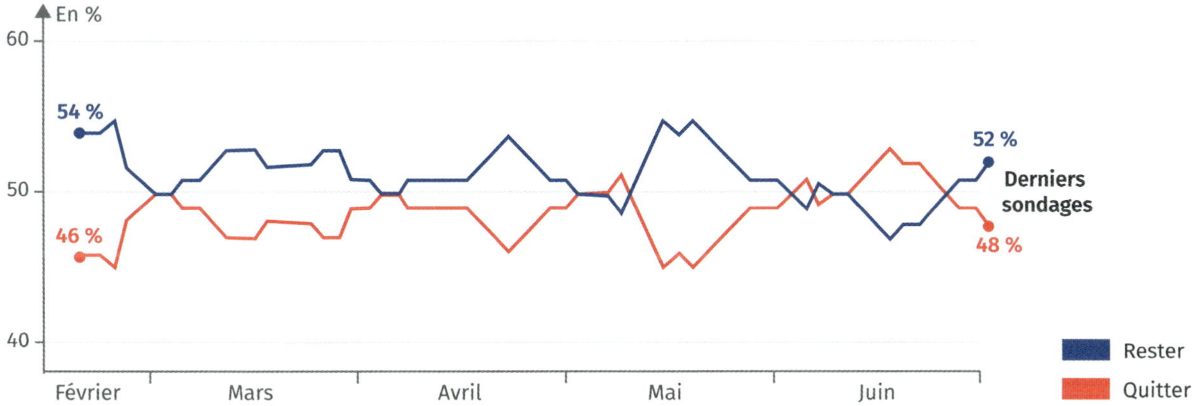

Le Brexit désigne la sortie de l'UE par le Royaume-Uni. Les citoyens ont été appelés à se prononcer sur cette sortie par référendum, le 23 juin 2016. La décision de quitter l'Union européenne l'a emporté avec près de 52 % des suffrages exprimés.
WhatUKthinks.org

Questions

1. Les derniers sondages ont-ils bien prédit le résultat final ?
2. Quelle limite apparaît quant aux choix de réponses proposés ?
3. Les écarts ont-ils souvent été élevés entre les deux choix dans les sondages ?

Numérique

Un retour sur les sondages, leurs erreurs, mais aussi leurs réussites : LLS.fr/ErreurSondage

Doc. 4 Renouveler la méthode des sondages pour les rendre plus efficaces ?

Dans cet extrait, les auteurs présentent deux façons alternatives au sondage d'opinion pour interroger la population.

Une façon de procéder consiste à tirer au sort un petit groupe de citoyens pour qu'il délibère de questions politiques générales, telles des lois ou des politiques publiques. Les jurys citoyens aux États-Unis et les cellules de planification en Allemagne forment par exemple des panels de douze à quarante citoyens tirés au sort pour discuter de sujets allant de l'agriculture aux politiques sanitaires en passant par le développement local.

James Fishkin et ses collègues du Centre pour le Sondage Délibératif ont organisé des rencontres de plusieurs centaines de citoyens afin qu'ils délibèrent sur des sujets aussi variés que l'adoption de l'euro au Danemark, l'orientation des services publics au Texas et la politique étrangère américaine. Les jurys citoyens, les cellules de planification et les sondages délibératifs remplissent le rôle d'institutions consultatives dont l'impact, quand impact il y a, découle de leur capacité à façonner l'opinion publique ou à influer sur les préférences des élus.

Laure Andrillon, « James Fishkin, architecte de la démocratie pure », *Libération*, 22 février 2017.

Questions

1. Selon ce texte, quel est le principe d'un sondage délibératif ?
2. Comment les discussions entre citoyens peuvent-elles favoriser une plus grande complexité de l'opinion exprimée ?
3. Quelles peuvent être les limites de ces manières de consulter l'opinion ?

J'argumente

Préparez une argumentation défendant l'idée selon laquelle les résultats des sondages sont à prendre avec précaution avant une élection.

L'ESSENTIEL

Comment se forme et s'exprime l'opinion publique ?

1 L'opinion publique, caractéristique d'un régime démocratique

- L'opinion a longtemps été le monopole de certaines catégories, les plus « éclairées » (les personnes les plus instruites), parlant au nom du peuple ou d'intérêts spécifiques. L'émergence de l'**opinion publique** est liée au développement de la démocratie : des lieux publics permettent d'échanger sur des questions politiques et des problématiques communes à l'ensemble des citoyens.
- De nos jours, l'opinion publique désigne l'addition d'opinions individuelles et est souvent associée à l'opinion de la majorité. La formation de l'opinion se fait de diverses manières. Les médias jouent un rôle important, mais il faut aussi mentionner le rôle des mobilisations collectives, des associations ou encore du personnel politique. Les nouvelles technologies peuvent aussi mobiliser l'opinion sur des thèmes spécifiques.
- Cependant, l'existence d'une « opinion publique » ne va pas de soi. La mentionner, c'est parfois oublier l'existence de débats, de tensions, que les sondages, par exemple, tendent à effacer en insistant sur la majorité. (→ **voir dossier 1**)

2 Mesurer l'opinion ou la construire ? L'effet des sondages

- La désignation des représentants par l'élection conduit à chercher à estimer les résultats des élections à venir. Les **sondages d'opinion** sont construits avec cet objectif : en interrogeant un **échantillon représentatif** de la population totale, il est possible d'approcher les opinions et les comportements de la population totale.
- Aujourd'hui, les sondages sont au cœur des **campagnes électorales** et sont des outils reconnus comme pouvant mesurer l'opinion. Cependant, pour que le résultat d'un sondage soit fiable, il faut qu'il ait été réalisé avec une méthode précise de formulation des questions et une construction rigoureuse de l'échantillon interrogé. Pour être représentatif, cet échantillon peut être construit par tirage au sort (**méthode aléatoire**) ou bien par la **méthode des quotas**.
- Les sondages répondent à une demande sociale, politique, mais surtout médiatique. L'opinion publique est parfois assimilée aux résultats des sondages (« Les Français pensent que... »).
- Pourtant, les sondages sont aussi critiqués. Ils présentent, comme l'expression d'une opinion majoritaire, un ensemble de choix faits sur des questions que les personnes interrogées n'estiment pas importantes et pour lesquelles elles ont des informations limitées. Ces critiques conduisent même à rejeter la notion d'opinion publique pour lui préférer une approche insistant sur les conflits d'opinion et les luttes.
- Les sondages négligent les inégalités sociales mais aussi les inégalités d'intérêt pour certaines questions et de « compétences » à répondre à ces questions. En témoigne, par exemple, la mise à l'écart de non-réponses. (→ **voir dossier 2**)

Les notions à connaître

Campagne électorale
Activités mises en œuvre par les organisations politiques ou des candidats indépendants de ces organisations auprès du public pour faire valoir leurs propositions avant un scrutin. Cette campagne est le plus souvent encadrée par des règles précises.

Communication politique
Actions et discours réalisés par les hommes et les femmes politiques (ou bien des professionnels qu'ils emploient), à destination des médias et de la population afin d'informer, de convaincre, de persuader du bien-fondé de leurs propositions ou de leurs décisions. Cette communication utilise de nombreux médias.

Démocratie d'opinion
Situation dans laquelle les jugements de l'opinion publique deviennent omniprésents dans le fonctionnement de la démocratie et modifient les « règles du jeu » politique.

Démocratie représentative
Régime politique où les citoyens élisent de façon démocratique leurs représentants qui ont alors la mission de mener la politique dans l'intérêt général.

Échantillon représentatif
Ensemble de personnes sélectionnées dans la population totale de manière à former un groupe dont les comportements ou les opinions permettent d'approcher ceux de la population totale.

Méthode aléatoire
Méthode de sélection des personnes de l'échantillon représentatif par tirage au sort dans la population totale.

3 Le développement d'une démocratie d'opinion ?

- La **démocratie représentative** repose sur le principe selon lequel les citoyens élisent leurs représentants. Cependant, une fois l'élection passée, se pose la question du respect des choix des citoyens.
- L'expression de l'opinion, notamment par les sondages, peut modifier le fonctionnement de ces démocraties, à tel point qu'on évoque l'existence d'une « **démocratie d'opinion** ». L'opinion, mobilisée, par exemple par l'émotion autour d'une cause, peut imposer des questionnements aux décideurs politiques.
- Ces derniers sont alors d'importants consommateurs de sondages qui servent de guides quant à la politique à mener. Ceci a des effets positifs puisque les citoyens y gagnent un pouvoir important, mais on peut aussi craindre le développement d'une tyrannie de l'opinion, conduisant les décideurs politiques à chercher à multiplier les « coups » politiques plutôt que les politiques de long terme.
- La démocratie d'opinion peut aussi jouer sur la sélection des gouvernants. Ce sont les « champions et les championnes des sondages » qui seront vus comme les plus légitimes pour poser une candidature dans des campagnes électorales. (→ **voir dossier 3**)

4 Des comportements guidés par les sondages ?

- Les sondages jouent un rôle important de contrôle des gouvernants. Les décideurs politiques peuvent mesurer la popularité de leurs mesures et saisir ainsi si elles vont dans le sens de l'intérêt du plus grand nombre. L'expression d'une cote de popularité négative est ainsi interprétée comme le signe d'une rupture entre l'homme ou la femme politique et les citoyens.
- Les électeurs eux-mêmes ont recours aux sondages. Ces derniers leur permettent de savoir quelle est l'opinion publique sur un sujet, mais aussi d'estimer les chances de victoire d'un candidat à une élection. Les sondages peuvent ainsi jouer sur la participation électorale, par exemple en faisant penser que l'élection est « jouée d'avance ».
- Enfin, le développement des sondages est lié à la **communication politique**. Ils peuvent être utilisés pour servir cette communication mais, surtout, la communication peut être construite de manière à modifier les résultats des sondages. Les compétences en termes de communication deviennent ainsi un atout majeur pour faire carrière en politique. (→ **voir dossier 4**)

Méthode des quotas
Méthode de sélection des personnes de l'échantillon représentatif par sélection pour respecter les proportions selon différentes caractéristiques (sexe, âge, profession, lieu de résidence, etc.) dans la population totale.

Opinion publique
Ensemble des points de vue et des croyances perçus comme majoritaires au sein d'une population.

Sondage d'opinion
Enquête qui vise à étudier les opinions d'une population grâce à la passation d'un questionnaire auprès d'un échantillon représentatif de cette population.

Capsule vidéo
L'essentiel du cours en vidéo sur lelivrescolaire.fr :
LLS.fr/SES1P229

Attention aux notions

Ne pas confondre

Opinion publique et **sondage d'opinion**

- L'opinion publique fait référence à l'ensemble des avis que les citoyens formulent sur des problèmes publics selon les informations dont ils disposent et les discussions qu'ils ont.
- Le sondage est une technique qui cherche à mesurer cette opinion. Le sondage est souvent perçu comme l'expression de l'opinion publique, mais c'est oublier que cette opinion est parcourue de débats et que les sondages sont toujours construits sur la sélection d'un certain nombre de questions et de problématiques.

Comprendre le lien

Communication politique et **décisions politiques**

Les décisions politiques font référence à l'ensemble des choix pris par les gouvernants dans le cadre de leurs fonctions. Une part importante de ces décisions ne fait pas l'objet de communication auprès des médias.

Cependant, toute décision politique importante nécessite la mise en place d'une communication politique afin de persuader du bien-fondé des actions menées. Pour être approuvées par l'opinion publique, ces décisions doivent souvent être expliquées et défendues.

Le contrôle des décideurs politiques par l'opinion, vu par Alexis de Tocqueville

Doc. 1 L'opinion publique : l'expression de la tyrannie de la majorité ?

Dans un pays démocratique, comme les États-Unis, le député n'a presque jamais de prise durable sur l'esprit de ses électeurs. [...] L'instabilité démocratique fait qu'il change sans cesse de face. Il faut donc le captiver tous les jours. Il n'est jamais sûr d'eux ; et, s'ils l'abandonnent, il est aussitôt sans ressource [...]. Ainsi [...], dans les pays démocratiques, les membres des assemblées politiques songent à leurs électeurs plus qu'à leur parti, tandis que, dans les aristocraties, ils s'occupent plus de leur parti que de leurs électeurs. Or, ce qu'il faut dire pour plaire aux électeurs n'est pas toujours ce qu'il conviendrait de faire pour bien servir l'opinion politique qu'ils professent. [...] Nous avons montré le petit côté des discussions politiques dans les démocraties ; faisons voir le grand. [...] Dès les premiers débats qui ont eu lieu dans les petites assemblées coloniales d'Amérique à l'époque de la Révolution, l'Europe fut émue. [...] Je ne vois rien de plus admirable ni de plus puissant qu'un grand orateur discutant de grandes affaires dans le sein d'une assemblée démocratique. Comme il n'y a jamais de classe qui y ait ses représentants chargés de soutenir ses intérêts, c'est toujours à la nation tout entière, et au nom de la nation tout entière qu'on parle. [...] Tous les hommes s'y intéressent parce qu'il s'agit de l'homme, qui est partout le même.

Alexis de Tocqueville, *De la démocratie en Amérique. Tome II*, 1840.

Questions

1. Pourquoi, en démocratie, le député dépend-il de ses électeurs ?
2. Pourquoi cela peut-il le conduire à faire passer les électeurs avant l'intérêt de son parti, selon Tocqueville ?
3. Quelles en sont les conséquences négatives sur les débats politiques ?
4. Pourquoi, selon Tocqueville, les débats politiques intéressent-ils plus les individus en démocratie que dans un régime aristocratique ?

Qui est-ce ?

Alexis de Tocqueville (1805-1859), est considéré comme l'un des précurseurs de la sociologie et de la science politique, notamment pour son analyse des sociétés démocratiques. Il s'appuie sur les observations qu'il a menées aux États-Unis pour étudier les caractéristiques des sociétés démocratiques, avec un regard à la fois fasciné et critique. Dans *De la démocratie en Amérique*, publié en deux volumes en 1835 et 1840, il montre que l'opinion publique participe à l'avènement de la démocratie, mais peut aussi en constituer une limite avec le développement d'une « tyrannie de la majorité » et un contrôle de l'opinion sur toutes les décisions politiques.

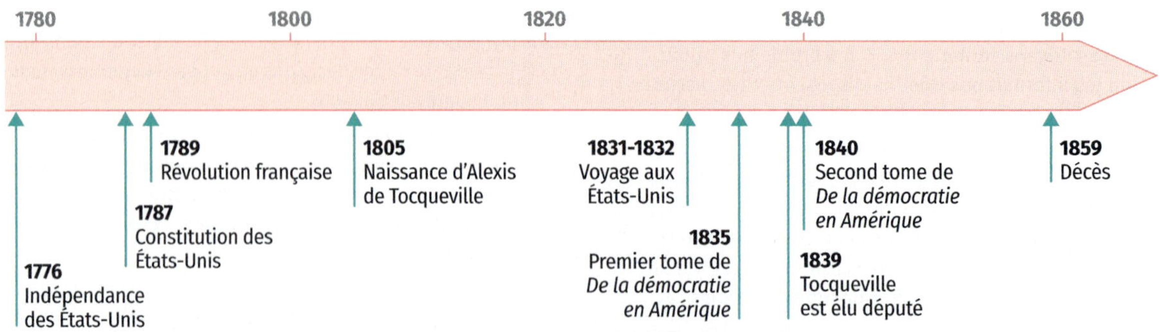

Illustrer par une citation

> *« L'opinion publique n'existe pas, sous la forme en tout cas que lui prêtent ceux qui ont intérêt à affirmer son existence. »*

Pierre Bourdieu, « L'opinion publique n'existe pas », *Questions de sociologie*, Les Éditions de Minuit, 1984.

S'appuyer sur des données

560

C'est le nombre de sondages publiés en lien avec l'élection présidentielle de 2017. Ce nombre était de 193 en 2002, 293 en 2007 et 409 en 2012.

Commission des sondages, 2017.

0

Aucun sondage sur les résultats ne peut être publié la veille ou le jour d'une élection en France.

244

C'est le nombre de journaux pour 1 000 habitants en France en 1914.

Laurent Martin, *La Presse écrite en France au xx*e *siècle*, Le Livre de poche, 2005.

Situer dans le temps

1881

Loi sur la liberté de la presse en France. Cette loi est toujours en vigueur.

1936

Premier sondage d'opinion portant sur la politique au sujet de l'élection présidentielle aux États-Unis.

1965

Lors de l'élection présidentielle, des sondages prévoient un second tour pour l'élection présidentielle, alors que les spécialistes et décideurs politiques s'attendaient à une victoire de Charles de Gaulle en un tour. Les sondages font parler d'eux pour la première fois en politique.

Synthétiser en images

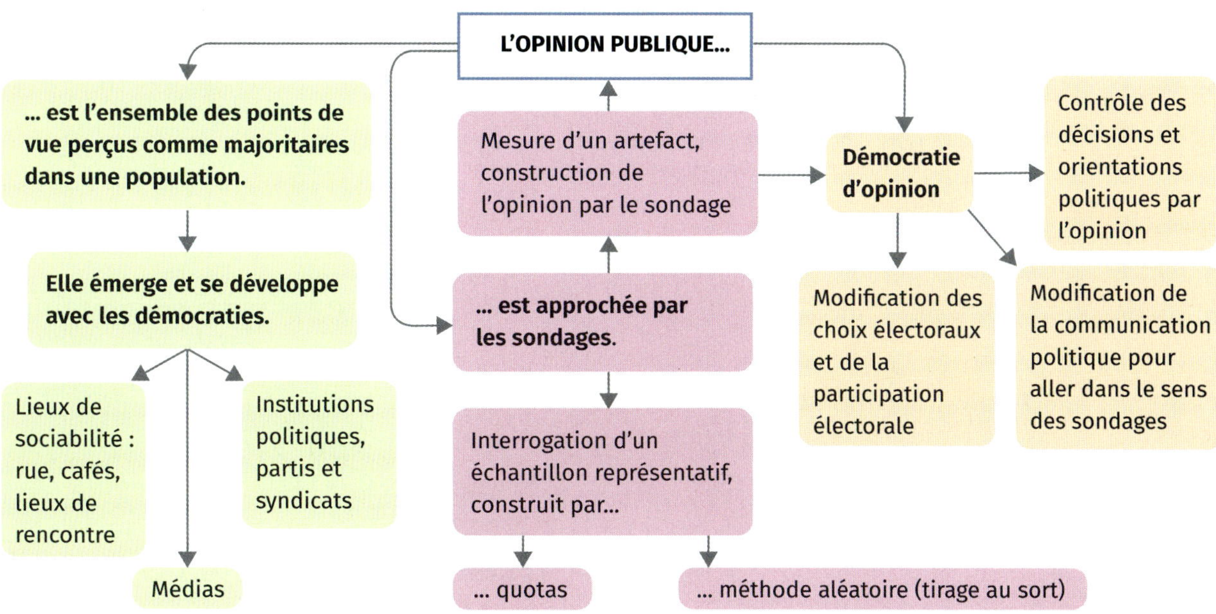

Raisonnement appuyé sur un dossier documentaire : je relève les informations dans les documents

Première

La deuxième partie de l'épreuve écrite de contrôle continu est notée sur 10 points. Il est demandé de développer un raisonnement structuré en exploitant deux documents de nature différente : un texte de 2 000 signes maximum et un document de nature statistique de 65 données au maximum. Le raisonnement doit faire environ une page et inclure des données et arguments tirés du dossier documentaire.

Exemple de sujet :

- À l'aide de vos connaissances et du dossier documentaire, vous montrerez que le recours fréquent aux sondages d'opinion peut conduire au développement d'une démocratie d'opinion.

Doc. 1

Il n'est pas nouveau que des acteurs politiques fassent référence à l'opinion publique. En revanche, le recours systématique à différents instruments présentés comme permettant l'expression de cette opinion publique (sondages, mais également focus groupes, blogs et outils de la démocratie participative) l'est davantage, au moins par son ampleur. Dans son rapport relatif à l'élection présidentielle, la Commission des sondages souligne ainsi que la campagne de 2007 a donné lieu à la publication de 293 sondages, contre 193 en 2002, 157 en 1995, 153 en 1988 et 111 en 1981, soit une augmentation du nombre de sondages préélectoraux aussi importante en cinq ans (de 2002 à 2007) que pendant les vingt années précédentes (1981-2002). Encore ne s'agit-il que de la partie immergée de l'iceberg, la plupart des sondages n'étant pas publiés. Se présenter comme étant « à l'écoute de l'opinion », « sous le regard de l'opinion » et, à l'inverse, disqualifier ses adversaires en affirmant qu'ils cherchent à cacher des choses à l'opinion publique, voire à la manipuler, apparaît comme un jeu auquel participent l'ensemble des candidats. Les principaux reconnaissent y avoir recours. [...] Doit-on y voir la mise en place d'une démocratie d'opinion, d'un mode de gouvernance par les sondages ? [...] Affirmer qu'une telle opinion est un artefact[1] importe peu à partir du moment où différents acteurs (entrepreneurs politiques, leaders d'opinion) lui reconnaissent une signification politique et agissent en fonction d'elle.

Céline Bélot, « Gouverner par les sondages ? Nicolas Sarkozy et l'opinion publique » dans Jacques de Maillard, *Politiques publiques 3. Les politiques publiques sous Sarkozy*, Presses de Sciences Po, 2012.

1. Une construction artificielle.

Numérique

D'autres exemples pour s'entraîner : LLS.fr/SES1P338

Doc. 2

Évolution des intentions de vote pour la « primaire de la droite et du centre » en 2016

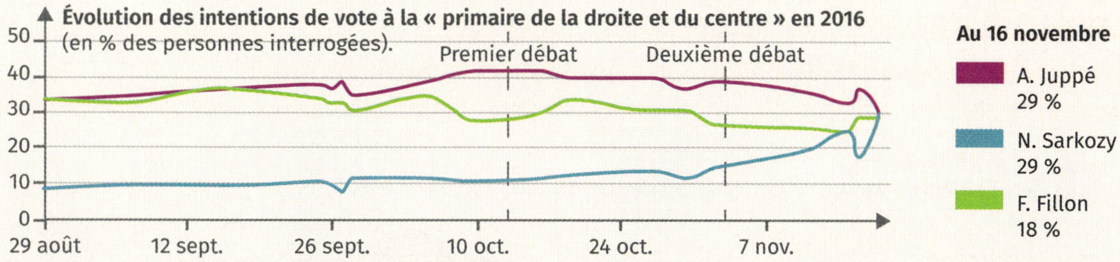

La primaire de la droite et du centre a été organisée les 20 et 27 novembre 2016 pour désigner le candidat de la droite à l'élection présidentielle. Elle a vu s'affronter 7 candidats qui ont débattu deux fois entre eux. Au premier tour, François Fillon est arrivé en tête avec 44,1 % des voix (il remporte la primaire le 27 avec 66,5 % des suffrages). Alain Juppé arrive en seconde position, il recueille 28,6 % des voix. Nicolas Sarkozy, lui, arrive 3e avec 20,7 % des voix.

Maxime Ferrer, Jeanne Dall'Orso, Agathe Dahyot, « Les sondages de la primaire de la droite depuis septembre », *Le Monde*, 20 novembre 2016.

Relever les informations dans le dossier documentaire

◆ **Étape 1. Organiser la réponse.**

*Vous devez d'abord comprendre et analyser le sujet (→ **voir Vers le bac du chapitre 3**), puis travailler à l'organisation de la réponse (→ **voir Vers le bac du chapitre 6**). Ces deux étapes doivent permettre de réaliser le plan du raisonnement que vous allez rédiger.*

◆ **Étape 2. Lire les documents, en comprendre les idées principales.**

Une lecture rapide vous permet de saisir l'idée générale des documents. L'un des deux est un document statistique : assurez-vous que vous lisez les données efficacement.

◆ **Étape 3. Prélever les informations dans les documents et les classer selon le plan.**

Dans chaque document, cherchez les informations pouvant être classées dans les différentes parties du plan. Un document peut apporter des informations pour différentes parties. Les documents peuvent apporter des exemples, des données, des arguments théoriques, etc.

Ne pas oublier...

- ❒ d'analyser le sujet pour trouver le plan du raisonnement ;
- ❒ de comprendre les idées générales développées dans le dossier ;
- ❒ de classer les idées développées dans le document dans les parties du plan.

1 Exercice guidé

◆ **Étape 1. Organiser la réponse.**

Le sujet invite à se pencher sur la façon dont l'importance accordée à l'opinion publique, mesurée par les sondages d'opinion peut favoriser le développement d'une « démocratie d'opinion ». Autrement dit, il s'agit de montrer que cette importance des sondages modifie le fonctionnement de la démocratie. Le raisonnement peut être développé autour de trois axes :

I/ Une transformation de la démocratie : vers une démocratie d'opinion...

II/ ... qui modifie l'action des gouvernants...

III/ ... et leur sélection.

◆ **Étape 2. Lire les documents, en comprendre les idées principales.**

Il faut voir que le premier document présente à la fois des arguments assez généraux sur l'évolution de la place des sondages en démocratie et un exemple précis de gouvernant ayant beaucoup utilisé les sondages. L'utilisation du second document sera peut-être plus complexe, car ce graphique évoque un cas assez particulier : celui de primaires à l'élection présidentielle. Vous devez bien comprendre la signification des données.

◆ **Étape 3. Prélever les informations dans les documents et les classer selon le plan.**

Au brouillon, faites un tableau de grande taille en 3 colonnes : chacune correspond à un axe de votre plan. Relevez alors dans les deux documents les arguments, les données, les exemples qui peuvent servir au développement de l'un ou l'autre de ces axes.

Enquêter sur les enquêteurs

L'enquête

Les enquêteurs peuvent-ils poser leurs questions de façon neutre ?

Doc. 1 Un travail sur les consignes données aux enquêteurs

Dans son article, Rémy Caveng présente les consignes données aux enquêteurs, qui ont pour but de neutraliser « l'effet enquêteur ».

La passation des questionnaires doit obéir aux règles suivantes qui découlent du principe selon lequel tous les questionnaires doivent être réalisés dans des conditions identiques :

- Les questions et les consignes doivent être lues mot à mot et dans leur ordre de présentation.

- On ne doit répondre aux demandes d'explication que par la formule « c'est comme vous l'entendez ». [...]

- Si la réponse ne correspond pas (au mot près) à un des items de la liste, elle ne doit pas être interprétée. Il faut alors relancer en disant « vous diriez plutôt... » et en citant la liste une nouvelle fois.

- Une réponse ne doit pas être déduite de celle donnée à une question précédente. [...]

- L'attitude vis-à-vis du répondant doit être neutre : pas de remarques sur le sujet de l'étude, pas de discussions, pas d'approbation ou de désapprobation, le ton de la voix doit être neutre et constant avec tous.

Rémy Caveng, « La production des enquêtes quantitatives », *Revue d'anthropologie des connaissances*, janvier 2012.

L'auteur

Rémy Caveng est maître de conférences en sociologie à l'université de Picardie-Jules Verne.

Il travaille sur les sondages et les enquêtes dites « quantitatives », que ce soit celles menées par des instituts de sondage ou par des instituts publics comme l'Insee.

Sur ces enquêtes, il s'intéresse notamment à la façon dont les personnes qui font passer le sondage sont formées et contrôlées par les instituts qui les emploient et se demande à quel point les consignes qui leur sont données peuvent être appliquées.

Questions

Docs 1 et 2.

1. Selon vous, qu'est-ce que l'« effet enquêteur » ?

2. Comment les consignes données par les instituts de sondages aux enquêteurs cherchent-elles à neutraliser cet effet ?

3. Comment la méthode de recherche de Rémy Caveng peut-elle lui permettre de vérifier le respect de ces consignes par les enquêteurs ?

Doc. 2 Une enquête par observations et entretiens

Les résultats présentés ici reposent sur deux terrains distincts. Le premier a été réalisé auprès des salariés des entreprises de sondage dans le cadre d'une thèse de sociologie portant sur les conditions d'emploi et de travail des personnels d'enquête. Le second le fut auprès des enquêteurs de l'Insee [...]. L'enquête sur les entreprises de sondage s'est déroulée de l'automne 2002 à l'été 2005. Durant cette période, on a réalisé des observations quasi quotidiennes au sein d'une dizaine d'entreprises dans lesquelles on a occupé différents postes : enquêteur, chef d'équipe, opérateur de saisie, codificateur de questions ouvertes et cadre chargé de l'organisation des études. Outre les innombrables discussions et les propos recueillis pendant les journées de travail et auprès de toutes les catégories de personnel, on a réalisé vingt-cinq entretiens semi-directifs (dont quatre auprès de cadres). De manière à expérimenter l'ensemble des points de vue, on s'est également prêté au jeu de l'enquêté en répondant à toutes les sollicitations spontanées d'enquêteurs (dans la rue, au téléphone, à domicile).

Rémy Caveng, *art. cit.*

Les résultats

Le « bidonnage » des enquêtes et ses explications

Doc. 3 Des consignes toujours respectées ?

Vous arrive-t-il de...	Oui	Non, jamais	Ens.
Reformuler une question	86	14	100
Faire répondre des membres d'un panel personnel ou de votre entourage	74	26	100
Modifier l'âge d'une personne	52	48	100
Escamoter une liste d'items ou une question	51	49	100
Interpréter une réponse	45	55	100
Modifier les habitudes de consommation	41	59	100
Remplir entièrement un questionnaire sans répondant	21	79	100

Questionnaire posé à 129 enquêteurs travaillant dans des entreprises de sondage.

Rémy Caveng, *art. cit.*

Questions

1. D'après ce document, les règles prescrites sont-elles toujours respectées par les enquêteurs ?

2. Parmi les pratiques mentionnées, lesquelles vous paraissent nuire le plus à la fiabilité des résultats des sondages ?

Doc. 4 Une neutralité impossible ?

Dans la mesure où une interaction sociale ne saurait être « standard », il est ainsi illusoire de croire qu'il est possible, par la prescription et éventuellement par une action correctrice, d'obtenir une attitude neutre de la part des enquêteurs. [...] Parvenir à accrocher un passant, à se faire ouvrir une porte ou à obtenir un entretien téléphonique relève d'une forme de séduction. En fonction des propriétés des protagonistes (sexe et âge notamment) la forme de l'interaction ainsi que son contenu (les mots, les attitudes, les regards) ne sauraient être les mêmes. [...] S'ils ne s'adaptaient pas aux répondants, s'ils lisaient leur texte de manière monocorde, s'ils ne tenaient pas compte des différences de rythme d'un répondant à l'autre, s'ils ne répondaient pas aux remarques (souvent critiques) émises par les répondants sur la formulation des questions et sur le sujet d'enquête en abondant dans leur sens, les enquêteurs lasseraient leurs interlocuteurs. [...]

Mais le contournement des règles de passation s'impose pour d'autres raisons. [...] Les enquêteurs étant payés au questionnaire, il permet de moduler et de réduire le temps perdu à recruter ou à passer les questionnaires de manière à « faire son chiffre ». [...] « Bidonner » n'est donc pas seulement une façon de gérer l'interaction avec les répondants. L'enjeu est également de parvenir à un niveau de productivité conforme aux délais et aux cadences définis par les entreprises de sondage alors que les contraintes réelles pesant sur les enquêteurs ne sont pas prises en compte. [...] Cela tient beaucoup à la politique tarifaire : à trop chercher la quantité on sacrifie la qualité. [...] Dès lors et dans la mesure où les enquêteurs sont payés au questionnaire, on ne peut s'attendre à ce qu'ils acceptent de travailler pour un taux horaire qui, s'ils suivaient les consignes à la lettre, tomberait en dessous du SMIC. Et quand bien même ils le feraient, ils prendraient le risque de ne plus se voir confier de missions. Mais, outre cet aspect des choses, le type de relation que les entreprises entretiennent avec leurs enquêteurs ne jouent pas en faveur de leur implication.

Rémy Caveng, *art. cit.*

Questions

1. Pourquoi la neutralité dans la relation entre l'enquêteur et l'enquêté est-elle impossible ?

2. Qu'est-ce qui peut inciter les enquêteurs à « bidonner » leurs enquêtes ? Comment cette situation peut-elle être évitée ?

UN AUTRE REGARD

Les médias font-ils l'opinion des citoyens ? Information et « bulle de filtrage »

Objectifs

L'élection de Donald Trump aux États-Unis et le Brexit au Royaume-Uni ont posé la question de la capacité des médias et des analystes politiques à comprendre l'opinion publique. Le concept de « bulle de filtrage » forgé par Eli Pariser en 2011, bien que discuté, permet de comprendre que l'information qui nous parvient et que nous retenons est filtrée en fonction de nos préférences.

Doc. 1 La façon de s'informer influe-t-elle sur les informations reçues ?

Sur ma planète, la plupart des gens vivent en ville, s'intéressent aux nouvelles technologies, à la science et aux jeux vidéo. Pour beaucoup, ils ont été à l'université ou dans de grandes écoles et on y croise souvent des journalistes, des développeurs, des designers, des professeurs ou des doctorants. Ma planète partage son avis sur des séries, va au cinéma, écoute de la musique contemporaine, rit aux blagues qui me font rire, pleure quand des tragédies me touchent.

Elle partage avec moi, il me semble, un idéal égalitaire, une volonté de progrès social et d'intégration et des luttes que nous estimons justes — qu'il s'agisse de l'égalité entre les hommes et les femmes, l'accueil des migrants ou l'arrêt des discriminations contre les minorités. […]

Et pourtant, même si ma planète reflète mon monde, elle ne reflète pas le monde. Elle est simplement prise dans ce que l'on appelle une bulle de filtrage : algorithmes et techniques de collectes de données aidant, un cocon numérique s'est créé autour de nous et il est aujourd'hui très difficile d'en sortir. Facebook, le réseau social le plus utilisé au monde, est bien connu pour cela. […]

Le Monde, journal de référence en France, a même ouvert une excellente rubrique nommée Les Décodeurs qui s'attelle, jour après jour, à vérifier des petites phrases ou des théories populaires pour les confirmer, les infirmer ou les préciser. Mais le principal problème auquel fait face une rubrique de ce genre, c'est qu'elle s'adresse, majoritairement, aux convaincus : elle n'atteint pas, massivement, la bulle de filtrage de ceux qui doutent ou répandent les rumeurs analysées.

Et, de leur côté, les supporters de Trump ont aussi eu leur petite bulle de filtrage, alimentée par des médias d'extrême droite, militants, pratiquant en masse ce qu'ils nomment la réinformation, convaincus que le système médiatique est contre eux. Aux États-Unis, Breitbart est devenu le leader de cette contre pensée qui cherche des boucs émissaires, refuse des théories scientifiques ou tire les faits pour en faire des contre vérités. Le militantisme se fait alors passer pour du journalisme : le fait ne compte plus, c'est le programme qui le remplace.

Julien Cadot, « Il y a 58 millions d'électeurs pro-Trump et je n'en ai vu aucun », *Numerama*, 9 novembre 2016.

Bubbles, Kristie Adamson, 2018.

Numérique

Une explication de la bulle de filtrage : LLS.fr/SES1Filtrage

Questions

1. Qu'indique l'auteur à propos des personnes avec qui il communique sur les réseaux sociaux ?
2. Ce phénomène est-il différent pour les groupes d'amis hors d'Internet ?
3. Que signifie la notion de « bulle de filtrage » ?
4. Quelle en est la conséquence sur les choix politiques ?
5. Selon vous, comment est-il possible de sortir d'une telle bulle ?

Vers la terminale

Maintenant vous savez tout (ou presque) sur l'opinion publique. Ces connaissances pourront être complétées par :

- une réflexion sur la place de l'opinion publique dans la construction européenne. Cette construction se fait-elle avec l'appui de l'opinion publique ? Une opinion publique européenne émerge-t-elle ?
- une interrogation sur le rôle de l'opinion publique dans les mouvements sociaux. Ces mouvements influent-ils sur l'opinion ? Peuvent-ils se faire contre l'opinion publique ?

Capture d'écran du site Change.org, qui propose de créer des pétitions visibles dans le monde entier.

Pour aller + loin

À lire

Patrick Lehingue, *Subunda. Coups de sondes dans l'univers des sondages*, Éditions du Croquant, 2007.
Un livre qui propose une réflexion approfondie sur les sondages. Les nombreux exemples rendent l'ensemble accessible.

Driss Chraïbi, *La Foule*, Denoël, 2016 (1e édition 1960).
Dans ce roman, l'écrivain marocain nous présente avec beaucoup d'humour l'histoire d'Octave Mathurin, professeur d'histoire dont le talent principal est de savoir raconter des histoires drôles pour calmer ses élèves. Un jour, Octave devient le chef du pays, parachuté par des conseillers et acclamé par la foule. Ce court roman offre ainsi une critique forte de la démocratie d'opinion.

Baptiste Kotras, *La Voix du Web*, Seuil, 2018.
L'auteur de ce court livre s'intéresse à l'opinion sur Internet. Il montre à la fois comment s'exprime cette opinion et comment sa mesure devient un enjeu important à la fois pour les partis politiques et pour des entreprises.

À consulter

Le blog d'Alain Garrigou sur le site du *Monde diplomatique*.
Sur son blog, Alain Garrigou, chercheur très critique vis-à-vis des sondages, commente l'actualité des sondages d'opinion dans des articles toujours très informés.

LLS.fr/Garrigou

À voir

***La Vague*, de Dennis Gansel, 2008.**
Ce film s'inspire d'une expérience menée dans une université américaine dans les années soixante. Un professeur fait face à ses élèves persuadés qu'il est impossible qu'un régime dictatorial se développe au sein d'un pays démocratique car l'opinion s'y opposerait. Leur professeur leur prouve le contraire en endossant le rôle de chef.

***Black Mirror*, série de Charlie Brooker, 2011.**
Une série dystopique qui imagine les conséquences du développement des nouvelles technologies sur nos vies, et notamment les possibles manipulations de l'opinion publique.

***Brexit : the Uncivil War*, de Toby Haynes, 2019.**
Ce téléfilm britannique revient sur la campagne qui a précédé le Brexit et insiste sur les manipulations d'informations qui ont pu exister pour influencer l'opinion des électeurs.

CHAPITRE 10

Voter : une affaire individuelle ou collective ?

Intérieur d'un bureau de vote lors des élections en Angleterre avec représentation des isoloirs, gravure du XIXe siècle.

Notions-clés

Abstention électorale · Comportement électoral · Mobilité électorale · Non-inscription · Participation électorale · Taux d'abstention · Taux de participation · Variables sociales explicatives du comportement électoral · Vote de classe · Vote sur enjeux

POUR COMMENCER

Voter : une affaire individuelle ou collective ?

Doc. 1 Comment la loi fait-elle du vote un acte secret et individuel ?

Article L. 60

Le vote a lieu sous enveloppe, obligatoirement d'une couleur différente de celle de la précédente consultation générale. Le jour du vote, celles-ci sont mises à la disposition des électeurs dans la salle de vote [...].

Article L. 62

À son entrée dans la salle du scrutin, l'électeur, après avoir fait constater son identité [...] prend, lui-même, une enveloppe. Sans quitter la salle du scrutin, il doit se rendre isolément dans la partie de la salle aménagée pour le soustraire aux regards pendant qu'il met son bulletin dans l'enveloppe ; il fait ensuite constater au président qu'il n'est porteur que d'une seule enveloppe ; le président le constate sans toucher l'enveloppe, que l'électeur introduit lui-même dans l'urne. Dans chaque bureau de vote, il y a un isoloir par trois cents électeurs inscrits [...].

Article L. 63

L'urne électorale est transparente. Cette urne n'ayant qu'une ouverture destinée à laisser passer l'enveloppe contenant le bulletin de vote doit, avant le commencement du scrutin, avoir été fermée par deux serrures dissemblables.

Code électoral (extraits), version en vigueur au 21 octobre 2018.

Questions

1. De quelles manières le Code électoral permet-il de garantir le caractère individuel et secret du vote ?
2. Recherchez quand les premières élections au suffrage universel ont eu lieu en France. Recherchez la date d'adoption de l'isoloir en France. Que constatez-vous ?

Numérique

Une vidéo sur l'évolution du droit de vote en France à retrouver sur lelivrescolaire.fr : LLS.fr/SES1VoteFrance

Doc. 2 Le vote, une conquête collective ?

La *Women's Social and Political Union* est une organisation fondée en 1903, à Manchester, et dissoute en 1917, dont les membres militaient en faveur du droit de vote des femmes. Celui-ci leur a été accordé (quoique de manière plus étroite qu'aux hommes) en 1918.

Questions

1. Pourquoi les deux femmes représentées sont-elles appelées des « suffragettes » ?
2. Pourquoi peut-on dire que le droit de vote est, dans le cas précis des « suffragettes », une conquête collective ?
3. En France, à quelles catégories d'électeurs serait-il possible d'élargir le droit de vote selon vous ?

Numérique

Pour une explication synthétique du mouvement des « suffragettes » : LLS.fr/SES1Suffragette

Annie Kenney et Christabel Pankhurst, fondatrices de la *Women's Social and Political Union*, en 1908.

Doc. 3 Le vote, une question de territoires ?

La répartition géographique du vote au premier tour de la présidentielle de 2017, en % des inscrits sur les listes électorales

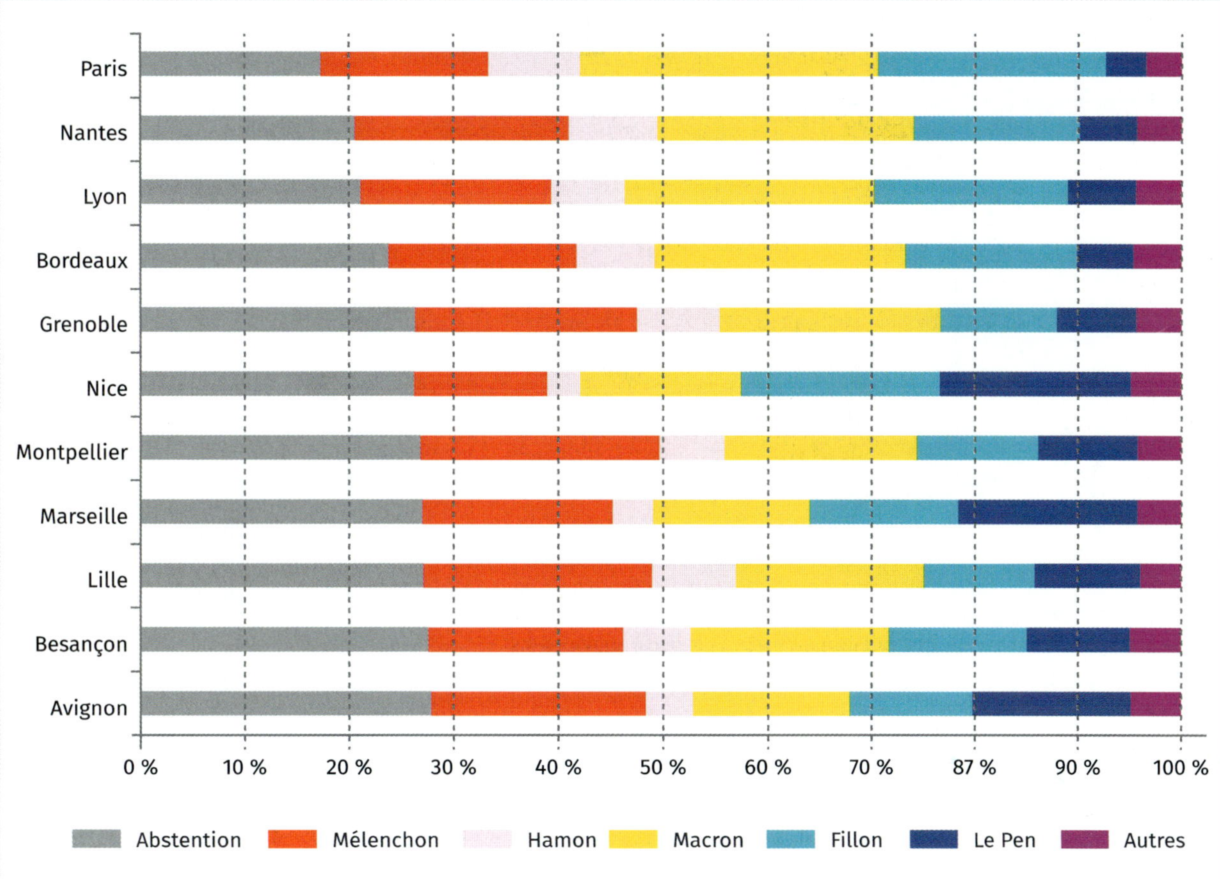

Christophe Batardy, Emmanuel Bellanger, Pierre Gilbert, Jean Rivière, « Présidentielle 2017. Les votes des grandes villes au microscope », Metropolitiques.eu.

Questions

1. Quel est le taux d'abstention enregistré en Avignon ? À combien s'élève ce taux à Paris ?

2. Quelles sont les villes où Jean-Luc Mélenchon enregistre les plus hauts résultats ?

3. Selon vous, comment peut-on expliquer ces écarts de résultats selon la ville ?

Numérique

Une carte interactive du vote au second tour, ville par ville : LLS.fr/SES1SecondTour

Testez vos connaissances

1. En France, la première élection présidentielle au suffrage universel a eu lieu en :
❑ 1848 ; ❑ 1945 ; ❑ 1965 ; ❑ 1981.

2. Les élections législatives conduisent à l'élection :
❑ des députés ; ❑ des maires ; ❑ des sénateurs.

3. L'élection présidentielle en France a lieu tous les :
❑ 4 ans ; ❑ 5 ans ; ❑ 6 ans ; ❑ 7 ans.

Questions du chapitre

1 Pourquoi certains citoyens ne font-ils pas usage de leur droit de vote ?

2 Comment les caractéristiques sociales des individus peuvent-elles influer sur leurs choix électoraux ?

3 Dans quelle mesure le vote est-il un acte individuel ?

4 Les choix électoraux deviennent-ils de plus en plus imprévisibles et volatils ?

DOSSIER

1 Pourquoi certains citoyens ne votent-ils pas ?

Découvrir

Doc. 1 Comment évolue l'abstention électorale sous la Ve République ?

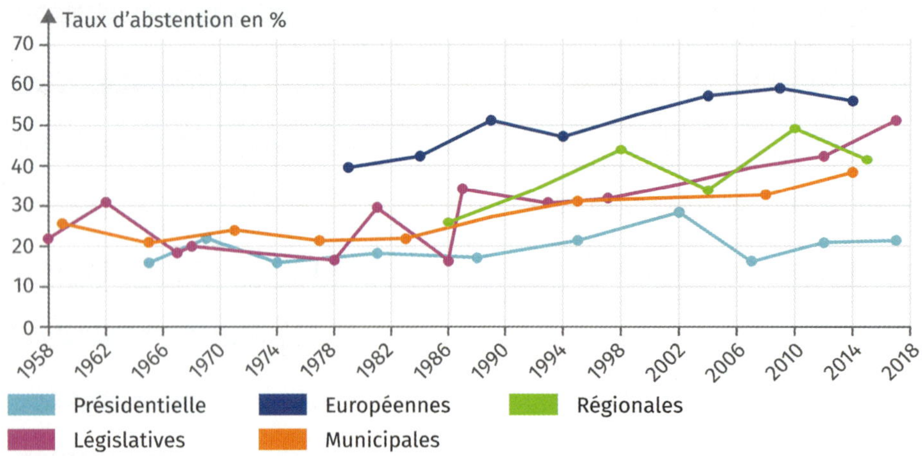

Élections en France depuis 1958, hors référendums et élections cantonales/départementales. Résultats au premier tour ou au tour unique.

Données du ministère de l'Intérieur, 2018.

Questions

1. Faites une phrase présentant les données pour 2017.
2. Quelles sont les élections qui connaissent, depuis les années 2000, le taux d'abstention le plus fort ? Le plus faible ?
3. Selon vous, comment peut-on expliquer les écarts d'abstention entre les élections ?

Point notion

Taux d'abstention

Proportion d'électeurs inscrits sur les listes électorales ne participant pas à une élection. Il se calcule en divisant le nombre d'abstentionnistes par le nombre d'électeurs inscrits.

Doc. 2 Un lien entre abstention et intégration sociale ?

Au fur et à mesure que les individus entrent dans la vie active et sont insérés dans les responsabilités familiales et sociales, ils votent [...] davantage. Le taux de participation électorale baisse à partir de soixante-dix ans, avec le retrait de la vie active, la moindre sociabilité et les problèmes d'état de santé [...]. Le taux d'abstention varie aussi selon les catégories socioprofessionnelles et le niveau de diplôme. Les cadres et les professions libérales votent beaucoup plus que les ouvriers. Les chômeurs et personnes à emplois précaires s'abstiennent plus souvent. Plus on a un statut social bas, plus on tend à s'abstenir. Statut social et diplôme indiquent en fait une capacité à maîtriser son environnement et à s'exprimer politiquement.

Pierre Bréchon, *Comportements et attitudes politiques*, PUG, 2006.

Numérique

Observer le « profil sociologique » des abstentionnistes en 2017 : LLS.fr/SES1P242

Point notion

Taux de participation

Proportion d'électeurs inscrits sur les listes électorales participant à une élection. Il se calcule en divisant le nombre de participants à l'élection par le nombre d'électeurs inscrits.

Questions

1. Comment évolue la participation en fonction du statut social ?
2. Comment l'auteur explique-t-il ce lien ?

Doc. 3 Abstention « hors-jeu », abstention « dans le jeu »

	Abstentionnistes hors-jeu	Abstentionnistes dans le jeu	Votants
Jugement sur la démocratie			
Fonctionne bien	27	37	43
Fonctionne mal	72	63	57
Sans opinion	1	0	0
Total	100	100	100
Niveau de diplôme			
Sans diplôme, certificat d'études	46	34	40
BEPC, CAP, BEP	34	33	32
Bac	12	13	12
Enseignement supérieur	8	20	16
Total	100	100	100

Données des enquêtes post-électorales, mai 1995 et mai 1997.
D'après Jérôme Jaffré, Anne Muxel, « S'abstenir : hors du jeu ou dans le jeu politique ? », *in* Pierre Bréchon, Annie Laurent, Pascal Perrineau (dir.), *Les Cultures politiques des Français*, Presses de Sciences Po, 2000.

Campagne de communication du gouvernement contre l'abstention, en 2015.

Questions

1. Comparez le niveau de diplôme des abstentionnistes hors-jeu et celui des votants.
2. Que signifie ici « hors-jeu » ?
3. Comparez le profil des abstentionnistes « dans le jeu » et celui des abstentionnistes « hors-jeu » et des votants. Justifiez l'expression « dans le jeu ».

Doc. 4 Non-inscrits et non-inscrites, une abstention invisible ?

D'une part, la non-inscription, qui n'est pas comptabilisée dans les chiffres officiels de l'abstention, affecte 7 % des Français en moyenne, mais 35 % de ceux d'origine étrangère et environ 15 % des Français dans les quartiers populaires. D'autre part, on observe une mal-inscription, soit le fait de ne pas être inscrit au bureau de vote le plus proche de chez soi. Dans les quartiers populaires, environ un quart des inscrits seraient dans ce cas, et donc quasi empêchés de voter. Notre procédure d'inscription, qui nécessite une démarche à la mairie après chaque déménagement, est particulièrement sélective et exclut du vote les citoyens les moins politisés.

Céline Braconnier (professeure de science politique), « 7 % des Français ne sont pas inscrits », entretien à *L'Humanité*, 26 décembre 2013.

Point notion

Non-inscription

Fait, pour un individu qui remplit pourtant toutes les conditions pour le faire, de ne pas s'inscrire sur les listes électorales.

Questions

1. Quelle est la différence entre la non-inscription et l'abstention ?
2. Pour quelles raisons peut-on être « mal inscrit » ?
3. En quoi les mal-inscrits évoqués dans le texte se rapprochent-ils des abstentionnistes « hors-jeu » ?

Je m'auto-évalue

Indiquez si les propositions suivantes sont toujours vraies ou fausses.

1. Le vote blanc ne fait pas partie de l'abstention électorale.
2. Les élections municipales sont celles où l'abstention est la plus forte.
3. Les abstentionnistes sont toujours des individus peu intéressés par la politique.

Je fais le point

Depuis les années soixante-dix, on observe une montée de l'abstention aux élections, même si toutes ne sont pas concernées de la même façon. L'enjeu de l'élection et le type de scrutin peuvent influer sur la participation. L'abstention dépend du degré d'intégration sociale des individus, de leur sentiment de compétence, mais aussi de leur intérêt pour la politique. Cependant, on observe aussi une abstention « dans le jeu », touchant des personnes intégrées et intéressées par la politique.

DOSSIER

2 Un vote sous influences ?

Découvrir

Doc. 1 Qui a voté pour qui ?

	Électeurs d'Emmanuel Macron	Électeurs de Marine Le Pen
Ensemble	65,5	34,5
Profession de l'interviewé		
Cadre	<u>**82**</u>	18
Profession intermédiaire	67	33
Employé	54	46
Ouvrier	44	56
Retraité	74	26
Religion		
Catholique	63	37
Autre religion	72	28
Sans religion	68	32

Les données sont à lire en % de suffrages exprimés. D'après Ipsos/Sopra Steria, « Second tour présidentielle 2017 : sociologie des électorats et profil des abstentionnistes », 7 mai 2017.

Questions

1. Faites une phrase donnant le sens de la donnée soulignée.
2. Quelles professions votent plus pour Emmanuel Macron que la moyenne des électeurs ?
3. Quelles professions votent plus pour Marine Le Pen que la moyenne des électeurs ?
4. L'appartenance religieuse semble-t-elle avoir beaucoup influencé le choix électoral ?

Doc. 2 Genre et vote : vers un rapprochement des comportements électoraux ?

En France, les hommes ont obtenu les droits de vote et d'éligibilité en 1848 [...]. Les Françaises, elles, ne l'ont reçu qu'en 1944 [...]. Ce nouveau droit va donc être exercé pour la première fois en 1945. Accompagné d'interrogations qui montrent bien l'image que l'on a de ces femmes : des personnes dépendantes qui vont, dans l'isoloir, se conformer aux instructions de leur mari ou à celles de l'Église. Si, au début du parcours, elles ont été (pour certaines) sous contrôle, leurs choix ne manqueront pas d'évoluer. En trois temps. Le premier est celui de l'apprentissage. Jusqu'à la fin des années 1960, elles se montrent plus abstentionnistes et moins orientées à gauche [...]. Vient ensuite le temps du décollage. Dans les années 1970, les femmes se mettent à participer comme les hommes [...]. Parallèlement, un autre rapprochement se dessine, dans le contenu même des choix opérés les jours d'élection. En 1973, lors des législatives, l'écart sur le vote de gauche passe pour la première fois au-dessous de la barre des 10 points. [...] Dans les années 1980, on en arrivera au temps de l'autonomie. Les Françaises se rendent aux urnes à peu près autant que les hommes (parfois plus). [...] Dans l'orientation des votes, on note une accélération de l'évolution entamée dans les années 1970.

Janine Mossuz-Lavau, « Genre et politique. La marche vers l'indifférenciation », *in* Anne Muxel (dir.), *La Vie privée des convictions*, Presses de Sciences Po, 2014.

Questions

1. Quels sont les trois temps du comportement électoral des femmes selon Janine Mossuz-Lavau ? Comment se caractérisent-ils ?
2. Quelles sont les évolutions dans la situation sociale des femmes qui peuvent expliquer ces transformations ?

Numérique

Comment les femmes participent-elles à la vie politique ?

LLS.fr/SES1Parite

Doc. 3 L'âge, une variable ambiguë ?

Affiche de Mai 68 appelant à la révolte les moins de vingt-et-un ans, qui n'avaient pas le droit de vote.

Étienne Schweisguth étudie le vote de gauche (aux élections présidentielles et législatives) de différentes générations (par exemple, celle née entre 1961 et 1970). Il explore comment évolue le vote de chaque cohorte au fil du temps, et donc mesure l'impact du vieillissement des individus sur leur orientation politique.

Le vote de gauche selon les cohortes

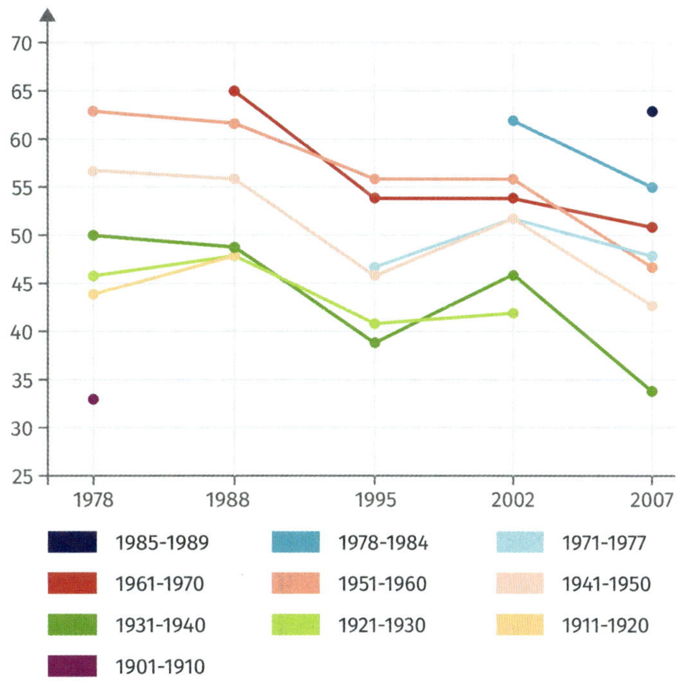

Étienne Schweisguth, « Vote et âge. Effet de vieillissement ou de génération ? », Centre d'études européennes, Sciences Po Paris, mars 2011.

Questions

1. Que signifie la donnée de 2007 pour la cohorte 1985-1989 ?
2. Comment semble évoluer le vote de gauche au cours de la vie des individus ?
3. Quel événement politique a pu marquer la jeunesse de la génération née entre 1951 et 1960 ? Quel impact cet événement semble-t-il avoir eu sur l'orientation politique de cette génération ?

Je m'auto-évalue

Toutes les propositions suivantes sont fausses : dites pourquoi.

1. L'influence des variables sociales sur le vote signifie que toutes les personnes d'une même catégorie votent de la même façon.
2. Le genre n'exerce pas vraiment d'influence sur les choix électoraux.
3. L'âge exerce une influence forte sur le choix électoral, mais pas la génération.

Je fais le point

Les travaux de sociologie électorale mettent en évidence l'existence de variables sociales influençant le comportement électoral. Il s'agit de caractéristiques démographiques, culturelles, socio-économiques qui, par le biais de la socialisation, pèsent sur les choix des électeurs. Le vote n'est donc pas seulement le fruit d'une réflexion individuelle, mais aussi celui des multiples appartenances sociales de l'électeur.

DOSSIER

3 Voter, un acte individuel ?

Découvrir

Doc. 1 L'isoloir, au service d'un citoyen émancipé

Pendant des décennies, l'électeur rédige son bulletin sur une table placée sous le regard du président. Plus tard, il se rendra au bureau de vote avec un bulletin manuscrit ou imprimé. Mais de toute manière, c'est le président du bureau qui déposera à la place de l'électeur le bulletin dans l'urne. Au passage, il pourra, par transparence ou par toucher, en reconnaître le destinataire, et peut-être le maculer aux fins d'annulation [...]. L'adoption d'un système d'isolement et de l'enveloppe se heurtera en France à de multiples préventions. La loi ne sera votée qu'en 1913, après une quarantaine d'années de propositions et de discussions. [...] Isoler l'électeur, c'est le protéger des pressions.

Michel Offerlé, *Un homme, une voix ? Histoire sociale du suffrage universel*, Gallimard, 2002, (1e édition en 1993).

Le premier vote des femmes, Pierre Mourgue, 1946.

Questions

1. Pourquoi l'isoloir protège-t-il les électeurs des pressions ?
2. Selon vous, pourquoi certains partis politiques peuvent-ils avoir intérêt à ce que le vote ne soit pas secret ?

Doc. 2 Le choix d'un candidat est-il basé sur des enjeux ?

Nous avons examiné la contribution potentielle de plusieurs enjeux sur le vote lors des élections présidentielles françaises. Les trois enjeux étudiés plus spécifiquement – l'économie, l'immigration et l'Europe – influencent particulièrement le vote [...]. Ces enjeux ont pratiquement toujours une influence sur le choix présidentiel, et leur influence sur le vote persiste lorsque l'on introduit par des modèles statistiques d'autres variables habituellement explicatives du vote. Les électeurs français, quelles que soient leurs appartenances sociales ou leurs prédispositions idéologiques, ont tendance à « punir » le gouvernement pour une conjoncture économique mauvaise. De plus, [...] leur opinion à l'égard de l'immigration, dans la mesure où elle est négative, les porte davantage vers la droite. En ce qui concerne l'Europe, s'ils sont favorables aux progrès de l'intégration européenne, ils ont davantage tendance à favoriser la gauche modérée indépendamment d'autres considérations [...]. Il s'agit là de généralisations, mais de généralisations valables.

Richard Nadeau, Éric Bélanger, Michael S. Lewis-Beck, Bruno Cautrès et Martial Foucault, *Le Vote des Français de Mitterrand à Sarkozy*, Presses de Sciences Po, 2012.

Questions

1. Donnez des exemples d'« enjeux » d'élections.
2. Expliquez de quelle manière les trois enjeux principaux des élections présidentielles influent sur le vote.
3. L'enjeu économique joue-t-il toujours de la même manière pour chaque élection ?

Doc. 3 L'exemple du référendum sur le traité constitutionnel européen de 2005

Le 29 mai 2005 se tient en France le référendum sur le traité constitutionnel européen. Il s'agit, pour les électeurs français, de se prononcer en faveur ou non de la ratification d'un traité établissant une Constitution pour l'Union européenne. Les mois précédant le scrutin sont l'occasion d'intenses débats qui mobilisent les Français (les exemplaires du traité constitutionnel font un succès de librairie) et divisent la classe politique, parfois au sein d'un même parti. Le soir du scrutin, le verdict tombe : les électeurs français rejettent le projet à 54,68 %.

Le vote au référendum de 2005 en fonction de la proximité partisane en 2007 (en %)

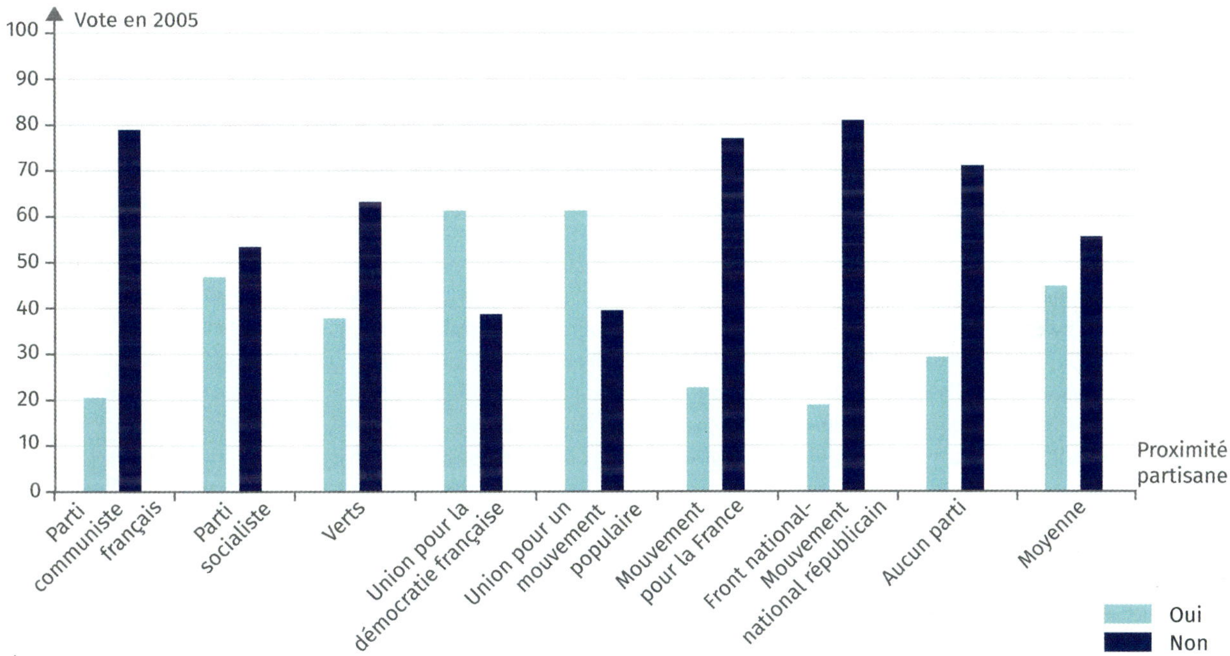

La proximité partisane est mesurée en demandant aux personnes le parti dont elles se sentent le plus proches.

Bruno Cautrès, Sylvie Strudel, « Les traces du référendum du 29 mai 2005 dans la campagne présidentielle de 2007 », *in* CEVIPOF, *Baromètre politique français*, vague 4, 2007.

Questions

1. Faites une phrase donnant le sens des données pour le Parti communiste français.

2. De quels partis les électeurs ayant le plus massivement voté « Non » au référendum sont-ils proches ? Le choix lors de cette élection est-il lié au clivage entre gauche et droite ?

3. Montrez qu'entre les sympathisants d'un même parti la question européenne peut faire débat.

Je m'auto-évalue

En vous basant sur les éléments vus dans ce dossier et dans le précédent (« Un vote sous influences ? »), complétez le schéma suivant avec les termes : enjeux de l'élection, lieu de résidence, genre, âge, niveau de diplôme, offre politique, religion, catégorie socioprofessionnelle, niveau et diversité du patrimoine possédé.

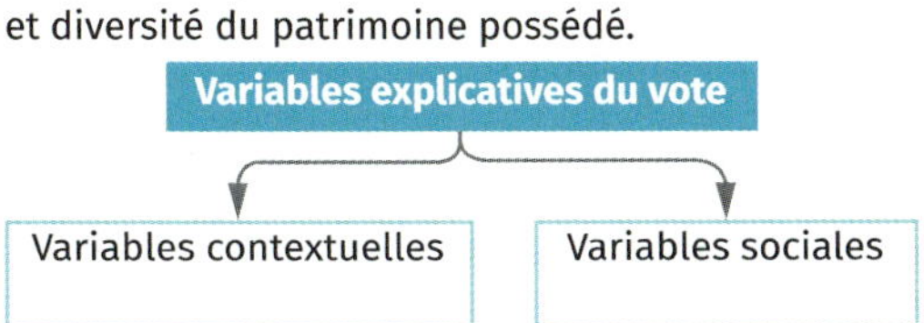

Je fais le point

La théorie du vote sur enjeux affirme que les électeurs, autonomes et rationnels, se décident en fonction d'une conjoncture politique particulière, et relativise l'influence des variables sociales. Les électeurs sont capables d'identifier les problèmes les plus importants dans le débat politique (les enjeux de l'élection), de comparer les propositions des différents candidats et des partis, et d'effectuer leur choix en fonction de la proposition qui leur est la plus favorable. Le vote est de ce fait pour partie le résultat d'un positionnement individuel face à un contexte et à l'offre politique proposée.

DOSSIER

4 Un vote moins prévisible ?

Découvrir

Doc. 1 Des électeurs de moins en moins fidèles ?

De plus en plus d'électeurs se montrent déloyaux, inconstants et volages. En 2017 comme lors des scrutins précédents, ces citoyens indécis jonglent avec les fidélités partisanes, hésitent entre les différents candidats, font une incursion en territoire ennemi avant de retourner chez leurs anciens camarades. Cette volatilité de l'électorat rend tout pronostic sur l'élection présidentielle quelque peu hasardeux, et désarçonne bien des hommes politiques, des journalistes et des chercheurs : elle tranche avec la stabilité du paysage de l'après-guerre, marqué par une loyauté partisane qui se transmettait de père en fils [...]. Pour nombre de politologues, cette fluidité est un signe de liberté : l'électeur discipliné d'hier a fait place, selon eux, à un électeur éclairé. « La mobilité électorale signe l'avènement d'un électeur éduqué et surtout autonome, estime Gérard Grunberg, directeur de recherche émérite CNRS au Centre d'études européennes de Sciences Po. Il est né après l'effondrement des grandes institutions partisanes et religieuses qui encadraient les citoyens de la naissance à la mort, comme les mouvements de jeunesse catholiques ou le parti communiste. L'électeur d'aujourd'hui est plus informé, plus critique et plus exigeant que ses aînés ».

Anne Chemin, « Abstention, indécision. Comment expliquer la volatilité grandissante des électeurs ? », *Le Monde*, 30 mars 2017.

Questions

1. Qu'est-ce que la volatilité électorale ?
2. Selon Gérard Grunberg, à quoi la montée de la volatilité électorale peut-elle être attribuée ?
3. Pourquoi le développement de la volatilité électorale remet-il en question l'idée d'une influence des variables sociales sur le vote ? (→ **voir dossier 2**)

Doc. 2 Comment définir la volatilité électorale ?

Les analyses du comportement électoral ont mis au jour une augmentation des usages intermittents et alternés du vote et de l'abstention, notamment dans les jeunes générations. Ce changement de comportement est amorcé dans le cours des années quatre-vingt-dix. Lors de la séquence électorale de 2007 (les deux tours de la présidentielle et les deux tours des législatives), si 64 % des 65 ans et plus ont voté aux quatre tours de scrutin, ils ne sont que 30 % dans ce cas parmi les 18-30 ans. L'électeur est devenu un votant intermittent, donc un abstentionniste intermittent [...]. En même temps que l'électeur s'est peu à peu affranchi du devoir de voter, il est devenu plus mobile dans ses choix. Les hésitants sont légion [...]. Au cours de la dernière séquence présidentielle/législatives, seul un tiers de l'électorat (31 %) a voté systématiquement et constamment Sarkozy/UMP ou Royal/PS aux quatre tours de scrutin. Plus des deux tiers (69 %) ont fait des choix alternatifs ou ont à un moment fait le choix de l'abstention. [...] Pour autant, cette mobilité reste relativement contenue à l'intérieur des deux grands camps politiques que sont la gauche et la droite. La frontière n'est franchie que par une minorité assez constante dans le temps (environ 10 % d'électeurs).

Anne Muxel, « L'électeur incertain », *Revue Projet*, février 2012.

Questions

1. Recensez les trois formes de volatilité électorale évoquées dans le texte.
2. Illustrez chacune d'entre elles.
3. Quelle forme de volatilité électorale est la plus rare ? Comment cela peut-il nuancer l'impression d'un électeur devenu « volage » ?

Doc. 3 Une érosion du « vote de classe » ?

Affiche pour le Parti communiste français, 1958.

L'évolution du vote des ouvriers au premier tour des élections présidentielles (en %)

	1969	1974	1981	1988	1995	2002	2007
Ensemble des votants							
Gauche	32	47	47	45,5	40,5	37,5	36
Droite	67	52	49	51	59	51	44,5
Autres	1	1	4	3,5	0,5	11,5	19,5
Ouvriers							
Gauche	47	63	62	59	49	42	34
Droite	52	36	34	39	50,5	46	48
Autres	1	1	4	2	0,5	12	18

Florent Gougou, *Comprendre les mutations du vote des ouvriers : Vote de classe, transformation des clivages et changement électoral en France et Allemagne depuis 1945*, Sciences Po Paris, 2012.

Questions

1. À l'aide de calculs, montrez comment évolue le vote des ouvriers pour la gauche.
2. L'appartenance à la catégorie des ouvriers semble-t-elle jouer fortement sur les choix électoraux en 2007 ?

Doc. 4 Le vote Macron, un choix contraint ?

	Vote d'adhésion	Vote par défaut
Ensemble des électeurs d'Emmanuel Macron	48 %	52 %
Électeurs d'Emmanuel Macron sympathisants du parti socialiste	43 %	57 %
Électeurs d'Emmanuel Macron sympathisants de La République en marche	78 %	22 %
Électeurs d'Emmanuel Macron sympathisants des Républicains	19 %	81 %
Électeurs d'Emmanuel Macron sympathisants du Front national	38 %	62 %

Intentions de vote au 1er tour de l'élection présidentielle.

Jérôme Jaffré, « Le choix des électeurs : par adhésion ou par défaut ? », *in* CEVIPOF, *L'Enquête électorale française : comprendre 2017*, avril 2017.

Questions

1. Qu'est-ce qu'un vote d'adhésion ? Qu'est-ce qu'un vote par défaut ?
2. Montrez que le choix d'Emmanuel Macron au premier tour des élections présidentielles de 2017 relève souvent d'un vote par défaut.
3. Comment expliquer que des électeurs de gauche ont pu voter par défaut pour Emmanuel Macron plutôt que pour un candidat plus proche de leurs idées ?

Je m'auto-évalue

Illustrez la volatilité en donnant un exemple de :

1. volatilité électorale interne à la gauche ;
2. volatilité électorale entre gauche et droite ;
3. vote intermittent.

Je fais le point

La volatilité (ou mobilité) électorale désigne le fait pour un électeur de ne pas voter pour le même candidat ou parti d'un scrutin à un autre, ou d'alterner entre participation et abstention. Cette mobilité peut être expliquée par le déclin du vote de classe ou par la montée des qualifications et de l'individualisation, rendant l'électeur plus critique et plus capable d'un usage stratégique de son vote. Pour autant, la volatilité de l'électeur est à nuancer, car elle est souvent une mobilité interne à chaque camp et n'empêche pas la fidélité à un système de valeurs stable.

TD 1

Le clivage gauche-droite est-il en voie de disparition ?

1 Exercice guidé → Quelles sont les origines du clivage gauche-droite ?

Doc. 1 Des origines historiques complexes

L'hémicycle de l'Assemblée nationale lors de la présentation d'un projet de loi, en 2013.

L'opposition entre la gauche et la droite remonte à la Révolution française. Lors des premières assemblées législatives, les « feuillants », partisans du maintien de la royauté, se situaient à droite, et les « Jacobins », farouchement républicains, à gauche. [...] Tout au long de ce siècle, la droite désignera une tendance, celle des monarchistes hostiles à la République, tandis que le côté gauche variera énormément par le contenu de ses idées, tantôt libérales, tantôt nationalistes, ou encore socialistes. Ce n'est toutefois qu'au début du XXe siècle que la polarisation droite/gauche se cristallise avec successivement l'émergence d'une droite républicaine à la fin du XIXe siècle, l'alliance des radicaux et des socialistes en 1895, l'affaire Dreyfus en 1898, l'adoption du scrutin majoritaire aux législatives de 1928 et enfin l'accession au pouvoir du Front populaire en 1936. La Ve République (née en 1958, toujours en cours), « semi-présidentielle », a mis en scène cette polarisation, tout particulièrement lors des élections législatives et présidentielles de 1973, 1974, 1978 et 1981. Les gauches socialiste et communiste y affrontent les droites démocrate-chrétienne, libérale et gaulliste. C'est là le moment de plus grande évidence de l'opposition droite-gauche en France.

Christophe Bouillaud, « Droite/gauche, un clivage encore pertinent ? », *Sciences Humaines*, hors-série n°21, mai-juin 2016.

Questions

◆ **Étape 1. Chercher les origines historiques du clivage entre la gauche et la droite.**

1. À quelle occasion la distinction gauche-droite apparaît-elle pour la première fois ?
2. Quelles problématiques divisent la gauche et la droite au XIXe siècle ?

Les réponses à ces questions sont dans le texte.

◆ **Étape 2. Étudier les effets de la Ve République sur ce clivage.**

3. Quelles sont les particularités institutionnelles du régime de la Ve République ?

Appuyez-vous sur votre cours de seconde pour répondre à cette question, en cherchant notamment à déterminer quels sont les organes les plus centraux dans ce régime (et donc, les élections-clés).

4. Quels sont les grands courants politiques qui s'affrontent sous la Ve République entre 1958 et les années quatre-vingt ?
5. Pourquoi, à partir de 1981, l'opposition entre droite et gauche est-elle moins nette ?

Quel événement politique inédit survient en France en 1981 ?

Doc. 2 Une distinction gauche/droite particulièrement efficace après-guerre

Dans les années cinquante, la droite et la gauche sont alors des réalités organisationnelles et sociétales évidentes. Cette opposition recouvre en fait deux clivages : celui entre les partisans de l'Église catholique et ceux de la laïcité républicaine ; celui entre les possédants et les travailleurs. Ces clivages […] s'incarnent dans des organisations, structurent des milieux sociaux et forment les individus […]. Ce clivage de la population se retrouve au niveau de la vie des idées. En effet, chacun de ces mondes dispose aussi bien de ses journaux, de ses revues, et de ses lieux de sociabilité.

Christophe Bouillaud, « Droite/gauche, un clivage encore pertinent ? », *Sciences Humaines*, hors-série n°21, mai-juin 2016.

Questions

◆ **Étape 1. Comprendre les différentes dimensions du clivage gauche-droite.**

1. Pourquoi le clivage gauche-droite n'est-il pas seulement un clivage entre partis ?
   Il s'agit de montrer que certains groupes sociaux se reconnaissent dans ce clivage, qui est aussi idéologique.

◆ **Étape 2. Montrer que le clivage est nourri par de nombreuses organisations.**

2. Quelles sont les organisations traditionnellement chargées de faire exister des distinctions politiques ?
   Certaines sont nommées ou évoquées dans le texte. Les autres sont celles qui structurent la vie politique.

2 À vous de jouer ! → Un clivage aujourd'hui remis en cause ?

Doc. 3 Un clivage qui semble cependant avoir toujours du sens

Malgré la profusion des commentaires sur la confusion qui régnerait dans le champ politique des démocraties, les citoyens continuent non seulement d'être capables, à une très grande majorité, de se positionner sur cet axe gauche-droite (seuls 6 % n'y parviennent pas), mais aussi de mettre en cohérence leurs valeurs essentielles et leurs opinions sur les principaux enjeux politiques avec leurs choix électoraux. Les enquêtes sociologiques confirment ainsi la pertinence identitaire du clivage gauche-droite, lorsqu'on aborde les questions de la justice sociale, de l'immigration, du sentiment d'être chez soi, des valeurs telles que la tolérance, l'ordre ou le mérite (enquête « Fractures françaises », vagues 2013 à 2017, Ipsos/Steria).

Michel Hastings, « Le clivage gauche-droite : disparition ou renouvellement ? », *Cahiers français*, mai-juin 2018.

- Macron : droite ou gauche ? -

Fix, *Macron : droite ou gauche ?*, mars 2017.

Numérique

Et vous, où vous situez-vous ? Passer le Politest pour le savoir !

LLS.fr/SES1Politest

Questions

1. Qu'est-ce qui peut faire penser que le clivage gauche-droite est en train de disparaître en France ?
2. Qu'est-ce qui permet de dire que ce n'est pas vraiment le cas ?

J'argumente

Présentez une argumentation expliquant le clivage gauche-droite et le rôle qu'il joue dans la vie politique.

TD 2

Le genre influe-t-il sur le vote pour le Front national (Rassemblement national) ?

1 Exercice guidé → Une influence de moins en moins déterminante du genre ?

Doc. 1 Comment caractériser sociologiquement le vote pour Jean-Marie Le Pen ?

Sociologie du vote pour Jean-Marie Le Pen au premier tour des élections présidentielles de 1988 à 2007 (en pourcentages des suffrages exprimés)

	1988	1995	2002	2007
Ensemble	15	15	17	11
Sexe				
Hommes	18	19	20	12
Femmes	11	12	14	9
Profession				
Agriculteur	10	10	22	10
Patron	19	19	22	10
Cadre, profession intellectuelle	14	4	13	7
Profession intermédiaire	15	14	11	5
Employé	14	18	22	12
Ouvrier	17	21	23	16
Diplôme				
Primaire	15	17	24	13
Primaire supérieur	17	20	21	13
Bac	13	12	15	8
Bac +2	10	13	11	3
Supérieur	9	4	7	4
Religion				
Catholique pratiquant régulier	13	8	12	5
Catholique pratiquant irrégulier	13	13	18	10
Catholique non pratiquant	16	19	20	12
Sans religion	10	14	15	12

Nonna Mayer, « L'électorat Le Pen de 1984 à 2007 », *in* Antonin Cohen, Bernard Lacroix, Philippe Riutort, *Nouveau manuel de science politique*, 2009.

Questions

◆ **Étape 1. Contextualiser.**

1. Présentez le document.
Faites la liste de tout ce qu'il faut mentionner dans la présentation, puis rédigez.

◆ **Étape 2. Dégager les principaux enseignements du tableau.**

2. Présentez les données concernant les femmes.
Il s'agit de lire des pourcentages de répartition. Donc pensez bien à lire « sur 100 ».

3. Repérez les tendances générales qui se dégagent du tableau.
Il faut observer le pourcentage d'électeurs pour Jean-Marie Le Pen dans chaque catégorie, puis le comparer à l'ensemble. Vous pourrez alors observer quelles sont les catégories surreprésentées et sous-représentées. Une lecture en lignes permet aussi d'étudier des évolutions dans le temps.

Doc. 2 Comment le vote Le Pen des femmes et des hommes évolue-t-il ?

Évolution du vote Le Pen des femmes et des hommes aux élections présidentielles

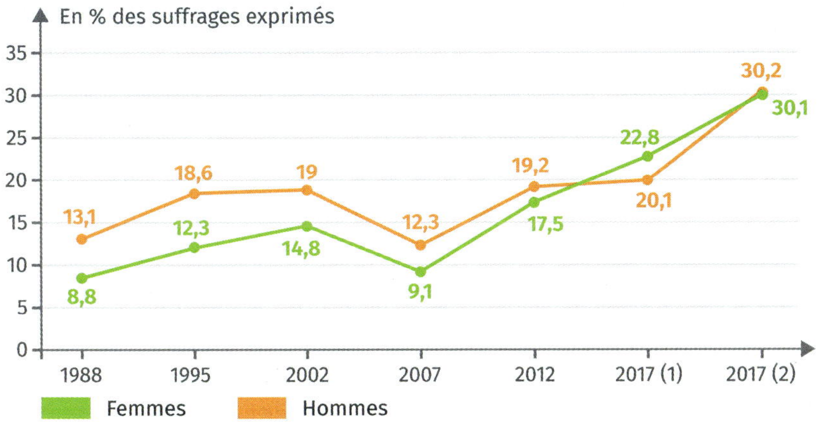

Il s'agit du premier tour, sauf en 2017 où les résultats aux deux tours sont indiqués.

Pour les élections de 1988 à 2007, c'est Jean-Marie Le Pen qui a été candidat à l'élection présidentielle. En 2012 et 2017, c'est sa fille Marine Le Pen qui était candidate.

Abdelkarim Amengay, Anja Durovic, Nonna Mayer, « L'impact du genre sur le vote Marine Le Pen », *Revue française de science politique*, juin 2017.

Questions

◆ **Étape 1. Contextualiser.**

1. Présentez le document.
La méthode est la même que pour le doc. 1.

◆ **Étape 2. Dégagez les principaux enseignements du tableau.**

2. Présentez les données pour 1988.
Il s'agit ici aussi de pourcentages de répartition.

3. Comparez les évolutions du vote des femmes et de celui des hommes. Que peut-on en déduire ?
Les deux courbes illustrent un même phénomène, le vote Le Pen, mais se distinguent du point de vue du genre observé. Face à ce type de graphique, il faut vous concentrer sur la position relative de chaque courbe par rapport à l'autre et sur les écarts constatés.

4. Comment des éléments de contexte peuvent-ils expliquer ce résultat ?
Il est question, ici, d'une montée du vote sur enjeux.

2 À vous de jouer ! → L'influence du genre et de l'âge

Doc. 3 Les électrices de Le Pen : un nouveau profil ?

Proportion de femmes votant Le Pen par catégorie d'âge (en pourcentage des suffrages exprimés)

	Période						
Âge	1988	1995	2002	2007	2012	2017	Moyennes
18-26	8,7	15,9	12,9	9	20,3	31,9	16,5
27-36	8,4	16	11,1	9,6	22,3	25,7	15,5
37-46	9,9	13,2	17,1	10,3	15	20,7	14,4
47-56	9,8	8	20,6	12,4	14,7	27,5	15,5
57-66	8,4	11,2	16	6,6	19,7	19,5	13,6
67 et plus	7,4	7,4	10,8	6,9	13,4	16,2	10,4
Total pour les femmes	8,8	12,3	14,8	9,1	17,5	22,8	

Abdelkarim Amengay, Anja Durovic, Nonna Mayer, « L'impact du genre sur le vote Marine Le Pen », *Revue française de science politique*, juin 2017.

Questions

1. Présentez le document.
2. À partir des données du tableau, montrez comment l'âge influe sur le vote Le Pen des femmes.

Récapitulez

À l'aide des données des documents, montrez que le genre pèse de moins en moins sur le vote en faveur du Front national (Rassemblement national).

L'ESSENTIEL

Voter : une affaire individuelle ou collective ?

1 Comprendre et mesurer le vote, un enjeu central

- Des élections régulières au suffrage universel constituent, avec la séparation des pouvoirs, l'un des marqueurs les plus importants des démocraties modernes. Peut-on en effet expliquer, et donc anticiper, le **comportement électoral** des citoyens ?
- Une question importante est celle de la mesure de la **participation électorale** : les électeurs inscrits votent-ils ou non lors d'une élection ? Cette participation se mesure par le **taux d'abstention** et le **taux de participation**.
- Cependant, cette mesure de l'abstention doit être complétée par celle de la **non-inscription** : certaines personnes remplissent les conditions pour être inscrites sur les listes électorales, mais ne le sont pas. (→ voir dossier 1)

2 Les comportements électoraux, reflets de la socialisation des citoyens ?

- La sociologie électorale montre que de multiples mécanismes sociaux pèsent sur la manière dont les citoyens se saisissent de leur vote. Des **variables sociales explicatives du comportement électoral** sont progressivement mises en évidence. (→ voir En théorie)
- Elles peuvent être regroupées en différents ensembles : les variables socio-démographiques (genre, âge, lieu de résidence), les variables socio-culturelles (niveau de diplôme, appartenance religieuse, origine ethnique) et les variables socio-économiques (statut socio-professionnel, niveau de revenus, détention ou non d'un patrimoine, diversité ou non de ce même patrimoine). Le vote, expression d'une opinion, peut alors être perçu comme le produit d'une socialisation spécifique. Ces variables rendent l'orientation électorale relativement prévisible. (→ voir dossier 2)
- Ces variables peuvent aussi permettre de comprendre l'**abstention électorale**. L'abstention la plus évidente à comprendre est l'abstention « hors-jeu », qui est celle des individus les plus éloignés du monde politique. Leur abstention peut alors s'expliquer par une faible intégration sociale, mais aussi par un faible sentiment de compétence politique. Ces deux éléments peuvent être redoublés par un intérêt moindre pour la politique. Cependant, l'abstention peut aussi être « dans le jeu » : elle est alors le fait de personnes bien intégrées et intéressées par la politique, parfois même engagées en politique. (→ voir dossier 1)

3 Le vote, œuvre d'un citoyen libre et éclairé ?

- Si le principe du suffrage universel est vite acté en France, il n'en va pas de même pour celui du vote secret (pourtant constitutionnalisé depuis 1795). En effet, les électeurs voient leurs choix contrôlés de multiples manières : bulletins écrits par d'autres pour cause d'illettrisme du votant, bulletin remis au président du bureau de vote et non glissé par le citoyen dans l'urne, etc. Il faut attendre 1913 pour que soient adoptés l'enveloppe et l'isoloir, garanties ultimes d'un choix libre. À partir de ce moment, le vote peut être perçu comme un choix individuel. Si les variables sociales pèsent sur ce choix, il peut aussi être analysé comme un choix de l'individu.

Les notions à connaître

Abstention électorale
Fait, pour un individu inscrit sur les listes électorales, de ne pas participer à un scrutin.

Comportement électoral
Ensemble des attitudes des citoyens face aux élections. Cela comprend à la fois le fait de participer ou non aux élections et l'orientation du vote.

Mobilité électorale/ volatilité électorale
Fait pour un électeur de ne pas voter pour le même candidat ou parti d'un scrutin à un autre, ou d'alterner participation et abstention. La mobilité peut être intra-bloc (voter pour des partis différents, mais toujours pour la gauche par exemple) ou inter-bloc (passer de la droite à la gauche et inversement).

Non-inscription
Fait, pour un individu qui remplit pourtant toutes les conditions pour le faire, de ne pas s'inscrire sur les listes électorales.

Participation électorale
Fait, pour un individu inscrit sur les listes électorales, de participer effectivement au scrutin.

Taux d'abstention
Proportion d'électeurs inscrits sur les listes électorales ne participant pas à une élection donnée. Il se calcule en divisant le nombre d'abstentionnistes par le nombre d'électeurs inscrits.

Taux de participation
Proportion d'électeurs inscrits sur les listes électorales participant à une élection donnée. Il se calcule en divisant le nombre de personnes ayant participé à l'élection par le nombre d'électeurs inscrits.

Variables sociales explicatives du comportement électoral
Caractéristiques sociologiques des électeurs qui influencent à la fois l'orientation politique et la participation politique. Parmi ces variables, l'appartenance à une classe sociale et la religion sont vues comme des « variables lourdes », expliquant fortement le vote.

- Comment les citoyens s'y prennent-ils pour effectuer leur choix parmi les différentes options qui s'offrent à leur vote ? La théorie du **vote sur enjeux** postule l'existence d'un électeur rationnel, compétent politiquement, capable d'ajuster son vote à l'offre politique et à la conjoncture politique et économique. Ainsi, dans le débat public (plus particulièrement à l'occasion des campagnes électorales), un certain nombre de problématiques émergent, autour desquelles les choix des électeurs vont se structurer, à la condition que ces questions créent bien des clivages entre candidats.
- Au fil du temps, ce caractère individuel du vote semble faire décliner l'influence des appartenances collectives. (→ **voir dossier 3**)

4 Le vote deviendrait-il moins prévisible ?

- Si la **volatilité électorale** (encore appelée **mobilité électorale**) n'est pas un phénomène nouveau, l'intensité des alternances politiques depuis les années quatre-vingt en France suscite l'interrogation : les électeurs et électrices deviennent-ils de moins en moins fidèles aux partis ?
- Le « **vote de classe** » semble s'éroder, et tout particulièrement la relation qui unit les ouvriers à la gauche. Depuis les années quatre-vingt, ceux-ci s'éloignent de la gauche pour se rapprocher de la droite et, de plus en plus, de l'extrême droite. Cette volatilité est liée à une plus faible identification à la classe ouvrière, et aux difficultés rencontrées sur le marché du travail.
- La volatilité électorale peut aussi être interprétée comme signe d'un électorat de plus en plus diplômé, moins prisonnier de ses appartenances sociales, capable d'utiliser son vote comme une arme stratégique.
- Mais la volatilité électorale est assez difficile à mesurer : l'offre politique change au fil du temps. (→ **voir dossier 4**)

Vote de classe
Théorie selon laquelle l'appartenance à une classe sociale déterminée influe sur le comportement électoral.

Vote sur enjeux
Théorie selon laquelle les électeurs orientent leur vote en fonction de leur opinion sur un ensemble de problèmes politiques, qu'ils confrontent aux solutions proposées par les différents candidats.

Capsule vidéo
L'essentiel du cours en vidéo sur lelivrescolaire.fr :
LLS.fr/SES1P255

Attention aux notions

Ne pas confondre

Non-inscription et **mal-inscription**

- Les électeurs et électrices non inscrits ne figurent sur aucune liste électorale. Il leur est par conséquent impossible de pouvoir voter, où que ce soit sur le territoire français.
- Les électeurs et électrices mal inscrits sont bel et bien inscrits sur les listes électorales, mais ce sont celles d'un lieu qui n'est pas celui du bureau de vote le plus proche de leur domicile actuel. La mal-inscription est très souvent liée à la mobilité géographique. Par exemple, un individu oublie de s'inscrire sur les listes électorales du bureau de vote le plus proche après un déménagement, ou encore déménage après la clôture des inscriptions pour le scrutin suivant.

Les différentes formes de volatilité électorale

La volatilité électorale est un concept, qui peut désigner des phénomènes très divers dans leur nature :

- l'évolution des intentions de vote des électeurs et électrices au cours d'une campagne électorale donnée ;
- les mécanismes de transferts de voix entre les différents tours d'une élection, notamment quand le « premier choix » des électeurs et électrices se trouve éliminé ;
- les trajectoires de vote des électeurs et électrices entre plusieurs consultations successives (par exemple entre deux élections présidentielles). Cette dernière forme de volatilité est celle qui focalise le plus l'attention médiatique. Cependant, elle est difficile à mesurer : l'offre politique change d'une élection à une autre.

Les déterminants géographiques et sociaux du vote, vus par André Siegfried

Doc. 1 Le vote, influencé par le calcaire et le granit ?

Au commencement de mes études sur l'Ouest, j'avais cru qu'il serait possible de déterminer des relations directes entre la géologie et les tendances politiques. J'y étais encouragé par la netteté de certaines limites [...]. C'est par exemple le cas en Vendée, où, d'une commune à une autre, le passage du calcaire au granit correspond à un changement complet de l'orientation politique. Mais [...] les rapports de la géologie et de la politique – certainement réels cependant – ne peuvent être présentés que d'une façon indirecte [...]. Par exemple, la géologie commandera le mode de peuplement en même temps que le mode d'exploitation, et par là, réagissant sur le mode de propriété et sur les rapports des classes entre elles, elle finira par avoir une répercussion sur la vie politique elle-même.

André Siegfried, *Tableau politique de la France de l'Ouest sous la Troisième République*, 1913.

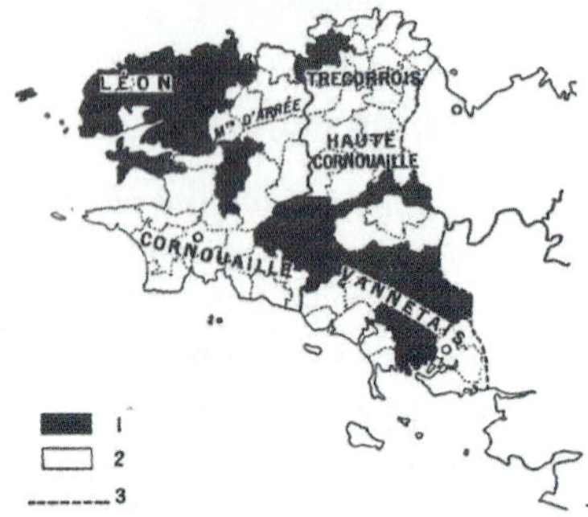

FIG. 56. — CARTE POLITIQUE (PAR CANTONS) DE LA BRETAGNE BRETONNANTE AUX ÉLECTIONS LÉGISLATIVES DE 1910

1. Cantons ayant donné une majorité à la coalition de droite
2. — — — — gauche
3. Limite orientale des dialectes bretons

Une carte du livre de Siegfried qui montre le clivage géographique du vote.

Questions

1. L'approche de Siegfried est parfois qualifiée d'« écologique ». Expliquez-le à l'aide de ce texte.
2. La géologie a-t-elle une influence directe sur le vote des personnes ?
3. De quel type d'explication du vote les travaux de Siegfried peuvent-ils être rapprochés ?

Qui est-ce ?

André Siegried (1875-1959) est un sociologue, historien et géographe français.

Il a tenté une carrière politique, mais n'a remporté aucune des élections pour lesquelles il s'est présenté. Sa carrière universitaire a été plus brillante. Il a été nommé professeur, en 1911, à l'École libre des sciences politiques (ancêtre de l'Institut d'études politiques de Paris), est entré à l'Académie française en 1944 et a été, à partir de 1945, le premier président de la Fondation nationale des sciences politiques.

Son ouvrage principal est le *Tableau politique de la France de l'Ouest sous la Troisième République*, paru en 1913. C'est l'un des tous premiers travaux cherchant à comprendre les choix électoraux, et Siegfried est donc un précurseur. de la sociologie électorale française, marquée par l'analyse des déterminants sociaux du vote, alors que les politistes aux États-Unis ont davantage développé des analyses fondées sur la rationalité des comportements électoraux.

Numérique

Les grandes dates liées aux travaux d'André Siegfried à retrouver sur lelivrescolaire.fr LLS.fr/SES1P256

Numérique

Le « sociologeek » présente les travaux d'André Siegfried : LLS.fr/Siegfried

Illustrer par une citation

« Un bulletin de vote est plus fort qu'une balle de fusil. »

Abraham Lincoln, discours du 29 mai 1856.

S'appuyer sur des données

25,4 %

C'est le taux d'abstention au second tour de l'élection présidentielle en 2017. Au premier tour, ce taux avait été de 22,2 %. Au second tour de l'élection présidentielle en 2012, il avait été de 19,7 %.

Ministère de l'Intérieur

45,5 millions

C'est le nombre de personnes inscrites sur les listes électorales en 2018 en France. Ce nombre était de 45,8 millions en 2017, année de l'élection présidentielle et des élections législatives.

Insee

74 %

C'est le taux d'abstention des 18-24 ans aux élections législatives de 2017. Ce taux est de 57,4 % pour l'ensemble des inscrits sur les listes. Il descend à 43 % pour les 60-69 ans.

Ipsos-Steria

Situer dans le temps

1848

Instauration du suffrage universel en France.

1944

Droit de vote pour les femmes en France.

1945

Extension du droit de vote pour les militaires en France.

1974

Abaissement de la majorité civile de 21 à 18 ans.

Synthétiser en images

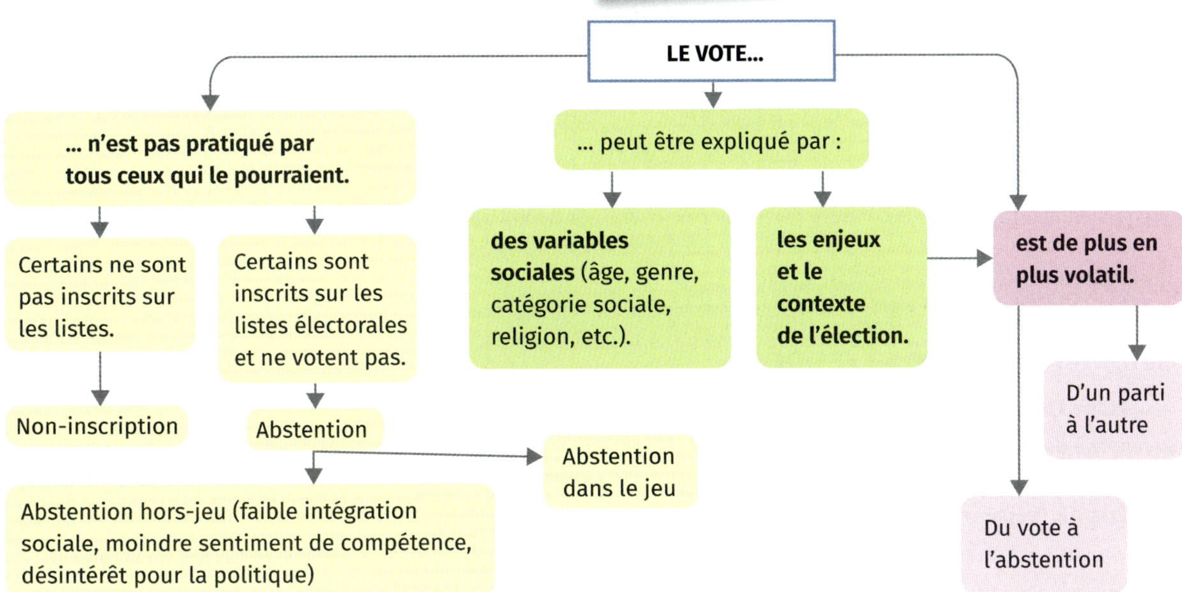

VERS LE BAC – ÉPREUVES COMMUNES DE CONTRÔLE CONTINU

Mobilisation des connaissances et traitement de l'information : je rédige l'analyse d'un document

Première

La première partie de l'épreuve écrite de contrôle continu est un exercice de mobilisation de connaissances et de traitement de l'information. Elle est notée sur 10 points. Dans le cas où elle est construite autour de l'étude d'un document statistique, cette dernière doit se faire en répondant à une ou plusieurs questions. Ici, on se penche sur la méthode pour répondre à une question demandant de mettre en évidence les phénomènes présentés dans un document statistique.

Exemple de sujet :

❑ À l'aide du document, vous caractériserez l'influence du patrimoine sur le vote.

Inégalités patrimoniales et orientation politique

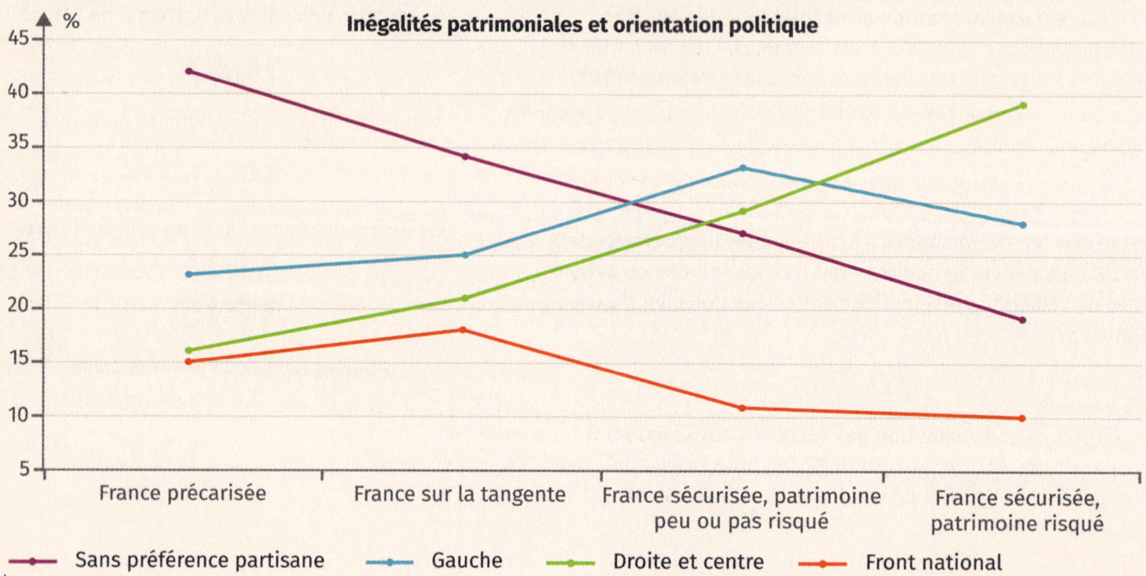

France précarisée : individus qui possèdent peu ou pas de patrimoine et une épargne peu diversifiée (souvent seulement un livret, type livret A). Ces individus sont généralement locataires et ont souvent des difficultés à « boucler les fins de mois ».

France sur la tangente : individus qui sont souvent propriétaires de leurs logements, mais en train de rembourser un emprunt. Ce sont la plupart du temps des individus sans grandes difficultés économiques, mais qui ne parviennent pas non plus à mettre de l'argent de côté.

France sécurisée avec un patrimoine peu ou pas risqué : propriétaires, sans remboursement de prêt immobilier. Leurs placements sont peu risqués.

France sécurisée avec un patrimoine risqué : propriétaires, sans remboursement de prêts immobiliers. Ils ont au moins deux placements risqués (actions d'entreprises par exemple).

D'après Yves-Marie Cann, « Les trois France du patrimoine. Inégalités patrimoniales, sécurité économique et intégration politique », rapport Elabe/Fondation Jean Jaurès, décembre 2016.

Comment rédiger sa réponse

◆ **Étape 1. Rédiger la présentation du document, lire une donnée.**

La réponse doit commencer par un paragraphe de présentation du document. N'oubliez aucun élément et faites des phrases courtes. (→ **voir Vers le bac du chapitre 5**) *Vous pouvez ajouter à ce paragraphe un exemple de lecture de données.*

◆ **Étape 2. Préparer les éléments de réponse au brouillon.**

Les éléments qui doivent apparaître dans la présentation sont à identifier au brouillon. (→ **voir Vers le bac du chapitre 6**)

◆ **Étape 3. Organiser la réponse.**

Lors de votre travail de préparation au brouillon, vous avez opéré en partant des données pour arriver à des axes d'interprétation du document. Au moment de rédiger, il faut faire l'inverse : chaque paragraphe commence par la présentation d'un des enseignements du document, puis viennent les illustrations chiffrées. Les éléments d'explication des phénomènes observés ne sont pas attendus.

◆ **Étape 4. Relire sa réponse.**

Prévoyez un temps de relecture. Vérifiez les accords, l'orthographe (notamment pour les termes du vocabulaire économique et social) et assurez-vous que votre réponse est claire.

Ne pas oublier...

- ❒ de présenter le document dans le premier paragraphe, en n'oubliant aucun élément (nature, titre, source, champ, variables observées, cadre temporel de l'enquête) ;
- ❒ de réaliser un paragraphe par axe d'interprétation du document, en rédigeant chaque paragraphe de la manière suivante :
  - présentation de l'axe d'interprétation dégagé ;
  - présentation de données chiffrées pertinentes permettant de prouver ce qui est avancé.

1 Exercice guidé

◆ **Étape 1. Rédiger la présentation du document, lire une donnée.**

Une fois que vous avez achevé la rédaction, vérifiez qu'aucun élément attendu ne manque.

◆ **Étape 2. Préparer les éléments de réponse au brouillon.**

Ici, il faut percevoir que le document explore le lien entre le patrimoine possédé par les individus et l'orientation politique. Plus on se déplace vers la droite du document, plus les individus étudiés sont fortement dotés en patrimoine. Vous pouvez dans un premier temps chercher à effectuer un « portrait » de l'orientation politique de chaque groupe. Dans un second temps, et c'est le cœur de l'analyse, il vous faut dégager des relations de corrélation entre patrimoine possédé et orientation politique.

◆ **Étape 3. Organiser la réponse.**

Le travail à l'étape 2 doit vous permettre de dégager plusieurs axes d'analyse du document. Votre réponse doit être organisée en paragraphes présentant chacun l'un de ces axes.

◆ **Étape 4. Relire sa réponse.**

2 Je m'exerce

À l'aide du document, vous caractériserez l'influence de facteurs sociaux sur la participation électorale.

Profils des votants et des abstentionnistes au premier tour des élections présidentielles de 2017 (en %)

		Votants	Abstentionnistes	Total
Ensemble		77,3	22,7	100
Sexe	Homme	78	22	100
	Femme	77	23	100
Âge	18-24 ans	71	29	100
	25-34 ans	72	28	100
	35-49 ans	74	26	100
	50-59 ans	76	24	100
	60-69 ans	84	16	100
	70 ans et plus	88	12	100

		Votants	Abstentionnistes	Total
Ensemble		77,3	22,7	100
Dernier diplôme obtenu	Inférieur au bac	75	25	100
	Baccalauréat	76	24	100
	Bac +2	80	20	100
	Au moins bac +3	81	10	100
Auto positionnement politique	À gauche	83	17	100
	À droite	88	12	100
	Ni à gauche ni à droite	60	40	100

Ipsos/Sopra Steria, *Premier tour présidentielle 2017 : sociologie des électorats et profils des abstentionnistes*, 2017.

EN DIRECT DU LABO

Un vote spécifique dans les quartiers populaires ?

L'enquête

Saisir les particularités du vote dans les quartiers populaires

Doc. 1 Enquêter sur des variables spécifiques

Les résultats d'une enquête de terrain menée depuis sept ans dans une cité HLM, le quartier des Cosmonautes situé dans la banlieue nord de Paris, fournissent un matériel empirique permettant d'interroger les formes que prend l'ethnicisation du social en milieu populaire [...]. Par « ethniciste », nous entendons tout système, plus ou moins cohérent et plus ou moins formalisé, d'explication du social par l'ethnique [...]. L'observation réalisée aux Cosmonautes permet également d'identifier le prolongement de cette ethnicisation des schèmes cognitifs sur le terrain des pratiques et, en l'occurrence, sur les comportements électoraux. L'investissement affectif de leurs origines par les électeurs ne doit, en effet, pas être ignoré si l'on veut analyser de manière réaliste la production des choix électoraux dans ce quartier populaire.

Céline Braconnier, Jean-Yves Dormagen, « Le vote des cités est-il structuré par un clivage ethnique ? », *Revue française de science politique*, volume 60, avril 2010.

Les auteurs

Céline Braconnier est professeure des universités en science politique à l'université de Cergy-Pontoise et directrice de Sciences Po Saint-Germain-en-Laye.

Jean-Yves Dormagen est professeur des universités en science politique à l'université de Montpellier I.

La recherche présentée ici fait partie d'un dispositif d'enquête plus large mis en place depuis 2001 par les deux auteurs dans le cadre du projet PAECE (Pour une approche écologique des comportements électoraux).

Point notion

Schème (cognitif)

Principe général abstrait qui, ici, doit être compris comme influençant la manière dont les individus perçoivent le monde qui les entoure.

Questions

1. Quelles explications autres que l'ethnicité les habitants des Cosmonautes pourraient-ils trouver à leurs difficultés sociales ?

2. Comment l'ethnicisation des problèmes sociaux peut-elle se manifester ?

3. Comment l'ethnicisation du social peut-elle entraîner des divisions au sein de la population du quartier des Cosmonautes ?

Doc. 2 De nombreux obstacles à surmonter pour mener l'enquête

Les opinions racistes étant socialement stigmatisées, elles sont particulièrement difficiles à appréhender par les technologies d'enquêtes les plus classiques [...]. Alors que plus de la moitié des électeurs de Ségolène Royal ou d'Olivier Besancenot ont accepté de renseigner notre QSU[1] lors du premier tour de l'élection présidentielle de 2007, seuls 11 % de ceux qui ont donné leur bulletin à Nicolas Sarkozy ou Jean-Marie Le Pen ont bien voulu participer à notre enquête.

Céline Braconnier, Jean-Yves Dormagen, *art. cit.*

1. Questionnaire de sortie des urnes. Sondage que les électeurs remplissent juste après avoir voté.

Questions

1. En quoi consiste une enquête par questionnaire ?

2. Pourquoi cette méthode apparaît-elle peu adaptée ici ?

Doc. 3 Quelle méthode adopter ?

Mener l'étude à partir d'un plan d'observation localisé présente plusieurs avantages méthodologiques. Cela permet de procéder à partir d'observations ethnographiques et d'entretiens formels et informels qui offrent, sans doute, l'un des meilleurs accès à un objet aussi complexe qu'un ensemble de schèmes cognitifs à dimension ethnique [...]. L'un des autres avantages [...] réside dans le fait de pouvoir prendre en compte, sur la base d'observations directes, les interactions sociales entre les individus et les groupes et, ainsi, de mieux identifier comment les catégories de l'ethnicité s'inscrivent dans les logiques relationnelles qui sont au fondement de leur activation et de leur diffusion.

Céline Braconnier, Jean-Yves Dormagen, *art. cit.*

Point notion

Plan d'observation localisé

Méthode d'enquête sociologique qui consiste en une analyse approfondie d'un phénomène sur un territoire géographique précis.

Observation ethnographique

Méthode d'enquête qui consiste à observer la manière dont les individus se comportent dans des situations du quotidien.

La cité des Cosmonautes à Saint-Denis, 2005.

Questions

1. Pourquoi l'enquête de terrain, sur la base d'entretiens et d'observations, permet-elle de dépasser les limites de l'enquête par questionnaire ?
2. Que peut apporter le fait d'interroger à plusieurs reprises un même enquêté ?

Les résultats

Une polarisation du vote selon la dimension « ethnique »

Doc. 4 L'importance de la variable « ethnique »

La production des préférences électorales aux Cosmonautes, comme dans probablement la plupart des quartiers populaires, nous paraît influencée, au moins partiellement, par ces logiques d'identification à dimension ethnique. Par conséquent, en tenant compte de ces logiques, il est possible de proposer une représentation volontairement stylisée de l'espace électoral [...]. Aux extrémités opposées de cet espace, deux pôles sont bien identifiables. À l'un de ces pôles se situent des Français de la première ou de la deuxième génération issus de l'immigration africaine. Cette population, en général relativement jeune, lorsqu'elle se mobilise, penche très nettement à gauche [...]. À l'autre pôle de l'espace électoral se situent des électeurs « Français-Français », pour reprendre les termes de certains habitants du quartier, qui se caractérisent par un point de vue ethnico-racialiste anti-étrangers. [...]. Ils incarnent de manière idéale-typique la figure du vote sur clivage ethnique. Leur hostilité aux « étrangers », *a fortiori* lorsqu'elle se combine à une demande d'ordre et de sécurité, fait très largement pencher leurs votes sur la droite et l'extrême droite.

Céline Braconnier, Jean-Yves Dormagen, *art. cit.*
Phrase soulignée du fait de l'éditeur.

Questions

1. Que signifie l'expression soulignée ?
2. Qu'est-ce qu'un « vote sur clivage ethnique » ?
3. Pourquoi les habitants qualifiés de « Français-Français » penchent-ils en faveur de la droite et de l'extrême-droite ?

UN AUTRE REGARD

Est-il rationnel de voter ?

Objectifs

De nombreux économistes étudient les comportements comme reposant sur un calcul rationnel. Cette analyse a été appliquée au vote. Une telle approche pose la question des raisons pour lesquelles les électeurs votent alors que l'avantage peut en paraître très faible.

Doc. 1 Comprendre le vote comme un comportement rationnel

D'après les travaux fondateurs de l'économiste Anthony Downs, tout individu rationnel ([c'est-à-dire] qui agit selon son propre intérêt) est incité à s'abstenir. Cet auteur a été le premier à envisager une analyse du comportement de vote des citoyens en termes de choix rationnel [...] en 1957. [...] En appliquant une démarche caractéristique de l'analyse économique, cet auteur établit une rupture en identifiant l'activité économique à l'activité politique. Il n'y a maintenant plus de différence entre le comportement de citoyen et le comportement de consommateur.

[...] Les pays démocratiques étant caractérisés par des millions de votants, le vote d'un individu n'a alors que peu d'influence sur le résultat d'une consultation populaire ; pourquoi donc voter ? La question est d'autant plus pertinente que voter induit des coûts[1] pour celui qui s'y prête, tel que le coût d'enregistrement sur les listes électorales, de l'acquisition de l'information sur les programmes des candidats, le coût de déplacement pour aller voter ou le coût à patienter dans la file d'attente du bureau de vote. Mais, s'il décide de s'abstenir, il ne supportera aucun de ces coûts. C'est pourquoi il est dans son intérêt de ne pas se déplacer pour voter, d'autant plus que le gain à voter est relativement faible. [...]

L'acte de vote est alors compris comme un « investissement » qui permet à l'électeur de contribuer à l'élection de son candidat préféré. [...] Bien que l'analyse proposée par Downs ne soit pas formelle, elle est suffisamment explicite pour que Gordon Tullock en déduise une équation du calcul du vote qui a pour forme :

$$R = PB - C \text{ avec } 0 \leq P \leq 1 ,$$

où R correspond à l'utilité[2] espérée que l'individu obtient lorsqu'il choisit de voter plutôt que de s'abstenir, P désigne la probabilité que le vote de l'individu soit décisif (dans le sens où il détermine le résultat de la consultation électorale) [...], B est le bénéfice résultat de l'élection de son candidat préféré, ce qui signifie que PB désigne le bénéfice espéré, et C traduit le coût à voter. [...]

Supposons que C soit égal à 1 et que P soit égal à 0,000 001. On constate alors que même une valeur de B égale à 100 000 n'empêchera pas l'individu de s'abstenir puisqu'en pareil cas : $PB < C$. En fait, dans ce cas précis, il est nécessaire que B soit supérieur à 1 000 000 pour que l'on ait $PB > C$. Il faudrait donc que l'individu obtienne un gain excessivement élevé pour se déplacer et voter, ce qui semble difficile à admettre.

Rabia Nessah, Tarik Tazdaït, *Le Paradoxe du vote*, Éditions de l'EHESS, 2015.

1. Les coûts sont ici des coûts d'opportunité : les électeurs pourraient utiliser leur temps à autre chose.
2. Mesure de la satisfaction en économie.

La Raison, Antonio Busca, XVIIe siècle.

Questions

1. Pourquoi la probabilité qu'un vote change le résultat d'une élection est-elle faible ?
2. En utilisant l'équation donnée par Tullock, montrez pourquoi cette faible probabilité risque de conduire à l'abstention.
3. L'abstention dont il est question ici serait-elle plutôt « dans le jeu » ou « hors-jeu » ?
4. Selon vous, pourquoi les électeurs votent-ils quand même ?

Numérique

Le vote vu par les mathématiques : LLS.fr/VoteMaths

Vers la terminale

Maintenant, vous savez tout (ou presque) sur le vote. Ces connaissances pourront être complétées par :

- une réflexion sur les explications du vote nul (dont le vote blanc) ;
- une interrogation sur le lien entre droit de vote et intégration sociale ainsi que sur les liens entre citoyenneté et nationalité ;
- une relativisation du lien entre élections au suffrage universel et démocratie.

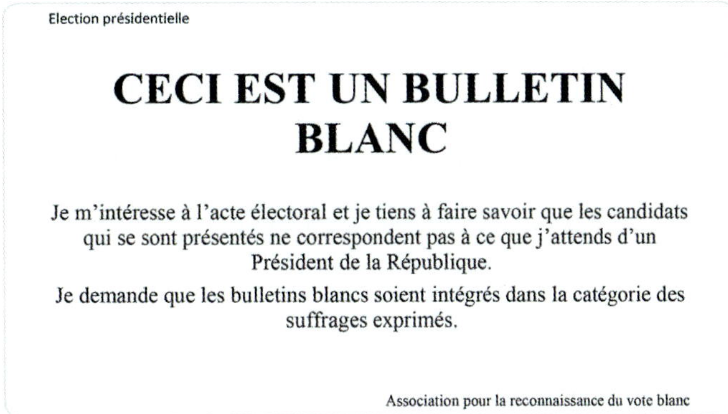
Election présidentielle

CECI EST UN BULLETIN BLANC

Je m'intéresse à l'acte électoral et je tiens à faire savoir que les candidats qui se sont présentés ne correspondent pas à ce que j'attends d'un Président de la République.

Je demande que les bulletins blancs soient intégrés dans la catégorie des suffrages exprimés.

Association pour la reconnaissance du vote blanc

Bulletin de vote élaboré par l'Association pour la reconnaissance du vote blanc.

Pour aller + loin

À lire

■ ***Sally Heathcote : suffragette*, de Mary M. Talbot, Kate Charlesworth et Bryan Talbot, 2014, en anglais.**
Les auteurs, spécialistes de bandes dessinées et de romans graphiques engagés, retracent le parcours d'une suffragette de fiction, Sally Heathcote, qui entre en 1898 au service de la famille Pankhurst et y découvre le militantisme politique.

■ **Anne Muxel, *Avoir 20 ans en politique*, Seuil, 2010.**
L'auteure, politiste, s'intéresse au vote des jeunes. Elle montre comment se produit leur socialisation politique et cherche à expliquer leurs comportements. Le sous-titre du livre est « les enfants du désenchantement » : pour Anne Muxel, les jeunes d'aujourd'hui partagent, au-delà de leurs différences idéologiques, une entrée en politique dans un contexte désenchanté.

■ **Italo Calvino, *La Journée d'un scrutateur*, Gallimard, 2013.**
Dans cette nouvelle, le scrutateur, c'est Amerigo qui tient un bureau de vote. La description de sa journée nous invite à une réflexion sur le rituel du vote et le fonctionnement des démocraties.

À écouter

■ **La Grande table, avec Vincent Tiberj, Franceculture.fr.**
En 2017, le politiste Vincent Tiberj présente ses travaux sur les « nouveaux électeurs » et montre comment le renouvellement de génération joue sur les résultats des élections.

LLS.fr/NouvelElecteur

À voir

■ ***Baron noir*, d'Éric Benzekri et Jean-Baptiste Delafon, 2016.**
Deux saisons à ce jour permettent de suivre le parcours de Philippe Rickwaert, homme politique socialiste, de sa mairie de Dunkerque à l'hémicycle, voire au-delà... Toutes les stratégies de conquête du pouvoir sont scrupuleusement examinées dans cette série.

■ ***Borgen, une femme au pouvoir*, d'Adam Price, 2010.**
Sidse Babett Knudsen incarne Birgitte Nyborg, une femme politique à la carrière florissante, mais bien souvent écartelée entre les exigences du pouvoir, ses convictions morales et ses responsabilités familiales.

■ ***Premier vote*, série documentaire produite par France 3 Régions, 2017.**
À l'occasion des élections présidentielles de 2017, France 3 Régions diffuse une série de treize documentaires sur trente-neuf jeunes (trois par région) qui s'apprêtent à voter pour la première fois.

À consulter

■ **Le site du Centre de recherches politiques de Sciences Po, et plus particulièrement l'*Enquête électorale française*.**
De nombreuses données statistiques et aussi des analyses électorales.

LLS.fr/ENEF

CHAPITRE 11

Comment l'assurance et la protection sociale contribuent-elles à la gestion des risques dans les sociétés développées ?

Une grimpeuse sur le Totem Pole en Tasmanie, Australie.

Notions-clés

Aversion au risque | Diversification | Logique d'assistance | Logique d'assurance | Mutualisation | Perception du risque | Prestations sociales | Prévention | Protection sociale | Risque | Risques économiques et sociaux | Sécurité sociale

POUR COMMENCER

Comment l'assurance et la protection sociale contribuent-elles à la gestion des risques dans les sociétés développées ?

Doc. 1 Comment subvenir à ses besoins sans salaire ?

Extrait du chapitre « 1820-1864 : Les temps difficiles ».
Michael Goodwin, *Economix*, Les Arènes, 2014.

Questions

1. Quel est le contexte historique et économique de la période représentée dans le document ?
2. À quel(s) risque(s) la situation des personnes représentées sur ces vignettes peut-elle être rattachée ?

Doc. 2 Comment assurer un minimum de ressources aux individus ?

Article L. 111-1

• modifié par LOI n°2015-1702 du 21 décembre 2015 - art. 59

La sécurité sociale est fondée sur le principe de solidarité nationale.

Elle assure, pour toute personne travaillant ou résidant en France de façon stable et régulière, la couverture des charges de maladie, de maternité et de paternité ainsi que des charges de famille. Elle garantit les travailleurs contre les risques de toute nature susceptibles de réduire ou de supprimer leurs revenus. Cette garantie s'exerce par l'affiliation des intéressés à un ou plusieurs régimes obligatoires.

Elle assure la prise en charge des frais de santé, le service des prestations d'assurance sociale, notamment des allocations vieillesse, le service des prestations d'accidents du travail et de maladies professionnelles ainsi que le service des prestations familiales dans le cadre du présent code, sous réserve des stipulations des conventions internationales et des dispositions des règlements européens.

Loi n° 2015-1702 du 21 décembre 2015.

Questions

1. Quelle est la nature de ce document ?
2. Quels sont les risques qui y sont mentionnés ?
3. Tous les travailleurs sont-ils exposés de la même façon aux risques ?
4. Comment peuvent-ils être couverts face à ces risques ?

Doc. 3 Les risques ne sont-ils qu'économiques ?

Marche pour le climat à Paris, le 13 octobre 2018.

Questions

1. Quel type de risque est mis en avant par les manifestants ?
2. Comment ce risque peut-il être pris en charge ?
3. Quelles sont les difficultés liées à la prise en charge de ce risque ?

Doc. 4 Quelles actions pour limiter les risques ?

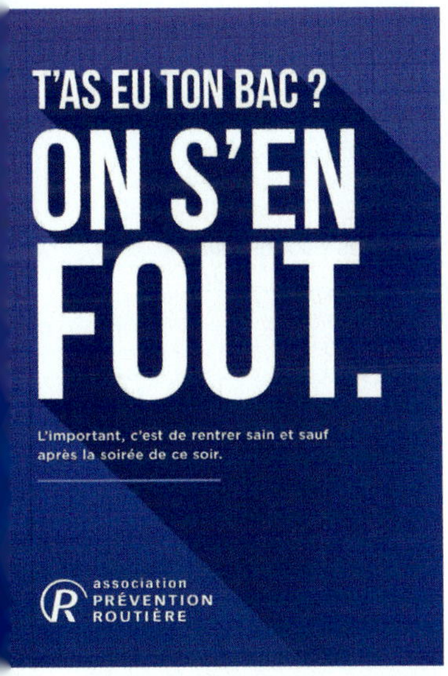

Affiche de l'Association de prévention routière.

Alors qu'ils ne représentent que 13,8 % de la population française âgée de 15 ans et plus, les ouvriers comptaient pour 22,1 % des 3 239 personnes décédées sur la route en 2007 et pour 19 % des blessés hospitalisés. À l'inverse, les cadres supérieurs, professions libérales et chefs d'entreprise (8,4 % de la population) ne totalisaient que 2,9 % des morts et blessés. [...] Au-delà de l'inégale sécurisation des véhicules, les disparités sociales en matière d'accidents s'expliquent par les conditions de vie des classes populaires ainsi que par les ségrégations sociales de l'espace public. La mortalité routière apparaît tout d'abord comme une conséquence inattendue de l'étalement urbain et de la stratification résidentielle. Près de 80 % des accidents mortels ont lieu à la campagne. Or l'embourgeoisement des centres-villes relègue les classes populaires toujours plus loin des bassins d'emplois. [...] L'accident résulte donc de l'inégale exposition aux dangers de la vie, qui rend les plus démunis particulièrement vulnérables.

Matthieu Grossetête, « Des accidents de la route pas si accidentels », *Le Monde diplomatique*, août 2016.

Questions

1. Le risque d'accidents mortels sur la route est-il le même pour toutes les catégories sociales ?
2. Quelles sont les trois explications données dans ce texte ?
3. L'État prend-il directement en charge ce risque ?

Testez vos connaissances

1. **Les cotisations sociales sont prélevées sur les salaires pour financer :**
   - ❑ l'ensemble des dépenses de l'État ;
   - ❑ les salaires des fonctionnaires ;
   - ❑ les dépenses de protection sociale.
2. **Les mutuelles font partie du secteur :**
   ❑ des banques ; ❑ de l'économie sociale et solidaire ; ❑ public.
3. **L'aléa moral est une situation où :**
   ❑ les mauvais produits sont choisis à la place des bons ; ❑ les individus se savent couverts et prennent des risques élevés.

Questions du chapitre

1. Dans les sociétés contemporaines, à quels risques les individus doivent-ils faire face ?
2. Quels sont les déterminants de l'attitude et de l'exposition face aux risques ?
3. Comment la collectivité prend-elle en charge les risques auxquels sont confrontés les individus ?
4. Comment les logiques d'assurance et d'assistance permettent-elles la solidarité collective ?
5. Quelles sont les conséquences de la prise en charge collective des risques ?

DOSSIER

1 Quels sont les risques auxquels les individus et les sociétés sont exposés ?

Découvrir

Doc. 1 Quels sont les risques appréhendés par les Français ?

Pourcentage de Français citant ces risques comme préoccupants. Question posée à un échantillon de 1025 personnes en novembre 2017. Voici les cinq réponses les plus données à la question : « En France, parmi les problèmes actuels suivants, lequel est pour vous le plus préoccupant ? »

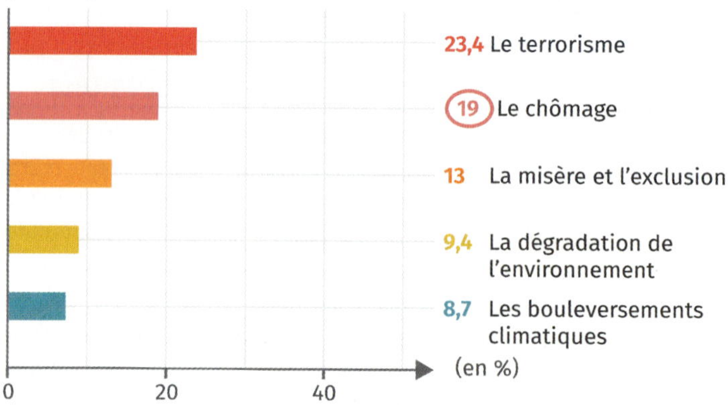

Baromètre 2018 IRSN (Institut de radioprotection et de sûreté nucléaire) sur la perception des risques et de la sécurité par les Français, 2018.

Questions

1. Faites une phrase présentant la donnée entourée.
2. La protection face au chômage prend-elle la même forme que celle face au terrorisme ?
3. Tous les pays sont-ils exposés de la même façon aux risques environnementaux et climatiques ?

Numérique

La prise de conscience des risques peut évoluer. L'exemple de la pollution dans le métro : LLS.fr/PollutionMetro

Doc. 2 Comment est apparue la notion de risque ?

Longtemps, la peur domine les sensibilités collectives : épidémie, incendie, famine, guerre, pillage, craintes de l'au-delà ou de la colère de Dieu, etc. Les sociétés déploient des modes de défense empiriques sans se priver du recours au divin à travers les prières, les incantations, les messes, les processions, etc. [...] Les catastrophes encourues ne sont pas perçues comme ayant partie liée avec une responsabilité humaine. [...]

Lorsque l'explication par le divin recule peu à peu, c'est à la « nature » que l'adversité est imputée, à moins qu'elle ne vienne directement d'une autre personne. Quoi qu'il en soit [...], les victimes sont sujettes à en payer seules les conséquences, à moins d'être protégées par leur famille ou leur communauté à travers des formes traditionnelles de solidarité.

La notion de « risque » implique [...] de ne plus voir derrière les événements la trace d'une divinité mais le jeu des circonstances. [...] Le risque prend dès lors une forme laïcisée, profane et s'individualise.

David Le Breton, *Sociologie du risque*, PUF, 2012.

Des « ema », plaquettes de bois avec une prière inscrite, au sanctuaire d'Itsukushima, au Japon.

Questions

1. Quand ils expliquent le risque par le divin, comment les individus se protègent-ils ?
2. Que signifie l'individualisation du risque ?
3. Comment la famille peut-elle protéger les individus face aux risques ?

Doc. 3 Quelle est l'influence du genre sur le rapport au risque ?

De façon générale, les données [...] pointent que les individus de sexe masculin, quel que soit leur âge, sont significativement plus impliqués dans une large variété d'activités risquées et physiquement dangereuses. [...]

La prise en compte des effets de la conformité aux stéréotypes de sexe pour expliquer les différences entre hommes et femmes dans le domaine de la santé et du risque est très récente. Les recherches ont par exemple étudié l'effet de la conformité aux stéréotypes masculins dominants [...] sur les comportements de santé des hommes [...], ainsi que les effets de la masculinité sur la prise de risque dans le sport [...], dans la conduite automobile [...] et dans la prise de risque en général [...]. Dans tous les cas étudiés, les recherches montrent que la conformité aux stéréotypes masculins – quel que soit le sexe biologique de l'individu – amène des comportements à risque accidentel plus fréquents que la conformité aux stéréotypes féminins.

Cet effet des stéréotypes de sexe sur la prise de risque s'observe dès l'enfance préscolaire.

Marie-Axelle Granie, « Genre et rapport au risque : de la compréhension au levier pour l'action », *Questions vives*, octobre 2013.

Questions

1. À quoi correspondent les « stéréotypes de sexe » ? Donnez des exemples.
2. Quels sont les effets de ces stéréotypes sur la prise de risque des individus ?

Doc. 4 L'âge modifie-t-il la perception d'un risque ?

Consommation d'alcool selon l'âge

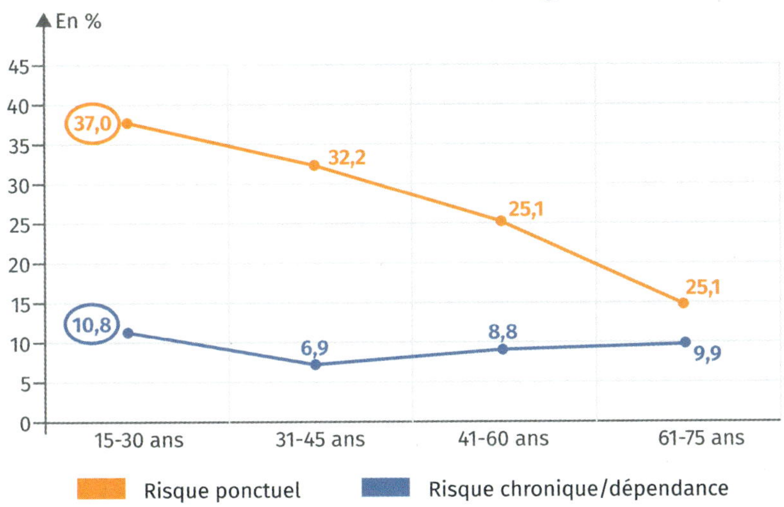

Consommation à risque ponctuel et à risque chronique ou de dépendance, selon l'âge en 2010 (en %).

Baromètre Santé 2010, INPES.

Questions

1. Comparez les deux données entourées.
2. Montrez que l'exposition à la consommation d'alcool n'est pas la même selon l'âge.
3. Quelle corrélation semble-t-on observer entre l'avancée en âge et la perception du risque lié à l'alcool ?

Je m'auto-évalue

Indiquez si les propositions suivantes sont vraies ou fausses.

1. Toutes les sociétés ont la même perception des risques.
2. Dans une même société, les individus peuvent avoir une perception différente du risque.
3. L'âge ou le genre ne jouent pas sur la perception du risque.
4. La maladie n'est pas vraiment un risque.

Je fais le point

Dans les sociétés anciennes, le risque était associé à une volonté divine. Aujourd'hui le risque est vu comme un danger calculable donc prévisible. Les risques économiques et sociaux sont par exemple ceux liés à la maladie, à des accidents, à des pertes d'emplois ou encore à la vieillesse.

Selon l'âge, la génération, le genre ou le groupe social, les individus n'ont pas tous le même rapport au risque. Toutes les sociétés ne sont pas exposées de la même façon à ces différents risques.

DOSSIER

2 La gestion des risques : comment et par qui ?

Découvrir

Doc. 1 Comment limiter la prise de risque chez les individus ?

Affiche d'une campagne de sécurité routière.

Questions

1. Quelle est la nature de ce document ? De qui émane-t-il ?
2. Comment s'appelle ce type d'action ?
3. Comment l'individu peut-il se protéger face au type de risque évoqué dans ce document ?

Doc. 2 Diversifier les risques pour mieux se protéger ?

Aujourd'hui […], la riziculture [en Guinée], très demandeuse en temps de travail, ne génère plus un revenu suffisant par rapport au temps alloué et, surtout, de nombreuses autres opportunités permettent aux ménages de diversifier leurs revenus en s'orientant vers des activités plus rémunératrices.

[…] La pluriactivité représente en effet la réponse la mieux adaptée aux différents risques que rencontrent les ménages (risques liés au climat, aux prédateurs, à la baisse des prix, etc.). […] La combinaison des activités pratiquées varie […] d'un site à l'autre ; il s'agit d'un savant dosage qui vise à répondre au mieux à la variabilité du contexte tout en limitant la prise de risque au maximum.

[…] Dans un contexte où l'État n'offre pas les garanties, les aides et les assurances que connaissent les pays occidentaux, les populations rurales se doivent d'assumer et de gérer les risques en adaptant le système.

Pascal Rey, Marine Rétif, « Le mythe de l'autosuffisance en riz en Guinée. Le paradoxe des politiques face aux stratégies locales », *Les Cahiers d'Outre-Mer*, 2017.

Questions

1. Quels sont les principaux risques auxquels les riziculteurs sont exposés ?
2. Comment se protègent-ils face à ces risques ?
3. Comment ce type de stratégie peut-il aussi être adopté par les personnes qui épargnent ?

Doc. 3 À quoi sert une mutuelle d'assurance ?

Un assuré doit souscrire un contrat de « complémentaire santé », s'il veut que la part de ses dépenses de santé, non remboursée par la Sécurité sociale, soit prise en charge. Pour cela, il peut s'adresser à une mutuelle, ou à une compagnie d'assurance, ou à un établissement bancaire, ou à une institution de prévoyance. [...]

En effet, les régimes d'assurance maladie obligatoires de la Sécurité sociale ne couvrent pas la totalité du montant des dépenses de santé, et laissent à la charge de l'assuré un « ticket modérateur ». Ce mécanisme a pour but de lui faire prendre conscience du coût engagé et de l'inciter à « modérer » ses dépenses.

80 % des organismes d'assurance maladie complémentaire sont des mutuelles. Celles-ci sont des organismes à but non lucratif et ont pour vocation de « mutualiser » les risques de leurs adhérents : chacun paie une cotisation en fonction de son niveau de revenu et de son âge, mais tous ont droit au même type de remboursement.

« Pourquoi cotise-t-on à des mutuelles de santé ? », Viepublique.fr, 6 janvier 2016.

Questions

1. Quels sont les différents organismes proposant des contrats de « complémentaire santé » ? Donnez-en des exemples.
2. Qu'est-ce que le ticket modérateur ? Pourquoi est-il mis en place ?
3. Que signifie le fait que les risques sont mutualisés ?

Doc. 4 Quel rôle pour la famille dans la protection des individus ?

Les aides financières au sein des familles

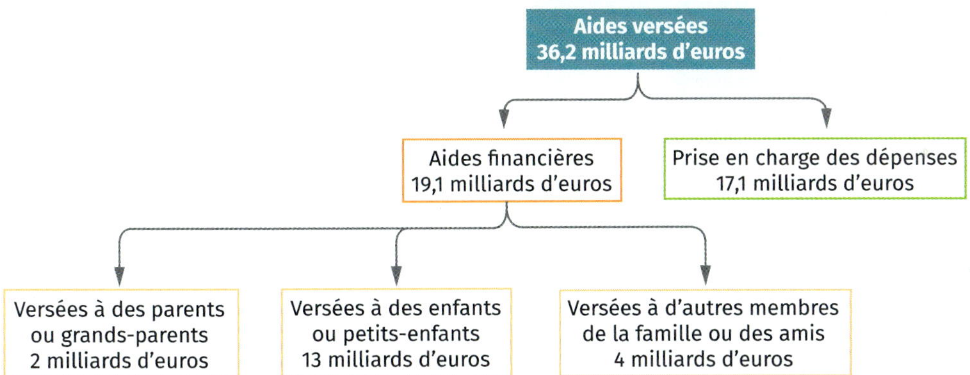

D'après « La solidarité financière entre ménages », *Insee Première* n° 1707, 26 juillet 2018.

Questions

1. D'après le document, comment se manifeste la solidarité familiale ? Qui en bénéficie le plus ?
2. En plus de ces aides financières, comment la famille peut-elle protéger les individus face au risque ?

Je m'auto-évalue

Pour chacun des exemples suivants, dites s'il correspond au principe de prévention, de mutualisation ou de diversification dans la protection face aux risques.

1. Un individu souscrit à une assurance pour sa maison.
2. Une entreprise spécialisée dans la vente de glaces développe une activité liée à la vente de chocolats chauds.
3. Plusieurs membres d'une famille se réunissent pour financer une activité.
4. Un épargnant place son argent à la fois dans des livrets d'épargne et dans des produits immobiliers.

Je fais le point

Les risques sont gérés collectivement. Cette gestion passe par l'action des pouvoirs publics (État et Sécurité sociale), mais elle peut aussi être assurée par la famille ou par les mutuelles et les sociétés d'assurance.
La gestion des risques repose sur trois principes : leur diversification, la prévention et la mutualisation des risques.

DOSSIER

3 Comment les logiques d'assurance et d'assistance contribuent-elles à une couverture des risques ?

Découvrir

Doc. 1 L'État : une santé à la carte ?

Questions

1. À quoi sert la carte représentée sur ce document ?
2. Quel est l'organisme qui la délivre ?
3. Comment cet organisme permet-il une mutualisation des risques ?

Doc. 2 Comment réduire l'insécurité sociale ?

L'insécurité, c'est tout autant l'insécurité sociale que l'insécurité civile. Être protégé dans cette sphère signifie être à l'abri des péripéties qui risquent de dégrader le statut social de l'individu. Le sentiment d'insécurité est alors la conscience d'être à la merci de ces événements. Par exemple, qu'elle soit due à la maladie, à un accident, au chômage ou à la cessation de l'activité en raison de l'âge, l'incapacité de « gagner sa vie » en travaillant remet en question [...] l'appartenance sociale de l'individu qui tirait les moyens de sa subsistance de son salaire, et le rend incapable de maîtriser son existence à partir de ses propres ressources. [...] On pourrait caractériser un risque social comme un événement qui compromet la capacité des individus à assurer eux-mêmes leur indépendance sociale. Si on n'est pas assuré contre ces aléas, on vit dans l'insécurité. [...] L'insécurité n'entretient pas seulement la pauvreté. Elle agit comme un principe de démoralisation, de dissociation sociale à la manière d'un virus qui imprègne la vie quotidienne, dissout les liens sociaux. [...] Dans la société salariale qui se met en place après la seconde guerre mondiale en Europe occidentale, presque tous les individus sont couverts par des systèmes de protections dont l'histoire sociale montre qu'ils ont été construits à partir du travail. [...] La retraite apporte ainsi une solution à l'une des manifestations les plus tragiques de l'insécurité sociale, la situation du vieux travailleur qui ne pouvait plus travailler et risquait la déchéance totale [...]. L'État dans son rôle social opère essentiellement comme un réducteur de risques.

Robert Castel, *L'Insécurité sociale*, Seuil et La République des idées (coédition), 2003.

Questions

1. Quels sont les risques amenant à l'insécurité sociale ?
2. Quelles peuvent être les conséquences de la survenue de l'un de ces risques ?
3. Dans la société salariale, comment l'individu est-il protégé contre ces risques ?
4. Donnez un exemple de risque qui n'est pas un risque social.

Numérique

Robert Castel présente les nouveaux enjeux de la question sociale : LLS.fr/SES1Castel

Doc. 3 Quelles évolutions pour la protection sociale en France ?

1893 Création de l'assistance médicale gratuite pour les plus démunis.

1898 Reconnaissance de la responsabilité de l'employeur en cas d'accidents du travail.

1928-1930 Création pour les salariés de l'industrie et du commerce du premier système complet et obligatoire d'assurances sociales.

1945 Institution du régime général de la Sécurité sociale par les ordonnances du 4 et 19 octobre.

1967 Réorganisation du régime général de la Sécurité sociale en trois branches gérées par trois caisses nationales (maladie, famille, vieillesse).

1975 Généralisation à l'ensemble de la population active de l'assurance vieillesse obligatoire.

1988 Création du revenu minimum d'insertion (RMI).

1999 Création de la couverture maladie universelle (CMU).

2008 Généralisation du revenu de solidarité active (RSA) et réforme des politiques d'insertion.

2016 Mise en place de la protection universelle maladie (PUMA).

D'après musee-assurance-maladie.fr.

Point notion

Logique d'assistance

Versement de prestations sociales aux personnes les plus démunies. Souvent exclues de l'emploi, elles ne peuvent pas cotiser et l'assistance leur assure un minimum de ressources.

Logique d'assurance

Prise en charge des risques sociaux organisée sous le principe de l'assurance, c'est-à-dire que le versement d'une prestation sociale est soumis au paiement au préalable de cotisations sociales.

Questions

1. Quelles sont les mesures qui relèvent de la logique d'assurance ?
2. Quelles sont celles qui relèvent de la logique d'assistance ?
3. Quelle logique semble prédominer en ce qui concerne les mesures prises depuis les années quatre-vingt ?

Numérique

Pour une chronologie plus longue et interactive : LLS.fr/SES1AssuranceMaladie

Doc. 4 Quels sont les risques pris en charge par la protection sociale ?

Poids des prestations sociales dans la richesse nationale depuis 1970

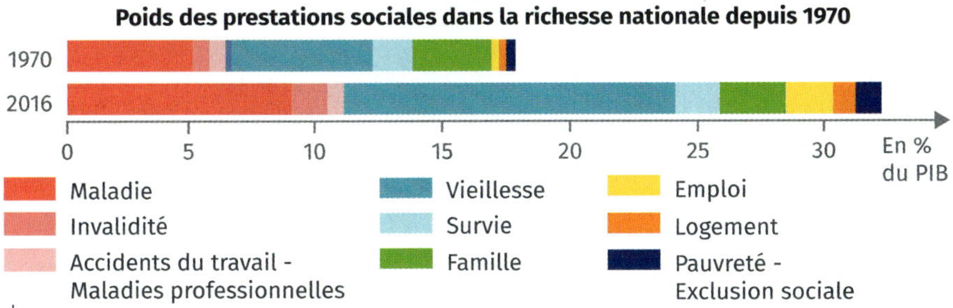

Drees, *La protection sociale en France et en Europe en 2016*, 2018.

Questions

1. Quelle est la part des prestations sociales liées à la vieillesse dans la richesse nationale en 2016 ?
2. Pour quels risques l'indemnisation a-t-elle le plus augmenté entre 1970 et 2016 ?

Je m'auto-évalue

Pour chacun des exemples, dites s'ils reposent sur une logique d'assurance ou d'assistance.

1. Des retraites sont payées à tous ceux qui ont versé des allocations quand ils travaillaient.
2. Les parents sous le seuil de pauvreté sont aidés.
3. Ceux qui n'ont pas pu accumuler une épargne pour leur retraite reçoivent une aide.

Je fais le point

La protection sociale, mise en œuvre par les pouvoirs publics, assure une couverture des risques sociaux fondée sur la solidarité collective. Elle repose sur deux logiques, l'assurance et l'assistance, et cherche à couvrir les actifs et les exclus de la sphère de l'emploi.

DOSSIER

4 Quelles sont les conséquences pour les individus et la société de la prise en charge collective des risques ?

Découvrir

Doc. 1 L'assurance est-elle à l'origine de l'aléa moral ?

Jorge Bernstein, Dorothée de Monfreid, Denis Clerc, « L'aléa moral », *Alternatives Économiques*, juillet 2017.

Questions

1. Quel est l'argument utilisé par « Freddy » pour ne pas ranger sa chambre ?
2. Comment peut-on lier cet argument à l'aléa moral ?
3. Illustrez la façon dont l'assurance automobile peut créer un aléa moral pour les conducteurs.
4. Comment la protection face au chômage peut-elle avoir le même effet ?

Point notion

Aléa moral

Situation où un agent risque d'adopter un comportement imprudent dès lors qu'il se sait protégé, en partie, du risque. L'aléa moral apparaît après la transaction sur un marché.

Doc. 2 L'assurance, un outil pour améliorer les performances macroéconomiques ?

Les assurances santé permettent de réduire les conséquences des événements affectant la santé des individus. De même, Kenneth Arrow [...] [montre] que l'assurance santé a une influence sur le bien-être social. Cette influence repose sur la modification du comportement des agents avec l'assurance santé, ce qui induit la confiance des individus. [...] La réduction de l'incertitude permet de garantir le financement de la croissance par l'accroissement des capitaux disponibles. L'importance de l'assurance santé tient en premier lieu à son rôle économique et sociétal. Tout d'abord elle influence le comportement des agents économiques en accroissant leur confiance en l'avenir. Par conséquent, elle agit sur leur optimisme et induit une demande. Cette demande augmente le nombre d'emplois disponibles et accélère le progrès technique et l'innovation. Par ailleurs, l'assurance santé est un pivot des politiques de développement. Chacun des systèmes participe largement, à sa manière, à une amélioration de l'état de santé des populations.

Jean-Hervé Lorenzi, « L'importance économique de l'assurance », *Les Tribunes de la Santé*, février 2011.

Questions

1. Quels sont les avantages sociaux de l'assurance maladie ?
2. Comment l'assurance peut-elle encourager la demande des consommateurs ?
3. Quels peuvent alors en être les effets sur l'activité économique ?

Doc. 3 La protection face aux risques, créatrice de solidarité ?

Publicité pour une compagnie d'assurance, vers 1900.

L'assurance joue un rôle clé de stabilisateur économique pour les ménages en période de crise, car elle permet de lisser[1] la consommation des individus confrontés à des chocs, qu'ils soient de nature privée ou collectifs comme les catastrophes naturelles ou les crises financières. [...] Comme on le dit parfois, l'assurance relie l'infortune de quelques-uns à la fortune du plus grand nombre, ce qui crée naturellement une forme de (re)distribution. L'assurance crée une solidarité invisible entre les agents économiques, en les reliant dans le temps et dans l'espace autour de préférences et de priorités communes.

Denis Kessler, Amélie de Montchalin, Christian Thimann, *Assurance et développement économique : croissance, stabilisation et distribution*, Programme *Impact Insurance* du BIT, novembre 2016.

1. Empêcher de varier trop fortement.

Questions

1. Que signifie le fait que l'assurance « relie l'infortune de quelques-uns à la fortune du plus grand nombre » ?
2. Comment l'assurance peut-elle renforcer la cohésion sociale ?
3. Quelles peuvent être les limites de cet effet ?

Je m'auto-évalue

Choisissez la ou les(s) bonne(s) réponse(s).

1. L'aléa moral, c'est :
   a. lorsque l'individu a un comportement moins risqué de peur qu'un aléa ne se produise ;
   b. lorsque l'individu est plus prudent pour éviter de payer une prime d'assurance ; c. lorsque l'individu est moins prudent parce qu'il sait qu'il est protégé.
2. L'assurance favorise la croissance économique car :
   a. elle incite à l'innovation ; b. elle donne confiance aux individus ; c. elle réduit la prise de risque.

Je fais le point

La couverture des risques peut avoir plusieurs effets :

- **elle peut inciter les individus à adopter des comportements plus risqués (aléa moral), ce qui peut être mauvais pour la société ;**
- **la protection permet aussi une amélioration de l'état de santé, donc du bien-être des individus, et elle crée aussi une solidarité entre les individus ;**
- **l'assurance encourage les investissements risqués et donc incite à l'innovation et à la croissance économique.**

TD 1

Comment lutter contre le risque pauvreté-exclusion sociale ?

1 Exercice guidé

→ **Comprendre le phénomène de pauvreté et décrire un outil de protection sociale permettant d'assurer un minimum de ressources aux plus démunis**

Doc. 1 L'absence d'emploi et la précarité alimentent le risque pauvreté

La pauvreté selon l'activité, en 2015 (seuil à 50 % du niveau de vie médian)

	Nombre de personnes pauvres (en milliers)	Taux de pauvreté (en %)	Part de la population pauvre (en %)
Salariés	732	3,2	19,6
Indépendants	354	11,9	9,5
Chômeurs	742	25,3	19,8
Retraités	396	2,8	10,6
Autres inactifs	1 516	18,3	40,5
Ensemble	3 741	7,4	100

Il existe plusieurs seuils de pauvreté. Ici le seuil à 50 % du niveau de vie médian signifie qu'une personne est considérée comme pauvre quand son niveau de vie est en dessous de 50 % du niveau de vie médian.
Observatoire des inégalités, à partir des données de l'Insee, 2018.

Questions

◆ **Étape 1. Comprendre.**

1. Comment est calculé le seuil de pauvreté dans ce tableau ?
Utilisez la note sous le tableau.

◆ **Étape 2. Lire les données du tableau.**

2. Présentez les données pour les salariés.
Il s'agit ici de bien distinguer les données entre elles. La première présente le nombre de pauvres. La deuxième est le taux de pauvreté (part de salariés sous le seuil de pauvreté) et la troisième montre la part des salariés parmi les personnes pauvres.

◆ **Étape 3. Décrire.**

3. Quelles sont les personnes les plus touchées par le risque de pauvreté ?
C'est le taux de pauvreté qui permet de répondre à cette question.

Doc. 2 Quelles prestations sociales pour couvrir le risque pauvreté-exclusion sociale ?

Les prestations du risque pauvreté-exclusion sociale se composent :

– du revenu de solidarité active (RSA), qui représente 53 % des prestations du risque en 2016. […] Le RSA socle s'adresse aux personnes n'exerçant aucune activité ou travaillant un nombre d'heures très réduit, et n'ayant pas ou plus de droit au chômage, ou encore des droits au chômage d'un montant très faible ;

– de la prime d'activité, […] complément de rémunération versé aux assurés en activité mais percevant des revenus très modestes ; elle peut être cumulée avec le RSA socle.

– de prestations versées par les centres communaux et intercommunaux d'action sociale. […] Il s'agit notamment de prestations en espèces ou en nature (hébergement d'urgence, colis alimentaires).

Drees, *La Protection sociale en France et en Europe en 2016*, édition 2018.

Questions

◆ **Étape 1. Comprendre.**

1. Qu'est-ce que le RSA socle ?
Reformulez la présentation faite dans le texte.

2. Quelle est la différence entre le RSA et la prime d'activité ?
Ces deux mesures sont proches, mais elles ne concernent pas les mêmes personnes.

◆ **Étape 2. Faire le lien avec le cours.**

3. À quelle logique de protection sociale correspond le RSA socle (assurance ou assistance) ?
La logique d'assurance correspond au fait que seuls ceux qui ont cotisé puissent avoir la prestation.

2 À vous de jouer ! → Expliquer comment la protection sociale lutte contre le risque pauvreté

Doc. 3 Quel effet des prestations sociales sur le niveau de vie ?

En France, diverses prestations sociales visent à soutenir le niveau de vie des plus modestes [...]. Fin 2016, une personne seule, sans enfant, locataire et sans ressource initiale, dispose d'un revenu disponible de 756 euros mensuels grâce au revenu de solidarité active (RSA) et aux aides au logement. Avec un revenu d'activité égal au SMIC à temps plein (1 142 euros nets), elle dispose de 1 300 euros mensuels, notamment grâce à la prime d'activité.

Antoine Loubet et Simon Fredon (Drees), « Redistribution : les effets des prestations sociales sur le niveau de vie des ménages les plus modestes », *Études et Résultats*, septembre 2017.

Questions

1. Donnez des exemples de prestations sociales permettant de « soutenir le niveau de vie des plus modestes ».
2. Comment permettent-elles d'agir sur le niveau de vie de ces ménages ?

Doc. 4 La redistribution permet-elle de réduire le taux de pauvreté ?

Taux de pauvreté avant et après redistribution en 2014 (en %), évolution en points de pourcentage

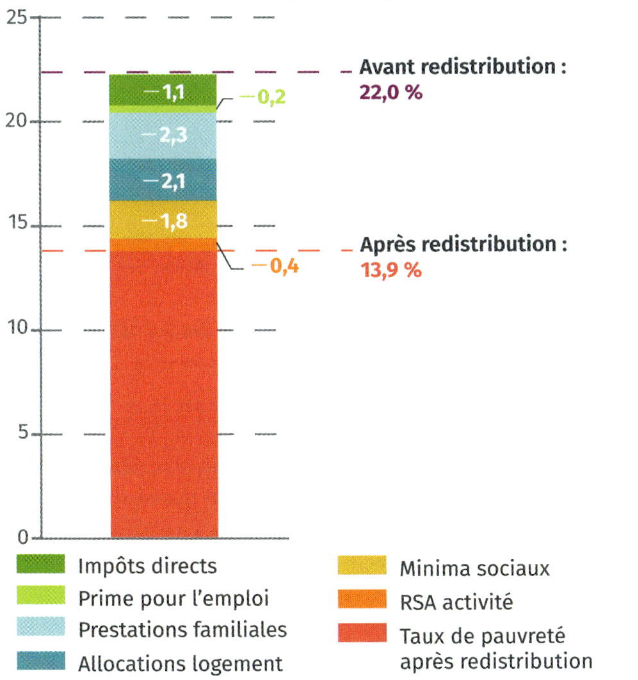

D'après des données du ministère des Solidarités et de la Santé.

Questions

1. Faites une phrase présentant le taux de pauvreté avant et après redistribution.
2. Peut-on dire que la redistribution est efficace dans la lutte contre la pauvreté ? Justifiez votre réponse.

Numérique

Où commence la pauvreté ? LLS.fr/SES1Pauvrete

J'argumente

À l'aide des données et des exemples de ces documents, présentez des arguments défendant l'efficacité de la protection contre la pauvreté en France.

TD 2

En quoi la perception des risques diffère-t-elle selon les individus ? L'exemple du tabac

1 Exercice guidé → Constater et expliquer les différences de consommation de tabac selon l'âge et le genre

Doc. 1 Le profil des fumeurs selon l'âge et le genre

Proportions de fumeurs quotidiens de tabac en 2010, suivant l'âge et le sexe

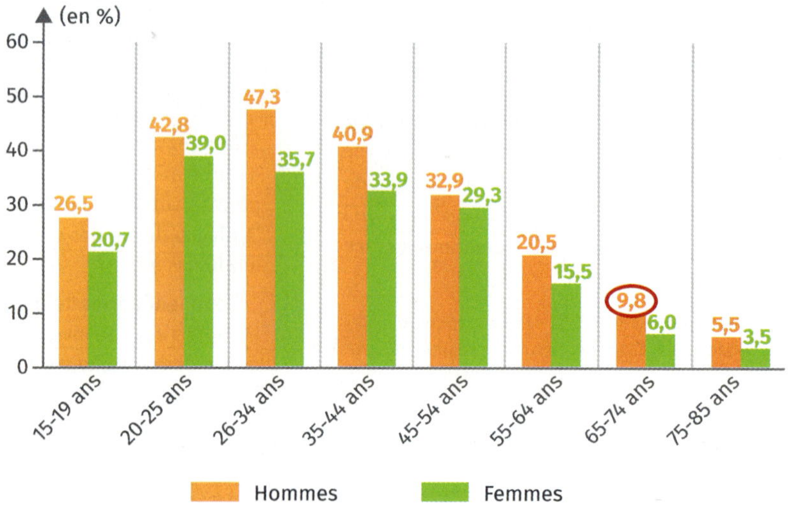

Inpes, Baromètre santé 2010.

Questions

◆ **Étape 1. Lire des données.**

1. Faites une phrase présentant la donnée entourée.
Il s'agit du pourcentage d'hommes de 65-74 ans fumant quotidiennement du tabac.

◆ **Étape 2. Décrire.**

2. Comment évolue l'usage du tabac avec l'âge ? Illustrez votre réponse à l'aide de données chiffrées.
Il faut mettre en avant un lien entre l'âge et la consommation de tabac.

3. Quel est l'écart de consommation de tabac entre les hommes et les femmes ?
L'écart peut être calculé avec un taux de variation. Appuyez-vous sur plusieurs catégories d'âge.

Doc. 2 Pourquoi une sous-évaluation du risque chez les jeunes ?

Il a été constaté que l'individu se considère souvent comme étant moins à risque que les autres personnes face au même danger ; ce phénomène est décrit sous différentes formulations : « biais d'optimisme », « optimisme non réaliste » ou « syndrome d'invulnérabilité ». […] Le biais d'optimisme a été particulièrement bien documenté dans le domaine du tabagisme. Par ailleurs, l'âge de la personne est également déterminant, le jeune fumeur sous-évaluant le risque. […]

La sous-évaluation notoire de la perception du risque lié au tabagisme à l'adolescence résulte en grande partie de la diffusion large d'images très favorables du tabagisme (*fashion*, sexy, cool, etc.). […] Puis, les plus « convaincus » fument d'abord, influençant leur entourage et entraînant fréquemment les autres.

Patrick Bodenmann, Jacques Cornuz et Ilario Rossi, « Perception du risque lié au tabagisme : données et interrogations », *Revue médicale suisse*, 2006.

Questions

◆ **Étape 1. Résumer l'idée essentielle du texte.**

1. Expliquez la sous-évaluation des risques liés au tabac chez les jeunes.
Expliquez ce qu'est le « biais d'optimisme ».

◆ **Étape 2. Expliquer.**

2. Comment l'image du tabac joue-t-elle sur sa consommation ?
Il s'agit de constater que, si le tabac est perçu comme un produit risqué, il sera moins demandé.

3. Quelle peut être l'influence des interactions sociales sur la consommation de tabac ?
La question revient à se demander quel est l'effet des relations de la personne sur sa consommation de tabac.

2 À vous de jouer ! → Le tabac : un marqueur social ?

Doc. 3 Le profil des fumeurs selon le niveau de diplôme et le statut

La part des fumeurs quotidiens en France en %

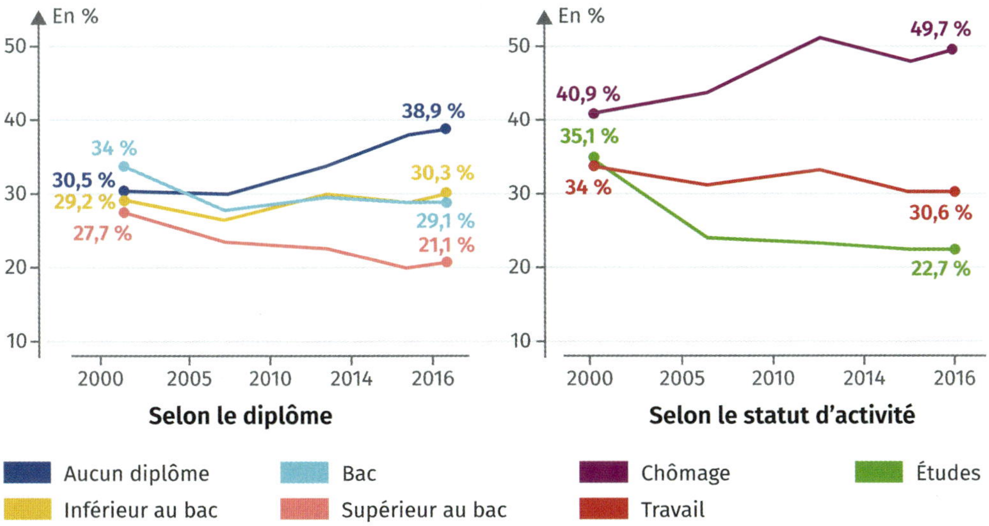

Inpes, Baromètre santé 2010.

Questions

1. Montrez que le tabagisme est influencé par le niveau de diplôme de la personne. Comment cette influence a-t-elle évolué ?
2. Quel est l'effet du statut d'activité sur la consommation de tabac ?

Doc. 4 Faire le lien entre tabac et précarité

Pourquoi les fumeurs pauvres sont-ils moins enclins à s'arrêter ?

Aux frontières de l'exclusion sociale, ces fumeurs sont peu exposés à la « dénormalisation » du tabagisme, leur propre socialisation ayant été marquée par la cigarette […]. La cigarette apparaît comme le dernier palliatif pour combler l'ennui d'un temps vide, soulager la solitude d'une existence ancrée dans le présent par défaut d'avenir. […]

Le relatif éloignement des fumeurs en situation de précarité vis-à-vis des sphères privilégiées de l'intégration sociale (le travail notamment, mais aussi souvent la famille) pourrait justifier qu'ils soient moins perméables aux politiques de « dénormalisation » du tabagisme.

[…] Leur mode de vie […] correspond davantage à une somme de privations […]. Dès lors, arrêter de fumer est plutôt envisagé comme une privation et un accablement supplémentaires.

Jean Constance et Patrick Perretti-Watel, « La cigarette du pauvre », *Ethnologie française*, mars 2010.

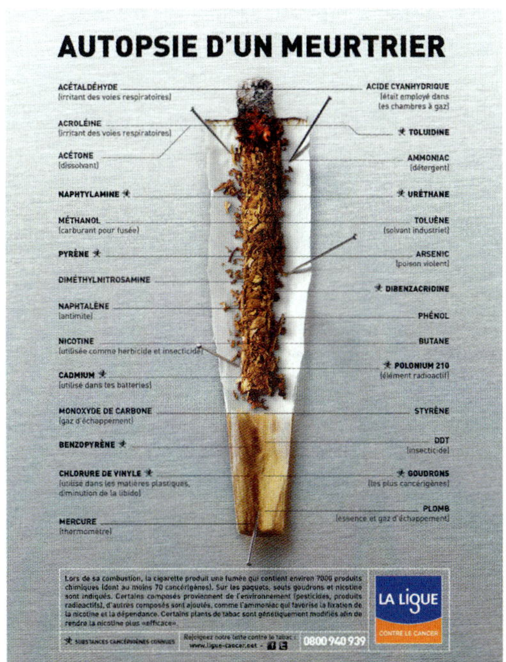

Le tabac fait l'objet de nombreuses campagnes de prévention.

Questions

1. Qu'est-ce que la « dénormalisation » du tabagisme ?
2. D'après ce texte, pourquoi touche-t-elle moins les plus pauvres ?

Récapitulez

À l'aide des documents et des réponses aux questions, montrez que la perception du risque diffère selon les individus.

L'ESSENTIEL

Comment l'assurance et la protection sociale contribuent-elles à la gestion des risques dans les sociétés développées ?

1 Les individus sont confrontés à une multitude de risques

- Les sociétés ont toujours été marquées par des menaces et des dangers. Pour les expliquer et s'en protéger, les sociétés ont d'abord eu recours à des explications surnaturelles. La société moderne pense différemment **le risque**. La science permet en effet d'introduire le calcul de probabilité comme moyen de mesurer le risque et introduit l'idée d'une protection individuelle ou collective contre lui.
- De très nombreux risques peuvent être identifiés : des risques écologiques et environnementaux, des risques liés à la sécurité des personnes, des risques sanitaires, etc. Les **risques économiques et sociaux** conduisent à une dégradation de la situation économique des individus et des ménages lorsqu'ils surviennent. La protection collective face à ces risques est liée au développement d'une société fondée en grande partie sur l'emploi salarié.
- L'exposition au risque et la **perception du risque** diffèrent selon les individus. Les comportements à risques sont plus fréquents chez les adolescents et les individus se conformant aux stéréotypes masculins par exemple. Les individus les plus prudents ont une plus forte **aversion au risque**. (→ voir dossier 1)
- De la même manière, l'exposition et l'attitude face au risque diffèrent selon les périodes et les sociétés. Par exemple, la protection face à la maladie ne prend pas la même forme en France et aux États-Unis.

2 La prise en charge du risque repose sur des principes et des institutions

- Face au risque, un premier outil peut être la **prévention**. L'objectif est alors d'expliquer aux individus les risques auxquels ils font face et les conséquences de ces risques, afin que les conduites à risque soient évitées. Cette prévention est à l'œuvre dans l'éducation des enfants, mais elle peut aussi être menée par les pouvoirs publics. C'est ainsi que des campagnes d'information et de sensibilisation peuvent porter sur des risques spécifiques : alcoolisme, accidents de la route, tabagisme, etc.
- Pour se protéger des risques, les individus peuvent aussi chercher une **diversification** du risque. Il s'agit ici de se prémunir en « ne mettant pas ses œufs dans le même panier ». C'est une technique souvent recommandée pour se couvrir du risque financier. Elle est aussi courante en agriculture traditionnelle où les producteurs diversifient les productions pour éviter les risques climatiques ou sanitaires qui exposeraient particulièrement un produit.
- Enfin, la **mutualisation** des risques est un principe important en assurance : l'idée est de partager les risques pour que ceux qui les subissent bénéficient de l'aide des autres. Par exemple, les cotisations sociales des actifs permettent de financer le remboursement des soins des malades et le versement de **prestations sociales**. La solidarité se fait ainsi des bien portants vers les malades.
- Plusieurs institutions jouent un rôle de protection. La famille assure entre ses membres une solidarité (échange de services, aides financières) précieuse en cas de précarité, de chômage, ou de divorce par exemple. Les sociétés privées

Les notions à connaître

Aversion au risque
Comportement d'une personne qui craint le risque et limite donc ses prises de risque.

Diversification
Engagement dans plusieurs actions ou placements afin de limiter les pertes en cas de survenue d'un risque dans un domaine ou pour un placement.

Logique d'assistance
Versement de prestations sociales aux personnes les plus démunies. Souvent exclues de l'emploi, elles ne peuvent pas cotiser et l'assistance leur assure un minimum de ressources.

Logique d'assurance
Prise en charge des risques sociaux organisée sous le principe de l'assurance, c'est-à-dire que le versement d'une prestation sociale est soumis au paiement au préalable de cotisations sociales.

Mutualisation
Principe selon lequel tous les assurés participent au financement de la prise en charge des dommages subis par les victimes.

Perception du risque
Ensemble des éléments, sociaux, psychologiques, émotionnels et informationnels permettant à l'individu d'évaluer le niveau de risque.

Prestations sociales
Ensemble des revenus de remplacement ou des prestations en nature (remboursement des soins médicaux par exemple) versés par les organismes de protection sociale aux ménages.

(les sociétés d'assurance et les banques) et les mutuelles ont fait de l'assurance un métier à part entière. Enfin, les pouvoirs publics peuvent participer à cette protection que ce soit par la mise en place de lois ou par la Sécurité sociale. (→ voir dossier 2)

3 La protection sociale contribue à une couverture des risques

- Afin de garantir une solidarité nationale, l'État et les partenaires sociaux ont mis en place un certain nombre de mesures devant permettre d'assurer un minimum de moyens de subsistance pour tous. La prise en charge des personnes en difficulté s'est concrétisée par le développement de systèmes de **protection sociale**.
- Ainsi, en Allemagne, le chancelier Bismarck (1815-1898) met en œuvre une protection sociale reposant sur une **logique d'assurance**.
- La France s'inspire de ce modèle pour construire son système de protection sociale. En 1945, la **Sécurité sociale** est fondée. Elle repose sur le développement de la société salariale. Celle-ci se caractérise par la généralisation du statut de salarié qui associe emploi et protection sociale. La montée du chômage et de l'exclusion sociale, à partir des années quatre-vingt, conduit l'État à étendre cette **logique d'assistance**. La création du RMI en 1988, devenu RSA en 2009, en est une illustration. (→ voir dossier 3)

4 Les conséquences de la prise en charge collective des risques

- Paradoxalement, la couverture contre certains risques peut augmenter la prise de risque. C'est ce que les économistes appellent l'aléa moral. (→ voir chapitre 3) L'individu protégé peut diminuer sa vigilance. C'est par exemple le cas d'un conducteur assuré tous risques qui va être moins prudent sur les routes.
- Au-delà de cet effet pervers de l'assurance, les économistes mettent en avant le lien positif entre assurance et croissance, entre assurance et développement et donc entre assurance et bien-être de la population. Des individus protégés contre les risques sociaux sont en meilleure santé et donc plus productifs. Ils vivent aussi plus longtemps.
- La protection permet également de maintenir un niveau de confiance favorable aux investissements et à l'innovation. Au final, la protection contre les risques est source d'externalités positives encourageant le développement.
- L'assurance est aussi un élément important du lien social. (→ voir chapitre 7) En créant une solidarité entre les individus, elle peut renforcer la cohésion sociale. (→ voir dossier 4)

Prévention
Ensemble de mesures et d'actions prises afin de limiter la survenue d'un risque.

Protection sociale
Ensemble des mécanismes mis en place par les pouvoirs publics ou par des mutuelles permettant la prise en charge collective des risques sociaux.

Risque
Réalisation possible d'un événement ou d'un concours de circonstances pouvant dégrader la situation, le bien-être des individus. Le risque est généralement mesurable par la probabilité de réalisation de cet événement.

Risques économiques et sociaux
Événements pouvant provoquer une perte de revenu : le chômage, la vieillesse, l'accident, l'invalidité, la maladie, la maternité, etc.

Sécurité sociale
Organisme public organisant la prise en charge collective des risques sociaux.

Capsule vidéo
L'essentiel du cours en vidéo sur lelivrescolaire.fr :
LLS.fr/SES1P281

Attention aux notions

Ne pas confondre

Risque et **incertitude**

- Un risque est un danger potentiel pour lequel il est possible de calculer la probabilité qu'il se produise.
- L'incertitude correspond à une situation où les événements qui peuvent se produire sont impossibles à prévoir.

Cotisations sociales et **prestations sociales**

- Les cotisations sociales sont la partie du salaire brut que payent l'employeur et le salarié afin de financer la sécurité sociale.
- Les prestations sociales sont des revenus perçus par les ménages dans le cadre de la protection sociale, au titre de l'assurance ou de l'assistance.

Les sciences sociales face à l'internationalisation des risques

Doc. 1 Les risques dépassent les frontières nationales

Le nationalisme méthodologique part du principe que la nation, l'État et la société sont des formes sociales et politiques neutres du monde moderne. […]

Les crises et les risques globaux contredisent le nationalisme méthodologique. Ils ne sont pas confinés aux frontières nationales, et leurs causes ne peuvent être analysées à travers le prisme national. Leurs effets sont ressentis par-delà les frontières souveraines des nations. […]

Dans un monde de crises et de dangers mondiaux, une perspective cosmopolite signifie que les anciens dualismes (intérieur/extérieur, national/international, eux/nous) perdent de leur validité […]. Cette perspective d'une « cosmopolitisation forcée » rend possible l'idée que la « fabrique des incertitudes et des insécurités » permise par une société mondiale du risque appelle […] à la coopération globale et à des réponses coordonnées. […]

J'insiste sur cette idée de mise en scène de la société mondiale du risque. Cela découle du souci théorique pour les « nouveaux risques globaux ». Ils peuvent être définis comme des menaces et des catastrophes résultant de l'action humaine, incalculables, et non assurables, mais qui sont anticipées. Bien souvent, ils demeurent invisibles. Les risques globaux sont donc socialement construits et définis selon des relations de pouvoir. […] Il faut donc insister sur le fait que les crises globales dépendent des médias globaux. En effet, lorsque ces risques sont mis en scène dans les médias, ils deviennent des événements cosmopolites pouvant toucher le monde entier avec une rapidité foudroyante.

Ulrich Beck, « Nationalisme méthodologique – cosmopolitisme méthodologique : un changement de paradigme dans les sciences sociales », *Raisons politiques*, février 2014.

Questions

1. Que signifie le « nationalisme méthodologique » ? Pourquoi Ulrich Beck propose-t-il de le remplacer par une « perspective cosmopolite » ?

2. Quel rôle jouent les médias dans la définition des risques ?

Qui est-ce ?

Ulrich Beck (1944-2015) est un sociologue allemand mondialement reconnu. Il a été notamment directeur de l'institut de sociologie de Munich et professeur à la London School of Economics. Son ouvrage *La Société du risque*, paru en 1986, lui apporte une notoriété internationale. Il y propose une lecture originale de la modernité : les sociétés modernes seraient à l'origine de nouveaux risques, notamment des risques globaux. Cette évolution obligerait les sciences sociales à élargir leur champ de pensée en sortant du cadre de l'État-nation.

1940 — 1960 — 1990 — 2010

1944 Naissance en Pologne

1986 Publication de son ouvrage *La Société du risque*
Catastrophe de Tchernobyl

2003 Publication de *Pouvoir et contre-pouvoir à l'heure de la mondialisation*

2006 Publication de *Qu'est-ce que le cosmopolitisme ?*

Illustrer par une citation

> *« Moins le risque est grand, plus les spéculateurs fuient. »*

Formulation du « paradoxe d'Allais » dû à l'économiste Maurice Allais.

S'appuyer sur des données

31,5 %

C'est ce que représentent les dépenses sociales en France en 2016, en % du PIB (plus haut niveau des pays de l'OCDE).

19,3 %

C'est ce que représentent les dépenses sociales aux États-Unis en 2016, en % du PIB.

OCDE, 2018

1 014 milliards d'euros

C'est la somme versée par les sociétés d'assurance en Europe en 2017 pour la protection face à des sinistres et pour des prestations.

Insuranceeurope.eu

Situer dans le temps

IIe millénaire avant J.-C.

Création d'un système d'assurance pour le transport au long cours à Babylone.

1883, 1884 et 1889

Protection sociale contre le risque maladie, les accidents du travail puis la vieillesse en Allemagne.

1945

Création de la Sécurité sociale en France.

2008

Crise financière des *subprimes* due à des prêts risqués dans le secteur immobilier aux États-Unis.

Synthétiser en images

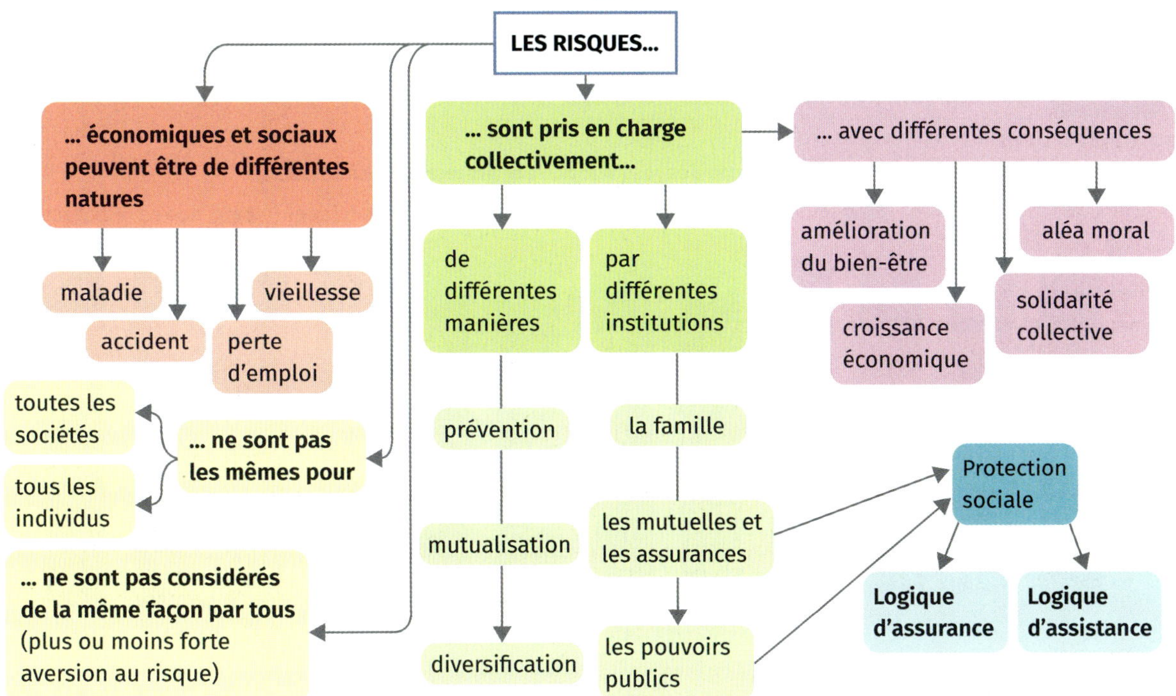

Raisonnement appuyé sur un dossier documentaire : je rédige

Première

La deuxième partie de l'épreuve écrite de contrôle continu est un exercice de raisonnement appuyé sur un dossier documentaire. Elle est notée sur 10 points. Vous devez développer un raisonnement structuré en exploitant deux documents de nature différente : un texte de 2 000 signes maximum et un document de nature statistique de 65 données au maximum.

Exemple de sujet :

- À l'aide de vos connaissances et du dossier documentaire, vous montrerez que la protection sociale obéit à différentes logiques.

Doc. 1

Les différences rencontrées dans les États-providence ne sont [...] pas réparties de manière linéaire mais groupées par type de régime. Dans un groupe nous trouvons l'État-providence « libéral », dans lequel l'assistance fondée sur l'évaluation des besoins, les transferts universels modestes ou les plans d'assurances sociales modestes prédominent. Les indemnités sont attribuées principalement aux bas revenus, généralement des ouvriers dépendants de l'aide publique [...]. Les indemnités sont très modestes. [...]. Les États-Unis, le Canada et l'Australie sont les exemples archétypiques de ce modèle. Un deuxième type de régime regroupe les nations telles l'Autriche, la France, l'Allemagne et l'Italie [...]. Dans ces États-providence conservateurs et fortement « corporatistes », l'obsession libérale de rendement du marché et de la marchandisation n'est jamais un fait sérieusement contesté. [...] Ce corporatisme est subordonné à un édifice étatique parfaitement prêt à se substituer au marché en tant que pourvoyeur de bien-être. L'assurance privée et les indemnités liées au travail jouent vraiment un rôle marginal [...]. Le troisième groupe, nettement le plus réduit, est composé des pays dans lesquels les principes d'universalisme et de démarchandisation[1] des droits sociaux ont également été étendus aux nouvelles classes moyennes. Nous pouvons le baptiser type de régime « social-démocrate » [...].

Gøsta Esping-Andersen, *Les trois mondes de l'État-providence. Essai sur le capitalisme moderne*, PUF, 2007.

1. Démarchandisation : prise en charge par d'autres institutions que le marché.

Doc. 2 Le fonctionnement de la protection sociale

Évolution de la structure des ressources de la protection sociale (en %)

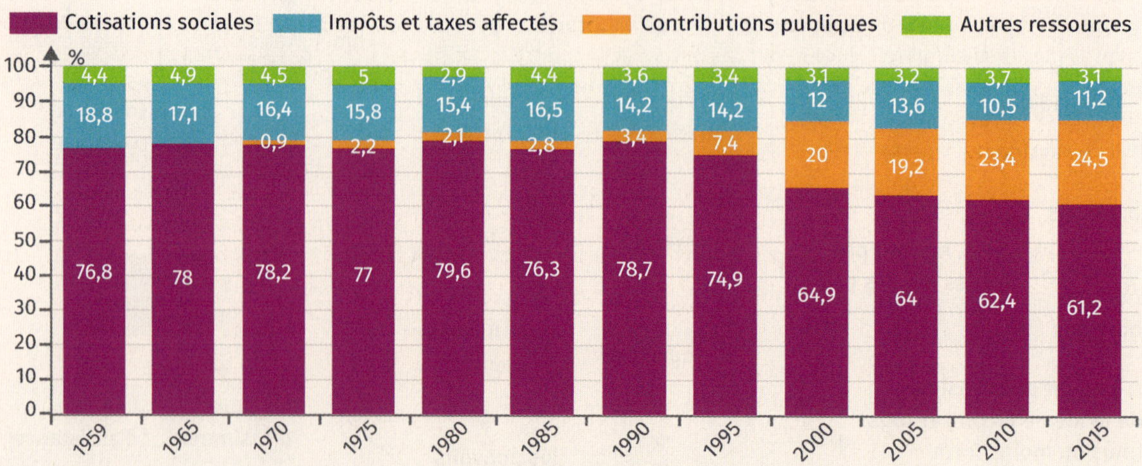

Drees, « 55 ans de diversification des financements de la protection sociale », *Études et résultats*, mars 2017.

Comment bien rédiger

◆ **Étape 1. Rédiger son introduction et sa conclusion au brouillon.**

Il est recommandé de commencer le raisonnement par une courte introduction qui doit comprendre dans l'ordre :

- *une accroche ;*
- *le rappel du sujet ;*
- *la définition et la discussion des termes du sujet ;*
- *l'annonce du plan.*

Cherchez à présenter tout cela de façon logique et fluide.

Il n'est demandé ni problématique ni présentation de documents en introduction.

La conclusion doit comprendre dans l'ordre : le résumé de tout ce que vous avez montré, en quelques phrases ; une ouverture vers un sujet lié, une autre question.

◆ **Étape 2. Rédiger le développement.**

- *Vous n'aurez pas le temps de rédiger au brouillon, mais la rédaction consiste en le fait de mettre en phrase les différents axes identifiés. (***→ voir Vers le bac des chapitres 7 et 9***)*
- *Chaque axe doit débuter par une phrase d'introduction, qui rappelle de quoi vous allez traiter. Si vous avez réalisé des sous-parties, il faut les annoncer.*
- *Pour chaque argument, commencez par l'affirmer, puis expliquez et illustrez.*
- *Lorsque vous utilisez un document du dossier documentaire pour la première fois, présentez-le. Cherchez aussi à exploiter les données chiffrées avec autant de rigueur qu'en épreuve de traitement de l'information.*
- *Achevez chacun de vos axes par une courte conclusion partielle qui indique au correcteur où en est votre réflexion.*

◆ **Étape 3. Soignez votre copie.**

N'oubliez pas d'aérer votre copie : dans l'idéal, on doit saisir la structure de votre devoir au premier coup d'œil. Le raisonnement doit faire environ une page.

Ne pas oublier...

- ❒ de rédiger l'introduction et la conclusion au brouillon ;
- ❒ de rédiger directement sur la copie le développement, en veillant à argumenter correctement et en exploitant le dossier documentaire avec rigueur ;
- ❒ de soigner et d'aérer votre copie.

1 Exercice guidé

À l'aide de vos connaissances et du dossier documentaire, montrez que la protection sociale obéit à différentes logiques.

◆ **Étape 1. Rédiger son introduction et sa conclusion au brouillon.**

Cette rédaction suppose d'avoir analysé et compris le sujet. Définissez soigneusement ce en quoi consiste la protection sociale (en veillant bien à ne pas la réduire à la seule Sécurité sociale !). Quelles pourraient être les différentes logiques auxquelles le sujet fait référence ? Pour l'ouverture de la conclusion, demandez-vous quels sont les principaux enjeux socio-économiques liés à la protection sociale aujourd'hui (financement, risques émergents). Quelles questions pourraient être posées sur le sujet ?

◆ **Étape 2. Rédiger le développement.**

Cette rédaction suppose d'avoir listé et organisé les arguments, qu'ils soient issus de vos connaissances ou des documents. Lorsque vous exploiterez le texte, rappelez-vous que citer n'est pas suffisant pour donner du sens. Il faut montrer que vous avez compris le document. Sinon, vous tomberez dans le piège de la paraphrase.

Numérique

D'autres exemples pour s'entraîner : LLS.fr/SES1P338

EN DIRECT DU LABO

Comment mesurer l'attitude face au risque ?

L'enquête

L'attitude vis-à-vis du risque explique-t-elle les difficultés financières des ménages les plus pauvres ?

Doc. 1 Mesurer de façon expérimentale l'attitude face au risque

Nous tentons de déterminer les facteurs explicatifs des difficultés de paiement des ménages français en nous focalisant plus particulièrement sur le rôle joué par l'attitude vis-à-vis du risque. […] La classification des individus en fonction de leur préférence face au risque est effectuée grâce à diverses situations entre lesquelles les individus doivent effectuer un choix […].

Choix n°1 […] : il garde son revenu actuel (contrat A) ou il opte pour une loterie qui lui permet soit de doubler son revenu avec une probabilité de 50 %, soit de le réduire d'un tiers avec une probabilité de 50 % (contrat B).

Si l'individu a opté pour le contrat A, on lui propose le choix n°2 : il garde son revenu actuel (contrat A) ou il opte pour une loterie qui lui permet soit de doubler son revenu avec une probabilité de 50 % , soit de le réduire d'un cinquième avec une probabilité de 50 % (contrat D).

Si l'individu a opté pour le contrat B dans le cadre du choix n°1, on lui propose le choix n°3 : il garde son revenu actuel (contrat A) ou il opte pour une loterie qui lui permet soit de doubler son revenu avec une probabilité de 50 % , soit de le réduire de moitié avec une probabilité de 50 % (contrat C).

David Crainich, Louis Eeckhoudt, Véronique Flambard, « Préférence face au risque et difficultés financières des ménages les plus pauvres », *Économie et Statistique*, 2014.

Les auteurs

Ce sont trois économistes.

David Crainich est chercheur au CNRS et enseigne à l'IESEG.

Louis Eeckhoudt est enseignant chercheur en économie. Il enseigne également à l'IESEG.

Véronique Flambard (photo) est également enseignante chercheuse en économie à l'université catholique de Lille.

Cet article se penche sur l'aversion au risque des ménages en se demandant si l'attitude face au risque dépend du niveau de vie des ménages.

Les trois chercheurs veulent comprendre à quel point les difficultés financières des ménages peuvent s'expliquer par des prises de risque. Ils proposent une démarche expérimentale pour tester l'aversion au risque des personnes.

Questions

1. Qu'est-ce que l'aversion au risque ?

2. Quel est le contrat le plus risqué entre le A et le B ? Quel est le contrat le plus risqué entre le B et le C ?

3. Comment le fait d'imposer aux personnes un choix entre les contrats peut-il permettre de connaître leur aversion au risque ?

Doc. 2 Comment classer les individus selon leurs préférences face au risque ?

L'aversion relative au risque mais aussi la prudence relative décroissent en allant du groupe 1 au groupe 4[1]. Regrouper les individus des groupes 1, 2 et 3 en une seule modalité (par opposition aux individus du groupe 4) permet ainsi de distinguer ceux dont l'aversion relative au risque et la prudence relative sont [élevées].

David Crainich, Louis Eeckhoudt, Véronique Flambard, *art. cit.*, 2014.

1. Les auteurs ont classé les personnes dans des groupes en fonction de leur niveau de prise de risque.

Questions

1. Quel est l'intérêt de regrouper les personnes selon leur niveau de prise de risque ?

2. Les personnes qui prennent le plus de risques sont-elles classées dans le groupe 1 ou dans le groupe 4 ?

Les résultats

Comprendre l'aversion au risque et les difficultés financières des ménages

Doc. 3 Le niveau d'aversion au risque dépend de la situation financière des ménages

Répartition des ménages en fonction de leur aversion au risque (en %)

	Groupes 1, 2 et 3	Groupe 4
Tous les ménages	92,7	7,3
Ménages pauvres	90,5	9,5
Ménages pauvres n'ayant pas connu de difficultés financières	96	4
Ménages pauvres ayant connu des difficultés financières	87,3	12,7

David Crainich, Louis Eeckhoudt, Véronique Flambard, *art. cit.*, 2014.

Questions

1. Montrez à l'aide des données du tableau que les ménages ayant connu des difficultés financières ont une aversion au risque plus faible que les autres.

2. Comment cette plus faible aversion au risque peut-elle expliquer leurs difficultés financières ?

3. Peut-on dire que tous les ménages pauvres le sont à cause de risques qu'ils ont pris ?

Doc. 4 Le lien entre aversion au risque et difficultés financières

Depuis 2010, les publicités pour les offres de crédits incluent obligatoirement une mention des risques pris.

La fréquence des difficultés financières varie en fonction de l'aversion relative au risque et de la prudence relative. Cette fréquence est de 84,6 % pour les ménages avec une aversion relative au risque inférieure à 1 et une prudence relative inférieure à 2 contre 61,2 % pour ceux qui ont une aversion relative au risque supérieure ou égale à 1 et une prudence relative supérieure ou égale à 2. […]

L'objectif principal de l'étude était de se focaliser sur le rôle joué par l'attitude vis-à-vis du risque dans l'explication de ces difficultés de paiement. Nous avons donc exploité les questions de l'enquête qui mettent en évidence le niveau de l'aversion relative au risque des individus […] Nous montrons que l'attitude vis-à-vis du risque a une influence significative sur la probabilité de faire face à des difficultés de paiement. En effet, notre travail indique que l'aversion relative au risque et la prudence relative protègent les individus pauvres contre les difficultés financières.

David Crainich, Louis Eeckhoudt, Véronique Flambard, *art. cit.*, 2014.

Questions

1. Les résultats confirment-ils un lien entre faible aversion au risque et probabilités de difficultés financières ?

2. Quel peut être l'intérêt d'un tel résultat pour les politiques de prévention face aux risques ?

UN AUTRE REGARD

Les risques du métier ? L'exemple des artistes de cirque

Objectifs

La perception des risques dépend de facteurs sociaux. C'est un point particulièrement important quand on s'intéresse à la socialisation professionnelle : certains métiers conduisent à une forte exposition au risque et la gestion de ce risque doit être apprise. C'est le cas pour les artistes de cirque.

Doc. 1 Apprendre à maîtriser les risques

Le cirque est une activité à risque dans le sens où les artistes engagent leur intégrité physique. [...] Dans les écoles de cirque, on ne parle guère du risque. Pourtant, comme dans de nombreux groupes professionnels, le rapport au risque constitue un élément central de la culture professionnelle. [...]

Les entretiens successifs montrent que la définition des risques professionnels évolue au fil de la formation. Partant d'une définition essentiellement axée sur l'intégrité physique, les étudiant-e-s développent une définition élargie articulant les risques physiques aux risques de la création et de la scène et à ceux de l'insertion professionnelle. Le risque de se montrer, de « perdre la face » en tant qu'artiste, émerge. [...]

Les étudiant-e-s en fin de formation abordent systématiquement le risque lié à l'insertion professionnelle à venir :

« Oui, le risque de se lancer dans le métier ! Celui-là il me stresse parfois beaucoup plus que les autres ! ». [...]

La maîtrise de la sécurité matérielle, l'acquisition des savoirs corporels, physiologiques, biomécaniques, se réalise tout au long de la formation. Dans une approche que l'on pourrait qualifier de rationnelle et technique, ces savoirs et savoir-faire sont considérés comme des clés pour maîtriser les facteurs de la prise de risque physique. C'est une idée largement partagée dès le début de la formation : « Si tu n'as pas de technique, c'est là où c'est dangereux. » (Laurent[1], acrobate). [...] La maîtrise des techniques, la connaissance de ses forces, de ses limites, la conscience de son corps permettent aux étudiant-e-s de vaincre la peur, de rendre un risque physique « acceptable ». Ils finissent par se convaincre qu'ils maîtrisent le risque. Ils se sentent plus sûrs d'eux, de leurs compétences, de leur force. Les contenus de la formation véhiculés par les enseignants constituent des ressources importantes [...] pour construire cette posture, toutefois d'autres expériences sont également sources d'apprentissage.

Florence Legendre, « Devenir artiste de cirque : l'apprentissage du risque », *Travail, genre et sociétés*, février 2016.

1. En première année de formation.

Mademoiselle Lala au cirque Fernando, Edgar Degas, 1879.

Questions

1. Quels sont les risques liés à la pratique du cirque ?
2. Quels sont les principaux risques mis en avant par les étudiants et les étudiantes en formation ?
3. Comment parviennent-ils à gérer le risque physique ?

Vers la terminale

À l'issue de ce chapitre, vous savez tout (ou presque) sur le risque et ses facteurs économiques et sociaux. Ces connaissances pourront être complétées par :

- la mise en évidence du rôle de la protection sociale en termes de justice sociale et de cohésion ;
- une réflexion sur la place du risque dans les crises économiques ;
- une interrogation sur la façon dont les mouvements sociaux peuvent influer sur la prise en charge de certains risques.

Manifestation en 2013 contre l'Obamacare, système d'assurance maladie mis en place par Barack Obama.

Pour aller + loin

À voir

■ ***Moi, Daniel Blake,* de Ken Loach, 2016.**
Daniel Blake est un menuisier de cinquante-neuf ans. Pour la première fois de sa vie, en raison de difficultés de santé, il doit avoir recours à l'aide sociale. Cependant, l'administration l'oblige à retrouver un emploi. On suit alors son parcours, semé d'embûches, pour faire reconnaître ses droits. Un film engagé en faveur de la protection sociale.

■ ***Le Grand Soir,* de Benoît Delépine et Gustave Kervern, 2012.**
Benoît et Jean-Pierre sont demi-frères. L'un se présente comme le plus vieux « punk à chien d'Europe », l'autre est vendeur en literie. Quand Jean-Pierre divorce puis est licencié, les deux se retrouvent et décident de faire la révolution. Le film est absurde et souvent drôle, et il permet une interrogation sur le risque et ses conséquences, ainsi que sur la solidarité.

À écouter

■ **« Prendre soin », *Les nouvelles vagues*, podcast de Marie Richeux, Franceculture.fr, 2016.**
L'histoire de la sécurité sociale en France retracée avec Gilles Perret, réalisateur du film *La Sociale*.

LLS.fr/PrendreSoin

À lire

■ **Florence Aubenas, *Le Quai de Ouistreham*, Éditions de l'Olivier, 2010.**
La journaliste Florence Aubenas a mené une longue enquête de terrain auprès de femmes travaillant sur les ferries de la liaison transmanche en Normandie à Ouistreham. On suit leur quotidien, leurs difficultés et les risques auxquels elles sont exposées.

■ **Baptiste Virot et Anne Lambert, *Turbulences*, Casterman, 2016.**
Cette BD est tirée d'une enquête de terrain menée par la sociologue Anne Lambert. Marion, phobique de l'avion, doit embarquer pour un vol longue durée. L'ouvrage mène une réflexion sur le danger et la façon dont il peut être perçu différemment selon les personnes. C'est aussi une enquête fouillée sur la vie du personnel de bord.

■ **Laurent Éloi, *Le Bel Avenir de l'État-providence*, Les liens qui libèrent, 2014.**
Un essai qui permet d'approfondir le questionnement sur l'État-providence, son fonctionnement et les défis qui se posent à lui. Ce livre réussit l'exploit d'être clair et très fouillé sur cette question importante.

CHAPITRE 12

Comment les entreprises sont-elles organisées et gouvernées ?

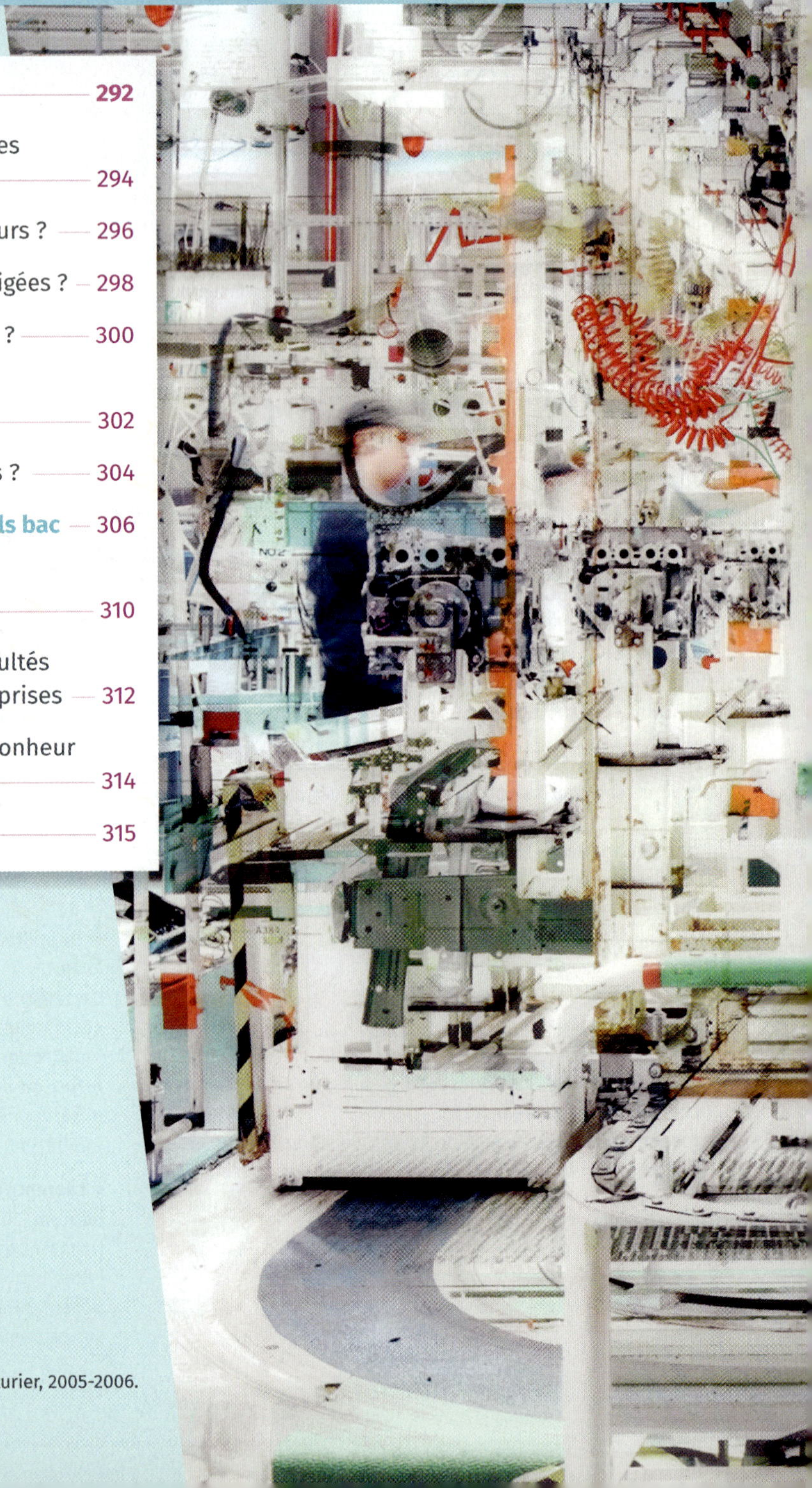

Toyota n°1, Stéphane Couturier, 2005-2006.

Notions-clés

Actionnaire · Autorité · Centralisation · Coopérative · Décentralisation · Entrepreneur · Entreprise · Gouvernance · Hiérarchie · Innovation · Manager · Négociations collectives · Statut juridique · Syndicats

POUR COMMENCER

Comment les entreprises sont-elles organisées et gouvernées ?

Doc. 1 Quelle diversité pour les entreprises ?

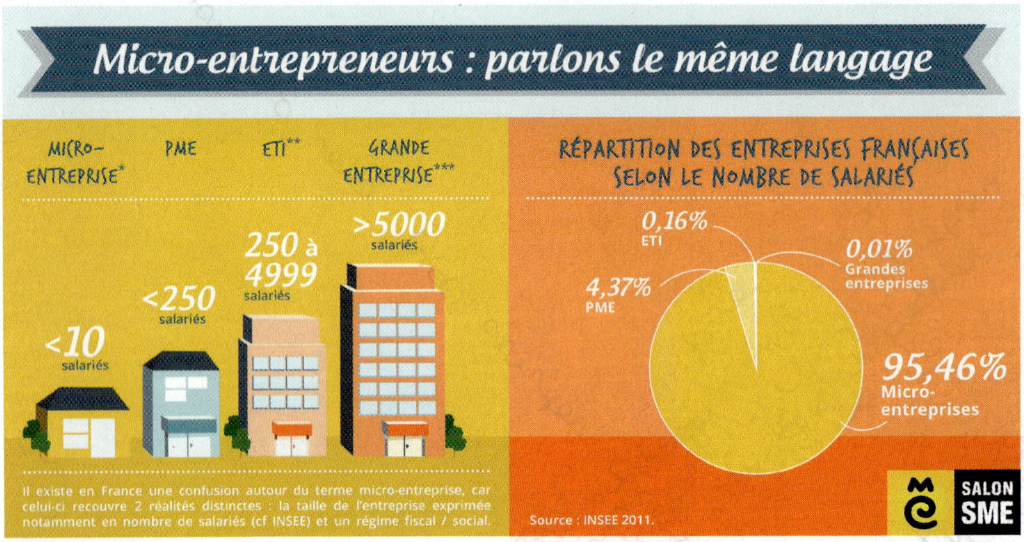

PME : Petite et moyenne entreprise.
ETI : Entreprise de taille intermédiaire.
Salon SME, Espace presse, 2014.

Questions

1. Quelle est la principale différence entre une micro-entreprise et une grande entreprise ?
2. Selon vous, quels sont les points communs entre toutes les entreprises ?
3. De quelle taille sont le plus souvent les entreprises ?

Numérique

Une série de vidéos de la Cité de l'économie pour découvrir la diversité des entreprises : LLS.fr/SES1Entreprises

Doc. 2 Qu'est-ce qu'entreprendre ?

Frédérique Grigolato grimpe les marches du business quatre à quatre. La patronne de Clic & Walk vient de réussir une levée de fonds de 3,5 millions d'euros pour financer le développement de son application de *crowd marketing*. Qu'est-ce que c'est ? Clic & Walk rémunère les particuliers pour des questions posées dans le cadre d'enquêtes demandées par des marques, des magasins, etc. La rémunération part de 0,50 euro (pour une simple question sur la vie quotidienne), et peut atteindre 6 euros pour certaines enquêtes en magasin. [...] Et ça marche : dans son fichier client on trouve Peugeot, L'Oréal, Unilever, Coca-Cola, Logitech, etc. Le potentiel n'a pas échappé aux spécialistes du secteur, qui ont fait de Clic & Walk, en 2014, l'une des dix start-up les plus innovantes au monde (prix Unesco). L'entreprise, qui compte vingt-deux salariés à Roubaix, est implantée avec succès en Espagne (où « ça marche très fort »), en Italie, en Allemagne et en Grande-Bretagne. Elle prévoit aussi d'ouvrir un bureau en Europe de l'Est.

Olivier Aballain, « Roubaix : La start-up Clic & Walk change de braquet à coups de millions », 20minutes.fr, 7 octobre 2015.

Questions

1. Pourquoi peut-on dire que l'entreprise Clic & Walk a du succès ?
2. Selon vous, comment ce succès peut-il s'expliquer ?
3. Pourquoi peut-on dire que Frédérique Grigolato est une entrepreneuse ?

Numérique

Une interview de Frédérique Grigolato sur son parcours et son entreprise : LLS.fr/Grigolato

Doc. 3 L'entreprise, un lieu de conflits ?

Affaire de la chemise déchirée du DRH (directeur des ressources humaines) d'Air France par des salariés en colère, le 5 octobre 2015. Le DRH vient d'annoncer des suppressions de postes dans le cadre du plan de restructuration de l'entreprise. La direction avait déjà supprimé de nombreux postes au cours des années précédentes.

Questions

1. Sur quoi porte le conflit entre les salariés et le DRH ?

2. Quelles peuvent être les différentes façons de régler des conflits de ce type dans une entreprise ?

3. Le DRH est-il propriétaire de l'entreprise ?

4. Les relations au sein des entreprises ne sont-elles marquées que par des conflits ? Illustrez votre réponse.

Testez vos connaissances

1. Les entreprises réalisent une production :
❑ marchande ; ❑ non marchande.

2. On compte en France environ :
❑ 40 000 entreprises ; ❑ 400 000 entreprises ; ❑ 4 millions d'entreprises.

3. La plupart des entreprises sont :
❑ des petites et moyennes entreprises ; ❑ des entreprises de taille intermédiaire ; ❑ de grandes entreprises.

4. La valeur ajoutée d'une entreprise se calcule en faisant :
❑ valeur de la production – consommations intermédiaires ;
❑ chiffre d'affaires – coûts de production.

Questions du chapitre

1 Quelles sont les différentes étapes de la vie d'une entreprise ?

2 Quelle est la diversité des profils des entrepreneurs ?

3 Comment les entreprises sont-elles dirigées ?

4 Quelles sont les relations sociales au sein des entreprises ?

DOSSIER 1

Comment les entreprises évoluent-elles dans le temps ?

Découvrir

Doc. 1 Quelles étapes dans le développement d'une entreprise ?

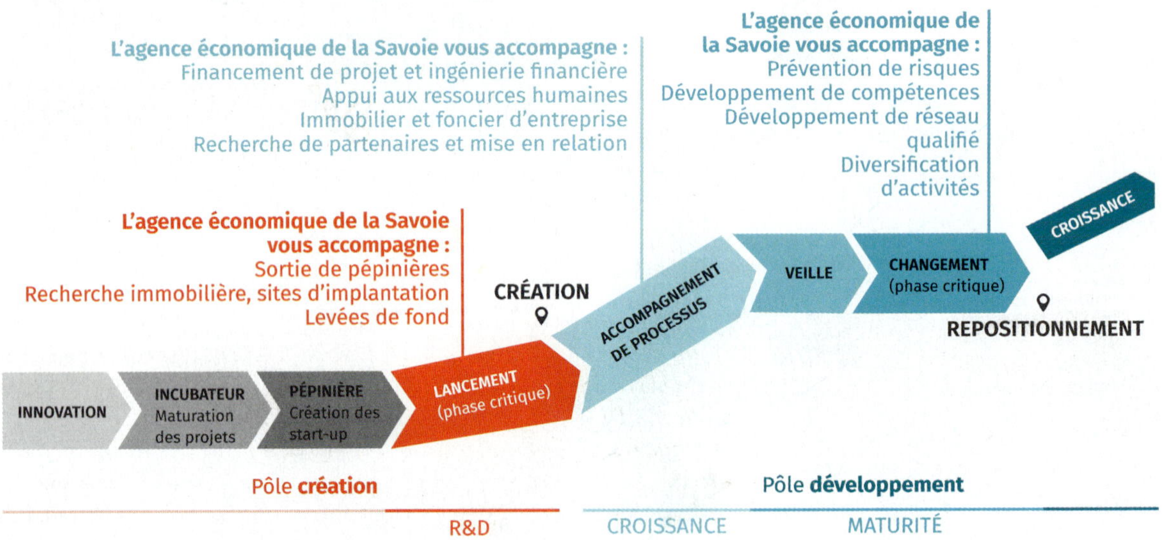

Développer votre entreprise, www.savoie-entreprise.com.

Questions

1. Pourquoi les entreprises doivent-elles passer par une phase de changement pour continuer à croître ?
2. Selon vous, toutes les entreprises créées passent-elles par ces différentes étapes ?

Numérique

L'importance du choix du statut juridique : LLS.fr/SES1Juridique

Doc. 2 Quelle survie pour les entreprises créées ?

Taux de survie des entreprises créées en 2010

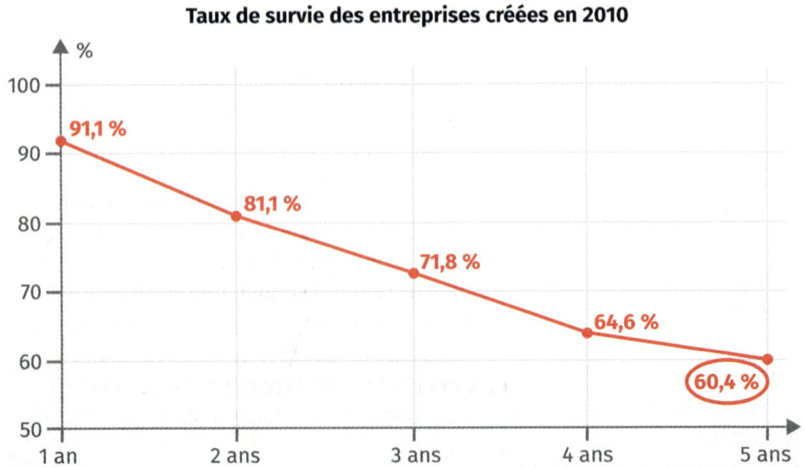

Questions

1. Que signifie la donnée entourée ?
2. La faillite des entreprises créées est-elle fréquente ?
3. Comment peut-on expliquer que le taux de survie diminue avec la durée de vie des entreprises ?

Champ : entreprises du secteur marchand non agricole créées au premier semestre 2010, hors auto-entrepreneurs.

Jocelyn Béziau et Nicolas Bignon, « Les entreprises créées en 2010 », *Insee Première*, mars 2017.

Doc. 3 Pourquoi la stratégie de l'entreprise est-elle importante ?

Face à la colère d'usagers mécontents, l'application Snapchat a annoncé ce vendredi qu'elle revenait sur certains changements annoncés fin 2017. [...] Snap, qui cumule les pertes financières, avait annoncé en novembre dernier une refonte de cette appli très prisée des adolescents afin d'attirer de nouveaux utilisateurs et annonceurs. [...] Mais ces changements avaient entraîné la colère d'utilisateurs. Une pétition demandant à Snap de revenir sur ces modifications avait réuni 1,2 million de signatures ce samedi matin. [...] D'après certains analystes, les résultats financiers décevants de Snap – tant en termes financiers qu'en nombre d'utilisateurs – au premier trimestre sont vraisemblablement dus en partie à ces changements.

« Snapchat fait marche arrière face aux utilisateurs mécontents », *L'Obs*, 12 mai 2018.

Questions

1. Pourquoi l'entreprise Snap avait-elle cherché à modifier le fonctionnement de l'application Snapchat ?
2. Pourquoi cette modification a-t-elle échoué ?
3. Que risque l'entreprise si elle continue à cumuler les pertes ?

Numérique

L'importance de la stratégie de localisation de l'entreprise : LLS.fr/SES1P295

Doc. 4 Pourquoi les entreprises font-elles faillite ?

En janvier 2012, le créateur de la pellicule et de la photographie populaire au XIXe siècle, la mythique compagnie Kodak, déclare faillite après cent trente-et-un ans d'existence. Selon une analyse, la firme aurait, de façon délibérée, renoncé à accomplir le virage technologique que la révolution informatique rendait possible. Pourtant Kodak possédait l'appareil photo numérique dès les années soixante-dix, mais n'avait pas cru à son intérêt commercial. [...] Cette lecture erronée de la réalité de ses clients [...] allait créer une opportunité sans pareille pour des concurrents plus innovateurs [...]. On attribue le même déficit de lecture aux géants américains de l'automobile qui n'ont rien vu venir de la demande d'efficacité environnementale, malgré les avertissements servis par la double crise pétrolière.

Marc-André Morency et Jeanne Simard, « La démarche décisionnelle du gestionnaire en situation complexe : une modélisation », *La Revue des sciences de gestion*, janvier 2015.

Questions

1. Pourquoi Kodak a-t-elle fait faillite ?
2. Pourquoi la situation des constructeurs automobiles américains peut-elle être rapprochée de celle de Kodak ?
3. Suffit-il de posséder des technologies avancées pour éviter la faillite ?

Je m'auto-évalue

Indiquez si les propositions suivantes sont vraies ou fausses.

1. La plupart des entreprises créées en France font très vite faillite.
2. Quand une entreprise se développe, elle doit souvent renouveler sa stratégie.
3. Les entreprises « leaders » n'ont pas à se soucier de leur stratégie.
4. La faillite ne concerne que les petites entreprises.

Je fais le point

Chaque jour, de très nombreuses entreprises sont créées, reposant sur un projet qui est porté par une ou plusieurs personnes. Après la création, se pose souvent la question du renouvellement. Une entreprise qui grandit doit parfois changer de statut ou de stratégie. Certaines entreprises, parties de rien, deviennent des leaders mondiales dans leur domaine. Cependant, même ces structures ne sont pas à l'abri d'une faillite.

DOSSIER

2 Quelle est la diversité des entrepreneurs ?

Découvrir

Doc. 1 Footballeur et... entrepreneur ?

[Le footballeur] Gerard Piqué est à la tête d'une Sicav, autrement dit une société d'investissement à capital variable contrôlée par la banque suisse UBS. Elle est composée de participations à des fonds d'investissement, d'une valeur supérieure à 14 milliards d'euros. Un confortable matelas financier qui lui a permis de se lancer dans les affaires. Dès 2012, il crée ainsi Kerad Games, une société qui conçoit et distribue des jeux en ligne. Basé dans la banlieue de Barcelone, tout près du centre d'entraînement du Barça, la société emploie une cinquantaine de personnes et a lancé des jeux comme Golden Manager ou tout récemment Final Kick. [...] Passionné de viande, Gerard Piqué est également un des propriétaires de Bas Alimentaria, société créée en 2013. Elle fut à l'origine d'un des rares échecs du businessman-footballeur, un restaurant spécialisé dans le hamburger gastronomique, Yours Barcelona, qui a fermé ses portes après moins de deux ans d'existence.

Alejandro Valente, « Gerard Piqué : plus qu'un footballeur, un homme d'affaires », *RFI*, 27 février 2018.

Questions

1. Quels sont les domaines d'activité dans lesquels Gerard Piqué a investi ?
2. Pourquoi ces activités peuvent-elles être risquées financièrement ?
3. Pourquoi le footballeur peut-il, ici, être qualifié d'entrepreneur ?

Doc. 2 L'entrepreneur, un aventurier ?

L'entrepreneur typique [...] crée sans répit, car il ne peut rien faire d'autre. [...] Il y a d'abord en lui le rêve et la volonté de fonder un royaume privé, le plus souvent, quoique pas toujours, une dynastie aussi. [...] Puis vient la volonté du vainqueur. D'une part vouloir lutter, de l'autre vouloir remporter un succès pour le succès même. [...] L'activité économique entendue comme sport, course financière, plus encore combat de boxe. Il y a là d'innombrables nuances. Et beaucoup de mobiles – comme la volonté de s'élever socialement – se confondent avec le premier point. [...] Il peut n'y avoir que simple joie à agir : l'« exploitant pur et simple » vient avec peine à bout de sa journée de travail, notre entrepreneur, lui, a un excédent de force, il peut choisir le champ économique, comme tous autres champs d'activité, il apporte des modifications à l'économie, il y fait des tentatives hasardeuses en vue de ces modifications et précisément à raison de ces difficultés.

Joseph Schumpeter, *Théorie de l'évolution économique*, 1911.

En inventant une production à la chaîne de voitures pour la Ford T, Henry Ford agit comme un entrepreneur.

Numérique

La théorie de l'entrepreneur de Schumpeter par Draw My Economy : LLS.fr/SES1Entrepreneur

Questions

1. Selon Joseph Schumpeter, qu'est-ce qui caractérise l'entrepreneur ?
2. L'objectif de l'entrepreneur est-il de faire fortune ?
3. Tous les chefs d'entreprise sont-ils des entrepreneurs, selon Joseph Schumpeter ?

Doc. 3 Créer son entreprise, pour quelles raisons ?

Les principales motivations pour créer son entreprise

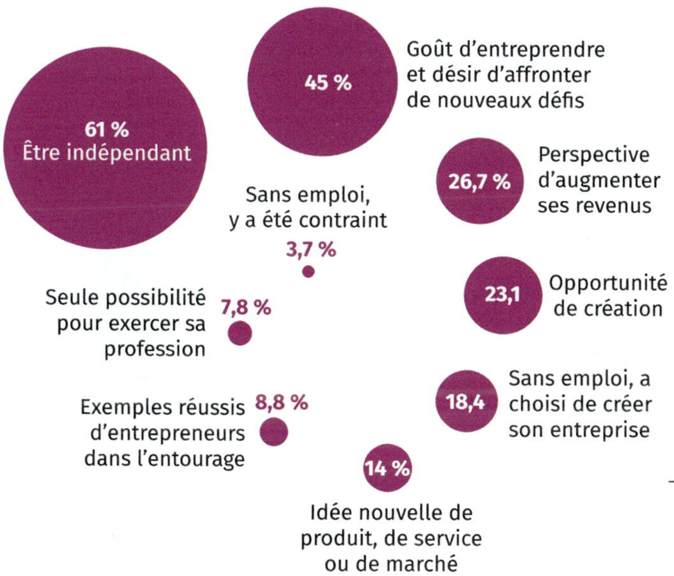

Le total fait plus de 100 % , car les personnes interrogées pouvaient citer plusieurs réponses.

Insee, Enquête SINE, 2013.

Questions

1. Selon vous, que signifie la volonté d'être indépendant ?
2. La volonté de créer son entreprise naît-elle principalement de la volonté de proposer un nouveau produit ou un nouveau concept ?
3. Parmi ces motifs, quel est celui qui correspond le plus à la définition que donne Joseph Schumpeter de l'entrepreneur ? (→ **voir doc. 2.**)

Doc. 4 Une diversité de statuts pour les entrepreneurs ?

Personne n'est « propriétaire » de la grande entreprise. [...] Les actionnaires ne sont propriétaires que des actions, [...] pas de l'entreprise en soi. On ne peut raisonner par rapport à la grande entreprise comme si elle était l'objet d'une propriété, [...] comme s'il s'agissait de la pizzeria du coin dont le propriétaire aurait confié la gestion à un gérant. Cela a l'avantage de la simplicité et des dehors d'évidence. Mais c'est faux. [...] Les actionnaires apportent les capitaux en risque dont les entreprises ont besoin. En échange, ils reçoivent une rémunération variable (des dividendes) dont ils espèrent justement qu'ils viendront rémunérer les risques qu'ils prennent. Preneurs de risques, ils ont le droit de participer aux assemblées au cours desquelles les sociétés où ils ont investi prennent leurs décisions les plus importantes. Ce sont eux, notamment, qui élisent les mandataires sociaux qui occuperont alors la fonction de « chef d'entreprise ».

Jean-Philippe Robé, « À qui appartiennent les entreprises ? », *Le Débat*, mars 2009.

Questions

1. Dans l'exemple de la pizzeria, qui est le chef d'entreprise ?
2. Quel est le rôle des actionnaires ?
3. Qui dirige les entreprises par actions ?

Je m'auto-évalue

Indiquez si les propositions suivantes sont vraies ou fausses.

1. Entrepreneur est synonyme de chef d'entreprise.
2. Pour Joseph Schumpeter, les entrepreneurs sont des personnes qui gèrent les entreprises de façon routinière.
3. La principale motivation à la création d'entreprise est le fait de vouloir être indépendant.
4. Les actionnaires sont toujours les dirigeants des entreprises.
5. L'entrepreneur peut avoir des statuts très divers.

Je fais le point

Le terme d'entrepreneur peut recouvrir des réalités très diverses. Au sens de l'économiste Joseph Schumpeter, l'entrepreneur est avant tout une sorte d'aventurier, qui prend des risques, innove et se lance sans cesse dans de nouveaux projets économiques. Le terme est aussi utilisé pour désigner les créateurs d'entreprises et les dirigeants. Ces derniers peuvent être les propriétaires de l'entreprise, mais ils sont souvent salariés quand il s'agit de grandes entreprises. Ce sont alors des managers.

DOSSIER

3 Comment les entreprises sont-elles dirigées ?

Découvrir

Doc. 1 Qui dirige dans l'entreprise ?

La sociologue interroge Pierre Falaise, qui a été dirigeant salarié de plusieurs grandes entreprises.

La différence entre directeur général et PDG, c'est en fait un problème de statut et de responsabilités et de structure d'entreprise, hein. [...] Le DG c'est celui qui fait fonctionner la maison. [...] Ce qui est important, pour bien comprendre le rôle d'un dirigeant, c'est d'avoir l'adhésion de ses équipes avec soi. Tout seul on ne peut rien faire. Donc le vrai rôle d'un patron, c'est celui qui prend les bonnes décisions, bon ça c'est sûr, mais là il peut se faire aider, qui prend plus de bonnes que de mauvaises décisions, bon ça c'est évident. [...]

Et est-ce que vous pouvez me décrire par exemple une journée quand vous étiez PDG ?

[...] Bon alors, une journée ça n'a pas de sens parce que chaque journée peut être différente. Mais le rythme, en gros, c'est les réunions rémanentes, comité de direction, comité commercial, etc.

Vous êtes allé beaucoup à l'étranger ?

Pas mal, oui. Oui mais bon, j'avais un directeur d'export, je faisais pas en direct tout ça. Ça, c'est un métier spécifique.

Gaëlle Troadec, « "Les choses ne sont pas toujours aussi *smooth*" La carrière d'un "patron salarié" », *in* Michel Offerlé (dir.), *Patrons en France*, La Découverte, 2017.

Dans les grandes entreprises, le rôle du PDG est aussi de promouvoir l'entreprise. Ici, Gillian Tans, PDG de Booking.com, au Web Summit de Lisbonne.

Questions

1. Quelle est la différence entre un PDG et un DG ? Quel est leur rôle dans l'entreprise ?
2. Prennent-ils les décisions seuls ?

Doc. 2 Qu'est-ce que la gouvernance d'une entreprise ?

Depuis les années quatre-vingt-dix, les débats sur des relations plus équitables [dans l'entreprise], un meilleur partage des responsabilités et le thème de la participation se poursuivent à différents niveaux, en incluant de nouvelles préoccupations et en mobilisant de nouveaux concepts, dont celui de la *corporate governance*. C'est d'abord la question du poids des actionnaires qui a animé les discussions sur ce concept dont on a proposé deux traductions françaises : gouvernement d'entreprise et gouvernance. Ces thèmes se retrouvent à la croisée d'interrogations concernant l'évolution de la structure financière de l'entreprise et celle des systèmes de financement, une utilisation plus efficace des ressources et la quête de compromis plus acceptables entre les parties prenantes aux intérêts divergents. [...] Le concept de gouvernance est [...] souvent employé pour se référer au changement de la nature des relations entre les parties intéressées [...] en termes de relations entre les dirigeants, les salariés et les autres parties prenantes. Les mots clés sont alors participation et partenariat, qui sont mieux acceptés qu'une approche en termes d'inégalité de pouvoir et de dirigisme.

Lusin Bagla, *Sociologie des organisations*, La Découverte, 2003.

Questions

1. Quelles sont les différentes « parties prenantes » de l'entreprise ?
2. Illustrez le fait que ces parties prenantes peuvent avoir des intérêts divergents.
3. Pourquoi l'idée de gouvernance s'oppose-t-elle à celle de dirigisme ?

Doc. 3 Des entreprises plus ou moins verticales ?

Le taylorisme, une organisation pyramidale

Le taylorisme, aussi appelé organisation scientifique du travail, voit le jour au début du XXe siècle. L'objectif, après la révolution industrielle, était d'améliorer l'efficacité des entreprises, alors parfois perçues comme trop peu organisées.

Lelivrescolaire.fr

Questions

1. Pourquoi l'organisation de l'entreprise dans le taylorisme peut-elle être qualifiée de verticale ?
2. Quel est le pouvoir des ouvriers dans ce type d'organisation ?
3. Connaissez-vous des entreprises qui, de nos jours, utilisent une organisation s'approchant de celle-ci ? Est-ce le cas de toutes les entreprises ?

Doc. 4 Réduire la hiérarchie pour plus d'efficacité ?

L'entreprise Favi, installée en Picardie, emploie près de quatre cents personnes qui fabriquent des pièces détachées pour l'industrie automobile. Au milieu des années soixante-dix, un nouveau dirigeant, Jean-François Zobrist, en a pris les commandes. Quelques mois après son arrivée, il a réuni ses salariés et leur a tenu ce discours révolutionnaire : « Ça fait neuf mois que je suis parmi vous et que je vous regarde, et que je vois des gens courageux, de grands professionnels qui aiment leur métier, mais qu'on empêche de bien travailler. J'en suis arrivé à la conclusion que des gens comme vous, qui ont vos qualités, n'ont plus besoin de carotte, ni de bâton, d'ailleurs. » Puis il a énoncé les nouveaux principes qui allaient désormais gouverner l'entreprise. […] Chaque équipe sera pilotée par un leader (issu du rang). Les opérateurs régleront eux-mêmes leur machine. Ils seront amenés à proposer des améliorations. La confiance sera donc le maître mot. « Avoir foi en l'homme », tel est le credo affiché.

Jean-François Dortier, « L'entreprise libérée, réalité ou imposture ? », *Sciences Humaines*, mars 2016.

Questions

1. Comment la gouvernance de l'entreprise a-t-elle été modifiée ?
2. Pourquoi les salariés ont-ils davantage été impliqués dans l'entreprise ?
3. Quel peut être l'avantage pour les salariés de ce type de changements ? Quel peut être l'avantage pour l'employeur ?

Je m'auto-évalue

Complétez le texte suivant avec les termes : centralisé, décentralisé, horizontale, très peu, verticale.

Dans les entreprises à structure ____, les salariés participent ____ à la prise de décision et le pouvoir est ____ . Le dirigeant délègue peu les décisions.

Dans les entreprises à structure ____, les salariés participent plus à la prise de décision et le pouvoir est ____ .

Je fais le point

Chaque entreprise a son propre mode de fonctionnement et sa propre gouvernance. Ce terme désigne la façon dont les décisions sont prises en impliquant l'ensemble des « parties prenantes » de l'entreprise. Il existe des entreprises où la structure est très verticale : les décisions sont prises par quelques personnes au sommet de la hiérarchie. À l'opposé, de plus en plus d'entreprises adoptent des structures plus horizontales, par exemple en créant des équipes peu hiérarchisées.

DOSSIER

4 L'entreprise, lieu de relations sociales ?

Découvrir

Doc. 1 Qu'est-ce qu'une organisation hiérarchique ?

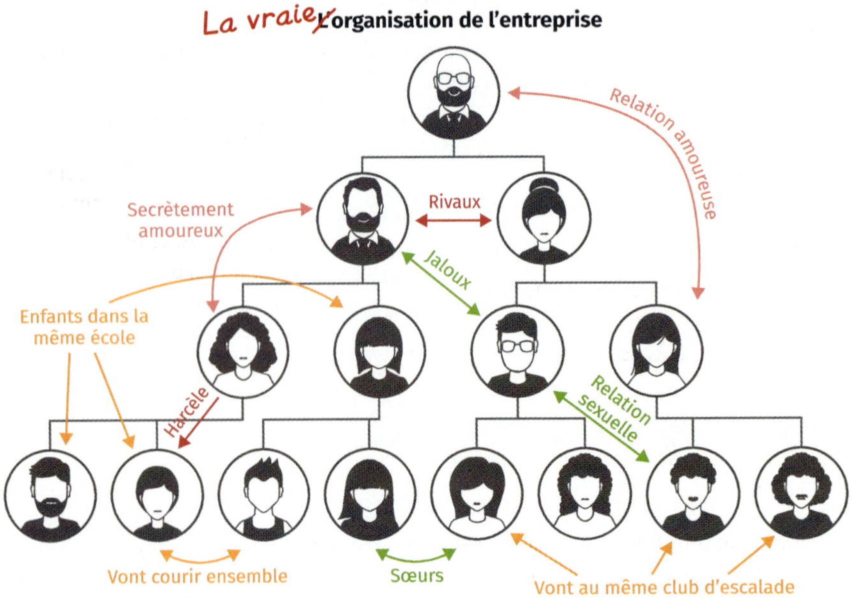

D'après www.integrationtraining.co.uk

Questions

1. Comment peut-on appeler ce type de document ?
2. Quelles sont les relations officielles entre les personnes situées les unes au-dessus des autres dans ce schéma ?
3. Sur quelle réalité de l'entreprise veut insister ce document humoristique ?

Doc. 2 L'entreprise, un lieu de conflits ?

Part des entreprises concernées par des grèves en 2016, selon le motif et le secteur d'activité

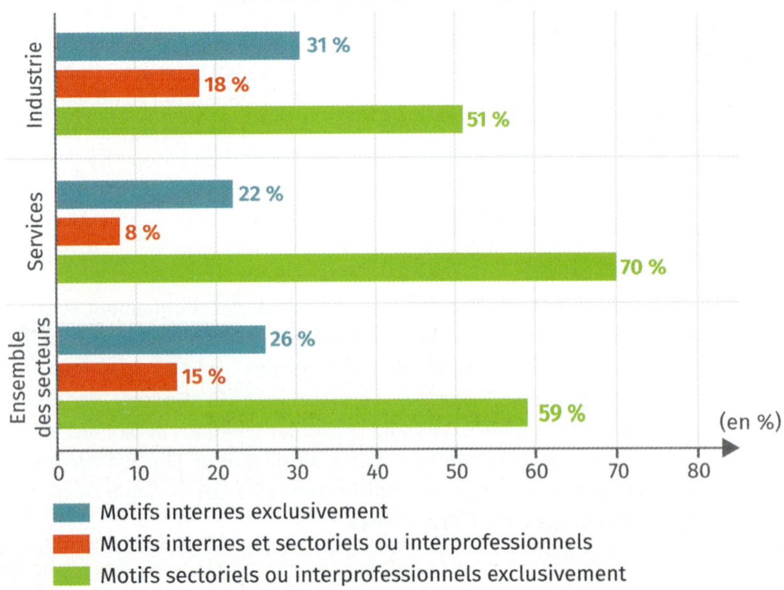

Questions

1. Quel peut être un motif interne pour une grève ? Quel peut être un motif interprofessionnel ou sectoriel ?
2. Dans quel secteur les motifs internes sont-ils les plus importants ?

Numérique

Un retour sur la pratique de la grève en France : LLS.fr/SES1Greve

Champ : entreprises de dix salariés ou plus du secteur marchand non agricole ayant déclaré au moins un jour de grève en France métropolitaine.

Cécile Higounenc, « Les grèves en 2016 », *Dares résultats*, décembre 2018.

Doc. 3 L'entreprise, lieu de négociations ?

Principaux thèmes des négociations collectives sur la période 2014-2016

Thèmes de négociation (plusieurs réponses possibles)	Part des entreprises concernées, en %
Les salaires, primes et autres indemnisations	47
L'égalité professionnelle entre femmes et hommes	39
La protection sociale complémentaire	38
Les conditions de travail (sécurité, risques psychosociaux, pénibilité, santé, etc.)	37
L'épargne salariale (y compris intéressement, participation)	32
L'emploi	30
La formation professionnelle	30
Le temps de travail	27

Champ : Établissements de onze salariés ou plus des secteurs marchand et associatif, France métropolitaine.

Dares, enquête RÉPONSE 2017, volet « représentants de la direction ».

Point notion

Négociations collectives

Concertations entre les syndicats représentant les salariés et ceux représentant les employeurs, souvent avec l'intermédiation de l'État. L'objectif est de trouver un accord convenable pour les deux parties sur la thématique discutée.

Questions

1. Quel est le premier thème de négociation dans les entreprises ?
2. Les thèmes de négociation sont-ils seulement d'ordre financier ?

Doc. 4 Un dialogue dans l'entreprise ?

Le Comité social et économique (CSE) doit être mis en place d'ici au 31 décembre 2019, dans les entreprises d'au moins onze salariés. Composé de l'employeur et d'une délégation du personnel élue pour un mandat de quatre ans [...].

Dans les entreprises de moins de cinquante salariés, la délégation du personnel au CSE a pour mission de présenter à l'employeur les réclamations individuelles ou collectives des salariés [...].

Dans les entreprises d'au moins cinquante salariés, le CSE a, de surcroît, pour mission d'assurer une expression collective des salariés permettant la prise en compte de leurs intérêts. [...] Le CSE a également des attributions en matière d'activités sociales et culturelles. Des dispositions plus favorables relatives aux attributions du CSE peuvent résulter d'accords collectifs de travail ou d'usages.

Ministère du Travail, « Le Comité social et économique ».

Questions

1. Comment les représentants du personnel au sein du Comité social et économique (CSE) sont-ils nommés ?
2. Comment l'existence d'un CSE peut-elle favoriser le dialogue dans une entreprise ?

Numérique

Plus de détails sur les fonctions du CSE en vidéo : LLS.fr/SES1CSE

Je m'auto-évalue

Corrigez ces phrases pour qu'elles soient exactes.

1. Les grèves pour des motifs internes à l'entreprise sont plus fréquentes que pour des motifs extérieurs à l'entreprise.
2. La négociation dans les entreprises porte exclusivement sur les salaires.
3. Les entreprises connaissent soit des grèves, soit des négociations.
4. Les salariés ne sont jamais représentés dans les entreprises.

Je fais le point

L'entreprise n'est pas un lieu consacré seulement à la production sous les ordres d'un patron. C'est aussi un lieu de vie, de relations sociales. Ces relations peuvent parfois être conflictuelles comme en témoignent, par exemple, les grèves qui peuvent éclater. Cependant, des négociations permettent aussi de prendre des décisions favorables à tous et les salariés sont représentés dans plusieurs instances de décisions.

TD 1

Un statut juridique spécifique : la micro-entreprise

1 Exercice guidé → La micro-entreprise, un statut au service de la création d'entreprise ?

Doc. 1 Quel statut pour la micro-entreprise ?

Le micro-entrepreneur, plus comme sous le nom d'auto-entrepreneur individuel bénéficiant d'un régime social et fiscal ultra simplifié. [Ce régime lui permet] d'exercer une « petite » activité professionnelle indépendante :

– très facilement ;

– de façon régulière ou ponctuelle ;

– et surtout en toute connaissance des charges sociales et fiscales qui en découlent.

[...]

Il s'agit du régime fiscal de la micro-entreprise qui s'applique dès lors que le chiffre d'affaires annuel de l'année civile précédente ou de l'avant-dernière année n'excède pas :

– 170 000 € pour une activité de vente de marchandises, d'objets, d'aliments à emporter ou à consommer sur place, ou de fourniture de logement ;

– 70 000 € pour une activité de services.

[...]

[Le] régime social simplifié [...] permet de calculer le montant de ses cotisations sociales en pourcentage de son chiffre d'affaires et de les régler au fur et à mesure des encaissements.

Bpifrance-creation.fr, « Le micro-entrepreneur ou auto-entrepreneur ».

Questions

◆ **Étape 1. Définir.**

1. Comment peut-on définir une micro-entreprise ?

Il s'agit de reformuler le passage sur le type d'activité.

◆ **Étape 2. Comprendre à quoi est lié un statut juridique.**

2. Quelle est la situation des micro-entreprises en ce qui concerne le paiement de l'impôt ?

Le paiement de l'impôt est lié au « régime fiscal ».

3. Comment le régime social des micro-entreprises est-il simplifié ?

Le régime social concerne les cotisations sociales.

Doc. 2 Un effet sur la création d'entreprises ?

Nombre de créations d'entreprises en France

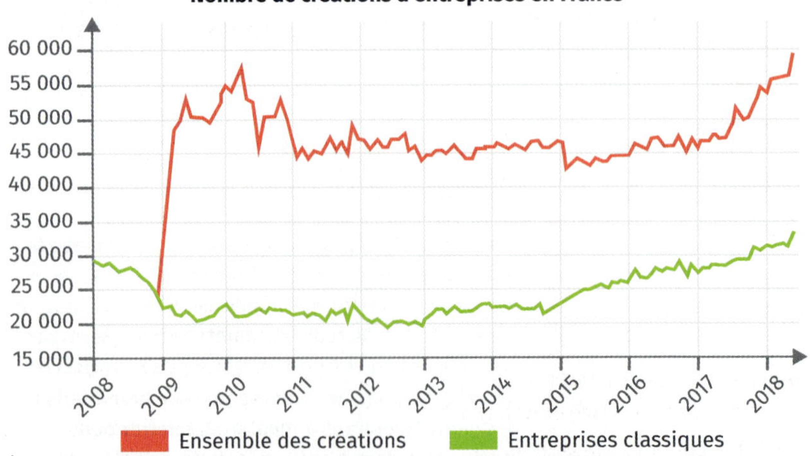

Insee, « Légère hausse des créations d'entreprises en septembre 2018 », *Informations rapides*, 12 octobre 2018.

Questions

◆ **Étape 1. Comprendre le document.**

1. Faites une phrase présentant les données pour septembre 2018.

Les données portent pour toutes les créations d'entreprises pour la courbe la plus haute. Pour l'autre, les auto-entreprises puis micro-entreprises ont été enlevées.

◆ **Étape 2. Établir un constat.**

2. Quel a été l'effet de la création du statut d'auto-entrepreneur fin 2008 ?

La question revient à se demander ce qui change sur le graphique après la fin 2008.

2 À vous de jouer ! → Quelle place pour les micro-entreprises dans l'économie ?

Doc. 3 Quelle est la part des micro-entreprises ?

	Total des entreprises	Micro-entreprises	Part des micro-entreprises[1] en %
Nombre d'entreprises (en milliers)	3 808	1 095	
Nombre de salariés en ETP[2] (en milliers)	12 855	12	
Chiffre d'affaires (en milliards d'euros)	3 877	9	
Valeur ajoutée hors taxe (en milliards d'euros)	1 090	4	

1. Il est question des micro-entreprises au sens légal. Il ne faut pas confondre avec la microentreprise au sens statistique qui désigne une entreprise occupant moins de dix personnes et avec un chiffre d'affaires ou un bilan ne dépassant pas 2 millions d'euros par an.
2. ETP : équivalent temps plein. Les salariés à temps partiel sont comptés comme une « partie » d'un salarié à temps plein.

Champ : entreprises non agricoles et non financières.

Insee, *Les entreprises en France*, Insee références, 7 novembre 2017.

Questions

1. Recopiez et complétez le tableau.
2. Que pouvez-vous en déduire sur le poids des micro-entreprises dans l'économie en France ?

Doc. 4 Un dispositif détourné ou au service des entrepreneurs ?

La volonté de « créer sa boîte », de devenir travailleur indépendant ou auto-entrepreneur revient souvent dans la bouche des jeunes hommes de Vaulx-en-Velin. Non par idéal professionnel mais par défaut, car ils constatent que leur couleur de peau et leur quartier de résidence constituent un handicap majeur pour passer la barrière des entretiens d'embauche. Farid, désormais entrepreneur dans le secteur de l'immobilier, ne croit plus aux discours sur la « diversité en entreprise » : « Après le bac, j'ai voulu faire un BTS [brevet de technicien supérieur] en alternance, mais je n'arrivais pas à trouver d'entreprise parce que j'habitais Vaulx-en-Velin et que je suis issu de l'immigration. Je suis devenu commercial durant quelques années. Et là, c'est très drôle, j'ai découvert une autre forme de discrimination. Elle m'allait bien, celle-là : c'est la discrimination au chiffre d'affaires. Ton salaire dépend en partie des commissions que tu rapportes. J'ai vu une justice avec le capitalisme : c'est dur à dire, mais au moins, on ne te ramène pas à tes origines », analyse-t-il.

Hacène Belmessous, « En banlieue, auto-entrepreneur faute de mieux », *Le Monde diplomatique*, mars 2017.

Le rappeur et homme d'affaires Jay-Z, propriétaire de plusieurs entreprises, est un exemple d'entrepreneur « parti de rien ».

Questions

1. Pourquoi la volonté d'être auto-entrepreneur peut-elle apparaître comme un choix par défaut ?
2. Comment le statut spécifique de la micro-entreprise peut-il faciliter l'activité économique des personnes les plus éloignées du marché du travail ?
3. Comment la micro-entreprise peut-elle être une première étape dans la carrière d'un entrepreneur ?

J'argumente

À l'aide des documents de ce TD, montrez que si la micro-entreprise peut favoriser la création d'entreprise, elle ne peut être une solution pour lutter contre le chômage.

TD 2

Quelle place pour les coopératives ?

1 Exercice guidé → Quelles spécificités pour les coopératives ?

Doc. 1 Le poids des coopératives dans l'économie française

Le poids des coopératives dans l'économie française

	Coopératives	France
Effectif salarié	**308 532**	**22 748 700**
Poids de l'effectif salarié dans l'ensemble de l'économie en %	**1,4**	100
Poids des rémunérations dans l'ensemble de l'économie en %	**1,6**	100
Nombre d'établissements employeurs	**27 250**	**2 321 881**

Insee, Clap, 2017.

Questions

◆ **Étape 1. Comprendre les données.**

1. Énoncez la signification des deux premières données pour les coopératives.
En identifiant les unités des données, la lecture est facile. Pour un pourcentage, une lecture efficace commence par « sur 100 ».

◆ **Étape 2. Calculer et interpréter des données.**

2. Quel est l'effectif moyen par établissement d'une coopérative ?
Faites le rapport entre le nombre de salariés et le nombre d'établissements.

3. Que peut-on déduire de l'écart entre le poids de l'effectif et le poids des rémunérations des coopératives ?
Il s'agit de comparer, donc de dire si en moyenne : a) les coopératives rémunèrent mieux que les autres organisations ; b) les coopératives rémunèrent autant que les autres organisations ; c) les coopératives rémunèrent moins bien que les autres organisations.

Doc. 2 Une coopérative de grande taille : le groupe Up

Renforcer son modèle coopératif. Voilà un des axes de la stratégie du groupe Up. [...] Cet acteur des services aux entreprises (il émet notamment des titres restaurants, mais [est présent] aussi dans le domaine de la culture ou encore des loisirs), numéro trois mondial, a fait un pas de plus dans cette direction. La maison mère du groupe, la société coopérative et participative Chèque Déjeuner, compte actuellement 394 salariés sociétaires. Avec la fusion, ce nombre va grimper à 710 : une hausse de 80 % .

« La coopérative garantit à long terme la pertinence des décisions et associe directement les collaborateurs à la réussite de l'entreprise », a décrit Catherine Coupet, la PDG du groupe, en présentant ce modèle de gouvernance. Un modèle dans lequel le capital social est détenu par les salariés sociétaires qui sont associés aux décisions. [...]

« [...] Le groupe Up exporte son modèle et démontre qu'il est possible de réussir économiquement tout en entreprenant autrement », a commenté la PDG. Présent dans dix-sept pays, le groupe compte 27 millions de bénéficiaires. [...] Son chiffre d'affaires, 317 millions d'euros en 2014, devrait progresser de 11 % en 2015. L'objectif affiché pour 2018 est de 500 millions d'euros.

Valérie Xandry, « Le groupe Up (ex-Chèque Déjeuner) étend son modèle coopératif », Challenges.fr, 10 septembre 2015.

Questions

◆ **Étape 1. Appliquer une définition.**

1. Pourquoi peut-on dire que le groupe Up est une coopérative ?
Il s'agit ici de voir si le groupe correspond à la définition d'une coopérative (→ **voir L'Essentiel**).

◆ **Étape 2. Comparer un cas particulier à des résultats généraux.**

2. À l'aide du document 1, montrez que le groupe Up s'éloigne de la moyenne des coopératives.
Il est possible d'utiliser le calcul du nombre de salariés par entreprise coopérative.

3. Qu'est-ce qui rapproche le groupe Up de grandes entreprises ?
Dans le texte, il faut retrouver ce qui fait penser à la situation de grandes entreprises.

Numérique

Le groupe Up présente les missions de la coopérative : LLS.fr/GroupeUp

2 À vous de jouer ! → Illustrer le phénomène des coopératives

Doc. 3 Les coopératives, une histoire ancienne ?

Voyons comment fonctionne une coopérative,[...] en nous rendant à quelques kilomètres de Paris, dans un atelier de forge. Il est organisé en SCOP (ou coopérative) depuis sa création par des maréchaux-ferrants parisiens en 1912.

Aujourd'hui, près d'une centaine de personnes travaille sur place et produit des pièces métalliques. Le chiffre d'affaires est de 20 millions d'euros par an. [...] « Nos clients, ce sont les grands noms de l'aéronautique, du spatial, du nucléaire et du pétrole, indique Jean-Léry Lecornier, PDG de l'Union des Forgerons. Nous leur fournissons aujourd'hui des pièces qui vont aller dans des équipements de haute technologie, avec un savoir-faire de plus d'un siècle », précise-t-il.

Ouvrier – en poste ou à la retraite –, chef de service ou PDG, certains salariés de la forge en sont aussi les sociétaires. Autrement dit, ce sont eux les propriétaires à parts égales. « Nous redistribuons environ 60 % de nos bénéfices aux salariés, souligne Jean-Léry Lecornier. Ce qui crée une dynamique, une motivation, une polyvalence au niveau des postes et la compétitivité de l'entreprise », ajoute-t-il.

25 millions d'euros viennent d'être investis dans de nouvelles machines. La décision a été prise comme tous les autres arbitrages importants, par l'ensemble des sociétaires.

Serge Rombi, « Les coopératives, championnes de l'économie sociale et solidaire », *Euronews.fr*, 10 février 2017.

Depuis 1970, la Coopérative laitière du Pays Basque (CLPB) collecte le lait de brebis et de vaches de ses adhérents pour les revendre à des fromagerie ou laiteries partenaires.

Questions

1. La décision de former une coopérative est-elle récente dans le cas des Forges de Paris ?

2. Qu'est-ce qui distingue cette entreprise des entreprises plus classiques ?

3. Qu'est-ce qui rapproche cette entreprise des entreprises plus classiques ?

Numérique

Des données, un jeu et bien plus encore pour tout savoir sur les coopératives : LLS.fr/SES1Coop

Récapitulez

Faites un tableau présentant d'un côté les différences entre les coopératives et les autres formes d'entreprises, et de l'autre les points communs entre elles.

L'ESSENTIEL

Comment les entreprises sont-elles organisées et gouvernées ?

1 Les entreprises naissent, se développent mais peuvent aussi disparaître

- Une **entreprise** est d'abord un projet. Le créateur ou la créatrice peut être motivé par une idée spécifique, l'envie d'entreprendre ou simplement la volonté de travailler de façon indépendante. Pour que l'entreprise ait ses chances, il faut se distinguer des entreprises déjà en place et prendre de bonnes décisions. Ce n'est pas toujours simple, et nombreuses sont les entreprises qui ne survivent pas plus de quelques années.
- Cependant, quand le succès est au rendez-vous, le dirigeant ou la dirigeante de l'entreprise peut rarement se reposer sur ses lauriers. La croissance de l'entreprise nécessite parfois un changement de **statut juridique** (par exemple, passer de la micro-entreprise à l'entreprise individuelle ou bien faire appel à des actionnaires extérieurs). Il s'agit souvent, aussi, de renouveler la stratégie de l'entreprise : lancer de nouveaux produits, chercher de nouveaux marchés, voire changer de cœur de métier, acquérir d'autres entreprises, etc.
- Si la stratégie est mal orientée, l'entreprise peut connaître d'importantes difficultés. De très grandes entreprises ont pu connaître la faillite à cause d'erreurs stratégiques fatales, notamment dans le domaine de l'**innovation**. (→ **voir dossier 1**)

2 L'entrepreneur, un statut varié

- La notion d'**entrepreneur** est couramment utilisée mais avec des sens parfois très variés. Pour l'économiste Joseph Schumpeter, ce terme désigne surtout un type de personnalité. L'entrepreneur est quelqu'un qui aime prendre des risques et cherche à développer son entreprise par l'innovation.
- De nos jours, les entrepreneurs peuvent être présents dans des structures de taille et de statut juridique très divers, de la micro-entreprise à la firme multinationale. Le rôle et la place de l'entrepreneur n'est alors pas tout à fait le même. Dans les grandes entreprises, la direction de l'entreprise est confiée à un salarié, le **manager**, qui travaille sous le contrôle des **actionnaires**.
- Par ailleurs, il n'existe pas de diplôme spécifique pour être entrepreneur et on retrouve parmi eux des personnes venant d'horizons très divers, que ce soit en termes de métier, de formation ou d'origine sociale. (→ **voir dossier 2**)

3 Les modes de gouvernance sont divers

- Historiquement, le dirigeant d'entreprise a été associé à une figure de chef (le « patron »). Cependant, il a toujours existé de très diverses façons d'exercer une autorité dans l'entreprise. En effet, l'idée d'**autorité** est à distinguer de celle de pouvoir : elle implique que le dirigeant a la capacité de donner des directives et de les faire appliquer de façon efficace.
- Plutôt que d'autorité, les économistes et les sociologues, comme les dirigeants d'entreprise, préfèrent parler de **gouvernance**. Les différentes « parties prenantes » de l'entreprise (les salariés, les managers, les propriétaires, etc.) sont impliquées dans la prise de décision.

Les notions à connaître

Actionnaire
Propriétaire de tout ou partie du capital social de l'entreprise. Pour les sociétés cotées en Bourse, les actions peuvent être vendues ou achetées sur les marchés financiers.

Autorité
Capacité à donner des directives et à les faire appliquer. Dans l'entreprise, le dirigeant ou la dirigeante exerce l'autorité et peut le faire de différentes manières.

Centralisation
Dans l'entreprise, fait que les décisions soient prises par un faible nombre de personnes.

Coopérative
Entreprise qui repose sur le principe « une personne = une voix » : la prise de décisions se fait par le vote et le poids de chacun dans les décisions ne dépend pas de son apport financier. Les coopératives font partie de l'économie sociale et solidaire.

Décentralisation
Dans l'entreprise, la décentralisation désigne le fait que les décisions sont prises par de nombreuses personnes. La structure hiérarchique de l'entreprise est alors peu verticale.

Entrepreneur
Personne qui dirige une entreprise et qui en porte le projet. Un ou une entrepreneur peut être le propriétaire de l'entreprise ou non.

Entreprise
Organisation physique ou morale qui produit des biens ou des services de façon marchande, c'est-à-dire avec l'objectif de réaliser un profit.

Gouvernance
Dans l'entreprise, manière de prendre les décisions en tenant compte des intérêts des différents membres de cette entreprise.

- La gouvernance de l'entreprise renvoie aussi à la façon dont la **hiérarchie** est organisée. Schématiquement, il est possible de distinguer des structures très verticales, où les niveaux hiérarchiques sont clairement séparés et où l'autorité revient à un faible nombre de personnes, de structures plus horizontales. L'entreprise « taylorienne » est caractéristique d'une organisation verticale, marquée par une forte **centralisation**, alors que des entreprises organisées en pôles (par exemple par produit) sont plus horizontales. (→ voir dossier 3)
- Certaines entreprises choisissent des modes d'organisation particuliers. C'est le cas, par exemple, des **coopératives** où la décision est complètement **décentralisée**. (→ voir TD 2)

4 L'entreprise, lieu de relations sociales

- L'entreprise est un lieu de vie et des relations sociales intenses s'y nouent. Ces relations sont marquées par des différences hiérarchiques, des conflits, mais aussi des relations de coopération.
- Une entreprise regroupe des groupes de personnes dont les intérêts sont susceptibles de diverger. Cette divergence mène parfois à des conflits, qui peuvent, par exemple, conduire à des grèves, mais elle peut aussi se régler par la négociation. Cette négociation se fait à l'échelle de l'entreprise, mais aussi pour tout un secteur d'activité, voire pour l'ensemble des salariés. Les employeurs comme les salariés sont souvent représentés par leurs **syndicats** et, en France en particulier, l'État intervient également dans ces **négociations collectives**.
- Enfin, la coopération est centrale dans les entreprises : les objectifs des entreprises ne peuvent pas être réalisés si les différents acteurs ne travaillent pas ensemble. Cette coopération est importante à tous les niveaux hiérarchiques de l'entreprise. (→ voir dossier 4)

Hiérarchie
Façon dont sont organisés le pouvoir et la prise de décision dans l'entreprise. Elle repose souvent sur des niveaux différents de pouvoir.

Innovation
Application économique d'une invention. L'innovation peut porter sur un nouveau produit, une nouvelle manière de produire, une nouvelle manière de commercialiser, une nouvelle organisation de l'entreprise ou l'utilisation de nouvelles matières premières.

Manager
Salarié ou salariée qui est chargé de prendre des décisions dans l'entreprise, voire de la diriger.

Négociations collectives
Concertations entre les syndicats représentant les salariés et ceux représentant les employeurs, souvent avec l'intermédiation de l'État. L'objectif est de trouver un accord convenable pour les deux parties sur la thématique discutée.

Statut juridique
Définition des droits et obligations de l'entreprise en fonction de ses caractéristiques.

Syndicats
Organisations représentant les salariés ou les employeurs et cherchant à défendre leurs intérêts.

Capsule vidéo
L'essentiel du cours en vidéo sur lelivrescolaire.fr : LLS.fr/SES1P307

Attention aux notions

Ne pas confondre

Actionnaires et **managers**

- Les actionnaires sont les propriétaires du capital social de l'entreprise. Ils apportent les fonds nécessaires à sa constitution ou à son développement et, à ce titre, ils peuvent influer sur la stratégie suivie par l'entreprise. Dans les sociétés par actions, les actionnaires nomment un directeur général ou une directrice générale, que l'on nomme manager.
- Le rôle du manager est de diriger l'entreprise. Il se peut que le manager ait des actions de l'entreprise, auquel cas il est aussi un actionnaire.

Hiérarchie et **gouvernance**

- La hiérarchie définit les rôles de chacun dans l'entreprise et les relations de subordination qui peuvent exister (pour simplifier, elle indique qui décide et qui applique les décisions).
- La notion de gouvernance désigne la façon dont les décisions sont prises. Elle insiste sur le fait que, s'il existe des procédures hiérarchiques, les décisions sont aussi prises en cherchant à concilier les intérêts de chacun.

La structure des organisations, vue par Henry Mintzberg

Doc. 1 La structure des organisations

[L'organisation] interne comporte six groupes de détenteurs d'influence :

– le premier est celui de la direction générale [...] ;

– le deuxième groupe est celui des « opérateurs », ces travailleurs qui fabriquent les produits et génèrent les services [...] ;

– le troisième groupe concerne les cadres qui constituent l'autorité hiérarchique [...] ;

– le quatrième groupe concerne [...] ces spécialistes [...] [tels] que les analystes du bureau d'études, les spécialistes du calcul des coûts, et les faiseurs de plan à long terme ;

– le cinquième groupe est celui des fonctions de support logistique [...] : c'est par exemple le personnel qui s'occupe du courrier, le chef de la cafétéria, les équipes de recherche [...].

Enfin, il existe un [autre] agent dans le système de pouvoir organisationnel : [...] il s'agit de l'idéologie de l'organisation – l'ensemble de croyances partagées par les détenteurs d'influence internes ; cet ensemble se distingue de celui d'autres organisations.

Henry Mintzberg, *Le Pouvoir dans les organisations*, Éditions d'organisation, 2003.

Questions

1. Pourquoi les six groupes de l'organisation interne sont-ils des « détenteurs d'influence » ?
2. Quel rôle joue « l'idéologie » dans l'organisation ?
3. Pourquoi faut-il tenir compte d'éléments extérieurs à l'organisation (gouvernement, syndicats, clients, etc.) pour en comprendre le fonctionnement ?

Numérique

Henry Mintzberg développe aussi le rôle spécifique des managers dans les organisations : LLS.fr/Mintzberg

Qui est-ce ?

Henry Mintzberg, né en 1939 à Montréal, est un universitaire canadien, spécialiste des sciences de gestion. Ses travaux portent notamment sur le fonctionnement des organisations et il est un spécialiste de la sociologie des organisations. Il est connu pour ses travaux sur la diversité des structures des entreprises et des administrations. Ses écrits traitent aussi de la façon dont se répartissent le pouvoir et l'influence au sein des organisations.

1940 – 1960 – 1980 – 2000 – 2020

- **1939** Naissance à Montréal
- **1973** *Le Manager au quotidien*
- **1983** *Le Pouvoir dans les organisations*
- **2004** *Des Managers, des vrais ! Pas des MBA*
- **2015** *Rebalancing Society*

Illustrer par une citation

> *« Les deux choses les plus importantes n'apparaissent pas au bilan de l'entreprise : sa réputation et ses hommes. »*

Déclaration de l'industriel Henry Ford, dans les années vingt.

S'appuyer sur des données

23 millions

C'est le nombre d'entreprises dans l'Union européenne en 2015. 93 % d'entre elles ont moins de dix salariés. Aux États-Unis, le nombre d'entreprises est de 4 millions.

Touteleurope.eu

40 %

C'est la part des femmes parmi les créateurs d'entreprises individuelles en France, en 2017.

Insee

11 %

C'est le taux de syndicalisation en France (part des salariés adhérant à un syndicat) en 2016. Ce taux est stable depuis les années quatre-vingt-dix. Il est parmi les plus bas d'Europe.

Dares, 2018.

Situer dans le temps

1807

Création du Code de commerce en France, qui fixe les principales règles concernant les entreprises.

1867

Création, en France, du statut de la société anonyme. Ce statut est institutionnalisé en 1966 par une loi qui le reconnaît.

2008

Création du statut d'auto-entrepreneur, qui facilite la création d'entreprises en France.

Synthétiser en images

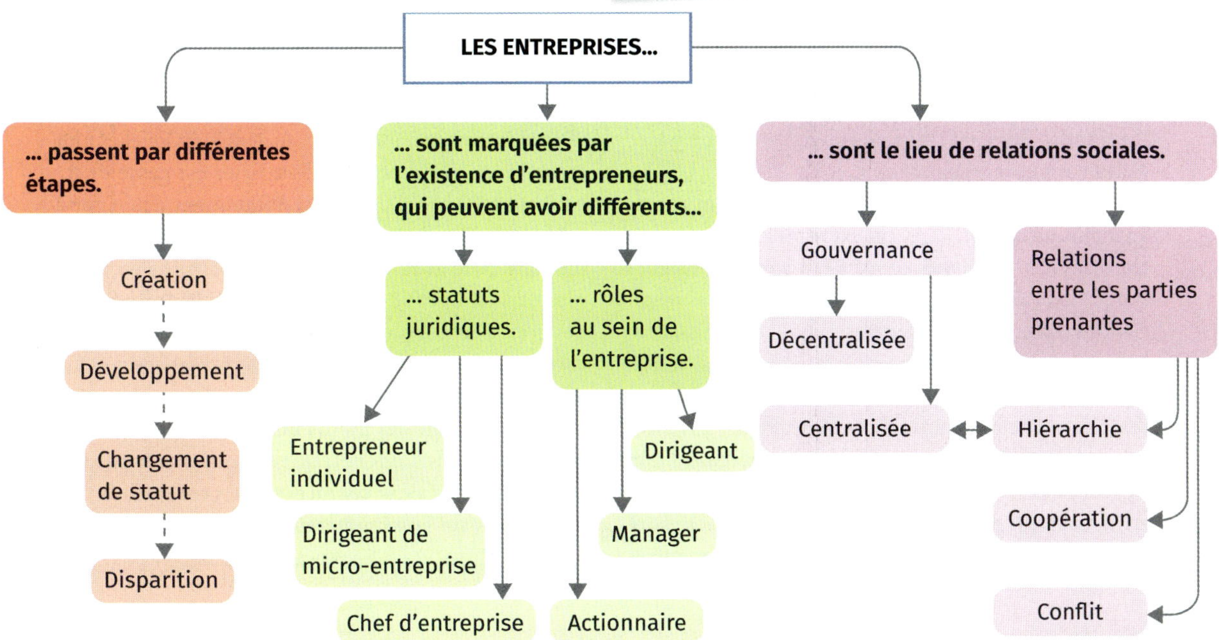

Je rédige mon introduction de dissertation

Terminale

La dissertation est un exercice d'argumentation : elle est généralement organisée en trois parties (une introduction, un développement et une conclusion) et doit suivre une problématique. C'est une épreuve qui vous sera proposée en terminale.

Exemple de sujet :

- Les relations sociales au sein des entreprises sont-elles seulement conflictuelles ?

Doc. 1

Part des travailleurs déclarant entretenir de bonnes relations avec leur supérieur (en %)

	2005	2010	2015
Union européenne - 28 pays	56,5	59,7	58,5
Belgique	51,2	56	64,8
Danemark	77,2	70,5	70,8
Allemagne	58,4	46,6	46,6
Irlande	74,8	83	79,9
Grèce	46,9	75,7	80,1
Espagne	61,7	75,4	69,3
France	36,7	58,4	58,3

	2005	2010	2015
Italie	34,5	41,4	36,2
Luxembourg	59,2	54,7	66,8
Pays-Bas	71,2	62	59,1
Portugal	40,3	63,4	71,2
Roumanie	56,2	71	65,4
Finlande	73,7	74	71,3
Suède	70,5	54,2	51,8
Royaume-Uni	66,4	73,2	72

Eurostat, 2017.

Doc. 2

En 2015, en France métropolitaine, 15 % des entreprises de dix salariés ou plus du secteur marchand non agricole ont engagé des négociations collectives, soit la même part qu'en 2014. Cette proportion atteint 86 % dans les entreprises dotées de délégués syndicaux, soit 1,8 point de plus qu'en 2014. Leur présence dans l'entreprise exige en principe l'ouverture d'une négociation annuelle obligatoire. [...] En 2015, 80,3 % des entreprises qui ont ouvert des négociations ont conclu au moins un accord. [...] Cinquante mille accords d'entreprises ont été signés (dont 87 % par des délégués syndicaux, soit 2 points de plus qu'en 2014). Les négociations ont en premier lieu porté sur le thème salarial, le nombre d'accords qui en traitent étant quasi stable. Dans le prolongement de 2014, les accords concernant l'emploi ont nettement reculé (– 18 %). Parmi les entreprises de dix salariés ou plus du secteur marchand non agricole, 1,3 % déclarent avoir connu un ou plusieurs arrêts collectifs de travail en 2015, soit un taux similaire à celui de l'année précédente (– 0,1 point). Les entreprises ayant connu au moins une grève emploient 24 % de l'ensemble des salariés du champ et 88 % d'entre elles ont au moins un délégué syndical. L'intensité des arrêts collectifs de travail s'est légèrement infléchie en 2015, ce qui signifie que les arrêts collectifs de travail ont été moins longs ou ont concerné moins de salariés qu'en 2014. En effet, le nombre de journées individuelles non travaillées (JINT) pour mille salariés est passé de 81 en 2014 à 69 en 2015, du fait notamment d'une nette baisse dans le secteur des transports, après une augmentation de 2012 à 2014. En 2015 comme en 2014, plus de la moitié (58 %) des entreprises concernées par des grèves l'ont été au moins en partie dans le cadre de conflits nationaux, sectoriels ou interprofessionnels. La même proportion d'entreprises ayant connu au moins une grève signale des motifs internes de mobilisation. Notamment 53 % des entreprises concernées par des grèves déclarent avoir connu des arrêts collectifs de travail portant sur les rémunérations.

Insee, *Emploi, chômage et revenus du travail*, juillet 2018.

Comment rédiger une bonne introduction

◆ **Étape 1. Analyser le sujet.**

*L'analyse du sujet permet de le comprendre (→ **voir Vers le bac du chapitre 4**) et de le problématiser (→ **voir Vers le bac du chapitre 8**). C'est cette analyse qui donne le contenu de l'introduction.*

◆ **Étape 2. Trouver une accroche.**

L'introduction démarre par une phrase d'accroche dont le but est d'attirer l'attention de la personne qui corrige. Il faut trouver un fait d'actualité, une citation, une donnée en lien avec le sujet et qui en montre l'intérêt. Les documents ne peuvent pas être utilisés pour cette étape.

◆ **Étape 3. Interroger le sujet.**

Les termes du sujet doivent être définis, mais il faut aussi proposer une interrogation sur les liens qu'ils entretiennent entre eux. Il s'agit ici de mettre en phrase votre travail d'analyse du sujet fait au brouillon.

◆ **Étape 4. Annoncer la problématique et le plan.**

Choisissez des formules claires et explicites. La formulation de la problématique vient après les définitions. Le plan doit être en deux ou trois parties. Là aussi, privilégiez une annonce claire.

Ne pas oublier...

- ❒ que la rédaction de l'introduction ne peut se faire qu'après l'analyse du sujet. Elle se fait d'abord au brouillon ;
- ❒ de démarrer l'introduction par une accroche ;
- ❒ d'inclure dans l'introduction une analyse et une définition des termes du sujet ;
- ❒ d'annoncer la problématique puis le plan.

1 Exercice guidé

Les relations sociales au sein des entreprises sont-elles seulement conflictuelles ?

◆ **Étape 1. Analyser le sujet.**

*Utilisez la méthode présentée dans les pages **Vers le bac des chapitres 4 et 8**. Les termes à définir sont « entreprises », « relations sociales » et « conflictuelles ». Le terme « seulement » donne une indication importante sur le type de sujet (discussion ou analyse). Pour mieux comprendre le sujet, interrogez les termes et, notamment, ici « conflictuelles ».*

◆ **Étape 2. Trouver une accroche.**

Pour cette accroche, cherchez un fait d'actualité récente qui ferait écho au sujet (un exemple de grève, un exemple d'entreprise avec une organisation particulière). Vous pouvez aussi partir d'un exemple tiré d'une œuvre de fiction (film, série, roman, etc.). Enfin, il est possible de faire référence à un fait historique ou à une citation.

◆ **Étape 3. Interroger le sujet.**

Il faut que les définitions soient données dans un ordre logique. A priori, *ici vous devez commencer par définir le terme entreprise.*

◆ **Étape 4. Annoncer la problématique et le plan.**

Pour annoncer la problématique, choisissez une formule du type « Nous nous demanderons... ». Le plan est à annoncer par des formules comme « Dans une première partie, nous verrons... , puis nous montrerons... ».

EN DIRECT DU LABO

Comprendre les difficultés spécifiques des femmes à créer des entreprises

L'enquête

Saisir les freins à la création d'entreprise pour les femmes

Doc. 1 Que se passe-t-il avant la création de l'entreprise ?

La période récente montre un vif regain d'intérêt pour l'entrepreneuriat. [...] Mais les pratiques entrepreneuriales recouvrent des réalités très diverses. [...] Au cours des dernières années, plusieurs chercheurs se sont intéressés à l'entrepreneuriat féminin. [...] Cependant, aucune étude sociologique ne s'est jusqu'alors penchée sur les parcours féminins en amont de la création d'entreprise, pour percevoir les facteurs qui, au sein de ces parcours, pouvaient obérer le projet de création d'entreprise. Quels sont les facteurs potentiellement explicatifs de la concrétisation ou de la non concrétisation, par les femmes, de leurs projets entrepreneuriaux ? C'est à cette question que la Maison de l'Emploi (MDE) du Grand Nancy [...] a souhaité répondre en commandant une étude qualitative des parcours entrepreneuriaux féminins, basée sur la réalisation d'entretiens semi-directifs compréhensifs avec trente-et-une femmes, candidates à l'entrepreneuriat ou déjà entrepreneuses. [...]

La mission engagée pour la Maison de l'Emploi du Grand Nancy comprenait trois enjeux complémentaires : la connaissance des parcours féminins (sur le plan personnel, professionnel, familial, etc.) en amont de la création d'entreprise et au cours du processus de création ; l'analyse de la cohérence entre les outils proposés aux femmes pour les accompagner dans la création et les besoins et attentes de ces dernières ; la proposition d'outils d'accompagnement adaptés, qui permettraient aux femmes engagées dans un processus de création d'entreprise de voir aboutir leur projet.

Benjamin Badia, Florence Brunet et Pauline Kertudo, « Les freins et obstacles à l'entrepreneuriat féminin », *Recherche sociale*, Fors-Recherche sociale, avril 2013.

Les auteurs

Le centre de recherche Fors – Recherche sociale est une association qui regroupe des chercheurs et des chercheuses dans diverses disciplines : sociologie, anthropologie, économie, géographie, urbanisme et aménagement du territoire. Leurs études portent principalement sur quatre thèmes : la politique de la ville et la lutte contre l'exclusion, les études urbaines, la politique du logement et les politiques éducatives.

Doc. 2 Des entretiens semi-directifs

Dans l'article, les auteurs indiquent le guide utilisé pour les entretiens. Par exemple, les questions sur l'état actuel du projet sont les suivantes :

- Avez-vous pu concrétiser votre projet ? Pourquoi ?
- Êtes-vous satisfaite de son état d'avancement ?
- Financièrement, quelle est votre situation actuelle ?
- Avez-vous le sentiment que vos rapports avec votre conjoint ont évolué depuis que vous êtes inscrite dans ce projet de création d'entreprise ? En quoi ?

Benjamin Badia, Florence Brunet et Pauline Kertudo, *art. cit.*

Questions

Docs. 1 et 2.

1. Pour quelle raison les chercheurs ont-ils étudié la question de la création d'entreprise par les femmes ?
2. Quelle démarche d'enquête ont-ils utilisée ?
3. Que signifie le fait que les entretiens sont « semi-directifs » ?
4. Quels sont les objectifs du travail de recherche des auteurs ?

Les résultats

L'importance des conditions familiales et financières

Doc. 3 Un projet en sommeil

Mme V., quarante-cinq ans, en couple, possède un CAP, ainsi qu'une formation maintenance/hygiène. [...] Elle est actuellement sans emploi. [...] Depuis 3-4 ans, elle réfléchit à la possibilité de devenir DJ, car elle « aime écouter de la musique et en passer à ses amis lors de soirées ». Elle explique que son compagnon lui a « ouvert les yeux » et soumis cette idée de projet entrepreneurial qu'il aimerait développer et concrétiser avec elle. Mme V. a entamé récemment un suivi avec la Maison de l'Emploi [...] Elle indique avoir besoin d'aide pour la mise en place de ce dernier, à la fois sur le plan financier et technique. Elle ne dispose en effet d'aucun apport personnel, ne sait pas vers qui se tourner pour obtenir des subventions ou prêts, et n'a pas suivi de formation pour être DJ professionnelle. En outre, Mme V., qui s'est « toujours projetée avec une petite famille », aimerait aussi avoir un enfant après l'opération. Or elle sait que son âge ne lui permettra pas d'attendre trop longtemps.

Benjamin Badia, Florence Brunet et Pauline Kertudo, *art. cit.*

Doc. 4 Un projet réussi

Des réseaux de créatrices d'entreprise aident les nouvelles arrivantes à se lancer.

Mme K., ancienne fonctionnaire, a créé son entreprise. Son EURL fonctionne maintenant depuis quatre ans. [...] En premier lieu, Mme K. a été et continue à être aidée par ses proches sur plusieurs plans :

– moral : ses enfants la soutiennent et l'encouragent : « mes trois filles sont à fond derrière moi » ;

– financier : sa mère [...] a débloqué une somme d'argent personnelle pour que l'entreprise puisse surmonter des difficultés [...] ;

– relationnel (accès à un réseau) : ses parents l'ont mis en lien avec un expert-comptable compétent qui l'a formée gratuitement à la comptabilité. Une amie qui travaille dans les médias l'a par ailleurs mise en relation avec des professionnels pour un reportage télévisé.

Ensuite, Mme K. est une femme diplômée (Bac +4), qui plus est habituée, du fait de son ancienne activité professionnelle, à la prise de parole en public et aux démarches administratives.

Benjamin Badia, Florence Brunet et Pauline Kertudo, *art. cit.*

Questions

Docs. 3 et 4.

1. Comparez la situation familiale des deux femmes. Comment la famille peut-elle être un soutien à la création d'une entreprise ? Comment peut-elle freiner un projet ?

2. En comparant la situation des deux femmes, montrez que le passé professionnel et scolaire peut influencer la capacité à créer une entreprise.

3. Comment son réseau de relations a-t-il pu aider Mme K. ? Est-ce une ressource dont dispose Mme V. ?

UN AUTRE REGARD

Des responsables du bonheur dans les entreprises ?

Objectifs

La question du bien-être au travail est de plus en plus prise en compte par les entreprises pour des objectifs sociaux, mais aussi dans le but d'améliorer la productivité des salariés. Dans le même temps, le travail peut générer de plus en plus de stress et les grandes entreprises se dotent de managers qui ont pour fonction de veiller au bonheur des salariés : les *chiefs happiness officers*.

Doc. 1 Qui sont les managers du bonheur ?

Les deux dernières décennies ont vu apparaître un nouveau métier : les *Chief Happiness Officers (CHO)*, également appelés les « responsables du bonheur ». [...] Il trouve ses origines aux États-Unis, et plus précisément dans la *Silicon Valley* où cette fonction aurait été inspirée par Chade-Meng Tan, qui fut en 2000 le cent-septième salarié recruté par la multinationale Google. C'est en 2008, en pleine crise économique et après huit ans d'exercice en tant qu'ingénieur, qu'il fit évoluer son poste pour se concentrer sur le bien-être de ses collaborateurs, au point d'être surnommé le « *jolly good fellow* » (le « super bon camarade »). Depuis, la fonction s'est développée au sein des entreprises et est apparue ces dernières années en France. Considérant le bonheur des collaborateurs comme un véritable levier d'efficacité et de croissance, un CHO a notamment pour objectif d'accompagner les acteurs d'une entreprise à adapter leur rythme de travail ou à réduire le stress des équipes face à des modes de communication de plus en plus complexes et omniprésents. [...]

La première statistique que nous avons pu voir émerger [...] concerne le taux très élevé de féminisation de ce poste : 80 % des CHO français ayant répondu à notre enquête sont des femmes. [...] Par ailleurs, près des deux tiers des répondants (65 %) occupent « officiellement » le poste de CHO, alors que les 35 % restants en assurent les missions parallèlement à leur fonction principale. À noter également que seuls 19 % des répondants ont une expérience à ce poste de plus de trois ans, et que l'écrasante majorité (90 %) d'entre eux ont obtenu le poste de CHO à la suite d'un recrutement interne, que ce soit à la suite d'une évolution interne (40 %), d'une création de poste (38 %) ou du changement de l'intitulé de leur poste précédent (12 %). Cela peut laisser entendre que les entreprises préfèrent confier les responsabilités inhérentes à ce poste à un membre de l'organisation qui en connaît les fonctionnements, les valeurs et les équipes. [...]

Concernant le niveau de formation des répondants, 70 % d'entre eux ont un niveau d'étude supérieur ou égal à Bac +3, et plus de la moitié (53 %) sont titulaires d'un diplôme de niveau Bac +5. Si les CHO interrogés viennent de filières très variées, il est intéressant de constater que la filière la plus représentée (44 %) est celle de la communication, bien avant le commerce (15 %) ou le management (6 %).

Nadia Hassani, « *Chief happiness officers* : les nouvelles technologies de l'information et de la communication au service du bonheur au travail », *Communication & management*, février 2017.

High life below stairs, Charles Hunt, 1897.

Questions

1. Quelles sont les raisons qui peuvent pousser une entreprise à faire appel à un CHO ?
2. Quel est le profil des personnes à ce poste ?
3. Comment expliquer que ces responsables soient souvent recrutés en interne au sein des entreprises ?
4. Selon vous, pourquoi est-ce que ce sont souvent des femmes qui occupent ces postes ?

Numérique

Mathilde, CHO, raconte son parcours et son métier : LLS.fr/SES1CHO

Vers la terminale

Maintenant, vous savez tout (ou presque) sur l'entreprise, son organisation, les relations en son sein. Ces connaissances pourront être complétées :

- par la mise en évidence du rôle joué par l'organisation du travail dans les révolutions industrielles et sur la croissance économique ;
- par une réflexion sur les stratégies des firmes multinationales et leur place dans la mondialisation, ainsi qu'une réflexion sur l'existence d'une culture d'entreprise au niveau mondial ;
- par une interrogation sur le lien entre les transformations du marché du travail et la modification de la place des travailleurs indépendants.

Usine d'assemblage de voitures Peugeot à Poissy.

Pour aller + loin

À lire

Vincent Caut et Benoist Simmat, *La Ligue des capitalistes extraordinaires*, Dargaud, 2015.
Les capitalistes extraordinaires présentés sous forme de BD et de courts articles, ce sont cinquante entrepreneurs. Les récits sont limpides et permettent d'avoir un regard historique pour comprendre ce qu'ont en commun les entrepreneurs.

Studio Variety Artworks, *Karl Marx. Le Capital*, Éditions Soleil, 2011.

Ce manga a pour objectif de présenter les grandes idées de Karl Marx. Cette fiction raconte l'histoire de Robin, un fils de fromager. Il souhaite industrialiser la production de fromage pour améliorer sa condition. Il doit alors organiser le travail de façon efficace pour notamment répondre aux attentes de ses investisseurs. Cependant, il lui faut aussi gérer les conflits avec les ouvriers.

Philippe Bernoux, *La Sociologie des organisations*, Seuil, 2014.
Une synthèse des grands travaux sur le fonctionnement et les relations dans les organisations, dont les entreprises. L'ouvrage a l'avantage d'alterner entre apports théoriques et cas pratiques.

À consulter

Découvrir une coopérative
Pourquoi choisir le statut de coopérative ? Voici les motivations d'Ethiquable.
LLS.fr/Ethiquable

À voir

***Mad Men*, une série de Matthew Weiner, 2007.**
Une série remarquable, d'un esthétisme et d'une complexité rares, qui explore les heurs et malheurs d'un groupe publicitaire dans le New York des années cinquante. Don Draper est l'incarnation du *self-made man* américain.

***Violence des échanges en milieu tempéré*, de Jean-Marc Moutout, 2004.**
Philippe, vingt-cinq ans, obtient un emploi dans un cabinet de consultant. On lui demande alors de gérer la restructuration d'une usine qui vient d'être rachetée. Il doit alors déterminer une nouvelle organisation. Celle-ci nécessite des licenciements. Philippe se retrouve alors au centre des tensions de l'entreprise puisqu'il doit déterminer quels emplois supprimer.

À écouter

***Spla$h*, « À quoi sert un patron ? », 2018, nouvellesecoutes.fr.**
Dans cette émission, Étienne Tabbagh s'intéresse au rôle du patron dans les entreprises « libérées » où l'autonomie des salariés est mise en avant.
LLS.fr/SES1Patron

FICHE MÉTHODE 1

Vérifier ses sources et éviter les fausses informations

Comprendre

Définition Face à la multiplication des sources d'information, il est facile d'être trompé par des informations erronées, imprécises, voire créées pour propager des mensonges.

Méthode :

- La première vérification à faire est celle de **la source**. Si l'information provient d'une **source officielle, sérieuse, extraite d'un média réputé pour sa fiabilité**, il est possible d'avoir confiance en l'information. Quand ces sources citent des informations qui proviennent d'autres sources, ces dernières sont mentionnées.
- Il faut ensuite **« recouper » l'information**. De nos jours, une information importante apparaît dans plusieurs médias. Si ce n'est pas le cas, ou bien si une information ne se diffuse que *via* des comptes de réseaux sociaux peu fiables, la prudence est de mise !
- Enfin, la lecture de l'information apporte des éléments importants. Dans un premier temps, demandez-vous si l'information est vraisemblable. Par ailleurs, **une information crédible est une information facile à vérifier, car elle est précise.**

Je vérifie *mes résultats*

- ❐ Avant d'utiliser des informations, ou de les diffuser, il faut en vérifier l'exactitude.
- ❐ La source de l'information doit être remontée. Cette source doit être fiable.
- ❐ L'information doit être recoupée. Croisez avec plusieurs sources d'information.
- ❐ Assurez-vous de la précision des informations données.

1 Un exemple corrigé → Regarder des feux de cheminée à la télévision ?

Exercice 1

Plébiscitées sur Internet, les vidéos de feu de cheminée remontent à une vieille tradition née dans les années 1960 à la télévision américaine. Il n'y a pas que les bûches glacées qui ont du succès. Sur YouTube, de longues vidéos de feu de cheminée, en plan fixe, engrangent des millions de vues. Et même la plateforme de *streaming* Netflix propose des vidéos de bois brûlant pendant des heures. Plébiscitées en ligne, les vidéos de feu de cheminée ne sont pourtant pas nées sur Internet, mais à la télévision new-yorkaise, en 1966. À cette époque, le programme a tellement marqué les spectateurs américains par son originalité qu'il a été rediffusé régulièrement. Outil de relaxation étudié par les anthropologues, précurseur de la *Slow TV*, outil marketing pour de nombreuses marques… Retour sur l'itinéraire insolite des feux de cheminée filmés.

Pierre Trouvé, « L'étrange succès des vidéos de feu de cheminée sur Netflix et Youtube », LeMonde.fr, 13 janvier 2019.

Corrigé

1. La source de l'information est-elle fiable ?

→ *L'article est tiré du site Internet du quotidien* Le Monde. *C'est,* a priori, *une source en laquelle on peut avoir confiance. Le journaliste anime une page sur le site Internet du journal.*

2. L'information du texte est-elle précise ? Peut-elle être vérifiée ?

→ *L'information cite des dates et mentionne des faits qui peuvent être vérifiés. Un autre article du* Figaro, *daté de 2013 mentionne un programme de même type à la télévision norvégienne (également évoqué dans la vidéo de Pierre Trouvé) : http ://www.lefigaro.fr/flash-actu/2013/02/15/97001-20130215FILWWW00560-norvege-12h-de-feu-de-cheminee-a-la-tv.php.*

3. Cet article est-il fiable ?

→ *La source est fiable, l'information peut être recoupée et elle est présentée accompagnée d'éléments permettant de la vérifier : l'article est donc fiable.*

Lisez en ligne l'article de Pierre Trouvé : LLS.fr/SES1Feu

2 Exercice guidé → Une réforme de la SNCF ?

Exercice 2

Le président du MEDEF, Pierre Gattaz, estime que de nombreux salariés sont prêts à faire du bénévolat pour sauver leurs entreprises, actuellement en proie à une crise économique sans précédent.

Alors que les récentes propositions du mouvement patronal ont été jugées inadmissibles par les syndicats, Pierre Gattaz assure dans un communiqué adressé à l'AFP qu'il faut « en finir avec notre modèle social, qui n'a déjà que trop vécu ». Il rappelle qu'en France les salaires sont trop élevés par rapport à l'Ukraine, que la durée du temps de travail est peu concurrentielle face aux salariés du Bangladesh et que les jours fériés du mois de mai sont inutiles et ralentissent l'économie française.

D'après Pierre Gattaz, le Code du travail freinerait les investissements et n'intégrerait pas les « aspirations participatives » des salariés – voire des chômeurs. « Beaucoup de sans-emploi attachent plus d'importance à la nécessité d'acquérir de l'expérience qu'à celle de percevoir un salaire », professe-t-il.

En outre, le président du MEDEF s'attriste de constater « qu'on ne peut toujours pas travailler bénévolement lorsque la situation économique l'exige ».

Raphaël Meunier, « Pierre Gattaz : "Le bénévolat peut sauver les entreprises françaises" », L'Immunité.fr, 16 septembre 2014.

1. La source d'information est-elle fiable ?
L'Immunité.fr est présentée de cette façon sur son site Internet : « l'Immunité est le seul journal français dont l'information est scrupuleusement divergente et aucunement sourcée. »

2. L'information peut-elle être confirmée ?
L'article cite un communiqué de presse d'un personnage public. Étant donnés les propos qui lui sont prêtés, il est évident que ce communiqué devrait être repris par tous les principaux médias à la même date.

3. L'information est-elle crédible ?
Le contenu de l'article doit aussi être un indice.

3 Exercice d'application → Du dopage dans le bridge ?

Exercice 3

Se doper pour être le meilleur aux cartes. Le numéro un mondial de bridge, Geir Helgemo, a été contrôlé positif à la testostérone en septembre 2018 et a été suspendu un an par la Fédération internationale (WBF).

Geir Helgemo, né en Norvège mais qui représente Monaco pour les compétitions de bridge, a été contrôlé positif à la testostérone lors d'un tournoi à Orlando (Floride, États-Unis) le 29 septembre 2018, ce qui constitue une infraction aux règles antidopage, explique la WBF dans un communiqué.

La commission antidopage de la WBF a suspendu Geir Helgemo pour un an jusqu'au 20 novembre 2019. Le joueur, âgé de quarante-neuf ans, doit également rembourser les frais pour les auditions de la commission antidopage, à hauteur de 3 659 euros. La WBF est l'une des trente-six fédérations internationales reconnues par le Comité international olympique au même titre que le karaté ou le surf, en plus des vingt-huit fédérations olympiques d'été et des sept fédérations olympiques d'hiver.

Francetvinfo.fr (avec AFP), « Dopage : le numéro un mondial de bridge contrôlé positif à la testostérone », 1er mars 2019.

Questions

1. La source de l'information est-elle fiable ?
2. Est-il possible de vérifier l'information ?
3. Ce texte peut-il être utilisé comme un exemple concret de déviance ?

FICHE MÉTHODE 2

Analyser un tableau à double entrée

Comprendre

Définition Un tableau statistique est un outil utilisé afin de rassembler des données (le plus souvent chiffrées), sous forme de lignes et de colonnes, et de les rendre ainsi plus faciles à utiliser et à interpréter. Il existe deux types de tableau : le tableau à simple entrée et le tableau à double entrée. Le tableau à simple entrée possède au moins une colonne, mais une seule ligne. Le tableau à double entrée possède à la fois plusieurs colonnes et plusieurs lignes.

Méthode :

- Repérez la source, l'auteur, la date de publication, le champ (population étudiée, date des données, lieu concernant les données, etc.).
- Il s'agit ensuite de comprendre les données. Pour cela, il peut être utile de repérer le total en lignes ou en colonnes et de lire plusieurs données.
- Vous pouvez maintenant analyser les données du tableau. Il faut commencer par dégager l'idée principale présentée par le tableau, puis en tirer quelles sont les autres informations importantes.

Je vérifie mes résultats

- ❒ Repérer les « éléments de contexte » du tableau : titre, source, date, unités, champ (population étudiée).
- ❒ Une variable se lit en colonne (lecture verticale) et l'autre variable se lit en ligne (lecture horizontale).
- ❒ Les colonnes ou les lignes appelées « total » ou « ensemble » doivent être repérées.
- ❒ Il faut alors donner la signification précise de deux ou trois données du tableau, à l'aide des étapes précédentes.
- ❒ Les données du tableau sont à lire en allant de l'essentiel au plus secondaire.

1 Exercice guidé → Les taux d'épargne en Europe

Exercice 1

Taux d'épargne (en % du revenu disponible des ménages) dans plusieurs pays européens

	2000	2005	2010	2016
Allemagne	**15,2**	16,2	16,8	17,2
Belgique	15,9	14,8	14,9	11,3
Espagne	10,5	9,3	10,1	7,8
France	13,3	13,5	15,6	13,6
Italie	12,9	14,8	11,1	10,5
Portugal	10,5	9,2	9,2	5,0
UE	**11,8**	11,2	12,1	10,6

Eurostat, 2019.

1. Quelle est la source du tableau ? Sur quoi porte-t-il ?
La source se lit en général sous le tableau, parfois dans le titre. Pour savoir sur quoi porte le tableau, il faut lire le champ des données, le titre puis observer ce que représentent les lignes et les colonnes.

2. Que signifient les données soulignées ?
Dans les deux cas, les données se lisent en pourcentage. Faites une phrase commençant par « sur 100 ».

3. Comment le taux d'épargne en Europe a-t-il évolué sur la période considérée ?
La dernière ligne permet d'observer l'évolution moyenne pour les pays de l'UE. Il est possible de voir quels sont les pays qui ont suivi cette évolution globale et ceux qui ne l'ont pas suivie.

4. Quelles autres informations ce tableau donne-t-il ?
Un tableau à double entrée peut se lire en lignes et en colonnes et peut permettre des comparaisons. Ici, il est possible de faire des comparaisons entre pays à une date donnée par une lecture en colonnes.

2 Exercices d'application

Exercice 2 Quelles relations sociales pour les personnes âgées en Europe ?

Fréquence des rencontres avec les amis pour les personnes de 75 ans et plus dans plusieurs pays européens, en 2015

	Quotidienne	Hebdomadaire	Une fois par mois	Plusieurs fois par mois	Pas au cours des 12 derniers mois	Au moins une fois par an
Union européenne – 28 pays	**40,9**	39,7	4,3	12,5	0,7	**1,9**
Allemagne	41,4	39,2	4,2	13,0	0,4	1,6
Grèce	77,0	18,2	1,1	2,7	0,5	0,5
Espagne	58,2	32,9	2,1	5,1	0,8	0,9
France	41,4	38,4	3,1	13,7	0,5	2,9
Italie	42,5	42,5	2,7	10,4	0,6	1,2
Pays-Bas	27,8	56,6	1,1	9,9	2,0	2,5
Portugal	69,1	20,9	2,3	4,9	1,8	1,0
Roumanie	29,5	37,5	9,0	18,5	1,6	3,9
Royaume-Uni	26,1	47,7	7,8	16,1	1,1	1,2

Eurostat, « Fréquence des rencontres avec les membres de la famille ou les amis par sexe, âge et niveau d'éducation atteint », données extraites en 2019.

Questions

1. Que signifient les données soulignées ?
2. Quelles sont les informations principales que donne ce tableau concernant les relations sociales des personnes âgées en France (lecture en lignes) ?
3. À l'aide d'une lecture en colonnes, comparez ces relations en France à celles observables dans les autres pays.

Exercice 3 Quelle est la part des différentes PCS dans la population totale ?

Part des catégories socioprofessionnelles selon le sexe et dans la population en emploi, en % (en France, en 2018)

Catégorie socioprofessionnelle	Sexe		Ensemble
	Femmes	Hommes	
Agriculteurs exploitants	0,8	2,2	1,5
Artisans, commerçants, chefs d'entreprise	3,8	8,9	6,5
Cadres et professions intellectuelles supérieures	15,7	20,8	18,4
Professions intermédiaires	28,3	23,3	25,7
Employés	42,7	12,6	27,2
Ouvriers	8,3	31,7	20,4
Non déterminé	0,4	0,5	0,4
Total	100	100	100
Effectif (en milliers)	13 091	14 031	27 122

Champ : personnes de quinze ans et plus en emploi.

Insee, « Catégorie socioprofessionnelle selon le sexe et l'âge », 2019.

Questions

1. Faites une phrase présentant la part des agricultrices exploitantes dans la population des femmes en emploi.
2. Quelles sont les catégories les plus fréquentes pour les femmes ? Pour les hommes ?
3. Comparez la composition de la population en emploi des femmes avec celle des hommes.

FICHE MÉTHODE 3

Lire et interpréter des représentations graphiques de marché

Comprendre

Définition Une courbe d'offre ou de demande permet de représenter les différentes quantités demandées ou offertes en fonction du prix. Leur représentation est un outil pour identifier les prix et quantités d'équilibre, ainsi que pour représenter les surplus. Cette représentation permet aussi d'observer des évolutions sur les marchés.

- **Formulation du résultat :** L'offre et la demande sont tracées graphiquement avec en abscisses les quantités et en ordonnées les prix. Le point d'équilibre sur le marché est le point d'intersection des droites d'offre et de demande.

Je vérifie mes résultats

- ❒ La droite de demande est en général décroissante ; la droite d'offre est croissante.
- ❒ Les prix se lisent en ordonnées, les quantités se lisent en abscisses.
- ❒ Le point d'intersection est obtenu pour un prix P tel que offre = demande.

1 Un exemple corrigé → Lire et interpréter l'équilibre sur le marché

Sur un marché, les courbes d'offre et de demande sont les suivantes :

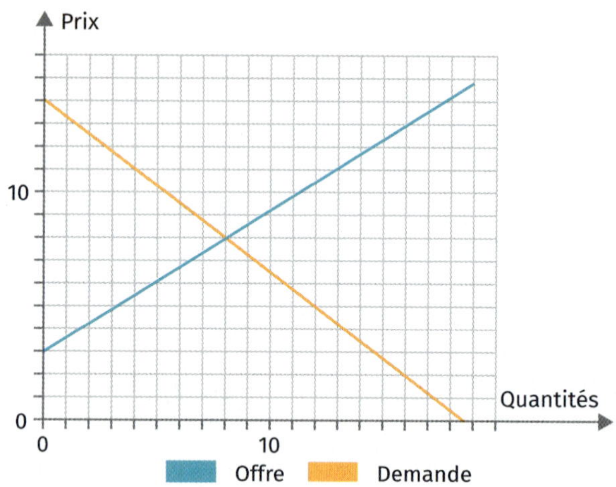

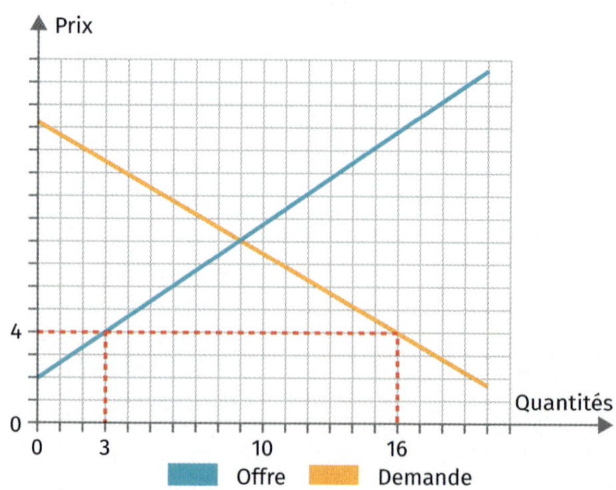

1. Quelle est la quantité demandée pour un prix de 4 ? Pour ce même prix, quelle est la quantité offerte ?

Les données peuvent se lire sur le graphique : il faut lire la quantité offerte et la quantité demandée pour ce prix.

Corrigé

→ *Pour un prix de 4 euros, on peut lire que la quantité demandée est de 16, alors que la quantité offerte est de 3. Pour ce prix, le marché est en déséquilibre.*

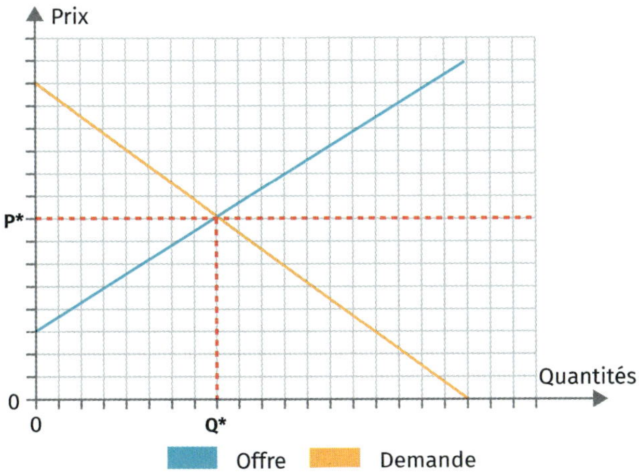

2. Quelle est la quantité d'équilibre ? Quel est le prix d'équilibre ?

Le prix et la quantité d'équilibre se lisent au point d'intersection des courbes d'offre et de demande.

Corrigé

→ *Le prix d'équilibre est donc de 10 et la quantité d'équilibre est de 8.*

2 Exercice guidé → Lire et interpréter un déplacement de droite

Exercice 1

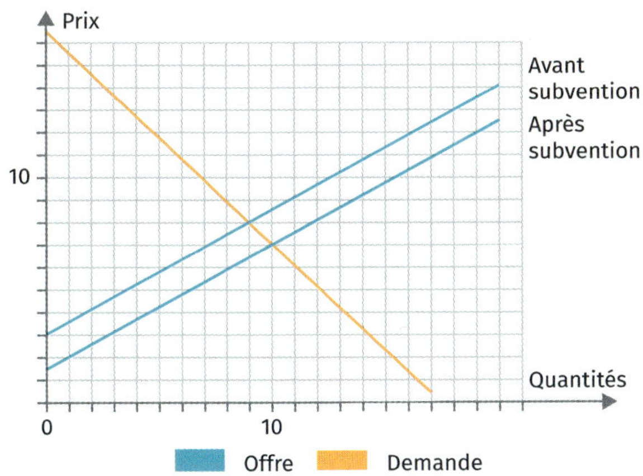

1. Déterminez le point d'équilibre avant subvention.

Ce point d'équilibre peut se lire graphiquement. C'est le point pour lequel offre = demande. Le prix d'équilibre se lit sur l'axe des ordonnées, la quantité d'équilibre se lit sur l'axe des abscisses.

2. Comment la subvention modifie-t-elle l'offre ?

Pour un prix donné, il est possible de déterminer l'offre avant et après subvention. Vous pouvez alors observer quel est l'effet de la subvention sur la quantité offerte.

3. Quel est l'effet de la subvention sur l'équilibre du marché ?

Le point d'équilibre peut être déterminé de la même façon que pour la question 1. Comparez alors le prix et la quantité d'équilibre avant et après subvention.

FICHE MÉTHODE 4

Lire et interpréter des séries chronologiques

Comprendre

Définition Une série chronologique correspond à l'évolution d'une variable au fil du temps. Elle est souvent représentée graphiquement par une courbe.

Méthode :

- La première étape est de repérer la source du graphique, la variable dont il est question, l'unité dans laquelle cette variable est exprimée, le champ concerné et la période sur laquelle l'évolution est représentée.
- C'est d'abord l'évolution générale (augmentation, diminution, stagnation) de la variable qui doit être décrite en utilisant les données pour la première et la dernière date.
- L'évolution peut ensuite être découpée en sous-périodes si l'évolution de la variable connaît des changements importants (sous périodes d'augmentation et de baisse).

Je vérifie mes résultats

- ❒ La période de variation et l'unité de la variable doivent être repérées.
- ❒ En prenant la première et la dernière valeur, il est possible de décrire l'évolution globale du phénomène observé.
- ❒ Enfin, découpez l'évolution en sous périodes, marquant des évolutions notables. Attention à ne garder que les évolutions les plus remarquables.

1 Un exemple corrigé → Décrire l'évolution de la dette publique en France

Dette publique en France entre 1995 et 2017 (en % du PIB)

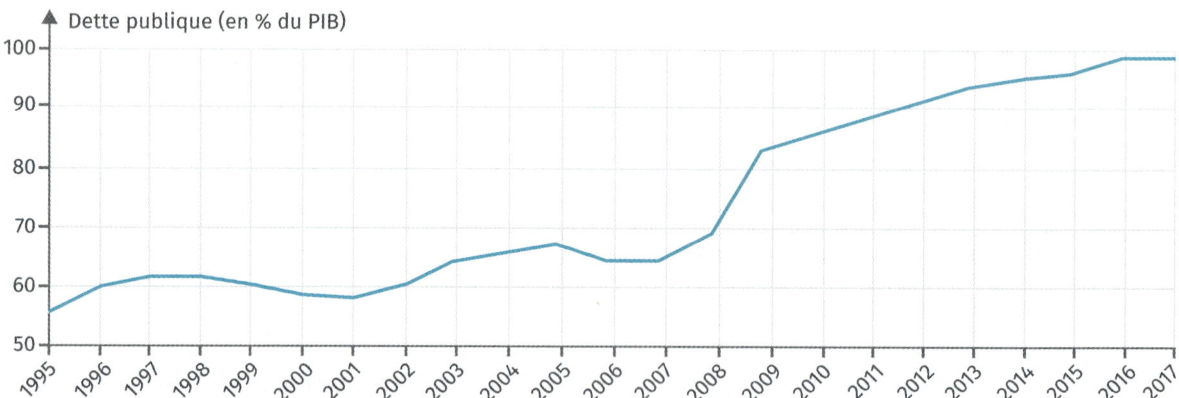

Dette des administrations publiques, en France.
Insee, Comptes nationaux annuels, 2017.

Corrigé

→ *Le document est un graphique de l'Insee, présentant l'évolution du taux de dette publique (en % du PIB) en France entre 1995 et 2017.*

→ *En 1995, la dette publique valait environ 56 % du PIB et représentait près de 100 % du PIB en 2017. Elle a donc connu une forte augmentation sur cette période : elle a presque doublé.*

→ *Entre 1995 et 2008, la dette augmente légèrement, et de façon irrégulière, avec des sous périodes d'augmentation et de baisse.*

→ *Elle connaît une augmentation très forte entre 2008 et 2009 et dépasse alors les 80 % du PIB.*

→ *Depuis, elle augmente assez vite et atteint presque 100 % du PIB. Elle semble se stabiliser entre 2016 et 2017.*

2 Exercice guidé → L'évolution de la criminalité en France

Exercice 1

Taux de crimes et délits pour 10 000 habitants

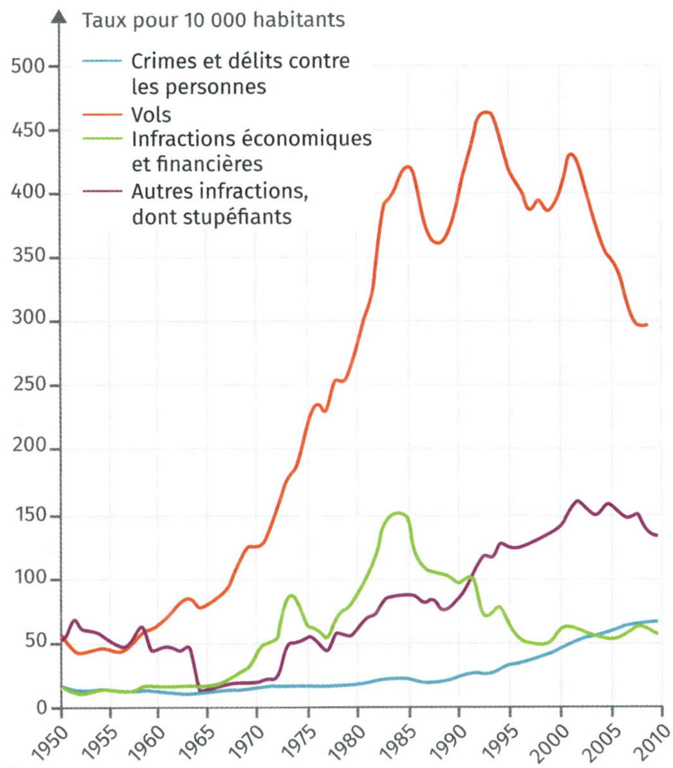

Centre d'observation de la société, « Insécurité : moins d'actes, mais une société plus sensible », 22 mai 2017.

1. Présentez le document.
La présentation du document permet d'indiquer la source, l'unité de ce qui est étudié, ainsi que la période observée.

2. Quelle est l'évolution générale du taux de vols en France ?
Comparez la donnée pour 1950 à celle de 2010. Les données plus récentes ne sont pas disponibles, car la façon de compter a changé.

3. Décrivez l'évolution du taux de vols en France entre 1950 et 2010.
Il est possible de repérer trois périodes d'évolution : une forte hausse, une certaine stabilisation (avec des variations) et une baisse régulière.

4. Décrivez l'évolution du taux des infractions économiques et financières.
Notez qu'il y a deux périodes de stabilisation.

3 Exercice d'application → L'évolution de l'inflation en France

Exercice 2

Taux d'inflation en France entre 1991 et 2018

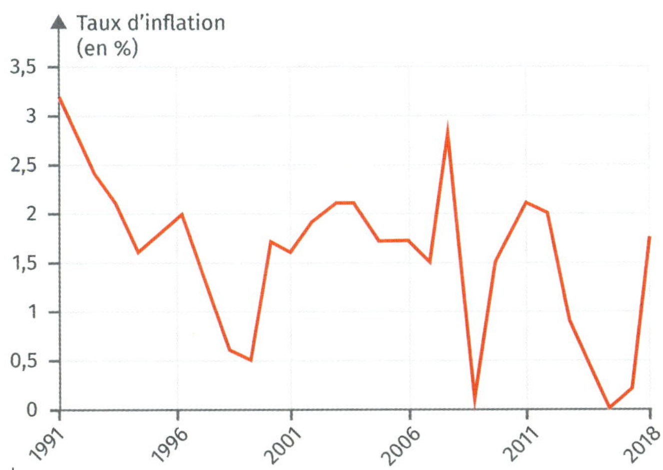

Champ : France hors Mayotte, ensemble des ménages.

Insee, Indice des prix à la consommation, 2018.

Questions

1. Quelle est l'évolution générale du taux d'inflation entre 1991 et 2018 ?
2. Décrivez les sous périodes de variation entre 1991 et 2007.
3. Que peut-on dire de l'évolution à partir de 2008 ?

FICHE MÉTHODE 5

Calculer et lire un indice simple

Comprendre

- **Définition :** L'indice simple est un outil statistique qui permet de mesurer des écarts relatifs, facilitant l'analyse d'évolution temporelle ou de comparaison géographique. L'indice est caractérisé par sa base, correspondant, par exemple, à une année ou à un pays de référence. Il peut exister des indices de répartition ou des indices de variation.

Formule

$$\text{Indice} = \frac{\text{Valeur de la variable que l'on veut comparer}}{\text{Valeur de la variable qui sert de référence}} \times \text{base}.$$

La base est le plus souvent égale à 100 pour faciliter la lecture de l'indice.

- **Lecture :** Si l'indice de prix d'un bien est de 105 l'année n+1, exprimé en indice base 100 pour l'année n, cela signifie qu'entre l'année n et l'année n+1, le prix de ce bien a augmenté de 5 %. Si l'indice de prix de ce même bien, est de 98 l'année n+2, il faut comprendre que le prix de ce bien a diminué de 2 % entre l'année n et l'année n+2.

Je vérifie mes résultats

- ❒ Un indice n'a pas d'unité.
- ❒ Un indice ne peut pas être inférieur à 0. Cependant, il peut être supérieur à 100.
- ❒ Dans le cas d'un indice base 100, appliqué à l'évolution d'une variable, si l'indice est supérieur à 100 cela signifie que la variable étudiée a augmenté. À l'inverse si l'indice est inférieur à 100, cela signifie que la variable a diminué par rapport à l'année de référence de la base.

1 Un exemple corrigé → L'évolution du nombre de divorces

Selon des données de l'Insee, il y a eu, en 1935, 23 998 divorces prononcés en France. Ce nombre a été de 56 612 en 1975, de 119 189 en 1995 et de 120 731 en 2015. Calculez l'indice (base 100) du nombre de divorces pour chacune de ces années en prenant pour base l'année 1975.

Corrigé

→ *Pour chaque année, il faut diviser la valeur du nombre de divorces par celle de 1975.*

Pour lire le résultat, on multiplie par 100. Pour 1935, le calcul est alors : $\frac{23\,998}{56\,612} = 0{,}424$.

→ *L'indice vaut donc 42,4 et on peut dire que le nombre de divorces en 1935 était inférieur de 57,6 % à celui de 1975.*

Pour 1995, on trouve un indice de 210,5 (hausse de 110,5 % par rapport à 1975) et pour 2015, un indice de 213,3.

2 Exercice guidé → L'évolution du nombre de naissances

Exercice 1

Selon des données de l'Ined, le nombre de naissances était de 870 836 en 1948, de 737 062 en 1978, de 796 044 en 2008 et de 719 000 en 2018.

1. Calculez l'indice du nombre de naissances en France pour chacune de ces années, base 100 en 1978.

Il s'agit d'appliquer ici la formule, en prenant pour valeur de base le nombre de naissances en 1978.

2. Quelle a été l'évolution du nombre de naissances entre 1978 et 2018 ?

La lecture se fait en indiquant le pourcentage de variation.

Lire et interpréter un indice synthétique

Comprendre

Définition L'indice synthétique, parfois appelé indice pondéré, est une donnée qui permet de synthétiser en une seule information la variation d'un ensemble de données. Le plus souvent cet indice est calculé en base 100.

- Dans le cas d'une variation dans le temps, une année sert de référence. L'indice synthétique le plus souvent utilisé est l'indice des prix : il permet de mesurer la variation du niveau général des prix (inflation) à partir des variations des différents prix, pondérés par leur poids dans la consommation.

Méthode :

- Il faut commencer par comprendre de quoi l'indice fait la synthèse.
- La lecture est identique à celle d'un indice simple.

Je vérifie mes résultats

- ❒ L'indice composé n'a pas d'unité. C'est une valeur positive.
- ❒ Comme pour l'indice simple, si l'indice est supérieur à 100, la grandeur étudiée augmente. Si l'indice est inférieur à 100, la grandeur observée diminue.

1 Exercice guidé → Lire et interpréter un indice des prix

Indice des prix des matières premières alimentaires, base 100 en 2010

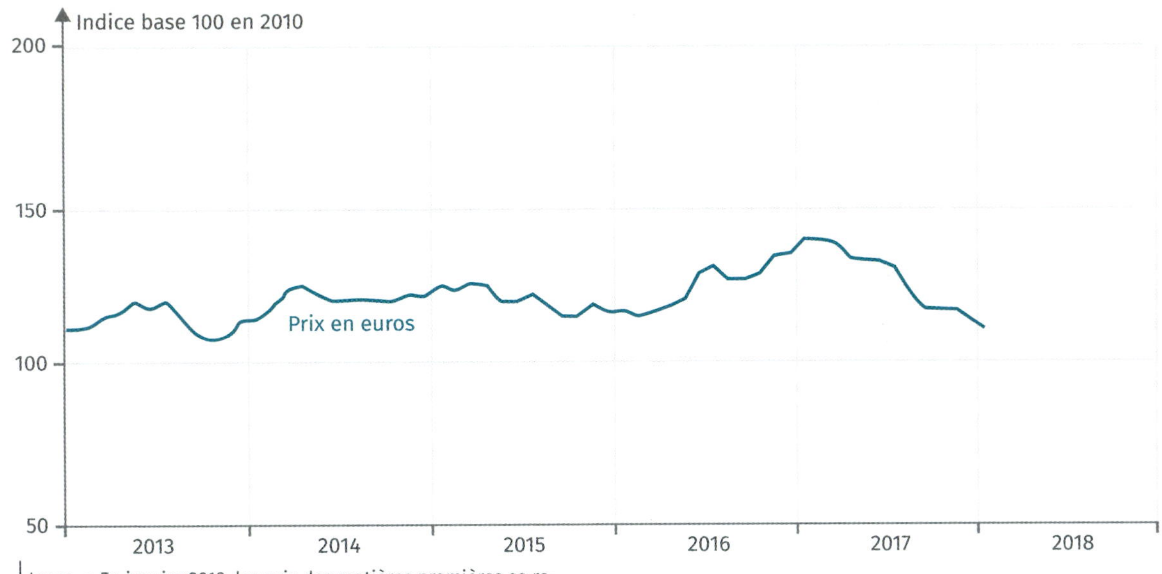

Insee, « En janvier 2018, les prix des matières premières se redressent », *Informations rapides n°39*, 21 février 2018.

Exercice 1 Évolution de l'indice des prix à la consommation

1. Pourquoi peut-on parler ici d'un indice synthétique ?

Appuyez-vous sur le fait qu'il existe une grande diversité de matières premières alimentaires.

2. Que signifie l'indice pour janvier 2013 ?

L'indice est à environ 112. Il se lit comme un indice simple.

3. Comment ont évolué les prix des matières premières alimentaires entre 2013 et 2018 ?

Une hausse de l'indice signifie une augmentation ; une baisse signifie une diminution.

FICHE MÉTHODE 7

Distinguer la valeur nominale de la valeur réelle

Définir et lire

Définition La valeur nominale permet d'exprimer la valeur d'une variable en prix courants, c'est-à-dire avec les prix de l'année en cours.

La valeur réelle permet d'exprimer la valeur d'une variable en prix constants, c'est-à-dire en neutralisant les effets de l'inflation (augmentation du niveau général des prix), grâce à l'utilisation des prix d'une année de référence, appelée année de base.

Formulation du résultat :

- La valeur nominale se lit en euros. Il ne faut pas mentionner d'année de base. C'est la lecture la plus simple.
- La valeur réelle se lit en euros constants et il faut indiquer l'année de base.

Je vérifie mes résultats

- ❒ La variable exprimée en valeur nominale (appelée aussi variable en valeur) se lit avec l'unité monétaire de l'année courante. On raisonne alors en « euros courants ».
- ❒ La variable exprimée en valeur réelle (appelée aussi variable en volume) se lit avec l'unité monétaire de l'année de référence. On raisonne alors en « euros constants ».

1 Exercice guidé → Taux d'intérêt nominal et taux d'intérêt réel

Exercice 1

En janvier 2019, le taux d'intérêt nominal sur les crédits immobiliers était estimé par l'Observatoire crédit logement/CSA à 1,45 %. L'Insee a estimé l'inflation à 1,2 % sur un an en janvier 2019. Le taux d'intérêt réel moyen sur les crédits immobiliers est donc proche de zéro.

1. Faites une phrase présentant le taux d'intérêt nominal.
Il s'agit ici d'une lecture classique d'une donnée. Indiquez la date, le lieu, la source.

2. Pourquoi peut-on dire que le taux d'intérêt réel est proche de zéro ?
On peut estimer le taux d'intérêt réel par l'opération suivante : taux nominal – taux d'inflation.

3. Que signifie ce résultat ?
Il faut ici utiliser la définition du taux d'intérêt, qui peut être vu comme le coût du crédit et voir ce qu'est une variable réelle.

2 Exercice d'application → Comprendre le lien entre inflation et taux d'intérêt réel

Exercice 2 Taux d'intérêt réel et inflation en France (en %)

Taux d'intérêt réel et inflation, France
1800-2015, moyenne mobile sur dix ans, en %

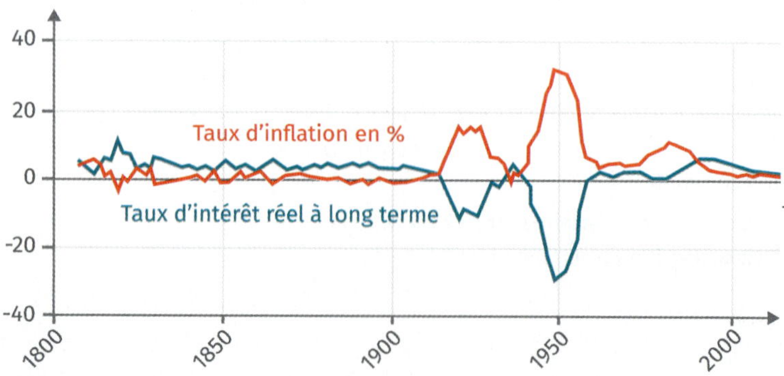

Le taux d'intérêt réel est calculé pour un titre de la dette publique avec un emprunt sur dix ans.

Xavier Ragot, Christian Thimann, Natacha Valla, « Taux d'intérêt très bas : symptôme et opportunité », *Note du CAE n°36*, décembre 2016.

Questions

1. Que signifie le fait que le taux d'intérêt réel soit négatif ?
2. Comment expliquer qu'il semble y avoir une corrélation négative entre le taux d'inflation et le taux d'intérêt réel ?

Lire un diagramme de répartition

Comprendre

- **Définition :** Un diagramme de répartition permet de représenter la structure de répartition de sous-ensembles dans un ensemble. Les plus usuels sont les diagrammes circulaires et les diagrammes en bandes.
- Le total représente 100 et chaque section du diagramme correspond à un pourcentage.
- **Formulation du résultat :** Les données d'un diagramme se lisent en pourcentage, ce sont des pourcentages de répartition.

Je vérifie mes résultats

- ❒ Les résultats se lisent en pourcentage.
- ❒ Les diagrammes circulaires (ou « camemberts ») sont construits en représentant chaque pourcentage comme une part du diagramme.
- ❒ Pour les diagrammes en bandes, chaque section représente une part du total.

1 Exercice guidé → Lire un diagramme circulaire

Exercice 1 Le nouveau baccalauréat

Répartition de la note finale

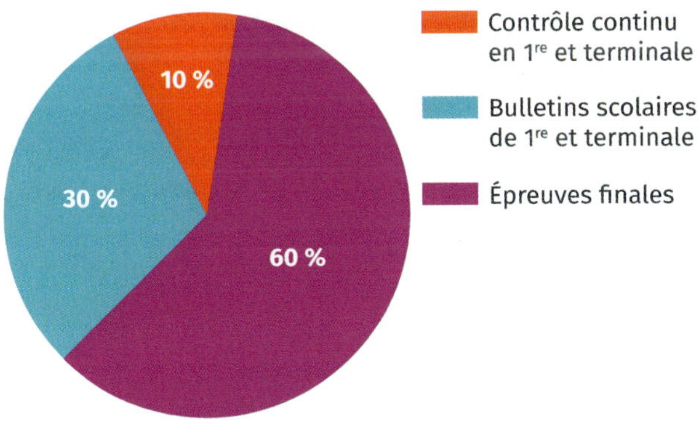

AFP, d'après des données du ministère de l'Éducation nationale.

1. Quelle est la part du contrôle continu de première et terminale dans la note finale ?
Il s'agit ici de lire un pourcentage de répartition.

2. Quelles sont les épreuves qui ont le poids le plus élevé dans la note finale ? Quelles sont celles qui occupent la plus petite part ?
La surface des zones correspondant aux différents secteurs permet de répondre. Le diagramme permet de visualiser les résultats.

2 Exercice d'application → Lire un diagramme en bandes

Exercice 2 La participation électorale en France

Participation électorale aux élections présidentielles et législatives en 2002 et 2017, en % des électeurs inscrits

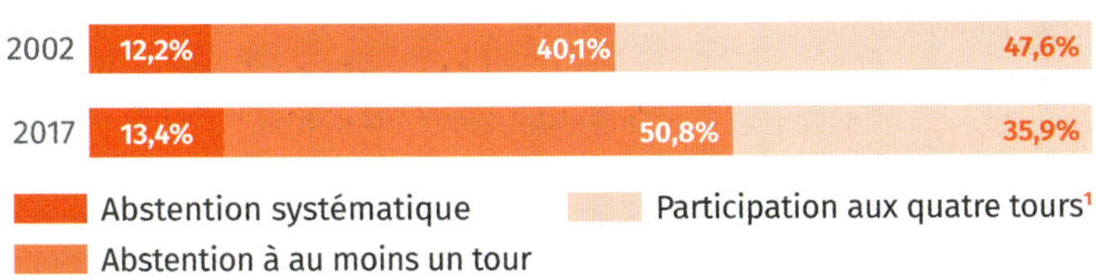

1. Deux tours de l'élection présidentielle et deux tours des élections législatives.

Insee, Enquêtes sur la participation électorale, 2002 et 2017.

Questions

1. Quelle est la part de l'abstention systématique en France en 2017 ?
2. Comment a évolué la part de la participation systématique entre 2002 et 2017 ?
3. Comment a évolué la part de l'abstention à au moins un tour ?

FICHE MÉTHODE 9

Lire un graphique de type « radar »

Comprendre

Définition Un graphique de type radar, aussi appelé graphique en « toile d'araignée » ou encore diagramme de Kiviat est une représentation qui permet de présenter conjointement plus de deux données.

◆ **Formulation des résultats :** Chacune des données se lit de façon indépendante sur l'axe qui lui est consacré. En général, ces axes ont la même taille, mais ils peuvent avoir des unités et échelles différentes. Il faut bien observer l'échelle de chaque axe, qui démarre à zéro. Le graphique permet, en général, des comparaisons ou bien une analyse conjointe des données.

Je vérifie mes résultats

- ❐ Les données se lisent de façon indépendante les unes des autres.
- ❐ Il est utile de commencer par lire des données.
- ❐ Faites des comparaisons, analysez conjointement les données.

1 Exercice guidé

Exercice 1

Usages d'Internet en France et dans l'UE (en pourcentage des ménages), en 2017

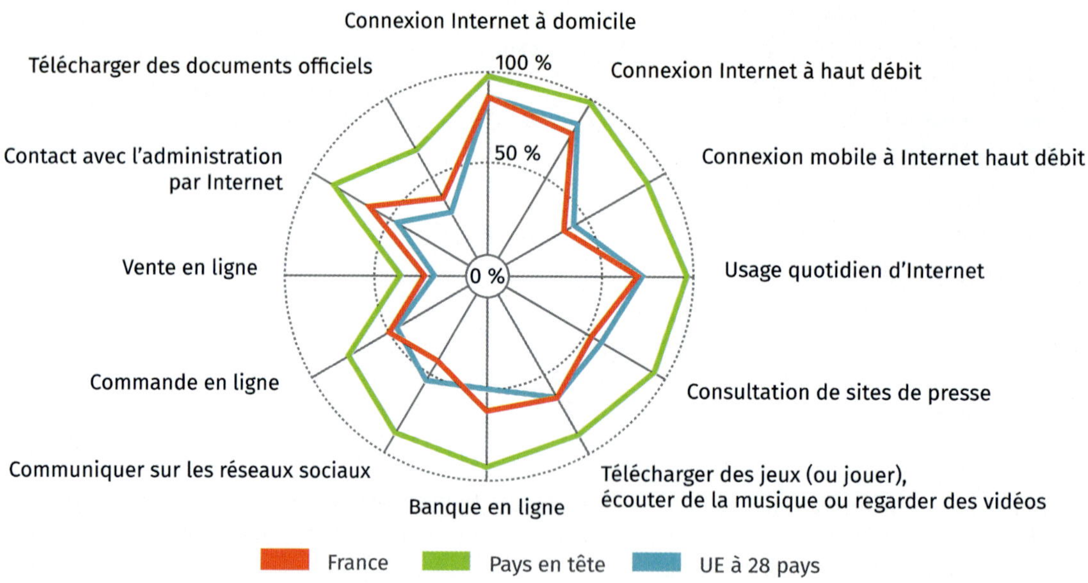

Le « pays en tête » désigne le pays pour lequel le pourcentage est le plus élevé pour chaque catégorie dans l'UE.
Observatoire du numérique, « L'utilisation des TIC par les particuliers selon l'enquête communautaire en 2017 », 2018.

1. Présentez les données pour la connexion Internet à domicile.
Sur ce graphique, toutes les données sont en pourcentage et doivent donc se lire de cette façon. Les données concernent la France, la moyenne des pays de l'UE et celles pour le pays dans lequel le pourcentage est le plus élevé.

2. L'utilisation d'une banque en ligne est-elle fortement répandue en France ?
Il s'agit ici de comparer d'abord à la moyenne de l'UE, puis à la situation du pays où l'usage de la banque en ligne est le plus fréquent.

3. De manière générale, que peut-on dire de la situation de la France par rapport à la moyenne européenne ?
Le document permet de visualiser l'ensemble des données et donc de comparer facilement les situations de la France à la moyenne de l'UE en voyant à quel point le graphique de l'UE s'éloigne de celui de la France.

Lire et interpréter une médiane

Comprendre

◆ **Définition :** La médiane est la valeur d'une série statistique qui coupe cette série en deux parties égales. La moitié des données est supérieure à la médiane, l'autre moitié est inférieure à cette médiane.

Formule Dans une série de données, la médiane se calcule en ordonnant la série de la plus petite valeur à la plus grande, puis en repérant la donnée qui « coupe la série en deux » : la moitié des données est supérieure à elle, l'autre moitié est inférieure.

◆ **Formulation du résultat :** Si M est la médiane, le résultat se lit en indiquant que 50 % des données sont supérieures à M et que 50 % sont inférieures à M.

Je vérifie mes résultats

- ❒ La médiane se lit dans l'unité de la série des données.
- ❒ Elle est comprise entre la valeur la plus petite et la valeur la plus grande.
- ❒ Il ne faut pas la confondre avec la moyenne.

1 Un exemple corrigé → Lire et interpréter le salaire médian

Soit un groupe de cinq personnes dont les salaires mensuels en euros sont les suivants : 1000 ; 1000 ; 1000 ; 1500 ; 12000.

Corrigé

→ *Le salaire médian se situe à 1000 euros. En effet, 50 % des personnes de ce groupe ont un salaire inférieur à 1 000 euros et 50 % ont un salaire supérieur à 1 000 euros.*

→ *En revanche le salaire moyen est 3300 euros : (1000+1000+1000+1500+12000)/5 = 3300.*

→ *Ici, le salaire moyen n'est pas représentatif de la situation de l'ensemble des personnes de ce groupe, car la moyenne est tirée vers le haut par l'existence d'une valeur extrême.*

2 Exercice guidé → Lire et interpréter une distribution de notes

Exercice 1

Un groupe de onze élèves a reçu les notes suivantes au dernier contrôle : un élève a 8, trois obtiennent 9, trois ont 11, deux ont quatorze et deux élèves ont 18.

1. Ordonnez la série en ordre croissant.
Ici, la série est de petite taille, il est possible d'écrire toutes les valeurs les unes après les autres.

2. Calculez la médiane.
La médiane se trouve en voyant pour quelle note 50 % des élèves sont au-dessus et 50 % sont en dessous.

3. Rédigez une phrase présentant le résultat.
La phrase permet d'expliciter ce qu'est la médiane.

3 Exercice d'application → Les salaires des footballeurs

Exercice 2 Salaires médian et mensuel en Ligue 1 de football

Année : 2016	Ligue 1 (France)
Salaire mensuel médian (brut)	38000 euros
Salaire mensuel moyen (brut)	73000 euros

Francetvinfo.fr, 2016.

Questions

1. Rédigez une phrase présentant le salaire médian d'un footballeur en France.
2. Comment expliquer que le salaire moyen est supérieur au salaire médian ?

Calculer, lire et interpréter une moyenne arithmétique simple et pondérée

Définir, calculer, lire

- **Définition :** Une moyenne simple est le rapport entre une somme de valeurs et le nombre de valeurs. Une moyenne pondérée est le quotient entre une somme de valeurs coefficientées (auxquelles on accorde des poids différents) et la somme des coefficients.

Formule

$$\text{Moyenne simple} = \frac{valeur_1 + valeur_2 + ... + valeur_n}{\text{nombre de valeurs}}.$$

$$\text{Moyenne pondérée} = \frac{valeur_1 \times coef_1 + valeur_2 \times coef_2 + ... + valeur_n \times coef_n}{coef_1 + coef_2 + ... + coef_n}.$$

- **Formulation du résultat :** La moyenne s'exprime toujours dans la même unité que les valeurs qui permettent de la calculer.

Je vérifie mes résultats

- ❒ La moyenne simple et la moyenne pondérée s'expriment dans la même unité que les données à partir desquelles elles sont calculées.
- ❒ La moyenne est toujours comprise entre la plus petite et la plus grande des valeurs.

1 Un exemple corrigé → Calculer un salaire moyen

Une entreprise verse le même salaire à chaque salarié d'une même catégorie : ceux de catégorie 1 reçoivent 1500 euros bruts, ceux de catégorie 2 reçoivent 3000 euros et ceux de catégorie 3, 8000 euros.

Il y a cinquante salariés de catégorie 1, vingt de catégorie 2 et cinq de catégorie 3.

Corrigé

1. Comment calculer le salaire moyen dans cette entreprise ?

→ *Il serait inutile de calculer une moyenne simple à partir des trois niveaux de salaires : il faut calculer une moyenne pondérée.*

→ *Cette dernière se calcule comme suit :* $\frac{50 \times 1\,500 + 20 \times 3\,000 + 5 \times 8\,000}{75} = 2\,333{,}3$.

→ *En moyenne un salarié gagne 2333,3 euros dans cette entreprise.*

2 Exercice guidé → Les dépenses de protection sociale

Exercice 1 Dépenses mensuelles moyennes en euros et nombre de personnes indemnisées selon la branche de protection sociale

	Vieillesse	Santé	Emploi	Pauvreté
Dépense mensuelle par personne indemnisée	250	25	150	100
Nombre de personnes indemnisées	14 200	534 000	8 000	4500

Dans un pays, les dépenses de protection sociale sont réparties en quatre branches : vieillesse, santé, emploi et pauvreté. La dépense mensuelle par personne indemnisée, ainsi que le nombre de personnes indemnisées sont précisées dans le tableau. Ces données sont fictives.

1. Calculez la dépense de protection sociale moyenne par personne dans ce pays.

Calculer, lire et interpréter des pourcentages de répartition

Comprendre

- **Définition :** Un pourcentage de répartition est le rapport entre l'effectif d'un sous-ensemble et l'effectif d'un ensemble (effectif total).

Formule

$$\frac{\textit{Effectif du sous-ensemble}}{\textit{Effectif total}}$$

Si on veut exprimer cette proportion en pourcentage, on multiplie alors le quotient précédent par 100.

- **Formulation du résultat :** il se lit le plus souvent en pourcentage. Le résultat peut être lu directement en %. Par exemple, on pourra dire qu'en France en 2019, les femmes représentent environ 52 % de la population française. Il est possible aussi de lire de la façon suivante : sur 100 personnes, en France, 52 sont des femmes en 2019.

Je vérifie mes résultats

❒ Le calcul peut être fait avec un « produit en croix » :

Effectif du sous-ensemble	Pourcentage recherché
Effectif total de l'ensemble	100

❒ $\frac{\textit{Effectif du sous-ensemble}}{\textit{Effectif total}} \times 100$.

❒ Le résultat est compris entre 0 et 100. Plus le résultat s'approche de 100 et plus la proportion est élevée.

1 Un exemple corrigé → La part des dépenses de santé

En 2016, en France, selon la Drees, la dépense de protection sociale pour la santé est de 249,9 milliards d'euros. La dépense totale de protection sociale est de 714,5 milliards d'euros. Calculez la part de la dépense de santé dans la dépense totale de protection sociale.

Corrigé

→ *Le sous-ensemble est la dépense de santé. L'ensemble est la dépense de protection sociale.*

→ *Le calcul est alors :* $\frac{249{,}9}{714{,}5} = 0{,}35$.

→ *La part des dépenses de santé dans la dépense de protection sociale est donc de 35 % en France en 2016. Ce résultat peut être lu comme suit : sur 100 euros de dépenses de protection sociale en France, en 2016, en moyenne 35 sont consacrés à des dépenses de santé, selon la Drees.*

2 Exercice guidé → Les entreprises en Europe

Exercice 1

En France, en 2016, selon Eurostat, on compte 2 909 125 entreprises de 0 à 9 salariés. Il y a en France, au total, 3 058 220 entreprises. Dans l'Union européenne, 24 425 954 entreprises existent, dont environ 23 000 000 comprennent entre 0 et 9 salariés.

1. Calculez la part des entreprises de 0 à 9 salariés dans le total des entreprises en France. Quelle est la part des entreprises de 10 salariés et plus ?

L'effectif total est celui des entreprises. Le sous-ensemble est celui des entreprises de 0 à 9 salariés. La part des entreprises de 10 salariés et plus peut être déduite de celle des entreprises de 0 à 9 salariés puisque le total des deux fait 100 %.

2. Faites une phrase présentant ces résultats.

La phrase doit commencer par sur 100. Il s'agit d'indiquer ce que serait le nombre de petites entreprises si le total des entreprises valait 100.

3. Calculez la part des entreprises françaises dans le total des entreprises européennes.

La méthode est la même que pour les questions précédentes, mais l'ensemble et le sous-ensemble ne sont pas les mêmes.

FICHE MÉTHODE 13

Mesurer une variation : coefficient multiplicateur et taux de variation

Comprendre

Le taux de variation :

- **Définition :** Le taux de variation permet de mesurer l'évolution d'une variable dans le temps. Le résultat se lit en %.

Formule On mesure la variation de la variable entre deux dates : une date de départ (la plus ancienne) et une date d'arrivée (la plus récente).
Si on note V_A la valeur d'arrivée et V_D la valeur de départ, on a :
Taux de variation $= \frac{V_A - V_D}{V_D}$.

- **Lecture du résultat :** Pour lire le résultat, on commence par le multiplier par 100. La phrase se lit de la façon suivante : « Entre l'année de départ et l'année d'arrivée, la variable a augmenté/diminué de T % », où T est le taux de variation multiplié par 100.

Le coefficient multiplicateur :

- **Définition :** Le coefficient multiplicateur est un indicateur de comparaison, souvent utilisé pour rendre compte de variations dans le temps. Il mesure le rapport entre deux variables (combien de fois l'une est plus grande que l'autre).

Formule Pour une variation dans le temps, le coefficient multiplicateur se calcule en comparant la valeur d'arrivée V_A et la valeur de départ V_D.
Il se calcule de la façon suivante : $\frac{V_A}{V_D}$.

- **Lecture du résultat :** « La donnée a été multipliée par C entre l'année de départ et l'année d'arrivée », où C est le coefficient multiplicateur.

Choisir le bon indicateur :

Le taux de variation est plus adapté pour les diminutions ou les hausses de faible importance (moins de 100 %). Le coefficient multiplicateur est plus pertinent quand il s'agit d'une hausse de forte ampleur.

Je vérifie mes résultats

- ❒ Le taux de variation se lit en % alors que le coefficient multiplicateur n'a pas d'unité.
- ❒ Le taux de variation peut prendre toute valeur. Il est négatif quand la variable diminue et positif quand elle augmente. Quand la variable n'évolue pas, le taux de variation vaut 0 %.
- ❒ Un taux de variation supérieur à 100 % signifie que la variable fait plus que doubler.
- ❒ Le coefficient multiplicateur prend toujours une valeur positive. Quand il est compris entre 0 et 1, cela signifie que la donnée a diminué. Quand il est supérieur à 1, cela signifie que la donnée a augmenté.
- ❒ En cas de baisse, il est préférable d'utiliser un taux de variation. En cas de hausse importante, le coefficient multiplicateur est plus adapté. Quand il y a une augmentation de plus faible ampleur, il est plus pertinent d'utiliser le taux de variation.

1 Un exemple corrigé → Les entreprises cotées en Bourse dans le monde

Selon la Banque mondiale, on comptait, en 1980, 17 273 entreprises cotées en Bourse dans le monde. Ce nombre est de 43 036 en 2017.

Mesurez l'évolution du nombre d'entreprises cotées en Bourse dans le monde entre 1980 et 2017.

Corrigé

→ *Pour les deux calculs, il faut commencer par identifier la valeur de départ et celle d'arrivée. Ici,* $V_D = 17\,273$ *(donnée pour la valeur la plus ancienne) et* $V_A = 43\,036$.

→ *Le taux de variation se calcule donc comme suit :* $\frac{43\,036 - 17\,273}{17\,273} = 1{,}49$.

Il se lit de la façon suivante : « Entre 1980 et 2017, le nombre d'entreprises cotées en Bourse a augmenté de 149 %. »

→ *Le coefficient multiplicateur se calcule de la façon suivante :* $\frac{43\,036}{17\,273} = 2{,}49$.

Il se lit de la façon suivante : « Le nombre d'entreprises cotées en Bourse a été multiplié par 2,49 entre 1980 et 2017. »

→ *Le coefficient multiplicateur est le calcul le plus adapté pour décrire cette forte variation. Son résultat est plus « parlant » que celui du taux de variation.*

2 Exercice guidé → Entreprises cotées en Bourse selon le pays

Exercice 1

	1980	1990	1995	2000	2005	2010	2015	2017
Chine	Nc	Nc	323	1086	1377	2063	2827	3485
Allemagne	459	413	678	744	648	690	555	450
France	586	443	710	1185	749	617	490	465
Japon	1402	1627	1714	2055	2323	2281	3504	3598
États-Unis	5164	6429	7487	6917	5145	4279	4381	4336
Afrique du Sud	481	740	612	604	348	352	316	294

Nc : non connu.

Banque mondiale, « Entreprises intérieures cotées en Bourse », données extraites en 2018.

◆ **Mesurez la variation du nombre d'entreprises cotées en Bourse aux États-Unis entre 1980 et 2017.**

1. Repérez la valeur d'arrivée et la valeur de départ.
L'année de départ est toujours la plus ancienne, la valeur d'arrivée est toujours la plus récente.

2. Calculez le taux de variation et le coefficient multiplicateur du nombre d'entreprises cotées en Bourse aux États-Unis entre 1980 et 2017.
À chaque fois, quand on a identifié V_A *et* V_D*, le calcul est simple. Pour le taux de variation, ne pas oublier de calculer le numérateur avant le dénominateur (ou de mettre des parenthèses) à la calculatrice.*

3. Vérifiez la cohérence des résultats.
Il y a ici une baisse. Le taux de variation doit être négatif et le coefficient multiplicateur inférieur à 0.

4. Faites une phrase présentant les résultats.
Pour les deux phrases, on doit retrouver : les dates, la source, le fait que le nombre a diminué (ou été divisé) et ce dont il s'agit. Pour le taux de variation, n'oubliez pas de multiplier par 100 le résultat obtenu au calcul.

5. Identifiez l'outil le plus pertinent.
Le nombre a baissé sur la période considérée.

FICHE MÉTHODE 14

Calculer, lire et interpréter un taux de variation cumulé

Comprendre

◆ **Définition :** Le taux de variation cumulé est une mesure de l'évolution d'une donnée sur plusieurs périodes. Ce taux de variation se calcule à partir des taux de variation de chacune des périodes.

Formule Il n'est pas possible d'additionner les taux de variation. Il faut donc transformer chaque taux de variation (TV) en coefficients multiplicateurs avec la formule suivante :

$CM = (\frac{TV}{100}) + 1$.

Il est alors possible de multiplier ces coefficients multiplicateurs pour connaître le coefficient multiplicateur de l'ensemble de la période.

Ce coefficient multiplicateur peut alors être transformé en taux de variation avec la formule suivante : $TV = (CM - 1) \times 100$.

◆ **Formulation du résultat :** Le taux de variation cumulé se lit comme un taux de variation simple.

Je vérifie mes résultats

❒ Il est impossible d'additionner les taux de variation entre eux.

❒ Chaque taux de variation est à transformer en coefficient multiplicateur.

❒ Le coefficient multiplicateur de l'ensemble de la période est obtenu en multipliant entre eux les différents coefficients multiplicateurs.

❒ Ce coefficient multiplicateur peut être transformé en taux de variation.

❒ Le taux de variation cumulé peut être négatif ou positif. Quand il est négatif, la variable a diminué ; quand il est positif, elle a augmenté.

1 Un exemple corrigé → Des taux d'inflation annuels au taux d'inflation total

Selon Eurostat, le taux d'inflation de la zone euro a été de 0,6 % en 2014, de 0,1 % en 2015, de 0,2 % en 2016, de 1,5 % en 2017 et de 1,8 % en 2018.

Calculez le taux d'inflation de la zone euro sur l'ensemble de la période.

Corrigé

→ *Il n'est pas possible d'additionner les taux de croissance, le taux de croissance sur la période n'est pas de 4,2 %. Chaque taux de variation doit être transformé en coefficient multiplicateur.*

Par exemple, pour 2016 : le coefficient multiplicateur du PIB est de $\frac{0,2}{100} + 1 = 1,002$.

En 2014, avec le même type de calcul, on obtient un coefficient multiplicateur de 1,006. Celui de 2015 est de 1,001, celui de 2017 est de 1,015 et enfin, en 2018, il est de 1,018.

→ *Sur l'ensemble de la période 2014-2018, le coefficient multiplicateur du niveau des prix se calcule comme suit :*
$1,006 \times 1,001 \times 1,002 \times 1,015 \times 1,018$.
Les prix ont donc été multipliés par 1,0426.
Il est alors possible de calculer le taux de variation cumulé : $(1,0426 - 1) \times 100 = 4,26$.
Les prix ont augmenté de 4,3 % entre 2014 et 2018 dans la zone euro.

2 Exercice guidé → Croissance cumulée entre 2008 et 2010

Exercice 1

Taux de croissance du PIB dans l'UE entre 2008 et 2010

	2008	2009	2010
Union européenne (sans le Royaume-Uni)	0,7	-4,3	2,1
Grèce	-0,3	-4,3	-5,5
Espagne	1,1	-3,6	0
France	0,3	-2,9	1,9

Eurostat, données extraites en janvier 2019.

1. Pour l'Union européenne, calculez le coefficient multiplicateur du PIB sur l'ensemble de la période.
Chacun des taux de variation peut être transformé en coefficient multiplicateur. Ensuite, ces coefficients peuvent être multipliés entre eux.

2. Pour l'Union européenne toujours, calculez le taux de croissance du PIB sur l'ensemble de la période.
Le taux de croissance du PIB est un taux de variation. Il s'agit donc de transformer le coefficient obtenu à la question 1 en taux de variation.

3. Quelle a été l'évolution du PIB de l'UE sur la période ?
Il suffit ici d'utiliser la réponse à la question précédente et de faire une phrase présentant le résultat.

4. Faites les mêmes calculs pour les autres pays du tableau.

3 Exercice d'application → L'évolution des prix de l'énergie

Exercice 2

Taux d'inflation mensuels des prix de l'énergie en 2018

	janv. 18	févr. 18	mars 18	avr. 18	mai 18	juin 18	juil. 18	août 18	sept. 18	oct. 18	nov. 18	déc. 18
Union européenne à 28	1,5	-0,3	-0,7	0,8	2,1	1,0	0,6	0,4	1,1	1,5	-0,2	-2,9
Allemagne	0,4	-0,4	-0,6	1,6	2,4	0,5	-0,1	0,8	1,9	1,0	1,8	-4,2
Grèce	0,6	-0,4	-0,6	1,5	1,9	1,0	0,1	0,1	0,1	3,6	-2,7	-4,4
Espagne	0,3	-0,5	-2,6	1,5	4,2	1,0	0,7	0,9	1,8	0,8	-1,9	-3,8
France	4,6	0,0	-0,7	0,9	1,9	0,8	0,5	0,0	0,9	1,8	-0,7	-2,3
Italie	2,7	0,0	-0,4	-2,1	1,0	1,3	2,6	-0,1	0,5	3,6	-0,2	-2,2
Pays-Bas	4,8	-0,8	-0,4	1,5	1,9	0,2	1,3	0,5	0,4	0,1	-0,9	-2,3
Roumanie	2,7	-0,4	0,1	1,9	1,8	0,5	-1,0	0,7	0,9	1,2	-1,9	-2,6
Royaume-Uni	0,4	-0,1	-0,5	0,9	1,8	2,2	0,4	0,5	1,4	1,5	-0,7	-2,1

Eurostat, Indice des prix à la consommation harmonisés, données extraites en 2019.

Questions

1. Calculez le taux d'inflation des prix de l'énergie pour l'UE sur l'année 2018.
2. Les prix de l'énergie ont-ils augmenté en France sur l'ensemble de la période ?
3. L'augmentation des prix a-t-elle été plus forte au Royaume-Uni ou en Italie ?

Préparer une argumentation orale

Comprendre

Définition L'oral est un exercice qui peut prendre des formes diverses. Assez souvent, il s'agit de faire un exposé à l'oral. C'est une épreuve qui figure au baccalauréat en terminale (« grand oral »).

Méthode :

- La **préparation** de l'oral repose sur les mêmes principes que pour un écrit : une argumentation doit être structurée avec une introduction et un plan (ou au moins un fil conducteur). Chaque argument doit être affirmé, expliqué, illustré.
- Un oral est plus efficace si vous vous **appuyez sur des notes**. Ces notes ne doivent pas être rédigées, sinon vous risquez de les lire. Sur une fiche, notez le plan avec les idées essentielles, les données chiffrées et les exemples que vous allez utiliser, les noms propres, etc.
- Une présentation orale est plus facile à suivre si elle s'appuie sur **un ou plusieurs documents montrés ou donnés aux auditeurs**. Donnez aux personnes qui vous écoutent le plan ou le fil conducteur de votre présentation, appuyez-vous éventuellement sur des documents statistiques ou des schémas.

Je vérifie mes résultats

- ❒ L'oral s'appuie sur un plan structuré, un plan et un fil conducteur.
- ❒ Des notes doivent servir d'appui pendant l'oral. Il ne faut surtout pas rédiger ces notes, mais il faut qu'elles soient claires.
- ❒ Des documents ou une présentation peuvent rendre l'oral plus facile à suivre pour les auditeurs.

1 Exercice guidé → Vous devez présenter à l'oral les politiques de la concurrence et leurs objectifs

1. Quels sont les arguments à présenter ?

Ici, la consigne est très claire. Il s'agit d'abord de présenter les politiques de la concurrence, il faudra donc les définir. Pour ce qui est de leurs objectifs, en utilisant le cours (→ **voir chapitre 2***), vous pouvez retrouver les trois raisons qui poussent à la mise en place d'une politique de la concurrence. Il faudra présenter chacune de ces raisons en les expliquant et en les illustrant.*

2. Que faut-il noter ?

La première chose à prendre en note est le plan, qui sera le fil conducteur de votre présentation.

La définition est à connaître, mais vous pouvez la noter pour éviter les « trous de mémoire ». En utilisant le plan, notez pour chacun des arguments l'idée en quelques mots, les éléments à ne pas oublier (sans les rédiger), et les données ou les exemples à développer.

3. Quel document mettre en appui de la présentation ?

Il faut éviter de présenter des arguments rédigés, que ce soit dans le document donné aux auditeurs ou dans un diaporama.
Si vous préparez un diaporama, commencez par la présentation du sujet, puis indiquez le plan de votre présentation. Préparez ensuite une page de diaporama pour chaque argument : cette page doit contenir l'idée, quelques éléments d'explication et des exemples. Pour que la présentation soit plus attractive, vous pouvez ajouter des illustrations ou des schémas.

Réussir un oral

Comprendre

L'oral est un exercice qui peut être stressant car il est assez inhabituel. C'est aussi une épreuve où il faut faire face à un auditoire, qui est parfois un jury.

Méthode :

- Une épreuve orale est plus aisée lorsqu'elle est **bien préparée.** (→ **voir la fiche Préparer une argumentation orale**)
- Un oral est aussi un exercice de **communication**. Il faut parler aux auditeurs, regarder ces derniers lors de la présentation et expliquer le fil de votre exposé. Soignez votre registre de langue : il faut s'exprimer correctement, mais avec un langage oral, moins formel qu'à l'écrit.
- Ne cherchez pas à savoir ce que le jury pense de votre prestation en interprétant son attitude : c'est souvent impossible à décrypter et vous seriez alors déstabilisé. Attention aussi à la « présentation de soi ». Vous devez être à l'aise, mais sans être négligé. Évitez les gestes parasites, ou ceux qui pourraient passer pour des signes de manque de respect (jouer avec ses mains, un stylo ou ses cheveux, mettre ses mains dans ses poches, etc.).
- Comme l'oral est un exercice plus inhabituel que l'écrit, il est plus difficile de gérer son temps. Prévoyez une montre ou un chronomètre pour vous assurer que vous ne dépassez pas le temps imparti. Lors de votre présentation, appuyez-vous éventuellement sur des documents statistiques ou des schémas.

Je vérifie mes résultats

- ❒ L'oral doit être préparé. Avoir des notes, des documents de présentation permet de ne pas perdre le fil et d'être facile à suivre.
- ❒ Un exercice de ce type suppose une interaction avec un jury, un auditoire. Il faut veiller à s'adresser à cet auditoire de façon claire et précise.
- ❒ Attention à la gestion du temps, à la façon dont vous vous présentez, habillez, tenez, etc.

1 Exercice guidé → Vous devez présenter à l'oral les politiques de la concurrence et leurs objectifs

(→ **voir la fiche Préparer une argumentation orale**)

1. Comment s'entraîner à l'oral ?

Un exercice simple est de présenter l'oral devant des proches, amis ou camarades de classe. Cela vous permettra de vous assurer d'une bonne gestion du temps, et vous saurez si votre présentation a été claire et efficace.

Si vous en avez la possibilité, vous filmer lors de cet exercice est très utile. En regardant votre prestation, vous pourrez identifier si vous avez des gestes parasites, des tics de langage, des manières de vous tenir qui ne conviennent pas.

De la même façon, assister à l'oral d'autres personnes permet parfois de bien identifier ce qui peut être gênant.

2. Comment réussir le jour de l'oral ?

Commencez par vous faire confiance ! Si votre oral est bien préparé, vous devez le réussir. Partez aussi du principe que les examinateurs (le jury) sont là pour vous encourager et qu'ils le feront d'autant plus s'ils jugent que vous avez travaillé avec sérieux.

L'épreuve commune de contrôle continu en première

Qu'est-ce que c'est ? Pour qui ?

→ Une épreuve de bac, passée en première, pour celles et ceux qui abandonnent la spécialité SES en fin de première.

→ Les sujets peuvent aussi servir d'entraînement à celles et ceux qui veulent continuer les SES en terminale.

Durée de l'épreuve : 2 heures.

Deux parties :
1. Mobilisation des connaissances et traitement de l'information, sur 10 points. Cette partie s'appuie sur l'étude d'un document statistique ou d'une représentation graphique. Ces documents sont le plus souvent accompagnés de questions simples de mobilisation des connaissances.
2. Raisonnement appuyé sur un dossier documentaire, sur 10 points. Il s'agit, ici, d'un sujet qui s'appuie sur deux documents différents (un texte et un document statistique) à partir desquels vous devez réaliser un raisonnement d'environ une page.

Chacune des parties est notée sur 10 points. Il faut donc consacrer environ une heure à chaque partie.

Première partie Mobilisation des connaissances et traitement de l'information (10 points)

→ Focus sur les questions de mobilisation des connaissances

Je dois :
- répondre à une ou plusieurs questions de cours en utilisant mes connaissances ;
- définir des notions et des concepts ;
- indiquer le mode de calcul de certains indicateurs ;
- présenter ou illustrer certains mécanismes, certaines notions ou théories.

Je gagne les points si :
- je connais mon cours ;
- je donne les définitions avec précision :
- j'explique ma réponse et je la rédige clairement ;
- je donne des exemples, des statistiques, des arguments théoriques.

Quelques conseils importants
- Utilisez un brouillon pour noter l'essentiel et pour organiser votre réponse.
- Donnez des définitions simples et claires. Expliquez ces définitions et illustrez-les.

→ Focus sur les exercices de représentation graphique

Je dois :
- lire et interpréter des représentations graphiques (notamment des courbes d'offre et de demande) ;
- répondre à plusieurs questions ;
- placer des points, faire des représentations graphiques.

Je gagne les points si :
- je fais des graphiques clairs et précis ;
- j'explique mon raisonnement, je décris ce que je fais ;
- j'explicite le vocabulaire, je donne les définitions.

Quelques conseils importants
- Faites les représentations graphiques au brouillon avant de les présenter au propre. Avant les épreuves, entraînez-vous : vous serez alors familier des formes habituelles des graphiques ou des documents chiffrés.
- Utilisez des couleurs : ce sera plus clair et lisible. Tracez à la règle.

Focus sur les études de documents

Je dois :

- tirer les informations principales d'un document statistique ;
- lire des données et les traiter.

Je gagne les points si :

- je présente le document ;
- je tire l'information essentielle du document :
- je traite les données de façon correcte, en proposant parfois des calculs (par exemple, coefficients multiplicateurs, taux de variation) ;
- j'explicite le vocabulaire et je donne les définitions.

Quelques conseils importants

- Commencez par chercher à comprendre le document : au brouillon, débutez par des lectures de données.
- Apprenez une « liste des points à ne pas oublier » pour présenter le document. Il faut toujours en présenter la nature, la source, le champ, le thème, ainsi que l'unité des données.
- Tout au long de l'année, entraînez-vous à lire des documents statistiques. La méthode s'acquiert petit à petit et plus vous prenez l'habitude de rencontrer ce type de document, plus vous gagnerez en aisance.
- Il n'est pas demandé d'expliquer les phénomènes observés. Vous pouvez le faire à la fin de votre réponse, ce qui pourra donner lieu à un bonus.

Deuxième partie Raisonnement appuyé sur un dossier documentaire (10 points)

Je dois :

- mobiliser mes connaissances et traiter deux documents : un texte et un document statistique ;
- répondre à une question de façon structurée ;
  - l'introduction permet de rappeler le sujet, d'en définir les termes et de les interroger puis d'annoncer le plan ;
  - le développement comprend la réponse au sujet. Il doit être fait en plusieurs parties (en général deux ou trois). Chaque partie comprend des connaissances et des éléments tirés des documents ;
  - une conclusion permet, en quelques lignes, de récapituler, de rappeler l'essentiel du développement ;

Je gagne les points si :

- je réussis à comprendre le sujet et à organiser ma réponse ;
- je connais mon cours et je sais le mobiliser :
- je sais étudier les documents et les utiliser pour répondre à la question posée ;
- je rédige de façon claire ;
- j'énonce des exemples, des statistiques, des arguments théoriques.

Quelques conseils importants

- Au brouillon, commencez par analyser le sujet en posant les définitions des termes et en vous assurant d'avoir compris le sens de la question.
- Délimitez la réponse : l'enjeu n'est pas de réciter le cours, mais de répondre à un sujet.
- Ne vous précipitez pas sur les documents. Ils prennent davantage de sens quand vous avez une idée du plan que vous allez suivre.
- Au brouillon, faites l'analyse des documents en lien avec le plan : prenez une page de brouillon par document et rappelez vous que chacun d'entre eux peut être utilisé pour plusieurs parties.
- Rédigez l'introduction et la conclusion au brouillon.
- Entraînez-vous à présenter des arguments de façon rédigée. Il s'agit d'une technique à acquérir et il est important de s'entraîner tout au long de l'année avec des exercices courts. Vous pouvez par exemple, lors de vos révisions, isoler une notion ou un concept, et vous exercer à le présenter de façon succincte.
- Le temps à consacrer au raisonnement sur un dossier documentaire est d'environ 1h. Prévoyez un temps de relecture pour l'ensemble de la copie.

Sujet 1

Première partie Mobilisation des connaissances et traitement de l'information (10 points) → Chapitre 1

Sur un marché, l'offre et la demande s'établissent comme suit :

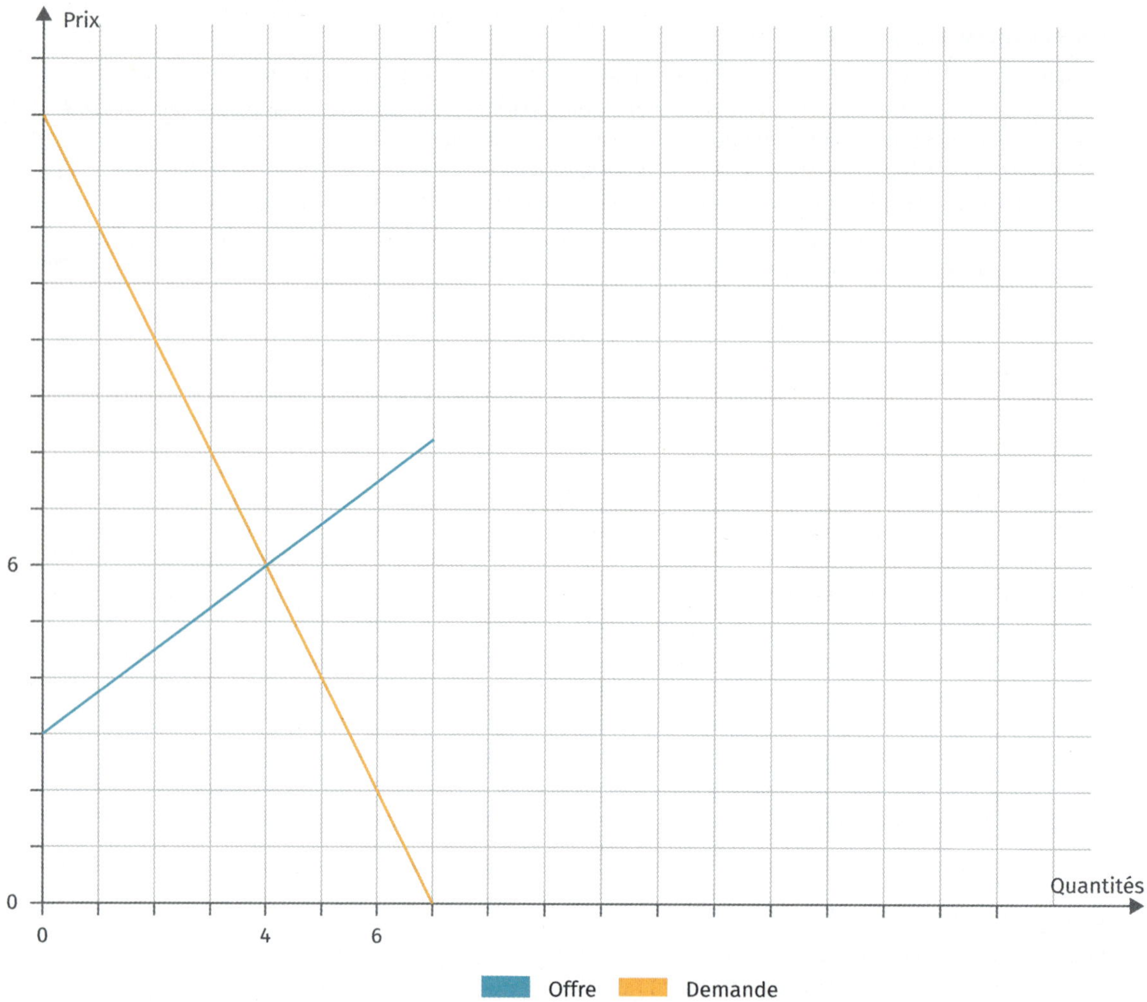

1. Pour un prix de 3 euros, quelle est la quantité demandée, quelle est la quantité offerte ?

2. Déterminez graphiquement le prix et la quantité d'équilibre sur ce marché.

3. Si le prix est fixé à 8 euros sur ce marché, que constate-t-on ?

4. Représentez graphiquement cette situation.

Deuxième partie Raisonnement appuyé sur un dossier documentaire (10 points) → Chapitre 7

À l'aide de vos connaissances et du dossier documentaire, vous montrerez que différents facteurs exposent l'individu à l'affaiblissement ou à la rupture des liens sociaux.

Doc. 1

Situation des sans-abri vis-à-vis du marché du travail en France en 2012

	Francophones nés en France	Francophones nés à l'étranger	Non francophones nés à l'étranger*	Ensemble
Travaille, avec ou sans contrat de travail (y compris apprentis, stagiaires rémunérés)	2	26	21	23
Étudiant(e), élève, en formation, en stage non rémunéré	1	2	3	2
Se déclare chômeur(se) qu'il (elle) soit inscrit(e) ou non à Pôle emploi	57	40	42	48
Retraité(e), préretraité(e), retiré(e) des affaires	5	1	1	3
Homme ou femme « au foyer »	2	3	19	5
En invalidité, handicapé(e)	7	3	1	4
N'est pas autorisé(e) à travailler, par exemple demandeur d'asile ou en congé maladie de plus de trois mois	1	20	11	10
Ne travaille pas pour d'autres raisons	5	5	2	5
Ensemble	100	100	100	100

Note : 17 % des non francophones n'ayant pas répondu à cette question ont été exclus de cette répartition.

Insee-Ined, enquête auprès des personnes fréquentant des services d'hébergement ou de distribution de repas, 2012.

Doc. 2

La scolarisation de masse et la centralité toujours plus grande de l'école dans le destin social des individus, et dans leurs parcours professionnels, voue globalement à la marginalisation ceux qui la quittent sans qualifications. Les quelque 120 000 jeunes qui sortent de l'appareil scolaire sans diplôme ou avec simplement le brevet des collèges, soit entre 17 et 18 % d'une génération, sont et seront plus exposés aux figures extrêmes de la précarité que ne le sont ceux qui le quittent avec un diplôme. Ils viendront alimenter la population des NEET (*Not in Education, Employment or Training*) – ces jeunes qui ne sont ni en étude, ni en emploi, ni en formation. Par un effet de cercle, la répétition des petits emplois, la longueur des chômages condamnent aux segments marginaux. […]

Les plus âgés sont dans une situation similaire et, plus que le reste de la population, confrontés aux chômages et aux précarités, voire condamnés à une situation de relégation vis-à-vis du travail. Plus de la moitié des demandeurs d'emploi de cinquante ans et plus sont inscrits à Pôle emploi depuis plus d'un an, et ce sont souvent les moins qualifiés. Les récits recueillis auprès des chômeurs de longue durée expriment une lassitude qui va croissant et, finalement, un processus de renoncement devant la recherche d'emploi, à mesure que le chômage dure. La probabilité de sortie du chômage, expliquent les statisticiens, décline lentement avec la durée, et la proportion de chômeurs qui se découragent et cessent de se manifester auprès de Pôle emploi va croissant avec l'ancienneté.

Patrick Cingolani, *La Précarité*, PUF, 2017.

Sujet 2

Première partie Mobilisation des connaissances et traitement de l'information (10 points) → Chapitre 12

Doc.

Dispersion des exportations des entreprises selon leur taille en France en 2015

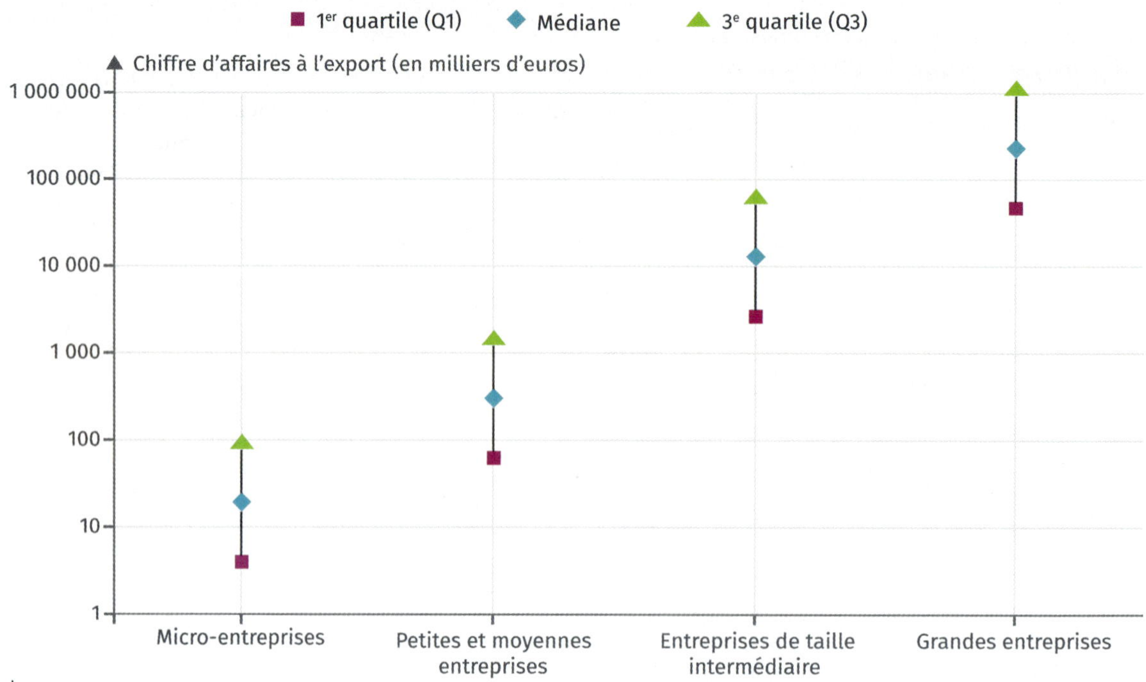

Les exportations sont les ventes de biens et services à l'étranger. Le 1er quartile désigne le chiffre d'affaires tel que 25 % des entreprises d'une catégorie donnée réalisent moins d'exportations, le 3e quartile est tel que 25 % des entreprises d'une catégorie réalisent un chiffre d'affaires à l'exportation plus élevé.

Champ : France, entreprises exportatrices des secteurs marchands hors agriculture, hors micro-entrepreneurs et micro-entreprises.

Hervé Bacheré, « Les petites et moyennes entreprises réalisent 17 % des exportations », *Insee Première*, mars 2018.

1. Illustrez le fait qu'il existe une grande diversité des entreprises.
2. À l'aide du document, vous montrerez que la taille des entreprises influe sur leur capacité à exporter.

Deuxième partie Raisonnement appuyé sur un dossier documentaire (10 points) → Chapitre 8

À l'aide de vos connaissances et du dossier documentaire, vous montrerez que la déviance peut prendre des formes diverses selon les sociétés et les groupes sociaux.

Doc. 1

Imaginez une société de saints, un cloître exemplaire et parfait. Les crimes proprement dits y seront inconnus, mais les fautes qui paraissent vénielles[1] au vulgaire y soulèveront le même scandale que fait le délit ordinaire auprès des consciences ordinaires. Si donc cette société se trouve armée du pouvoir de juger et de punir, elle qualifiera ces actes de criminels et les traitera comme tels. C'est pour la même raison que le parfait honnête homme juge ses moindres défaillances morales avec une sévérité que la foule réserve aux actes vraiment délictueux. Autrefois, les violences contre les personnes étaient plus fréquentes qu'aujourd'hui parce que le respect pour la dignité individuelle était plus faible. Comme il s'est accru, ces crimes sont devenus plus rares ; mais aussi, bien des actes qui lésaient ce sentiment sont entrés dans le droit pénal dont ils ne relevaient primitivement pas.

[…] Le milieu physique immédiat dans lequel chacun de nous est placé, les antécédents héréditaires, les influences sociales dont nous dépendons varient d'un individu à l'autre et, par suite, diversifient les consciences. Il n'est pas possible que tout le monde se ressemble à ce point, par cela seul que chacun a son organisme propre et que ces organismes occupent des portions différentes de l'espace.

Émile Durkheim, *Les Règles de la méthode sociologique*, PUF, 1895.

1. sans gravité.

Doc. 2

Nombre de cambriolages dans les pays de l'UE

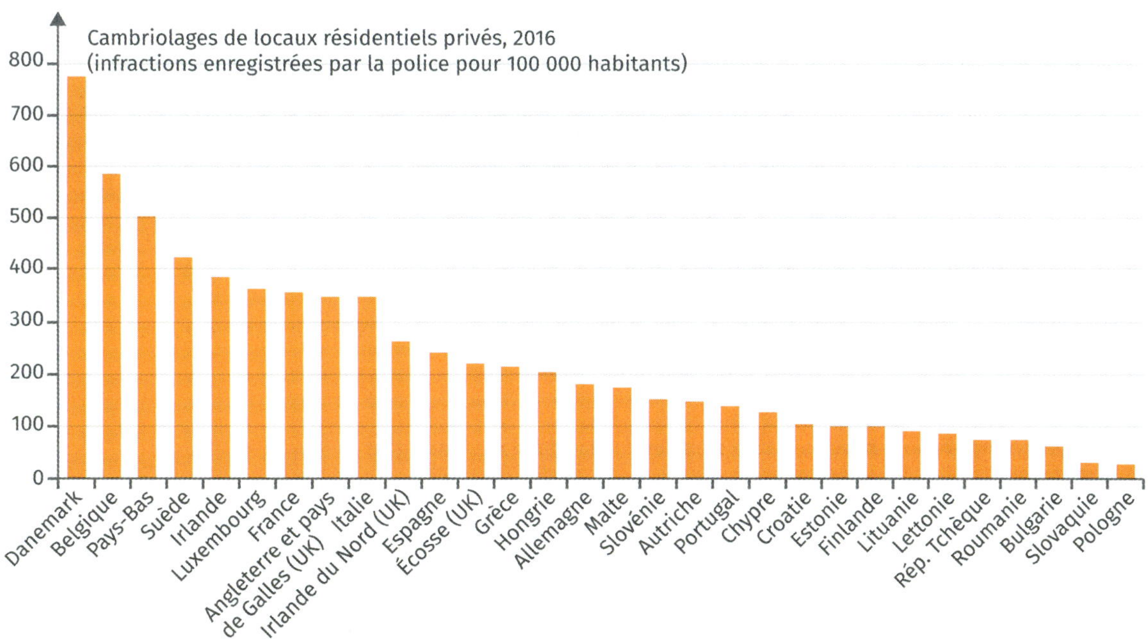

Eurostat, « Statistiques sur la criminalité », 2018.

Sujet 3

Première partie Mobilisation des connaissances et traitement de l'information (10 points) → Chapitre 10

Doc.

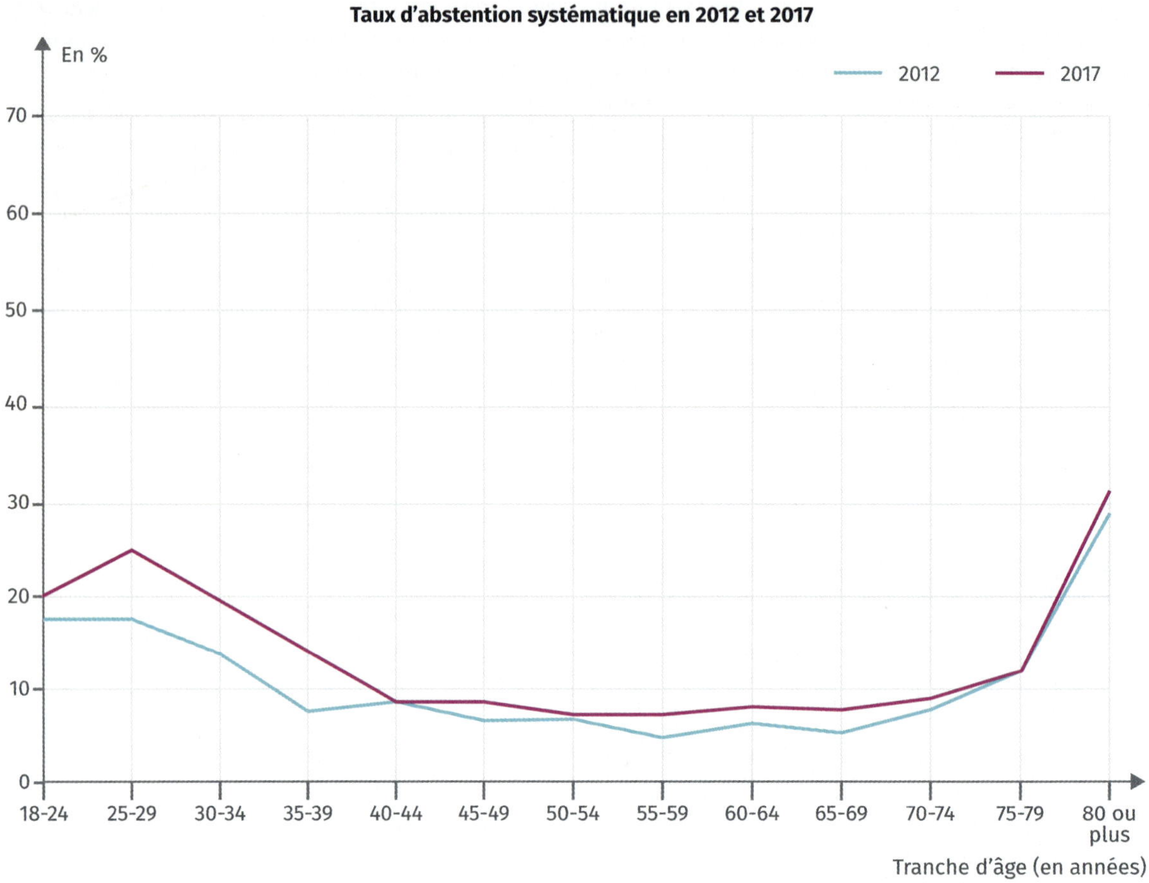

L'abstention systématique désigne l'abstention aux quatre tours des élections nationales : les deux tours de l'élection présidentielle et les deux tours des élections législatives.

Champ : inscrits sur les listes électorales résidant en France métropolitaine.

Insee, « Enquêtes sur la participation électorale », 2012 et 2017.

1. Définissez « abstention électorale ».
2. Indiquez comment sont calculés le taux d'abstention électoral et le taux d'inscription électoral.
3. À l'aide du document, vous montrerez comment évolue l'abstention électorale en fonction de l'âge.

Deuxième partie Raisonnement appuyé sur un dossier documentaire (10 points) → Chapitre 2

À l'aide de vos connaissances et du dossier documentaire, vous montrerez qu'en situation d'oligopole les entreprises peuvent avoir intérêt à former des ententes.

Doc. 1

Une entente dans le secteur des lessives

		Unilever	Henkel	Procter & Gamble	Colgate-Palmolive	Accord sur les prix mis en place
Lessives standards	Haut de gamme	Skip	Le Chat	Ariel, Mr Propre*, Vizir		Ariel +3 % plus cher vs Skip et le Chat (alignés)
Lessives standards	Milieu de gamme	Omo	Super Croix	Dash	[Axion jusqu'en 2003]**	Dash +10 % plus cher vs Omo, Super Croix et Axion (alignés)
Lessives standards	Bas de gamme	Persil	X-Tra	Gama Bonux	[Gama jusqu'en 2003]**	Alignement de toutes les marques

* La marque Mr Propre lessive a été lancée fin 2004 et arrêtée courant 2006.

** Colgate-Palmolive a cédé ses actifs lessives en France à Procter & Gamble fin 2003.

Autorité de la concurrence, « Cartel des lessives », Communiqué du 8 décembre 2011.

Doc. 2

L'Autorité de la concurrence ouvre son enquête le 21 mai 2012 et remonte le fil du cartel. Tout commence « par des réunions secrètes en marge des rendez-vous officiels du Gifam (le syndicat des professionnels du secteur) », explique Isabelle de Silva. Puis ce sont des réunions dans des restaurants, des échanges téléphoniques occasionnels et des courriers électroniques. Le cartel se construit en trois étapes : d'abord des réunions entre les dirigeants pour définir les grandes lignes ; puis d'autres réunions entre les chefs de produits ou les directeurs marketing pour déterminer la hausse de prix ; et, enfin, les dirigeants se réunissent à nouveau pour finaliser les hausses et garantir leur suivi.

Les faits reprochés aux six fabricants portent sur « deux périodes différentes : de septembre 2006 à janvier 2007 puis de fin mai 2008 à avril 2009 », explique l'Autorité. Deux pratiques frauduleuses ont été constatées. D'une part, « des hausses de prix concertées sur les prix de vente conseillés (PVC) transmis aux distributeurs ». […]

D'autre part, « une concertation sur les conditions commerciales appliquées aux cuisinistes ». Cette dernière partie concerne le matériel d'exposition prêté aux cuisinistes. Les fabricants se sont entendus pour obtenir une réduction des coûts d'exposition. Enfin, l'enquête est tellement vaste qu'un autre volet a été ouvert. Toujours en cours d'instruction, il porte sur une entente possible avec certains distributeurs.

La sanction de 189 millions d'euros prononcée par l'Autorité de la concurrence est la dixième plus importante depuis 2000. Loin toutefois derrière l'entente sur les produits d'hygiène et d'entretien, en 2014, ayant abouti à une amende de 951 millions.

La forte sanction prononcée contre les fabricants d'électroménager est justifiée par plusieurs éléments, selon l'Autorité. D'abord, à eux six, les fabricants couvrent 70 % du marché. Ensuite, il s'agit de produits pouvant être chers, et dont les consommateurs peuvent difficilement se passer.

Enrique Moreira, « Cartel de l'électroménager : amende de 189 millions pour six fabricants », *Les Échos*, 6 décembre 2018.

Sujet 4

Première partie Mobilisation des connaissances et traitement de l'information (10 points)

→ Chapitre 3

Doc.

Coûts externes (externalités) moyens, en centimes d'euros par tonne-kilomètre (pour le transport d'une tonne de marchandises sur un kilomètre) en 2009

	Route (poids lourd)	Chemin de fer (fret)	Air (court et moyen-courrier)	Air (long-courrier)
Environnement	1,28	0,51	4,37	2,60
Dont CO_2	*0,34*	*0,02*	*3,39*	*2,51*
Dont pollution locale	*0,8*	*0,25*	*0,72*	*0,06*
Dont bruit	*0,14*	*0,24*	*0,26*	*0,03*
Insécurité	0,46	0,08	0,15	0,01
Congestion	1,70	0,37	0,36	0,01
Usage de l'infrastructure	0,59	1,96	6,37	0,54
Total coûts externes	4,08	2,90	11,30	3,20

Yves Crozet, « Insécurité et congestion : comment évaluer les coûts externes ? », *Transports*, 2017 (données du Commissariat général au développement durable).

1. Définissez ce qu'est une externalité.
2. En vous appuyant sur un exemple, montrez que les externalités sont une défaillance du marché.
3. À l'aide du document, vous caractériserez les externalités générées par le transport de marchandises selon le mode de transport urbain.

Deuxième partie Raisonnement appuyé sur un dossier documentaire (10 points) → Chapitre 6

À l'aide de vos connaissances et du dossier documentaire, vous montrerez que le processus de socialisation se poursuit à l'âge adulte.

Doc. 1

Proportion de personnes ayant changé de métier entre 2010 et 2015 (en %)

Âge en 2010		Origine géographique	
20-29 ans	33	Immigré d'Europe	21
30-39 ans	22	Autre immigré	28
40-50 ans	16	Non immigré	22
Sexe		**Type de contrat en 2010**	
Féminin	21	Fonctionnaire ou CDI	20
Masculin	23	Autres contrats	28
Ensemble	**22**	**Ensemble**	**22**

Dares analyses, « Changer de métier : quelles personnes et quels emplois sont concernés ? », novembre 2018.

Doc. 2

Leur appropriation par les enfants conduit souvent à penser qu'il existe une « facilité enfantine » dans l'usage des TIC[1]. Ce constat doit être relativisé selon les milieux sociaux. Les enfants d'origine sociale modeste sont souvent mandatés par leurs proches pour s'occuper de l'informatique et assurer le déploiement de la lignée (mobilité sociale ascendante). [...] Classiquement, la transmission est pensée comme un processus « descendant » des plus âgés vers les plus jeunes. Avec la modernité et l'accélération du changement social, son sens s'inverse. Dans leurs usages des TIC, les retraités sont accompagnés par les petits-enfants : par des cadeaux technologiques, par une assistance technique (dépannage et apprentissage) et un élargissement de leurs capacités d'usage. Un enquêté de soixante-treize ans déclare ainsi que son petit-fils de vingt-cinq ans est sa « hot line ».

Néanmoins, les échanges technologiques intergénérationnels peuvent présenter un caractère plus équilibré. Certains grands-parents pratiquent l'informatique depuis des années et ont acquis un réel savoir-faire d'usager au fil du temps. Il arrive que les échanges suivent un sens descendant, des grands-parents vers les petits-enfants : tel grand-père conseille sa petite-fille pour l'achat d'un ordinateur d'occasion ; tel autre raconte qu'il a « mis en route » sa petite-fille en l'initiant. On assiste à des échanges mutuels d'information, comme dans le cas de cette petite-fille qui a appris à sa grand-mère à écrire des textos et à qui son grand-père a montré « comment faire des montages photo avec un logiciel spécial ». La réalité offre un panorama plus nuancé que la seule vision en termes de rétro-socialisation et d'apprentissage unidirectionnel.

Laurence Le Douarin, « Usages des nouvelles technologies en famille », *Informations sociales*, janvier 2014.

1. Technologies de l'information et de la communication.

Sujet 5

Première partie Mobilisation des connaissances et traitement de l'information (10 points) → Chapitre 8

Doc.

Part des individus victimes de vols avec armes pour 1000 habitants, en 2017.

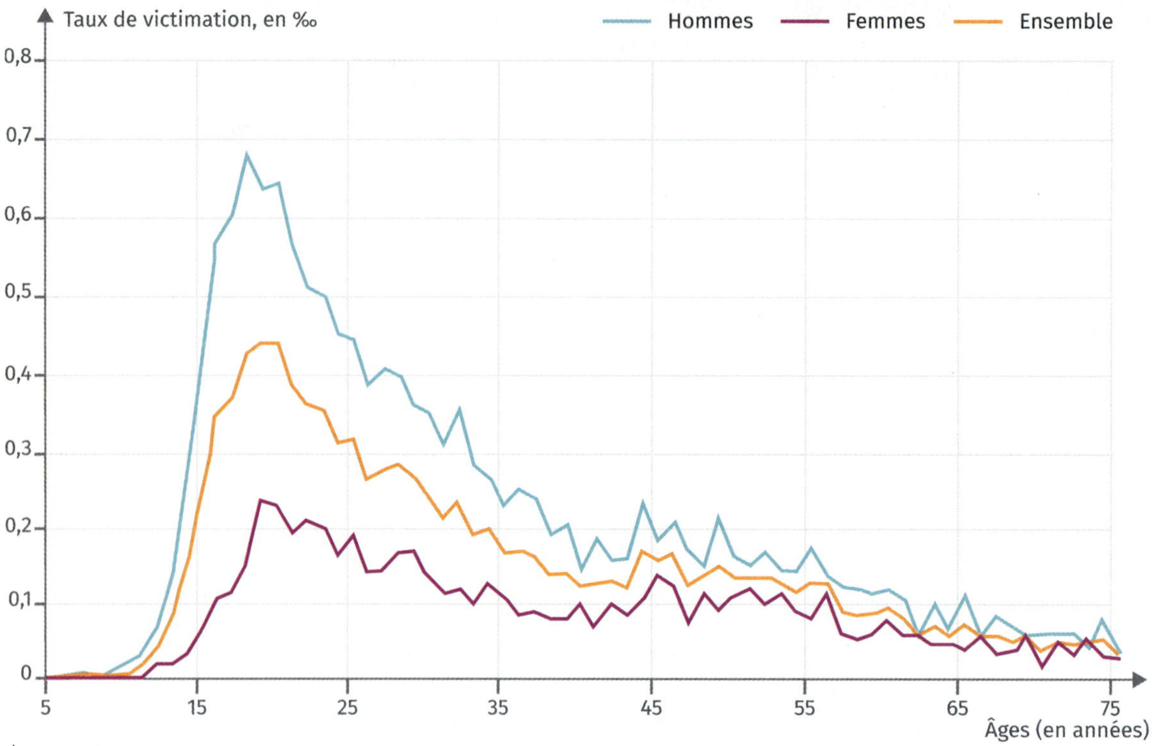

Ministère de l'Intérieur, « Insécurité et délinquance en 2017 : premier bilan statistique », 2018.

1. Qu'est-ce que la délinquance ?
2. Qu'appelle-t-on « chiffre noir de la délinquance » ?
3. À l'aide du document, vous caractériserez l'évolution de la victimation pour vols avec armes en fonction de l'âge.

Deuxième partie Raisonnement appuyé sur un dossier documentaire (10 points) → Chapitre 9

À l'aide de vos connaissances et du dossier documentaire, vous montrerez que le recours fréquent aux sondages d'opinion modifie l'exercice de la vie politique.

Doc. 1

Intentions de vote aux élections européennes (en %)

	Liste France insoumise	Liste Europe Écologie Les Verts	Liste La République en marche/ Mouvement Démocrate	Liste Les Républicains	Liste Debout la France	Liste Rassemblement national	Liste mouvement des « Gilets jaunes »
Ensemble	**9**	**13**	**21**	**11**	**4,5**	**14**	**12**
Hommes	10	6	19	12	6	13	14
Femmes	8	19	23	10	3	15	10
18-34 ans	14	9	20	2	non significatif	27	14
35-59 ans	9	15	20	7	8	10	16
60 ans et plus	7	12	23	19	3	13	7
Cadres, professions intermédiaires	9	20	21	7	3	13	8
Employés, ouvriers	8	7	16	14	8	19	23
Retraités	6	11	25	19	4	12	7

Ipsos, « Intentions de vote des Français aux élections européennes 2019 », sondage réalisé en décembre 2018 sur un échantillon de 957 personnes, représentatif de la population française âgée de dix-huit ans et plus. Sondage commandé par La République en marche.

Doc. 2

Il y a aussi une intégration des sondages dans les luttes sociales. Elle remonte aux grandes grèves de 1995 qualifiées de grèves par procuration. En cas de conflit de ce type, l'attitude de l'opinion publique à l'égard du mouvement social devient un enjeu au moins aussi important que le nombre des manifestants. Avec ce précédent où l'opinion a soutenu de bout en bout le mouvement social, la mise en avant par les dirigeants syndicaux des données d'opinion publiques devient fréquente. Par exemple dans la lutte contre la loi El Khomri menée en mai-juin 2016, Philippe Martinez, le secrétaire général de la CGT, précise aux journalistes : « Le mouvement dispose d'un soutien très large de l'opinion publique, plus de 60 % des Français sont pour le retrait ou la modification de ce texte et, ce qui devrait alerter plus encore le président de la République, chez les moins de 25 ans, le soutien monte à 80 % ». Quand l'appui de l'opinion publique fait défaut, l'effet boomerang est considérable. Que reste-t-il alors aux syndicats ? Ainsi dans la réforme menée en 2018 sur le statut des cheminots, tous les sondages ont été négatifs pour le mouvement, ne lui apportant pas le soutien de l'opinion qui estimait en majorité constante que la grève n'était pas justifiée. En sens inverse, le récent mouvement des gilets jaunes définit un nouveau trépied de la contestation fondé sur une mobilisation *via* les réseaux sociaux, une diffusion à l'ensemble du pays *via* les chaînes d'information continue et, au-delà des quelques dizaines de milliers de participants, une portée *via* les sondages liée au soutien fort et constant de l'opinion publique exerçant une véritable pression pour obliger le pouvoir à composer.

Jérôme Jaffré, « La Ve est-elle une république des sondages ? », *Commentaire*, 2019.

Sujet 6

Première partie Mobilisation des connaissances et traitement de l'information (10 points) → Chapitre 2

Sur un marché en duopole, deux entreprises sont présentes et ont le choix entre produire beaucoup ou peu. Les profits réalisés par chacune d'entre elles en fonction de la stratégie de l'autre sont représentés dans le tableau suivant.

		Entreprise 2	
		Produit peu	Produit beaucoup
Entreprise 1	Produit peu	(30 000 ; 30 000)	(2 000 ; 50 000)
	Produit beaucoup	(50 000 ; 2 000)	(20 000 ; 20 000)

Ce tableau présente à gauche dans la parenthèse le profit que réalise l'entreprise 1 dans chaque situation, et à droite dans la parenthèse le profit de l'entreprise 2.

1. Quelle stratégie l'entreprise 1 a-t-elle intérêt à suivre si l'entreprise 2 produit beaucoup ?
2. Quelle est la stratégie dominante ?
3. Qu'est-ce qu'une entente entre entreprises ?
4. Montrez que les deux entreprises auraient intérêt à s'entendre.

Deuxième partie Raisonnement appuyé sur un dossier documentaire (10 points) → Chapitre 12

À l'aide de vos connaissances et du dossier documentaire, vous montrerez qu'il existe une grande diversité d'entrepreneurs.

Doc. 1

Chez Peugeot, c'est la démission en 1964 de Jean-Pierre Peugeot, malade, alors qu'aucun membre de la famille n'est prêt à lui succéder, qui marque le début du processus de dissociation de la propriété et de la direction : c'est à Maurice Jordan, son plus proche collaborateur, que revient la direction du groupe. Depuis, les dirigeants non familiaux (François Gautier, Jean-Paul Parayre, Jacques Calvet, Jean-Martin Folz, Christian Streiff, Philippe Varin) se sont succédé à la tête de PSA, alors que la famille domine le conseil de surveillance (en 2010, cinq membres de la famille y siégeaient, dont le président) d'où elle veille sur ses intérêts à long terme et sur la stratégie de l'entreprise. Les limites du pouvoir du PDG sont clairement définies par la famille Peugeot : « Chaque nouveau président du directoire s'interroge légitimement sur ses marges de manœuvre. Une fois que nous lui accordons notre confiance, celle-ci est totale dans la limite de deux principes intangibles : assurer la croissance du groupe et préserver son indépendance en excluant tout accord capitalistique. Sur ces questions, le président du directoire n'est pas seul maître après Dieu. »

On observe le même processus de séparation de la propriété et de la direction dans nombre d'entreprises, notamment chez L'Oréal (depuis 1957), Publicis (1987) ou Hermès (2006). Du reste, cette séparation n'est pas nécessairement définitive.

Jean-Claude Daumas, « Les dirigeants des entreprises familiales en France, 1970-2010. Recrutement, gouvernance, gestion et performances », *Vingtième siècle. Revue d'histoire*, février 2012.

Doc. 2

Situation des créateurs d'entreprise avant la création de l'entreprise en 2014 (en %)

	Créations d'entreprises classiques au 1er semestre 2014		Auto-entrepreneurs au 1er semestre 2014 ayant démarré une activité économique...	
Situation professionnelle avant la création	Sociétés	Entreprises individuelles (hors auto-entrepreneurs)	... principale	... de complément
Indépendant ou à son compte	19,5	11	5,8	2,7
Chef d'entreprise salarié, PDG	14	3,2	1,5	1,8
Agent de la fonction publique	1,6	7	2,3	11,7
Salarié du secteur privé	34	30	24,4	51,7
Chômeur	23	32	41,7	13,7
Étudiant ou scolaire	2,1	6,8	6,6	6,6
Sans activité professionnelle	5,8	10	17,7	11,8
dont retraités	*1,9*	*2*	*2,6*	*9,1*
Ensemble	100	100	100	100

Insee, « Les entreprises en France », 2018.

Sujet 7

Première partie Mobilisation des connaissances et traitement de l'information (10 points) → Chapitre 6

Doc.

Part des unions encore formées en fonction de la durée de l'union et de l'année de naissance des membres de l'union

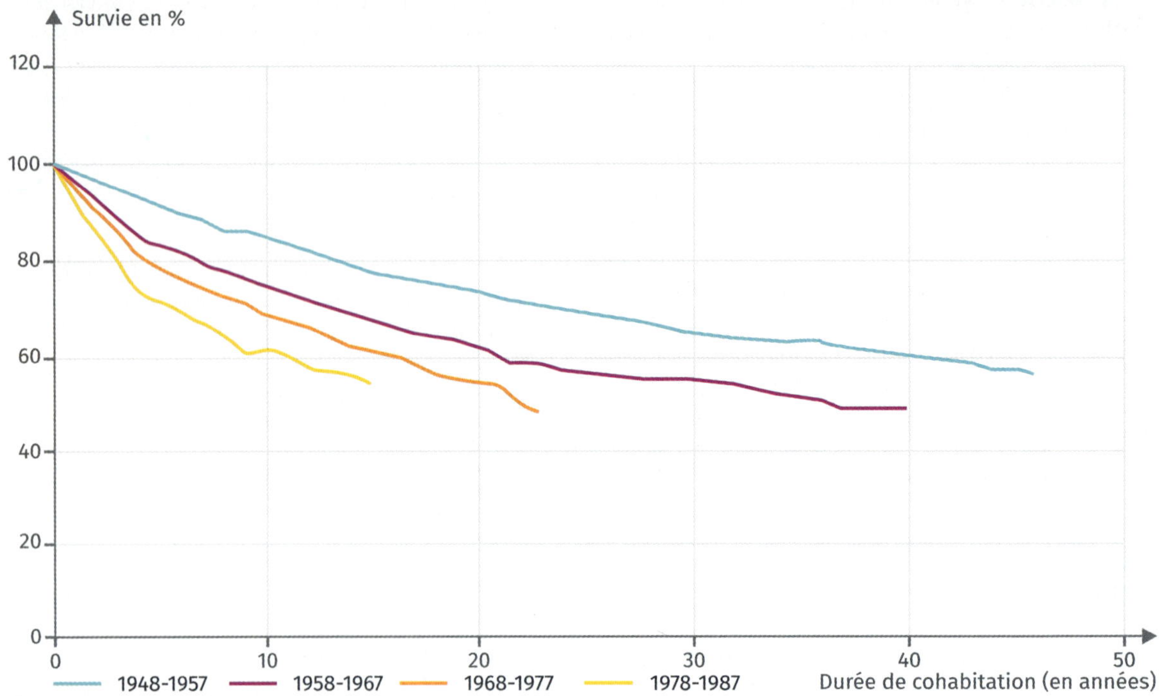

Insee, « Couples et familles », 2015.

À l'aide du document, vous caractériserez l'évolution de la stabilité des unions en fonction de la génération.

Deuxième partie Raisonnement appuyé sur un dossier documentaire (10 points) → Chapitre 4

À l'aide de vos connaissances et du dossier documentaire, vous montrerez que les entreprises peuvent avoir recours à différentes sources de financement.

Doc. 1

Taux de croissance de l'endettement bancaire et de l'endettement sur les marchés par les entreprises entre 2007 et 2013

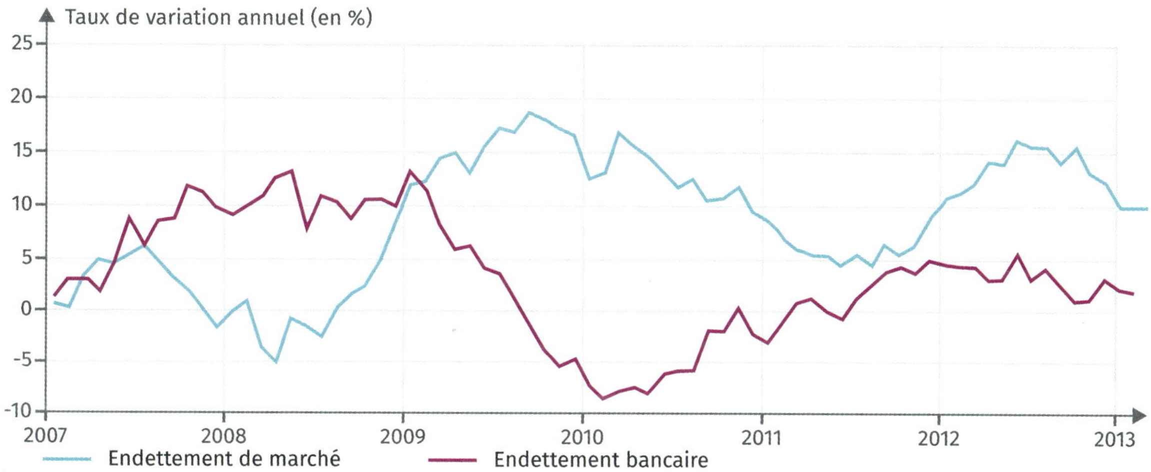

Champ : grandes entreprises en France.

Direction générale du Trésor, « L'évolution du financement des entreprises depuis 2007 », septembre 2013.

Doc. 2

Auchan est aujourd'hui l'un des plus grands groupes de distribution français. Depuis une cinquantaine d'années, il fonctionne selon un système de gouvernance d'entreprise bien particulier. En effet, malgré sa taille aujourd'hui très importante, le capital est fermé, et l'entreprise n'est pas cotée en Bourse. 85 % du capital sont détenus par la famille Mulliez à travers l'association familiale (AFM), qui contrôle également les autres enseignes liées à la famille (Décathlon, Saint Maclou, etc.). L'association familiale compte aujourd'hui environ cinq cents membres. Elle affiche, malgré le nombre important, une remarquable stabilité dans le temps. [...] Le reste du capital est détenu par les salariés du groupe, à travers une structure nommée ValAuchan. [...] Le groupe reste volontairement à l'écart du marché boursier, se finançant largement par autofinancement et assurant la transmission du capital au sein même de la famille. [...]

La culture familiale de la responsabilité et de la solidarité trouve son prolongement dans l'une des très grandes spécificités du modèle de gouvernance d'Auchan, à savoir l'organisation du marché de ses actions, interne à la famille, où les transactions se font une fois par an seulement parmi les environ cinq cents actionnaires familiaux, selon un processus très encadré. Devenir actionnaire présuppose ainsi l'obtention d'un agrément au sein de l'AFM (l'association familiale) et l'acceptation de la charte de cette dernière. Concernant le financement du développement de l'entreprise, la mise en réserve des revenus a toujours été privilégiée au financement externe.

Peter Wirtz, Laurent Bernard, « Quelle gouvernance pour quelles valeurs ? Aux sources du discours légitimant la structure de propriété du groupe Auchan », *RIMHE : Revue Interdisciplinaire Management, Homme & Entreprise*, avril 2014.

Sujet 8

Première partie Mobilisation des connaissances et traitement de l'information (10 points) → Chapitre 5

Doc.

Principal taux directeur de la Banque centrale européenne entre octobre 2008 et avril 2019

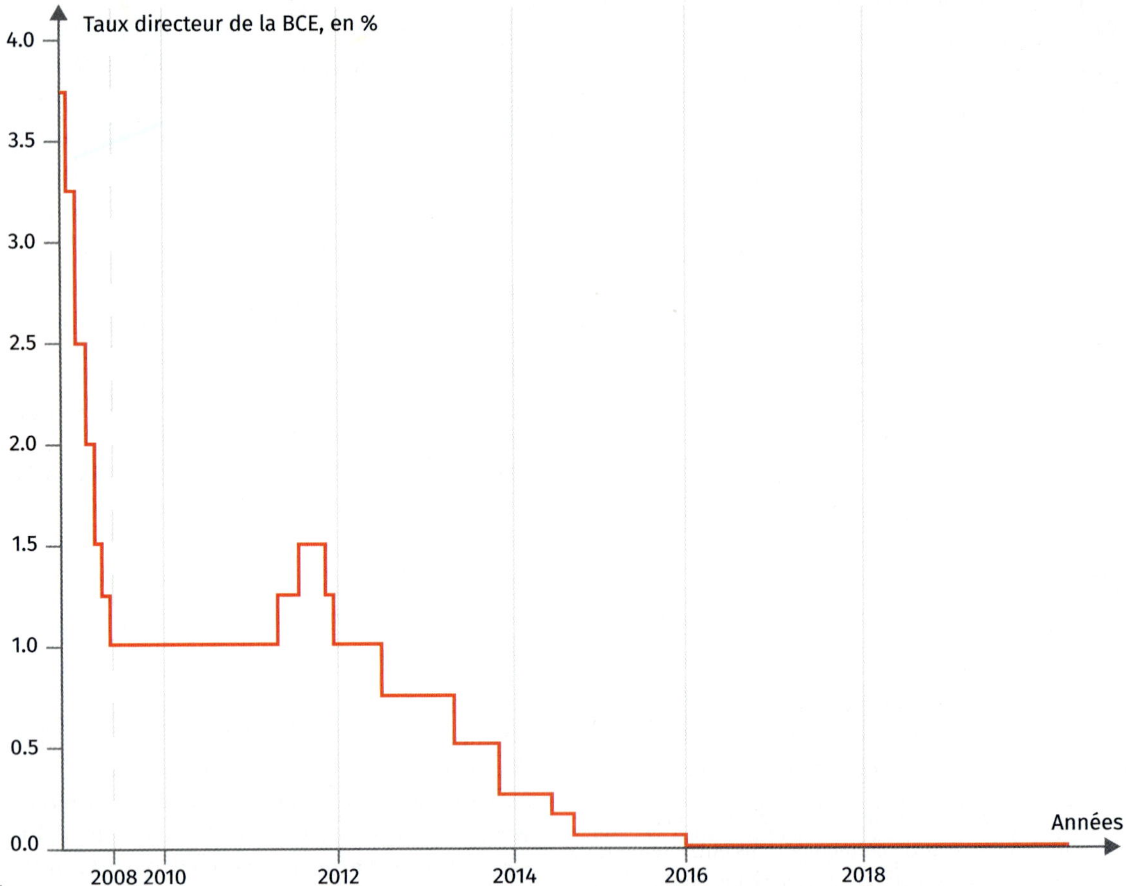

Banque centrale européenne, données extraites en avril 2019.

1. Qu'est-ce qu'un taux d'intérêt directeur ?
2. Quel est l'effet attendu d'une baisse du taux d'intérêt directeur sur l'activité économique ?
3. À l'aide du document, vous caractériserez l'évolution du taux d'intérêt directeur de la BCE entre 2008 et 2019.

Deuxième partie Raisonnement appuyé sur un dossier documentaire (10 points) → Chapitre 11

À l'aide de vos connaissances et du dossier documentaire, vous montrerez que la gestion collective des risques repose sur plusieurs principes et institutions.

Doc. 1

Financement de la consommation de soins et de biens médicaux en France en 2017, selon le financeur (en %)

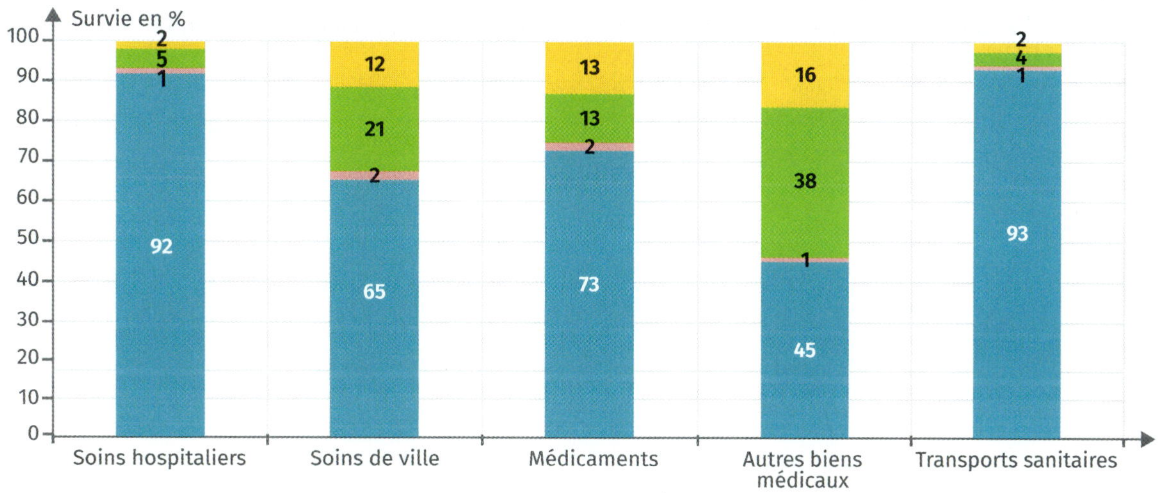

Drees, « Les dépenses de santé en 2017 », 2018.

Doc. 2

En absence de protection sociale, les risques ont des conséquences néfastes sur la vie des individus, des familles et des communautés. Ils font perdre aux pauvres le capital dont ils peuvent disposer et les enferment dans un état de dénuement ; ils entretiennent la persistance de la pauvreté à travers un cercle vicieux. Cependant, les personnes pauvres utilisent des stratégies *ex ante* (préventives) et *ex post* (curatives) face aux risques. Les stratégies *ex ante* consistent en la diversification, l'investissement dans des activités à faible risque – faible rendement, réduction des dépenses de consommation au profit des réserves de précaution. Comme stratégies *ex post*, les pauvres recourent à la liquidation d'actifs en capital, pour lisser la consommation, et au partage informel des risques au sein des communautés. […] Ces stratégies, en affaiblissant leur capacité à consommer, crée des problèmes de nutrition et de santé ; en sachant que les dépenses alimentaires occupent 47 % du budget des personnes vivant avec moins de deux dollars par jour en Afrique.

C'est pour cela que, dans le domaine du développement, la protection sociale ne doit plus être considérée comme un coût générateur d'inefficacité, mais plutôt comme un investissement indispensable dont « le rendement économique et social est très élevé, non seulement parce qu'elle répond aux objectifs de la politique sociale et au souci d'égalité, mais aussi parce qu'elle favorise la croissance et le recul de la pauvreté ». […] Les mutuelles de santé, comme des projets locaux de bien-être collectif, offrent une alternative pour limiter les risques sociaux et économiques en amont en défendant des intérêts communs qui vont de pair avec la démocratisation des sociétés.

Théophile Sossa, « Couverture, financement et exclusion : l'assurance maladie en Afrique », *Finance & Bien Commun*, février-mars 2010.

Sujet 9

Première partie Mobilisation des connaissances et traitement de l'information (10 points) → Chapitre 4

Doc.

Capacité (+) ou besoin (-) de financement des administrations publiques en % du PIB

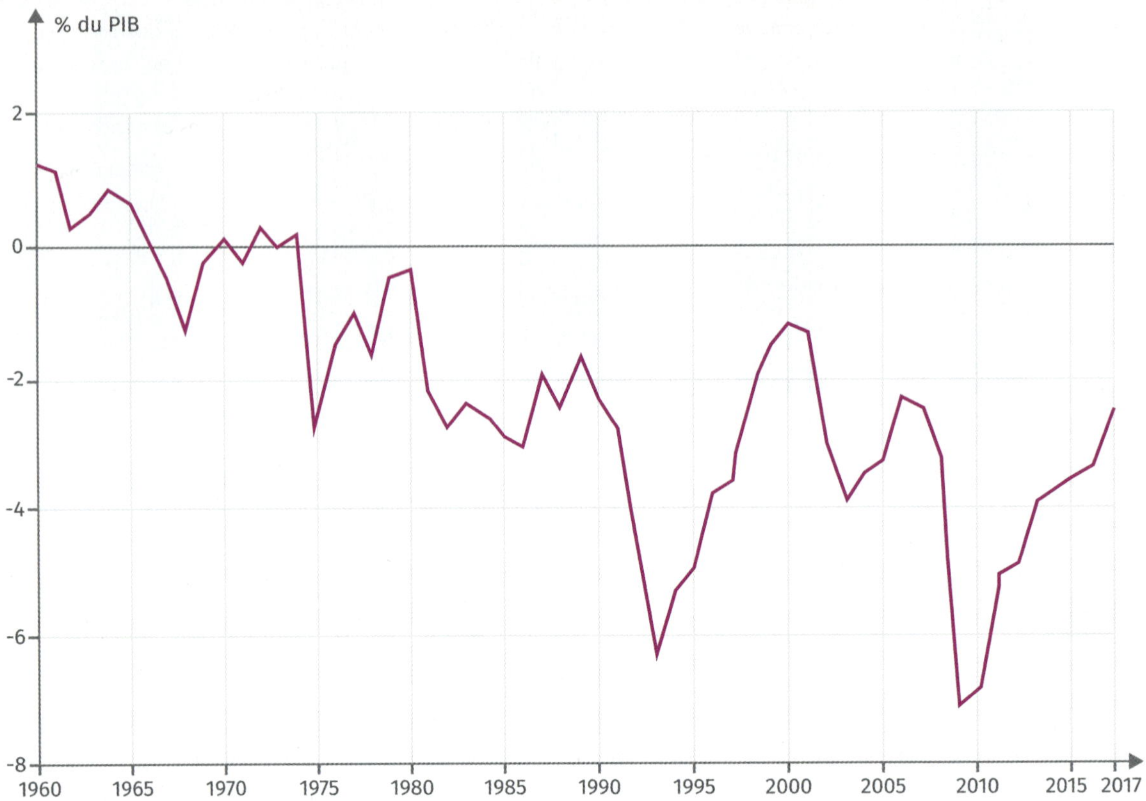

Champ : France, données annuelles.

Insee, « Comptes nationaux », 2019.

1. Que signifie une capacité de financement ?
2. Qu'est-ce qu'un déficit public ?
3. À l'aide du document, caractérisez l'évolution du solde des administrations publiques en France.

Deuxième partie Raisonnement appuyé sur un dossier documentaire (10 points) → Chapitre 10

À l'aide de vos connaissances et du dossier documentaire, vous montrerez que différents facteurs influent sur la participation électorale.

Doc. 1

Les élections européennes ont enregistré depuis leur mise en place en 1979 une chute de plus de vingt points de participation, en cohérence avec le peu d'intérêt déclaré pour ce scrutin (62 % des Français déclaraient s'y intéresser peu ou pas selon une enquête Ipsos de mai 2014) […].

La désignation des maires […] a par contraste longtemps mobilisé massivement. Mais les enquêtes d'opinion ont beau confirmer chaque année que les maires demeurent parmi les personnalités politiques préférées des citoyens, cette perception positive n'est manifestement plus suffisante pour les faire se déplacer vers les urnes. En un peu moins de trois décennies, ce sont plus de quinze points de pourcentage de participation qui ont été perdus pour ce scrutin, soit presque l'équivalent de la perte enregistrée pour l'élection des députés. Considérés comme plus proches des préoccupations quotidiennes des électeurs que leurs représentants à l'Assemblée nationale, les maires ne sont donc, aujourd'hui, pas tellement mieux élus que ces derniers.

Ils le sont d'autant moins que l'on prend soin de distinguer la participation aux municipales en fonction de la taille des communes et donc de leur inscription dans un environnement plus ou moins urbanisé. […] Le monde des élus villageois demeure beaucoup plus diversifié et les enjeux des élections beaucoup plus en phase avec la vie quotidienne des habitants, donc moins soumis aux logiques partisanes et nationales.

Céline Braconnier, Jean-Yves Dormagen, « Une démocratie de l'abstention. Retour sur le non-vote et ses conséquences politiques lors des scrutins municipaux et européens de 2014 », *Hérodote*, mars 2014.

Doc. 2

Participation et abstention électorales en 2017 en France (en % des inscrits)

	Vote systématique	Vote intermittent	Abstention systématique
Pour les inscrits âgés de 25 ans ou plus :			
Sans diplôme	28,7	46,3	25
Inférieur au bac	37,5	48,6	13,9
Bac	34,7	53,4	11,9
Supérieur au bac	41,6	50,2	8,2
Catégorie sociale			
Cadres et professions intellectuelles supérieures	45,1	48,5	6,4
Employés	30,3	57,6	12,1
Ouvriers	26,1	57,9	16
Retraités	45,8	38,2	16
Autres personnes sans activité professionnelle	25,9	52,6	21,5
Ensemble des inscrits (18 ans et plus)	**35,5**	**50,8**	**13,8**

Le vote systématique désigne le fait d'avoir voté aux deux tours de l'élection présidentielle et aux deux tours des élections législatives en 2017. Le vote intermittent est le fait de s'être abstenu à au moins un de ces tours. L'abstention systématique est le fait de n'avoir participé à aucun de ces scrutins.

Champ : inscrits sur les listes électorales en France en 2017 et résidant en France en 2015 (hors Mayotte).

Guillemette Buisson et Sandrine Penant, « Élections présidentielle et législatives de 2017 : neuf inscrits sur dix ont participé à au moins un tour de scrutin », *Insee Première*, 2017.

Sujet 10

Première partie Mobilisation des connaissances et traitement de l'information (10 points) → Chapitre 11

Doc.

Écart du niveau de vie par rapport à la moyenne du niveau de vie des ménages français avant et après aides financières entre ménages (en %)

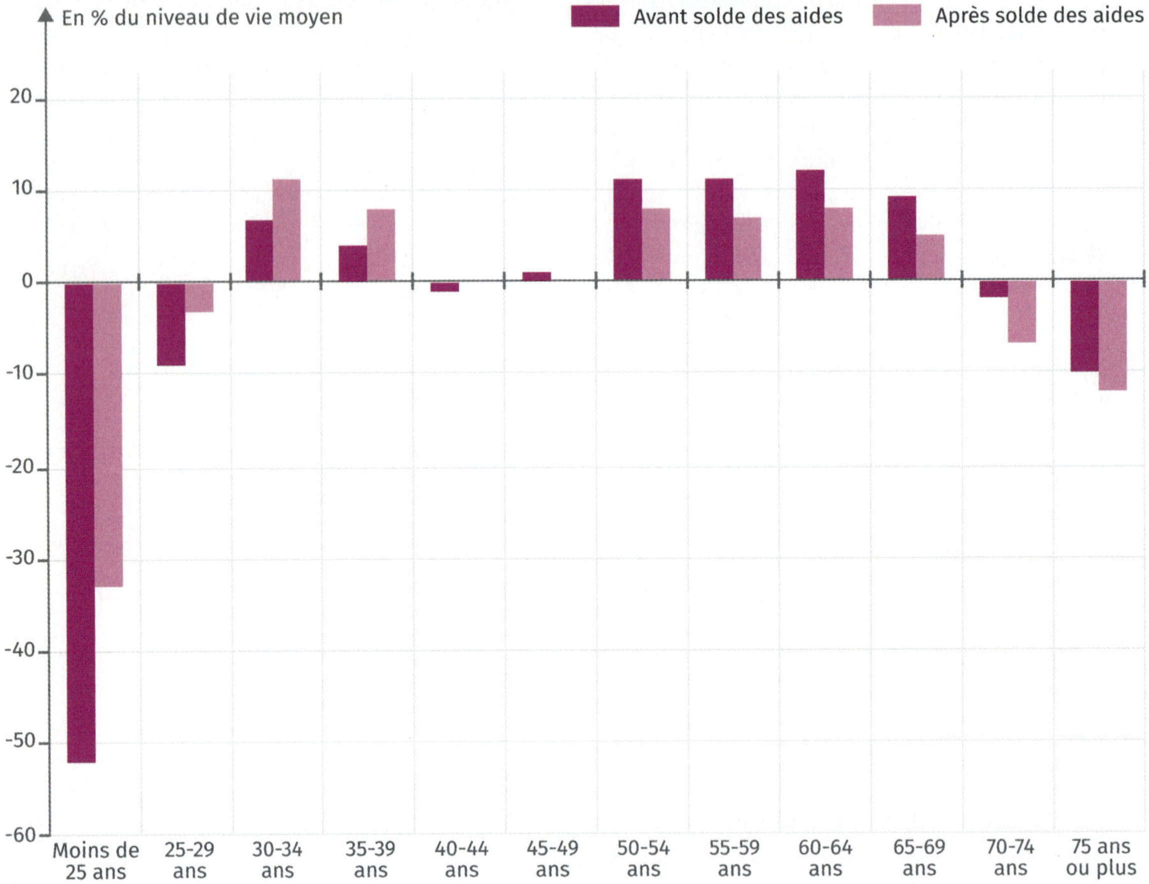

Le niveau de vie correspond au revenu disponible rapporté à la taille du ménage. Le solde des aides est la différence entre les aides reçues d'autres ménages et les aides versées à d'autres ménages.

Champ : ménages en France.

Insee, « Enquête Budget de famille », 2011.

1. Présentez et illustrez le principe de mutualisation des risques économiques et sociaux.
2. À l'aide du document, vous montrerez que l'entraide entre les ménages participe à la mutualisation des risques financiers entre les générations.

Deuxième partie Raisonnement appuyé sur un dossier documentaire (10 points) → Chapitre 5

À l'aide de vos connaissances et du dossier documentaire, vous montrerez le rôle que jouent les banques centrales dans le processus de création monétaire.

Doc. 1

Taux d'intérêt directeurs de plusieurs banques centrales

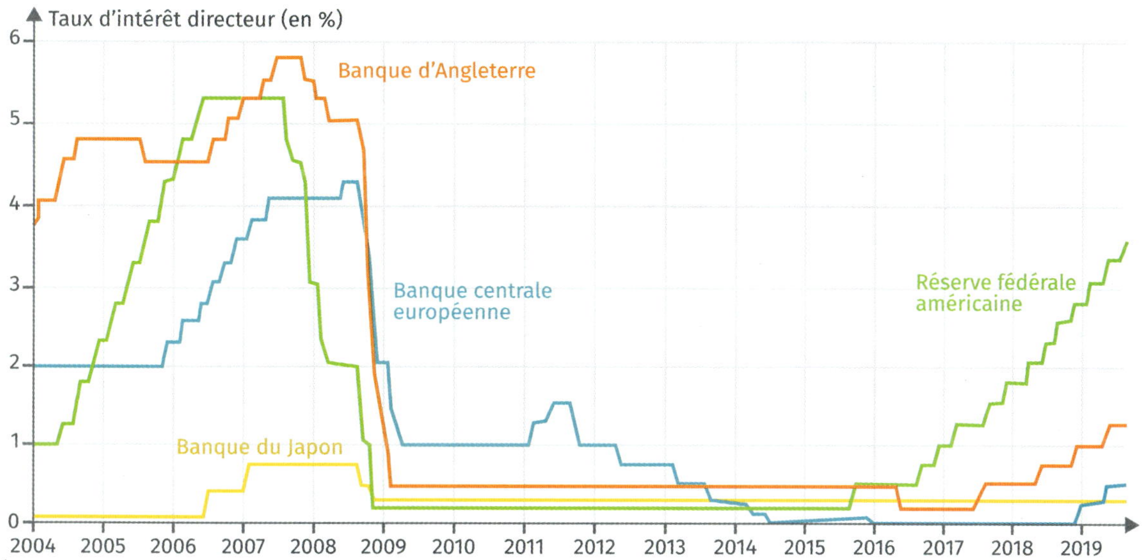

À partir d'avril 2018, les données sont des estimations.

Département analyse et prévision de l'Ofce, « La fin d'un cycle ? Perspectives 2018-2019 pour l'économie mondiale et la zone euro », *Revue de l'OFCE*, 2018.

Doc. 2

Dans nos économies dites modernes, la monnaie qui circule entre acteurs non bancaires est un bien privé créé par le secteur bancaire. Les signes monétaires, dans leur immense majorité, sont au départ créés à travers l'octroi d'un crédit, donc *via* la création d'une dette des banques commerciales envers des acteurs non bancaires. Le fondement de cette création monétaire par le crédit est la rentabilité financière attendue des projets économiques que les banques consentent à financer. En réalité, ces dernières ne « financent » pas littéralement les projets : elles n'ont pas « en caisse », à l'avance, la totalité des sommes qu'elles prêtent ; elles créent virtuellement une somme de monnaie scripturale qu'elles inscrivent simplement au compte du débiteur, mettant ainsi cette somme en circulation dans l'économie sous forme électronique (et, pour une toute petite fraction, sous forme de billets ou de pièces). Ce ne sont pas les dépôts qui engendrent les crédits, mais le contraire : les crédits engendrent de nouveaux dépôts qui nourrissent la circulation monétaire globale. [...]

La quantité de monnaie en circulation dans nos économies ne dépend donc ni de notre sens de la justice sociale, ni de notre désir d'assurer la soutenabilité environnementale, ni du soin que nous souhaitons nous apporter mutuellement ; elle dépend des décisions décentralisées d'une multitude d'acteurs bancaires privés, avec en fond les décisions centralisées d'une banque centrale.

Christian Arnsperger,
« Proposer de nouveaux mécanismes de création monétaire »,
Les dossiers d'Alternatives économiques n°10, juin 2017.

INDEX

LEXIQUE

A

Abstention électorale : fait, pour un individu inscrit sur les listes électorales, de ne pas participer à un scrutin.

Abus de position dominante : comportement d'une entreprise qui utilise son pouvoir de marché pour imposer aux consommateurs des tarifications excessives, une limitation de leur choix de consommation, ou pour empêcher le développement de concurrents.

Action : part du capital social d'une entreprise. Cette part donne à l'actionnaire un droit de vote et le droit de percevoir une part des bénéfices de l'entreprise, appelée dividende.

Actionnaire : propriétaire de tout ou partie du capital social de l'entreprise.

Aléa moral : situation où un agent risque d'adopter un comportement imprudent dès lors qu'il se sait protégé, en partie, du risque.

Asymétrie d'information : situation où un (ou plusieurs) agent(s) économique(s) dispose(nt) de plus d'informations qu'un autre (ou plusieurs) agent(s) lors d'un échange.

Autofinancement : situation dans laquelle un agent se finance avec sa propre épargne.

Autorité : capacité à donner des directives et à les faire appliquer.

Aversion au risque : comportement d'une personne qui craint le risque et limite donc ses prises de risque.

B

Banque centrale : institution dont la mission est de décider et de mettre en œuvre la politique monétaire. Elle est à l'origine de l'émission de la monnaie fiduciaire et veille au bon fonctionnement du système bancaire.

Barrières à l'entrée : éléments qui empêchent l'entrée de concurrents sur un marché. Elles peuvent avoir des origines techniques, juridiques ou être dues à l'innovation.

Besoin de financement : situation où un agent a une épargne inférieure à ce dont il a besoin pour ses dépenses.

Bien (ou service) collectif : correspond à un service qui peut être consommé collectivement. On parle de bien collectif pur dès que les caractéristiques suivantes sont présentes : non-rivalité des consommations et non-exclusion des consommateurs.

Bien commun : bien (ou service) accessible à tous caractérisé par la rivalité des consommations.

C

Campagne électorale : activités mises en œuvre par les organisations politiques ou des candidats indépendants auprès du public pour faire valoir leurs propositions avant un scrutin. Cette campagne est le plus souvent encadrée par des règles précises.

Capacité de financement : situation où un agent a une épargne supérieure à ce dont il a besoin pour ses dépenses.

Carrière déviante : une personne qui a commis une déviance peut être étiquetée comme déviante par la société ou un groupe. Elle en vient alors à modifier son comportement et petit à petit, elle est totalement identifiée à son comportement déviant.

Centralisation : dans l'entreprise, fait que les décisions soient prises par un faible nombre de personnes.

Chiffre noir de la délinquance : différence entre le nombre d'infractions enregistrées par les services de police et de gendarmerie et le nombre d'infractions commises sur le territoire.

Cohésion sociale : état d'une société marquée par des liens sociaux forts et solides entre les individus qui la composent.

Communication politique : actions et discours réalisés par les hommes et les femmes politiques (ou bien des professionnels qu'ils emploient), à destination des médias et de la population afin d'informer, de convaincre, de persuader du bien-fondé de leurs décisions.

Comportement électoral : ensemble des attitudes des citoyens face aux élections. Cela comprend à la fois le fait de participer ou non aux élections et à l'orientation du vote.

Consommation : utilisation du revenu disponible pour acheter des biens et services.

Contrôle social formel : forme du contrôle social qui est exercé par des groupes et des institutions spécifiques comme la police et l'école. Il est concrétisé par l'application de sanctions juridiques (amendes, prisons), morales (blâmes), ou religieuses.

Contrôle social informel : contrôle social mis en œuvre quotidiennement dans les interactions entre individus. Il s'exerce par des sanctions positives ou négatives (un sourire ou un froncement de sourcil par exemple).

Coopérative : entreprise qui repose sur le principe « une personne = une voix » : la prise de décisions se fait par le vote et le poids de chacun dans les décisions ne dépend pas de son apport financier.

Coûts fixes : coûts qui ne varient pas en fonction de la quantité produite. Ce sont, par exemple, les coûts liés à la recherche et développement.

Coût marginal : coût supplémentaire induit par la production d'une unité supplémentaire du produit.

D

Décentralisation : dans l'entreprise, fait que les décisions soient prises par un grand nombre de personnes. La structure hiérarchique de l'entreprise est alors peu verticale.

Défaillance du marché : situation où le marché ne suffit pas pour atteindre un optimum social, c'est-à-dire à la meilleure situation pour la collectivité.

Délinquance : non-respect des règles juridiques. Elle est sanctionnée par plusieurs institutions : police, justice.

Délinquance en col blanc : crimes et délits commis par des personnes de classe sociale élevée dans le cadre de leurs fonctions.

Demande : consommation effective ou potentielle d'un produit en fonction de son prix.

Démocratie d'opinion : situation dans laquelle les jugements de l'opinion publique deviennent omniprésents dans le fonctionnement de la démocratie et modifient les « règles du jeu » politique.

Démocratie représentative : régime politique où les citoyens élisent de façon démocratique leurs représentants qui ont alors la mission de mener la politique dans l'intérêt général.

Dépôts à vue : dépôts effectués auprès d'une banque et qui peuvent être retirés immédiatement. C'est l'argent sur les comptes en banque.

Dette publique : somme de tous les emprunts contractés par les administrations publiques pour financer leurs déficits et qui ne sont pas encore remboursés.

Déviance : ensemble des comportements qui s'écartent des normes d'un groupe ou d'une société et qui donne lieu à des sanctions formelles et/ou informelles selon leur gravité.

Disqualification sociale : processus par lequel un individu subit un affaiblissement ou une rupture de ses liens avec la société. Ce processus peut être marqué par une plus faible protection de l'individu ou une moins grande reconnaissance sociale.

Dilemme du prisonnier : modèle théorique se penchant sur les stratégies des agents économiques. Il montre notamment l'intérêt d'une entente entre entreprises en oligopole.

Disposition : manière d'agir intériorisée par un individu pour se comporter dans une situation typique.

Disqualification sociale : processus par lequel un individu subit un affaiblissement ou une rupture de ses liens avec la société. Ce processus peut être marqué par une plus faible protection de l'individu ou une moins grande reconnaissance sociale.

Diversification : engagement dans plusieurs actions ou placements afin de limiter les pertes en cas de survenue d'un risque dans un domaine ou pour un placement.

Duopole : Situation dans laquelle il n'y a que deux entreprises présentes sur un marché.

E

Échantillon représentatif : ensemble de personnes sélectionnées dans la population totale de manière à former un groupe dont les comportements et opinions permettent d'approcher ceux de la population totale.

Effet d'éviction : conséquence négative de l'augmentation de la dépense publique sur le financement des agents privés. Quand il se finance, l'État peut faire appel à une épargne, ce qui augmente les taux d'intérêt et rend donc plus difficile le financement pour le secteur privé.

Effet de relance (de la dépense publique) : augmentation de la demande engendrée par une augmentation de la dépense publique. Cette augmentation conduit à une accélération de la croissance économique.

Élasticité-prix de la demande : mesure des effets de la variation du prix d'un produit sur celle de la demande. Elle prend une valeur numérique. Le plus souvent, elle est négative : quand le prix augmente, la demande diminue.

Enquête de victimation : enquête dont l'objectif est de connaître les faits de délinquance dont les ménages et leurs membres ont pu être victimes.

Entente : situation où des entreprises sur un marché en oligopole se concertent pour réduire les quantités fournies, se répartir le marché et/ou proposer un prix supérieur au prix concurrentiel.

Entrepreneur : personne qui dirige une entreprise et en porte le projet. Un ou une entrepreneur(e) peut être le ou la propriétaire de l'entreprise ou non.

Entrepreneur de morale : personne ou groupe qui cherche à imposer des normes pour une société et à faire reconnaître certains comportements comme déviants ou délinquants.

Entreprise : organisation physique ou morale qui produit des biens ou des services de façon marchande, c'est-à-dire avec l'objectif de réaliser un profit.

Épargne : partie du revenu disponible qui n'est pas utilisée pour la consommation.

Équilibre : état du marché pour lequel l'offre est égale à la demande. Sur un marché en concurrence, le prix d'équilibre désigne le prix de marché qui permet d'égaliser l'offre et la demande à un niveau de quantité qui satisfait tous les agents. Sur un marché concurrentiel, l'équilibre est optimal.

Étiquetage : processus par lequel la société ou des groupes spécifiques désignent des individus comme déviants.

Externalité : conséquences positives ou négatives d'une activité de production ou de consommation qui ne donnent pas lieu à une compensation (indemnisation) dans le cadre du marché.

F

Faiseur de prix : capacité d'un agent économique à agir sur les prix. C'est le contraire de preneur de prix.

Famille : ensemble des personnes liées entre elles par des relations de parenté ou d'alliance. Le terme famille peut aussi être utilisé pour désigner un groupe composé de personnes vivant ensemble et ayant des liens de parenté ou d'alliance.

Famille monoparentale : famille composée d'un adulte et de son ou ses enfants.

Famille recomposée : famille issue d'une nouvelle union entre deux adultes ayant un ou des enfants.

Flexibilité des prix : mécanisme de hausse ou de baisse du prix de marché, qui permet des réajustements de l'offre ou de la demande et le retour à un nouvel équilibre.

Fusions et acquisitions : opérations par lesquelles des entreprises se rapprochent pour ne former qu'une seule entité.

G

Gains à l'échange : avantages monétaires individuels et collectifs de l'échange marchand. Le « surplus » est un outil permettant de mesurer ces gains.

Gouvernance : dans l'entreprise, manière de prendre les décisions en tenant compte des intérêts des différents membres de cette entreprise.

Groupe d'appartenance : groupe social auquel un individu appartient en fonction de ses statuts (profession, famille, etc.).

Groupe de référence : groupe social dont les valeurs, les normes et les comportements sont adoptés comme modèle par un individu.

Groupe social : ensemble de personnes liées entre elles par des relations sociales plus ou moins fortes, des caractéristiques communes ou des objectifs communs.

H

Hiérarchie : façon dont sont organisés le pouvoir et la prise de décision dans l'entreprise. Elle repose souvent sur des niveaux différents de pouvoir.

I

Individualisation : processus de développement de l'individualisme. Ce dernier peut prendre une forme liée à une moindre influence de la société sur l'individu et se traduit par une plus grande reconnaissance de la place et de l'autonomie de l'individu.

Inflation : situation de hausse cumulée et généralisée des prix dans un pays. Une diminution des taux d'inflation s'appelle la désinflation alors qu'une baisse des prix est désignée par le terme de déflation. Un rythme constant d'inflation correspond à une stabilité des prix.

Innovation : application économique d'une invention. L'innovation peut porter sur un nouveau produit, une nouvelle manière de produire, une nouvelle manière de commercialiser, une nouvelle organisation de l'entreprise ou encore l'utilisation de nouvelles matières premières.

Institutions : ensemble de règles, de conventions et d'organisations qui permettent une activité sociale.

Intégration sociale : processus par lequel un individu devient membre d'un groupe ou d'une société. Le terme d'intégration sociale peut aussi désigner l'état d'une société marquée par des liens forts.

Internaliser les externalités : action par laquelle les conséquences d'une action économique pour la collectivité sont intégrées aux calculs de ceux qui mènent ces actions. Une taxe peut permettre par exemple l'internalisation d'une externalité négative.

L

Lien social : ensemble des relations de protection et de reconnaissance des individus entre eux. Ce lien peut prendre diverses formes : liens de filiation, liens électifs (choisis), liens de participation organique et liens de citoyenneté.

Liquidité : capacité d'un actif à être immédiatement un moyen de paiement.

Logique d'assistance : versement de prestations sociales aux personnes les plus démunies. Souvent exclues de l'emploi, ces dernières ne peuvent pas cotiser et l'assistance leur assure un minimum de ressources.

Logique d'assurance : prise en charge des risques sociaux organisée sous le principe de l'assurance, c'est-à-dire que le versement d'une prestation sociale est conditionné au paiement préalable de cotisations sociales.

M

Macroéconomique : qui concerne l'économie dans sa globalité.

Manager : salarié ou salariée qui est en charge de prendre des décisions dans l'entreprise, voire de la diriger.

Marché concurrentiel : un marché concurrentiel réunit un très grand nombre d'acheteurs et de vendeurs d'un produit spécifique. Ils sont en concurrence entre eux et sont tous « preneurs de prix ».

Ménage : unité composée des habitants d'un même logement. Les membres d'un même ménage n'appartiennent pas forcément à la même famille. Un ménage peut être composé d'une seule personne.

Méthode aléatoire : méthode de sélection des personnes de l'échantillon représentatif par tirage au sort dans la population totale.

Méthode des quotas : méthode de sélection des personnes de l'échantillon représentatif par sélection pour respecter les proportions selon différentes caractéristiques (sexe, âge, profession, lieu de résidence, etc.) dans la population totale.

Mobilité électorale/ volatilité électorale : fait pour un électeur de ne pas voter pour le même candidat ou parti d'un scrutin à un autre, ou d'alterner participation et abstention.

Monnaie : bien qui remplit trois fonctions : celle d'unité de compte, celle d'intermédiaire des échanges et celle de réserve de valeur.

Monnaie centrale : monnaie émise par la banque centrale à destination des « banques de second rang ».

Monnaie fiduciaire : monnaie qui circule sous la forme de pièces et de billets.

Monnaie scripturale : monnaie qui circule sous la forme d'écritures sur des comptes. Elle correspond aux paiements par virements, cartes bancaires ou chèques principalement.

Monopole : situation dans laquelle une entreprise est seule sur son marché. Un monopole peut être naturel, institutionnel ou d'innovation.

Mutualisation : principe selon lequel tous les assurés participent au financement de la prise en charge des dommages subis par les victimes.

N

Négociations collectives : concertations entre les syndicats représentant les salariés et ceux représentant les employeurs, souvent avec l'intermédiation de l'État. L'objectif est de trouver un accord convenable pour les deux parties sur la thématique discutée.

Non-inscription : fait, pour un individu qui remplit pourtant toutes les conditions pour le faire, de ne pas s'inscrire sur les listes électorales.

Normes : règles de conduite définies dans une société ou un groupe social dont la violation entraîne une sanction.

Norme juridique : sous-ensemble des normes sociales constitué par des règles de droit. Leur non-respect peut faire l'objet d'une sanction pénale.

Norme sociale : principe ou modèle de comportement propre à un groupe social ou à une société donnée. Le groupe ou la société considère ces règles de comportement comme normales et légitimes.

O

Obligation : titre de dette qui donne droit à des remboursements. Une obligation peut être vendue ou achetée sur les marchés financiers.

Offre : production ou fourniture effective ou potentielle d'un bien ou service en fonction de son prix.

Oligopole : marché sur lequel il existe un nombre fini et réduit de producteurs.

Opinion publique : ensemble des points de vue et des croyances perçus comme majoritaires au sein d'une population.

Optimum : sur un marché, les échanges conduisent à un optimum quand on ne peut améliorer la situation d'un agent sans détériorer celle d'un autre.

P

Participation électorale : fait, pour un individu inscrit sur les listes électorales, de participer effectivement au scrutin.

Passager clandestin : comportement d'un agent qui cherche à bénéficier des avantages d'une action sans en supporter les coûts.

PCS : professions et catégories socioprofessionnelles. Il s'agit d'un système de classement des métiers.

Perception du risque : ensemble des éléments sociaux, psychologiques, émotionnels et informationnels permettant à l'individu d'évaluer le niveau de risque.

Politique budgétaire : utilisation de son budget par l'État dans le but de créer un effet de relance.

Politique de la concurrence : ensemble de mesures visant à contrôler les fusions et acquisitions, empêcher les ententes illégales et interdire les abus de position dominante. Ces politiques ont pour objectif de permettre une concurrence élevée, favorable aux consommateurs.

Politique monétaire : action des banques centrales sur la quantité de monnaie, de manière à agir sur l'activité économique et les prix, notamment par une action sur les taux d'intérêt. La politique monétaire peut chercher à agir sur la croissance économique ou bien viser la stabilité des prix.

Politiques monétaires non conventionnelles : politiques mises en place quand les instruments traditionnels des politiques monétaires, tels que les taux d'intérêt, ne fonctionnent plus.

Pouvoir de marché : capacité d'une entreprise à agir sur les prix ou les quantités sur le marché. Dans le cas où un producteur a un pouvoir de marché, il est faiseur de prix.

Précarité : situation de fragilité, marquée par un risque d'exclusion. Cette précarité peut concerner par exemple la situation sur le marché du travail.

Preneur de prix : état d'un agent économique intervenant sur un marché (acheteur ou vendeur) sans pouvoir influer sur les prix.

Prestations sociales : ensemble des revenus de remplacement ou des prestations en nature (remboursement des soins médicaux par exemple) versés par les organismes de protection sociale aux ménages.

Prévention : ensemble de mesures et d'actions prises afin de limiter la survenue d'un risque.

Protection sociale : ensemble des mécanismes mis en place par les pouvoirs publics ou des mutuelles permettant la prise en charge collective des risques sociaux.

R

Rationnement (sur un marché) : déséquilibre du marché constaté quand le prix fixé est supérieur (rationnement de l'offre) ou inférieur (rationnement de la demande) au prix d'équilibre.

Réglementation : ensemble de normes visant à interdire ou encadrer les activités des agents économiques.

Rendements d'échelle : façon dont varie la production quand tous les facteurs de production varient dans les mêmes proportions. Des rendements d'échelle croissants veulent dire que quand on augmente de la même manière le volume de tous les facteurs de production, la production augmente plus que proportionnellement.

Réserves obligatoires : réserves en monnaie centrale que les banques de second rang doivent obligatoirement détenir.

Revenu disponible : revenu dont dispose un ménage pour consommer. Il se compose des revenus primaires et des revenus de transfert auxquels on enlève les prélèvements obligatoires.

Risque : réalisation possible d'un événement ou d'un concours de circonstances pouvant dégrader la situation, le bien-être des individus.

Risques économiques et sociaux : événements pouvant provoquer une perte de revenu : le chômage, la vieillesse, l'accident, l'invalidité, la maladie, la maternité, etc.

Rôle : ensemble des comportements attendus d'un individu en fonction de sa position sociale. Un même individu remplit plusieurs rôles : élève, enfant, ami, etc.

S

Sécurité sociale : organisme public organisant la prise en charge collective des risques sociaux.

Sélection adverse (ou antisélection) : situation où une asymétrie d'information existante avant la réalisation de la transaction peut conduire à sélectionner le mauvais produit, ou le mauvais partenaire pour l'échange.

Ségrégation : séparation d'un groupe par rapport au reste de la société et qui est imposée à ce groupe.

Sélection adverse (ou antisélection) : situation où une asymétrie d'information existante avant la réalisation de la transaction peut conduire à sélectionner le mauvais produit, ou le mauvais partenaire pour l'échange.

Sociabilité : ensemble des relations qu'un individu entretient avec d'autres personnes.

Sociabilité numérique : ensemble des relations sociales entretenues par les individus sur Internet.

Socialisation : processus d'intériorisation des normes et des valeurs d'un groupe social.

Socialisation anticipatrice : processus par lequel un individu adopte les règles de conduite du groupe qu'il souhaite intégrer. Ce groupe social auquel il se conforme est un groupe de référence.

Socialisation primaire : socialisation dans l'enfance.

Socialisation secondaire : socialisation qui suit la socialisation primaire. Elle se produit dans le cas d'un changement de situation de l'individu, le plus souvent à l'âge adulte.

Solde budgétaire : différence entre les recettes et les dépenses de l'État. Un solde positif est un excédent. Un solde négatif, quand les dépenses sont supérieures aux recettes, est un déficit budgétaire.

Solidarité mécanique : lien social basé sur la similitude entre les individus et une conscience collective forte. Elle est caractéristique des sociétés traditionnelles.

Solidarité organique : lien social basé sur la complémentarité des individus et une conscience collective faible.

Sondage d'opinion : enquête qui vise à étudier les opinions d'une population grâce à la passation d'un questionnaire auprès d'un échantillon représentatif de cette population.

Statut juridique : définition des droits et obligations de l'entreprise en fonction de ses caractéristiques.

Stigmatisation : situation où un individu se voit attribuer un stigmate. Le stigmate est un attribut de la personne (qui peut être en lien avec son passé, mais aussi physique, par exemple un handicap, ou signe d'appartenance à un groupe, par exemple une couleur de peau) qui la conduit à être jugée comme anormale et modifie ses relations avec les autres.

Surplus : mesure des gains à l'échange des consommateurs et des producteurs. Par exemple, le surplus du consommateur est l'écart entre le prix d'achat d'un bien (le prix de marché) et la somme que le consommateur était réellement prêt à acquitter (on l'évalue grâce à la courbe de demande).

Syndicats : organisations représentant les salariés ou les employeurs et cherchant à défendre leurs intérêts.

T

Taux d'abstention : proportion d'électeurs inscrits sur les listes électorales ne participant pas à une élection. Il se calcule en divisant le nombre d'abstentionnistes par le nombre d'électeurs inscrits.

Taux directeur : taux d'intérêt fixé par la banque centrale dans un but de gestion de la liquidité et de politique monétaire. Une baisse du taux directeur rend le financement des activités économiques plus facile : plus de crédits peuvent alors être accordés et la quantité de monnaie croît, ce qui doit agir positivement sur l'activité économique et augmenter le niveau des prix. Le contraire se produit pour un hausse du taux directeur.

Taxe forfaitaire : somme prélevée par les pouvoirs publics sur chaque unité vendue ou consommée d'un bien particulier et d'un même montant pour tous.

Taux d'intérêt : prix payé par l'emprunteur pour rémunérer le prêteur. Il s'agit d'un pourcentage de la somme empruntée qui est payée au prêteur en plus du remboursement du crédit.

Taux de participation : proportion d'électeurs inscrits sur les listes électorales participant à une élection. Il se calcule en divisant le nombre de participants à l'élection par le nombre d'électeurs inscrits.

V

Valeurs : principes et idéaux qui orientent les actions et les comportements d'un groupe social ou d'une société. Elles peuvent être à l'origine des normes.

Variables sociales explicatives du comportement électoral : caractéristiques sociologiques des électeurs qui influencent à la fois l'orientation politique et la participation politique.

Vote de classe : théorie selon laquelle l'appartenance à une classe sociale déterminée influe sur le comportement électoral.

Vote sur enjeux : théorie selon laquelle les électeurs orientent leur vote en fonction de leur opinion sur un ensemble de problèmes politiques, qu'ils confrontent aux solutions proposées par les différents candidats.

Corrigés des exercices d'auto-évaluation

Chapitre 1

◆ **Testez vos connaissances** p. 15
1. Offreurs ; **2.** l'offre est égale à la demande ; **3.** monopole ; **4.** une représentation simplifiée de la réalité, dans le but de la comprendre.

◆ **Dossier 1. Je m'auto-évalue** p. 17
1. b ; **2.** a ; **3.** a.

◆ **Dossier 2. Je m'auto-évalue** p. 19
1. b ; **2.** a ; **3.** b.

◆ **Dossier 3. Je m'auto-évalue** p. 21
1. L'offre diminue, la demande ne varie pas, le prix d'équilibre augmente ; **2.** l'offre ne varie pas, la demande augmente, le prix d'équilibre augmente ; **3.** l'offre augmente, la demande ne varie pas, le prix d'équilibre diminue ; **4.** l'offre ne varie pas, la demande diminue, le prix d'équilibre diminue.

◆ **Dossier 4. Je m'auto-évalue** p. 23
a. Vrai ; **b.** vrai ; **c.** vrai.

Chapitre 2

◆ **Testez vos connaissances** p. 41
1. Preneurs de prix ; **2.** il y a concurrence entre les offreurs ; **3.** d'une unité supplémentaire.

◆ **Dossier 1. Je m'auto-évalue** p. 43
1. a ; **2.** b et c ; **3.** b.

◆ **Dossier 2. Je m'auto-évalue** p. 45
1. Vrai ; **2.** vrai ; **3.** faux ; **4.** vrai.

◆ **Dossier 3. Je m'auto-évalue** p. 47
Entente ; prix ; profit ; entente ; quantités.

◆ **Dossier 4. Je m'auto-évalue** p. 49
a. Faux ; **b.** vrai ; **c.** faux.

Chapitre 3

◆ **Testez vos connaissances** p. 65
1. Elle estime pouvoir réaliser un bénéfice en le vendant ; **2.** augmente le prix et diminue la quantité produite ; **3.** diminue le prix et augmente la quantité produite ; **4.** d'être peu efficace.

◆ **Dossier 1. Je m'auto-évalue** p. 67
1. Sélection adverse ; **2.** aléa moral ; **3.** sélection adverse ; **4.** aléa moral.

◆ **Dossier 2. Je m'auto-évalue** p. 69
a. Faux ; **b.** vrai ; **c.** faux.

◆ **Dossier 3. Je m'auto-évalue** p. 71
Collectifs purs ; communs ; produits ; payer ; passager clandestin.

◆ **Dossier 4. Je m'auto-évalue** p. 73
1. b ; **2.** b.

Chapitre 4

◆ **Testez vos connaissances** p. 89
1. 2 000 milliards d'euros ; **2.** elle paie un taux d'intérêt ; **3.** des dépenses supérieures à ses recettes ; **4.** de relancer la croissance économique.

◆ **Dossier 1. Je m'auto-évalue** p. 91
1. Vrai ; **2.** faux ; **3.** vrai ; **4.** faux.

◆ **Dossier 2. Je m'auto-évalue** p. 93

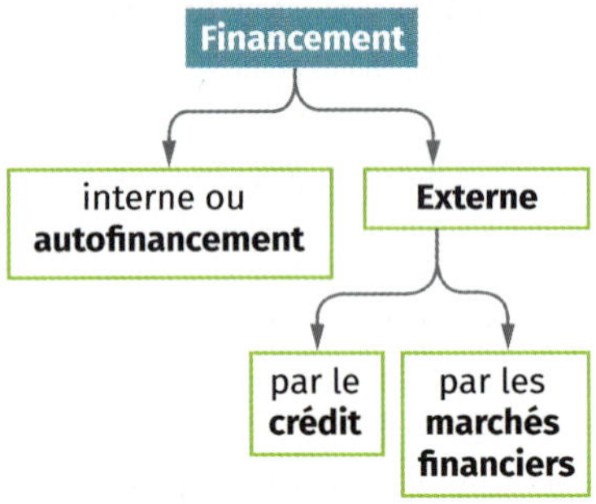

◆ **Dossier 3. Je m'auto-évalue** p. 95
1. b ; **2.** b.

◆ **Dossier 4. Je m'auto-évalue** p. 97

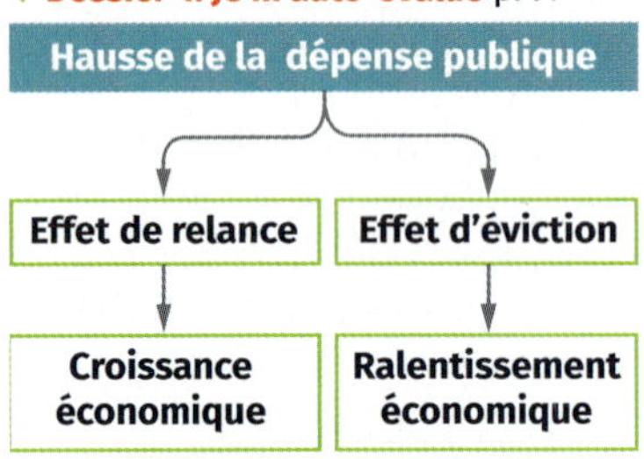

Chapitre 5

◆ **Testez vos connaissances** p. 115
1. Payer un taux d'intérêt ; **2.** 19 pays de l'Union européenne ; **3.** pas seulement sous la forme de pièces et de billets.

◆ **Dossier 1. Je m'auto-évalue** p. 117
1. Faux ; **2.** faux ; **3.** faux ; **4.** vrai.

◆ **Dossier 2. Je m'auto-évalue** p. 119
1. b ; **2.** a ; **3.** b.

◆ **Dossier 3. Je m'auto-évalue** p. 121
1. Vrai ; **2.** faux ; **3.** faux.

◆ **Dossier 4. Je m'auto-évalue** p. 123
Diminuer ; facile ; soutient ; augmenter ; difficile ; ralentit.

Chapitre 6

◆ **Testez vos connaissances** p. 139
1. Une règle de comportement ; **2.** continue tout au long de la vie de l'individu ; **3.** selon le genre et le milieu social ; **4.** exerce une forte influence sur son parcours.

◆ **Dossier 1. Je m'auto-évalue** p. 141
1. Si la famille est une instance de socialisation importante dans l'enfance, de nombreuses autres existent : l'école, les groupes de pairs, les médias, etc. ; **2.** Les rencontres avec d'autres personnes correspondent à la sociabilité. La socialisation est le processus d'intériorisation de normes et de valeurs ; **3.** les amis jouent un rôle important dans la socialisation ; **4.** il est fréquent que des comportements se reproduisent entre les parents et les enfants car ils sont transmis lors de la socialisation.

◆ **Dossier 2. Je m'auto-évalue** p. 143
1. a, b et c ; **2.** b ; **3.** a.

◆ **Dossier 3. Je m'auto-évalue** p. 145
1. Faux ; **2.** faux ; **3.** faux ; **4.** vrai.

◆ **Dossier 4. Je m'auto-évalue** p. 147
Comportements ; parcours ; complexe ; normes ; paradoxaux ; diplômés ; femmes.

Chapitre 7

◆ **Testez vos connaissances** p. 165
1. Des amis ; **2.** qui n'est pas à durée indéterminée ; **3.** un cadre.

◆ **Dossier 1. Je m'auto-évalue** p. 167
1. Lien de filiation ; **2.** lien de participation élective ; **3.** lien de citoyenneté ; **4.** lien de participation organique ; **5.** lien de participation élective.

◆ **Dossier 2. Je m'auto-évalue** p. 169
1. Faux ; **2.** faux ; **3.** vrai ; **4.** vrai.

◆ **Dossier 3. Je m'auto-évalue** p. 171
Solitude ; filiation ; participation organique ; citoyenneté.

◆ **Dossier 4. Je m'auto-évalue** p. 173
***correction ci-contre.**

◆ **Dossier 5. Je m'auto-évalue** p. 175
1. Faux ; **2.** faux ; **3.** vrai.

Chapitre 8

◆ **Testez vos connaissances** p. 191
1. Une norme juridique ; **2.** une norme sociale ; **3.** peuvent évoluer avec le temps ; **4.** par la police et la justice mais aussi par d'autres groupes sociaux et personnes.

◆ **Dossier 1. Je m'auto-évalue** p. 193

Corrigés des exercices d'auto-évaluation

Normes sociales ; normes sociales ; normes juridiques ; normes juridiques.

◆ **Dossier 2. Je m'auto-évalue** p. 195
1. Contrôle social informel ; 2. contrôle social formel ; 3. contrôle social formel ; 4. contrôle social informel.

◆ **Dossier 3. Je m'auto-évalue** p. 197
Un premier comportement déviant, comme le fait de suivre un régime extrêmement strict, peut conduire à un étiquetage du comportement : la personne est perçue comme anorexique. Cet étiquetage la fait entrer dans une carrière déviante, elle s'identifie à sa déviance comme anorexique.

Un premier comportement déviant comme le fait de consommer du cannabis (qui est même une forme de délinquance) peut ne pas être étiqueté dans le cas où il n'y a pas de sanction. L'individu est alors un « déviant secret ». Il a de fortes chances d'abandonner peu à peu son comportement déviant.

◆ **Dossier 4. Je m'auto-évalue** p. 199
1. Vrai ; 2. faux ; 3. faux.

Chapitre 9

◆ **Testez vos connaissances** p. 217
1. Suppose plus qu'un choix de représentants par les citoyens ; 2. existent depuis les années 1930 ; 3. peuvent jouer un rôle de contre-pouvoir.

◆ **Dossier 1. Je m'auto-évalue** p. 219
1. b ; 2. a ; 3. a.

◆ **Dossier 2. Je m'auto-évalue** p. 221
Sondages ; opinion publique ; échantillon représentatif ; aléatoire ; quotas.

◆ **Dossier 3. Je m'auto-évalue** p. 223
1. Faux ; 2. vrai ; 3. faux ; 4. vrai.

◆ **Dossier 4. Je m'auto-évalue** p. 225
1. Les gouvernants cherchent à agir en prenant des mesures qui les confortent dans l'opinion. Un gouvernant impopulaire cherche à modifier sa politique. 2. Les électeurs utilisent les sondages pour connaître l'opinion majoritaire. Pour départager les candidats d'une élection visant à nommer le représentant d'un parti pour un scrutin, les électeurs peuvent choisir le candidat ou la candidate qui a le plus de chances de gagner selon les sondages. 3. La communication politique est orientée vers la recherche du soutien de l'opinion. Les responsables politiques cherchent par exemple à entretenir leur image de proximité avec les citoyens.

Chapitre 10

◆ **Testez vos connaissances** p. 241
1. 1848 ; 2. des députés ; 3. 5 ans.

◆ **Dossier 1. Je m'auto-évalue** p. 243
1. Vrai ; 2. faux ; 3. faux.

◆ **Dossier 2. Je m'auto-évalue** p. 245
1. L'influence des variables sociales signifie que les personnes d'une même catégorie ont une certaine tendance à voter de la même manière, mais les influences sur les choix électoraux sont multiples. 2. Les choix électoraux des hommes et des femmes sont parfois différenciés. Par exemple, on observe que les femmes ont tendance à moins voter pour les extrêmes que les hommes. 3. L'âge exerce bien une influence forte, mais la génération aussi.

◆ **Dossier 3. Je m'auto-évalue** p. 247
Variables contextuelles : enjeux de l'élection ; offre politique
Variables sociales : lieu de résidence ; âge ; niveau de diplôme ; religion ; catégorie socioprofessionnelle ; niveau et diversité du patrimoine.

◆ **Dossier 4. Je m'auto-évalue** p. 249
1. Vote pour le parti socialiste lors d'une élection, puis vote pour la France insoumise. 2. Vote pour le parti socialiste lors d'une élection, puis vote pour Les Républicains. 3. Abstention au premier tour de l'élection présidentielle, vote au second.

Chapitre 11

◆ **Testez vos connaissances** p. 267
1. Les dépenses de protection sociale ; 2. de l'économie sociale et solidaire ; 3. les individus se savent couverts et prennent des risques élevés.

◆ **Dossier 1. Je m'auto-évalue** p. 269
1. Faux ; 2. vrai ; 3. faux ; 4. faux.

◆ **Dossier 2. Je m'auto-évalue** p. 271
1. Prévention ; 2. diversification ; 3. mutualisation ; 4. diversification.

◆ **Dossier 3. Je m'auto-évalue** p. 273
1. Logique d'assurance ; 2. logique d'assistance ; 3. logique d'assistance.

◆ **Dossier 4. Je m'auto-évalue** p. 275
1. c ; 2. a et b.

Chapitre 12

◆ **Testez vos connaissances** p. 293
1. Marchande ; 2. 4 millions d'entreprises ; 3. des petites et moyennes entreprises ; 4. valeur de la production - consommations intermédiaires.

◆ **Dossier 1. Je m'auto-évalue** p. 295
1. Faux ; 2. vrai ; 3. faux ; 4. faux.

◆ **Dossier 2. Je m'auto-évalue** p. 297
1. Faux ; 2. faux ; 3. vrai ; 4. faux ; 5. vrai.

◆ **Dossier 3. Je m'auto-évalue** p. 299
verticale ; très peu ; centralisé ; horizontale ; décentralisé.

◆ **Dossier 4. Je m'auto-évalue** p. 301
1. Les grèves pour motifs internes à l'entreprise sont **moins fréquentes** que pour des motifs extérieurs à l'entreprise. 2. La négociation dans les entreprises porte **sur de nombreux thèmes dont le salaire**. 3. Les entreprises **peuvent connaître à la fois des grèves et des négociations**. 4. Les salariés sont **souvent représentés** dans les entreprises.

Chapitre 7

◆ **Dossier 4. Je m'auto-évalue** p. 173

	Fragilisation	Recomposition
Lien familial	Montée des divorces	Familles recomposées, individualisation du lien familial
Lien professionnel	Précarisation de l'emploi	Nouvelles formes d'organisation de l'entreprise
Lien politique	Abstention	Nouvelles formes d'engagement politique

Crédits

Couverture : imageBROKER/Alamy, Private Collection/Bridgeman, Stephane Cardinale - Corbis/Getty, Royal West of England Academy, Bristol/Bridgeman, Berko Fine Paintings, Knokke-Heist, Belgium/Bridgeman, kapichka/Shutterstock, Lebrecht Authors/Bridgeman

Sommaire : 7 Christie's Images/Bridgeman/DR, Private Collection/Bridgeman, Charmet/Bridgeman, 9 PVDE/Bridgeman, Bart Sadowski/Shutterstock, Private Collection/DaTo Images/Bridgeman

Chapitre 1 : 12 Christie's Images/Bridgeman/DR, 22 Bauman-Klein/Editions Eyrolles, 23 Prod DB The Con/TCD/DR, 24 John Henry/Private Collection/ Bridgeman, 26 Ashley Cooper pics/Alamy, 27 Houin/BSIP/Afp, 30 Stock Montage/Getty, 34 Dstringer71/Wikimedia, 36 Look and Learn/Bridgeman, 37 Redav/Shutterstock, Citéco/citeco.fr

Chapitre 2 : 38 Victoria & Albert Museum/Bridgeman, 40 Liligo/Hemisphere Droit, 44 Matthew Yohe/Wikimedia, 45 TBWA\Paris/SNCF/DR, 46 Collection Elzingre/Bridgeman, 54 Imagno/Getty, 58 Emmanuel Combe, 60 Lebrecht History/Bridgeman, 61 CNAM, Conservatoire National des Arts et Metiers de Paris/Bridgeman, Prod DB/Karé Productions/TCD/DR

Chapitre 3 : 62 akg-images, 64 INAO/inao.gouv.fr, 65 Jorge Gamboa/Natgeo/ DR, 66 DDB/strategies.fr/DR, 68 hammy16/imgur.com/DR, 69 Royal West of England Academy, Bristol/Bridgeman, 70 Bloom Association/bloomasso-ciation.org, 72 Holger Motzkau/Wikimedia, 73 Private Collection/Bridgeman, 74 Library of Congress/Wikimedia, 78 Alex Wong/Getty, 82 Wirth Nelly/ Wikimedia, 83 Revue économique/Presses de Sciences Po, Loïc Brunot, Indelebil, 84 CERN/Novapix/Bridgeman, 85 Bart Sadowski/Shutterstock, Move Movie/Mars Films/Collection Christophel

Chapitre 4 : 86 Private Collection/Bridgeman, 88 Bettmann/Getty, 90 PVDE/ Bridgeman, 92 Gilles Macagno/drosophile.fr, 93 agence Hungry and Foolish/ BNP Paribas/DR, 94 Gregoire/Bridgeman, 96 Cristian Balate/Shutterstock, 97 Chappatte, The New York Times/chappatte.com, 98 AGIP/Bridgeman, 99 Yves Herman/Reuters, 100 Action d'une mine de charbon de Bruay en Artois 1939/ Bridgeman, 101 F1online digitale Bildagentur GmbH/Alamy, 104 Pontificador/ Wikimedia, 108 Sylvie Cieply/iae.unicaen.fr/DR, 109 tudigo/tudigo.co, 110 Philippe Lissac/Godong/Bridgeman, 111 Rhein-Neckar/Wikimedia

Chapitre 5 : 112 Icy and Sot/icyandsot.com, 114 Selva/Leemage, 115 Robert Kalina/ECB/Wikimedia, Robert Kalina/ECB/Wikimedia, 116 Musée d'Archéo-logie nationale/RMN, 118 Bibliotheque Nationale de France/Bridgeman, 120 Carlos Garcia Rawlins/Reuters, 123 Anthony Eva/Alamy, 124 Museo di Capodimonte/Wikimedia, 125 axa/axa-offroy-baudry.com/DR, 128 Universal History Archive/Getty, 132 Orange Bank/agence Havas Paris/DR, Mathilde Fox, 133 Benedicte Desrus/Alamy, 134 Gaizka Iroz/Afp, 135 Jade Boudon/ videobourse.fr, Vancouver media /Christophel

Chapitre 6 : 136 PVDE/Bridgeman, 138 Christopher Ohmeyer/Flickr/ Wikimedia, 139 Prod DB/Studio Chizu/TCD/DR, 143 Banksy/Christie's Images/ Bridgeman, 145 Réalisation : Partenaires d'Avenir pour le compte de la Caf de Seine Maritime, 147 Attila Kisbenedek/Afp, 151 Prod DB/Warner Bros/ TCD/DR, 154 Louis Monier/Getty, 158 La Découverte/DR, 161 Prod DB/Haut et Court Distribution/TCD/DR

Chapitre 7 : 162 Private Collection/Bridgeman, 164 Crane Kalman Gallery, London/Bridgeman, 166 Stephane Cardinale-Corbis/Getty, 167 Ithmus/Flickr, 170 monalisa-asso.fr, 172 Nuit Solidaire/collectif-associations-unies.org, 176 Vincent West/Reuters, 180 Pictorial Press Ltd/Alamy, 184 Cécile Van de Velde, viennaslide/Harald A. Jahn/akg, 186 Frick Collection/Wikimedia, 187 Chris Martin/Design Pics/Bridgeman, Prod DB/Likely Story-Imagenation Abu Dhabi FZ-Playtone/TCD/DR

Chapitre 8 : 188 Steve Marcus/Reuters, 190 AGIP/Bridgeman, dpa picture alliance/Alamy, 191 Nabela Noor/Instagram/DR, 192 AGIP/Bridgeman, 193 Georges Darmon/Bridgeman, 194 Underwood Archives/UIG/Bridgeman, 195 Tony Gentile/Reuters, 196 Prod DB/Chic Films-Why Not Productions/TCD/ DR, 197 LM & NOP/Emile, on bande ?/socio-bd.blogspot.com, 199 Fnacav/ fnacav.fr/DR, 203 Pablo Porciuncula Brune/AFP, 206 Arno Elias/I'm Not A Trophy/imnotatrophy.org, Nationaal Archief/Wikimedia, 210 Fabien Truong/ DR, 212 ZUMA Press, Inc./Alamy, 213 Vipavlenkoff/Shutterstock

Chapitre 9 : 214 Private Collection/Bridgeman, 216 Michel Clément/AFP, 218 Universal History Archive/UIG/Bridgeman, 219 Joe Penney/Reuters, 220 Charles Gatewood/The Image Works/Roger-Viollet, 222 Randall Hill/ Reuters, 223 Le Figaro, 225 Evan Kafka/nouvelobs/Getty, 230 Alessandro Lonati/Leemage, 234 Rémy Caveng, 236 Private Collection/Bridgeman, 237 Prod DB/Rat Pack Filmproduktion GmbH-Constantin Film Produktion/DR

Chapitre 10 : 238 Josse/Leemage, 240 hastingspress.co.uk/Wikimedia, 243 #ouijevote/Ministère Intérieur/DR, 245 Tallandier/Bridgeman, 246 Archives Charmet/Bridgeman, 249 Collection Jean Jacques Allevi/ Bridgeman, 250 Ministère français de l'Enseignement supérieur et de la recherche/Flickr/Wikimedia, 251 Francois-Xavier Chenevat/fix-dessinateur. com, 256 Cedias-Musée social, André Siegfried/jprissoan-histoirepolitique. com, 260 Cécile Braconnier, Jean-Yves Dormagen, 261 Olivier2000/Wikimedia, 262 Mauro Ranzani/Bridgeman, 263 Vote-Blanc, Prod DB/Canal +/TCD/DR

Chapitre 11 : 264 Ulla Lohmann/Getty, 266 Editions des Arènes Paris, 2013, 2014, 2017 et 2019, 267 Jeanne Menjoulet/Flickr, Association Prévention Routière–Création : Les Venants, 268 Fg2/Wikimedia, 270 Sécurité routière, 272 Pixavril/Shutterstock, 274 Jorge Bernstein/Dorothée de Monfreid/ Alternatives Economiques, 275 Collection Gregoire/Bridgeman, 279 avec l'aimable autorisation de la Ligue contre le cancer, 282 International Students' Committee/Wikimedia, 286 Véronique Flambart, 287 k-unique/ Crédit Agricole/k-unique.com/DR, 288 National Gallery, London/Bridgeman, 289 dalelanham/Wikimedia

Chapitre 12 : 290 Centre Pompidou, MNAM-CCI, Dist. RMN, 292 Salon SME/salonsme.com, 293 Kenzo Tribouillard/Afp, 295 Christie's Images/ Bridgeman, 296 Ford company/Wikimedia, 298 Web Summit/Wikimedia, 303 JStone/Shutterstock, 305 Iroz Gaizka/AFP, 308 Christinne Muschi/Getty, 313 Osez Entreprendre au Féminin/osez-entreprendre-au-feminin.com, 314 Christopher Wood Gallery, London/Bridgeman, 315 Frederic Legrand-COMEO/Shutterstock, ethiquable.coop, Prod DB/AMC-Road Rebel/TCD/DR, Prod DB/TS Productions/TCD/DR

Direction éditoriale : Anne Weiss.

Maquette : Alejandra Adeikalam et Catherine Benini.

Mise en page : Sophie Girard.

Infographie : Nelly Babillon, Valentin Coquillart, Anaëlle Dos Santos, Aure-Line Lecoq et Chloé-Van Santy.

Couverture : Carine André et Alejandra Adeikalam.

Retouches photo : Anaëlle Dos Santos, Digital Image (Paris 19e) et Raphaël Taieb.

Assistance éditoriale : Mélina Boyer.

Relecture : Hélène de Peufeilhoux.

Iconographie : Mélina Boyer, Marc-Émilien Poncet et Elisabeth Raynal.

Avec la participation de : Émilie Blanchard, Morgane Druet, Clément Teyssier et Robin Lespagnol.

Dépôt légal : juin 2019.

ISBN : 978-2-37760-142-4.

Imprimé en France par BLG.

Fabrication : Brigitte Bourgeas.

Lelivrescolaire.fr Éditions
14 rue Rhin et Danube
69009 Lyon
contact@lelivrescolaire.fr